OCÉANO ATLÁNTICO

○La Habana

CUBA

Santiago●

REPÚBLICA
DOMINICANA

San Juan
○
●Ponce

HAITÍ

PUERTO RICO

○ Santo Domingo

JAMAICA

MAR CARIBE

CARAGUA

Lago de
Nicaragua

Caracas●

VENEZUELA

Río Orinoco

COSTA RICA

●San José

Canal de Panamá

PANAMÁ

ZONA DEL CANAL

●Panamá

Río Magdalena

○Bogotá

COLOMBIA

BRASIL

PUNTOS DE PARTIDA

PUNTOS DE PARTIDA

AN INVITATION TO SPANISH
SECOND EDITION

Marty Knorre
University of Cincinnati

Thalia Dorwick

Theodore V. Higgs
San Diego State University

Bill VanPatten
Michigan State University

Francisco R. Ferrán
Oregon State University, Corvallis (emeritus)

Walter Lusetti
Oregon State University, Corvallis

Random House, New York

This book was developed for Random House by Eirik Børve, Inc.

SECOND EDITION

9 8 7 6 5 4 3 2 1
Copyright © 1985 by Random House, Inc.

Text and cover design
Dare Porter

Illustrations
Axelle Fortier

Photo research
Barbara Salz

Maps
Drake Jordan

Library of Congress Cataloging in Publication Data
Main entry under title:

Puntos de partida.

English and Spanish.
"Developed for Random House by Eirik Børve, Inc."
Includes index.
1. Spanish language—Text-books for foreign speakers—
English.   I. Knorre, Marty.   II. Eirik Børve, Inc.
PC4129.E5P86   1985   468.2'421   84-22308
ISBN 0-394-33655-0

Manufactured in the United States of America

Chapter opener photo locations are as follows: **page 1** Santiago de Chile **28** Madrid, España **55** Sevilla, España **81** Sevilla, España **108** Puerto Rico **137** Guayaquil, el Ecuador **166** Madrid, España **192** Caracas, Venezuela **220** Valencia, España **244** Bogotá, Colombia **271** Ciudad de México, México **296** Berkeley, California **318** Isla Mujeres, México **343** Guanajuato, México **365** Barcelona, España **387** el Perú **410** Ciudad de Guatemala, Guatemala **430** Barcelona, España **456** Chicago, Illinois **480** la República Dominicana/Oaxaca, México **501** Madrid, España

Reprint Illustrations: Sources and Acknowledgments: © QUINO (Joaquín Salvador Laredo), **pages 52, 233, 241, 290 (two, bottom right), 340 (top), 361, 449;** *Semana,* **123, 290 (top right), 440;** Don Tobin © King Features Syndicate, Inc., 1978, 1977, **163;** Cosper © PIB, **190;** Iber © PIB, **252;** *Temas,* **259, 290 (bottom left);** *Buena vida,* Provenemex, S.A. de C.V., **265;** Coco ©ALI, **267;** *Blanco y negro,* **314;** *La Codorniz,* **340 (bottom), 359;** © Mena, *El Ideal Gallego,* **402.**

CONTENTS

PREFACE

Between 1977 and 1980, a large number of Spanish instructors across the country were carrying on a dialogue with the authors and publishers of a new Spanish text. They wrote and talked not only about what an ideal text should contain, but even more importantly about something less tangible: what they perceived to be the future of foreign language teaching. When *Puntos de partida: An Invitation to Spanish* was published in 1981, it was met with overwhelming enthusiasm.

Since then, movements advocating teaching for communicative competence and proficiency (ACTFL-ETS) have gained national prominence. Some of the most innovative features of *Puntos de partida*—its insistence on vocabulary before structure in the early phases of language learning, its many practical, contextualized activities that lead students into, through, and out of everyday situations—seem to coincide with current thinking.

Throughout the preparation of this second edition, the authors and publishers consulted a large number of users of *Puntos de partida,* soliciting feedback on their experiences in the classroom; much of what is new to the second edition is the direct result of that review process. The ACTFL Proficiency Guidelines also helped shape the second edition. The guidelines' insistence on culture as the "fifth skill" reinforced a desire to expand the cultural content, and their emphasis on developing reading skills influenced a decision to add the **Antes de leer** sections. The major features of this edition are discussed in the next few pages.

The goals of the second edition of this first-year program are identical to those of the first: *to help students develop proficiency in the four skills essential to truly communicative language learning.* Each chapter has a contemporary cultural or everyday theme, and grammar is introduced and practiced within that real-world context. The text was prepared with students in mind—to help them learn *how* to learn Spanish and to give them the opportunity to use and enjoy it.

Written by a team of experienced language instructors, *Puntos de partida* provides a flexible framework that can be adapted to individual teaching situations and goals. The *Instructor's Edition* should be useful to inexperienced and experienced instructors alike, who will find that the entire package will continue to allow them to organize their courses for language proficiency.

Organization of the Second Edition: Student Text

The chapter organization of *Puntos de partida* has not been radically altered in this edition. The text consists of an opening chapter, **Ante todo,** and twenty others.

Ante todo This chapter introduces students to the Spanish language and to the text itself.

Capítulos 1–19 are organized as follows.

- **Para empezar** This brief introduction to the chapter's theme focuses on a cultural contrast: an aspect of Hispanic culture that a U. S. student finds puzzling or thought-provoking.

- **Vocabulario: Preparación** This section presents and practices the thematic vocabulary that students will need for self-expression and to cope with the situations and activities they will encounter in the rest of the chapter.

- **Pronunciación** This section, a feature of the first eleven chapters, focuses on individual sounds that are particularly difficult for native speakers of English.

- **Minidiálogos y gramática** This section presents three to five grammar points, each introduced by a minidialogue, cartoon, or brief reading and followed by a series of contextualized exercises and activities that progress from controlled (**Práctica**) to open ended (**Conversación**). Practice materials, carefully ordered to lead students from guided to free responses, include paraphrase, interview, partner, role-playing, and self-expression situations.

- **Diálogo** and **Comentario cultural**   This main dialogue focuses on the use of Spanish in everyday situations within a cultural context.
- **Un poco de todo**   The exercises and activities of this follow-up section combine and review all grammar presented in the chapter, as well as important grammar from previous chapters.
- **Vocabulario**   This chapter vocabulary list includes all important words and expressions considered to be active.

Between chapters, a supplementary section called **Un paso más** presents more activities that emphasize the use of realia, conversational strategies, and creative language use in a cultural and often humorous context. The **A propósito...** boxes in each **Un paso más** section present survival vocabulary, followed by realistic role-playing situations that students might encounter when traveling in a Hispanic country. Each **Un paso más** section concludes with a cultural reading with reading strategies (in the first ten chapters) and guided writing exercises that help students compose short paragraphs, write about their personal experiences, and so on. Instructors may use all, part, or none of this section, according to individual needs and schedules.

The text concludes with **Capítulo 20 (En el extranjero),** which explores the experiences of students studying abroad.

Statement of Purpose

The authors believe that students' *class* time is best spent in *using* Spanish: listening to and speaking with the instructor and each other. For that reason, grammar explanations in *Puntos de partida* have been written to be self-explanatory, and sample answers have been provided for many exercises so that students can check their own work before coming to class. Thus, instructors might spot-check text exercises in class but devote more time to their marginal-note extensions and variations, creating new material to maintain student interest and provide fresh language input.

All exercises and activities in the program have been designed to help students develop proficiency in Spanish rather than simply display their grammatical knowledge. The authors believe that the trial-and-error process thus set up creates an optimal language-learning situation—one that will prepare students to function in Spanish in the situations they are most likely to encounter outside of the classroom.

Major Changes in the Second Edition: Student Text

Within the chapter structure of the first edition, the authors have effected a serious and thorough revision of all features of the text.

Language: Skills Development and Content

- The expanded **Ante todo** (now three brief parts) provides a functional introduction to Spanish language and culture that enables students to express themselves on a wide variety of topics before the formal presentation of grammar begins in **Capítulo 1.**
- The conceptual "fit" between the vocabulary and grammar of many chapters and their cultural themes has been refined so that grammar, vocabulary, and culture work together as interactive units.
- Grammatical detail has been trimmed in certain areas. Some points have been omitted, others minimized by being treated as lexical items. Others are presented for recognition only, but may be made active if instructors desire; many structures are used passively, in controlled situations, before their formal introduction. It is the authors' belief that instructors who wish to do so should not hesitate to eliminate the grammar content of at least the last three grammar chapters (17–19) of the text, especially if their beginning language sequence comprises only one academic year.
- The presentation of verb tenses and moods is now more evenly distributed over the nineteen grammar chapters.
- All exercises have been contextualized. Many paraphrase, interview, partner, role-playing, and problem-solving exercises and activities have been added to all parts of the chapters. *Instructor's Edition* marginal notes and *Instructor's*

Manual materials encourage students to try to understand what they can from context, even if they don't "catch" all the words.

- Review and re-entry has been expanded, especially in the more synthetic **Un poco de todo** sections, which regularly review major topics such as **ser/estar,** preterite/imperfect, and so on. New **¿Recuerda Ud.?** sections review earlier concepts on which new grammar is based.

- The vocabulary in the **Vocabulario: Preparación** sections has been carefully reviewed and revised to ensure that students have sufficient theme vocabulary for self-expression and can function in the active language-use situations that the text provides. Paraphrase, comprehension, and self-expression materials form the nucleus of the exercises in this section.

- Some minidialogues have been rewritten to stress realistic situations, and the exercises that follow them are now more functional, helping students to use new structures actively. All **Diálogos** have been shortened and, when necessary, rewritten to reflect real-life situations.

- A new reading-strategies section **(Antes de leer)** precedes the first ten cultural readings (and continues in the *Instructor's Manual* for the last nine). Thus the readings themselves become a vehicle for the teaching of reading as a skill, while they continue to convey cultural information. One of the primary skills stressed is contextual guessing.

Culture: An Integral Part of Language Learning

- Most cultural readings have been totally rewritten to accurately reflect the realities of the contemporary Spanish-speaking world, as well as to focus student attention on areas of cultural similarity and contrast.

- The new **Para empezar** section that begins each chapter is intended to spark student interest in the cultural theme by posing questions that will be "answered" by the chapters' cultural materials.

- Brief **Encuentro cultural** boxes convey information about interesting aspects of Hispanic

geography and culture, while encouraging students to see how language and culture are inseparably linked.

- The new color photo insert vividly presents the wide variety of people, places, and activities of the Hispanic world. Four new black-and-white photo essays invite students to explore specific geographic areas. Extended photo captions with most of the chapter's thematic photos bring to life aspects of Hispanic culture, including the United States as an integral part of the Spanish-speaking world.

- Some cultural themes have been abbreviated and others elaborated in order to enrich and expand the cultural content. Themes added or treated in greater detail include holidays and festivals, technology and computers, sports and other leisure-time activities, environmental questions, and the individual's place in society.

Supplementary Materials for the Second Edition

The effectiveness of *Puntos de partida* will be enhanced by adding any of the following components.

- The *Workbook,* by Alice and Oswaldo Arana (California State University, Fullerton), continues the format of the first edition, providing additional practice with vocabulary and structures through a variety of controlled and open-ended exercises, review sections, and guided compositions; more review materials have been added.

- The *Laboratory Manual* and *Tape Program,* by María Sabló Yates, have been substantially rewritten. All exercises have been contextualized, greater emphasis is placed on listening comprehension, and more effective use is made of dialogue materials. A *Tapescript* is available.

- The *Instructor's Edition* contains on-page suggestions, many supplementary exercises for developing listening and speaking skills, and abundant variations and follow-ups on student text materials. The number of marginal glosses has been greatly increased in the second edition.

- The *Instructor's Manual* offers an extensive introduction to teaching techniques, general guidelines for instructors, suggestions for lesson planning and for writing semester/quarter schedules, sample tests and quizzes, models for vocabulary introduction, and supplementary listening-comprehension exercises for the **Diálogos.**
- Two types of *computer-assisted instructional programs* are available with the second edition. The first, by James P. Pusack (University of Iowa), includes most of the more controlled exercises from the student text. The second, by John Underwood and Richard Bassein (Mills College), is an interactive program that stresses communication skills in Spanish: ordering a meal, giving directions, and so on.
- The *testing package,* by Fabián A. Samaniego and Ruth Haglund Ordás (University of California, Davis), reflects the revisions in the student text. It also includes selections for testing reading and listening comprehension, and an optional outline for testing oral proficiency.

Authors

Professor Marty Knorre, of the University of Cincinnati, is the coordinator of the project and the author of many of the **Vocabulario: Preparación** exercises, pronunciation sections, activities, most of the on-page text in the *Instructor's Edition,* and most of the *Instructor's Manual.* Dr. Thalia Dorwick is the author of the grammar explanations, exercises, and some of the minidialogues; she also served as project editor. Professor Theodore V. Higgs, of San Diego State University, is the author of all of the new cultural materials. Professor Bill VanPatten, of Michigan State University, is the author of new materials in the **Vocabulario: Preparación** and **Actividades** sections, the **Antes de leer** sections, and the comprehension and writing exercises that follow the cultural readings. Professors Francisco Ferrán and Walter Lusetti, both of Oregon State University, Corvallis, are the authors of the main dialogues, many of the minidialogues, and the **Comentarios culturales.**

While the coauthors are primarily responsible for their own sections of the book, all of them participated actively in the creation of the final manuscript, helping each other to realize their ideas.

Finally, although the following two individuals are not included as coauthors of the text, the authors would like to acknowledge in particular their contributions to the second edition. Ruth Ordás (University of California at Davis) prepared the initial drafts of the **Un poco de todo** sections; additionally, her work on *¿Qué tal?* proved invaluable in the preparation of this edition of *Puntos de partida.* Trisha Dvorak (University of Michigan) contributed a careful and thoughtful reading of the first edition and of several drafts of the second, offering invaluable criticism and suggestions; her ideas provided the springboard for many exercises and activities in both the student text and the *Instructor's Edition.*

Acknowledgments

The publishers would like to thank again those instructors who participated in the various surveys that proved indispensable in the development of the first edition of *Puntos de partida.* In addition, the input of all of those who completed revision questionnaires is gratefully acknowledged.

The authors and publishers also actively sought criticism and suggestions from a number of professional friends who contributed detailed reviews in writing, in group meetings, and in conversations during the four-year lifetime of the first edition. Their honest appraisals of the text's strengths and weaknesses and their generosity with their time were enormously helpful to the authors during the work on the second edition. The appearance of their names does not necessarily constitute endorsement of the text or its methodology.

- The Teaching Assistants and First-Year Coordinators of the following universities: California State University, Sacramento (Professor M. Carol Brown); the University of Georgia at Athens (Professor Hildebrando Ruiz); the University of Washington at Seattle (Professors Sol Saporta, Kay Kruger-Hickman, and Cheryl Strand)

- Instructors and Teaching Assistants in the Northern California and Nevada area: Alma Grubbs, Lee Shelley, and Merlin Bradshaw (American River College); James Conklin (California State University, Chico); Evangelina Da Rosa, Harry E. Dennis, Sam Hill, Graciela Ramírez, Ada Pastor Roscoe, and Kermit Smith (California State University, Sacramento); Lizelotte Salisbury (Sacramento City College); Fernando Rodríguez (Sierra College); Fabián A. Samaniego (University of California at Davis); Gerald Petersen (University of Nevada, Reno); Salvador Soto (Yuba College)

Robert Blake
Dartmouth College

William Cline
Eastern Michigan University

Mark G. Goldin
George Mason University

R. Thomas Douglass
University of Iowa

G. Ronald Freeman
California State University, Fresno

Enrique Grönlund
The Pennsylvania State University, Ogontz Campus

Leonora Guinazzo
Portland Community College

Shaw Gynan
University of New Mexico

Pedro Hiort-Lorenzen
Solano Community College

James R. Houlton
University of Hawaii

Gary Vessels
University of California, Santa Barbara

Barbara Lafford
Arizona State University

Eunice Myers
Wichita State University

Barbara Rank
University of Illinois, Chicago Circle

Ronald P. Redman
Cypress College

Robert Russel
Dartmouth College

Keith Sauer
California State University, Fresno

Kathleen Thomas
Brevard Community College

Diane Ringer Über
Rutgers University

Martha Wallen
University of Wisconsin, Stout

Many other individuals deserve our thanks and appreciation for their help and support. Among them are the people who, in addition to the co-authors, read the manuscript to ensure its linguistic and cultural authenticity and pedagogical accuracy: Alice Arana (United States), Oswaldo Arana (Peru), Laura Chastain (El Salvador), Paul Figure (Chile), María José Ruiz Morcillo (Spain), María Sabló Yates (Panama). Aristóbulo Pardo (Colombia), Begoña Zubiri (Spain), and Felix Menchacatorre (Spain) also read parts of the manuscript in earlier drafts.

Special thanks are also due to Axelle Fortier, whose superb art continues to make our ideas come alive; to Mark Accornero, for his help in selecting and singing the songs that appear in the tape program; to our editorial and production team at Random House—Pamela Evans, Karen Judd, and Pattie Myers—for their careful guidance of the project through the various stages of production; to Dare Porter, for his lovely cover and bold text design; to Alan Sachs and the rest of the Random House marketing and sales staff, for believing in the book; and to Christine Bennett, Laura Chastain, Deborah Sicking, and Charlotte Jackson, for their work on various aspects of the content of the second edition. Last but not least, special thanks to Lesley Walsh, who helped ensure that the first and second editions made it through to completion, to Eirik Børve, who inspired the project and brought many of us together, and to Random House in general for letting us do the book the way we wanted to do it.

J.R. HOLLAND/STOCK, BOSTON

PETER MENZEL

① Vista nocturna de Buenos Aires, capital de la Argentina.
② El volcán Izalco: El Salvador, la América Central.
③ El arte taurino en una feria en Sevilla, España.

DAVID MANGURIAN

1. Mercado en Santo Domingo, la República Dominicana.
2. Carteles electorales en España.
3. Una procesión de Semana Santa: Zamora, España.
4. Techos típicos de terracota: Medellín, Colombia.
5. Tres generaciones reunidas en casa.
6. El obelisco en el centro de Buenos Aires.

PETER MENZEL

OWEN FRANKEN/STOCK, BOSTON

❶ Una orgullosa propietaria de tienda: Valencia.
❷ Una familia boliviana con el pico nevado de Illampú.
❸ Comprando telas en un elegante almacén de Madrid.
❹ Arquitectura árabe en España: la Mezquita de Córdoba.
❺ Vista interior de un centro comercial en México, D.F.
❻ Secando telas de brillantes colores en el Perú.

ULRIKE WELSH/STOCK, BOSTON

YORAM LEHMANN/PETER ARNOLD, INC.

YORAM KAHANA/PETER ARNOLD, INC.

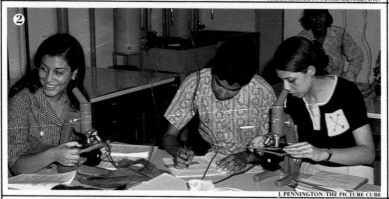

J. PENNINGTON/THE PICTURE CUBE

① Un reñido partido de fútbol en la Argentina.

② Microscopios en uso en la Universidad de León de Nicaragua.

③ Esta abuelita costarricense goza de sus hijos y de sus nietos.

④ Comida panameña lista para servir. ¡Qué apetitosa se ve!

⑤ El puerto bullicioso de La Guaira, puerto de Caracas, Venezuela.

⑥ Típica arquitectura moderna en la Ciudad de México, capital del país.

KATHERINE A. LAMBERT

PETER MENZEL

1 PETER MENZEL

DAVID MANGURIAN

❶ Barcos pesqueros de San Sebastián, en la parte norte de España.
❷ La amurallada ciudad medieval de Ávila, España.
❸ En Chichicastenango, Guatemala, llevan a la iglesia la imagen de San José.

2

SPANISH NATIONAL TOURIST OFFICE

ANTE TODO

Puntos de partida means *points of departure, starting places*. As a textbook, its purpose is to provide you with a way to begin to learn the Spanish language and to become more familiar with the many people here and abroad who use it.

Language is the means by which humans communicate with one another. To learn a new language is to acquire another way of exchanging information and of sharing your thoughts and opinions with others. *Puntos de partida* will help you use Spanish to communicate in various ways: to understand Spanish when others speak it, to speak it yourself, and to read and write it. This text will also help you to communicate in Spanish in nonverbal ways—via gestures and through an awareness of cultural differences.

Learning about a new culture is an inseparable part of learning a language. "Culture" can mean many things: everything from great writers and painters to what time people usually eat lunch. Throughout *Puntos de partida* you will have the opportunity to find out about the daily lives of Spanish-speaking people and the kinds of things that are important to them. Knowing about all these things will be important to you when you visit a Spanish-speaking country, but may also be useful to you here. If you look around, you will see that Spanish is not really a foreign language, but rather a widely used language in the United States today.

Ante todo (*First of all*) is a three-part preliminary chapter that will introduce you to the Spanish language and to the format of *Puntos de partida*.

PRIMERA PARTE

SALUDOS° Y EXPRESIONES DE CORTESÍA

Greetings

ANA:	Hola, José.
JOSÉ:	¿Qué tal, Ana? (¿Cómo estás?)
ANA:	Así así. ¿Y tú?
JOSÉ:	¡Muy bien! Hasta mañana, ¿eh?
ANA:	Adiós.

SEÑOR ALONSO:	Buenas tardes, señorita López.
SEÑORITA LÓPEZ:	Muy buenas, señor Alonso. ¿Cómo está?
SEÑOR ALONSO:	Bien, gracias. ¿Y usted?
SEÑORITA LÓPEZ:	Muy bien, gracias. Adiós.
SEÑOR ALONSO:	Hasta luego.

¿Qué tal?, ¿Cómo estás?, and **¿Y tú?** are expressions used in informal situations with people you know well, on a first-name basis.

¿Cómo está? and **¿Y usted?** are used to address someone with whom you have a formal relationship.

---

1. ANA: Hi, José. JOSÉ: How are you doing, Ana? (How are you?) ANA: So-so. And you? JOSÉ: Fine! (Very well!) See you tomorrow, OK? ANA: Bye. **2.** MR. ALONSO: Good afternoon, Miss López. MISS LÓPEZ: 'Afternoon, Mr. Alonso. How are you? MR. ALONSO: Fine, thanks. And you? MISS LÓPEZ: Very well, thanks. Good-bye. MR. ALONSO: See you later.

3.

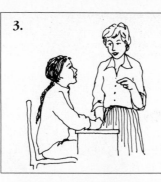

MARÍA: Buenos días, profesora.
PROFESORA: Buenos días. ¿Cómo se llama usted?
MARÍA: (Me llamo) María Sánchez.
PROFESORA: Mucho gusto.
MARÍA: Igualmente. (Encantada.)

¿Cómo se llama usted? is used in formal situations. **¿Cómo te llamas?** is used in informal situations—for example, with other students. The phrases **mucho gusto** and **igualmente** are used by both men and women when meeting for the first time. In response to **mucho gusto,** a woman can also say **encantada;** a man can say **encantado.**

Otros saludos y expresiones de cortesía	
buenos días	good morning (*used until the midday meal*)
buenas tardes	good afternoon (*used until the evening meal*)
buenas noches	good evening, good night (*used after the evening meal*)
señor (Sr.)	Mr., sir
señora (Sra.)	Mrs., ma'am
señorita (Srta.)	Miss

Note that there is no standard Spanish equivalent for *Ms.* Use **Sra.** or **Srta.,** as appropriate.

A propósito°...	*By the way*

The material in this repeating section of *Puntos de partida* will help you deal with everyday situations in Spanish: how to accept or decline an invitation, how to order in a restaurant, and so on. Here are some words and phrases that will help you speak politely.

gracias	thanks, thank you
muchas gracias	thank you very much
de nada	you're welcome
por favor	please (*also used to get someone's attention*)
perdón	pardon me, excuse me (*to ask forgiveness or to get someone's attention*)
con permiso	pardon me, excuse me (*to request permission to pass by or through a group of people*)

3. MARÍA: Good morning, professor. PROFESORA: Good morning. What's your name? MARÍA: (My name is) María Sánchez. PROFESORA: Pleased to meet you. MARÍA: Likewise. (Delighted.)

PRÁCTICA

A. Practice dialogues 1 through 3 several times with another student, using your own names.

B. How many different ways can you respond to the following greetings and phrases?

　　1. Buenas tardes.　　2. Adiós.　　3. ¿Qué tal?　　4. Hola.　　5. ¿Cómo está?
　　6. Buenas noches.　　7. Muchas gracias.　　8. Hasta mañana.　　9. ¿Cómo se llama usted?　　10. Mucho gusto.

C. If the following persons met or passed each other at the given times, what might they say to each other?

　　1. Mr. Santana and Miss Pérez, at 5:00 P.M.
　　2. Mrs. Ortega and Pablo, at 10:00 A.M.
　　3. Ms. Hernández and Olivia, at 11:00 P.M.
　　4. you and a classmate, just before your Spanish class

CONVERSACIÓN

A. Are these people saying **por favor, con permiso,** or **perdón?**

B. Entrevista (*Interview*). Turn to the person sitting next to you and do the following.

　• Greet him or her appropriately.
　• Find out his or her name.
　• Ask how he or she is.
　• Conclude the exchange.

Now have a similar conversation with your instructor, using the appropriate formal forms.

EL ALFABETO ESPAÑOL

There are thirty letters in the Spanish *alphabet* (**el alfabeto**)—four more than in the English alphabet. The **ch, ll,** and **rr** are considered single letters even though they are two-letter groups; the **ñ** is the fourth extra letter. The letters **k** and **w** appear only in words borrowed from other languages.

Listen carefully as your instructor pronounces the names listed with the letters of the alphabet.

Letters	Names of Letters	Examples		
a	a	Antonio	Ana	la Argentina
b	be	Benito	Blanca	Bolivia
c	ce	Carlos	Cecilia	Cáceres
ch	che	Pancho	Concha	Chile
d	de	Domingo	Dolores	Durango
e	e	Eduardo	Elena	El Ecuador
f	efe	Felipe	Francisca	Florida
g	ge	Gerardo	Gloria	Guatemala
h	hache	Héctor	Hortensia	Honduras
i	i	Ignacio	Inés	Ibiza
j	jota	José	Juana	Jalisco
k	ka	(Karl)	(Kati)	(Kansas)
l	ele	Luis	Lola	Lima
ll	elle	Guillermo	Guillermina	Sevilla
m	eme	Manuel	María	México
n	ene	Nicolás	Nati	Nicaragua
ñ	eñe	Íñigo	Begoña	España
o	o	Octavio	Olivia	Oviedo
p	pe	Pablo	Pilar	Panamá
q	cu	Enrique	Raquel	Quito
r	ere	Álvaro	Clara	el Perú
rr	erre *or* ere doble	Rafael	Rosa	Monterrey
s	ese	Salvador	Sara	San Juan
t	te	Tomás	Teresa	Toledo
u	u	Agustín	Lucía	Uruguay
v	ve *or* uve	Víctor	Victoria	Venezuela
w	doble ve, ve doble, *or* uve doble	Oswaldo	(Wilma)	(Washington)
x	equis	Xavier	Ximena	Extremadura
y	i griega	Pelayo	Yolanda	Paraguay
z	zeta	Gonzalo	Esperanza	Zaragoza

PRÁCTICA

A. The letters below represent the Spanish sounds that are the most different from their English counterparts. You will practice the pronunciation of these letters in upcoming sections of *Puntos de partida*. For the moment, pay particular attention to their pronunciation when you see them. Can you match the Spanish spelling with its equivalent pronunciation?

Spelling

1. **ch**
2. **g** before **e** or **i;** also **j**
3. **h**
4. **g** before **a, o,** or **u**
5. **ll**
6. **ñ**
7. **r**
8. **r** at the beginning of a word or **rr** in the middle of a word
9. **v**

Pronunciation

a. like the *g* in English *garden*
b. similar to *dd* of *caddy* or *tt* of *kitty* when pronounced very quickly
c. like *ch* in English *cheese*
ch. like Spanish **b**
d. similar to a "strong" English *h*
e. like *y* in English *yes* or like the *li* sound in *million*
f. a trilled sound, several Spanish **r**'s in a row
g. similar to the *ny* sound in *canyon*
h. never pronounced

B. Spell your own name in Spanish, and listen as your classmates spell their names. Try to remember as many of their names as you can.

C. Identify as many of your classmates as you can, using the phrase **Te llamas** _____ (*Your name is* _____). Then spell the name in Spanish.

MODELO Te llamas María: **M** (eme) **A** (a) **R** (ere) **Í** (i acentuada) **A** (a).

CH. Spell these U.S. place names in Spanish. All of them are of Hispanic origin: Toledo, Los Angeles, Texas, Montana, Colorado, El Paso, Florida, Las Vegas, Amarillo, San Francisco. Pronounce the names in Spanish before you begin to spell them.

D. Think of several other U.S. place names of Hispanic origin and spell them aloud in Spanish. Your classmates will give the place names that you spell.

LOS COGNADOS

Many Spanish and English words are similar or identical in form and meaning. These related words are called *cognates* (**los cognados**). Spanish and English share so many cognates because a number of words in both languages are derived from the same Latin root words and also because Spanish and English are "language neighbors," especially in the southwestern United States. Each language has borrowed words from the other and adapted them to its own sound system. Thus, the English word *leader* has become Spanish **líder,** and Spanish **el lagarto** (*the lizard*) has become English *alligator.* The existence of so many cognates will make learning some Spanish vocabulary words easier for you and increase the number of words that you can recognize immediately. Many cognates are used in **Ante todo.** Don't try to memorize all of them—just get used to the sound of them in Spanish.

Here are some Spanish adjectives (words used to describe people, places, and things) that are cognates of English words. Practice pronouncing them, imitating your instructor. These adjectives can be used to describe either a man or a woman.

cruel	independiente	pesimista
eficiente	inteligente	realista
egoísta	interesante	rebelde
elegante	liberal	responsable
emocional	materialista	sentimental
idealista	optimista	terrible
importante	paciente	valiente

The following adjectives change form. Use the **-o** ending when describing a man, the **-a** ending when describing a woman.

extrovertido/a	introvertido/a	serio/a
generoso/a	religioso/a	sincero/a
impulsivo/a	romántico/a	tímido/a

PRÁCTICA

A. Describe Don Juan, the famous lover, in simple Spanish sentences that begin with **Don Juan es** (*is*)... or **Don Juan no es** (*is not*)... .

B. Think of a well-known person—real or imaginary—and describe him or her. Try to describe as many qualities of the person as you can. For example:

- **El presidente es/no es...**
- **Jane Fonda es/no es...**

FORMAS SINGULARES DEL VERBO *SER* (TO BE)

(yo) **soy**	*I am*
(tú) **eres**	*you* (familiar) *are*
(usted) **es**	*you* (formal) *are*
(él, ella) **es**	*he/she is*

PRÁCTICA

A. **¿Cómo es usted?** (*What kind of person are you?*) Describe yourself, using adjectives from **Los cognados: Yo soy...   Yo no soy...**

B. **Entrevista.** Use the following adjectives, or any others you know, to find out what a classmate is like. Follow the model.

MODELO   —¿Eres generoso? (¿Eres generosa?)
—Sí, soy generoso/a. (No, no soy generoso/a.)

Adjetivos

sincero/a   eficiente   emocional   inteligente   impulsivo/a   liberal

Now find out what kind of person your instructor is, using the same adjectives.

SPANISH AS A WORLD LANGUAGE

Although no one knows exactly how many languages are spoken around the world, linguists estimate that there are between 3,000 and 6,000. Spanish, with 266 million native speakers, is among the top five languages. It is the language spoken in Spain, in all of South America (except Brazil and the Guyanas), in most of Central America, in Mexico, in Cuba, in Puerto Rico, and in the Dominican Republic—in approximately twenty countries in all.

Like the other romance languages, which include French, Italian, Portuguese, and Romanian, Spanish comes from Latin, the language of the Mediterranean region under the Roman Empire. During the Middle Ages, several dialects of Latin were spoken on the Iberian Peninsula. When the independent kingdom of **Castilla** unified all of the independent kingdoms of the peninsula, its language—**el castellano**—became the national language. Spanish, or Castilian, was further

shaped by the Moorish dominance of most of the peninsula, from 711–1492.
Many Spanish words beginning with **al-,** like **álgebra** and **alcohol,** are of Arabic
origin, and the Arabic suffix **-ez** (*son of*) led to Hispanic last names such as
Fernández (*son of* **Fernando**), **González** (*son of* **Gonzalo**), and so on.

Spanish came to the New World with the **conquistadores,** and there a new
cycle of language change began. Spanish words such as **tomate, chocolate,
huracán,** and **canoa** are of New World Indian origin, and anglicized forms of
them are now part of standard English. In contemporary Spanish, there is much
evidence of contact with English: **stándard, status, jet, básquetbol,** and so on.

Like all languages spoken by large numbers of people, modern Spanish varies
from region to region. The Spanish of Madrid is different from that spoken in
Mexico City or Buenos Aires, just as the English of London differs from that of
Chicago or Dallas. Although these differences are most noticeable in pronunciation ("accent"), they are also found in vocabulary and special expressions
used in different geographical areas. In Great Britain one hears the word *lift,* but
the same apparatus is called an *elevator* in the United States. What is called an
autobús (*bus*) in Spain may be called a **guagua** in the Caribbean. While such
differences are noticeable, they result only rarely in misunderstandings among
native speakers, since the majority of structures and vocabulary are common to
the many varieties of each language.

SEGUNDA PARTE

CHARLES MARDEN FITCH/TAURUS PHOTOS

¿Cuántos (How many) cognados hay (are there) en esta (this) foto de un escritorio público de Veracruz, México? ¿Hay escritorios públicos en los Estados Unidos?

MÁS COGNADOS

Although some English and Spanish cognates are spelled identically (*idea, general, gas, animal, motor*), most will differ slightly in spelling: *position/***posición**, *secret/***secreto**, *student/***estudiante**, *rose/***rosa**, *lottery/***lotería**, *opportunity/***oportunidad**, *exam/***examen.**

The following exercises will give you more practice in recognizing and pronouncing cognates. Remember: don't try to learn all of these words. Just get used to the way they sound.

PRÁCTICA

A. Pronounce each of the following cognates and give its English equivalent.

NACIONES: la Unión Soviética, el Japón, Italia, Francia, España, el Brasil, China, el Canadá

PERSONAS: líder, profesor, actriz, pintor, político, estudiante

LUGARES (*places*): restaurante, café, museo, garaje, banco, hotel, oficina, océano, parque

CONCEPTOS: libertad, dignidad, declaración, contaminación

COSAS (*things*): teléfono, fotografía, sofá, televisión, radio, bomba, novela, diccionario, dólar, lámpara, yate

ANIMALES: león, cebra, chimpancé, tigre, hipopótamo

COMIDAS Y BEBIDAS (*food and drink*): hamburguesa, cóctel, patata, café, limón, banana

DEPORTES (*sports*): béisbol, tenis, vólibol, fútbol

INSTRUMENTOS MUSICALES: guitarra, piano, clarinete, trompeta, violín

B. **¿Qué es esto?** (*What is this?*) Pronounce these cognates and identify the category to which they belong, using the following sentences.

Es un lugar (concepto, animal, deporte, instrumento musical).
Es una nación (persona, cosa, comida, bebida).

The English equivalent of these sentences is: *It is a place* (*concept . . .*); *It is a nation* (*person . . .*). Note that Spanish has two different ways to express *a* (*an*): **un** and **una.** All nouns are either masculine (*m.*) or feminine (*f.*) in Spanish. **Un** is used with masculine nouns, **una** with feminine nouns.*

MODELO el Japón. Es una nación.

1. calculadora	8. limonada	15. turista
2. burro	9. elefante	16. rancho
3. sándwich	10. refrigerador	17. serpiente
4. golf	11. universidad	18. chocolate
5. México	12. fama	19. básquetbol
6. actor	13. terrorista	20. acordeón
7. clase	14. Cuba	21. democracia

Anuncios (Signs) bilingües en el aeropuerto de San José, Costa Rica

(PETER MENZEL)

CONVERSACIÓN

A. With another student, identify the following words, using the categories given in **Práctica B,** above.

MODELO —¿Qué (*What*) es un hospital? →
           —Es un lugar.

1. un saxofón	4. un doctor	7. una enchilada
2. un autobús	5. Bolivia	8. una jirafa
3. una estación	6. una Coca-Cola	

B. Can you identify the figures of the Spanish-speaking world on page 12? With another student, ask and answer questions according to the model. Use the names, categories, and countries given below as a guide.

*You will learn more about this aspect of Spanish in Grammar Section 1, *Singular Nouns: Gender and Articles.* Don't try to learn the gender of nouns now.

MODELO	PRIMER ESTUDIANTE:	¿Cómo se llama usted?
	SEGUNDO ESTUDIANTE:	(Me llamo) Juan Carlos.
	PRIMER ESTUDIANTE:	Y ¿quién (*who*) es usted?
	SEGUNDO ESTUDIANTE:	Soy rey (*king*).* Soy de (*from*) España.

Personas	**Categorías**	**Naciones**
Salvador Dalí	actor (actriz)	México
Fernando Valenzuela	soldado	España
Geraldo Rivera	pintor	los Estados Unidos
Fidel Castro	jugador (*player*) de béisbol	Puerto Rico
Rita Moreno	jugador de golf	Cuba
Ricardo Montalbán	reportero	
Lee Treviño		

PRONUNCIACIÓN

You have probably already noted that there is a very close relationship between the way Spanish is written and the way it is pronounced. This makes it relatively easy to learn the basics of Spanish spelling and pronunciation.

Many Spanish sounds, however, do not have an exact equivalent in English; so you should not trust English to be your guide to Spanish pronunciation. Even words that are spelled the same in both languages are usually pronounced quite differently. It is important to become so familiar with Spanish sounds that you can pronounce them automatically, right from the beginning of your study of the language.

Las vocales (Vowels): *A, E, I, O, U*

Unlike English vowels, which can have many different pronunciations or may be silent, Spanish vowels are always pronounced, and they are almost always pronounced in the same way. Spanish vowels are always short and tense. They are never drawn out with a *u* or *i* glide as in English: **lo** ≠ *low*; **de** ≠ *day*.

¡OJO!   The English *uh* sound or schwa (which is how all unstressed vowels are pronounced: c*a*nal, wait*e*d, at*o*m) does not exist in Spanish.

a: pronounced like the *a* in *father,* but short and tense
e: pronounced like the *e* in *they,* but without the *i* glide
i: pronounced like the *i* in *machine,* but short and tense[†]
o: pronounced like the *o* in *home,* but without the *u* glide
u: pronounced like the *u* in *rule,* but short and tense

---

*Note that the indefinite article (**un, una**) is not used before unmodified nouns of profession.
[†]The word **y** (*and*) is also pronounced like the letter **i.**

PRÁCTICA

A. Pronounce the following Spanish syllables, being careful to pronounce each vowel with a short, tense sound.

1. ma fa la ta pa	4. mo fo lo to po	7. su mi te so la
2. me fe le te pe	5. mu fu lu tu pu	8. se tu no ya li
3. mi fi li ti pi	6. mi fe la tu do	

B. Pronounce the following words, paying special attention to the vowel sounds.

1. hasta   tal   nada   mañana   natural   normal   fascinante
2. me   qué   Pérez   usted   rebelde   excelente   elegante
3. así   señorita   así así   permiso   diligente   imposible   tímido
4. yo   con   cómo   noches   profesor   señor   generoso
5. uno   usted   tú   mucho   Perú   Lupe   Úrsula

LOS NÚMEROS 0–30

Canción infantil

Dos y dos son cuatro,
cuatro y dos son seis,
seis y dos son ocho,
y ocho dieciséis.

0	cero				
1	uno	11	once	21	veintiuno
2	dos	12	doce	22	veintidós
3	tres	13	trece	23	veintitrés
4	cuatro	14	catorce	24	veinticuatro
5	cinco	15	quince	25	veinticinco
6	seis	16	dieciséis†	26	veintiséis
7	siete	17	diecisiete	27	veintisiete
8	ocho	18	dieciocho	28	veintiocho
9	nueve	19	diecinueve	29	veintinueve
10	diez	20	veinte	30	treinta

A *children's song* Two and two are four, four and two are six, six and two are eight, and eight (makes) sixteen.
†The numbers 16 to 19 and 21 to 29 can be written as one word (**dieciséis... veintiuno**) or as three (**diez y seis... veinte y uno**).

The number *one* has several forms in Spanish. **Uno** is the form used in counting. **Un** is used before masculine singular nouns, **una** before feminine singular nouns: **un señor, una señora.** Note, also, that the number **veintiuno** becomes **veintiún** before masculine nouns and **veintiuna** before feminine nouns: **veintiún señores, veintiuna señoras.**

Use the word **hay** to express both *there is* and *there are* in Spanish. **No hay** means *there is not* and *there are not.*

Hay treinta estudiantes en la clase.   *There are thirty students in the class.*
No hay un tigre en la clase.   *There isn't a tiger in the class.*

PRÁCTICA

A. Practique los números.

1. 4 señoras	6. 1 clase (*f.*)	11. 28 bebidas
2. 12 noches	7. 21 ideas (*f.*)	12. 5 guitarras
3. 1 café (*m.*)	8. 11 tardes	13. 1 león (*m.*)
4. 21 cafés (*m.*)	9. 15 estudiantes	14. 30 señores
5. 14 días	10. 13 teléfonos	15. 20 oficinas

B. Problemas de matemáticas: + (y)   − (menos)   = (son).

MODELO $2 + 2 = 4$ → Dos y dos son cuatro.
             $4 − 2 = 2$ → Cuatro menos dos son dos.

1. $2 + 4 = ?$	4. $3 + 18 = ?$	7. $1 + 13 = ?$	10. $13 − 8 = ?$
2. $8 + 17 = ?$	5. $9 + 6 = ?$	8. $15 − 2 = ?$	11. $14 + 12 = ?$
3. $11 + 1 = ?$	6. $5 + 4 = ?$	9. $9 − 9 = ?$	12. $23 − 13 = ?$

LAIMUTE E. DRUSKIS/TAURUS PHOTOS

Hay muchos estudiantes de origen hispano en los Estados Unidos. Aquí (Here) unos estudiantes conversan en el «campus» del Bronx Community College.

CONVERSACIÓN

A. Preguntas (*Questions*)

1. ¿Hay tres días en una semana (*week*)? (No, no hay...) ¿Hay catorce? ¿Hay nueve? ¿Cuántos (*how many*) días hay en una semana? ¿Cuántos días hay en un fin de semana (*weekend*)?

2. ¿Hay un elefante en la clase hoy (*today*)? ¿Hay una jirafa? ¿Cuántos estudiantes hay en la clase hoy? ¿Hay tres profesores o un profesor?

3. Hay muchos edificios (*many buildings*) en una universidad. En la universidad de usted, ¿hay una cafetería? ¿un teatro? ¿un cine (*movie theater*)? ¿un laboratorio de lenguas? ¿un bar? ¿una clínica? ¿un hospital? ¿un museo? ¿muchos (*many*) estudiantes? ¿muchos profesores?

B. **¿Cuánto es?** (*How much does it cost?*) You have asked a clerk the prices of three different models or brands of something you want to buy. In each case you want to buy the least expensive model. What is the price of the item you finally select?

1. tres pesos, trece pesos, treinta pesos
2. dieciocho dólares, veintiocho dólares, ocho dólares
3. veintidós pesos, doce pesos, quince pesos
4. dieciséis pesetas, catorce pesetas, diecisiete pesetas
5. veintiún dólares, veintisiete dólares, veintinueve dólares
6. once pesetas, veintiuna pesetas, veintisiete pesetas

Now make up five similar sets of prices, and present them orally to your classmates, who will select the lowest price.

GUSTAR

To indicate that you like something in Spanish, say **Me gusta _____.** To indicate that you don't like something, use **No me gusta _____.** Use the question **¿Te gusta _____?** to ask a classmate if he or she likes something. Use **¿Le gusta _____?** to ask your instructor the same question.

In the following exercises, you will use the word **el** to mean *the* with masculine nouns and **la** with feminine nouns. Don't try to memorize which nouns are masculine and which are feminine. Just get used to using the words **el** and **la** before nouns.

PRÁCTICA

Indicate whether you like the following things.

MODELO   ¿la clase de español? → (No) Me gusta la clase de español.

1. ¿la música moderna? ¿la música clásica?
2. ¿el océano? ¿el parque?
3. ¿la universidad? ¿la residencia (*dorm*)? ¿la cafetería?
4. ¿la actriz Brooke Shields? ¿el actor Burt Reynolds? ¿el presidente de los Estados Unidos?
5. ¿estudiar (*to study*)? ¿estudiar español? ¿esquiar (*to ski*)? ¿jugar (*to play*) al tenis? ¿jugar al fútbol? ¿jugar al golf? ¿jugar a la lotería?
6. ¿beber (*to drink*) vino? ¿beber café? ¿beber té? ¿beber Coca-Cola? ¿beber chocolate?

CONVERSACIÓN

Entrevista. Ask another student if he or she likes the following things.

MODELO   ¿la clase de español? → —¿Te gusta la clase de español?
                                          —Sí, me gusta la clase de español. (No, no me gusta la clase de español.)

1. ¿comer (*to eat*) tacos? ¿comer hamburguesas? ¿comer en la cafetería? ¿comer en un restaurante elegante?
2. ¿hablar (*to speak*) español? ¿hablar otras lenguas? ¿hablar por teléfono? ¿hablar ante (*in front of*) muchas personas?
3. ¿tocar (*to play*) la guitarra? ¿tocar el piano? ¿tocar el violín?
4. ¿ir a (*to go to*) clase? ¿ir al cine? ¿ir al bar? ¿ir al parque? ¿ir al museo?

Now use the preceding cues to interview your instructor about his or her likes and dislikes.

HISPANICS IN THE UNITED STATES

The impact of Spanish is not limited to other countries. The Spanish language and people of Hispanic descent have been an integral part of United States life for centuries, and Hispanics are currently the fastest-growing cultural group in this country. The map on the next page shows the number of Hispanics in the United States in 1980.

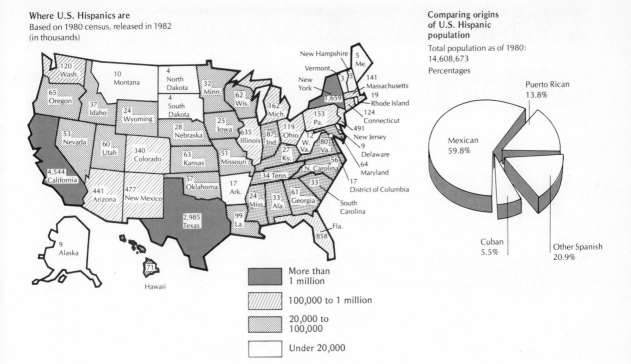

Where U.S. Hispanics are
Based on 1980 census, released in 1982
(in thousands)

**Comparing origins
of U.S. Hispanic
population**
Total population as of 1980:
14,608,673
Percentages

Mexican 59.8%

Puerto Rican 13.8%

Cuban 5.5%

Other Spanish 20.9%

☐ More than 1 million

☐ 100,000 to 1 million

☐ 20,000 to 100,000

☐ Under 20,000

People of Hispanic origin were among the first colonizers of what is now the United States, and descendants of those early settlers live in all parts of this country today. A visitor to the states of Montana, Idaho, and Nevada, for example, would meet many Basques and descendants of other Spanish settlers, and in the states of the Southwest many Mexican-Americans can trace their ancestors back several centuries.

Large groups of more recent arrivals can be found in New York (where there is a large Puerto Rican community) and in Florida (the home of many Cubans and Central Americans). And there has been a substantial increase in the number of Hispanics even in areas not usually thought of as having a large Hispanic population—Minneapolis–St. Paul, Seattle, Chicago, and New Orleans, to name only a few. Political and social changes in Central America have produced a recent influx of Nicaraguans and Salvadorans who have established large communities in many U.S. cities, among them San Francisco and Los Angeles. Predominant among people of South American descent in this country are Colombians, Argentines, and Ecuadorans.

Hispanics in the United States come from many different ethnic and social backgrounds. Their rich cultural heritage has helped to shape many aspects of life in this country, and they will continue to have considerable impact on daily life, culture, and business in the United States. Clearly our second language, Spanish will be increasingly important in the future as a language for communication and commerce both in this country and abroad.

 **TERCERA PARTE**

 ¿QUÉ HORA ES?

 **En el baile. La Cenicienta y el Príncipe bailan.**

CENICIENTA: *¿Qué hora es?*
PRÍNCIPE: *Son las doce menos diez,* princesa.
CENICIENTA: ¡Dios mío! Es hora de regresar a casa. Si no llego *a las doce en punto...*

Es la una. **Son** las dos. **Son** las cinco.

¿Qué hora es? is used to ask *What time is it?*. In telling time, one says **Es la una** but **Son las dos** (**las tres, las cuatro,** and so on**)**.

Es la una **y** { **cuarto.**
{ **quince.**

Son las dos **y** { **media.**
{ **treinta.**

Son las cinco **y diez.** Son las ocho **y veinticinco.**

Note that from the hour to the half-hour, Spanish, like English, expresses time by adding minutes or a portion of an hour to the hour.

At the dance. Cinderella and the Prince are dancing. CINDERELLA: What time is it? PRINCE: It's ten of twelve, Princess.
CINDERELLA: My goodness! It's time to return home. If I don't arrive exactly at twelve . . .

Son las dos **menos** { **cuarto.** **quince.**   Son las ocho **menos diez.**   Son las once **menos veinte.**

From the half-hour to the hour, Spanish usually expresses time by subtracting minutes or a part of an hour from the *next* hour.

Otras expresiones	
de la mañana	A.M., in the morning
de la tarde (noche)	P.M., in the afternoon (evening)
en punto	exactly, on the dot
¿a qué hora?	(at) what time?
a la una (las dos,...)	at 1:00 (2:00, ...)

Son las cuatro de la tarde en punto.   *It's exactly 4:00 P.M.*
¿A qué hora es la clase de español?   *(At) What time is Spanish class?*
Hay una recepción a las once de la   *There is a reception at 11:00 A.M.*
   mañana.

¡OJO! Don't confuse **Es/Son la(s)...** with **A la(s)... .** The first is used for telling time, the second for telling when something happens (when class starts, when one arrives, etc.).

PRÁCTICA

A. ¿Qué hora es?
1. 1:00
2. 6:00
3. 11:00
4. 1:30
5. 3:15
6. 6:45
7. 4:15
8. 11:45 exactly
9. 9:10 on the dot
10. 9:50 sharp

B. **¿Qué hora es?** Use **de la mañana (tarde, noche).**

1. mañana
2. mañana
3.
4.

5.   **6.**   **7.**   **8.**

C. You are a travel agent. Your clients want to know when (**¿cuándo?**) they're going to arrive at their destinations. With another student, ask and answer questions according to the model.

MODELO   a Guanajuato / 9:00 A.M. → —¿Cuándo llegamos a Guanajuato?
                                                —A las nueve de la mañana.

1. a Sevilla / 11:00 A.M.   4. a Miami / 8:31 P.M.
2. a Buenos Aires / 11:54 P.M.   5. a Málaga / 5:35 A.M.
3. a Los Ángeles / 1:15 P.M.   6. a Cali / 2:30 A.M.

CONVERSACIÓN

A. **Entrevista.** Ask another student what time the following events or activities take place. He or she will answer according to the cue or will provide the necessary information.

MODELO   la clase de español (10:00 A.M.) →
                —¿A qué hora es la clase de español?
                —A las diez de la mañana... ¡en punto!

1. la clase de francés (1:45 P.M.)   3. la excursión (8:50 A.M.)
2. la sesión de laboratorio (3:10 P.M.)   4. el concierto (7:30 P.M.)

Now ask what time your partner likes to perform these activities. He or she should provide the necessary information.

MODELO   estudiar español → —¿A qué hora te gusta estudiar español?
                                    —Me gusta estudiar español a las ocho de la
                                    noche.

1. comer (*to eat*)   3. jugar al vólibol
2. mirar (*to watch*) la televisión 4. ir (*to go*) a la cafetería

B. **¿Qué hora es?** Complete each statement, telling what time it probably is if the activity is taking place.

MODELO   _____; estudio (*I'm studying*) en la cafetería. →
                —Son las doce; estudio en la cafetería.

1. _____; el profesor (la profesora) llega a la clase.
2. _____; yo llego a la clase.
3. _____; hablo español en clase.

4. _____; estudio español.
5. _____; tomo (*I'm drinking*) café.
6. _____; miro (*I'm watching*) *Dallas*.
7. _____; el profesor (la profesora) prepara un examen.
8. _____; hay una fiesta en mi casa (*at my house*).

C. How might the following people greet each other if they met at the indicated time? Create a brief dialogue for each situation.

1. el profesor Martínez y Gloria, a las diez de la mañana
2. la Sra. López y la Srta. Luna, a las cuatro y media de la tarde
3. usted y su (*your*) profesor(a) de español, en la clase de español
4. Jorge y María, a las once de la noche

EL MUNDO HISPÁNICO

¿En cuántas (*how many*) naciones de la América Central se habla español? Hay setenta y un (71) millones de habitantes en México. ¿Cuántos habitantes hay en Guatemala? ¿en El Salvador? ¿en las demás (*other*) naciones de la América Central? ¿Cuál (*What*) es la capital de México? ¿de Costa Rica?

Cuba está (*is located*) en el Mar Caribe. ¿Dónde (*Where*) está la República Dominicana? ¿Qué parte de los Estados Unidos está también (*also*) en el Mar Caribe? ¿Dónde está el Canal de Panamá?

¿En cuántas naciones de Sudamérica se habla español? ¿Se habla español o portugués en el Brasil? ¿Cuántos millones de habitantes hay en Venezuela? ¿en Chile? ¿en las demás naciones? ¿Cuál es la capital de cada (*each*) nación?

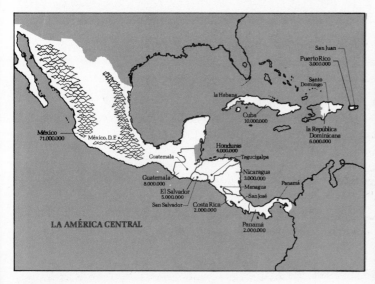

España está en la Península Ibérica. ¿Qué otra nación está también en esa (*that*) península? ¿Cuántos millones de habitantes hay en España? No se habla español en Portugal. ¿Qué lengua se habla allí (*there*)? ¿Cuál es la capital de España? ¿Está en el centro de la Península?

LAS PALABRAS INTERROGATIVAS: UN RESUMEN

Here are the interrogative words and phrases that you have already learned. (You will learn more in subsequent chapters of *Puntos de partida*.) Note the accent over the stressed vowel and the use of the inverted question mark.

¿a qué hora? *(at what time)*	¿A qué hora es la clase?
¿cómo? *(how)*	¿Cómo estás? ¿Cómo es Don Juan? ¿Cómo te llamas?
¿cuál?* *(what, which)*	¿Cuál es la capital de Colombia?
¿cuándo? *(when)*	¿Cuándo es la fiesta?
¿cuánto? *(how much)*	¿Cuánto es?
¿cuántos?, ¿cuántas? *(how many)*	¿Cuántos días hay en una semana? ¿Cuántas naciones hay en Sudamérica?
¿dónde? *(where)*	¿Dónde está España?
¿qué?* *(what, which)*	¿Qué es un hospital? ¿Qué es esto? ¿Qué hora es?
¿quién? *(who)*	¿Quién es usted?

*Use **¿qué?** to mean *what?* when you are asking for a definition or an explanation. Use **¿cuál?** to mean *what?* in all other circumstances. See also Grammar Section 24.

Note that in Spanish the voice falls at the end of questions that begin with interrogative words.

¿Qué es un tren?   ¿Cómo estás?

PRÁCTICA

A. What interrogative words do you associate with the following information?

1. ¡A las tres en punto!
2. En el centro de la península.
3. Soy médico. *Qué*
4. Muy bien, gracias.
5. ¡Es arrogante!
6. Hay cinco millones.
7. Dos pesos.
8. (La capital) Es Caracas. *Cuál*
9. Es un instrumento musical. *Qué*
10. Mañana, a las cinco.
11. Son las once.
12. Soy Roberto González.

B. Now give the questions that would result in the answers given in **Práctica A.**

CONVERSACIÓN

A. What question is being asked by each of the following persons?

MODELO   El hombre pregunta (*is asking*): ¿_____? _____.
La mujer (*woman*) pregunta: ¿_____? _____.

1. ¿La película (*movie*)?

2. ¿El libro?

3. ¿El regalo (*gift*)?

4. ¿La capital de España?

5. ¿El libro?

6. ¿El fantasma?

B. Use interrogatives to form as many questions as *you* can about each of the preceding pictures.

MODELO   Dibujo 1: ¿Dónde está el cine?
¿Quién es el hombre?

MANDATOS° Y FRASES COMUNES EN LA CLASE

Commands

«*¿Hay preguntas?*»
«*Sí, yo tengo una,
profesora.*»

Here are some phrases that you will hear and use frequently during class. Don't try to memorize all of them. You will learn to recognize them with practice.

Los estudiantes

Practice saying these sentences aloud. Then try to give the Spanish as you look at the English equivalents.

Tengo una pregunta (que hacer).	*I have a question (to ask).*
¿Cómo se dice *page* en español?	*How do you say "page" in Spanish?*
Otra vez, por favor. No entiendo.	*(Say that) Again, please. I don't understand.*
No sé (la respuesta).	*I don't know (the answer).*
Cómo no.	*Of course.*

Los profesores

After you read these Spanish sentences, cover the English equivalents and say what each expression means.

¿Hay preguntas?	*Are there any questions?*
Escuche.	*Listen.*
Repita.	*Repeat.*
Lea (en voz alta).	*Read (aloud).*
Escriba (la oración).	*Write (the sentence).*
Conteste en español, por favor.	*Answer in Spanish, please.*
Abra el libro en la página _____.	*Open your book to page _____.*
Pregúntele a otro estudiante _____.	*Ask another student _____.*

PRÁCTICA

Your instructor will say the following commands and questions. Respond with an appropriate action or rejoinder.

1. Abra el libro en la página 20.
2. ¿Hay preguntas?
3. Repita la oración: Soy estudiante.
4. Escriba: Hola. ¿Qué tal?
5. Escuche.
6. Lea una oración.

7. Conteste en español: ¿Cómo está usted hoy?
8. Pregúntele a otro estudiante: ¿Cómo te llamas?

VOCABULARIO: ANTE TODO

Although you have used many words in this preliminary chapter of *Puntos de partida,* the following words are the ones considered to be active vocabulary. Be sure that you know all of them before beginning **Capítulo 1.**

SALUDOS Y EXPRESIONES DE CORTESÍA

Buenos días. Buenas tardes. Buenas noches.
Hola. ¿Qué tal? ¿Cómo está(s)?
Así así. (Muy) Bien.
¿Y tú? ¿Y usted?
Adiós. Hasta mañana. Hasta luego.
¿Cómo te llamas? ¿Cómo se llama usted? Me llamo _____.
señor (Sr.), señora (Sra.), señorita (Srta.)
(Muchas) Gracias. De nada.
Por favor. Perdón. Con permiso.
Mucho gusto. Igualmente. Encantado/a.

FORMAS SINGULARES DEL VERBO *SER*

soy, eres, es

LOS NÚMEROS

cero, uno, dos, tres, cuatro, cinco, seis, siete, ocho, nueve, diez, once, doce, trece, catorce, quince, dieciséis, diecisiete, dieciocho, diecinueve, veinte, treinta

GUSTAR

¿Te gusta _____? ¿Le gusta _____? Sí, me gusta _____. No, no me gusta _____.

¿QUÉ HORA ES?

es la..., son las..., y/menos cuarto, y media, en punto, de la mañana (tarde, noche), ¿a qué hora?, a la(s)...

OTRAS PALABRAS INTERROGATIVAS

¿cómo?, ¿cuál?, ¿cuándo?, ¿cuánto?, ¿cuántos/as?, ¿dónde?, ¿qué?, ¿quién?

PALABRAS ADICIONALES

sí yes	**no** no	**y** and	**o** or	**también** also
mañana tomorrow	**hoy** today	**en** in, at	**de** of, from	**a** to; at (*with time*)
hay there is/are	**no hay** there is not/are not			
está is (*located*)				

INTRODUCTION TO
PUNTOS DE PARTIDA

Puntos de partida is divided into nineteen grammar chapters, alternating with nineteen sections called **Un paso más** (*One more step*). Each chapter has its own theme—university life here and abroad, travel, foods, and so on. The first section of each chapter, **Para empezar** (*To begin*), will call your attention to aspects of the themes that are particularly interesting in the Hispanic world. Important vocabulary and expressions related to the themes are included in **Vocabulario: Preparación. Pronunciación** will introduce you to more aspects of the Spanish sound system.

The grammar section, **Minidiálogos y gramática,** contains brief dialogues, drawings, or readings, which introduce new grammar points, as well as two groups of exercises on the grammar. The first group, **Práctica,** consists of basic step-by-step practice with each new grammar point. (The answers to many of these exercises are in Appendix 3.) The second group, **Conversación,** is exactly that—a stimulus for speaking. Here you can express yourself by answering questions, describing pictures and cartoons, and so on. Throughout the grammar sections, the word ¡**OJO!** (*Watch out!*) will call your attention to areas where you should be especially careful when using Spanish. The brief sections called **Encuentro cultural** (*Cultural encounter*) will help you expand your knowledge of the chapter's cultural theme.

The longer dialogue **(Diálogo)** that immediately follows the grammar section will be easy to understand because it is a combination of everything you have learned in the chapter, as is the review section, **Un poco de todo** (*A little of everything*). In the **Vocabulario** you will find a complete list of the new (active) words for the chapter.

Another kind of review section that appears throughout the text is called **¿Recuerda Ud.?** (*Do you remember?*). These brief sections will help you to review grammar points you have already studied and make it easier for you to learn new grammar based on those points. (The answers to the exercises in **¿Recuerda Ud.?** are in Appendix 2.)

Un paso más is very informal. In the **Actividades,** you will use your new language skills to communicate your ideas and opinions to others. In addition to cartoons, questionnaires, and suggestions for conversation, there will be material that you would actually find in Spanish-speaking countries—ads, menus, tickets, forms, and the like—as well as hints on how to communicate more successfully with others in Spanish. Finally, in the **Lectura cultural** (*Cultural reading*), you will become acquainted with everyday life and important events in the Hispanic world.

Una invitación al mundo hispánico

Understanding another people's culture means understanding what they do all the time without thinking about it. You will find that many times an action that is familiar to you—a particular gesture, for example—has a very different meaning in another culture. Other times you will see people doing things that just seem "wrong" to you, like not standing in line while waiting for service in a bank. You will find shops closed when your culture tells you they "should" be open, and open when they "should" be closed.

In learning about another culture, you also learn more about your own. You will see that a culture is a structure that provides for basic human needs: personal safety, making and maintaining friendships, dealing with strangers, running a business, and so on. Each culture meets these needs in its own way. Your job as a visitor to another culture is to learn to observe this structure without immediately judging it, to compare by using the terms "same/different" and not "right/wrong." As you do this, your understanding and appreciation of yourself and of other people will continually grow, and you will be increasingly able to participate actively in many new and exciting experiences.

1. *El matador y el toro en una clásica confrontación en Sevilla, España.*
2. *Producción moderna de vehículos en México.*
3. *El mundo hispánico tiene ciudades (cities) muy modernas, pero esta foto es la de una pequeña ciudad española completamente tradicional.*
4. *Estos jóvenes (These young people) están bailando en una animada discoteca en México.*
5. *Estas mujeres del Ecuador preparan cosas para vender (to sell) en Quito, capital del país.*

PETER MENZEL

COURTESY OF UNITED NATIONS

CORNELL CAPA/MAGNUM PHOTOS

PETER MENZEL

CHRISTIAN DELBERT/THE PICTURE CUBE

CAPÍTULO 1

LA UNIVERSIDAD

SYBIL SHELTON/PETER ARNOLD, INC.

PARA EMPEZAR

In this chapter and in **Un paso más 1,** you will learn vocabulary and expressions about aspects of university life, and will consider related attitudes and customs of Hispanic peoples. As a first step, read the following paragraph about two students who are studying various subjects **(materias)** in two different schools **(facultades)** of this university.

Los estudiantes comparan sus (*their*) clases para el nuevo (*new*) semestre. Rubén estudia para ser médico en la Facultad de Medicina; estudia biología, fisiología y matemáticas. Laura estudia para ser profesora en la Facultad de Pedagogía; estudia historia, español, inglés y ciencias políticas. Los dos estudian otras materias también.

VOCABULARIO: PREPARACIÓN

¿Dónde? La universidad			
la biblioteca	the library	**la librería**	the bookstore
la clase	the class	**la oficina**	the office
el edificio	the building	**la residencia**	the dormitory

¿Qué? Cosas			
el bolígrafo	the pen	**el libro**	the book
el cuaderno	the notebook	**la mesa**	the table
el diccionario	the dictionary	**el papel**	the paper
el dinero	the money	**la pizarra**	the chalkboard
el escritorio	the desk	**la silla**	the chair
el lápiz	the pencil		

¿Quién? Personas			
el consejero	the (male) advisor	**el profesor**	the (male) professor
la consejera	the (female) advisor	**la profesora**	the (female) professor
el estudiante	the (male) student	**el secretario**	the (male) secretary
la estudiante	the (female) student	**la secretaria**	the (female) secretary

A. **¿Dónde están?** (*Where are they?*) Indique el edificio o lugar (*place*). Luego identifique las cosas y las personas usando las letras.

1. Están en _____.

   _____ la profesora   _____ el bolígrafo
   _____ la estudiante   _____ la mesa
   _____ el papel   _____ la silla
   _____ el lápiz   _____ la pizarra

2. Están en _____.

   _____ el libro
   _____ el diccionario
   _____ el cuaderno
   _____ el bolígrafo
   _____ la mesa
   _____ el estudiante
   _____ la silla

3. Están en _____.

   _____ la estudiante   _____ el bolígrafo
   _____ el lápiz   _____ el dinero
   _____ el cuaderno

4. Están en _____.

_____ la secretaria   _____ el escritorio
_____ la consejera   _____ el diccionario
_____ el profesor

B. **Identificaciones.** ¿Es hombre o mujer (*man or woman*)?

MODELO ¿La consejera? → Es mujer.

1. ¿El profesor?   2. ¿La estudiante?   3. ¿El secretario?   4. ¿El estudiante?

Las materias (subjects)			
las ciencias	the sciences	**el inglés**	English
el comercio	business	**las matemáticas**	mathematics
el español	Spanish	**la sicología**	psychology
la historia	history		

C. **Asociaciones.** Which words do you associate with the numbered words on the left?

1. las ciencias
2. la sicología
3. la biblioteca
4. el diccionario
5. el lápiz
6. el comercio

las matemáticas	la librería	el papel
la universidad	el dinero	el cuaderno
la mesa	el edificio	el libro
el bolígrafo	la estudiante	la historia
el secretario	la consejera	la clase
el español	el escritorio	el inglés

CH. Identifique los libros.

MODELO *Los insectos de Norteamérica* → Es para (*for*) una clase de ciencias.

1. *El cálculo I*
2. *Romeo y Julieta*
3. *México en crisis*
4. *Puntos de partida*
5. *Skinner y Freud*
6. *Don Quijote*
7. *Análisis crítico de la economía mexicana*
8. *La caída* (fall) *del imperio romano*

D. **¿Qué estudias?** (*What are you studying?*) The right-hand column lists a number of university subjects. Tell about your academic interests and those of other people by creating sentences using one word or phrase from each column.

(No) Estudio _____.

(No) Deseo estudiar _____.

(No) Necesito estudiar _____.

(estudiante) estudia _____.

(No) Me gusta estudiar _____.

español, francés, inglés

arte, filosofía, literatura, música

ciencias políticas, historia, sicología, sociología

biología, física, química

comercio, ingeniería, matemáticas

Study Hint: Learning New Vocabulary

Vocabulary is one of the most important tools for successful communication in a foreign language. What does it mean to "know vocabulary"? And what is the best way to learn vocabulary?

1. Memorization is only part of the learning process. Using new vocabulary to communicate requires practicing that vocabulary in context. What do you associate with this word? When might you want to use it? Create a context—a place, a situation, a person or group of people—for the vocabulary that you want to learn or use a context from the text. The more associations you make with the word, the easier it will be to remember. Practice useful words and phrases over and over—thinking about their meaning—until you can produce them automatically. You may find it useful to "talk to yourself," actually saying aloud the words you want to learn.

2. Carefully study the words in vocabulary lists. If a word is a cognate or shares a root with an English word, be especially aware of differences in spelling and pronunciation. For example, note that **clase** is spelled with only one **s;** that there is no *th* in **matemáticas;** and that

ciencias does not begin with an **s.** Keep in mind that an "almost but not quite perfect" spelling may lead to a miscommunication: **el libro** (*the book*) versus **la libra** (*the pound*); **la mesa** (*the table*) versus **el mes** (*the month*); **el consejero** (*male advisor*) versus **la consejera** (*female advisor*). You also need to remember which words require **el** and which require **la** to express *the,* as well as which words require a written accent—**el lápiz, el bolígrafo,** for example—and where the accent occurs.

3. After studying the list, cover the English and give the English equivalent of each Spanish word.

4. When you are able to give the English without hesitation and without error, reverse the procedure; cover the Spanish and give the Spanish equivalent of each English word. Write out the Spanish words (using **el** or **la** where appropriate) once or several times and say them aloud.

5. Vocabulary lists and flash cards can be useful as a review or as a self-test.

PRONUNCIACIÓN: Diphthongs and Linking

Two successive weak vowels (**i, u**) or a combination of a strong vowel (**a, e,** or **o**) and a weak vowel (**i** or **u**) are pronounced as a single syllable, forming a *diphthong* (**un diptongo**).

When words are combined to form phrases, clauses, and sentences, they are linked together in pronunciation. In spoken Spanish, it is usually impossible to hear the word boundaries—that is, where one word ends and another begins.

PRÁCTICA

A. Más práctica con las vocales.

1. hablar	pagar	cantar	trabajar
2. trece	clase	papel	general
3. dinero	oficina	bolígrafo	libro
4. hombre	profesor	dólares	los
5. universidad	gusto	lugar	mujer

B. Practique las siguientes palabras.

1. historia	secretaria	gracias	estudiante	seis
2. bien	Oviedo	siete	ciencias	diez
3. secretario	biblioteca	adiós	diccionario	Antonio
4. cuaderno	Eduardo	el Ecuador	Guatemala	Managua
5. bueno	nueve	luego	veinte	Venezuela

SYBIL SHELTON/PETER ARNOLD, INC.

La estructura de la universidad. Las universidades hispánicas están divididas en facultades: la Facultad de Leyes (Law), la de (that of) Medicina, la de Filosofía y Letras (Humanities), la de Ingeniería, etcétera. Cada (Each) facultad tiene su propio (has its own) profesorado: los profesores que enseñan (who teach) los cursos en la facultad. Generalmente un estudiante entra en el programa de estudios de una facultad y toma todas (all) las clases allí. Casi (Almost) todos los cursos son obligatorios; no hay muchos cursos electivos. Estos estudiantes escuchan una conferencia (lecture) en la Facultad de Ciencias.

C. Practice saying each phrase as if it were one long word, pronounced without a pause.

1. el papel y el lápiz
2. la profesora y la estudiante
3. las ciencias y las matemáticas
4. la historia y la sicología

5. la secretaria y el profesor
6. el inglés y el español
7. la clase en la biblioteca
8. el libro en la librería

MINIDIÁLOGOS Y GRAMÁTICA

En *la clase: El* primer *día*

PROFESORA: ...y para mañana, es necesario traer *los libros* de texto, *papel, un cuaderno* y *un diccionario.*

ANA: Perdón, *profesora,* pero... ¿ya hay *libros* para esta *clase* en *la librería?*

PROFESORA: Creo que sí.

ANA: ¿Y *diccionarios?*

PROFESORA: ¿No hay en *la librería?*

PEDRO: Sí, hay... pero *el problema* es *el precio.*

Complete las oraciones en una forma lógica.

1. Para mañana es necesario traer _____.
2. En la librería hay _____.
3. El problema con (*with*) los libros de texto es _____.

*1. Singular Nouns: Gender and Articles**

A *noun* (**un sustantivo**) is a word that is the name of a person, place, thing, or idea. In English, nouns can refer to male beings, female beings, or neuter things.

Male: man, grandfather, boy
Female: woman, grandmother, girl
Neuter: yard, tree, love

In Spanish, all nouns have either masculine or feminine *gender* (**el género**). This is a purely grammatical feature of nouns; it does not mean that Spanish speakers perceive things or ideas as having male or female attributes.

In class: the first day. INSTRUCTOR: . . . and for tomorrow, it's necessary to bring the textbooks, paper, a notebook, and a dictionary. ANA: Pardon me, ma'am [professor], but . . . are there books for this class in the bookstore already? INSTRUCTOR: I think so. ANA: And (what about) dictionaries? INSTRUCTOR: Aren't there any in the bookstore? PEDRO: Yes, there are . . . but the problem is the price.

*The grammar sections of *Puntos de partida* are numbered consecutively throughout the book. If you need to review a particular grammar point, the index will refer you to its page number.

	Masculine nouns		*Feminine nouns*	
Definite articles	**el** hombre **el** lib**ro**	*the man* *the book*	**la** mujer **la** mes**a**	*the woman* *the table*
Indefinite articles	**un** hombre **un** lib**ro**	*a (one) man* *a (one) book*	**una** mujer **una** mes**a**	*a (one) woman* *a (one) table*

A. Nouns that refer to male beings and most nouns that end in **-o** are *masculine* **(masculino)** in gender: **hombre** (*man*), **libro** (*book*).

Nouns that refer to female beings and most nouns that end in **-a, -ción, -tad,** and **-dad** are *feminine* **(femenino): mujer** (*woman*), **mesa** (*table*), **nación** (*nation*), **libertad** (*liberty*), **universidad** (*university*).

¡OJO!   A common exception is the word **día,** which ends in **-a** but is masculine in gender: **el día.** Many words ending in **-ma** are also masculine: **el problema, el programa, el drama,** and so on.

Nouns that have other endings and that do not refer to either males or females may be masculine or feminine. Their gender must be memorized: **el lápiz, la clase, la tarde, la noche,** and so on.

B. In English, *the* is the *definite article* **(el artículo definido).** In Spanish, the definite article for masculine singular nouns is **el;** for feminine singular nouns it is **la.**

C. In English, the singular *indefinite article* **(el artículo indefinido)** is *a* or *an.* In Spanish, the indefinite article, like the definite article, must agree with the gender of the noun: **un** for masculine nouns, **una** for feminine nouns. **Un** and **una** can also mean *one* as well as *a* or *an.* Context determines the meaning.

[Práctica A, B]*

CH. Some nouns that refer to persons indicate gender according to the following patterns:

If the masculine ends in **-o,** the feminine ends in **-a:**

el niñ**o**	*the boy* →	**la** niñ**a**	*the girl*
el amig**o**	*the friend* (male)	**la** amig**a**	*the friend* (female)

If the masculine ends in a consonant, the feminine has a final **-a:**

un profeso**r**   *a (male) professor* → **una** profeso**ra**   *a (female) professor*

Many other nouns that refer to people have a single form. Gender is indicated by the article: **el estudiante, la estudiante; el cliente** (*the male client*), **la cliente** (*the female client*). A few nouns that end in **-e** have a feminine form

---

*This reference is a regular feature of the grammar sections of *Puntos de partida.* It means that you are now prepared to do exercises **A** and **B** in the **Práctica** section.

that ends in **-a: el dependiente** (*the male clerk*), **la dependienta** (*the female clerk*).

D. Since the gender of all nouns must be memorized, it is best to learn the definite article along with the noun; that is, learn **el lápiz** rather than just **lápiz.** The definite article will be given with nouns in vocabulary lists in this book.

[Práctica C, CH]*

PRÁCTICA

A. Cambie (*Change*): artículo definido → artículo indefinido
artículo indefinido → artículo definido.

1. el diccionario
2. la librería
3. el profesor
4. la residencia
5. el bolígrafo

6. una silla
7. una residencia
8. un precio
9. un estudiante
10. una oficina

B. Dé (*Give*) el artículo definido.

1. escritorio
2. biblioteca
3. bolígrafo

4. pizarra
5. hombre
6. universidad

7. mujer
8. nación
9. secretario

Dé el artículo indefinido.

10. día
11. mañana
12. problema

13. lápiz
14. clase
15. noche (*f.*)

16. papel
17. condición
18. programa

C. **Escenas de la facultad.** Haga oraciones según el modelo.

MODELO   estudiante / librería →
Hay un estudiante en la librería.

1. consejero / oficina
2. profesora / clase
3. lápiz / mesa
4. cuaderno / escritorio

5. papel / libro
6. bolígrafo / silla
7. palabra (*word*) / pizarra
8. oficina / biblioteca

CH. **Definiciones.** Defina en español según el modelo.

MODELO   biblioteca / edificio → La biblioteca es un edificio.

1. consejero / persona
2. inglés / materia
3. residencia / edificio

4. dependiente / ?
5. hotel (*m.*) / ?
6. comercio / ?

*You are now prepared to do **Práctica C** and **CH,** and **Conversación.**

CONVERSACIÓN

A. **¿Quién es?** Give the male or female counterpart of each of the following persons.

MODELO Pablo Ortiz es consejero. (Paula Delibes) →
Paula Delibes es consejera también.

1. Camilo es estudiante. (Conchita)
2. Carmen Leal es profesora. (Carlos Ortega)
3. Juan Luis es dependiente. (Juanita)
4. Josefina es mi amiga. (José)

Now identify as many people as you can in your class and on your campus.

B. **Entrevista.** ¿Te gusta... ?

MODELO comida (*food*) de la residencia →
—¿Te gusta la comida de la residencia?
—Sí, me gusta. (No, no me gusta.)

1. profesor
2. clase de español (de historia, de...)
3. comida de la residencia (en la cafetería, en...)
4. programa *General Hospital* (*All My Children,*...)
5. drama *Dallas* (*Hill Street Blues,*...)

2. Nouns and Articles: Plural Forms

	Singular	Plural	
Nouns ending in a vowel	**el** libro **la** mesa **un** libro **una** mesa	**los** libros **las** mesas **unos** libros **unas** mesas	*the books* *the tables* *some books* *some tables*
Nouns ending in a consonant	**la** universidad **un** papel	**las** universidad**es** **unos** papel**es**	*the universities* *some papers*

A. Spanish nouns that end in a vowel form plurals by adding **-s.** Nouns that end in a consonant add **-es.** Nouns that end in the consonant **-z** change the **-z** to **-c** before adding **-es: lápiz → lápices.**

B. The definite and indefinite articles also have plural forms: **el → los, la → las, un → unos, una → unas. Unos** and **unas** mean *some, several,* or *a few.*

C. In Spanish, the masculine plural form of a noun is used to refer to a group that includes both males and females.

los amig**os**	*the friends* (both male and female)
los extranjer**os**	*the foreigners* (males and females)

PRÁCTICA

A. Dé la forma plural.

1. la mesa
2. el libro
3. el amigo
4. la oficina
5. un cuaderno
6. un lápiz
7. una extranjera
8. un bolígrafo
9. un edificio

Dé la forma singular.

10. los profesores
11. las secretarias
12. las niñas
13. los lápices
14. unos papeles
15. unas tardes
16. unas residencias
17. unas sillas
18. unos escritorios

B. **Identificaciones.** Which of the words listed to the right might be used to refer to the person(s) named on the left?

1. Ana María: consejero   mujer   dependiente   estudiante
2. Tomás: niño   consejera   profesor   secretaria
3. Margarita y Juan: extranjeros   amigos   hombres   estudiantes

C. **¿Cómo se dice en español?** Express in Spanish these people and buildings that you might see on your campus.

1. the (*male and female*) students
2. some dormitories
3. a (*female*) clerk in the bookstore
4. the foreigners
5. the (*male*) secretaries
6. some (*female*) professors

CONVERSACIÓN

A. Identifique las personas, las cosas y los lugares.

MODELO   Hay _____ en _____. → Hay un libro en la mesa.

1.

2.

3.

4.

5.

B. ¿Qué hay en el cuarto (*room*)? Use el artículo indefinido.

MODELOS   Hay _____ en el cuarto.
En el escritorio hay _____.

Ahora describa su propio (*your own*) cuarto.

MODELOS   Hay _____ en mi cuarto.
En mi escritorio hay _____.

C. ¿Qué hay en una oficina típica de esta (*this*) universidad? ¿Qué hay en una clase típica? ¿Qué hay en una clase que *no* hay en una oficina?

3. Subject Pronouns

Singular		Plural	
yo	*I*	**nosotros, nosotras**	*we*
tú	*you* (familiar)	**vosotros, vosotras**	*you* (familiar)
usted (Ud.)	*you* (formal)	**ustedes (Uds.)**	*you* (formal)
él	*he*	**ellos** ⎱	*they*
ella	*she*	**ellas** ⎰	

The *subject* (**el sujeto**) of a sentence is the word or group of words about which something is said or asserted. Usually the subject indicates who or what performs the action of the sentence: *The **girl** threw the ball.*

   Indicate the subjects in the following sentences:

1. Olga is going to write a letter.
2. The car ran off the road.
3. Have Jack and Joyce arrived yet?
4. Love conquers all.

   A *pronoun* (**un pronombre**) is a word used in place of a noun: ***She*** [*the girl*] *threw the ball.* What English pronouns would you use in place of the subjects in the preceding four sentences?

Spanish subject pronouns are used as follows:

A. Several subject pronouns have masculine and feminine forms: **nosotros, nosotras; vosotros, vosotras; ellos, ellas.** The masculine plural form is used to refer to a group of males and females.

B. Note that, in general, the English subject pronoun *it* has no equivalent in Spanish: **Es para la clase** (*It is for the class*).

C. Spanish has two different words for *you* (singular): **tú** and **usted. Usted** is generally used to address persons with whom the speaker has a formal relationship. Use **usted** with people whom you call by their title and last name **(Sr. Gutiérrez, profesora Hernández),** or with people you don't know very well. Students generally address their instructors with **usted.** In some parts of the Spanish-speaking world, children use **usted** with their parents.

  Tú implies a familiar relationship. Use **tú** when you would address a person by his or her first name, with close friends or relatives, and with children and pets. Students usually address each other as **tú.** If you are unsure about whether to use **tú** or **usted,** it is better to use **usted.** The native speaker can always suggest that you use **tú** if that form is more appropriate.

CH. The plural of **usted** is **ustedes.** In Latin America, as well as in the United States, **ustedes** also serves as the plural of **tú.** In Spain, however, the plural of **tú** is **vosotros/vosotras,** which is used when speaking to two or more persons whom you would call **tú** individually.

D. **Usted** and **ustedes** are frequently abbreviated in writing as **Ud.** or **Vd.,** and **Uds.** or **Vds.,** respectively. *Puntos de partida* will use **Ud.** and **Uds.**

PRÁCTICA

A. What subject pronoun would you use to speak *about* the following persons?

1. yourself
2. two men
3. a female child
4. yourself (*m.*) and a female friend
5. yourself (*f.*) and a female friend
6. your uncle Jorge
7. your aunts Ana and Elena

B. What subject pronoun would you use to speak *to* the following persons?

1. una profesora
2. unos consejeros
3. un niño
4. unas amigas
5. un dependiente
6. un estudiante
7. mamá

C. What subject pronoun would you *substitute* for each of the following persons?

1. Eva
2. Luis
3. Fausto y yo (*m.*)
4. tú (*m.*) y Cecilia
5. Vicente y David
6. Graciela y yo (*f.*)

4. Present Tense of *-ar* Verbs

Una fiesta para los estudiantes extranjeros

CARLOS: ¿No *desean* Uds. *bailar?*
ALFONSO: ¡Cómo no! Yo *bailo* con Mary. Ella *habla* inglés.
TERESA: Yo *hablo* francés y *bailo* con Jacques.
CARLOS: Y yo *bailo* con Gretchen.
GRETCHEN: Sólo si *pagas* las cervezas. ¡*Bailas* muy mal!

Who made—or might have made—each of the following statements?

1. Yo bailo con Jacques.
2. Yo hablo inglés.
3. Yo hablo alemán (*German*).
4. Nosotros hablamos francés.
5. Yo bailo con Alfonso.
6. ¡Yo no bailo mal!

Hablar (*to speak*): **habl-**	
Singular	*Plural*
yo habl**o**	nosotros/as habl**amos**
tú habl**as**	vosotros/as habl**áis**
Ud.⎫	Uds.⎫
él ⎬ habl**a**	ellos ⎬ habl**an**
ella⎭	ellas⎭

Infinitives and Personal Endings

A. A *verb* (**un verbo**) is a word that indicates an action or a state of being: *We run, The house **is** in San Antonio.* The *infinitive* (**el infinitivo**) of a verb indicates the action or state of being with no reference to who or what performs the action, or when it is done (present, past, or future). In English the infinitive is indicated by *to: **to** run, **to** be.* In Spanish all infinitives end in **-ar, -er,** or **-ir.** The regular **-ar** verbs, like **hablar,** are the first and largest group of Spanish verbs.

B. To *conjugate* (**conjugar**) a verb means to give the various forms of the verb with their subjects: *I speak, you speak, he (she, it) speaks,* and so on.
   In Spanish there are six present tense forms, as shown in the conjugation of **hablar.** All regular Spanish verbs are conjugated by adding *personal endings*

A party for foreign students. CARLOS: Don't you want to dance?   ALFONSO: Of course! I'll dance with Mary. She speaks English. TERESA: I speak French and I'll dance with Jacques.   CARLOS: And I'll dance with Gretchen.   GRETCHEN: Only if you buy (pay for) the beers! You dance very badly!

(las terminaciones personales) that reflect the subject doing the action. These are added to the *stem* **(la raíz** or **el radical):** the infinitive minus the infinitive ending **(hablár → habl-).**

C. These personal endings are added to the stem of all regular **-ar** verbs: **-o, -as, -a, -amos, -áis, -an.** Notice that the vowel **-a** appears in all present tense endings except the first person singular, **hablo.**

Some important **-ar** verbs in this chapter include:

bailar	to dance	**hablar**	to speak, talk
buscar	to look for	**necesitar**	to need
cantar	to sing	**pagar**	to pay (for)
comprar	to buy	**practicar**	to practice
desear	to want	**regresar**	to return (*to a place*)
enseñar	to teach	**tomar**	to take; to drink
estudiar	to study	**trabajar**	to work

¡OJO!   In Spanish the meaning of the English word *for* is included in the verbs **pagar** (*to pay for*) and **buscar** (*to look for*).

As in English, when two Spanish verbs are used in sequence and there is no change of subject, the second verb is usually in the infinitive form.

Necesito **trabajar.**   *I need to work.*
Desean **bailar** también.   *They want to dance too.*

English Equivalents for Present Tense

In both English and Spanish, conjugated verb forms also indicate the *time* or *tense* **(el tiempo)** of the action: *I speak* (present), *I spoke* (past).

The present tense forms of Spanish verbs correspond to four English equivalents.

hablo	*I speak*	Simple present tense
	I am speaking	Present progressive to indicate an action in progress
	I do speak	Emphatic present to give special emphasis
	I will speak	Near future action

Note that another word or phrase may indicate future time when the present is used to describe near future actions.

Hablo con Juan **mañana.**   *I'll speak with John tomorrow.*
¿Estudiamos **por la noche?**   *Shall we study at night?*

[Práctica A]

Use and Omission of Subject Pronouns

In English, a verb must have an expressed subject (a noun or pronoun): *he/she/the train returns.* In Spanish, an expressed subject is not required; verbs are accompanied by a subject only for clarification, emphasis, or contrast.

1. *Clarification.* When the context does not make the subject clear, the subject pronoun is expressed: ***usted/él/ella* habla; *ustedes/ellos/ellas* hablan.**
2. *Emphasis.* Subject pronouns are used in Spanish to emphasize the subject when in English you would stress it with your voice.

   Yo hablo bien.   *I speak well.*

3. *Contrast.* Contrast is a special case of emphasis. Subject pronouns are used to contrast the actions of two individuals or groups.

   Ellos hablan mucho; **nosotros** hablamos poco.   *They talk a lot; we talk little.*

Negation

A Spanish sentence is made negative by placing the word **no** before the conjugated verb. No equivalent for the English words *do* or *does* in negative sentences exists.

El señor **no** habla inglés.   *The man doesn't speak English.*
No, **no** necesitamos dinero.   *No, we don't need money.*

[Práctica B, C, CH]

PRÁCTICA

A. Dé oraciones nuevas según las indicaciones. (*Give new sentences according to the cues.*)

En la clase de español

1. —*Ud.* estudia mucho.   (*nosotros, yo, ellos, Juan, tú, vosotras*)
2. —*Sara* necesita un diccionario.   (*yo, Carlos y tú, tú, nosotras, Ada, vosotros*)

En una fiesta en la residencia

1. —*Clara* toma Coca-Cola.   (*tú, Ud., él, Uds., Elena y yo, vosotras*)
2. —*Tú* cantas y bailas.   (*nosotros, los amigos, Uds., Eva y Diego, yo, vosotros*)

B. Exprese las oraciones en forma negativa.

1. Necesito dinero.
2. Cantamos en alemán.
3. Deseo practicar el español con Ricardo Montalbán.

4. Yo trabajo todas las noches (*every night*).
5. Ud. enseña muy bien, profesor(a).
6. Los Rockefeller necesitan mucho dinero.
7. Los estudiantes de aquí (*here*) toman cerveza.
8. Julio Iglesias enseña español.
9. Tomo ocho clases.

C. Form complete sentences by using one word or phrase from each column. The words and phrases may be used more than once, in many combinations. Be sure to use the correct form of the verbs. Make any of the sentences negative, if you wish.

MODELO   Jorge y yo regresamos por la noche.
             Ud. trabaja en una oficina.

Jorge y yo		comprar	las cervezas
Ud.		regresar	francés
tú		buscar	la biblioteca
yo	(no)	trabajar	una clase de biología
el dependiente		enseñar	en una oficina
Uds.		pagar	por la noche
		tomar	lápices en la librería
		desear	hablar bien el español
		necesitar	trabajar más (*more*)
			estudiar más
			comprar unos cuadernos

CH. **Escenas universitarias.** ¿Cómo se dice en español?

1. We work in an office.
2. *She* teaches French; *he* teaches English.
3. They're not buying the notebook.
4. John won't pay for the pens tomorrow.
5. *You* (*fam. s.*) are looking for the bookstore.
6. He's singing, but she's working.

CONVERSACIÓN

A. Tell where these people are (using **está** or **están**) and what they are doing. Note that the definite article is used with titles—**el señor, la señora, la señorita, el profesor, la profesora**—when talking about a person.

MODELO   La señora Martínez está en la oficina.
             Busca un libro, trabaja...

La Sra. Martínez _____.

1. Los estudiantes _____.

2. La cliente _____.

3. La profesora Gil _____.

4. Los amigos _____.

5. El Sr. Valdés _____.

6. Los estudiantes _____.

B. Preguntas

1. ¿Ud. estudia mucho o poco? ¿Dónde estudia, en casa (*at home*), en la residencia o en la biblioteca? ¿Cuándo estudia, por la tarde o por la noche? ¿Con quién practica el español? ¿Con quién desea practicar?

2. Preguntas «indiscretas»: ¿Canta Ud. muy bien o muy mal? ¿Baila muy bien o muy mal? ¿Toma mucho o poco? ¿Regresa a casa (*home*) tarde (*late*) o temprano (*early*)?

3. En una fiesta, ¿qué *no* desean Uds. hacer (*to do*)? ¿Desean estudiar? ¿cantar? ¿trabajar? ¿bailar con el profesor (la profesora)?

4. ¿Qué estudian Uds. en esta (*this*) clase? ¿Qué lengua hablan en clase? ¿Hablan inglés en la clase de español? ¿Desean hablar español muy bien?

5. ¿Cuántas lenguas habla el profesor (la profesora)? ¿Qué lenguas enseña? ¿Trabaja en una oficina de la universidad? ¿Enseña por la mañana o por la tarde?

6. ¿La universidad paga la matrícula (*registration fees*)? ¿Los estudiantes necesitan pagar la matrícula? ¿los libros de texto? ¿Necesitan comprar lápices? ¿un diccionario? ¿Compran libros de texto en la biblioteca?

5. *Asking Yes/no Questions*

En una universidad: la oficina de matrícula

ESTUDIANTE: Necesito una clase más. *¿Hay sitio* en la clase de sicología 2?
CONSEJERO: Imposible, señorita. No hay.
ESTUDIANTE: *¿Hay un curso* de historia o de matemáticas?
CONSEJERO: Sólo por la noche. *¿Desea Ud. tomar* una clase por la noche?
ESTUDIANTE: Trabajo por la noche. Necesito una clase por la mañana.
CONSEJERO: Pues... ¿qué tal el francés 10? Hay una clase a las diez de la mañana.
ESTUDIANTE: *¿El francés 10?* Perfecto. Pero, *¿no es necesario tomar* primero el francés 1?

1. ¿Necesita la señorita dos clases más?
2. ¿Hay sitio en la sicología 2?
3. ¿Hay cursos de historia o de matemáticas por la mañana?
4. ¿A qué hora es la clase de francés 10?
5. ¿Cuál es el problema con la clase de francés 10?

There are two kinds of questions: information questions and yes/no questions. Questions that ask for new information or facts that the speaker does not know often begin with *interrogative words* such as *who, what,* etc. (You learned how to form many questions with interrogative words in **Ante todo.**) *Yes/no questions,* however, are those that permit a simple *yes* or *no* answer.

Do you speak French? → No, I don't (speak French).

Rising Intonation

A common way to form yes/no questions in Spanish is simply to make your voice rise at the end of the question.

Statement

Ud. trabaja aquí todos los días.
You work here every day.

El niño regresa a casa hoy.
The boy is returning home today.

Question

¿Ud. trabaja aquí todos los días?
Do you work here every day?

¿El niño regresa a casa hoy?
Is the boy returning home today?

At a university: the registration office   STUDENT: I need one more class. Is there space in Psychology 2?   COUNSELOR: Impossible, Miss. There's no room.   STUDENT: Is there a history or math class?   COUNSELOR: Only at night. Do you want to take a night course?   STUDENT: I work at night. I need a class in the morning.   COUNSELOR: Well ... what about French 10? There's a class at 10 in the morning.   STUDENT: French 10? Perfect. But, isn't it necessary to take French 1 first?

There is no Spanish equivalent to English *do* or *does* in questions. Note also the use of an inverted question mark (¿) at the beginning of questions.

Inversion

Another way to form yes/no questions is to invert the order of the subject and verb, in addition to making your voice rise at the end of the question.

Statement: Ud. trabaja aquí todos los días.   El niño regresa a casa hoy.

Question: ¿Trabaja Ud. aquí todos los días?   ¿Regresa el niño a casa hoy?

PRÁCTICA

A. Forme dos preguntas, según el modelo.

   MODELO   Irma habla español. → ¿Irma habla español?
                                   ¿Habla Irma español?

   1. Ud. regresa a clase mañana.   5. Uds. enseñan historia aquí.
   2. Elvira busca un cuaderno también. 6. Ellos bailan todos los días.
   3. Ramón toma café.   7. Ella trabaja mañana.
   4. Ud. paga aquí.

B. **En la librería.** Ask the questions that lead to the following answers you have just overheard. Follow the model.

   MODELO   Sí, estudio con él (*him*). → ¿Estudia Ud. con Guillermo?
                                          ¿Estudias (tú) con Guillermo?

   1. No, no trabajo aquí todos los días.
   2. Sí, ella habla muy bien.
   3. No, no regreso a casa hoy.
   4. Sí, estudiamos mucho para esa (*that*) clase.
   5. Sí, él busca un diccionario español-inglés.
   6. No, no necesitamos lápiz.

C. **Entrevista.** Ask another student the following questions about what he or she is going to do tomorrow.

   1. ¿Pagas la matrícula mañana?
   2. ¿Necesitas comprar el texto en la librería mañana?
   3. ¿Practicas el español?
   4. ¿Tomas cerveza en clase?
   5. ¿Deseas bailar en clase? -Do you want to dance in class
   6. ¿Regresas a clase?

   Now ask your Spanish instructor the last three questions. Begin each question with "**Profesor(a) _____.**" Remember to use **usted.**

CONVERSACIÓN

Encuentro cultural: Subject Pronouns with Verbs

The English present tense is relatively easy for Spanish speakers to learn, since the conjugated forms of regular verbs do not vary a great deal. In fact, there are only two forms—for example, *speak* and *speaks*. (Compare with the six Spanish present tense forms of **hablar.**)

However, when learning English, Spanish speakers must learn to do something they do not do in their native language: use subject pronouns almost every time they use a verb form. *Speaks* does not convey a complete thought in English, but *he speaks* or *she speaks* does.

In contrast, you should *refrain* from using subject pronouns as much as you may want to in Spanish, since the personal ending already indicates the subject. For example, if you are talking about yourself and you begin each sentence in a series with **yo,** you will sound highly agitated to a native speaker of Spanish.

As you do the following conversational activity, be aware of the fact that you do not need to use **tú** repeatedly in your questions. When you report what you have learned to the class, remember not to overuse the subject pronouns **él** or **ella.**

Entrevista. Without taking notes, interview another student by asking the following questions or any others that occur to you. Then present as much of the information as you can to the class.

MODELO   David estudia literatura, trabaja en McDonald's y baila mucho.

1. ¿Cuántas clases tomas este (*this*) semestre/trimestre?
2. ¿Estudias matemáticas? ¿literatura? ¿sicología? ¿química?
3. ¿Deseas estudiar ciencias naturales? ¿matemáticas? ¿comercio?
4. ¿Con quién practicas el español?
5. Por la mañana, ¿tomas café, té o leche (*milk*)?
6. ¿Trabajas? ¿Dónde? ¿Te gusta el trabajo (*job*)?
7. En una fiesta, ¿bailas o sólo hablas?

DIÁLOGO: En la universidad

A. *En la Oficina del° Secretario General,° Universidad de Guadalajara, México*

of the (de + el) /
Secretario...
Registrar

David, estudiante extranjero
La Sra. Jiménez, secretaria

DAVID: Perdón, señora.
SRA. JIMÉNEZ: Buenos días. ¿Qué desea Ud.?
DAVID: Necesito los papeles de la matrícula, por favor.

SRA. JIMÉNEZ: ¿Para estudiantes extranjeros?

   DAVID: Sí. Hablo inglés y deseo estudiar español aquí en el curso para extranjeros.

SRA. JIMÉNEZ: Pues para extranjero Ud. habla muy bien el español. Un momento, por favor...

   DAVID: Cómo no.

(*Ella busca los papeles y regresa.*)

SRA. JIMÉNEZ: Ahora bien,° para estudiantes extranjeros los papeles blancos.°   Ahora... *Now then /*

   DAVID: Muchas gracias, señora.   *white*

SRA. JIMÉNEZ: De nada. ¿Por qué° no habla Ud. con la consejera para estudiantes   ¿Por... *Why?*
extranjeros? Ella también habla inglés.

   DAVID: Muy bien. Si es necesario, regreso mañana. Gracias, ¿eh? Hasta luego.

SRA. JIMÉNEZ: De nada. Adiós.

B. En la librería

David, estudiante extranjero
Marcos, dependiente de la librería y amigo de David

   DAVID: Buenas tardes, Marcos.

MARCOS: Hola, David. ¿Qué tal?

   DAVID: Bien, gracias. ¿Trabajas aquí en la librería?

MARCOS: Sí, trabajo aquí todas las tardes y tomo clases por la mañana. ¿Qué necesitas?

   DAVID: Pues necesito un diccionario español-inglés, un diccionario bueno,°   *good*
grande° y barato.°   *big / cheap*

MARCOS: Bueno y completo, sí, pero... ¿barato? ¡No hay!

   DAVID: También necesito dos cuadernos, un bolígrafo, un lápiz, un libro de texto y...

MARCOS: ¡Y el dinero para pagar! Por eso° trabajo, David, por eso trabajo.   Por... *That's why*

Comprensión

Conteste en oraciones completas.

A. 1. ¿Dónde está David?
   2. ¿Con quién habla David?
   3. ¿Qué desea David?
   4. ¿Habla David bien el español?
   5. ¿Qué papeles busca la Sra. Jiménez?
   6. ¿La consejera habla sólo español?

B. 1. ¿Dónde está David?
   2. ¿Quién trabaja allí (*there*)?
   3. ¿Toma clases Marcos todas las tardes?
   4. ¿Qué tipo de diccionario necesita David?
   5. ¿Qué más (*What else*) necesita David?
   6. ¿Y qué necesita para pagar?

Comentario cultural

The educational system in Hispanic countries differs considerably from that of the United States. The **escuela primaria**—sometimes called the **colegio**—corresponds to our elementary school and consists of from five to seven years of instruction. The **escuela secundaria** (also called **liceo, instituto,** or **colegio**) provides secondary education. Students who complete their secondary education receive the **bachillerato.** In some countries, many students attend an additional year or two of **preparatoria** before entering the university.

At the university, students immediately begin specialized programs leading to a professional degree **(título)** in areas such as law, medicine, engineering, or the humanities. These university-level programs of study are established by ministries of education, and there are almost no electives. Students are required to take as many as eight different subjects in a single academic term. The lecture system is even more prevalent than it is in the United States, and university students take oral exams, as well as written ones. In most countries, performance is evaluated on a scale of one to ten, with seven considered passing.

A number of universities in Spain and Latin America have arranged special courses for foreign students **(cursos para extranjeros).** Such courses are designed for students whose special interest is the study of Spanish language, literature, and culture.

UN POCO DE TODO

A. **En la residencia.** Complete the following paragraph with the correct definite or indefinite article, as suggested by the context. Give the correct form of the infinitives.

Esta noche° hay (*un/una*[1]) fiesta en (*un/el*[2]) cuarto de Marcos y Julio. Todos (*los/las*[3]) estudiantes (*cantar*[4]) y (*bailar*[5]). Jaime busca (*un/una*[6]) Coca-Cola. Marta (*hablar*[7]) con (*un/una*[8]) consejero. María José les enseña° (*una/un*[9]) baile° de Colombia. Todas (*unas/las*[10]) mujeres desean (*bailar*[11]) con (*el/la*[12]) estudiante mexicano. (*El/La*[13]) fiesta es estupenda, pero todos (*los/las*[14]) estudiantes (*necesitar*[15]) regresar a casa o a sus° cuartos a (*la/las*[16]) dos de (*el/la*[17]) mañana. ¡Hay clases mañana!

Esta... Tonight

les... is teaching them
dance (m.)

their

B. **En la librería.** Form complete questions based on the words given, in the order given. Conjugate the verbs and add other words if necessary. Use subject pronouns only when needed.
   1. ¿comprar / Uds. / papel / para / clase?
   2. ¿trabajar / Paco / librería / todas las noches?
   3. ¿buscar / tú / diccionario?
   4. ¿nosotros / necesitar / pagar / libros / hoy?

Now answer the questions in the negative, incorporating the following information into your response.
   1. libros de texto   2. todas las tardes   3. bolígrafo   4. mañana

C. Describe the following persons by telling what they do and, if possible, where they do it.

1. Un secretario _____.   3. Un estudiante _____.   5. Julio Iglesias _____.
2. Una profesora _____.   4. Una dependienta _____.   6. John Travolta _____.

CH. Complete the following story by arranging the last five sentences in the proper order.

Una noche hay una fiesta en la universidad. Marcos habla mucho con Ana y los dos cantan y bailan un poco. Desean tomar una Coca-Cola...

___ Marcos busca la Coca-Cola y regresa.
___ Por eso regresa a la biblioteca y Ana baila hasta la mañana con Pablo.
___ Toman la Coca-Cola y también bailan un poco más.
___ No desea regresar pero necesita estudiar—toma seis clases.
___ Desean bailar más, pero Marcos necesita regresar a la biblioteca para estudiar.

 # VOCABULARIO

VERBOS

bailar to dance
buscar to look for
cantar to sing
comprar to buy
desear to want
enseñar to teach
estudiar to study
hablar to speak, talk
necesitar to need
pagar to pay (for)
practicar to practice
regresar to return
  regresar a casa to go home
tomar to take; to drink
trabajar to work

SUSTANTIVOS

el **alemán** German (*language*)
el/la **amigo/a** friend
la **biblioteca** library
el **bolígrafo** pen
la **cerveza** beer
las **ciencias** sciences
la **clase** class
el **comercio** business
el/la **consejero/a** advisor
la **cosa** thing

el **cuaderno** notebook
el **cuarto** room
el **curso** course
el/la **dependiente/a** clerk
el **día** day
el **diccionario** dictionary
el **dinero** money
el **edificio** building
el **escritorio** desk
el **español** Spanish (*language*)
el/la **estudiante** student
el/la **extranjero/a** foreigner
la **fiesta** party
el **francés** French (*language*)
la **historia** history
el **hombre** man
el **inglés** English (*language*)
el **lápiz** pencil (*pl.* **lápices**)
la **librería** bookstore
el **libro (de texto)** (text)book
el **lugar** place
la **mañana** morning
las **matemáticas** mathematics
la **materia** subject (*school*)
la **matrícula** registration fees
la **mesa** table
la **mujer** woman
el/la **niño/a** child; boy/girl
la **noche** night
la **oficina** office

el **papel** paper
la **persona** person
la **pizarra** chalkboard
el/la **profesor(a)** professor
la **residencia** dormitory
el/la **secretario/a** secretary
la **sicología** psychology
la **silla** chair
la **tarde** afternoon, evening
la **universidad** university

PALABRAS ADICIONALES

aquí here
con with
mal badly
más more
mucho much, a lot
muy very
para for; in order to
pero but
poco little; a little bit
por in (*the morning, evening, etc.*)
por eso that's why; therefore
pues... well . . .
si if
sólo only
todas las tardes (noches) every afternoon (evening)
todos los días every day

UN PASO MÁS 1

ACTIVIDADES

A. **¿Qué pasa y dónde?** Tell what you and your friends do in each of the following places. Use the verbs you have already learned plus some of those listed here.

mirar   to watch
escuchar (música, discos, cintas)   to listen to (music, records, tapes)
fumar   to smoke
descansar   to rest
tocar (la guitarra, el piano)   to play (the guitar, the piano)

1. en la biblioteca
2. en una fiesta
3. en casa por la noche
4. en casa durante las vacaciones
5. en el laboratorio de lenguas
6. en un bar estudiantil
7. en el pasillo (*hallway*) antes de (*before*) clase
8. en ___?___

Now tell what is happening in the following scene. Use complete sentences and describe as many details as possible so that a person who has not seen it could visualize it.

MODELO   Dos personas, un hombre y una mujer, cantan.

A propósito...

When you first begin to study Spanish, you may think that you can speak only in very simple sentences because your knowledge of Spanish vocabulary and grammar seems limited. The following words can help you to form more interesting sentences by linking together two or more words, phrases, or short sentences.

y and   **también** also   **pero** but   **por eso** therefore

Note the different impression made by the following sentences.

- María enseña inglés. Estudia francés. → María enseña inglés **y (pero)** estudia francés.
- Pepe canta bien. José canta mal. → Pepe canta bien **pero** José canta mal.
- No bailo bien. No bailo esta noche (*tonight*). → No bailo bien, **por eso** no bailo esta noche.

Yo... *I trust*
Qué... *How gullible can you get?*

B. **Las correcciones de la profesora.** As Professor Jiménez corrects the compositions of her first-year Spanish students, she finds that the following pairs of sentences are all grammatically correct, but they could be combined. Consider the probable relationship between the two sentences, and, using the words given in **A propósito...,** combine them as you think she might.

1. Hans habla alemán. Estudia inglés.
2. Gina habla italiano y francés. No habla español.
3. Necesitamos comprar un diccionario. Buscamos una librería.
4. Marta estudia ciencias. Necesita estudiar matemáticas.
5. Julio canta mal. Baila bien.
6. Ellos estudian el capítulo uno. Nosotros estudiamos el capítulo dos.
7. Delia necesita pagar la matrícula. Trabaja todas las tardes.

Now use the same connecting words to add a comment about yourself to each of the following sentences.

8. Muchos estudiantes no desean estudiar lenguas.
9. Los estudiantes de Harvard pagan mucho de matrícula.
10. Mi amigo (amiga) toma mucha cerveza.
11. En una clase típica de español, hay muchos estudiantes.
12. Algunos (*Some*) estudiantes necesitan tomar cursos de ciencias.

La universidad de Salamanca data del año 1220. Es una de las más antiguas universidades de España.

C. The **Universidad de Salamanca** is an old and famous Spanish university. In addition to its regular course of studies for native students, it offers a number of **cursos para extranjeros.**

By looking at the form from the **Universidad de Salamanca,** match these English words with their Spanish equivalents.

1. size
2. please print
3. nationality
4. place of birth
5. month
6. beginning/elementary level
7. intermediate level
8. advanced level
9. lodging (note: **colegio** = *dormitory*)
10. medical insurance

a. alojamiento
b. nacionalidad
c. tamaño
ch. Por favor, escriba con letra de imprenta
d. iniciación
e. mes
f. superior
g. seguro médico
h. medio
i. lugar de nacimiento

Now ask another student for the required information. You don't need to ask complicated questions. To find out the other student's last name, simply ask, **¿Apellido?** using the rising intonation that tells the listener that you are asking a question.

Cursos Internacionales de Verano - Universidad de Salamanca
HOJA DE INSCRIPCION

Acompañar 3 fotografías tamaño pasaporte

Por favor, escriba con letra de imprenta

Apellido (Nom, last name)

Nombre (Prénom, first name)

Nacionalidad

Lugar de nacimiento

Fecha de nacimiento

Día	Mes	Año

Dirección actual (Present adress)

Residencia habitual (Home adress)

Profesión (Ocupation)

CURSOS OFRECIDOS (¹)

I. **Curso de lengua y cultura españolas:**
    a) **Iniciación**
    b) **Medio**
    c) **Superior**

	Julio	Agosto

II. **Curso intensivo de lengua española:**
    a) **Iniciación**
    b) **Medio**
    c) **Superior**

III. **Curso Superior de filología:**

INSCRIPCIONES OPCIONALES

	Colegio	Familia	No desea
¿Alojamiento?¹			
¿Abono piscina?²			
¿Seguro médico?²			
¿Actividades culturales?² . .			
¿Clases de guitarra?² . . .			
¿Bailes regionales?² . . .			
¿Ha asistido a los Cursos de esta Universidad en años anteriores? . . .			

ENVIESE ESTA HOJA DE INSCRIPCION A (SEND THIS APPLICATION TO): **CURSOS INTERNA-CIONALES DE VERANO. PATIO DE ESCUELAS MENORES. UNIVERSIDAD DE SALAMANCA**

(1) Ponga una cruz en el recuadro que convenga (Write an X in the apropiate box)
(2) Póngase SI o NO en el recuadro correspondiente. (Write in SI or NO in the corresponding box)

LECTURA CULTURAL:
Las universidades hispánicas

Antes de leer

You can often guess the meaning of unfamiliar words from the context (the words that surround them) and by using your knowledge about the topic in general. Making "educated guesses" about words in this way will be an important part of your reading skills in Spanish.

What is the meaning of the underlined words in these sentences?

1. En una lista alfabetizada, la palabra **grande** ocurre <u>antes de</u> la palabra **grotesco.**
2. El edificio no es moderno; es <u>viejo.</u>
3. Me gusta estudiar español, pero detesto la biología. En general, <u>odio</u> las ciencias como materia.

Some words are underlined in the following reading (and in the readings in subsequent chapters). Try to guess their meaning from context.

En el mundo hispánico—y en los Estados Unidos—hay universidades grandes y pequeñas, públicas, religiosas y privadas, modernas y antiguas. Pero el concepto de «vida° universitaria» es diferente.

life

Por ejemplo, en los países° hispánicos la universidad no es un centro de   naciones
actividad social. No hay muchas residencias estudiantiles. En general, los estudiantes viven en pensiones* o en casas particulares° y llegan a la universidad en   private
coche o en autobús. En algunas° universidades hay un *campus* similar a los de° las   unas / los... *those of*
universidades de los Estados Unidos. En estos casos se habla° de la «ciudad°   se... *one speaks / city*
universitaria». Otras universidades ocupan sólo un edificio grande, o posi-
blemente varios edificios, pero no hay zonas verdes.

Otra diferencia es que en la mayoría° de las universidades hispánicas no se   *majority*
da° mucha importancia a los deportes. Si los estudiantes desean practicar un   se... *is given*
deporte—el tenis, el fútbol° o el béisbol—hay clubes deportivos pero éstos° no   *soccer / they*
forman parte de la universidad.

Como se puede ver,° la forma y la organización de la universidad son diferentes   Como... *As you can see*
en las dos culturas. Pero los estudiantes estudian y se divierten° en todas partes.° se... *have a good time /*
                                                                                     en... *everywhere*

Comprensión

¿Cierto o falso? Corrija las oraciones falsas. Todas las oraciones se refieren a la vida universitaria
hispánica.

1. Es similar a la de los Estados Unidos.
2. Hay pocas residencias para los estudiantes.
3. Una «ciudad universitaria» es una ciudad grande donde hay una universidad.
4. Siempre (*Always*) hay un equipo (*team*) de fútbol.

Para escribir

In this exercise, you will write a description of your own **vida universitaria.** First, answer the following
questions in short but complete sentences.

1. ¿Es grande o pequeña la universidad? (Mi unversidad...)
2. ¿Es pública or privada?
3. ¿Cuántas residencias hay en el *campus*?
4. En general, ¿viven los estudiantes en residencias, en apartamentos o con su (*their*) familia?
5. ¿Cuáles son los dos edificios más grandes (*biggest*)? ¿la biblioteca? ¿la administración? ¿el *student union*?
6. ¿Se da mucha importancia a los deportes?
7. ¿Dónde vive Ud.? (Yo vivo...)
8. ¿Cómo llega Ud. al *campus*? ¿en coche o en autobús? ¿O camina Ud.? (*Or do you walk?*)
9. ¿En qué edificios del *campus* estudia Ud.?
10. ¿Qué materia le gusta más?

Now take your individual answers and form two coherent paragraphs (using items 1–6 and 7–10) with
them. Use the words from **A propósito...** (page 51) to make your paragraphs flow smoothly.

---

*A **pensión** is a boarding house where students rent bedrooms and share a common bathroom with other boarders. Many students
take their meals at the **pensión** as well.

CAPÍTULO 2

LA FAMILIA

PETER MENZEL

PARA EMPEZAR

In this chapter and in **Un paso más 2,** you will learn vocabulary and expressions about families and family life, and will consider related attitudes and customs of Hispanic peoples. As a first step, listen to the following conversation about the meaning of the word **familia.**

Frank, estudiante norteamericano que (*who*) está este semestre en Lima, Perú, habla con Rogelio, su nuevo compañero de cuarto (*his new roommate*).

FRANK: ...¿y cuántas personas hay en tu familia?

ROGELIO: En mi familia hay... mmm... veintiocho personas.

FRANK: ¡Veintiocho personas! ¡¿Tus padres y veintiséis hijos?!

ROGELIO: ¡Qué va! (*No!*) Mis padres, mi hermana y yo, somos (*we are*) cuatro; con mis abuelos somos ocho; con mis ocho tíos somos dieciséis; y con mis doce primos somos veintiocho. Todos son familia.

VOCABULARIO: PREPARACIÓN

La familia y los parientes°			*relatives*
la madre (mamá)	mother (mom)	**la nieta**	granddaughter
el padre (papá)	father (dad)	**el nieto**	grandson
la hija	daughter	**la prima**	cousin (female)
el hijo	son	**el primo**	cousin (male)
la hermana	sister	**la tía**	aunt
el hermano	brother	**el tío**	uncle
la esposa	wife	**la sobrina**	niece
el esposo	husband	**el sobrino**	nephew
la abuela	grandmother		
el abuelo	grandfather		

A. **¿Quiénes son?** (*Who are they?*)

los abuelos
(*grandparents*)

los padres
(*parents*)

los hijos
(*children*)

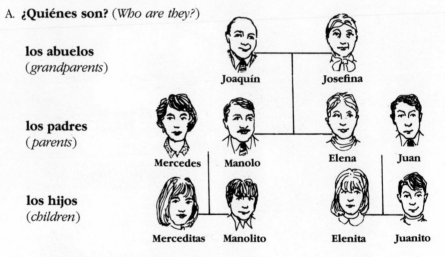

B. **¿Cierto o falso?** Corrija las oraciones falsas.

1. Juan es el hermano de Elena.
2. Josefina es la abuela de Elenita.
3. Carmencita es la sobrina de Joaquín. *falso*
4. Carmencita y Juanito son (*are*) primos. *cierto*
5. Luis es el tío de Elenita.
6. Luisito es el sobrino de Juan.

C. **¿Quiénes son?** Identifique los miembros de cada (*each*) grupo, según el modelo.

MODELO   los hijos → el hijo y la hija

1. los abuelos	3. los hermanos	5. los tíos
2. los padres	4. los nietos	6. los sobrinos

CH. **¿Quién es?** Complete las oraciones en una forma lógica.

1. La madre de mi padre es mi ___*abuela*___.
2. El hijo de mi tío es mi ___*primo*___.
3. La hermana de mi padre es mi ___*tía*___.
4. El esposo de mi abuela es mi ___*abuelo*___.

Ahora (*Now*) defina estas (*these*) personas, según el mismo (*same*) modelo.

5. prima   6. sobrino   7. tío   8. abuelo

Encuentro cultural: Expresiones de cariño (*affection*)

Las familias hispanas usan muchos términos de cariño.

los padres a los hijos	los hijos a los padres
mi hijo (mi'jo), mi hija (mi'ja)	papá, papi, papito
nené/nene, nena	mamá, mami, mamita
cielo (lit. *heaven*)	
cariño	
corazón (lit. *heart*)	
amor (lit. *love*)	

Es común también el uso frecuente de los diminutivos, que connotan tamaño (*size*) o cariño.

| masculino: + **-ito** | Juan → Juanito | Luis → Luisito | papá → papito |
| femenino: + **-ita** | Elena → Elenita | Carmen → Carmencita | mamá → mamita |

Adjetivos

alto	tall	**listo**	smart, clever
bajo	short (*in height*)	**tonto**	silly, foolish
grande	large, big	**casado**	married
pequeño	small	**soltero**	single
guapo	handsome, good-looking	**simpático**	nice; likeable
bonito	pretty	**antipático**	unpleasant
feo	ugly	**trabajador**	hard-working
corto	short (*in length*)	**perezoso**	lazy
largo	long	**rico**	rich
joven	young	**pobre**	poor
viejo	old	**delgado**	thin, slender
nuevo	new	**gordo**	fat
bueno	good	**rubio**	blond
malo	bad	**moreno**	brunette

To describe a masculine singular noun, use **alto, bajo,** and so on; use **alt*a*, baj*a*,** and so on for feminine singular nouns.

D. Preguntas

1. Einstein es listo. ¿Y el chimpancé?

2. Roberto es trabajador. ¿Y José?

3. Pepe es bajo. ¿Y Pablo?

4. El ángel es bueno y simpático. También es guapo. ¿Y Satanás?

5. Ramón Ramírez es casado. También es viejo. ¿Y Paco Pereda?

6. El libro es viejo y corto. ¿Y el lápiz?

7. Elena es gord**a** y moren**a**. ¿Y Marta? (**¡OJO!**)

8. La familia Pérez es grande y ric**a**. ¿Y la familia Gómez? (**¡OJO!**)

E. **¿Cómo son?** Your Spanish friend Mari Pepa is not familiar with these famous personalities. Describe them to her, using as many adjectives as possible. Don't forget to use adjectives you have seen in previous chapters.

1. Tom Selleck   2. J. R. Ewing   3. la princesa Diana   4. Shirley Maclaine

PRONUNCIACIÓN: Stress and Written Accent Marks

In the words **hablar, papá, matrícula,** and **sobrino,** the italicized vowel is stressed (given more emphasis than the others). In Spanish, *stress* **(la acentuación)** can be predicted based on the written form of the word.

1. If a word ends in a *vowel, n,* or *s,* stress normally falls on the next-to-the-last syllable.

   hablo   **ca**sa   **cla**se   **jo**ven   nece**si**tan   ha**bla**mos
   primas

2. If a word ends in any other consonant, stress normally falls on the last syllable.

   us**ted**   espa**ñol**   traba**jar**   doc**tor**   ac**triz**   ha**blar**
   trabaja**dor**

3. Any exception to these two rules will have a *written accent mark* **(un acento ortográfico)** on the stressed vowel.

   a**quí**   pa**pá**   na**ción**   fran**cés**   **lá**piz   **dó**lar   ma**trí**cula

4. When one-syllable words have accents, it is to distinguish them from other words that sound like them. For example: **tú** (*you*)/**tu** (*your*); **él** (*he*)/**el** (*the*); **sí** (*yes*)/**si** (*if*).

5. Interrogative and exclamatory words have a written accent on the stressed vowel. For example: **¿quién?** (*who?*); **¿dónde?** (*where?*); **¡cómo no!** (*of course!*).

PRÁCTICA

A. Practique las siguientes palabras.
   1. hija alto bajo prima madre padre grande hermana bonito pequeño sobrina interesante buscan cantan enseñan hablas pagas trabajas
   2. pagar comprar desear regresar mujer trabajador libertad universidad papel español general sentimental
   3. práctico matrícula romántico simpático antipático José así así Ramón nación perdón adiós francés inglés lápiz Gómez Pérez Ramírez Jiménez

B. Indicate the stressed vowel of each word in the list that follows on page 60. Give the rule that determines the stress of each word.

1. examen	5. actitud	9. compramos	13. bolígrafo
2. lápiz	6. acción	10. hombre	14. natural
3. necesitar	7. hermana	11. peso	15. plástico
4. perezoso	8. compran	12. mujer	16. sobrinos

MINIDIÁLOGOS Y GRAMÁTICA

¿Recuerda Ud.?

Before beginning Grammar Section 6, review the forms and uses of **ser** that you have already learned by answering these questions.

1. ¿Eres estudiante o profesor(a)?
2. ¿De dónde eres?
3. ¿Eres una persona intelectual?
4. ¿Cómo es el profesor (la profesora) de español? ¿Es inteligente? ¿paciente? ¿elegante?
5. ¿Qué hora es? ¿A qué hora es la clase de español?
6. ¿Qué es un hospital? ¿Es una persona? ¿una cosa? ¿un edificio?

---

6. *Present Tense of* **ser**

En la oficina de la profesora Castro

PROFESORA CASTRO: *¿Es* éste el examen de Ud., Sr. Bermúdez?
RAÚL BERMÚDEZ: *Es* posible. *¿Es* el examen de Raúl Bermúdez o de Jaime Bermúdez? *Somos* hermanos.
PROFESORA CASTRO: *Es* de Jaime Bermúdez, y *es* un suspenso.
RAÚL BERMÚDEZ: Pues el suspenso *es* de Jaime. ¡Yo *soy* Raúl!

1. ¿Con quién habla Raúl Bermúdez?
2. ¿Raúl y Jaime son primos?
3. ¿Es Jaime profesor o estudiante?
4. ¿Es el examen de Raúl o de Jaime?

There are two Spanish verbs that mean *to be:* **ser** and **estar.** They are not interchangeable in any given context; the meaning that the speaker wishes to convey determines their use. In this section you will learn all the present-tense forms of the irregular verb **ser** and some of its uses.

In Professor Castro's office PROFESSOR: Is this your exam, Mr. Bermúdez? RAÚL: It's possible. Is it Raúl Bermúdez's exam or Jaime Bermúdez's? We're brothers. PROFESSOR: It's Jaime Bermúdez's, and it's an F. RAÚL: Well, the F is Jaime's. I'm Raúl!

ser (*to be*)			
yo	**soy**	nosotros/as	**somos**
tú	**eres**	vosotros/as	**sois**
usted		ustedes	
él	**es**	ellos	**son**
ella		ellas	

Uses of **ser**

A. **Ser** is used to *identify* people and things.

Yo soy **estudiante.**	*I'm a student.*
Alicia y yo somos **amigos.**	*Alicia and I are friends.*
La Dra. Ramos es **profesora.**	*Dr. Ramos is a professor.*
Esto es **un libro.**	*This is a book.*

Note that in Spanish the indefinite article is not used after **ser** before un-modified (undescribed) nouns of profession.

[Práctica A]

B. **Ser** is used to express *nationality;* **ser** with **de** (*from*) is used to express national *origin.*

Juan es **peruano.**	*Juan is Peruvian.*
Somos **de los Estados Unidos.**	*We're from the United States.*
El dependiente es **de Cuernavaca.**	*The clerk is from Cuernavaca.*

[Práctica B]

C. **Ser** with **de** is used to tell of what *material* something is made.

La mesa es **de madera.**	*The table is (made of) wood.*
El coche es **de metal.**	*The car is (made of) metal.*

[Práctica C]

CH. **Ser** with **para** is used to tell *for whom something is intended.*

La comida es **para Andrés.**	*The food is for Andrés.*
El regalo es **para usted.**	*The present is for you.*

[Práctica CH]

D. Ser is used to *tell time.*

Es **la una.** Son **las tres.**	*It's one o'clock. It's three.*

E. The third-person singular of **ser** is used to express *generalizations.*

Es importante estudiar.	*It's important to study.*
No **es necesario** trabajar todos los días.	*It's not necessary to work every day.*

Note the use of the infinitive after such impersonal expressions.

[Práctica D]

PRÁCTICA

A. **Identificaciones: ¿Quién es estudiante?** Dé oraciones nuevas según las indicaciones.

—*Ana* es estudiante.   (*yo, Mario y Juan, Uds., Lilia y yo, tú, vosotros*)

B. ¿De dónde son? (*Where are they from?*)

Francia	Italia	Inglaterra (*England*)
México	los Estados Unidos	Alemania (*Germany*)

1. John Doe
2. Karl Lotze
3. Graziana Lazzarino
4. María Gómez
5. Claudette Moreau
6. Timothy Windsor

C. ¿De qué son estos objetos? (*What are these objects made of?*) ¿de metal? ¿de papel? ¿de plástico? ¿de madera?

1. el dinero
2. el lápiz
3. el libro
4. el cuaderno
5. el bolígrafo
6. la mesa
7. la guitarra
8. el refrigerador
9. la fotografía

CH. ¿Para quién son estas cosas? Conteste según el modelo.

MODELO   el cuaderno / mi (*my*) nieta → El cuaderno es para mi nieta.

1. la comida / mis hijos
2. los papeles de la matrícula / mi prima Ana
3. el regalo / Uds.
4. el dólar / mi sobrinita
5. la fiesta / Evangelina
6. la cerveza / nosotros
7. el coche / mi hermano
8. los exámenes / Ud.

D. Preguntas

1. Imagine que Ud. está en una fiesta familiar. ¿A qué hora llegan todos? ¿Qué toman Uds.? ¿Es posible bailar? ¿cantar? ¿hablar con muchos parientes? ¿Es necesario ser simpático con todos? ¿Le gusta hablar con los parientes? ¿A qué hora termina la fiesta?
2. ¿Es importante hablar español en la clase? ¿Es necesario hablar inglés? ¿Es necesario llegar (*to arrive*) a la hora en punto? ¿Es posible tomar cerveza en clase? ¿Es necesario trabajar mucho?

CONVERSACIÓN

A. ¿Quiénes son, de dónde son y dónde trabajan ahora?

MODELO   Teresa: actriz / de Madrid / en Cleveland →
         Teresa es actriz. Es de Madrid. Ahora trabaja en Cleveland.

1. Carlos Miguel: doctor / de Cuba / en Milwaukee
2. Maripili: extranjera / de Burgos / en Miami
3. Mariela: dependienta / de Buenos Aires / en Nueva York
4. Juan: dentista* / de Lima / en Los Ángeles

Now tell about a friend of yours, following the same pattern.

B. Exchange information with your classmates about yourself and where you are from. Remember not to overuse **yo.**

MODELO   Yo soy Carlos. Soy de Garfield Heights. ¿Quién eres tú?

Study Hint: Learning Grammar

Learning a language is similar to learning any other skill; knowing *about* it is only part of what is involved. Consider how you would acquire another skill—swimming, for example. If you read all the available books on swimming, you would probably become an expert in talking *about* swimming and you would know what you *should* do in a pool. Until you actually got into a pool and practiced swimming, however, you would probably not swim very well. In much the same way, if you memorize all the grammar rules but spend little time *practicing* them, you will not be able to communicate very well in Spanish.

As you study each grammar point in *Puntos de partida,* you will learn how the structure works; then you need to put your knowledge into practice. First, read the grammar discussion, study and analyze the examples, and pay special attention to any **¡OJO!** sections, which will call your attention to problem areas. Then begin to practice, first in the **Práctica** section. Do the exercises and check your answers. When you are certain that your answers are correct, practice doing each exercise several times until the answers sound and "feel" right to you. As you do each item, think about what you are conveying and the context in which you could use each sentence, as well as about spelling and pronunciation. Then move on to the **Conversación** section and continue to practice, this time in a more open-ended situation in which there are no "right" or "wrong" answers.

Always remember that language learning is cumulative. This means that you are not finished with a grammar point when you go on to the next chapter. Even though you are now studying the material in Chapter 2, you must still remember how to conjugate **-ar** verbs and how to form *yes/no* questions, because Chapter 2 builds on what you have learned in Chapter 1—and as all subsequent chapters will build on the material leading up to them. A few minutes spent each day reviewing "old" topics will increase your confidence—and success—in communicating in Spanish.

---

*A number of professions end in **-ista** in both masculine and feminine forms. The article indicates gender: **el/la dentista, el/la artista.**

7. *Adjectives: Gender, Number, and Position*

Un poema sencillo

Amiga	Amigo
Fiel	Fiel
Amable	Amable
Simpática	Simpático
¡Bienvenida!	¡Bienvenido!

Segovia, España

According to their form, which of the adjectives below can be used to describe each person? Which can refer to you?

Marta: fiel   bienvenido   simpática
Mario: amable   simpático   bienvenida

An *adjective* (**un adjetivo**) is a word that describes a noun or a pronoun. Adjectives may describe (***large*** *desk*, ***tall*** *woman*) or tell how many there are (***a few*** *desks*, ***several*** *women*).

Adjectives with *ser*

In Spanish, forms of **ser** are used with adjectives that describe basic, inherent qualities or characteristics of the nouns or pronouns they modify.

Antonio **es interesante.**	*Antonio is interesting. (He's an interesting person.)*
Tú **eres amable.**	*You're nice. (You're a nice person.)*
El diccionario **es barato.**	*The dictionary is inexpensive.*

Forms of Adjectives

Spanish adjectives agree in gender and number with the noun or pronoun they modify. Each adjective has more than one form.

A Simple Poem. Friend   Loyal   Kind   Nice   Welcome!

Adjectives that end in **-e (inteligente)** or in most consonants **(fiel)** have only two forms, a singular form and a plural form. The plural of adjectives is formed in the same way as that of nouns.

	Masculine	Feminine
Singular	amigo inteligent**e** amigo fie**l**	amiga inteligent**e** amiga fie**l**
Plural	amigos inteligente**s** amigos fiel**es**	amigas inteligente**s** amigas fiel**es**

Adjectives that end in **-o (alto)** have four forms, showing gender and number.*

	Masculine	Feminine
Singular	amigo alt**o**	amiga alt**a**
Plural	amigos alt**os**	amigas alt**as**

[Práctica A, B, C]

Most adjectives of nationality have four forms:

	Masculine	Feminine
Singular	el doctor mexicano, español, alemán, inglés	la doctor**a** mexican**a**, español**a**, aleman**a**, ingles**a**
Plural	los doctor**es** mexican**os**, español**es**, aleman**es**, ingles**es**	las doctor**as** mexican**as**, español**as**, aleman**as**, ingles**as**

The names of many languages—which are masculine in gender—are the same as the masculine singular form of the corresponding adjective of nationality: **el español, el inglés, el alemán,** and so on. Note that in Spanish the names of languages and adjectives of nationality are not capitalized, but the names of countries are: **español** but **España.**

[Práctica CH]

---

*Adjectives that end in **-dor, -ón, -án,** and **-ín** also have four forms: **trabajador, trabajadora, trabajadores, trabajadoras.**

Forms of this/these

The demonstrative adjective *this/these* has four forms in Spanish.*

est**e** hijo — *this son* — est**a** hija — *this daughter*
est**os** hijos — *these sons* — est**as** hijas — *these daughters*

You have already used the neuter demonstrative **esto.** It refers to something that is as yet unidentified: **¿Qué es esto?**

[Práctica D]

Mucho *and* poco

The word **mucho**—or **poco**—can be used as an adjective or as an *adverb* (**un adverbio**). Adverbs—words that modify verbs, adjectives, or other adverbs—are invariable in form.

Adverb

Rosa trabaja **mucho/poco.** — *Rosa works a lot/little.*

Adjective

Rosa tiene **muchas** primas. — *Rosa has a lot of (female) cousins.*

[Práctica E]

Placement of Adjectives

Adjectives that describe the qualities of a noun generally follow the noun they modify. Adjectives of quantity and demonstratives precede the noun.

Hay **muchos** edificios **altos** en esta ciudad. — *There are many tall buildings in this city.*
Necesito **otro** carro.† — *I need another car.*
Hay **cinco** sillas y **un** escritorio. — *There are five chairs and one desk.*

The interrogative adjectives **¿cuánto/a?** and **¿cuántos/as?** also precede the noun: **¿cuánto dinero?, ¿cuántas hermanas?**

Bueno, malo, and **grande** may precede the nouns they modify. When **bueno** and **malo** precede a masculine singular noun, they shorten to **buen** and **mal** respectively.

un recuerdo **bueno**/un **buen** recuerdo — *a good (pleasant) memory*
una niña **buena**/una **buena** niña — *a good girl*

When **grande** appears after a noun, it means *large* or *big.* When it precedes a singular noun—masculine or feminine—it is shortened to **gran** and means *great* or *impressive.*

---

*You will learn all the forms of the Spanish demonstrative adjectives (*this, that, these, those*) in Grammar Section 20.
†**Otro** by itself means *another* or *other.* The indefinite article is not used with **otro.**

una ciudad **grande** / una **gran** ciudad   *a big city / a great (impressive) city*
un libro **grande** / un **gran** libro   *a big book / a great book*

[Práctica F, G, H, I]

PRÁCTICA

A. **Descripciones: ¿Cómo son?** Dé oraciones nuevas según las indicaciones.

  1. ¿Su (*Your*) familia?   —(No) Es una familia *grande.* (*interesante, importante, amable, intelectual*)

  2. ¿Los perros (*dogs*)?   —(No) Son *valientes.* (*fiel, impaciente, inteligente, importante*)

  3. ¿Su (*Your*) universidad?   —(No) Es *nueva.* (*viejo, grande, pequeño, bueno, famoso, malo*)

B. Complete each sentence with all the adjectives that are appropriate according to form and meaning.

  1. La doctora es _____. (morena / casado / jóvenes / lista / bonito / trabajadora)

  2. El hotel es _____. (viejo / alto / nueva / grande / fea / interesante)

  3. Los abuelos son _____. (rubio / antipático / inteligentes / viejos / religiosos / práctica)

  4. Las niñas son _____. (malo / cortas / sentimental / buenas / casadas / joven)

C. Juan and Juana, fraternal twins, are totally different. Tell what Juana is like.

Juan es soltero. Es alto. Es guapo. Es moreno. Es perezoso. Es gordo. Es simpático.

CH. Tell what nationality the following persons could be.

  1. Monique habla francés; es _____.

  2. José habla español; es _____.

  3. Greta y Hans hablan alemán; son _____.

  4. Gilberto habla portugués; es _____.

  5. Gina y Sofía hablan italiano; son _____.

  6. Winston habla inglés; es _____.

D. **En una reunión familiar...** Your friend Julio does not know any of the members of your family. Point out different relatives to him and tell him something about them. Begin each sentence with a demonstrative, as in the model, and use the correct form of **ser.**

MODELO fiesta / para Manolo → Esta fiesta es para Manolo.

  1. parientes / de San Francisco   3. mujer morena / mi hermana
  2. nietas / de California también   4. primas mexicanas / profesoras

E. **Las necesidades de la vida** (*life*) **estudiantil.** ¿Qué necesita Ud.? ¿Y qué necesitan hacer (*to do*) Uds.? Dé oraciones nuevas según las indicaciones.

1. Necesito muchos/pocos *textos*. (*lápices, mesas, cuadernos, papel, ideas, dinero, clases*)

2. Necesitamos *estudiar* mucho/poco. (*trabajar, pagar, hablar en clase, practicar*)

F. **Variaciones.** Create new sentences by inserting the adjectives in parentheses into the sentences, *one at a time.* Can you add any other appropriate adjectives?

1. En la agencia de automóviles: «Busco un coche.»   (pequeño / francés / grande)

2. En la librería: «Por favor, deseo comprar un diccionario.» (completo / barato / nuevo)

3. En la cafetería: «Bueno, unos profesores enseñan bien.»   (alemán / simpático / norteamericano)

4. En la agencia de viajes (*travel agency*): «Buscamos una excursión.» (fascinante / largo / barato)

G. **Vacaciones en Acapulco.** Create new phrases about your last vacation by changing the position of the adjectives. Be sure to use the appropriate form of the adjective.

1. un recuerdo bueno   3. unos parientes buenos   5. un hotel malo
2. una ciudad grande   4. unas comidas malas   6. unos niños malos

H. Cambie: Miguel → María.

Miguel es un buen estudiante, pues estudia mucho. Es listo y amable. Es peruano; por eso habla español. Es alto y guapo; también es muy delgado. ¡Es una persona ideal!

I. ¿Cómo se dice en español?

1. "What is he buying?" "A big car!" "But we don't need another car! What a (**¡Qué...)** bad idea!"

2. "What's this Spanish class like?" "Well, there are some nice students in the class . . ." "We talk a lot . . ." "It's a great class!" "I don't study much . . ."

3. "She has **(Tiene)** a large family! There are lots of cousins and a few grandchildren. There's one grandfather here and another (one) in Mexico."

CONVERSACIÓN

A. Describa Ud. las diferencias.

MODELO   En el dibujo A, hay un perro   En el dibujo B, hay un perro
grande.   pequeño.

A.   **B.**

B. Use adjetivos para completar las oraciones en una forma lógica.

1. El profesor (La profesora) es _____.
2. Por lo general (*In general*) las mujeres (madres, hermanas) son _____.
3. Por lo general los hombres (padres, hermanos) son _____.
4. Los amigos son _____.
5. El español es una lengua _____.
6. Los actores son _____.
7. Yo soy _____.

Encuentro cultural: El género y la concordancia

As you know, gender is an inherent quality of all Spanish nouns. When modifying nouns, it is important to remember that adjectives must agree with the gender of the nouns that they modify *grammatically,* not with the person one is talking or thinking about. Some Spanish words that refer to people are masculine, while others are feminine: **el individuo, la persona,** and so on. The adjectives that modify **persona** will always be feminine, and those that modify **individuo** will always be masculine, regardless of the sex of the person that they refer to.

- El **amigo** de José es **una persona muy lista.**
- **Luisa** es **un individuo** muy independiente.
- ¡Ay, **Elena,** mi **amor divino!** Tú eres **un ángel.**

---

8. Possession with *de*

Amalia and Emily are describing family customs. Which one made each statement?

MODELO   El número _____ es el comentario *de* Amalia/Emily.

1. «Uso el apellido *de* mi padre y también el *de* mi madre.»
2. «Hasta en los documentos oficiales, generalmente la esposa usa sólo el apellido *del* esposo.»
3. «Por lo general, hay un sistema de familia extendida.»
4. «Los niños participan en casi todas las actividades familiares.»

Amalia
Medellín, Colombia

Emily
Iowa City, Iowa
Estados Unidos

---

1. "I use my father's last name and also (that of) my mother's." **2.** "Even in official documents, a wife generally uses only the husband's last name." **3.** "In general, there's an extended family system." **4.** "Children participate in almost all family activities."

In English, *possession* (ownership) can be expressed by an apostrophe and the letter *s* (*'s*). In Spanish, possession is expressed by the word **de** (*of*). There is no *'s* in Spanish.

Es el dinero **de Carla.**   *It's Carla's money.*
Son los abuelos **de Jorge.**   *They're Jorge's grandparents.*
¿De quién es el examen?   *Whose exam is it?*

PRÁCTICA

¿De quién son estas cosas?

MODELO   coche / Carlos → —¿De quién es este coche?
                              —Es de Carlos.

1. bebida / Juan   3. pesetas / Raúl   5. clase / Lalo
2. idea / Paquita   4. cuadernos / Sara   6. cuarto / Antonia

CONVERSACIÓN

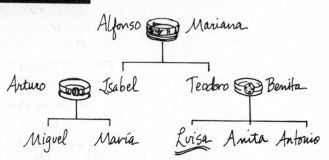

Aquí está la familia de Luisa. ¿Quiénes son los parientes de Luisa?

MODELO   Alfonso es el abuelo de Luisa.

9. Contractions *del* and *al*

A *contraction* (**una contracción**) is the joining of two words that may also be said or written separately. In English, contractions are optional: *Pam **is not/isn't** a student: They **are not/aren't** here.*

In Spanish there are only two contractions, and they are obligatory. **De** and **el** contract to **del,** and **a** and **el** contract to **al.** No other articles contract with **de** or with **a.**

Es la casa **del** niño.   *It is the child's house.*
Es la casa **de los** niños.   *It is the children's house.*
Llego **al** mercado a las dos.   *I'll get to the market at two.*
Llego **a la** tienda a las tres. *I'll get to the store at three.*

PRÁCTICA

A. **¿Qué es esto?** Identifique estas cosas.

1. Es *la mesa* del estudiante.   (*el coche, la casa, el dinero, el bolígrafo, la comida*)

2. Es el libro *del niño.*   (*la niña, los abuelos, el tío, las nietas, el primo Juan*)

B. Desgraciadamente, es necesario trabajar esta noche. ¿Adónde regresan estas personas? Haga oraciones según las indicaciones.

MODELO   consejero / universidad → El consejero regresa a la universidad.

1. médico / hospital (*m.*)
2. señora Ramos / oficina

3. profesora / facultad
4. dependiente / hotel (*m.*)

CONVERSACIÓN

A. ¿Cuál es la capital del estado de Colorado? ¿del estado de Nuevo México? ¿del estado de Arizona? ¿del estado de Montana? ¿del estado de Nevada? ¿del estado de Florida? ¿del estado de California?

Sacramento / Denver / Phoenix / Carson City / Tallahassee / Helena / Santa Fe

B. Complete las oraciones en una forma lógica.

1. El doctor regresa al hospital todos los días porque (*because*) _____.
2. Si una persona llega temprano al baile es porque _____.
3. Esta noche (*Tonight*) regreso a la universidad porque _____.
4. Mañana llego a la clase de español a la(s) _____.

10. *Los números 31–100*

El inventario

Continúe la secuencia: treinta y uno, treinta y dos,...
ochenta y cuatro, ochenta y cinco,...

31	treinta y uno	40	cuarenta
32	treinta y dos	50	cincuenta
33	treinta y tres	60	sesenta
34	treinta y cuatro	70	setenta
35	treinta y cinco	80	ochenta
36	treinta y seis	90	noventa
37	treinta y siete	100	cien, ciento
38	treinta y ocho		
39	treinta y nueve		

Beginning with 31, Spanish numbers are *not* written in a combined form; **treinta y uno, cuarenta y dos, sesenta y tres,** and so on must be three separate words.

Remember that when **uno** is part of a compound number (**treinta y uno, cuarenta y uno,** and so on), it becomes **un** before a masculine noun and **una** before a feminine noun.

cincuenta y **una** mesas	*fifty-one tables*
setenta y **un** coches	*seventy-one cars*

Cien is used before nouns and in counting.

cien casas	*a (one) hundred houses*
noventa y ocho, noventa y nueve, **cien**	*ninety-eight, ninety-nine, one hundred*

PRÁCTICA

A. Más problemas de matemáticas

1. $30 + 50 = ?$	4. $77 + 23 = ?$	7. $84 - 34 = ?$
2. $45 + 45 = ?$	5. $100 - 40 = ?$	8. $78 - 36 = ?$
3. $32 + 58 = ?$	6. $99 - 39 = ?$	9. $88 - 28 = ?$

B. Telephone numbers in many countries are written and said slightly differently than in the United States. Give the following phone numbers, following the model.

MODELO 9-72-64-87 → nueve–setenta y dos–sesenta y cuatro–ochenta y siete

LA GUÍA TELEFÓNICA

Fierro Aguilar	Amalia	Avenida Juárez 86	7-65-03-91
Fierro Navarro	Teresa	Calle Misterios 45	5-86-58-16
Fierro Reyes	Gilberto	Avenida Miraflores 3	5-61-12-78
Figueroa López	Alberto	Calle Zaragoza 33	5-32-97-77
Figueroa Pérez	Julio	Avenida Iglesias 15	5-74-55-34
Gómez Pérez	Ana María	Calle Madero 7	7-94-43-88

Gómez Valencia	Javier	Avenida Córdoba 22	3-99-45-52
Guzmán Ávila	José Luis	Avenida Montevideo 4	6-57-29-40
Guzmán Martínez	Josefina	Avenida Independencia 25	2-77-22-70

Now give your phone number according to the model.

MODELO —¿Cuál es tu teléfono?
—Es el siete–veinticuatro–ochenta y tres–sesenta y uno.
(724-8361)

CONVERSACIÓN

A. It is inventory time at the local department store. The following items are left over from last season's merchandise. Read the list to your supervisor, who will write it down.

50	radios	49	sofás
100	refrigeradores	91	calculadoras
71	enciclopedias	64	lámparas
30	pianos	87	diccionarios
25	globos	100	novelas

B. ¿Cuántos segundos hay en un minuto? ¿Cuántos minutos hay en una hora? ¿Cuántas horas en un día? ¿Cuántos días en una semana? ¿Cuántas semanas en un mes? ¿Cuántos meses en un año?

DIÁLOGO: Una llamada° de los Estados Unidos

phone call

Juan José y Teresa Rodríguez, abuelos panameños°
Anita, nieta de los Rodríguez

de Panamá

A. A las tres y cincuenta de la tarde

ANITA: ¡Abuelo! Es el tío Juan José. Llama por teléfono. Es urgente.
JUAN JOSÉ: ¿Urgente? ¡Ay, Dios! Ya voy.°... ¡Hola, hijo! ¿Qué hay?°... ¿En el hospital del Estado? ¿Por qué?° ¿Qué pasa?... ¡Ay, qué bueno! ¿Y es nieto o

Ya... *I'll be right there.* /
¿Qué... *What's the matter?*
¿Por... *Why?*

nieta?... ¿Y su° nombre? ¿Cuánto pesa° mi nuevo nieto Juan José?... ¡Qué   *his / weighs*
gordito! ¡Y cómo es, rubio o moreno?... ¡Qué gusto! Y Peggy, está con-
tenta ahora?... Dos hijas y ¡por fin!, el hijito que° desean.... Felicita-   *that*
ciones a ustedes dos y a los abuelos norteamericanos también. ¡Ah, y
un beso° del abuelo panameño para el nene!... ¡Sí, sí! Adiós, adiós.   *kiss*

B. Los abuelos hablan más tarde.°   *más... later*

JUAN JOSÉ: ¡Cómo pasan los años, Teresa! Tú y yo ya° con cinco hijos sanos,°   *already / healthy*
inteligentes...

TERESA: ...y doce bonitos nietos.

JUAN JOSÉ: Te digo° que nosotros sí° somos afortunados. Juan José, abo-   *Te... I tell you /*
gado,° Anamari, doctora en medicina...   *nosotros... we*
                                                                                really
TERESA: ...y un profesor respetado, una pintora que ya es famosa...   *lawyer*

JUAN JOSÉ: ...¡y un estudiante perezoso y despreocupado° que° no estudia!   *carefree / who*

TERESA: Déjalo,° Juan. El pequeño° tiene° otras cualidades: es cariñoso,°   *Leave him alone / El...*
amable... y además° ¡es como° tú!   *The youngest / has /*
                                                                                affectionate
                                                                                besides / like

Comprensión

Conteste en oraciones completas.

A. 1. ¿Quién llama por teléfono? ¿De dónde
      llama?
   2. ¿Es nieto o nieta el bebé?
   3. ¿Cómo se llaman los padres del nene?
   4. ¿Cuál es el nombre del nieto?

B. 1. ¿Cuántos hijos tienen (*have*) Juan José y
      Teresa?
   2. ¿Cuántos nietos hay en la familia?
   3. ¿Cuáles son las profesiones de los hijos?
   4. ¿Cómo es el hijo menor (*youngest*)?

Comentario cultural

1. In Hispanic cultures the extended family—grandparents, parents, children, aunts, uncles, and
   cousins—is the most important social unit to which a person belongs. Very close relationships exist
   between parents and children, brothers and sisters, and grandparents and grandchildren. Close ties
   are also maintained with aunts, uncles, and cousins, and all of these relatives would be referred to as
   la familia.

2. Because of strong family ties as well as economic considerations, two or even three generations may
   live together in one household, especially in rural areas. Unmarried persons may continue to live in
   the family home until they are quite old—which is not viewed as a lack of independence within
   Hispanic culture. Young adults have only recently begun to go wherever prospects for employment
   and professional advancement are better, although it means moving away from parents and other
   relatives.

UN POCO DE TODO

A. **La familia del nieto nuevo.** Form complete sentences based on the words given, in the order given. Conjugate the verbs and add other words if necessary. Use subject pronouns only when needed.

1. yo / ser / abuela / panameño
2. nuevo / nieto / ser / de / Estados Unidos
3. Juan José / ser / padre / nieto
4. Juan José / también / ser / hijo / de / abuelo / panameño
5. uno / de / tías / de / nieto / ser / doctor
6. otro / tía / ser / pintor / famoso
7. los / dos / tío / ser / rico
8. ¡nosotros / ser / familia / afortunado!

B. **¿Quién es?** Identifique estos miembros de su (*your*) familia imaginaria, la familia Pérez.

1. Es viejo y retirado. Es casado y es padre de tres hijos. Uno de estos hijos es mi padre. Es mi _____.
2. Es joven. Es la hija de tío Carlos y tía Matilde. Es mi _____.
3. Es el hijo de los señores Pérez (mis padres). Hay más hijos en la familia. Es mi _____.
4. Es el esposo de la Sra. Pérez. Es mi _____.
5. Es la hija de los abuelos. También, es la hermana de mi padre. Es mi _____.

C. **¿De dónde eres tú?** With two other students, ask and answer questions according to the model.

MODELO   Atlanta → ENRIQUETA: ¿De dónde eres tú?
               AGUSTÍN: Soy de *Atlanta.*
                  EVA: Ah, eres *norteamericano.*
               AGUSTÍN: Sí, por eso hablo *inglés.*

1. Guadalajara
2. París
3. Roma
4. San Francisco
5. Madrid
6. Londres
7. Berlín
8. Lima (peruano)

CH. **La familia hispánica típica: ¿Existe?** Complete the following paragraph with the correct form of the words in parentheses, as suggested by the context. When two possibilities are given in parentheses, select the correct word.

(*Mucho*[1]) personas creen° que todas las familias (*hispánico*[2]) son (*grande*[3]), pero no es así.° Como en todas partes (*de/del*[4]) mundo,° el concepto (*del/de la*[5]) familia ha cambiado° mucho últimamente,° sobre todo° en las ciudades (*grande*[6]).

   Es verdad° que la familia campesina° (*típico*[7]) es grande, pero es así en casi (*todo*[8]) las sociedades° rurales del mundo. Ya que° los hijos (*trabajar*[9]) la tierra con sus° padres, es bueno y (*necesario*[10]) tener° muchos niños.

   Pero en los grandes centros (*urbano*[11]), las familias con sólo dos o tres hijos (*ser*[12]) cada día° más comunes. Es caro° mantener a* (*mucho*[13]) hijos en

believe

no... that isn't so / world

ha... has changed / lately / sobre... especialmente

true / country

societies / Ya... Since

their / to have

cada... every day / expensive

---

*Note the use of the word **a** before a direct object that refers to a specific person or persons. This **a** has no equivalent in English. You will learn to use the word **a** in this way in Grammar Section 27.

una sociedad (*industrializado*[14]). Cuando la madre (*trabajar*[15]) fuera de°   fuera... *outside*
casa, nadie se queda° en casa con los niños. Esto pasa especialmente en las   nadie... *no one stays*
familias de clase (*medio*[16]) y de clase (*alto*[17]).

Pero es realmente difícil° (*hablar*[18]) de una sola° familia (*hispánico*[19]).   *difficult / single*
¿Hay una familia (*norteamericano*[20]) típica?

 VOCABULARIO

VERBOS	ADJETIVOS	

VERBOS

llegar to arrive
ser (*irreg.*) to be

SUSTANTIVOS

el/la **abuelo/a** grandfather/
   grandmother
 los **abuelos** grandparents
  el **apellido** last name
  la **casa** house
  la **ciudad** city
  el **coche** car
  la **comida** food
el/la **esposo/a** husband/wife
  el **estado** state
  el **examen** exam
  la **familia** family
el/la **hermano/a** brother/sister
el/la **hijo/a** son/daughter
 los **hijos** children
  la **madera** wood
  la **madre (mamá)** mother (mom)
el/la **nieto/a** grandson/granddaughter
  el **nombre** (first) name
  el **padre (papá)** father (dad)
 los **padres** parents
  el **pariente** relative
el/la **primo/a** cousin
  el **recuerdo** memory
  el **regalo** present, gift
el/la **sobrino/a** niece/nephew
el/la **tío/a** uncle/aunt

ADJETIVOS

alemán, alemana German
alto/a tall
amable kind; nice
antipático/a unpleasant
bajo/a short (*in height*)
barato/a inexpensive
bienvenido/a welcome
bonito/a pretty
bueno/a good
casado/a married
corto/a short (*in length*)
delgado/a thin, slender
español(a) Spanish
este/a this; **estos/as** these
familiar family-related, of the family
feo/a ugly
francés, francesa French
gordo/a fat
grande large, big; great
guapo/a handsome, good-looking
inglés, inglesa English
joven young
largo/a long
listo/a smart, clever
malo/a bad
mexicano/a Mexican
moreno/a brunette
mucho/a a lot of, many
necesario/a necessary
norteamericano/a North American;
   from the United States
nuevo/a new

otro/a other, another
pequeño/a small
perezoso/a lazy
pobre poor
poco/a little, few
posible possible
rico/a rich
rubio/a blond
simpático/a nice; likeable
soltero/a single (*not married*)
todo/a all, every
tonto/a silly, foolish
trabajador(a) hard-working
viejo/a old

PALABRAS ADICIONALES

ahora now
casi almost
¿de dónde es Ud.? where are you
   from?
¿de quién? whose?
esto this (*neuter*)
que that, which
ya already

LOS NÚMEROS

**treinta, cuarenta, cincuenta,
sesenta, setenta, ochenta,
noventa, cien(to)**

UN PASO MÁS 2

ACTIVIDADES

SÓLO PAPÁ

A. **¿Una familia típica?** Describa la familia del dibujo.

1. ¿Es grande o pequeña la familia? ¿Cuántas personas hay en el dibujo?
2. ¿Hay muchas niñas en la familia? ¿Cuántas? ¿Cuántos niños hay? ¿Cuántos hijos en total?
3. Describa a los hijos, usando estos adjetivos o cualquier otro: **serio, estudioso, bueno, cómico, trabajador, malo.**
4. ¿Cómo es o *no* es el padre? ¿Es similar a los hijos? Descríbalo (*Describe him*) usando estos adjetivos y frases: **serio, buen padre, cariñoso, paciente, cómico, egoísta, agradable, comprensivo** (*understanding*).
5. ¿Estudian mucho los hijos? ¿Trabajan mucho? ¿Hablan con el padre? ¿Habla el padre con ellos?
6. La familia del dibujo, ¿es una familia típica de los Estados Unidos? ¿Es una típica familia hispánica? Explique.

B. **Antónimos.** Sometimes Spanish *antonyms* (words that are opposite in meaning) are not at all similar in form: **bueno/malo, trabajador/perezoso.** In Spanish, as in English, however, many antonyms are formed by adding negative prefixes, such as **ir-, des-, in-, im-,** and **anti-,** to the adjective.

Antónimos

(ir)regular	(ir)reverente	(ir)religioso/a	(ir)responsable
(ir)racional	(des)agradable	(des)leal	(des)cortés
(in)justo/a	(in)activo/a	(in)competente	(in)discreto/a

(in)útil   (im)perfecto/a   (im)probable   (im)práctico/a
(im)paciente   (anti)comunista   (anti)patriótico/a   (anti)poético/a

Autodefiniciones. Describe yourself, using as many adjectives as possible.

MODELO   Soy **religiosa**. No soy **irreverente**.

Opiniones: ¿Sí o no?

1. Mi madre (hermano, tía, abuelo) es impaciente.
2. Es necesario ser rico/a para ser alegre (*happy*).
3. Mis clases este semestre son desagradables.
4. Los estudiantes son irresponsables.
5. Un americano comunista es un americano leal.
6. Los ejercicios (*exercises*) de este libro son útiles.
7. Es importante ser religioso.
8. La clase de español es muy grande.
9. El esposo (La esposa) ideal es feo/a y rico/a.
10. El mejor automóvil es práctico y pequeño.

A propósito...

Las presentaciones. The following phrases are frequently used in making introductions.

Sra. Aguilar, le presento a Adolfo Álvarez Montes. (*formal*)	*Mrs. Aguilar, may I introduce you to Adolfo Álvarez Montes.*
Benito, te presento a Adela. (*informal*)	*Benito, let me introduce you to Adela.*
Mucho gusto.⎫ Encantado/a.⎭	*Pleased to meet you.*
Igualmente.	*Likewise.*
Bienvenido/a.	*Welcome.*

When introductions are made, Spanish speakers—both men and women—almost always shake hands.

Esta familia argentina está de paseo (taking a walk). Los fines de semana (weekends) presentan una buena oportunidad para salir (to go out) en grupo.

KATHERINE A. LAMBERT

C. With other students, practice making the following introductions, using **le** (*formal*) or **te** (*informal*), as appropriate. Tell something about the person you are introducing.

1. You are at home, and a good friend stops by for a few minutes. Introduce him/her to your family.
2. You are in the library and happen to run into two of your professors at the circulation desk. Introduce them to each other.
3. You are at a party. Introduce one good friend to another.
4. Introduce the student next to you to another student.

LECTURA CULTURAL:
Los apellidos hispánicos

Antes de leer

You already know that cognates are words that are similar in form and meaning from one language to another: for example, English *poet* and Spanish **poeta.** The more cognates you can recognize, the more quickly and easily you will read in Spanish.

The endings of many Spanish words correspond to English word endings according to fixed patterns. Learning to recognize these patterns will increase the number of close and not-so-close cognates that you can recognize. Here are a few of the most common.

-dad → -ty   **-ción** → -tion   **-ico** → -ic, -cal

-mente → -ly   **-sión** → -sion   **-oso** → -ous

What is the English equivalent of these words?

1. unidad
2. reducción
3. explosión
4. frecuentemente
5. dramático
6. estudioso
7. famoso
8. reacción
9. recientemente
10. idéntico
11. religioso
12. religiosidad

Try to spot cognates in the following reading, and remember that you should be able to guess the meaning of underlined words from context.

En español, generalmente, las personas tienen dos apellidos: el apellido paterno y también el materno. Cuando un individuo usa solamente uno de sus° apellidos, casi siempre° es el paterno.   *his*
                                                                                                                    always

Imagine que Ud. tiene una amiga, Gloria Gómez Pereda. El **nombre** de esta persona es «Gloria» y sus **apellidos** son «Gómez» y «Pereda». «Gómez» es el apellido paterno y «Pereda» es el materno. En situaciones oficiales o formales, ella usa los dos apellidos. En ocasiones informales, usa solamente el paterno. Cuando uno habla con ella, la llama° «Señorita Gómez» o «Señorita Gómez Pereda», pero nunca° «Señorita Pereda».   *la... one calls her*
                                                                                                                    never

Es importante comprender° el sistema de apellidos cuando Ud. usa una lista alfabetizada. Lo primero° que determina el orden en la lista es el apellido paterno, y después° el materno. En una guía telefónica, el señor Carlos Martínez   *to understand*
                                                                                                                    Lo... The first thing

Aguilar aparece cerca del comienzo° de la lista de todos los Martínez.* Su padre,
el señor Alfonso Martínez Zúñiga, aparece cerca del final de la lista. En la guía
telefónica de la Ciudad de México, hay más de veinticinco páginas—con más de
8.000° personas—que tienen el apellido paterno «Martínez». Si usted busca el
número de teléfono de un señor Martínez y no sabe° su apellido materno, ¡va a
tener° un gran problema!

cerca... *close to the
beginning*

ocho mil

no... *you don't know*

va... *you're going to have*

Comprensión

Complete las oraciones 1 a 3 según la lectura. Después (*Then*) conteste la pregunta 4.

1. Un hispano tiene dos apellidos: _____.
   a. el materno y el paterno
   b. dos paternos
   c. dos maternos
2. En una fiesta de amigos y colegas, una persona usa _____.
   a. su apellido materno
   b. su apellido paterno
   c. los dos apellidos
3. Si Ud. busca el nombre de un amigo en la guía telefónica, necesita saber (*to know*) _____.
   a. solamente el apellido paterno
   b. solamente el apellido materno
   c. los dos apellidos
4. ¿En qué orden aparecen estos nombres en una guía telefónica?
   _____ Benito Pérez Galdós   _____ Juan Pereda García
   _____ Jaime García Jiménez   _____ Virginia Pérez García
   _____ Baldomero Pérez Almena

Para escribir

A. Write a brief paragraph about the Hispanic system of names as it would apply to your own family.
   Use the following sentences as a guide.

   1. Me llamo _____.
   2. Mi apellido paterno es _____ y _____ es mi apellido materno.
   3. En situaciones informales me llamo _____.
   4. _____ es el nombre completo de mi padre.
   5. _____ es el nombre completo de mi madre.
   6. Si me caso con (*If I marry*) Juan(a) García Sandoval, el nombre completo de mi hijo Carlos
      será (*will be*) Carlos _____.

B. Continue to describe your family by completing these brief paragraphs.

   1. Mis padres viven (*live*) en _____. Son _____ y _____. Mi padre trabaja (estudia...) _____; es una
      persona _____. Mi madre _____; es _____.
   2. Tengo (*I have*) _____ hermanos. Mi hermano/a _____ vive _____; es _____.

---

*Last names are made plural in Spanish simply by putting the plural definite article in front of the name: **los Martínez** (*the Martínez
family*), **los García** (*the Garcías*), and so on.

CAPÍTULO 3

DE COMPRAS

PETER MENZEL

PARA EMPEZAR

In this chapter and in **Un paso más 3,** you will learn vocabulary and expressions about shopping and clothing, and will consider related attitudes of Hispanic peoples. As a first step, listen to the following conversation about the type of clothing **(ropa)** that is frequently worn on campuses in many parts of the Spanish-speaking world.

En Quito, Ecuador, Lorenzo y Allen van a ir (*are going*) a la universidad.

LORENZO: Pero, ¡hombre!, ¡no vas (*you're not going*) a la universidad vestido (*dressed*) así! ¡Qué escándalo! ¿Dónde tienes el saco (*jacket*)? ¿la camisa? ¿la corbata? ¿los zapatos?

ALLEN: Pues... yo siempre llevo (*wear*) esta ropa en los Estados Unidos. Allí (*There*) es el uniforme universitario: sandalias, pantalones cortos y camiseta.

LORENZO: Aquí no. Tenemos que (*We have to*) ir de compras.

VOCABULARIO: PREPARACIÓN

De compras°			*shopping*
comprar	to buy	el almacén	department store
regatear	to haggle, bargain	el mercado	market
		la tienda	shop, store
vender	to sell	el precio	price
venden de todo	they sell everything	el precio fijo	fixed (set) price

La ropa° *clothing*			*clothing*
llevar	to wear; to carry; to take	los calcetines	socks
la blusa	blouse	las medias	stockings
la camisa	shirt	las botas	boots
la camiseta	T-shirt	un par de	a pair of
el suéter	sweater	zapatos/sandalias	shoes/sandals
la falda	skirt	el abrigo	coat
el vestido	dress	el impermeable	raincoat
el traje	suit; costume	el sombrero	hat
los pantalones	pants	la bolsa	purse
la chaqueta	jacket	la cartera	wallet
la corbata	tie	el traje de baño	swimsuit
el cinturón	belt		

A. ¿Qué ropa llevan estas personas?

1. El Sr. Rivera lleva _____.

2. La Srta. Alonso lleva _____. El perro lleva _____.

3. Sara lleva _____.

4. Alfredo lleva _____. Necesita comprar _____.

Generalmente, ¿qué artículos de ropa son para los hombres? ¿para las mujeres? ¿para hombres y mujeres?

PETER MENZEL

La palabra chaqueta *se usa (is used) en todas partes del mundo hispánico para significar* jacket. *En Hispanoamérica, sin embargo (nevertheless), se usa más el saco, y en España la americana.*

Hay más variedad todavía (still) en los equivalentes de la palabra purse: *en México, la bolsa; en España, el bolso; y en muchas partes del Caribe y Sudamérica, la cartera. ¡Ojo con la palabra* cartera *en España! Allí significa* wallet. *Para expresar* wallet *en Hispanoamérica, se usa la billetera.*

En esta moderna tienda de la Ciudad de México se vende ropa para hombres.

B. Complete las oraciones en una forma lógica.

1. El _____ es una tienda grande.
2. No es posible _____ cuando hay precios fijos. *regatear*
3. Deseo ~~comprar~~ el coche, pero el ~~precio~~ es muy alto.
4. En la librería *hay* de todo: textos y otros libros, cuadernos, lápices.
5. La temperatura está a 30° (grados) F. Llevo *un suéter*.
6. A una fiesta de etiqueta (*formal*) llevo *el traje*.
7. Para ir a bailar (*to go dancing*) a una discoteca llevo *un vestido*.
8. Si voy de viaje (*I go on a trip*) a Hawai llevo *el traje de baño*.
9. Muchos ejecutivos llevan *zapatos*.
10. Muchas ejecutivas llevan *vestido*.
11. Nunca (*Never*) llevo _____ a la clase.
12. En casa siempre (*always*) llevo _____.

Los colores					
amarillo/a	yellow	**morado/a**	purple	**rosado/a**	pink
anaranjado/a	orange	**negro/a**	black	**verde**	green
azul	blue	**pardo/a**	brown		
blanco/a	white	**rojo/a**	red	**de cuadros**	plaid
gris	gray			**de rayas**	striped

(handwritten: naranja = orange fruit)

C. ¿Qué colores asocia Ud. con... ?

¿el dinero? ¿la una de la mañana? ¿una mañana bonita? ¿una mañana fea? ¿Satanás? ¿los Estados Unidos? ¿una jirafa? ¿un pingüino? ¿un limón? ¿una naranja? ¿un elefante? ¿las flores (*flowers*)?

CH. **¿De qué color es?** Tell the color of things in your classroom, especially the clothing your classmates are wearing.

MODELOS   El bolígrafo de Anita es amarillo.
Los calcetines de Roberto son azules. Los de Jaime* son pardos.
Los de Julio...

Now describe what someone is wearing without revealing his or her name. Using your clues, can your classmates guess whom you are describing?

Tag Questions	
Venden de todo aquí, **¿no?/¿verdad?**	*They sell everything here, right? (don't they?)*
No necesito impermeable hoy, **¿verdad?**	*I don't need a raincoat today, do I? (right?)*

In English and in Spanish, questions are frequently formed by adding tags or phrases to the end of statements. Two of the most common question tags in Spanish are **¿verdad?**, found after affirmative or negative statements, and **¿no?**, usually found after affirmative statements. The inverted question mark comes immediately before the tag question, not at the beginning of the sentence.

D. Using question tags, ask questions based on the following statements.

1. En un almacén hay precios fijos.
2. Regateamos mucho en los Estados Unidos.

---

*You can avoid repeating the noun **calcetines** just by dropping it and retaining the definite article. Here are some other examples of the same construction: **la camisa de Janet y la camisa de Paula** → **la camisa de Janet y *la de* Paula; el sombrero del niño y el sombrero de Pablo** → **el sombrero del niño y *el de* Pablo.**

3. En México no hay muchos mercados.
4. El precio de unas botas elegantes es muy alto.
5. En los almacenes no venden de todo.
6. Los estudiantes llevan traje y corbata en los Estados Unidos.
7. Ud. trabaja en la biblioteca.
8. Ud. toma café en la cafetería.
9. Es necesario llegar a la universidad a las seis de la mañana.
10. Siempre llegamos a clase a tiempo (*on time*).

PRONUNCIACIÓN: P, T, and K

In English, the [p], [t], and [k] sounds at the beginning of a word or syllable are *aspirated* (released with a small puff of air). In Spanish, [p], [t], and [k] are never aspirated.

Spanish [t] differs from English [t] in another respect. The English [t] is pronounced with the tip of the tongue on the alveolar ridge, just behind the upper teeth. The Spanish [t] is a *dental* sound; it is pronounced with the tongue against the back of the upper teeth.

The Spanish [k] sound is like English [k], but is not aspirated. The [k] sound is written as **c** before a consonant **(clase)** or the vowels **a, o,** and **u (casado, cómico, matrícula),** and as **qu** before **e** or **i (que, quien).**

PRÁCTICA

Practique las siguientes palabras, frases y oraciones.

1. pasar   presentar   peseta   peso   pintor   político
   padre   programa
2. tienda   tener   todos   traje   todavía   tío   trabajador
   tía
3. caso   camisa   coche   calcetín   casado   corto   Cuco
   Carmen   corbata
4. quince   conquistador   qué   ataque   Quito   Quico
   paquete   camiseta   chaqueta   quién
5. una tía trabajadora   una chaqueta corta   un tío tonto
   un pintor casado   todos los políticos   casas y tiendas
6. Tomás toma té.
   También toma café.
   Paquito paga el papel.
   Pero Pablo paga el periódico.
   Cuco trabaja aquí.
   Quico trabaja con Carmen.

MINIDIÁLOGOS Y GRAMÁTICA

¿Recuerda Ud.?

The personal endings used with **-ar** verbs share some characteristics of those used with **-er** and **-ir** verbs, which you will learn in the next section. Review the endings of **-ar** verbs by telling which subject pronoun you associate with each of these endings.

1. **-amos**   2. **-as**   3. **-áis**   4. **-an**   5. **-o**   6. **-a**

11. *Present Tense of -er and -ir Verbs*

En casa, antes del baile de máscaras

CECILIA: Pero hombre, es necesario llevar traje y máscara. ¿No *comprendes?*
PABLO: Bueno, si *insistes.*
CECILIA: ¡*Insisto!*
PABLO: Muy bien. Pero todavía *creo* que yo *debo* llevar el traje de ángel.

¿Quién...

1. no comprende que todos deben llevar traje y máscara?
2. insiste?
3. lleva el traje de Satanás?
4. desea llevar el traje de ángel?
5. debe llevar el traje de ángel, Cecilia o Pablo?

comer (*to eat*)		**vivir** (*to live*)	
com**o**	com**emos**	viv**o**	viv**imos**
com**es**	com**éis**	viv**es**	viv**ís**
com**e**	com**en**	viv**e**	viv**en**

The present tense of **-er** and **-ir** verbs is formed by adding personal endings to the stem of the verb (the infinitive minus its **-er/-ir** ending). The personal endings for **-er** and **-ir** verbs are the same except for the first and second person plural.

Remember that the Spanish present tense has a number of present tense equivalents in English and can also be used to express future meaning:

At home, before the costume party   CECILIA: But, man, you've got to (it's necessary to) wear a costume and a mask. Don't you understand?   PABLO: Well, if you insist.   CECILIA: I insist!   PABLO: Okay. But I still think I should wear the angel costume.

$$\text{como} \begin{cases} \textit{I eat} & \text{Simple present} \\ \textit{I am eating} & \text{Present progressive} \\ \textit{I do eat} & \text{Emphatic present} \\ \textit{I will eat} & \text{Future} \end{cases}$$

Some important **-er** and **-ir** verbs in this chapter include the following:

aprender	to learn	**abrir**	to open
beber	to drink	**asistir (a)**	to attend, go to
comer	to eat	**escribir**	to write
comprender	to understand	**insistir**	to insist
creer (en)	to think, believe (in)	**(en** + *inf.*)	(on *doing*
deber (+ *inf.*)	should, must, ought		*something*)
	to (*do something*)	**recibir**	to receive
leer	to read	**vivir**	to live
vender	to sell		

PRÁCTICA

A. Dé oraciones nuevas según las indicaciones.

Escenas de la sala de clase

1. *Yo* asisto a clase todos los días.   (*tú, nosotros, Ud., todos los estudiantes, Carlos, vosotros*)
2. *Aprendes* español en clase, ¿verdad?   (*nosotros, yo, Ud., la estudiante francesa, Uds., vosotros*)

Es Navidad (*Christmas*) y hay una fiesta en casa. ¿Qué pasa?

1. *Todos* comen y beben.   (*yo, los tíos, tú, Uds., la prima y yo, Ud., vosotras*)
2. *Los niños* reciben regalos.   (*papá, tú, nosotras, los hijos de Juan, Alicia, los nietos, vosotros*)

B. Form complete sentences using one word or phrase from each column. Be sure to use the correct forms of the verbs. Make any of the sentences negative, if you wish.

Ud.	abrir	Coca-Cola, café antes de (*before*) la
yo	escribir	clase
Rosendo	deber	un periódico (*newspaper*), un poema,
nosotros (no)	leer	un telegrama, una carta (*letter*)
mis abuelos	beber	la situación, el problema
tú	comprender	la puerta (*door*), el regalo
___?___		regatear en el mercado, llegar tarde / temprano, llevar un suéter, llevar un regalo
		___?___

C. Su (*Your*) amigo Carlos hace (*asks*) muchas preguntas... y a veces (*sometimes*) son absurdas. Conteste sus (*his*) preguntas con mucha paciencia, en oraciones completas.

1. Vivimos in Nueva York, ¿no?
2. Los estudiantes no beben en clase, ¿verdad?
3. Siempre recibes un suspenso en los exámenes, ¿no?
4. Escribo los ejercicios (*exercises*) en italiano, ¿no?
5. Muchos actores viven en Pocotella, Idaho, ¿no?
6. Aprendemos francés en clase, ¿no?
7. Los profesores no insisten en recibir muchos regalos, ¿verdad?
8. El profesor no comprende el problema, ¿verdad?
9. Todos los niños creen en Santa Claus, ¿no?
10. Venden cosas muy caras (*expensive*) en el mercado, ¿no?

CH. ¿Cómo se dice en español?

1. "He understands Italian **(italiano),** doesn't he?" "No, and she doesn't understand English." "What language should we speak, then **(entonces)**?"
2. We're living here in Caracas and we're speaking Spanish every day!

D. En clase, ¿qué deben o no deben hacer (*do*) Uds.? Conteste, usando estas frases como guía.

1. entrar a la hora en punto   *Sí deben entrar a la ----*
2. hablar inglés
3. escribir los ejercicios
4. llevar regalos para el profesor (la profesora)
5. aprender las palabras nuevas   *yo debo aprender las palabras nuevas*
6. asistir a clase todos los días

CONVERSACIÓN

A. ¿Qué hacen estas personas?

B. Preguntas

1. ¿Insiste Ud. en hablar inglés en esta clase? ¿en comprender todo? ¿en cantar en clase? ¿en aprender todas las palabras nuevas? ¿en practicar el español un poco todos los días?

2. ¿En qué o en quién cree Ud.? ¿en Santa Claus? ¿en Dios (*God*)? ¿en Alá? ¿en el dólar norteamericano?

C. **¿Cómo usa Ud. su tiempo?** How frequently do you do each of the following things?

todos los días	every day
con frecuencia	frequently
una vez/dos veces a la semana/al mes	once/twice a week/a month
casi nunca*	almost never
nunca*	never

1. Leo novelas.
2. Miro (*I watch*) la televisión.
3. Escribo una carta.
4. Como en un restaurante.
5. Aprendo palabras nuevas en español.
6. Leo el periódico.
7. Bebo Coca-Cola.
8. Compro un par de zapatos.
9. Llevo zapatos sin (*without*) calcetines.
10. Llevo una camisa/blusa roja de rayas.
11. Vendo los libros viejos que hay en casa.
12. Hablo con una persona de habla española (*a Spanish-speaking person*).

Now interview another student, asking him or her questions based on the sentences given above. Begin each question with **¿Con qué frecuencia... ?**

MODELO ¿Con qué frecuencia *lees novelas*?

---

12. *Tener, venir, querer, and* poder

Querer es poder

tener (*to have*)	**venir** (*to come*)	**querer** (*to want*)	**poder** (*to be able; can*)
ten**go**	ven**go**	qu**ie**ro	p**ue**do
t**ie**nes	v**ie**nes	qu**ie**res	p**ue**des
t**ie**ne	v**ie**ne	qu**ie**re	p**ue**de
tenemos	venimos	queremos	podemos
tenéis	venís	queréis	podéis
t**ie**nen	v**ie**nen	qu**ie**ren	p**ue**den

Yo forms of **tener** and **venir** are irregular: **tengo, vengo.** In other forms of **tener, venir,** and **querer,** when the stem vowel **e** is stressed, it becomes **ie:**

---

*Use these expressions only at the beginning of a sentence. You will learn more about how to use them in Grammar Section 25.

tienes, vienes, quieres, and so on. Similarly, the stem vowel **o** in **poder** becomes **ue** when stressed. In vocabulary lists these changes are shown in parentheses after the infinitive: **poder (ue).** You will learn more verbs of this type in Grammar Section 22.

PRÁCTICA

A. Es la semana (*week*) de los exámenes. Por eso ocurren las siguientes situaciones. Dé oraciones nuevas según las indicaciones.

1. *Sara* tiene muchos exámenes. (*Pepe, nosotros, Alicia y Carlos, yo, tú, vosotras*)
2. *Ramón* viene a la biblioteca todas las noches. (*yo, los estudiantes, tú, Uds., nosotras, vosotros*)
3. *Silvia* quiere estudiar más, pero no puede. (*yo, ella, nosotros, todos, tú, vosotros*)

B. **El noticiero (*newscast*) de las seis.** ¿Qué actividades de personas famosas o conocidas (*familiar*) puede Ud. anunciar hoy?

1. _____ quiere ser $\begin{cases} \text{presidente} \\ \text{gobernador} \\ \text{senador} \\ \text{alcalde (}mayor\text{)} \end{cases}$ $\begin{cases} \text{de este país/estado} \\ \text{de esta ciudad} \end{cases}$

2. _____ viene a esta universidad a dar (*to give*) $\begin{cases} \text{un concierto} \\ \text{una conferencia (}lecture\text{)} \end{cases}$

3. _____ tienen $\begin{cases} \text{mucha responsabilidad} \\ \text{mucho poder (}power\text{)} \end{cases}$

CONVERSACIÓN

A. Preguntas

1. ¿Tiene Ud. mucha ropa? ¿Tiene muchos o pocos trajes/vestidos? ¿muchas o pocas camisetas?
2. ¿Se puede (*Can one*)* hablar inglés en esta clase? ¿estudiar comercio en esta universidad? ¿aprender chino? ¿fumar (*to smoke*) en clase? ¿asistir a clase en traje de baño?

---

*¡OJO! Note how the word **se** before a verb form changes the verb's meaning slightly.

Se usa la palabra **bolso** en España.   *The word **bolso** is used in Spain.*
Se usan muchas palabras diferentes.   *Many different words are used.*

You will see this construction throughout *Puntos de partida*. Learn to recognize it, for it is frequently used in Spanish.

3. ¿Cuántos animales tiene Ud. en casa? ¿Cuántos coches tiene? ¿Cuántos quiere tener algún día (*some day*)?

4. En la residencia, ¿Ud. y sus amigos pueden estudiar sin problemas? ¿Pueden tener aparatos eléctricos? ¿Pueden tener bebidas alcohólicas? ¿Quiere Ud. vivir en la residencia el próximo (*next*) semestre?

5. ¿Viene Ud. a la universidad a trabajar o a estudiar? ¿Viene a clase a comer o a hablar?

B. Complete las oraciones en una forma lógica.

1. En mi familia, tengo _____.
2. Un día, quiero viajar (*to travel*) a _____ porque (*because*) _____.
3. Puedo hablar _____.
4. En clase mañana, queremos _____.
5. Muchos extranjeros vienen a los Estados Unidos de (*from*) _____.

Study Hint: Studying and Learning Verbs

Knowing how to use verb forms quickly and accurately is one of the most important parts of learning how to communicate in a foreign language. The following suggestions will help you recognize and use verb forms in Spanish.

1. Study carefully any new grammar section that deals with verbs. Are the verbs regular? What is the stem? What are the personal endings? Don't just memorize the endings (**-o, -as, -a,** and so on). Practice the complete forms of each verb (**hablo, hablas, habla,** and so on) until they are "second nature" to you. Be sure that you are using the appropriate endings: **-ar** endings with **-ar** verbs, for example. Be especially careful when you write and pronounce verb endings, since a misspelling or mispronunciation can convey inaccurate information. Even though there is only a one-letter difference between **hablo** and **habla** or between **habla** and **hablan,** for example, that single letter makes a big difference in the information communicated.

2. Are you studying irregular verbs? If so, what are the irregularities? Practice the irregular forms many times so that you "overlearn" them and will not forget them: **tengo, tienes, tiene, tienen.**

3. Once you are familiar with the forms, practice asking short conversational questions using **tú/Ud.** and **vosotros/Uds.** Answer each question, using the appropriate **yo** or **nosotros** form.

¿Hablas español? ⎫
¿Habla español? ⎭ Sí, hablo español.

¿Comen Uds. en clase? ⎫ No, no comemos en
¿Coméis en clase? ⎭ clase.

4. It is easy to become so involved in mastering the *forms* of new verbs that you forget their *meanings.* However, being able to recite verb forms perfectly is useless unless you also understand what you are saying. Be sure that you always know both the spelling *and* the meaning of all verb forms, just as you must for any new vocabulary word. Practice using new verb forms in original sentences to reinforce their meaning.

5. Practice the forms of all new verbs given in the vocabulary lists in each chapter. Any special information that you should know about the verbs will be indicated either in the vocabulary list or in a grammar section.

13. Ir; ir + a + Infinitive

Un regalo para la «mamá» ecuatoriana

ALLEN: Esta tarde *voy a ir* de compras. ¿Quieres *ir* conmigo?
LORENZO: Sí, con mucho gusto. ¿Qué *vas a comprar?*
ALLEN: Un regalo para mi mamá ecuatoriana... algo bueno pero barato—como una tostadora, por ejemplo.
LORENZO: Los aparatos eléctricos son muy caros, Allen. ¿Por qué no compras una blusa bordada a mano? hand-embroded blouse
ALLEN: Todos los artículos hechos a mano son también muy caros, ¿no?
LORENZO: Pues... no. Normalmente son muy baratos.

¿Qué va a pasar hoy por la tarde? Conteste completando las oraciones.

1. Allen y Lorenzo van a ir _____.
2. Allen va a buscar _____.
3. Allen no va a comprar _____.
4. Sí va a comprar _____ porque _____.

ir *(to go)*	
voy	**vamos**
vas	**vais**
va	**van**

The first person plural of **ir, vamos** (*we go, are going, do go*), is also used to express *let's go.*

Vamos a clase ahora mismo.   *Let's go to class right now.*

Ir + a + *infinitive* is used to describe actions or events in the near future.

Voy a estudiar esta tarde.   *I'm going to study this afternoon.*
Van a venir a la fiesta esta noche.   *They're going to come to the party tonight.*

PRÁCTICA

A. ¿Adónde van Uds. los viernes (*on Fridays*) después de (*after*) la clase? Haga oraciones completas usando **ir.**

A gift for one's Ecuadorian "mother"   ALLEN: I'm going shopping this afternoon. Do you want to go with me?   LORENZO: Yes, I'd really like to (*lit.* With much pleasure). What are you going to buy?   ALLEN: A present for my Ecuadorian mother . . . something nice but inexpensive, like a toaster, for example.   LORENZO: Electrical appliances are very expensive, Allen. Why don't you buy a hand-embroidered blouse?   ALLEN: All handmade things are also very expensive, aren't they?   LORENZO: Well . . . no. Normally they're very inexpensive.

1. yo / residencia *voy* *va a la tindeb art.*
2. Francisca / cafetería
3. tú / otra clase *vas a*
4. Jorge y Carlos / bar (*m.*) *van al bar*
5. nosotros / biblioteca *vamos a la*
6. el profesor (la profesora) / ? *vas a la universidad*

B. **¡Vamos de compras!** Describa la tarde, usando **ir** + **a** + *el infinitivo,* según el modelo.

MODELO   Raúl compra un regalo para Estela. → Raúl va a comprar un regalo para Estela. *market*

1. Llegamos al mercado a las dos.
2. Los niños quieren comer algo (*something*).
3. Yo compro una blusa bordada a mano.
4. Carlos busca un aparato eléctrico.
5. No compras una camisa de cuadros, ¿verdad?
6. No puedo comprar todo hoy.
7. Regresamos a casa a las cinco.

C. **¡Qué negativos!** Exprese en español, usando **ir** + **a** + *el infinitivo.* *Yo voy a bailer pero no voy a user esta traje*
1. I'll go to the dance, but I'm not going to wear this costume!
2. We'll arrive at 6:00 but we won't eat with you **(Uds.).**
3. You'll buy the pants but you won't wear the plaid jacket, right?

CONVERSACIÓN

A. **Gustos y preferencias.** ¿Cuántas oraciones puede Ud. formar?

Me gusta   esquiar   Por eso voy a _____.
           leer
           bailar
           regatear
           llevar ropa elegante
           comer en restaurantes mexicanos
           viajar

B. **Entrevista: ¿Qué hay en su** (*your*) **futuro?** Complete las oraciones en una forma lógica. Luego úselas (*use them*) para entrevistar a un compañero (una compañera) de clase.

1. Un día voy a tener (ser, comprar, poder) _____. (¿Qué vas a tener tú?...)
2. Esta noche voy a estudiar _____. Voy a comer (en) _____. Y voy a mirar _____ en la tele. (¿Qué vas a...)
3. Mañana voy a llegar a clase a la(s) _____. Voy a llevar _____ a clase porque _____. (¿A qué hora...)

Encuentro cultural: *Ir* y *venir*

Ir and **venir** are used somewhat differently than are their English equivalents.

—¿Vas a venir a mi casa esta noche a las ocho?

—A las ocho, no. ¿Puedo ir a las nueve?

—¡Claro que sí! Hasta luego.

"Can you come over to my house at eight?"

"At eight, no. Can I come at nine?"

"Of course! See you later."

Venir means *"come to where I am when I use the word **venir**."* **¿Vas a venir a mi casa?** tells you immediately that the speaker is at home when he/she calls you. **Ir**—whether it means *come* or *go* in English—refers to some place other than where the speaker is when he/she uses the word **ir.** «**Voy a hacer una fiesta en mi casa el viernes. ¿Puedes ir?**» tells you that the speaker is not at home when the invitation is extended.

Note also that **¡Ya voy!** means *"I'm coming,"* not *"I'm going."*

---

14. Idioms with **tener**

No es por falta de ganas...

MIGUEL: Hola, Mariela. Habla Miguel. ¿No *tienes ganas de* venir a la fiesta?

MARIELA: Quiero ir, pero no puedo. *Tengo que* estudiar.

MIGUEL: ¡*Tienes que* estudiar! ¿Cómo puedes estudiar con una fiesta en el apartamento vecino?

MARIELA: No hay más remedio. Si quieres, puedes traerme una Coca. *Tengo sueño* y *sed*.

Imagine que Ud. es Mariela. ¿Cómo va a completar estas oraciones?

1. No tengo ganas de _____.
2. Sí tengo ganas de _____.
3. Pero tengo que _____.
4. Voy a tomar _____ porque tengo _____.

An *idiom* (**un modismo**) is a group of words that has meaning to the speakers of a language but that does not necessarily appear to make sense when examined word by word. Idiomatic expressions are often different from one language to another. For example, in English, *to pull Mary's leg* usually means *to tease her,* not *to grab her leg and pull it.* In Spanish *to pull Mary's leg* is **tomarle el pelo a María** (literally, *to take María's hair*).

Many ideas expressed in English with the verb *to be* are expressed in Spanish with idioms using **tener.**

It's not 'cause I don't want to . . . MIGUEL: Hi, Mariela. It's Miguel. Don't you want to come to the party? MARIELA: I want to come, but I can't . I have to study. MIGUEL: You have to study! How can you study with a party in the next apartment? MARIELA: It can't be helped. If you want, you can bring me a Coke. I'm sleepy and thirsty.

tener (18, 20) años	to be (18, 20) years old
tener calor/frío	to be warm (hot)/cold
tener hambre/sed/sueño	to be hungry/thirsty/sleepy
tener miedo (de)	to be afraid (of)
tener prisa	to be in a hurry
tener razón	to be right
no tener razón	to be wrong

Other **tener** idioms include **tener ganas de** (*to feel like*) and **tener que** (*to have to*). The infinitive is always used after these two idiomatic expressions.

Tengo ganas de trabajar.   *I feel like working.*
¿No tienes ganas de descansar?   *Don't you feel like resting?*

Tienen que ser prácticos.   *They have to be practical.*
¿No tiene Ud. que estudiar ahora mismo?   *Don't you have to study right now?*

PRÁCTICA

A. Expand the situations described in these sentences by using a related idiom with **tener.**

MODELO   Quiero un sándwich. → ¡Tengo hambre!

1. Una Coca-Cola, por favor.
2. ¿Una hamburguesa? Sí,...
3. Voy a llevar un abrigo.
4. ¡Hasta luego! ¡Me voy! (*I'm leaving!*)
5. ¿Ya son las dos y media de la mañana? Por eso...
6. En el mes de agosto...
7. No, cariño, dos y dos no son cinco.
8. Es peligrosa (*dangerous*) esta calle de noche. Por eso...
9. ¿Cuántos años? ¿Ochenta? Yo sólo...
10. En el mes de diciembre...

B. Conteste según las indicaciones.

1. —¿Qué tiene Ud. que hacer (*to do*) esta noche?
   —Tengo que *llegar a casa temprano.*   (*asistir a una clase a las siete, aprender unas palabras en español, leer la Lección 3, estudiar toda la noche, hablar con un amigo*)
2. —Pero... ¿qué tiene ganas de hacer?
   —Tengo ganas de *descansar.*   (*abrir una botella de vino, vender todos los libros de texto, vivir en otra ciudad, mirar la televisión, comer en un buen restaurante, ¡no estudiar más!*)

C. Listen as a classmate reads the following paragraphs to you and complete them with the appropriate **tener** idioms.

1. Alfonso llega al aeropuerto de Nueva York. Es el 4 de agosto, y Alfonso lleva un suéter y un abrigo. Alfonso tiene _____. No tiene _____.

2. De repente (*Suddenly*) un tigre entra en la clase. Todos tienen _____.
3. Amanda trabaja todos los días y estudia todas las noches. Es una estudiante fenomenal, pero no descansa mucho y siempre tiene _____. Y no tiene tiempo para comer bien; por eso siempre tiene _____.
4. Ernesto regresa a la universidad. Son las tres menos cinco, y tiene clase de matemáticas a las tres. Ernesto tiene _____.
5. Hay una fiesta porque hoy es el cumpleaños (*birthday*) del primo Antonio. Tiene 29 _____. Todos tienen _____ de ir a la fiesta.
6. Profesor: ¿Y la capital de la Argentina?
   Mariela: Buenos Aires.
   Celia: Cuzco.
   Mariela tiene _____ y Celia no tiene _____. Celia _____ estudiar.
7. ¡Qué horrible! No hay bebidas en casa y yo tengo _____. Tengo _____ de tomar una Coca-Cola. Tengo _____.

CH. **¿Qué se hace esta tarde?** ¿Cómo se dice en español?

1. Alicia feels like going shopping.
2. We have to study for the exam.
3. I don't feel like watching television.
4. Do you have to go home now?
5. Jorge has to buy another hat.

CONVERSACIÓN

A. Describa los dibujos.

1.   2.   3.   4.

B. Complete the following sentences as the persons listed below might have. Be creative!

Quiero llevar _____,
Tengo ganas de llevar _____, } pero tengo que llevar _____.

1. Una estudiante que asiste a una escuela privada muy conservadora
2. Un *hippy* que trabaja en una oficina
3. Un niño que tiene que asistir a la fiesta de cumpleaños de un amiguito
4. Un profesor de inglés muy liberal que enseña un año en Irán

15. *Los números 100 y más*

Continúe la secuencia: mil, dos mil,...
un millón, dos millones,...

100	cien, ciento	700	setecientos/as
101	ciento uno/una	800	ochocientos/as
200	doscientos/as	900	novecientos/as
300	trescientos/as	1.000	mil
400	cuatrocientos/as	2.000	dos mil
500	quinientos/as	1.000.000	un millón
600	seiscientos/as	2.000.000	dos millones

A. **Ciento** is used in combination with numbers from 1 to 99 to express the numbers 101 through 199: **ciento uno, ciento dos, ciento setenta y nueve,** and so on. **Cien** is used in counting and before numbers greater than 100: **cien mil, cien millones.**

B. When the numbers 200 through 900 modify a noun, they must agree in gender: **cuatrocientas chicas, doscientas dos casas.**

C. **Mil** means *one thousand* or *a thousand.* It does not have a plural form in counting, but **millón** does. When used with a noun, **millón** (**dos millones,** and so on) must be followed by **de.** Note the use of a period in numerals where English uses a comma.

1.899	mil ochocientos noventa y nueve
3.000 habitantes	tres mil habitantes
14.000.000 de habitantes	catorce millones de habitantes

CH. **Mil** is used to express the year (after 999).

1986	mil novecientos ochenta y seis

PRÁCTICA

A. Practique los números.

1. 2, 12, 20, 200
2. 3, 13, 30, 300

3. 4, 14, 40, 400
4. 5, 15, 50, 500

5. 6, 16, 60, 600   8. 9, 19, 90, 900
6. 7, 17, 70, 700   9. 1, 10, 100, 1.000, 1.000.000
7. 8, 18, 80, 800

B. **¿Cuántos hay?** Practique los números.

MODELO   930 almacenes → Hay novecientos treinta almacenes.

1. 7.354 personas   7. 528 edificios
2. 100 países   8. 863 pesetas
3. 5.710 habitantes   9. 101 niñas
4. 670 sombreros   10. $1.000.000,00
5. 2.486 mujeres   11. $6.500.000,00
6. $1.000,00   12. $25.000.000,00

C. Lea los siguientes (*following*) años en español. ¿A qué dato (*fact, event*) corresponden?

1. 1492   a. el año de mi nacimiento (*my birth*)
2. 1776   b. la Declaración de la Independencia
3. 1945   c. el asesinato de John F. Kennedy
4. 2001   ch. Cristóbal Colón descubre América.
5. 1963   d. la bomba atómica
6. 1984   e. una película (*movie*) famosa
7. ___?___   f. la novela de George Orwell
                 g. este año

CONVERSACIÓN

Aquí tiene Ud. un billete (*ticket*) de la lotería nacional de España. ¿Cuánto cuesta un billete? ¿Cuál es el número de este billete?

DIÁLOGO: La visita de Lola

Los señores° Canales viven en Los Ángeles, California, con sus° dos hijos. Lola, sobrina de los señores Canales, es de México y llega a Los Ángeles a visitar a* sus° tíos.

Los... Mr. and Mrs. / their
her

A. En el aeropuerto de Los Ángeles

SR. CANALES: ¡Bienvenida, Lola!

SRA. CANALES: ¡Bienvenida, hija! ¿Qué tal el viaje?° *trip*

LOLA: Excelente. Ya no° tengo miedo de los aviones. *Ya... No longer*

SRA. CANALES: ¡Qué bien! Ahora puedes venir todos los años, ¿no?

LOLA: Pues, no quiero ser una molestia° para Uds. *bother*

SR. CANALES: ¡Qué manera de hablar! Vivimos en una casa bastante° grande y tenemos un cuarto preparado. *quite*

LOLA: Gracias. Y los primos, ¿qué tal?

SRA. CANALES: Pues, muy bien todos. Ceci asiste a la universidad... tiene exámenes hoy.

LOLA: ¿Y Emilio?

SR. CANALES: Él trabaja en uno de los grandes almacenes.

LOLA: ¡Estupendo! Antes de° regresar voy a comprar unos regalos y otros recuerdos° para la familia. *Antes... Before* *souvenirs*

SRA. CANALES: Muy bien. Un día tienes que visitar el almacén de Emilio. Allí puedes comprar de todo.

LOLA: Bueno... Sólo si Ud. va también. No hablo muy bien el inglés.

SRA. CANALES: No hay problema. Aquí se habla español en todas partes.° *en... everywhere*

SR. CANALES: Por fin° las maletas.° Voy a buscar el carro. *Finalmente / suitcases*

B. Lola y Ceci van de compras.

LOLA: Tienes razón, Ceci. Hay de todo, pero también es muy caro. En pesos es un horror y no puedo gastar° mucho. *to spend (money)*

CECI: Pues, hay artículos de todo precio.° ¿Qué quieres comprar? *de... de muchos precios diferentes*

LOLA: Es difícil... pues... una camisa para papá.

CECI: Perfecto. Donde trabaja Emilio se vende ropa. ¿Qué más quieres?

LOLA: Una blusa o un suéter para mamá. ¿Qué crees?

CECI: Vamos a decidir luego.° ¿Por qué no hablamos con Emilio ahora? *later*

---

*Note again the use of **a** before a direct object that refers to a specific person or persons. Remember that this Spanish word has no equivalent in English.

Comprensión

Conteste en oraciones completas.

A. 1. ¿Cómo se llama la sobrina de los señores Canales?
   2. ¿Dónde vive la familia Canales?
   3. ¿Cuántos hijos hay en la familia?
   4. ¿Qué hacen (do) los hijos?
   5. ¿Qué quiere comprar Lola?
   6. ¿De qué tiene miedo? (...de no poder...)

B. 1. ¿Cómo es el almacén donde trabaja Emilio?
   2. ¿Qué opina Lola de los precios en los Estados Unidos?
   3. ¿Va a gastar mucho dinero Lola?
   4. ¿Qué quiere comprar y para quién?

Comentario cultural

1. In general, Hispanic tourists are as interested in shopping in the United States as North American tourists are in shopping abroad. Large department stores **(almacenes)** are more common in the United States than in Latin America and Spain. Conversely, in Hispanic countries small shops that specialize in particular products are much more common. A **zapatería** sells **zapatos,** a **papelería** is

a stationery store, and so on. Frequently, many small shops or stalls are found in one area or building, which is called a **mercado.**

   As you have seen in the dialogue, many Mexicans come to the United States as tourists or to visit relatives who are living in the United States. They may be surprised to discover the large number of Hispanics living in the United States, particularly in the Southwest, California, New York, and Florida, and the extent to which Spanish is spoken as a native language in this country, as the ads from the phone book on the preceding page show.

2. Mr. Canales uses the word **carro,** the most common word for *car* in Mexico and among Spanish-speaking people in the United States. **El automóvil** (or just **el auto**) is used in other parts of Hispanic America, and **el coche** is preferred in Spain (where **carro** means *cart*).

 # UN POCO DE TODO

A. **Se busca dependiente.** (*Clerk needed.*) Form complete questions based on the words given in the order given. Conjugate the verbs and add other words if necessary. Use subject pronouns only when needed.

   1. ¿tener / Ud. / experiencia / trabajando (*working*) / tienda de ropa?
   2. ¿cuánto / años / tener / Ud.?
   3. Ud. / asistir / clases / en / universidad / todo / mañanas / ¿no?
   4. ¿poder / yo / trabajar / siempre / por / noche?
   5. ¿hora / abrir / Uds. / almacén?
   6. yo / no / tener / llegar / ocho / ¿verdad?

Now answer the questions.

B. Practice accepting and declining invitations by responding to these questions from your friend Alfonso, who is calling from the place or event he mentions. How many different ways can you respond?

   MODELO   Vienes a la fiesta, ¿no? → • No puedo porque tengo que...

                                    • No tengo ganas de ir esta noche. Tengo que...

                                    • ¡Sí, cómo no! ¿Qué debo llevar?

                                    • Yo no, pero creo que Anita quiere ir.

   1. Vienes a la fiesta, ¿no?
   2. ¿Qué es esto? ¿No vienes al baile?
   3. Vienes al café esta tarde, ¿verdad?
   4. Vienes a la biblioteca a estudiar hoy, ¿no?

C. Help Alicia decide what to buy in each situation.

   MODELO   Pues me gusta mucho este abrigo rojo. Pero también me gusta el gris.*

                • Debes comprar el rojo. Va muy bien con tu personalidad.

---

*Note the *article* + *adjective* combination that can be used as a noun: **la camisa roja** (*the red blouse*) → **la roja** (*the red one*); **los pantalones baratos** (*the inexpensive pants*) → **los baratos** (*the inexpensive ones*).

• Vas a comprar el rojo, ¿verdad? Es más barato.

• Me gusta más el gris porque es más elegante.

1. Hay una camisa azul que me gusta. Pero hay otra amarilla que también es bonita.
2. Tienen un diccionario barato y otro más caro.
3. Hay unas plantas grandes y otras más pequeñas.
4. Venden guitarras eléctricas y clásicas.
5. Hay unas botas negras y otras pardas.

CH. Give advice to the following people, who need to make some clothing purchases immediately.

→ ¿No tiene Ud. calor? ¿Por qué no compra.... También debe comprar...

→ ¡Qué horror! Tiene que comprar.... No puede asistir a...

D. **Pero, ¿no se puede regatear?** Complete the following paragraph with the correct form of the words in parentheses, as suggested by the context. When two possibilities are given in parentheses, select the correct word.

Cuando Ud. va (*de/a*[1]) compras en (*un/una*[2]) país hispánico, (*ir*[3]) a ver° una (*grande*[4]) variedad de tiendas. Hay almacenes (*elegante*[5]) como (*los/las*[6]) de los Estados Unidos, donde los precios siempre (*ser*[7]) (*fijo*[8]). También hay (*pequeño*[9]) tiendas que se especializan° en un solo° producto. En (*un/una*[10]) zapatería, por ejemplo, se venden solamente zapatos. (*El/La*[11]) sufijo **-ería** se usa para formar el nombre (*del/de la*[12]) tienda. ¿Dónde (*creer*[13]) Ud. que se vende papel y (*otro*[14]) artículos de escritorio? ¿A qué tienda (*ir*[15]) Ud. a comprar fruta?

    Si Ud. (*poder*[16]) pagar el precio que piden,° (*deber*[17]) comprar los recuerdos en (*los/las*[18]) almacenes o *boutiques*. Pero si (*tener*[19]) ganas o necesidad de (*regatear*[20]), tiene (*de/que*[21]) (*ir*[22]) a un mercado: un conjunto° de tiendas (*pequeño*[23]) o locales° donde el ambiente° es más (*informal*[24]) que° en los (*grande*[25]) almacenes. Ud. no (*deber*[26]) (*pagar*[27]) el primer° precio que menciona (*el/la*[28]) vendedor°—¡casi siempre va (*de/a*[29]) ser muy alto!

to see

se... specialize / single

they ask

group
stalls / atmosphere / than
first
seller

 # VOCABULARIO

VERBOS

abrir to open
aprender to learn
asistir (a) to attend, go to
beber to drink
comer to eat
comprender to understand
creer (en) to think, believe (in)
deber (+ *inf.*) should, must, ought to
   (*do something*)
descansar to rest
escribir to write
insistir (en + *inf.*) to insist (on *doing*
   something)
ir to go; **ir a** + *inf.* to be going to (*do*
   something)
leer to read
llevar to wear; to carry; to bring
mirar to look (at), watch
poder (ue) to be able, can
querer (ie) to want
recibir to receive
regatear to haggle, bargain
tener (ie) to have
vender to sell
venir (ie) to come
vivir to live

SUSTANTIVOS

el **abrigo** coat
el **almacén** department store
el **baile** dance
la **bebida** drink
la **blusa** blouse
la **bolsa** purse
la **bota** boot
el **café** coffee
los **calcetines** socks
la **camisa** shirt
la **camiseta** T-shirt

la **carta** letter
la **cartera** wallet
el **cinturón** belt
la **corbata** tie
el **cumpleaños** birthday
la **chaqueta** jacket
el **ejercicio** exercise
la **falda** skirt
el **impermeable** raincoat
las **medias** stockings
el **mercado** market
el **país** country
la **palabra** word
los **pantalones** pants
el **par** pair
el **periódico** newspaper
el **precio (fijo)** (fixed) price
la **puerta** door
la **ropa** clothing, clothes
la **sandalia** sandal
el **sombrero** hat
el **suéter** sweater
la **tienda** shop, store
el **traje** suit; costume
el **traje de baño** swimsuit
el **vestido** dress
el **zapato** shoe

LOS COLORES

amarillo/a yellow
anaranjado/a orange
azul blue
blanco/a white
gris gray
morado/a purple
negro/a black
pardo/a brown
rojo/a red
rosado/a pink
verde green

ADJETIVOS

caro/a expensive

PALABRAS ADICIONALES

allí there
de compras shopping
de cuadros plaid
de rayas striped
de todo everything
en casa at home
¿no? right? don't they (you, etc.)?
¿por qué? why?
porque because
siempre always
tarde late
temprano early
tener
  ...años to be ... years old
  calor to be warm (hot), feel warm
   (hot)
  frío to be cold, feel cold
  ganas de (+ *inf.*) to feel like (*doing*
   something)
  hambre to be hungry
  miedo (de) to be afraid (of)
  prisa to be in a hurry
  que + *inf.* to have to (*do*
   something)
  razón to be right
  sed to be thirsty
  sueño to be sleepy
todavía still; yet
¿verdad? right? do they (you, etc.)?

LOS NÚMEROS

cien(to), doscientos/as,
trescientos/as, cuatrocientos/as,
quinientos/as, seiscientos/as,
setecientos/as, ochocientos/as,
novecientos/as, mil, un millón

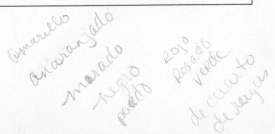

A. **Ojo alerta.** ¿Cuáles son las diferencias entre el dibujo A y el dibujo B? Hay ocho diferencias en total.

MODELO En el dibujo A hay _____; en el dibujo B hay _____.

A.

B.

LAVANDERÍA — TINTORERÍA			LAUNDRY — DRY CLEANING	
Cuenta del Huésped	Nuestra Cuenta		Tarifa	TOTAL
Guest's Count	Our Count		Rates Pesos	
		Batas—Robes	36.00	
		Blusas—Blouses	20.00	
		Calcetines—Socks	7.00	
		Camisones—Nightgowns	23.00	
		Camisas—Shirts	18.00	
		Camisas sport—Sport shirts	18.00	
		Corbatas—Neckties	14.00	
		Chaquetas—Jackets	30.00	
		Faldas—Skirts	28.00	
		Impermeables—Raincoats	45.00	
		Pantalones—Slacks	28.00	
		Pañuelos—Handkerchiefs	5.00	
		Pijamas—Pajamas	23.00	
		Ropa interior—Underwear	10.00	
		Sacos—Coats	28.00	
		Smoking—Tuxedos	65.00	
		Suéteres—Sweaters	28.00	
		Trajes—Suits	56.00	
		Trajes de noche—Evening dresses	CONVENCIONAL	
		Vestidos—Dresses	49.00	

B. **Lavandería y tintorería.** You are staying at a hotel in Mexico City, and you need to have laundry and dry cleaning done. A person from the hotel staff comes to pick up your clothing and to fill out the laundry form on page 104. Working with another student, play the roles of hotel guest and staff member.

Frases útiles

Su nombre, por favor.	*Your name, please.*
¿El número de su habitación?	*Your room number?*
¿Cuántos/as _____ hay?	*How many _____ are there?*
Muy bien, señor/señora/señorita. Regreso mañana.	*Fine, Sir/Ma'am/Miss. I'll return tomorrow.*

A propósito...

Here are a number of phrases that will be useful when you go shopping.

Vendedor(a):

¿Qué desea Ud.?	
¿En qué puedo servirle?	*Can I help you?*
Dígame.	
¿Qué talla necesita?	*What size do you need? (clothing)*
¿Qué número necesita?	*What size do you need? (shoes)*
¿De qué color?	*What color?*
No hay. No tenemos.	*We don't have any.*
Lo siento.	*I'm sorry.*
No nos quedan.	*We don't have any left.*

Cliente:

Deseo comprar un regalo para...	*I want to buy a gift for . . .*
¿Tienen Uds... ?	*Do you have . . . ?*
¿Cuánto es/son? ¿Cuánto vale(n)? ¿Qué precio tiene(n)?	*How much is it/are they?*
Es muy caro/a.	*It's very expensive.*
Necesito algo más barato.	*I need something cheaper.*
¿Se aceptan tarjetas de crédito?	*Do you take credit cards?*

C. **De compras.** Although it is often possible—and lots of fun—to bargain over the price of an item in a shop or open-air market, merchandise is normally sold at a fixed price in many, if not most, Hispanic stores.

With your instructor acting as the salesperson, try to make the purchases described in one of the following situations. Use the phrases and expressions from **A propósito...** as a model. Not everyone will get the chance to act out a shopping scene, so pay close attention to how your classmates interact with the salesperson to see if you would have said or done the same thing. You may have to make some educated guesses about what the native-speaking salesperson says.

1. Ud. está en un almacén de Bogotá (Colombia). Desea comprar un suéter para su (*your*) mamá. Quiere un color y un estilo específicos.
2. Ud. está en un almacén de Madrid. Necesita comprar un traje de etiqueta (*formal*)/un vestido de noche para asistir a una cena muy elegante.
3. Ud. está en un almacén de la Ciudad de México. Necesita comprar los siguientes objetos, pero no sabe (*you don't know*) las palabras en español.

   a. shoelaces   b. an umbrella   c. a bowtie   ch. tennis shoes

Now, with another student, take the roles of customer and salesperson in the following situations. Use the phrases from **A propósito...** as well as strategies that you learned from listening to the preceding dialogues.

1. En la librería de la universidad: Ud. desea comprar dos cuadernos pequeños.
2. En una tienda pequeña: Ud. desea comprar una blusa azul para su hermana (madre, amiga, tía).
3. En un almacén: Ud. quiere comprar un regalo para un amigo.
4. En una tienda de flores: Ud. necesita comprar seis rosas rojas.

LECTURA CULTURAL: Las modas°

fashions

Antes de leer

When reading Spanish, it's easy to "get lost" in long sentences. Here is a way to get around that difficulty. First omit the words and information set off by commas and concentrate on the main verb and its subject. Try this strategy in the following sentence.

En muchos lugares del mundo hispánico, especialmente en las tierras templadas o frías, los hombres casi siempre llevan una camisa con corbata y una chaqueta.

Once you have located the subject and verb **(los hombres, llevan),** you can read the sentence again, adding more information to the framework provided by the phrase *men wear* . . . . Men from what part of the world? What, specifically, do they wear? Try the strategy again in this sentence.

Aunque mi mamá parece tímida, es una mujer independiente con ideas fijas que no tiene miedo de ofrecer su opinión.

Now apply the strategy as you read **Las modas.**

Por lo general, los hispanos desean lucir bien.° Claro que° los *bluejeans* son muy populares entre los jóvenes de todo el mundo. Pero para casi toda ocasión los hispanos se visten° con más esmero que° los norteamericanos. Cuando uno está en la calle, es decir,° cuando no está en casa, es preferible estar elegante.

    En muchos lugares del mundo hispánico, especialmente en las tierras templadas o frías, los hombres por lo general llevan camisa con corbata y una chaqueta. Los colores preferidos para los pantalones y las chaquetas son azul, negro o gris, y las camisas son casi siempre blancas. En cambio, las mujeres usan ropa de colores vivos y alegres.°

    En los climas cálidos, el estilo de ropa se relaciona con el tiempo.° En ciudades como Cartagena, Veracruz o Guayaquil, por ejemplo, no todos los hombres llevan siempre chaqueta y corbata. Es muy común en estos lugares llevar una guayabera* para ir a la oficina o la universidad. Las guayaberas pueden ser muy elegantes; hay algunas muy bonitas, bordadas a mano.° También son muy cómodas.°

    Si usted va a visitar un país hispánico, debe llevar ropa apropiada. Así° usted siempre va a hacer una buena impresión.

Glosses (right margin):
lucir... *look nice* / Claro... *Of course*
se... *dress* / con... *more carefully than*
es... *that is*
happy
weather
bordadas... *hand embroidered* / *comfortable*
That way

Comprensión

¿Cierto o falso? Corrija las oraciones falsas.

1. Los hispanos tienen poco interés en lucir bien.
2. A veces el clima determina el tipo de ropa que una persona lleva.
3. Al hombre hispano típico le gusta llevar ropa de colores vivos.
4. Cartagena y Veracruz son ciudades con un clima templado.
5. La guayabera es una camisa que se lleva solamente en casa.

Para escribir

A. Complete el siguiente párrafo sobre las modas en los Estados Unidos.

    En los Estados Unidos la individualidad es importante en las modas. Por ejemplo, los estudiantes llevan _____, pero los profesores _____. También son diferentes los estilos de los jóvenes y los viejos. Las madres llevan _____ y los padres _____. Pero yo, cuando bailo en una discoteca (estudio en la biblioteca, trabajo en casa) llevo _____.

B. Use the following phrases as a guide to describe an imaginary shopping excursion in Madrid. Form complete sentences and add as many details as you can.

1. ir al centro (*downtown*) en (coche, autobús,...)
2. entrar en (un almacén, una tienda pequeña,...)
3. leer las etiquetas (*labels*)
4. no poder creer los precios porque...
5. querer regatear pero...
6. por fin decidir comprar...
7. pagar _____ pesetas por el/la...
8. tener que escribir un cheque

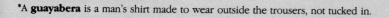

*A **guayabera** is a man's shirt made to wear outside the trousers, not tucked in.

CAPÍTULO 4

LA VIDA SOCIAL

JANICE FULLMAN/THE PICTURE CUBE

PARA EMPEZAR

In this chapter and in **Un paso más 4,** you will learn vocabulary and expressions about friendships, dating, and marriage, and will consider related attitudes and customs of Hispanic peoples. As a first step, listen to the following conversation about the meaning of the word **novio.**

Este año Betsy, una estudiante de los Estados Unidos, está en Caracas, Venezuela. Estudia historia y español en la Universidad Central. En este mo-

mento está hablando (*speaking*) con Alicia, su «hermana» venezolana.

BETSY: Me gusta mucho tu primo Julio, ¿sabes (*you know*)? Tiene una clase de historia de arte cerca de (*close to*) mi clase de español. Todos los días me invita a tomar café y hablamos horas y horas. Creo que vamos a ser novios.

ALICIA: Ay, Betsy, no debes usar la palabra «novio» todavía. A lo máximo no es más que (*more than*) un buen amigo.

VOCABULARIO: PREPARACIÓN

Los días de la semana			
lunes	Monday	**viernes**	Friday
martes	Tuesday	**sábado**	Saturday
miércoles	Wednesday	**domingo**	Sunday
jueves	Thursday		

el lunes, el martes...	on Monday, on Tuesday . . .
los lunes, los martes...	on Mondays, on Tuesdays . . .
Hoy (Mañana) es viernes.	Today (Tomorrow) is Friday.
el fin de semana	(on) the weekend
pasado mañana	the day after tomorrow
el próximo (martes, miércoles,...)	next (Tuesday, Wednesday, . . .)
la próxima semana	next week

Except for **el sábado/los sábados** and **el domingo/los domingos,** all the days of the week use the same form for the plural as they do for the singular. The definite articles are used to express *on* with the days of the week. The days are not capitalized in Spanish.

A. Preguntas

1. ¿Qué día es hoy? ¿Qué día es mañana? Si hoy es sábado, ¿qué día es mañana? Si hoy es jueves, ¿qué día es mañana?
2. ¿Qué días de la semana tenemos clase? ¿Qué días no? *El sábado tenemos clase.*
3. ¿Estudia Ud. mucho durante (*during*) el fin de semana? ¿y los domingos por la noche?
4. ¿Qué le gusta hacer (*to do*) los viernes por la tarde? ¿Le gusta salir (*to go out*) con los amigos los sábados por la noche?

B. Tell at least one thing you want, need, have to do or can do each day this week. Then tell about next week.

MODELO   El lunes yo quiero (necesito, tengo que, puedo) asistir a clase. El próximo lunes voy a...

Estos novios mexicanos pasan unas horas en el parque, observados por un joven solitario.

ANDREW SACKS/EPA, INC.

Las relaciones sentimentales			
la amistad	friendship	**el noviazgo**	courtship, engagement
la cita	date; appointment		
el amor	love	**la boda**	wedding
		el matrimonio	marriage
		el divorcio	divorce
el novio	boyfriend; fiancé; groom	**el esposo**	husband
la novia	girlfriend; fiancée; bride	**la esposa**	wife

C. Match these words with their definitions.

d 1. el matrimonio   a. relación entre dos amigos
c 2. el amor   b. posible resultado de un matrimonio desastroso
  3. el divorcio   c. relación sentimental y especial entre dos
ch 4. la boda   personas
  5. la amistad a   ch. una ceremonia (religiosa o civil) en que la
                         novia a veces (*sometimes*) lleva un vestido
                         blanco
                      d. relación legal entre una mujer y un hombre

CH. Complete las oraciones en una forma lógica.

1. Mi abuelo es el _____ de mi abuela.   *esposo*
2. Muchos novios tienen un largo *noviazgo* antes del (*before*) matrimonio.
3. María y Julio tienen _____ el viernes para comer en un restaurante y luego (*then*) van a bailar.   *una noviazgo*
4. La *cita* de Juan y Marta es el domingo a las dos de la tarde, en la iglesia (*church*) de San Martín.
5. En una *cita*, ¿quién debe pagar, el hombre o la mujer?
6. La _____ entre estos exesposos es imposible. No pueden ser amigos.
7. Ramón tiene miedo del _____; no quiere tener esposa.
8. ¡El _____ es ciego (*blind*)!

Encuentro cultural: Relaciones de la vida social

Dos palabras españolas que no tienen equivalente exacto en inglés son **amigo** y **novio.** En el diagrama se indica cuándo es apropiado usar estas palabras para describir relaciones sociales en la cultura hispana y en la norteamericana.

friend	girl/boyfriend	fiancée/fiancé	bride/groom
amiga/amigo		novia/novio	

Como en todas partes del mundo, los enamorados hispanos usan muchos términos de cariño: **mi amor, mi vida, viejo/vieja, querido/querida** (*dear*), **cielo, corazón.** Es también frecuente el uso afectuoso de las frases **mi hijo/mi hija** entre esposos y aun (*even*) entre buenos amigos.

Las preposiciones

Prepositions express relationships in time and space:

The book is on the table.   The magazine is for you.

Some common Spanish prepositions that you have already used include **a, con, de, en, entre,** and **para.** Here are some others.

cerca de	close to	**a la izquierda**	to the left
lejos de	far from	**(derecha) de**	(right) of
delante de	in front of	**antes de**	before (*in time*)
detrás de	behind	**después de**	after (*in time*)

D. **¿Dónde está(n) _____?**

    MODELO   el hospital → El hospital está a la derecha del cine.

1. el bar
2. la ambulancia
3. el cine
4. la iglesia (church)
5. el cura (*priest*)
6. los novios
7. el niño
8. los árboles (*trees*)
9. la mamá
10. el parque

E. ¿Qué hace Ud. (*do you do*) antes de la clase de español? ¿y después? ¿Tiene otra clase después de ésta (*this one*)? ¿Adónde va Ud. después de estudiar en la biblioteca toda la tarde?

F. **¿Dónde están?** Where are the following objects or persons in relation to where your instructor is?

1. la pizarra
2. la puerta
3. los estudiantes
4. la(s) ventana(s) (*window*[s])
5. la mesa (el escritorio)
6. Ud.

PRONUNCIACIÓN: B/V

Some sounds, such as English [b], are called *stops* because, as you pronounce them, you briefly stop the flow of air and then release it. Other sounds, such as

English [f] and [v], pronounced by pushing air out with a little friction, are called *fricatives*.

B/V   In Spanish, the pronunciation of the letters **b** and **v** is identical. At the beginning of a phrase or sentence—that is, after a pause—or after **m** or **n,** the letters **b** and **v** are pronounced just like the English stop [b]. Everywhere else they are pronounced like the fricative [ƀ], produced by creating friction when pushing the air through the lips. This sound has no equivalent in English.

PRÁCTICA

Practique las siguientes palabras y frases.

1. [b]   bueno   viejo   verde   venir   barato   Vicente
         boda   viernes   también   hambre   sombrero
         bienvenido   hombre
2. [ƀ]   novio   llevar   libro   pobre   abrir   abrigo
         universidad
3. [b/ƀ]   bueno / es bueno   busca / Ud. busca   bien / muy bien
           en Venezuela / de Venezuela   vende / se vende
           en verano / de verano
4. [b/ƀ]   beber   bebida   vivir   biblioteca

MINIDIÁLOGOS Y GRAMÁTICA

16. *Estar; Present Progressive:* **Estar + -ndo**

The sentences in the left-hand column tell what the following persons are able to do. Following the example, tell what they are doing right now.

Dolores puede bailar muy bien.   →   Dolores **está bailando** ahora mismo.
Soledad puede cantar muy bien.   →   Soledad **está** _____.
Yo puedo hablar español muy bien.   →   Yo _____.
El profesor puede enseñar muy bien.   →   Él _____.

The sentences in the left-hand column tell what the following persons want to do. Following the example, tell what they are doing at the moment.

Santiago quiere comer.   → Santiago **está comiendo** en este momento.
Nati quiere beber.   → Nati **está** _____.
Yo quiero escribir una carta.   → Yo _____.
Tú quieres abrir el regalo.   → Tú _____.

Forms and Uses of *estar*

estar (*to be*)	
est**oy**	estamos
estás	estáis
está	están

¿Dónde **está** el parque?	*Where is the park?*
¿Cómo **está** Ud.?	*How are you?*
Estoy bien (mal, enfermo).	*I'm fine (not well, sick).*

Forms of **estar** are used to tell where someone or something is, and to talk about how someone is feeling, one's condition or state of health.

Estar de acuerdo (con) means *to be in agreement (with)*.

¿No **están** Uds. **de acuerdo con** Pablo?   *Don't you agree with Pablo?*

[Práctica A, B]

Formation of the Progressive

In English the *present progressive* is formed with the verb *to be* and the *present participle,* the verb form that ends in *-ing: I **am** walking, we **are** driving, she **is** studying.*

The Spanish present progressive (**el progresivo**) is formed with **estar** plus the present participle (**el gerundio**), which is formed by adding **-ando** to the stem of **-ar** verbs and **-iendo** to the stem of **-er** and **-ir** verbs.* The present participle never varies; it always ends in **-o.**

*****Ir, poder,** and **venir**—as well as several other verbs that you will learn later—have irregular present participles: **yendo, pudiendo, viniendo.** However, these three verbs are seldom used in the progressive.

tomar	→ **tomando**	*taking; drinking*
comprender	→ **comprendiendo**	*understanding*
abrir	→ **abriendo**	*opening*

When an unstressed **-i-** occurs between two vowels, it becomes a **-y-.**

leer	→ **leyendo**	*reading*
creer	→ **creyendo**	*believing*

Use of the Progressive

Ramón **está comiendo** ahora mismo.	*Ramón is eating right now.*
Compramos la casa mañana.	*We're buying the house tomorrow.*
Ella **estudia** química este semestre.	*She's studying chemistry this semester.*

In Spanish, the present progressive is used primarily to describe an action that is actually in progress, as in the first sentence above. The simple Spanish present is used to express other English usages of the present progressive: to tell what is going to happen (the second sentence) and to tell what someone is doing over a period of time but not necessarily at this very moment (the third sentence).

[Práctica C, CH, D]

PRÁCTICA

A. ¿Cómo están Uds. hoy? Haga oraciones según las indicaciones.

1. yo / muy bien
2. tú / bien / ¿no?
3. el profesor (la profesora) / muy bien
4. nosotros / no / enfermo
5. Julio / mal / ¿verdad?
6. Uds. / bien / también

B. ¿Dónde están las siguientes ciudades?

1. ¿Amarillo? ¿Los Ángeles? ¿San Agustín? ¿Toledo? ¿Santa Fe? ¿Reno?
2. ¿Managua? ¿Guadalajara? ¿Buenos Aires? ¿La Habana? ¿Quito? ¿La Paz? ¿Bogotá?

C. Dé oraciones nuevas según las indicaciones.

—Todos los amigos de Ud. están en una fiesta. Ud. quiere asistir también. ¿Por qué?

—Todos están *bailando.* (*tomar, cantar, comer, abrir botellas de champán, hablar mucho*)

—Pero Ud. no puede ir. ¿Por qué no?

—Estoy *estudiando.* (*trabajar, escribir los ejercicios, leer el periódico, mirar un programa muy interesante, aprender el vocabulario nuevo*)

Los espectáculos, sobre todo el cine, son una parte importante de la vida social de los jóvenes hispánicos. Hay cines muy buenos y la industria cinematográfica está bastante desarrollada (well developed), especialmente en España, México y la Argentina.

En todos los países hispánicos exhiben películas de otras partes del mundo: europeas, norteamericanas, australianas... . Muchas veces las películas están «dobladas» (dubbed): los actores parecen estar hablando español. Otras veces se proyectan en versión original con subtítulos, y el público lee, traducidas (translated), las palabras que pronuncian los actores.

En este cine de Sevilla, España, se puede ver cinco películas diferentes hoy.

PETER MENZEL

CH. What is happening that makes tonight different from other evenings? Answer by completing each sentence with the progressive form of the verb in parentheses.

1. Generalmente miro la televisión por la noche, pero esta noche... (leer un libro)
2. María Cristina prepara la cena (*dinner*) casi siempre, pero esta noche ella y su (*her*) esposo Juan Carlos...   (comer en un restaurante)
3. Generalmente los niños estudian por la noche, pero ahora mismo... (descansar)
4. Por lo general comemos a las seis. Esta noche...   (comer a las cinco)
5. Mi esposa generalmente trabaja en casa por la noche, pero en este momento...   (escribir cartas)
6. Los nietos casi siempre visitan a los abuelos, pero esta noche... (visitar a los tíos)

D. **¿Cómo se dice en español?** Ernesto and Marta took a series of photos during their honeymoon in Mexico City **(la Ciudad de México).** How will they describe the action in each photo? **¡OJO!** Not all verbs require the progressive.

1. In this photograph (**foto,** *f.*), we're arriving in **(a)** Mexico City.
2. Here, on Tuesday, we're visiting the Cathedral **(la catedral).**
3. Later **(Más tarde),** here we are at **(en)** the Pyramids **(las pirámides)** of Teotihuacán.

4. In this photo, we're looking at a sculpture **(escultura)** in the **Museo de Antropología.**
5. In this one **(ésta)**, we're buying presents at the Merced Market **(Mercado de la Merced).**
6. Ernesto is bargaining with the woman.
7. He's going to pay too much **(demasiado)**!

CONVERSACIÓN

A. **¿Qué vamos a hacer?** With another student, form sentences that tell where you are and one thing that you are going to do there. Follow the model.

MODELO   en la clase → Estamos en la clase.
Vamos a cantar en español.

1. en una boda (fiesta)
2. en el parque
3. en casa
4. en un restaurante (bar)

Now reverse the situation. Tell what you're doing, then tell where you are.

MODELO   cantando en español → Estamos cantando en español.
Estamos en la cafetería con unos amigos colombianos.

1. leyendo
2. celebrando una fiesta
3. comiendo un taco
4. hablando por teléfono

B. ¿Con qué o con quién está Ud. de acuerdo?

1. (No) Estoy de acuerdo con la política de... (el presidente, los republicanos, los demócratas, el senador _____, Karl Marx, los capitalistas, _____)
2. (No) Estoy de acuerdo con las ideas de... (mis padres, mis abuelos, mis profesores, todos mis amigos, las instituciones religiosas, _____)

C. ¿Qué están haciendo (*doing*) ahora mismo estas personas? ¿Qué cree Ud.? Use la forma progresiva de los verbos a la derecha.

1. Julio Iglesias
2. James Michener
3. Julia Child
4. James Bond
5. los empleados (*employees*) de McDonald's
6. el presidente de los Estados Unidos
7. Salvador Dalí
8. John Travolta

cocinar (*to cook*)
buscar criminales
escribir
bailar
vender hamburguesas
cantar
entrar en la Casa Blanca
pintar

17. *Summary of Uses of* **ser** *and* **estar**

Una conversación telefónica con un(a) esposo/a que *está* en un viaje de negocios.

Aló... ¿Cómo *estás,* mi amor?... ¿Dónde *estás* ahora?... ¿Qué hora *es* ahí? ¡Uyy!, *es* muy tarde. Y el hotel, ¿cómo *es*?... ¿Cuánto cuesta por noche?... *Es* bien barato. ¿Qué *estás* haciendo ahora?... Ay, pobre, *estás* muy ocupado/a. ¿Con quién vas a *estar* mañana?... ¿Quién *es* el dueño de esa compañía?... Ah, él *es* de Cuba, ¿verdad?... Bueno, mi vida, ¿adónde vas luego?... ¿Y cuándo vas a regresar?... *Está* bien, querido/a. Hasta luego, ¿eh?... Adiós.

¿Qué contesta la otra persona?
Aló... → **Aló.** →
¿Cómo estás, mi amor?... etcétera.

Summary of the Uses of *estar*	
1. To tell *location*	El libro **está en la mesa.**
2. To form the *progressive*	**Estamos tomando** un café ahora.
3. To describe *health*	Paco **está enfermo.**
4. With *adjectives* that describe *conditions*	**Estoy** muy **ocupada.**
5. In a number of *fixed expressions*	**(No) Estoy de acuerdo. Está bien. Está claro.**

(handwritten note: Tem)

Summary of the Uses of *ser*	
1. To *identify* people and things	Ella **es doctora.**
2. To express *nationality;* with **de** to express *origin*	**Son cubanos. Son de** la Habana.
3. With **de** to tell of what *material* something is made	Este bolígrafo **es de plástico.**
4. With **para** to tell *for whom something is intended*	El regalo **es para** Sara.
5. To tell *time*	**Son las once. Es la una y media.**
6. With **de** to express *possession*	**Es de Carlota.**
7. With *adjectives* that describe *basic, inherent characteristics*	Ramona **es inteligente.**
8. To form many *generalizations*	**Es necesario** llegar temprano. **Es importante** estudiar.

(handwritten note: permanent)

A phone conversation with a husband/wife who is on a business trip. Hello ... How are you, dear?... Where are you now?... What time is it there?... My, it's very late. And how's the hotel?... How much is it per night?... It's very inexpensive. What are you doing now?... Poor dear, you're very busy. Whom are you going to be with tomorrow?... Who is the owner of that company?... Ah, he's from Cuba, isn't he?... Well, dear, where are you going next?... And when are you coming home?... OK, dear. Talk to you soon ... Bye.

Ser and *estar* with Adjectives

Ser is used with adjectives that describe the fundamental qualities of a person, place, or thing.

La amistad es **importante.**   *Friendship is important.*
Son **cariñosos.**   *They are affectionate (people).*
Esta mujer es muy **baja.**   *This woman is very short.*

Estar is used with adjectives to express conditions or observations that are true at a given moment, but that do not describe inherent qualities of the noun.

furioso/a	furious	**sucio/a**	dirty
nervioso/a	nervous	**limpio/a**	clean
cansado/a	tired	**abierto/a**	open
ocupado/a	busy	**cerrado/a**	closed
aburrido/a	bored	**triste**	sad
preocupado/a	worried	**alegre, contento/a**	happy

Many adjectives can be used with either **ser** or **estar,** depending on what the speaker intends to communicate. In general, when *to be* implies *looks, tastes, feels,* or *appears,* **estar** is used. Compare the following pairs of sentences:

Daniel **es** guapo.   *Daniel is handsome. (He is a handsome person.)*

Daniel **está** muy guapo esta noche.   *Daniel looks very nice (handsome) tonight.*

Este plato mexicano **es** muy rico.   *This Mexican dish is very delicious.*
Este plato mexicano **está** muy rico. *This Mexican dish is (tastes) great.*

¿Cómo **es** Amalia?—**Es** simpática. *What is Amalia like (as a person)?—She's nice.*

¿Cómo **está** Amalia?—**Está** enferma. *How is Amalia (feeling)?—She's feeling sick.*

PRÁCTICA

A. Cambie por antónimos los adjetivos indicados.
1. Estoy muy *enfermo.*
2. La falda de la novia está *sucia.*
3. ¿Está *cerrada* la iglesia?
4. Daniel está *triste,* ¿no?
5. El novio está muy *tranquilo* ahora.

B. Haga oraciones completas con una palabra o frase de cada grupo.
1. Describa este regalo de boda.

El florero (*vase*) es / está   del Almacén Carrillo / de cristal / alto / verde / limpio / en mi apartamento / en una caja (*box*) / para Alicia / un regalo caro / también un regalo bonito

(handwritten margin notes: estás / yo estoy / estás / está / estamos / están)

(handwritten margin notes: ser / yo soy / eres / es / somos / son)

2. Fotografía familiar: ¿quiénes son los dos jóvenes?

| Los jóvenes | son
están | los primos argentinos / de Buenos Aires / visitando a los parientes norteamericanos / a la derecha de los abuelos en la foto / simpáticos / en San Francisco esta semana / muy contentos con el viaje / un poco cansados ahora |

C. Forme oraciones completas, usando las palabras entre paréntesis y la forma correcta de **ser** o **estar,** según el modelo.

MODELO   ¿El vestido de la novia? (muy elegante) → Es muy elegante.

1. ¿John? (norteamericano) *es*
2. ¿Mi escritorio? (sucio)
3. ¿Los Hernández? (ocupados esta noche) *están*
4. ¿Yo? (muy bien hoy) *estoy*
5. ¿Su abuelo? (viejo, muy viejo) *está muy viejo*
6. ¿El caso? (muy claro) *está*
7. ¿Esa clase? (muy interesante) *está*
8. ¿Maricarmen? (no de acuerdo con nosotros) *están*
9. ¿Los hijos de Francisco? (rubios) *son*
10. ¿La tienda? (abierta esta tarde) *está*

CH. Describa este dibujo de un cuarto típico de la residencia. Invente los detalles necesarios. ¿Quiénes son las dos compañeras de cuarto? ¿De dónde son? ¿Cómo son? ¿Dónde están en este momento? ¿Qué hay en el cuarto? ¿En qué condición está el cuarto?

Ana   Estela

D. **Escenas de la primera** (*first*) **cita.** ¿Cómo se dice en español?

1. These flowers (**flores,** *f.*) are for you (**ti**).
2. I'm a little nervous.
3. You look very nice tonight!
4. It's necessary to be home by (**a**) 12:00. Is that clear?
5. Oh, the restaurant is closed.
6. These tacos are (taste) good!
7. The movie (**película**) is excellent, isn't it?
8. It's 11:00, but I'm not tired yet.

CONVERSACIÓN

A. Complete the following sentences by telling how you feel.

 1. Cuando recibo una A en un examen, estoy _____.
 2. Cuando tengo mucho trabajo, estoy _____.
 3. Cuando no puedo estar con mis amigos, estoy _____.
 4. Cuando estoy en clase, _____.

B. Assume the identity of a famous person (television or movie personality, recording artist, or sports figure, for example). Your classmates will ask you *yes/no* questions in order to determine your identity. They may ask about your place of origin, your basic personal characteristics, your nationality, your profession, and so on. Here are some possible questions:

 1. ¿Es Ud. hombre? ¿mujer? ¿niño/a?
 2. ¿Es Ud. viejo/a? ¿joven? ¿guapo/a? ¿rubio/a? ¿moreno/a?
 3. ¿Es de los Estados Unidos? ¿del Canadá?
 4. ¿Está en (lugar) ahora?
 5. ¿Está muy ocupado/a ahora? ¿muy contento/a con su vida?
 6. ¿Está visitando esta ciudad esta semana?

¿Recuerda Ud.?

Before beginning Grammar Section 18, review the use of the preposition **de** to express possession.

¿Cómo se dice en español?

 1. "Whose wedding is it?" "It's Carmen's wedding."
 2. Pablo's wedding is **(es)** on Tuesday.
 3. The groom's parents aren't going to come.
 4. The bride's parents are going to attend, aren't they?

18. *Possessive Adjectives (Unstressed)*

En el periódico

Querida Antonia,
  Tengo un problema con *mis* padres. Creen que *mi* novio es demasiado pobre. ¡*Nuestra* situación es imposible! ¿Qué debo hacer?

  Sola en *mi* tristeza

In the newspaper   Dear Antonia, I have a problem with my parents. They think that my boyfriend is too poor. Our situation is impossible! What should I do? Alone in my sadness

Querida Sola,

Tu situación es difícil pero no es imposible. Debes contraer matrimonio con un ladrón; casi siempre son ricos. Por otro lado, casi siempre ya tienen un par de esposas.*

Antonia

¿Qué escribe Sola, **mi** o **mis?**	¿Qué contesta Antonia, **tu** o **tus?**
1. _____ padres son un problema.	_____ caso tiene solución.
2. _____ novio es demasiado pobre.	_____ padres no tienen razón.
3. ¡_____ tristeza es terrible!	_____ tristeza puede remediarse (*be helped*).

Possessive Adjectives					
my	**mi** libro/mesa **mis** libros/mesas		*our*	nuestro libro nuestros libros	nuestra mesa nuestras mesas
your (Fam.)	**tu** libro/mesa **tus** libros/mesas		*your*	vuestro libro vuestros libros	vuestra mesa vuestras mesas
your, his, her, its	**su** libro/mesa **sus** libros/mesas		*your, their*	**su** libro/mesa **sus** libros/mesas	

In Spanish, the ending of possessive adjectives agrees in form with the person or thing possessed, not with the owner/possessor. Note that unstressed possessive adjectives are placed before the noun.

$$\text{Son} \begin{Bmatrix} \text{mis} \\ \text{tus} \\ \text{sus} \end{Bmatrix} \text{zapatos.} \qquad \text{Es} \begin{Bmatrix} \text{nuestra} \\ \text{vuestra} \\ \text{su} \end{Bmatrix} \text{casa.}$$

The possessive adjectives **mi(s), tu(s),** and **su(s)** show agreement in number only with the noun they modify. **Nuestro/a/os/as** and **vuestro/a/os/as,** like all adjectives that end in **-o,** show agreement in both number and gender.

Su(s) can have several different equivalents in English: *your* (*sing.*), *his, her, its, your* (*pl.*), *their*. Usually its meaning will be clear in context. For example, if you are admiring the car of someone whom you address as **Ud.** and ask, **¿Es nuevo su coche?,** it is clear from the context that you mean *Is your car new?* When context does not make the meaning of **su(s)** clear, **de** and a pronoun are used instead, to indicate the possessor.

Dear Alone, Your situation is difficult, but it isn't impossible. You should marry a thief; they're almost always rich. On the other hand, they almost always have a couple of wives (handcuffs*) already. Antonia

*The plural form **esposas** means *handcuffs,* as well as *wives*.

el coche
la casa
los libros
las mesas
de él (de ella, de Ud., de ellos, de ellas, de Uds.)

¿Son jóvenes los hijos **de él?**   *Are his children young?*
¿Dónde vive el abuelo **de ellas?**   *Where does their grandfather live?*

PRÁCTICA

A. Which nouns can these possessive adjectives modify without changing form?
   1. **su:**   problema / pantalones / dinero / exámenes / amor / medias
   2. **tus:**   camisetas / idea / novias / falda / chaquetas / mercado
   3. **mi:**   cita / ejercicios / suéter / coche / boda / amistad
   4. **sus:**   trajes / periódico / limitaciones / zapato / país / boda
   5. **nuestras:**   blusa / noviazgo / camisas / cine / tienda / nieta
   6. **nuestro:**   tacos / calcetines / parientes / puerta / clase / sombrero

B. ¿Cómo son los parientes de Isabel? Conteste según el modelo.

   MODELO   familia / grande → Su familia es grande.

   1. primo Julián / cariñoso
   2. hermanitos / travieso
      (*mischievous*)
   3. tíos / generoso
   4. hija / pequeño / todavía
   5. abuela / viejo / ya
   6. esposo / muy trabajador

   Ahora imagine que Ud. es Isabel y describa a sus parientes, usando las mismas palabras como guía.

   MODELO   familia / grande → Mi familia es grande.

C. **¡Propaganda!** Your store has the following characteristics. Explain them to a prospective client, following the model.

   MODELO   tienda / extraordinaria → ¡Nuestra tienda es extraordinaria!

   1. precios / bajos
   2. ropa / elegante
   3. dependientes / amables
   4. estacionamiento (*parking*) / gratis

CH. **¡Qué confusión!** With another student, ask and answer questions according to the model.

   MODELO   ¿Es la casa de Paco? → —No, no es su casa.
                                    —No, no es la casa de él.

   1. ¿Es la blusa de Estela?
   2. ¿Son los abrigos de los novios?
   3. ¿Es la ropa de tus amigas?
   4. ¿Es la chaqueta de Alfredo?
   5. ¿Son los pantalones de los niños?

D. **Cosas de la boda.** ¿Cómo se dice en español?

1. Our love is impossible.
2. Your (*form.*) engagement is long!
3. His fiancée is charming.
4. Your (*fam.*) wedding is going to be expensive.
5. Their relatives are nice.

CONVERSACIÓN

A. Tell the class about your friends and family. Use the following questions as a guide when appropriate.

1. ¿Su familia es grande? ¿pequeña?
2. ¿Sus padres son norteamericanos? ¿hispanos? ¿rubios? ¿morenos?
3. ¿Sus padres son simpáticos? ¿cariñosos? ¿generosos?
4. ¿Su padre (madre) trabaja? ¿Dónde?
5. ¿Cuántos hijos tienen sus padres?
6. ¿Cómo son sus hermanos? ¿listos? ¿jóvenes? ¿trabajadores? ¿Trabajan o estudian?
7. ¿Viven Uds. en una casa o en un apartamento? ¿Cómo es su casa/apartamento?
8. ¿Sus abuelos/tíos viven en la casa (el apartamento) también?
9. ¿Tiene Ud. esposo/a o novio/a? ¿Quién es? ¿Trabaja o estudia?

B. ¿Qué palabras asocia Ud. con las siguientes frases?

1. nuestro país   (Nuestro país _____. En nuestro país _____.)
2. nuestra clase
3. nuestra universidad
4. el coche de Ud./de su familia

19. *Pronoun Objects of Prepositions*

Lógico

—Sabes, querida, he estado de compras.
—Bien, ¿y qué has comprado?
—Para ti, un tutú, y para mí un yoyó.

Dice (*Says*) el esposo: El tutú es para _____. Es tu tutú.
El yoyó es para _____. Es mi yoyó.

Logical You know dear, I've been shopping. Fine, what did you buy? For you, a tutu, and for me, a yoyo.

mí	*me*	nosotros/as	*us*
ti	*you* (fam.)	vosotros/as	*you* (fam.)
usted	*you* (form.)	ustedes	*you* (form.)
él	*him*	ellos	*them* (m. or m. + f.)
ella	*her*	ellas	*them* (f.)

The *object* **(el complemento)** of a preposition is the noun or pronoun that follows it: *The book is for **Tom/him.***

In Spanish, the pronouns that serve as objects of prepositions are identical in form to the subject pronouns, with the exception of **mí** and **ti.** Note the accent mark that distinguishes the pronoun object of a preposition **mí** from the possessive adjective **mi.**

The phrases **conmigo** and **contigo** are used to express the ideas *with me* and *with you* (familiar singular).

¿Estudias **conmigo** mañana?   *Will you study with me tomorrow?*
No, no puedo estudiar **contigo.**   *No, I can't study with you.*

Subject pronouns are used after the preposition **entre** (*between, among*).

Entre tú y yo, Horacio es un chico   *Between you and me, Horacio is*
    antipático.   *an unpleasant guy.*

PRÁCTICA

A. **¿Para quién?** With another student, ask and answer questions according to the model.

MODELO   regalo / primo Jaime →
              —¿Para quién es el regalo? ¿Para el primo Jaime?
              —Sí, es para él.

1. fiesta / novia
2. regalo / mí
3. clase particular (*private*) / niñas
4. recepción / nosotros
5. paquete (*m.*) grande / Uds.
6. perro / ti

B. **Una conversación en la biblioteca.** ¿Cómo se dice en español?

1. "Sure **(Claro),** I'll study with you (*fam.*) on Friday."   2. "Are Bob and Sue going to study with us, too?"   3. "Yes, but we'll have to start **(empezar)** without **(sin)** them."   4. "What time?"   5. "At six on the dot!"   6. "Fine, but between you and me, it's going to be impossible to learn everything for the exam!"

CONVERSACIÓN

A. Complete las oraciones en una forma lógica, usando un pronombre apropiado.

1. Sí, sí, Teresa es muy simpática, pero casi nunca (*never*) hablo con
   ella
2. Sin _____, no puedo vivir, mi cielo. Siempre deseo vivir con _____.
3. Jaimito no puede ver (*see*) bien porque hay un hombre delante de
   _él_.
4. Entre _tú_ y _yo_, no puedo aguantar (*to stand*) las fiestas de Paula.
   —No estoy de acuerdo con _tigo_ ¿Por qué siempre hablas mal de
   (*about*) _____?
5. Declaración de amor: Nunca voy a bailar con otro hombre (otra
   mujer). Siempre voy a bailar con _tigo_. Tampoco (*Neither*) voy a
   cantar para otro/a. Sólo voy a cantar para _ti_.

B. Entre tú y yo, para ti ¿qué cosa es difícil de hacer (*to do*)? ¿Y qué cosa es fácil?

MODELO   Entre tú y yo, para mí es difícil hablar en público.

¿Recuerda Ud.?

You have already learned the forms of **este** (*this*), one of the Spanish demonstrative adjectives. Review them by describing the color of the articles that are near to you and the clothing you are wearing.

MODELO   Esta camisa es de rayas. Estos papeles son blancos....

---

20. *Demonstrative Adjectives and Pronouns*

Demonstrative Adjectives			
this	est**e** libro	est**a** mesa
these	est**os** libros	est**as** mesas
that	es**e** libro aqu**el** libro (allí)	es**a** mesa aqu**ella** mesa (allí)
those	es**os** libros aqu**ellos** libros (allí)	es**as** mesas aqu**ellas** mesas (allí)

Demonstrative Adjectives

Demonstrative adjectives (**los adjetivos demostrativos**) are used to point out or indicate a specific noun or nouns. In Spanish, demonstrative adjectives precede the noun they modify. They also agree in number and gender with the noun.

A. **Este/a, estos/as** (*this, these*)

Este coche es de Francia.   *This car is from France.*
Estas señoritas son argentinas.   *These women are Argentinean.*

Forms of **este** are used to refer to nouns that are close to the speaker in space or time.

B. **Ese/a, esos/as** (*that, those*)

Esas blusas son baratas.	*Those blouses are cheap.*
Ese hombre (cerca de Ud.) es abogado.	*That man (close to you) is a lawyer.*

Forms of **ese** are used to refer to nouns that are *not* close to the speaker. Sometimes nouns modified by forms of **ese** are close to the person addressed.

C. **Aquel/la, aquellos/as** (*that* [over there], *those* [over there])

Aquel coche (allí en la calle) es rápido.	*That car (there in the street) is fast.*
Aquella casa (en las montañas) es del hermano de Ramiro.	*That house (in the mountains) belongs to Ramiro's brother.*

Forms of **aquel** are used to refer to nouns that are even farther away.

Note that Spanish speakers use forms of **ese** and **aquel** interchangeably to indicate nouns that are at some distance from them: **esa/aquella casa en las montañas, esa/aquella ciudad en Sudamérica.** However, if a form of **ese** has been used to indicate a distant noun, a form of **aquel** must be used to indicate a noun that is even farther away, in comparison: **esa señora allí y aquel hombre en la calle.**

[Práctica A, B]

Demonstrative Pronouns

In English and in Spanish, the demonstrative adjectives can be used as pronouns, that is, in place of nouns. Note the use of the accent mark to distinguish demonstrative pronouns (**éste, ése, aquél**) from demonstrative adjectives (**este, ese, aquel**).

Necesito este diccionario y **ése.**	*I need this dictionary and that one.*
Estas señoras y **aquéllas** son las damas de honor, ¿verdad?	*These women and those (over there) are the bridesmaids, right?*

[Práctica C]

Neuter Demonstratives

The neuter demonstratives **esto, eso,** and **aquello** mean *this, that* (not close), and *that* (farther away), respectively.

¿Qué es **esto?**	*What is this?*
Eso es todo.	*That's all.*
¡Aquello es terrible!	*That's terrible!*

They refer to a whole idea, concept, situation, or statement, or to an as yet unidentified object. They never refer to a specific noun. Compare: **este libro y ése, esa mesa y aquélla,** and so on.

[Práctica CH, D]

PRÁCTICA

A. ¿De qué color es la ropa que todos llevan hoy? Dé oraciones completas usando la forma apropiada del demostrativo **ese.**

   MODELO   falda / azul → Esa falda es azul.

   1. sombrero / negro   3. pantalones / gris   5. sandalias / pardo
   2. blusa / amarillo   4. calcetines / blanco   6. suéter / verde

B. Imagine that you have been to Mexico recently and that you had a wonderful trip. With another student, ask and answer the following questions, using the cues in parentheses. Follow the model.

   MODELO   —¿Recuerdas (*Do you remember*) cómo es el restaurante la Independencia?   (excelente)
               —¡Ah, aquel restaurante es excelente!

   1. ¿Recuerdas si cuesta mucho la ropa en el Mercado de la Merced? (barata)
   2. ¿Recuerdas cómo son los periódicos de la capital?   (magníficos)
   3. Y el Hotel Libertad, ¿recuerdas qué tal es?   (fenomenal)
   4. ¿Y los dependientes del hotel?   (simpáticos)
   5. ¿Recuerdas si se puede (*one can*) regatear en los almacenes? (precios fijos)

C. **Comentarios en la boda de los Hernández.** Forme dos oraciones según el modelo.

   MODELO   Este regalo es caro.   (barato) → Este regalo es caro y ése es barato.
                                              Éste es caro y ése es barato.

   1. Esas señoras son argentinas.   (bolivianas)
   2. Esa mujer es de Cleveland.   (Cincinnati)
   3. Este señor es el padre de la novia.   (padre del novio)
   4. Estos jóvenes son amigos de la novia.   (amigos del novio)
   5. Ese señor no desea bailar.   (baila muy bien)

CH. Match the questions or statements in the left-hand column with the situations described on the right.

   1. ¿Qué es esto?   a. En la montaña hay una cosa que Ud. no
   2. ¿Todo eso?   puede ver (*see*) muy bien.
   3. Eso es terrible.   b. El profesor dice (*says*), «Uds. tienen que
   4. ¿Qué es aquello?   estudiar para un examen mañana y tienen
                                  que escribir una composición para el lunes.»
                             c. Ud. abre el regalo y descubre una cosa
                                interesante y curiosa.
                             ch. La hermana de un amigo está en el hospital
                                 por (*because of*) un accidente de carro.

[handwritten notes in left margin: Ese traje es muy caro / Esa mujer es la madre de / la novia]

D. **Más comentarios en la boda.** ¿Cómo se dice en español?

1. That suit is very expensive! And that dress ...! *[handwritten: y ese vestido]*
2. This woman is the mother of the bride, not that one (**ésa no**).
3. We need these chairs, not those.
4. What's this? A present from you? *[handwritten: que esto, regalo]*
5. This is my present, not that one. *[handwritten: Esto es mi regalo, no estos]*
6. They want to buy this house, not that one in the mountains.

[handwritten: nosotros deseamos comprar esta casa, no / ésta en montaña.?]

CONVERSACIÓN

A. Describa Ud. los objetos y las personas de la clase de español. Siga el modelo.

   MODELO   **Esta mujer** es rubia y **aquélla** es morena.

B. Preguntas

1. ¿Qué va a hacer Ud. esta noche? ¿Y este fin de semana?
2. ¿Cómo es esta universidad? ¿Cómo es esta clase? Y este libro, ¿cómo es?
3. ¿Cómo es esta ciudad? ¿y este estado?
4. ¿Cómo se llama el decano (*dean*) de esta facultad? ¿el rector (*president*) de esta universidad? ¿el presidente de este país?

DIÁLOGO: Tres perspectivas sobre° el amor

about, on

¡El día de la boda! Estos dos jóvenes chilenos están en el altar de la iglesia oyendo las palabras que van a unirlos para toda la vida. Después de la ceremonia los novios van a ir a una gran recepción para ellos y para todos sus familiares y amigos. ¡Qué alegres están todos!

KATHERINE A. LAMBERT

Aquí hay unos diálogos sobre varios aspectos del amor. ¿Cuál es la perspectiva de
cada° persona? ¿Y cuál es la perspectiva de Ud.?   *each*

A. *El sábado, en casa*

Amalia, una chica de quince años de edad
Margarita, su hermana, estudiante universitaria de veintiún años

AMALIA: ¡Ay, Margarita! ¡Estoy enamorada°! Tengo un novio y...   *in love*
MARGARITA: ¡Qué tonta eres!, Amalia. Sólo tienes quince años. Eres muy joven para
          tener un novio. Mira,° primero° tienes que terminar tus estudios y   *Look / first*
          buscar un trabajo.°   *job*
AMALIA: ¿Y por qué no puedo tener novio y estudiar al mismo tiempo°?   al... *at the same time*
MARGARITA: Porque un novio va a ser un obstáculo en tus estudios.

B. *Delante de una iglesia*

Panchito, un niño de siete años
La señora Martínez, mamá de Panchito

PANCHITO: Pero no tengo ganas de asistir a esta boda, mamá. Las bodas son
          una tontería.°   *silly thing*
SRA. MARTÍNEZ: Basta ya,° mi hijo. Todos están entrando ya en la iglesia y tú vas a   Basta... *That's enough*
          entrar conmigo.   *now*

(*En la iglesia, un poco más tarde.*°)   más... *later*

SRA. MARTÍNEZ: Mira, Panchito, ésas son las damas de honor y aquélla es la novia.
PANCHITO: ¿Por qué está con su padre?
SRA. MARTÍNEZ: Porque es el padrino° y los padrinos acompañan a la novia al altar. *best man*
          Debe estar muy contento hoy.
PANCHITO: ¿Por qué?
SRA. MARTÍNEZ: Porque el novio tiene una buena posición social y está muy bien
          económicamente. ¿Qué más puede desear un padre para su hija?

C. *Entrevista con la familia Jiménez*

Entrevistadora° de la revista° *Mañana*   *Interviewer / magazine*
Raúl y Beatriz Jiménez, esposos jóvenes

ENTREVISTADORA: Bueno, Raúl, ¿cuál es su profesión?
RAÚL: ¿Mi profesión? La verdad es que tengo varias ocupaciones. Soy
          abogado, pero también escribo artículos para un periódico.
BEATRIZ: Además,° señorita, es un buen papá... muy cariñoso con su hija...   *Besides, in addition*
          y también trabaja mucho en casa...
ENTREVISTADORA: Y Ud., Beatriz, ¿cuál es su profesión... mejor dicho,° sus   mejor... *rather*
          profesiones?
BEATRIZ: Pues yo soy pintora. Trabajo aquí en mi estudio; así° puedo estar   *so, that way*
          con nuestra hija. Pero también enseño en un instituto.

RAÚL: Por lo general dividimos el trabajo de la casa. Por ejemplo, cuando Beatriz está en casa, prepara la comida.

ENTREVISTADORA: ¿Y cuando los dos están en casa?

BEATRIZ Y RAÚL: ¡Terminamos en la mitad° del tiempo!

half

Comprensión

Which of the persons in the dialogues could be described by these statements? You may mention more than one person for most statements.

1. Es demasiado joven para tener mucho interés en el amor.
2. Es una persona con ideas muy tradicionales.
3. Tiene un novio (una novia).
4. Es un esposo (*spouse*) modelo.
5. Es una persona con ideas muy modernas.
6. Tiene muchas ilusiones sobre el amor.
7. Combina su profesión y su vida con su familia.
8. Cree que para una mujer es muy importante tener una buena educación y un buen trabajo.
9. Está enamorado/a.

Comentario cultural

1. In Dialogue A, Margarita represents the increasing Hispanic tendency to place greater importance on the development of a career than on an early marriage. Traditionally, the middle-class male in Hispanic society has tended not to marry until he has completed his studies and is established in his career. That pattern is becoming more usual for Hispanic women, as well, although traditional ideas still prevail in some circles, as is true in many other parts of the world.

   For most Hispanic couples the usual pattern of **noviazgo** and **boda** is still the ideal. Wedding celebrations can be quite elaborate or quite simple, as in the United States. A major difference is that it is not uncommon for the father of the bride to serve as the **padrino de boda,** as you have seen in Dialogue B. Marital relationships vary as much in Hispanic countries as they do in the United States, and the couple in Dialogue C is typical of some younger couples, who share the responsibilities of career and family life equally.

2. In a Hispanic country, when a woman marries she attaches her husband's paternal **apellido** to her own with the preposition **de:**

   Raúl Jiménez Soto   Beatriz Ferrán González de Jiménez

   She may be called **la señora (de) Jiménez** in social situations, but she will continue to use her birth **apellidos** for official purposes.

UN POCO DE TODO

A. **En esta foto familiar....** Imagine that the following persons appear in a family photograph. Identify them according to the model, then give one detail about them, using either **ser** or **estar.**

MODELO   abuelo: México → Éste es mi abuelo. Es de México.

1. madre: doctora
2. padre: una persona muy generosa
3. tías Elena y Eugenia: en España este año
4. novio/a: mirando esta foto conmigo ahora
5. abuela: muy vieja pero simpática
6. perro: contento porque está con la familia

B. **Otra celebración.** With another student, ask and answer questions according to the model.

MODELO —¿Para quién es esta cerveza?   (yo)
—¿Ésa? ¡Creo que es para mí!

1. ¿Para quién es ese regalo?   (tú)
2. ¿Con quién quiere bailar aquella persona elegante?   (tú)
3. ¿Con quién vienen esos jóvenes chilenos? (yo)
4. ¿Para quién es este paquete?   (yo)

C. **¿Realmente está muy claro este caso?** Working as a class, answer these questions about the situation presented in the dialogue. Invent as much information as possible.

En la oficina del consejero matrimonial

FEDERICO: ...y nunca estás en casa cuando yo regreso de la oficina.
MARICARMEN: Estoy de acuerdo, pero no puedo estar en casa con los niños todo el santo día. A veces voy al parque o a la...
SR. ALONSO: Perdón. El caso está muy claro...

1. ¿Quién es el Sr. Alonso? Y Federico y Maricarmen, ¿quiénes son? ¿De dónde son? ¿Cómo son? ¿Cuántos hijos tienen?
2. ¿Dónde están todos en este momento? ¿De qué están hablando? ¿Están muy contentos Federico y Maricarmen con su matrimonio?
3. ¿Cuál es la queja (*complaint*) de Federico? ¿Cómo reacciona Maricarmen? ¿Está de acuerdo con su esposo?
4. ¿Cuál va a ser el consejo (*advice*) del Sr. Alonso? ¿Por qué?
   • Los dos tienen que aprender a ser más flexibles.
   • Maricarmen, debes regresar a la casa de tus padres por un mes.
   • Federico, está claro que tú tienes la culpa (*blame*).
   • Este problema no tiene remedio. El divorcio es la única solución.

CH. With another student, play the roles of **los señores Gimeno,** a well-to-do Latin American couple. The two of you will be interviewed by the other members of the class, who will ask you about your possessions and about your family. Answer your classmates' questions by inventing details about yourselves and your married life together. You can talk about your children, your relatives, your houses, your cars, and so on.

MODELO —¿Cómo es su hijo Carlos?
—Es inteligente y guapo.

D. **Más actividades sociales.** Complete the descriptions on page 132 with the correct form of the words in parentheses, as suggested by the context. When two possibilities are given in parentheses, select the correct word.

LAS FIESTAS: Las fiestas (*ser/estar*[1]) populares (*en/entre*[2]) los jóvenes de todas partes. (*Este*[3]) diversión ofrece una (*bueno*[4]) oportunidad para (*ser/estar*[5]) con los amigos y conocer° a (*nuevo*[6]) personas. Imagine que Ud. (*ser/estar*[7]) en una fiesta hispánica en (*este*[8]) momento: todos (*ser/estar*[9]) comiendo, hablando y (*bailar*[10])... ¡y van a seguir° así hasta (*mucho/muy*[11]) tarde!

to meet

to continue

EL PASEO: (*Este*[12]) actividad social *no* (*ser/estar*[13]) típica de los Estados Unidos, pero sí (*ser/estar*[14]) una importante costumbre° (*hispánico*[15]) en los pueblos (*pequeño*[16]). Todos los (*domingo*[17]) por (*el/la*[18]) tarde los (*joven*[19])—y también (*muy/muchas*[20]) otras personas—van a la plaza principal donde (*caminar*°[21]) y (*conversar*[22]) con (*su*[23]) amigos. A veces (*ser/estar*[24]) posible escuchar° un concierto. En muchas ciudades, (*este*[25]) costumbre (*ser/estar*[26]) una actividad diaria° que tiene lugar° por (*el/la*[27]) tarde.

custom (f.)

to walk
to hear
daily / tiene... takes place

LA PANDILLA:° Ahora en (*el/la*[28]) mundo hispánico no (*ser/estar*[29]) necesario tener chaperona. Muchas de (*los/las*[30]) actividades sociales de los jóvenes se dan° en grupos. Si Ud. (*ser/estar*[31]) miembro de una pandilla, (*su*[32]) amigos (*ser/estar*[33]) el centro de (*su*[34]) vida social y Ud. y (*su*[35]) novio o novia salen° frecuentemente con otras parejas° o personas del grupo.

group of friends
se... ocurren

go out
couples

VOCABULARIO

VERBOS

contestar to answer
entrar (en) to enter
estar (*irreg.*) to be
invitar to invite
terminar to finish
visitar to visit

SUSTANTIVOS

el/la **abogado/a** lawyer
la **amistad** friendship
el **amor** love
la **boda** wedding
la **calle** street
el **cine** movie theater
la **cita** date, appointment
el **divorcio** divorce
el **fin de semana** weekend
la **iglesia** church
el **matrimonio** marriage
la **montaña** mountain
el **noviazgo** courtship, engagement
el/la **novio/a** boy/girl friend; fiancé/fiancée; groom/bride
el **parque** park
la **película** movie
la **profesión** profession
la **semana** week

el **trabajo** job; work; workday
la **vida** life

ADJETIVOS

abierto/a open
aburrido/a bored
alegre happy
cansado/a tired
cariñoso/a affectionate
cerrado/a closed
contento/a content, happy
difícil difficult
enamorado/a in love
enfermo/a sick
fácil easy
furioso/a angry
limpio/a clean
nervioso/a nervous
ocupado/a busy
preocupado/a worried
próximo/a next (*in time*)
querido/a dear
siguiente next, following
sucio/a dirty
triste sad

PALABRAS ADICIONALES

a la derecha de to the right of

a la izquierda de to the left of
¿adónde? where to?
ahora mismo right now
antes de before (*with time*)
cerca de close to, near
conmigo with me
contigo with you
de acuerdo con in agreement with
delante de in front of
demasiado too; too much
después de after (*with time*)
detrás de behind
en este momento at the moment, right now
entre between, among
está bien it's okay (fine)
está claro it's clear
esta noche tonight
lejos de far from
luego later; then, next
pasado mañana the day after tomorrow
por lo general generally
sin without

LOS DÍAS DE LA SEMANA

domingo, lunes, martes, miércoles, jueves, viernes, sábado

UN PASO MÁS 4

ACTIVIDADES

A. **Opiniones.** How strongly do you agree or disagree with the following statements? Read each one quickly and give your spontaneous reaction by writing the appropriate number (**no** = 1-2-3-4-5 = **¡sí, sí!**). When you have finished, compare your answers with those of your classmates. Did most respond in the same way that you did?

_____ 1. Es importante tener un noviazgo largo.

_____ 2. Los hombres deben trabajar; las mujeres deben estar en casa con los niños.

_____ 3. Un matrimonio no debe tener más de (*more than*) dos hijos.

_____ 4. Vivir con el novio (la novia) es una buena alternativa al matrimonio.

_____ 5. Los novios deben practicar la misma religión.

_____ 6. El divorcio es una solución buena y lógica para los problemas matrimoniales.

_____ 7. La opinión que tienen los padres del novio (de la novia) es muy importante.

_____ 8. Las mujeres deben tener los mismos derechos que (*same rights as*) los hombres.

B. **Más opiniones.** Prepare una descripción de lo que (*what*) pasa en el dibujo. Use las siguientes preguntas como guía e (*and*) invente los detalles necesarios. Al describir (*As you describe*) la escena, va a expresar algunas (*some*) de sus ideas sobre el matrimonio.

Palabras útiles

la escalera ladder	**la suegra** mother-in-law

1. ¿Qué hora es?
2. ¿Quién es el novio? ¿Cómo es?
3. ¿Quién es la novia? ¿Cómo es ella?
4. ¿Por qué no quieren tener una boda grande?
5. ¿A quién lleva la novia? (Lleva a...) ¿Por qué?
6. ¿Adónde van después de la boda para su luna de miel (*honeymoon*)?
7. ¿Van a vivir felices (*happy*) para siempre o van a tener problemas? Explique.

Ahora describa lo que son para usted los aspectos más importantes de las relaciones sociales. ¿Cuál es su concepto de la amistad? ¿del noviazgo? ¿del matrimonio? ¿Cómo es un buen amigo (una buena amiga)? ¿el novio perfecto (la novia perfecta)? ¿el suegro ideal? ¿la suegra perfecta?

Frases útiles

guardar (*to keep*) **un secreto**	**ganar** (*to earn*) **todo el dinero**
ser una limitación	**necesitar mucha atención**
mostrar (*to show*) **el cariño**	**escuchar** (*to listen to*) **todos mis**
libremente (*freely*)	**problemas**
tener mucha paciencia	**querer** (*to love*) **mucho a los**
expresar todos sus sentimientos	**niños**
	cuidar a (*to take care of*) **los**
	nietos
	causar muchos problemas

MODELO   Para mí, un buen amigo es/debe _____, porque _____.
Para mí, la suegra ideal es/debe _____, porque _____.

A propósito...

Extending and accepting or rejecting invitations gracefully takes practice in any language. The following phrases will help you be prepared when the occasion arises.

¿Estás libre esta noche?	*Are you free tonight?*
¿Tienes tiempo para tomar un café (una copa)?	*Do you have time for a cup of coffee (a drink)?*
¿Quieres ir al cine esta noche?	*Do you want to go to the movies tonight?*
Tengo dos boletos para el concierto. ¿Puedes ir?	*I have two tickets for the concert. Can you go?*
Cómo no. Claro.	*Of course. Surely.*
Perfecto. De acuerdo.	*Perfect (OK, fine). Agreed.*
Lo siento, pero...	*I'm sorry, but . . .*
Gracias, pero no puedo porque...	*Thanks, but I can't because . . .*
Es una lástima, pero...	*It's a pity (too bad), but . . .*
Es imposible porque...	*It's impossible because . . .*
...tengo un examen mañana.	*I have a test tomorrow.*
...ya tengo planes.	*I already have plans.*
...estoy invitado/a a comer en casa de unos amigos.	*I'm invited to eat at the house of some friends.*

C. **Invitaciones.** With your instructor, use the phrases in **A propósito...**—or variations on them—to accept or decline an invitation that he or she will present to you. Then, with another student, create a dialogue illustrating one or more of the following situations.

1. Una persona quiere ir al cine (tomar un café), pero otra rechaza (*declines*) la invitación.

2. Dos personas están en un museo. Los dos miran una pintura muy famosa. Él quiere hablar con ella y ella con él. Uno de ellos inicia la conversación y luego invita a la otra persona a tomar café (una copa).

3. Un joven de catorce años invita a una chica de trece años a una fiesta. Los dos están muy nerviosos.

4. Dos personas van a una fiesta. Tienen que arreglar (*to arrange*) todos los detalles: ¿a qué hora van, qué ropa van a llevar, cómo van, etcétera?

LECTURA CULTURAL: La unidad familiar

Antes de leer

Some words or phrases indicate the general type of information that they introduce. For example, **por eso** (*that's why*) is a signal that the information that follows is the logical result of the information that came before.

Necesito dinero. Por eso trabajo en la librería.

What kinds of clues do the following words and phrases give you about the information that will follow?

1. Por otra parte... (*On the other hand . . .*)
2. Es decir,... (*That is, . . .*)
3. También...
4. En cambio... (*On the other hand . . .*)
5. Sin embargo... (*Nevertheless . . .*)
6. ...porque...
7. ¡Hasta... ! (*Even . . . !*)
8. Entonces... (*Then . . .*)

Cuando un hispano observa la estructura de la familia norteamericana, puede llegar muy pronto a esta conclusión: La familia ya no existe en los Estados Unidos. ¿Por qué cree esto?

«Los padres e hijos norteamericanos no se quieren.° Cuando los hijos tienen unos 18 años, sus padres los mandan° a vivir a otra parte. A veces° los hijos van a trabajar a otras ciudades y, a veces, abandonan la casa familiar sólo porque sí.° Los padres ancianos viven solos porque cuando sus hijos ya tienen otra familia los padres son para ellos una gran molestia. ¡Hasta hay hospicios para los viejos! No están en casa donde deben estar.»

> no... *don't love each other*
> los... *send them off* / A... *Sometimes*
> sólo... *just because they want to*

Por otra parte, un norteamericano que mira la estructura de la familia hispánica puede concluir lo siguiente: La influencia de la familia es demasiado fuerte.° ¿Por qué cree esto?

> *strong*

«Los padres no confían° en sus hijos, y no los° preparan para la vida. Por ejemplo, hay hijos ya mayores—de 30 años o más—que todavía viven con sus padres en la casa familiar. Estos hijos tienen buenos trabajos y suficiente dinero para vivir aparte. Obviamente los padres no desarrollan° en ellos la capacidad de vivir independientemente y por eso los hijos tienen miedo de salir del nido.°»

> *trust / them*
>
> *develop*
> salir... *to leave the nest*

¿Son válidas estas conclusiones? El concepto de la unidad familiar existe en las dos culturas. En los Estados Unidos la independencia personal tiene gran importancia social. Es una gran responsabilidad de los padres el hacer° independientes a sus hijos. La integridad de la familia depende menos de la cercanía° física y geográfica. En cambio, en la cultura hispánica es muy importante mantener intacto el grupo familiar. En muchos casos, los hijos salen° de la casa cuando contraen matrimonio y no cuando terminan sus estudios o comienzan a trabajar. Las dos sociedades tienen perspectivas diferentes; es imposible evaluar una cultura según las normas de otra.

> el... *to make*
> *closeness*
>
> *leave*

Comprensión

Complete las oraciones en una forma lógica.

1. El hispano cree que hay _____ en los Estados Unidos.
   a. gran unidad familiar   b. poca unidad familiar   c. buenas relaciones familiares
2. Para el hispano, es bueno para los viejos _____
   a. vivir con los hijos   b. no depender de los hijos   c. estar en un lugar aparte
3. El norteamericano cree que la estructura familiar hispana _____
   a. no es unida (*united*)   b. da (*gives*) confianza a los hijos   c. desarrolla la dependencia
4. Las diferencias expresadas aquí reflejan _____
   a. factores económicos   b. diferencias de edad   c. valores culturales

¿Quién habla, probablemente, según la lectura, un hispano o un norteamericano?

1. «Tengo 28 años. Soy soltero y vivo con mis padres.»
2. «Voy a visitar a mi madre. Tiene 72 años y vive en Meadowbrook Home.»
3. «La independencia es un factor importante en mi vida. No quiero depender de mis padres el resto de mi vida.»
4. «Mi hijo tiene muy buen trabajo en la IBM. Ahora debe aprender a vivir solo en su propio (*own*) apartamento.»

Para escribir

A. Answer the following questions in short sentences. Then take the individual sentences to form a coherent paragraph, using connecting words from the **A propósito...** in Chapter 1 and from the **Antes de leer** section in this chapter to make your ideas flow smoothly.

1. ¿Cuántos años tiene Ud.?
2. ¿Vive con sus padres o ya es Ud. independiente?
3. ¿Qué tipo de relación tienen Uds. entre sí (*among yourselves*)? ¿una relación íntima? ¿cariñosa? ¿fría? ¿cariñosa pero con cierta distancia?
4. ¿Puede Ud. depender de sus padres en cualquier (*any*) situación?
5. Cuando Ud. regresa a casa (durante las vacaciones, después de las clases), ¿prefiere hablar con los miembros de su familia o con sus amigos?
6. Según Ud., ¿qué palabra describe a su familia? ¿Es una molestia? ¿una limitación? ¿un refugio? ¿un factor estabilizador en su vida?

B. **Querida Antonia...** Antonia offers free advice in her column to the lovelorn and to those with problems of almost all types (see Sola's letter on page 120). Write a letter to Antonia about one specific problem. Create an original problem or write about one of the following situations. Then write Antonia's answer to your letter, or trade letters with another student and write appropriate responses.

1. Ud. necesita hablar con sus padres sobre un problema, pero ellos no quieren hablar con Ud.
2. Su boda va a ser en tres meses. Su novio/a y Ud. quieren una boda familiar, con poca gente; sus padres quieren una boda grande, con unos quinientos invitados.
3. Sus padres creen que su novio/a es feo/a (que es perezoso/a, que no es muy inteligente,...)
4. Su novio/a cree que el matrimonio es una tontería.
5. Sus padres creen que Ud. es muy joven para tener novio/a. Ud. tiene doce años.
6. Su novio/a quiere tener ocho o nueve niños. ¡Ud. no!

CAPÍTULO 5

LAS ESTACIONES Y EL TIEMPO

CORNELL CAPA/MAGNUM PHOTOS

PARA EMPEZAR

In this chapter and in **Un paso más 5,** you will learn vocabulary and expressions about seasons and the weather, and will consider related attitudes and customs of Hispanic peoples. As a first step, listen to the following conversation about the climate in **Ecuador.**

Es el 22 de agosto y Karen está de vacaciones en Guayaquil. En este momento está hablando con Rafael, el guía de su grupo.

KAREN: Hace (*It's been*) tres días que estamos en esta ciudad y, por la tarde, la temperatura está siempre a más de 35 grados (*95° F*). No quiero salir del hotel hoy. La próxima vez voy a venir en otoño (*fall*) o en invierno, cuando no hace tanto calor.

RAFAEL: No importa si vienes a Guayaquil en febrero, en mayo o en diciembre... El clima casi no cambia. Siempre hace calor. Es que estamos al nivel del mar (*sea level*), y sólo dos grados al sur de la línea ecuatorial.

VOCABULARIO: PREPARACIÓN

El tiempo° ~weather	weather
¿Qué tiempo hace?	What's the weather like?
Hace (mucho) frío (calor, viento, sol).	It's (very) cold (hot, windy, sunny).
Hace fresco.	It's cool.
Hace (muy) buen/mal tiempo.	It's (very) good/bad weather.
Está (muy) nublado.	It's (very) cloudy (overcast).
Llueve. Está lloviendo. _progressive_	It rains. It's raining.
Nieva. Está nevando.	It snows. It's snowing.
Hay mucha contaminación.	There's a lot of pollution.

In Spanish many weather conditions are expressed with **hace**. Note that the adjective **mucho** is used with the nouns **frío, calor, viento,** and **sol** to express _very_.

[Handwritten margin notes: Use idiomatic expressions w/the weather; nubes – clouds; lluvia – the rain; (nevar) La nieve = the snow; lluvioso (as in a rainy day)]

A. Diga qué tiempo hace, según la ropa de cada persona.

1. San Diego: María lleva pantalones cortos y una camiseta.
2. Madison: Juan lleva suéter, pero no lleva chaqueta.
3. Toronto: Roberto lleva suéter y chaqueta.
4. Guanajuato: Ramón lleva impermeable y botas y también tiene paraguas (_umbrella_).
5. Buenos Aires: Todos llevan abrigo, botas y sombrero.

NICHOLAS SAPIEHA/STOCK, BOSTON

**En los Andes el clima varía con la altura. En esta región de Colombia el clima es el de una eterna primavera.**

B. **¿Dónde debe vivir Joaquín?** Joaquín es de Valencia, España. El clima allí es muy moderado y hace mucho sol. Hay poca contaminación. Va a venir a los Estados Unidos y desea vivir en un lugar con un clima similar. ¿Dónde debe—o *no* debe—vivir?

MODELO   Joaquín, (no) debes vivir en _____ porque allí _____.

1. Seattle   3. Phoenix   5. Buffalo
2. Los Ángeles   4. New Orleans   6. ?

C. **¿Tienen frío o calor? ¿Están bien?** Describe the following weather conditions and tell how the people pictured are feeling.

1.   2.   3.   4.   5.   6.   7.

Los meses y las estaciones° del año   *seasons*

se(p)tiembre		marzo	
octubre	el otoño	abril	la primavera
noviembre		mayo	
diciembre		junio	
enero	el invierno	julio	el verano
febrero		agosto	

handwritten: sept, oct, nov., dec., jan, feb; march, april, may, jun, jul, agust

La fecha°   *date*

¿Cuál es la fecha de hoy?   What is today's date?
(Hoy) Es el primero de abril.   (Today) It is the first of April.
(Hoy) Es el cinco de febrero.   (Today) It is the fifth of February.

The ordinal number **primero** is used to express the first day of the month. Cardinal numbers (**dos, tres,** and so on) are used for other days. The definite article **el** is used before the date. However, when the day of the week is expressed, **el** is omitted: **Hoy es jueves, tres de octubre.**

CH. ¿Qué día de la semana es el 12 (1, 20, 16, 11, 4, 29) de noviembre?

D. Exprese estas fechas en español.

1. March 7   4. June 5   7. January 31, 1660
2. August 24   5. September 19, 1986   8. July 4, 1776
3. December 1   6. May 30, 1842

handwritten notes in margin: fecha = date. Hoy es el venteyseis de octubre de mil novecientos ochenta y cinco. noviembre. L M M J V S D (calendar)

E. ¿Cuándo se celebran?

1. el Día de la Raza (*Columbus Day*)
2. el Día del Año Nuevo
3. el Día de los Enamorados (de San Valentín)
4. el Día de la Independencia de los Estados Unidos
5. el Día de los Inocentes (*Fools*)
6. la Navidad

F. Preguntas

1. ¿Cuál es la fecha de su cumpleaños? ¿del cumpleaños de su mejor (*best*) amigo/a? ¿de su novio/a (esposo/a)? ¿Cuándo se celebran los cumpleaños de Lincoln y Washington?
2. ¿Cuándo tenemos el examen final en esta clase? ¿en su clase de _____? ¿Cuál es la fecha del próximo examen de español? ¿Tiene Ud. una prueba (*quiz*) mañana? ¿pasado mañana?
3. ¿Cuándo comienza oficialmente el verano? ¿el invierno? ¿y la primavera? ¿Cuál es su estación favorita? ¿Por qué?

G. Complete las oraciones en una forma lógica.

1. En otoño generalmente estoy _____ porque _____.
2. Cuando hace frío (calor) estoy _____ porque _____.
3. En verano estoy _____ porque _____.
4. Cuando llueve (nieva) estoy _____ porque _____.

PRONUNCIACIÓN: D, J, and G

D Spanish **d** has two basic sounds. At the beginning of a phrase or sentence or after **n** or **l**, it is pronounced as a stop [d] (similar to English *d* in *dog*). Like the Spanish [t], it is produced by putting the tongue against the back of the upper teeth. In all other cases, it is pronounced as a fricative [đ], that is, like the *th* sound in English *they* and *another*.

J Spanish **j** never has the sound of English *j,* as in *Jane* or *John*. In some dialects of Spanish, it is pronounced like the English [h]; in others it has a rougher, more fricative sound that is produced in the back part of the mouth, just about where you would make a [k] sound: **taco/Tajo, carro/jarro.**

G Spanish **g** before **e** or **i** is pronounced like the **j**:* **general, página.** Spanish **g** before **a, o,** or **u** is pronounced like the **g** in English *go* [g] at the beginning of a phrase or sentence or after **n: gas, gorila, gusto, inglés.**

---

*In the words **México** and **mexicano** the letter **x** is also pronounced like the **j.**

PRÁCTICA

Practique las siguientes palabras y frases.

1. [d] ¿dónde? el doctor el dinero el domingo diez debe dos
2. [đ] ¿adónde? la doctora mucho dinero este domingo adiós comida usted
3. taco/Tajo vaca/baja cura/jura roca/roja carro/jarro
4. jueves jirafa hijo joven extranjero adjetivo mujer viejo
5. general generoso inteligente geografía geología región sicología
6. grande tengo gusto gracias ganas golf gramática gris

MINIDIÁLOGOS Y GRAMÁTICA

21. *Hacer, poner, and salir*

Patagonia

En el hotel

FERNANDO: ¡Qué mañana más bonita! ¿Por qué no *salimos*?
FEDERICO: Yo no *salgo*. Seguro que *hace* mucho frío afuera. ¿Está bien si *pongo* la calefacción?
FERNANDO: Pero estamos en agosto.
FEDERICO: Sí, pero estamos en Patagonia.

1. ¿Quién quiere salir?
2. ¿Por qué no quiere salir su amigo?
3. ¿Quién va a poner la calefacción?
4. Dónde están Fernando y Federico?
5. ¿Dónde está esa región?
6. ¿Es invierno o verano allí en agosto? ¿Y aquí?

hacer (*to do; to make*)		**poner** (*to put, place*)		**salir** (*to leave, go out*)	
ha**g**o	hacemos	pon**g**o	ponemos	sal**g**o	salimos
haces	~~hacéis~~	pones	~~ponéis~~	sales	~~salís~~
hace	hacen	pone	ponen	sale	salen
	haciendo		poniendo		saliendo

(handwritten notes: "use of weather expressions" at left; "PROG." below hacer; "PROG." below poner; "to turn on", "ex. TV., radio" above poner; "Prog." notes)

At the hotel   FERNANDO: What a pretty morning! Why don't we go out?   FEDERICO: I'm not going out. It's sure to be cold out. Is it okay if I put on the heat?   FERNANDO: But it's August. (But we're in the month of August.)   FEDERICO: Yes, but we're in Patagonia.

Hacer

¿Por qué no **haces** los ejercicios? *Why don't you do the exercises?*
Estoy haciendo tortillas. *I'm making tortillas.*

Two common idioms with **hacer** are **hacer un viaje** (*to take a trip*) and **hacer una pregunta** (*to ask a question*).

Quieren hacer un viaje al Perú. *They want to take a trip to Peru.*
Los niños siempre hacen muchas *Children always ask a lot of*
  preguntas. *questions.*

Poner

Siempre **pongo** mucho azúcar en el *I always put a lot of sugar in my*
  café. *coffee.*

With appliances, **poner** means *to turn on.*

Voy a **poner** el televisor. *I'm going to turn on the TV.*

Salir

Salen de la clase ahora. *They're leaving class now.*

Note that **salir** is always followed by **de** to express leaving a place. **Salir para** expresses destination. **Salir con** can mean *to go out with, to date.*

Salimos para la playa mañana. *We're leaving for the beach*
  tomorrow.
Salgo con el hermano de Cecilia. *I'm going out with Cecilia's*
  brother.

Hace... que + *Present Tense (for recognition only)*

Hace tres años **que** vivimos aquí. *We've been living here for three*
  years.

Ya **hace** seis semanas **que** estudio *I've been studying Spanish for six*
  español. *weeks already.*

In Spanish, the simple present tense can express an action that has been occurring over a period of time and that is still going on. In this construction the phrase **hace** + *period of time* + **que** precedes the present tense verb. The phrase **¿cuánto tiempo hace que... ?** is used to ask how long something has been going on.

¿Cuánto tiempo hace que estudias aquí? *How long have you been studying*
  here?

PRÁCTICA

A. ¿Qué hacemos por la noche? Dé oraciones nuevas según las indicaciones.

  1. *Alfonso* hace ejercicio en el gimnasio. (*tú, Raúl, yo, Lilia y yo, Uds., vosotros*)

Muchas personas creen que toda la América Latina es «tropical», pero eso no es cierto. El Trópico de Cáncer pasa por México y por el norte de Cuba, y el Trópico de Capricornio pasa por Chile, la Argentina, el Paraguay y el Brasil. Así, gran parte de la América Latina está en una zona templada (temperate) *y tiene un clima similar al de los Estados Unidos. Aun* (Even) *en la zona tropical hace frío en ciertas partes, debido a* (due to) *la altitud.*

Esta estancia (ranch) *está en La Pampa argentina, al oeste de Buenos Aires.*

DAVID MANGURIAN

2. *Susana* sale de clase a las ocho.   (*yo, tú, nosotros, Ud., Ernesto, vosotros*)
3. Ponemos el televisor a las nueve.   (*Gabriela, yo, tú, nosotras, Uds., vosotras*)

B. **Consecuencias lógicas.** ¿Qué acciones van a resultar de estas condiciones? Use las siguientes frases en su respuesta.

poner el aire acondicionador/la
  calefacción
poner el televisor/la radio
salir de/para...

hacer un viaje a...
poner hielo (*ice*)/azúcar en...
hacer una pregunta

1. Me gusta esquiar. Por eso...
2. Tengo frío y hace frío afuera.
3. Tenemos calor y hace calor afuera.
4. Hay un programa interesante en la televisión.

5. ¡Tengo sed y hace calor!
6. ¡Estoy cansada de trabajar!
7. Estamos aburridos.
8. Quiero escuchar (*to listen to*) música y bailar.
9. No comprendo.

CONVERSACIÓN

A. You're going to take a trip, and you have to pack your suitcase. Tell what you're going to pack, using the sentence given below. The next person will repeat what you said and add one item, and so on. How long can you keep the sentence going?

Voy a hacer un viaje, y en la maleta pongo ———.

B. Imagine que Ud. sale con una persona famosa. ¿Con quién sale y adónde van los dos o qué van a hacer?

Salgo con _____. Vamos a _____.

C. Preguntas

1. ¿Qué pone Ud. en el café? ¿en el té? ¿en una limonada? ¿Pone Ud. hielo en los refrescos (*soft drinks*) en invierno? ¿en verano?

2. ¿Qué hace Ud. en verano? ¿en invierno? ¿el día de su cumpleaños? ¿en setiembre? ¿los sábados?

3. ¿Qué quiere Ud. hacer esta noche? ¿Qué necesita hacer? ¿Qué va a hacer?

4. ¿A qué hora sale Ud. de la clase de español? ¿de otras clases? ¿A veces sale tarde de clase? ¿Por qué? ¿Le gusta salir temprano? ¿Siempre sale Ud. temprano para la universidad? ¿Sale tarde a veces?

¿Recuerda Ud.?

The change in the stem vowels of **querer** and **poder** (**e** and **o** respectively) follows the same pattern as those of the verbs in the next section. Review the forms of **querer** and **poder** before beginning that section.

querer: **e** → __?__			poder: **o** → __?__		
	qu__ro	queremos		p__do	podemos
	qu__res	queréis		p__des	podéis
	qu__re	qu__ren		p__de	p__den

---

22. *Present Tense of Stem-changing Verbs*

Un viaje con la familia

ESTEBAN: ¿Cómo *piensan* ir Uds., en tren o en avión?

MICAELA: Pues... aunque parezca mentira, *pensamos* ir en autobús.

ESTEBAN: ¿Por qué? Es más cómodo ir en avión y se llega antes.

MICAELA: Sí, pero no tenemos prisa. En realidad, los chicos *prefieren* ir en autobús. Creen que es más divertido.

ESTEBAN: ¡Hombre, eso es salir de Guatemala y entrar en Guatepeor! Por lo menos, ¿por qué no *vuelven* en avión?

A trip with the family   ESTEBAN: How do you plan to go, by train or by plane?   MICAELA: Well . . . although it may seem incredible (a lie), we plan to go by bus.   ESTEBAN: Why? It's more comfortable to go by plane, and you get there sooner (before).   MICAELA: Yes, but we're not in a hurry. In fact, the kids prefer to go by bus. They think that it's more fun.   ESTEBAN: Good grief, that's going from bad to worse (to leave Guate**mala** [*bad*] and to enter Guate**peor** [*worse*])! Why don't you at least come back by plane?

Imagine que Ud. habla por los padres de los chicos y complete las oraciones con la forma correcta del verbo indicado.

- *Pensamos* ir en autobús. Los chicos _____.
- *Preferimos* ir en avión. Los chicos _____.
- *Volvemos* en avión. Los chicos _____.

e → ie	o (u) → ue	e → i
pensar (ie) (*to think*)	**volver (ue)** (*to return*)	**pedir (i)** (*to ask for, order*)
pienso pensamos piensas pensáis piensa piensan pensando	vuelvo volvemos vuelves volvéis vuelve vuelven volviendo	pido pedimos pides pedís pide piden pidiendo

A. You have already learned two *stem-changing verbs* **(los verbos que cambian el radical): querer** and **poder.** In these verbs the stem vowels **e** and **o** become **ie** and **ue,** respectively, in stressed syllables. The stem vowels are stressed in all present-tense forms except **nosotros** and **vosotros.** All three classes of stem-changing verbs follow this regular pattern in the present tense. In vocabulary lists the stem change will always be shown in parentheses after the infinitive: **volver (ue).**

Some stem-changing verbs practiced in this chapter include the following.

e → ie		o (u) → ue		e → i	
cerrar (ie)	*to close*	almorzar (ue)	*to have lunch*	pedir (i)	*to ask for, order*
empezar (ie)	*to begin*	dormir (ue)	*to sleep*	servir (i)	*to serve*
pensar (ie)	*to think*	jugar (ue)*	*to play (sports)*		
perder (ie)	*to lose*	volver (ue)	*to return*		
preferir (ie)	*to prefer*				

[Práctica A, B, C]

B. When used with an infinitive, **empezar** is followed by **a.**

Uds. **empiezan a** hablar muy bien el español.   *You're beginning to speak Spanish very well.*

When followed directly by an infinitive, **pensar** means *to intend* or *plan to.*

¿Cuándo **piensas** contestar la carta?   *When do you intend to answer the letter?*

---

*Jugar is the only **u → ue** stem-changing verb in Spanish. **Jugar** is often followed by **al** when used with the name of a sport: **Juego** *al* **tenis.** Some Spanish speakers, however, omit the **al.**

C. The stem vowels in the present participle of **-ir** stem-changing verbs also show a change. When listed in the vocabulary, all **-ir** stem-changing verbs will show two stem changes in parentheses: **dormir (ue, u).** The first stem change occurs in the present tense, the second in the present participle.

dormir (ue, **u**) → d**u**rmiendo   preferir (ie, **i**) → pref**i**riendo
pedir (i, **i**) → p**i**diendo   servir (i, **i**) → s**i**rviendo

[Práctica CH]

PRÁCTICA

A. Es verano y hace buen tiempo. ¿Cuáles son las actividades de todos? Dé oraciones nuevas según las indicaciones.

1. *Sara y Anita* almuerzan en el patio.   (*Ud., los estudiantes, nosotros, tú, yo, vosotros*)
2. *Felipe* pide un refresco.   (*yo, nosotros, ellos, Lisa, tú, vosotras*)
3. *Yo* prefiero descansar en la playa.   (*Sergio, nosotros, Ana, ellas, tú, vosotras*)
4. *El equipo* (*team*) pierde muchos partidos (*games*).   (*ellos, yo, Fernando, tú, los chicos, vosotros*)
5. Por fin *los González* vuelven de su viaje el sábado.   (*yo, nosotras, las chicas, Manuel, tú, vosotros*)

B. ¿Qué prefieren?

MODELO   Ignacio pide café, pero nosotros _____ un refresco. →
Ignacio pide café, pero nosotros *pedimos* un refresco.

1. Tomás y Julia piensan viajar a Sudamérica este otoño, pero nosotros _____ viajar a España.
2. Tú vuelves a la estación (*station*) mañana, pero nosotros _____ allí el jueves.
3. Nosotros empezamos a trabajar a las ocho, pero Reinaldo _____ a las nueve.
4. Nosotros dormimos ocho horas todas las noches, pero Lucía sólo _____ seis horas.
5. Nosotros servimos comida mexicana en casa y Susana también _____ comida mexicana, especialmente en las fiestas.
6. Nosotros jugamos al tenis hoy y Paula _____ con nosotros.
7. Tú cierras la tienda a las ocho, pero nosotros no _____ hasta las diez.
8. María y Teresa prefieren esquiar en Vail, pero nosotros _____ ir a Aspen.

C. Using the following verbs as a guide, tell about a visit to a restaurant. Use **yo** as the subject except where otherwise indicated.

1. pensar comer comida española
2. entrar en un restaurante en la calle Bolívar

3. pedir el menú   *yo pido el menú*
4. preferir comer paella, un plato español
5. no servir comida española (ellos)   *yo no sirvo comida española*
6. pedir tacos y una naranjada (*orangeade*)
7. servir la comida (el camarero)
8. comer y volver a casa
9. dormir la siesta porque hacer calor

CH. Hace frío hoy y hay mucha nieve. Por eso todos están en casa. Son las tres de la tarde. ¿Qué están haciendo estas personas? Haga oraciones según las indicaciones.

1. niños / mirar la televisión
2. papá / pedir la comida
3. Pepito y Carlos / jugar / en sus cuartos

4. mamá / empezar / perder la paciencia
5. abuelo / dormir la siesta

CONVERSACIÓN

A. ¿A qué hora...

1. se cierra la biblioteca?
2. se cierran las tiendas en los Estados Unidos?
3. empieza Ud. a estudiar todas las noches?

4. empieza Ud. a comer?
5. vuelve Ud. a casa?
6. almuerza Ud. por lo general?
7. piensa Ud. almorzar hoy?

B. Ask two other students the following questions. They should decide on an answer between them and reply using the **nosotros** form.

1. ¿Qué prefieren Uds., las clases fáciles o las difíciles? ¿hacer preguntas o contestar en clase? ¿hablar en español o en inglés?
2. ¿Prefieren Uds. la tequila con limón o sin limón? ¿el café con azúcar o sin azúcar? ¿la Coca-Cola con hielo o sin hielo? ¿beber agua (*water*) o cerveza cuando hace mucho calor? ¿la comida norteamericana o la extranjera? ¿la mexicana o la italiana?
3. ¿Qué prefieren Uds., viajar en autobús o en tren? ¿tomar las vacaciones en verano o en invierno?
4. ¿Mañana juegan Uds. al golf o al fútbol? ¿al tenis o al béisbol?
5. ¿Qué piensan Uds. de (*about*) la clase de español? (**Pensamos que** [*that*]...) ¿del profesor (de la profesora)? ¿de su universidad?
6. ¿Prefieren Uds. los perros grandes o los pequeños? ¿los gatos siameses o los persas?
7. ¿Prefieren los coches americanos o los extranjeros? ¿los japoneses o los italianos?
8. ¿Prefieren la música clásica o la moderna? ¿las películas dramáticas o las cómicas?

23. *Comparisons*

Alfredo

Graciela

Román

Alfredo es muy rico, ¿verdad?

- Alfredo es **tan** rico **como** Graciela.
- Alfredo es **más** rico **que** Román.
- Román es **menos** rico **que** Alfredo y Graciela.

Ahora describa a Graciela.

Graciela es tan rica como _____. Es más rica que _____. ¿Y Román?
Román es menos rico que _____. No es tan rico como _____.

Alfredo tiene muchos coches y varias casas.

- Tiene **tantos** coches **como** Graciela.
- También tiene **tantas** casas **como** ella.
- Tiene **más** coches y casas **que** Román.

Ahora describa a Graciela y a Román.

Graciela tiene tantos _____. Tiene más _____.
Román tiene menos _____. No tiene tantos _____.

Regular Comparisons of Adjectives

Alicia es **más alta que** Marta.	*Alicia is taller than Marta.*
Julio es **menos listo que** Pablo.	*Julio is less bright than Pablo.*
Enrique es **tan trabajador como** Alicia.	*Enrique is as hardworking as Alicia.*

The *comparative* (**el comparativo**) of most English adjectives is formed by using the adverbs *more* or *less* (***more** intelligent,* **less** *important*), or by adding *-er* (*tall**er**, long**er***).

In Spanish, unequal comparisons are usually expressed with **más** (*more*) + *adjective* + **que** or **menos** (*less*) + *adjective* + **que.**

Equal comparisons are expressed with **tan** + *adjective* + **como.**

[Práctica A, B]

Irregular Comparative Forms

Spanish has the following irregular comparative forms:

mejor(es)	*better*	**mayor(es)**	*older* o bigger
peor(es)	*worse*	**menor(es)**	*younger*

Estos discos son **buenos,** pero ésos son **mejores.**	*These records are good, but those are better.*

[Práctica C]

Comparison of Nouns

Alicia tiene **más/menos** libros **que** Susana.	*Alicia has more/fewer books than Susana.*
Nosotros tenemos **tantas** pesetas **como** ellas.	*We have as many pesetas as they (do).*

Nouns are compared with the expressions **más/menos** + *noun* + **que** and **tanto/a/os/as** + *noun* + **como. Más/menos de** are used when the comparison is followed by a number: **Tengo más *de un* hijo. Tanto** must agree in gender and number with the noun it modifies.

[Práctica CH, D, E]

PRÁCTICA

A. Conteste según el dibujo.

1. Emilia, ¿es más alta o más baja que Sancho?
2. ¿Es tan tímida como Sancho? ¿Quién es más extrovertido?
3. Sancho, ¿es tan atlético como Emilia?
4. ¿Quién es más intelectual? ¿Por qué cree Ud. eso?
5. ¿Es Emilia tan estudiosa como Sancho? ¿Es tan trabajadora?
6. ¿Quién es más listo? ¿Por qué cree Ud. eso?

B. **Opiniones.** Cambie, indicando su opinión personal: **tan... como → más/ menos... que.**

1. Hoy estoy tan alegre como el profesor (la profesora).
2. Siempre estoy tan ocupado/a como mi mejor amigo/a.
3. Mi coche está tan sucio como el del profesor (de la profesora).
4. Esta clase es tan interesante como la clase de geografía.
5. El dinero es tan importante como la amistad.
6. El matrimonio es tan importante como la amistad.

C. Complete, haciendo una comparación.

1. La comida italiana es buena, pero la mexicana es _____.
2. Las pruebas (*quizzes*) son malas, pero los exámenes son _____.
3. Pepito tiene dieciséis años. Demetrio, que tiene veinte años, es su hermano _____.
4. Luisita es muy joven; el bebé de la familia es su hermano _____.
5. La Argentina es grande, pero el Brasil es _____.
6. El elefante es grande. El chimpancé es _____.

CH. Conteste, comparando las cosas de Alfredo con las de Graciela.

1. ¿Cuánto dinero tiene Alfredo? *Alf. tiene tanto dinero como Gra*
2. ¿Cuánta cerveza tiene Graciela?
3. ¿Cuántos libros tiene Alfredo? *Alfredo tiene tantos libros como graciela*
4. ¿Cuántos bolígrafos tiene Graciela?
5. ¿Cuántos cuadernos tiene Alfredo? *Alf tiene más cuaderns que gra*
6. ¿Cuántas cartas tiene Graciela?

Graciela tiene ← tanta cerveza como alfredo
graciella tiene tantos boligrafios como Alf

graciella tiene más cartas que Alf.

D. **Más opiniones.** Cambie, indicando su opinión personal: **tanto... como →
   más/menos... que,** o vice versa.

1. Los profesores trabajan más que los estudiantes.
2. En esta universidad las artes son tan importantes como las ciencias.
3. Aquí el béisbol es tan importante como el fútbol.
4. Hay más hombres que mujeres en esta clase.
5. Hay tantos exámenes en la clase de español como en la clase de historia.
6. En esta ciudad hace tanto calor en verano como en invierno.
7. Yo bebo menos café que el profesor (la profesora).
8. Las mujeres pueden practicar tantos deportes (*sports*) como los hombres.

E. ¿Cómo se dice en español?

1. more than $10
2. fewer than 100 students *menos de*
3. fewer than 20 seats *menos de veinte sillas.*
4. Are you over 18 years old?
5. She's over 90 years old!
6. I'm younger than she is.

CONVERSACIÓN

A. Conteste las preguntas en una forma lógica.
   ¿Es Ud....

1. tan guapo/a como Tom Selleck/Kate Jackson?
2. tan rico/a como los Rockefeller?
3. tan fiel como su mejor amigo/a?
4. tan inteligente como Einstein?
5. tan romántico/a como su novio/a (esposo/a, amigo/a)?

¿Tiene Ud....

6. tanto dinero como los Ford?
7. tantos tíos como tías?
8. tantos amigos como amigas?
9. tantas ideas buenas como _____?
10. tantos años como su profesor(a)?

B. Comparative forms are used in many Spanish sayings **(dichos).** Several are given below. What are the English equivalents of these sayings? Can you think of another way to end them?

1. Más feo que el coco (*bogeyman*).
2. Pesar (*To weigh*) menos que un mosquito... o más que el matrimonio.
3. Dormir como un tronco.
4. Más bueno que el pan (*bread*).*
5. Más viejo que Matusalén.
6. Más claro que el agua.
7. Más alto que un pino.
8. Más vale (*is worth*) tarde que nunca.
9. Más largo que un día sin pan.

Encuentro cultural: ¡No lo sabía yo! (*I didn't know that!*)

Para comprender mejor la geografía de la América Latina, son útiles los siguientes datos.

• La distancia entre la Ciudad de México y Washington, D.C. es casi igual a la distancia entre la Ciudad de México y San Francisco.

San Francisco   Washington, D.C.

1887 millas   1885 millas

la Ciudad de México

• El Canal de Panamá está más al este (no al oeste) que la ciudad de Miami, Florida.

• La ciudad de Bogotá, Colombia, está casi directamente al sur de la ciudad de Nueva York. Colombia es el único país de la América del Sur que tiene acceso directo a los dos océanos.

---

24. *Summary of Interrogative Words*

¿Cómo?	How?	¿Dónde?	Where?
¿Cuándo?	When?	¿De dónde?	From where?
¿A qué hora?	At what time?	¿Adónde?	Where (to)?
¿Qué?	What? Which?	¿Cuánto/a?	How much?
¿Cuál(es)?	What? Which one/ones?	¿Cuántos/as?	How many?
¿Por qué?	Why?		
¿Quién(es)?	Who?		
¿De quién(es)?	Whose?		

---

*Note the special usage of **más bueno,** similar to the colloquial use of "gooder" in English.

¿Qué? versus ¿cuál?

¿Qué? asks for a definition or an explanation.

¿Qué es esto?	*What is this?*
¿Qué quieres?	*What do you want?*

¿Qué can be directly followed by a noun.*

¿Qué libro necesitas?	*What (Which) book do you need?*
¿Qué restaurante te gusta más?	*What restaurant do you like most?*

¿Cuál(es)? expresses *what?* in all other cases.

¿Cuál es tu teléfono?	*What is your phone number?*
¿Cuáles son los países latinoamericanos?	*What are the Latin American countries?*
¿Cuál es la capital de Uruguay?	*What is the capital of Uruguay?*

¿Por qué?

¿Por qué?, written as two words and with an accent mark, means *why?* **Porque,** written as one word and with no accent, means *because.*

—**¿Por qué** no escuchas?	*Why don't you listen?*
—**Porque** no quiero.	*Because I don't want to.*

¿Dónde?, ¿de dónde?, ¿adónde?

¿Dónde? asks about location, **¿de dónde?** asks about origin, and **¿adónde?** asks about destination.

¿Dónde está Bolivia?	*Where is Bolivia?*
¿De dónde son esos estudiantes extranjeros?	*Where are those foreign students from?*
¿Adónde quieres ir?	*Where do you want to go?*

PRÁCTICA

A. **¿Qué** o **cuál?**

1. ¿_____ es esto? —Un peso mexicano.
2. ¿_____ es Sacramento? —Es la capital de California.
3. ¿_____ es tu teléfono? —Es el 2-75-40-19.
4. ¿_____ coche vas a usar? —El de Juanita.
5. ¿_____ vestido vas a llevar? —El azul.
6. ¿_____ es el tango? —Es un baile argentino.
7. ¿_____ es el novio de Alicia? —Es el hombre moreno.
8. ¿_____ tiempo hace hoy? —Hace mucho calor.

---

*¿Cuál(es)? is not used as an adjective by all Spanish speakers.

¿Cuál de los dos libros quieres?	*Which of the two books do you want?*
but	
¿Qué libro quieres?	*Which (What) book do you want?*

B. **¿Quién, quiénes o de quién?**

(Quién) 1. ¿_____ es Shirley MacLaine? —Es una actriz muy famosa.
(Quién) 2. ¿_____ son las damas de honor? —Son mis hermanas.
(de quién) 3. ¿_____ son estas sandalias? —Son las de Pepita.
(quiénes) 4. ¿_____ contestan bien siempre? —Sara y Ana.
(Quién) 5. ¿_____ está en la iglesia ahora? —Sólo la novia.

C. **¿Dónde, de dónde o adónde?**

(De dónde) 1. ¿_____ son los Chevalier? —De Francia.
(adónde) 2. ¿_____ van los novios? —A la iglesia.
(adónde) 3. ¿_____ quieres viajar? —Quiero hacer un viaje a Colombia.
(dónde) 4. ¿_____ está el cine? —En la calle Vallejo.
(dónde) 5. ¿_____ hay muchas personas de habla española? —En New Jersey, por ejemplo.
(adónde) 6. ¿_____ está su casa? —Está muy lejos de aquí.

CH. **¿Cuándo, a qué hora, cuánto/a o cuántos/as?**

(cuánto) 1. ¿_____ dinero tienes? —Pues, creo que tengo cuatro dólares.
(a qué hora) 2. ¿_____ llegamos? —A las diez de la noche.
(cuántos) 3. ¿_____ hijos tienen? —Cinco.
(cuántas) 4. ¿_____ blusas tienes? —Once.
(cuántas) 5. ¿_____ personas hay delante del bar? —Hay veinte, más o menos.
(Cuándo) 6. ¿_____ vamos a mirar la televisión? —Por la noche.

CONVERSACIÓN

A. Guillermina es una niña de cinco años y, como todos los niños, siempre hace muchas preguntas. ¿Qué preguntas puede hacer Guillermina en estas situaciones?

1.   **MAMÁ:** —Guillermina, ése es el señor Vargas.
    GUILLERMINA: —*¿Quién es el señor Vargas? ¿De dónde...*
2.   **PAPÁ:** —Guillermina, tu primo Octavio viene mañana.
    GUILLERMINA: —_____
3.   **ABUELA:** —Guillermina, hay un regalo en la mesa.
    GUILLERMINA: —_____

B. **Entrevista.** Without taking notes, interview another student by asking the following questions or any others like them that occur to you. Then present as much of the information as you can to the class.

1. ¿De dónde eres? ¿Dónde vives ahora?
2. ¿Adónde quieres viajar algún día (*some day*)?
3. ¿Qué estudias? ¿Por qué estudias español?
4. ¿Cuántos hermanos tienes? ¿cuántos primos? ¿cuántas clases?
5. ¿Qué tipo de persona eres?

Study Hint: Using a Bilingual Dictionary

A Spanish–English/English–Spanish dictionary or vocabulary list is an excellent study aid, but one that should be used very carefully. Follow these guidelines to minimize the pitfalls.

1. If you are looking for a Spanish word in the Spanish–English part of the dictionary, remember that in the Spanish alphabet the letters **ch, ll,** and **ñ** follow the letters **c, l,** and **n,** respectively. The word **coche** will be found after the word **cocina; calle** will come after **calma;** and **caña** will follow **candidato.**

2. When you look in the English–Spanish section for the Spanish equivalent of an English word, keep in mind the part of speech—noun, verb, adjective, and so on—of the word you are looking for. By doing so, you will avoid many mistakes. Imagine the confusion that would arise if you chose the wrong word in the following cases:

    can: **lata** (noun, *tin can*) but **poder** (verb, *can, to be able*)

    light: **luz** (noun, *electric light, daylight*) but

ligero (adjective, *light, not heavy*), and **claro** (adjective, *light in color*).

3. If the Spanish word that you find is not familiar to you, or if you simply want to check its meaning and usage, look up the new word in the Spanish–English section of the dictionary. Do the English equivalents given there correspond to the meaning you want to convey?

4. Remember that there is rarely a one-to-one equivalency between Spanish and English words. **Jugar** means *to play* a sport or game, but the verb **tocar** must be used to talk about *playing* a musical instrument. **Un periódico** is a paper (a *news*paper) and **un papel** is a *sheet* of paper.

5. Minimize the number of "dictionary words" you use when writing in Spanish. It is best to limit yourself to words you know because you have used them in class. And when you do have to use the dictionary, try to check your word choice with your instructor or someone else who knows Spanish.

DIÁLOGO: Cartas de dos amigos

A.

Cerca de Ailigandí, 6 de agosto

Mi querido Héctor:

Hago un alto° en mi viaje para escribir estas líneas. Hace calor, más de 45   *pause*

grados° a la sombra.° Pido refresco tras° refresco. No hay hielo. Este pueblo es   *45°C = 113°F / shade /*
más pequeño que el anterior°—¡y más aburrido!   *after*
    el... the last one

    Salgo a la calle, donde hace un calor de mil demonios. Pregunto° a un policía: *I ask*
—¿Cuándo es invierno en San Blas? Él nota que estoy sudando° tanto como un   *sweating*
vaso° de agua fría y contesta con buen humor: —Aquí es verano todo el año. De   *glass*
nuevo° pregunto: —¿No hay estaciones en este lugar? —¿Estaciones? ¡Oh, sí! Hay   *De... Again*
dos: la estación de verano y... la estación* de policía. Vuelvo al hotel. Pongo la
radio y escucho música de Buenos Aires. Allá° es invierno ahora y hace frío.   *Allí*
¡Cuántas ganas tengo de volver a mi patria!

    Pensar que unos kilómetros más allá está Panamá con su alegría y... con su
aeropuerto. Luego el avión y el vuelo° a casa.   *flight*

    Pero ahora tengo que esperar° el autobús que sale los lunes, miércoles y   *to wait for*
viernes. Es viejo, pero menos incómodo° que el tren.   *uncomfortable*

    Hasta el domingo, si sobrevivo.°   *I survive*

    Un saludo° cariñoso de tu compañero   *greeting*

Nicolás

B.   *Mar del Plata, 31 de diciembre*

Querido Nicolás:

    Estoy contestando tu carta del seis de agosto. Perdón por la demora,° pero en   *delay*
julio, agosto y setiembre siempre salimos de Buenos Aires porque... ¡hace tanto
frío allí!

    Ahora estamos esperando el Año Nuevo en la playa. ¿Por qué no vienes con
nosotros? Está haciendo un tiempo magnífico.

    Un abrazo° de   *hug*

Héctor

P.D.† Todavía no comprendo la razón de tu viaje a Darién, Mosquitos y San Blas.
¿Tantos kilómetros para ir a sudar en Ailigandí? ¡Es más barato tomar un baño
turco° en Buenos Aires!   *baño... Turkish bath*

---

*The police officer is making a play on the double meaning of **estación**: *season* and *station.*
†Spanish uses **P.D.** (Latin *post data*) where English uses P.S. (Latin *post scriptum*).

Comprensión

Conteste en oraciones completas.

A. 1. ¿Desde dónde escribe Nicolás?
   2. ¿Por qué pide tantos refrescos?
   3. ¿Está Nicolás muy contento en el pueblo? ¿Por qué?
   4. ¿Qué pregunta al policía? ¿Qué contesta el policía?
   5. ¿Dónde tiene ganas de estar Nicolás?
   6. ¿Por qué no sale hoy?

B. 1. ¿Desde dónde escribe Héctor?
   2. ¿Contesta Héctor la carta de Nicolás puntualmente?
   3. ¿De cuántos meses es la demora?
   4. ¿Qué tiempo hace en Mar del Plata en diciembre?
   5. Además del tiempo, ¿qué otro motivo tiene Héctor para estar en Mar del Plata?
   6. ¿Quiere Héctor hacer un viaje como el de Nicolás?

Comentario cultural

Latinoamérica, Hispanoamérica, and **Iberoamérica** are some of the terms used to refer to the area that extends from the Rio Grande (or **Río Bravo,** as it is known in Mexico) to Cape Horn **(Cabo de Hornos).** Travelers in Latin America encounter a great variety of physical features and climates.

Although much of Latin America lies within the tropical zone, the climate is not tropical everywhere. Climate and temperatures vary considerably with elevation. Many of the large cities are located at high altitudes, where the climate is mild, with little variation in temperature throughout the year. Mexico City is at 7,800 feet; Bogota, Colombia, at 8,500 feet; Cuzco, the ancient capital of the Incas, at 11,200 feet; and La Paz, Bolivia, at 11,900 feet. (Compare these altitudes with that of the "mile high" city of Denver: 5,280 feet.) Seasons are marked mainly by changes in rainfall.

There are, however, areas of Latin America that are typically tropical in climate. In his letter to Héctor, Nicolás complains of the heat of Ailigandí (Panama), a coastal city in the tropical rain forest that extends from the Caribbean coast of Central America to the equator. The vast Amazon basin and a portion of the northeastern coast of Brazil have a similar climate.

Uruguay, a large portion of Paraguay, and almost all of Argentina and Chile are in the South Temperate Zone. Chile, with its 2,650-mile coastline, has deserts in the north and fjords and glaciers in the extreme south. The geography of Argentina includes tropical zones in the north, immense pampas, and a wind-swept tableland that extends beyond the Strait of Magellan **(el Estrecho de Magallanes)** to the island of Tierra del Fuego.

The seasons of the year are reversed in the Southern Hemisphere. Nicolás, writing from Ailigandí in August, longs for his native Buenos Aires, where it is winter. His friend Héctor, however, leaves Buenos Aires when he can during July, August, and September to escape the cold.

UN POCO DE TODO

A. **¿Qué piensa Rosario de sus estudios en la universidad?** Form complete sentences based on the words given, in the order given. Conjugate the verbs and add other words if necessary. Use subject pronouns only when needed.

1. yo / empezar / ser / estudiante / ejemplar (*exemplary*)
2. yo / volver / casa / con / más / libros / Elena
3. yo / no / perder / tanto / tiempo / cafetería / Raúl
4. próximo / semestre / yo / pensar / tomar / tanto / cursos / difícil / Estela
5. yo / pedir / menos / consejos (*advice*) / Felipe
6. yo / hacer / mejor / preguntas / Antonio

B. **¿Qué llevas en tu maleta** (*suitcase*)**?** With another student, ask and answer questions based on the places listed below. Follow the model, providing appropriate weather information.

MODELO —¿Piensas hacer un viaje a <u>San Francisco</u>?
—Sí, salgo para allí el domingo.
—¿Cuánto tiempo hace que planeas el viaje?
—Un año.
—¿No hace/hay (mucho) _____ allí?
—Sí, por eso pienso poner _____ en mi maleta.

1. Mallorca / traje de baño
2. el Polo Norte / suéteres
3. San Juan, Puerto Rico / camisetas
4. Vermont / abrigo
5. Acapulco / raqueta de tenis

C. **¿Somos tan diferentes?** Answer the following questions. Then ask the same question of other students in the class to find at least one person who answered a given question the way you did.

1. ¿A qué hora almuerzas y dónde?
2. ¿Adónde piensas ir después de la clase hoy?
3. ¿Estás triste cuando llueve? ¿Qué haces cuando llueve?
4. ¿Qué estación del año prefieres? ¿Por qué?
5. ¿Qué día prefieres, el lúnes or el sábado? ¿Por qué?
6. ¿Cuánto tiempo hace que vives en esta ciudad?
7. Generalmente, ¿cuántas horas duermes todas las noches?
8. ¿Cuántos hermanos tienes en total? ¿Son mayores o menores que tú?

CH. **En este momento...** Select one of the individuals listed and tell where they are, what they are doing, and how they feel at the times indicated. Invent any details you need.

- sus padres
- su profesor(a)
- su (novio/a, esposo/a, mejor amigo/a)
- usted

1. el sábado por la noche
2. el domingo por la mañana
3. un día típico de verano
4. un día típico de otoño
5. un día en que hace mucho frío y nieva

D. **Una tarjeta postal de Buenos Aires.** Complete the following postcard with the correct form of the words in parentheses, as suggested by the context. When two possibilities are given in parentheses, select the correct word.

Alfonso: Hola, ¿(*qué/cuál*[1]) tal? Hace dos días que (*ser/estar:* yo[2]) en la Argentina. (*Hace/Está*[3]) mucho frío porque (*ser/estar*[4]) agosto—en (*el/la*[5]) hemisferio sur los meses de invierno (*ser/estar*[6]) junio, julio y agosto. Los argentinos (*pensar*[7]) que nosotros (*ser/estar*[8]) turistas (*por qué/porque*[9]) (*llegar/llevar*[10]) camisetas y sandalias. (*Están/Tienen*[11]) razón... ¡y yo (*tengo/estoy*[12]) frío! Ahora (*ser/estar*[13]) tomando café en el hotel; por suerte° no hace (*tan/tanto*[14]) frío aquí dentro como afuera. Mañana (*voy/pienso*[15]) comprar una chaqueta y (*unas/unos*[16]) calcetines. Bueno, esto (*ser/estar*[17]) todo por ahora. ¡Hasta luego!

por... *fortunately*

Sara

VOCABULARIO

VERBOS

almorzar (ue) to have lunch
cerrar (ie) to close *cierro*
dormir (ue, u) to sleep
empezar (ie) to begin
escuchar to listen (to)
hacer (*irreg.*) to do; to make
jugar (ue) to play (sports)
llover (ue) to rain
nevar (ie) to snow
pedir (i, i) to ask for, order
pensar (ie) to think; to intend
perder (ie) to lose
poner (*irreg.*) to put, place
preferir (ie, i) to prefer
salir (*irreg.*) to leave, go out
servir (i, i) to serve
viajar to travel
volver (ue) to return

SUSTANTIVOS

el agua (*f.*) water
el año year
el azúcar sugar

la calefacción heat, heating system
el clima climate
la estación season; station
la fecha date
el hielo ice
el invierno winter
el mes month
el otoño fall
la playa beach
la primavera spring
el pueblo town
la radio radio (set)
el refresco soft drink
el teléfono telephone; telephone number
el televisor TV set
el tiempo weather; time
el verano ~~fall~~ *summer*

ADJETIVOS

mayor older
mejor better
menor younger
peor worse

PALABRAS ADICIONALES

afuera outside
está nublado it's cloudy, overcast
hace
   buen/mal tiempo it's good/bad weather
   calor it's hot
   fresco it's cool
   frío it's cold
   sol it's sunny
   viento it's windy
hacer un viaje to take a trip
hacer una pregunta to ask a question
hay contaminación there's pollution
el primero de... the first of . . .
¿Qué tiempo hace? What's the weather like?

LOS MESES DEL AÑO:

enero, febrero, marzo, abril, mayo,
junio, julio, agosto,
se(p)tiembre, octubre,
noviembre, diciembre

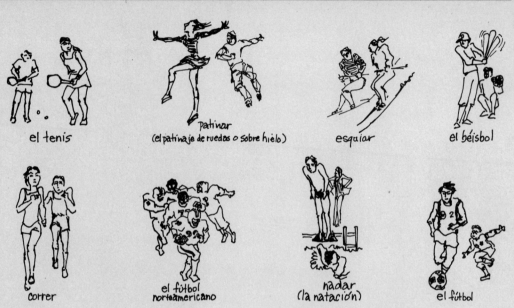

el tenis

patinar
(el patinaje de ruedas o sobre hielo)

esquiar

el béisbol

correr

el fútbol
norteamericano

nadar
(la natación)

el fútbol

A. **Los deportes.** How interested are you and your classmates in sports? Are you active participants or do you prefer to watch? Use the following questions to interview another student. Take notes and report what you learn to the class.

1. ¿Juegas al béisbol? ¿al vólibol? ¿al básquetbol? ¿al fútbol norteamericano? ¿al fútbol? De estos deportes, ¿cuál es tu favorito? ¿Con quiénes practicas este deporte?
2. ¿Juegas al tenis? ¿al ping pong? ¿al golf? ¿Cuál prefieres?
3. En invierno, ¿qué prefieres, jugar en la nieve, patinar o esquiar?
4. ¿Te gusta correr? ¿pasear en bicicleta? ¿nadar? ¿Cuál prefieres?
5. ¿Qué deportes se ven en la televisión? ¿Cuáles miras tú con frecuencia? ¿Cuál es tu favorito?
6. En tu opinión, ¿uno de los deportes es más peligroso (*dangerous*) que los otros? ¿Cuál? ¿Uno es más violento que los otros? ¿más interesante? ¿más aburrido? ¿más sano (*healthful*) que los otros?

B. **El 21 de julio en Europa.** El termómetro (página 160) indica las equivalencias entre los grados Celsius, o centígrados de Europa, y los grados Fahrenheit de los Estados Unidos. Imagine que Ud. y sus compañeros de

clase son habitantes de varias ciudades de Europa. A base de (*Based on*) las temperaturas indicadas para el 21 de julio, ¿cómo van a contestar las siguientes preguntas para las ciudades indicadas?

Qué tiempo hace? ¿Qué ropa van a llevar? ¿Qué deportes van a practicar? ¿Qué otras cosas van a hacer?

1. Sevilla
2. Valladolid
3. Oslo
4. Roma
5. Berlín

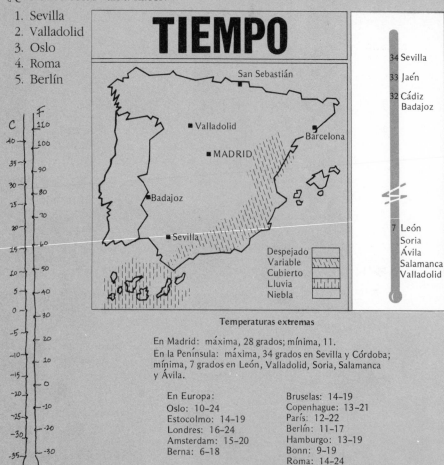

Temperaturas extremas

En Madrid: máxima, 28 grados; mínima, 11.
En la Península: máxima, 34 grados en Sevilla y Córdoba; mínima, 7 grados en León, Valladolid, Soria, Salamanca y Ávila.

En Europa:
Oslo: 10–24
Estocolmo: 14–19
Londres: 16–24
Amsterdam: 15–20
Berna: 6–18

Bruselas: 14–19
Copenhague: 13–21
París: 12–22
Berlín: 11–17
Hamburgo: 13–19
Bonn: 9–19
Roma: 14–24

Ahora explique lo que (*what*) Ud. hace cuando el tiempo está como sigue.

1. Es el 12 de octubre. Llueve todo el día.
2. Es el 24 de diciembre. Hace mucho frío y hay mucho viento. Nieva, pero las calles (*streets*) y carreteras (*highways*) están en buenas condiciones.
3. Es el 15 de mayo. Hace sol. Realmente es un día estupendo, pero Ud. tiene clases toda la tarde.

A propósito...		

The following greetings (**saludos**) and closings (**despedidas**) are used in writing non-business letters.

Saludos:	Estimado amigo/Estimada amiga	*Dear friend*
	Querido Juan/Querida Juana	*Dear Juan/Juana*
Despedidas:	Tu amigo/a, Su amigo/a	*Your friend*
	Con mucho cariño	*Affectionately*
	Abrazos	*Hugs*
	Recibe un fuerte abrazo de...	*Here's a big hug from . . .*

Querido is more likely to be used among close friends and relatives; **estimado** is used to show deference or respect. **Abrazos** and **Recibe un fuerte abrazo de...** are intimate closings, used by people who know each other well. Holiday greetings and greetings for other special occasions include the following:

Feliz Navidad y Próspero Año Nuevo	*Merry Christmas and Happy (Prosperous) New Year*
Con los mejores deseos para Navidad y Año Nuevo	*With best wishes for Christmas and the New Year*
Felices Pascuas	*Merry Christmas*
Feliz cumpleaños	*Happy Birthday*
Feliz aniversario	*Happy Anniversary*

C. **Muy estimada amiga...** Tell how you would open and close a letter to the following persons.

1. your good friend Jim
2. your great-aunt Laura
3. your parents
4. your Spanish professor
5. someone you met once at a meeting
6. a spouse or fiancé(e)

The following letter was sent from Spain as a thank-you note for a gift. What can you guess about the relationship of the two persons involved? (How close are they? How do you think they know each other?)

Santander, 16 de enero

Muy estimada amiga:

Le mando° un recuerdo muy cariñoso y le° deseo mucha felicidad en este Año Nuevo.   *Le... I send you / you*

También le mando mis más° sinceras gracias por el regalo maravilloso de Navidad, que es la cinta° *cassette* con su música preciosa de *jazz*. Recuerdo° con mucho afecto° aquellas conversaciones del verano pasado sobre° esta música.   *most*   *tape / I remember*   *affection / about*

En la televisión estos días ponen escenas de varias ciudades de Norteamérica que pasan un frío muy intenso. Aquí en el Norte de España no estamos pasando mucho frío—las temperaturas más bajas son de 6 ó 7 grados sobre° cero.   *above*

Deseándole muchas felicidades en este año, le mando un saludo muy cariñoso.

Mercedes

Now use the letter as a model to write a thank-you note for a gift (Christmas, baby, graduation . . .). Be sure to comment on the weather. If you are writing to someone with whom you have a close relationship, use **te** where **le** is used in the model letter; if writing to two or more persons, use **les.**

LECTURA CULTURAL: La geografía y el clima de Hispanoamérica

Antes de leer

Guessing the meaning of a word from context is easier if it has a recognizable root, or a relation to another word that you already know. For example, if you know **estudiar,** you should be able to guess the meaning of **los estudios** and **estudioso/a** quite easily in context. Can you guess the meaning of these words?

la pobreza	La pobreza es un problema muy grave en muchas partes de la India y Latinoamérica.
la enseñanza	Muchos datos indican que la calidad de la enseñanza en los Estados Unidos es inferior a la del año 1960.
lluvioso	En las zonas tropicales el clima es lluvioso.

If you know the meaning of the following words, you will be able to guess the meaning of the words related to them that you will encounter in the reading: **división, llover** and **lluvioso, variación, nevar, respiración, duración.**

El hemisferio occidental se divide en dos continentes: la América del Norte y la América del Sur. La América Central no es un continente. Es parte de la América del Norte. Las Antillas, cadena° de islas en el Mar Caribe, también forman parte de la América Central.

En las diferentes zonas del mundo hispánico, hay muchos climas también diferentes. En los extremos geográficos (México al norte, Argentina y Chile al sur) hay cuatro estaciones: la primavera, el verano, el otoño y el invierno. En los países tropicales (desde la parte central de México hasta la parte norte de Chile) el clima alterna entre temporadas° lluviosas y secas. Es común en Latinoamérica llamar a la temporada de lluvias «invierno», y a la temporada seca «verano». En este sentido,° «el invierno» en Guayaquil, Ecuador, ocurre dos veces:° una vez en mayo y otra vez en octubre. En el trópico la temperatura no varía con los meses del año. Depende de la altura. Hay tierras cálidas,° templadas y frías.

La cordillera de los Andes bordea el Océano Pacífico a todo lo largo del° continente de la América del Sur. Es una zona sísmica muy activa. Los Andes son la mayor cadena de montañas del mundo. Algunos picos son tan altos que están cubiertos de nieve todo el año, aunque° algunos de ellos están muy cerca de la línea ecuatorial. El punto más alto del hemisferio occidental es el pico del Aconcagua, en la Argentina, a 6959 metros° sobre el nivel del mar.

Si usted viaja a una de las ciudades más altas de Sudamérica y no está acostumbrado a vivir a estas alturas, al principio le va a ser difícil a su organismo°

chain
estaciones
sense / times
hot
a... *the whole length of the*
although
22.834 *pies*
al... *it's going to be hard at first for your body*

acomodarse a la altitud. Si usted camina° a paso normal por dos o tres cuadras,° va   *walk / blocks*
a sentir° que su cuerpo necesita más oxígeno y que le es difícil respirar bien.   *feel*
También va a notar más el efecto del alcohol sobre su cuerpo. Pero estos efectos
no duran más que dos o tres semanas. Luego usted puede hacer todo: caminar,
bailar y practicar los deportes.

Comprensión

¿Probable o improbable?

1. Un turista de Nueva York puede esquiar y nadar desde el principio de sus vacaciones en los Andes.
2. La gente que vive en los Andes tiene pulmones (*lungs*) más grandes que los de los habitantes de Los Ángeles.
3. El clima no varía mucho en lugares como la Argentina y Chile.
4. Muchos geólogos (personas que estudian la geología) tienen gran interés en la zona de los Andes.

Para escribir

A. Write a brief paragraph introducing a Latin American to the geography and climate of the United States. You may want to give an overview, or you may prefer to describe the area in which you live. Some of the following questions may help you to organize your ideas.

1. ¿Hay mucha variedad geográfica en los Estados Unidos?
2. ¿Cuáles son algunos diferentes fenómenos geográficos de los Estados Unidos? ¿Dónde están situados? En su opinión, ¿uno de estos fenómenos es más interesante (hermoso [*beautiful*], importante) que los otros? ¿Cuál es? ¿Por qué?
3. ¿Cómo es el clima de los Estados Unidos? ¿Hay mucha variedad? ¿Dónde hay extremos de clima?
4. ¿Qué tiempo hace en su estado? ¿Cuándo ocurren las diferentes estaciones?
5. ¿Cómo afectan las estaciones la vida en las diferentes regiones del país?
6. ¿Prefiere Ud. vivir en su propio (*own*) estado o en otra parte del país? ¿Por qué?

B. Write a brief paragraph about your favorite season by completing the following sentences. Describe your attitudes and activities during this season, as well as the weather.

Yo prefiero _____ porque _____. Durante esta estación _____.

8-1 © King Features Syndicate, Inc., 1978. World rights reserved.

Te digo,° Mabel, que es necesario un día   Te... *I tell you*
como éste para saber° apreciar la vida.   *to know how to*

Una invitación a España

❶

Situada con Portugal en la Península Ibérica, España es de gran interés turístico por (*because of*) su diversidad geográfica y cultural. A causa de la influencia de la larga dominación árabe (711–1492), su cultura es diferente de la de los otros países de Europa.

1. *Madrid, la capital, está en el centro de la Península. Tiene barrios (neighborhoods) antiguos, pero es también una ciudad moderna con problemas de tráfico y de contaminación.*

2. *Las regiones del norte son muy montañosas y tienen clima atlántico (temperaturas suaves y precipitaciones durante todo el año). El sur, en cambio, es árido y tiene clima mediterráneo. Las playas de la Costa del Sol son muy populares como sitio de veraneo.*

3. *Andalucía es la región que recibió (received) más influencia de la cultura árabe. Es famosa por sus gitanos (gypsies) y por su folklore. La Alhambra, en Granada, construida por los árabes, es una de las maravillas arquitectónicas del mundo.*

❷

3

4. **Don Juan Carlos de Borbón es rey de España desde** (*since*) **la muerte del dictador Francisco Franco en 1975.**
5. **El País Vasco está cerca de la frontera** (*border*) **con Francia. Muchos vascos se consideran** (*consider themselves*) **una raza y una cultura aparte. Por eso existen sentimientos y actividades separatistas.**
6. **Toledo es una ciudad de mucha importancia histórica. En ella se conserva la arquitectura gótica y se encuentran** (*are found*) **muchas de las pinturas del famoso pintor El Greco. Caminar por las calles de Toledo es como regresar a la Edad Media** (*Middle Ages*).
7. **Cataluña, en el nordeste, es la región más industrializada de España. Tiene su propia lengua, el catalán, y sus propias tradiciones. Sin embargo, Barcelona es una de las ciudades más cosmopolitas de Europa.**

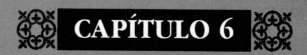

CAPÍTULO 6

EN UN RESTAURANTE

COURTESY OF SPANISH MINISTRY OF INFORMATION & TOURISM

PARA EMPEZAR

In this chapter and in **Un paso más 6,** you will learn vocabulary and expressions about food, meals, and restaurants, and will consider related attitudes and customs of Hispanic peoples. As a first step, listen to the following conversation including Karen and Bill, who have just arrived in Lima, Peru, and want to have dinner.

Son las cinco y media de la tarde. Karen y Bill buscan un sitio donde comer, pero no pueden

encontrar abierto ningún restaurante. Hablan con un señor que pasa por la calle.

KAREN: Perdón, señor. Estamos buscando un restaurante y ninguno de los restaurantes aquí en el centro está abierto.

BILL: ¿Hay huelga (*a strike*)?

SEÑOR: Pues, no, señores, no hay huelga. Es que casi todos los restaurantes están cerrados a esta hora. Si vienen un poco más tarde, como a las ocho y media o a las nueve, van a ver que todos están abiertos.

VOCABULARIO: PREPARACIÓN

La comida
las bebidas:

el café (coffee)
el té (tea)
el refresco (soft drink)
el vino blanco (white wine)
el vino tinto (red wine)

la cerveza (beer)
la leche (milk)
el jugo (de fruta) ([fruit] juice)
el agua (water)

la carne: meat

el jamón (ham)
el bistec (steak)
la hamburguesa (hamburger)
el pollo (chicken)
las chuletas (de cerdo) ([pork] chops)

los mariscos:

los camarones (shrimp)
la langosta (lobster)
el pescado (fish)

las verduras: veg

la zanahoria (carrot)
las papas (fritas) ([French fried] potatoes)

los frijoles (beans)
las arvejas (peas)

otros platos y comidas:

la ensalada (de lechuga y tomate) ([lettuce and tomato] salad)
la sopa (soup)
el pan (bread)
los huevos (eggs)
el queso (cheese)
el arroz (rice)
el sándwich (sandwich)

la fruta:

la manzana (apple)
la naranja (orange)
la banana (banana)

los postres:

el pastel (cake, pie)
el helado (ice cream)
el flan (custard)
la galleta (cookie)

tarta - cake in Spain

la comida

Las comidas	
desayunar: el desayuno	to have breakfast: breakfast
almorzar (ue): el almuerzo	to have lunch: lunch — main meal
cenar: la cena	to have dinner: dinner

A. **Definiciones.** ¿Qué es esto?

1. Un líquido caliente (*hot*) que se toma* con cuchara (*spoon*)
2. Un plato de lechuga y tomate
3. Una bebida alcohólica blanca o tinta
4. Una verdura anaranjada

---

*Remember that placing **se** before a verb form can change its English equivalent slightly: **usa** (*he/she/it uses*) → **se usa** (*is used*). **Se** can also be used with a verb form to express English *one* as a subject: **se usa** (*one uses*), **se quiere** (*one wants*).

5. La carne tradicional para las barbacoas en los Estados Unidos
6. Una comida muy común en la China y el Japón
7. La comida favorita de los ratones
8. Una verdura frita que se come con las hamburguesas
9. Una fruta roja o verde
10. Una fruta amarilla de las zonas tropicales
11. Un líquido de color blanco que se sirve especialmente a los niños
12. La bebida tradicional de los ingleses
13. Se usa para preparar sándwiches
14. Un postre muy frío
15. Un postre que se sirve en las fiestas de cumpleaños
16. Una cosa que se come y que tiene el centro amarillo y el resto blanco

B. ¿Qué se debe (*should one*) comer o beber...

1. cuando se quiere comer algo ligero (*something light*)?
2. cuando se quiere comer algo fuerte (*something heavy*)?
3. antes del plato principal?
4. después del plato principal?
5. cuando se tiene mucha sed?
6. cuando se está a dieta (*on a diet*)?
7. cuando se es vegetariano?
8. cuando se está en Maine o Boston?
9. cuando se está enfermo?

C. **Asociaciones.** ¿Qué palabras asocia Ud. con... ?

1. comer bien	3. cenar	5. el desayuno
2. un bistec	4. engordar (*to gain weight*)	6. el almuerzo

Encuentro cultural: ¿Cómo se dice... ?

Existe una gran variedad en los nombres de comida dentro del mundo hispánico. En la lista de vocabulario se dan unos ejemplos de uso frecuente en Latinoamérica. Aquí tiene unos contrastes comunes.

Latinoamérica:	papas	banana	frijoles	camarones
España:	patatas	plátano	judías	gambas

Si uno no está seguro, es buena idea preguntar.

Acabar de + infinitive

Acabo de pedir la cena.	I've just ordered supper.
Acaban de almorzar.	They've just had lunch.

Acabar de + *infinitive* corresponds to the English expression *to have just done something*.

CH. Ud. sale de los siguientes lugares. ¿Qué acaba de hacer?

1. un restaurante   3. una discoteca   5. un mercado
2. un bar   4. una librería   6. un almacén

D. Pregúntele a otro/a estudiante dónde está si acaba de hacer las siguientes cosas.

MODELO almorzar → —¿Dónde estás si acabas de almorzar?
              —Estoy en la cafetería.

1. ver (*to see*) una película   3. tomar un café
2. escribir los ejercicios de español 4. dormir ocho horas

PRONUNCIACIÓN: R and RR

Spanish has two *r* sounds, one of which is called a *flap,* the other a *trill.* The rapid pronunciation of *tt* and *dd* in the English words *Betty* and *ladder* produces a sound similar to the Spanish flap **r:** the tongue touches the alveolar ridge (behind the upper teeth) once. Although English has no trill, when people imitate a motor, they often produce the Spanish trill, which is a rapid series of flaps.

The trilled **r** is written **rr** beween vowels **(carro, correcto)** and **r** at the beginning of a word **(rico, rosa).** Any other **r** is pronounced as a flap. Be careful to distinguish between the flap **r** and the trilled **r.** A mispronunciation will often change the meaning of a word—for example, **pero** (*but*)/**perro** (*dog*).

PRÁCTICA

A. Inglés: potter ladder cotter meter total motor
   Español: para   Lara   cara   mire   toro   moro

B. 1. rico   4. Roberto   7. reportero   10. carro
   2. ropa   5. Ramírez   8. real   11. corral
   3. roca   6. rebelde   9. corro   12. barra

C. 1. coro/corro   4. vara/barra   6. caro/carro
   2. coral/corral   5. ahora/ahorra   7. cero/cerro
   3. pero/perro

CH. 1. el nombre correcto   7. una camarera rica
    2. un corral grande   8. Enrique y Carlos
    3. una norteamericana   9. El perro está en el corral.
    4. Puerto Rico   10. Estos errores son raros.
    5. rosas amarillas   11. Busco un carro caro.
    6. un libro negro y rojo   12. Pedro quiere ir.

MINIDIÁLOGOS Y GRAMÁTICA

25. Indefinite and Negative Words

Imagine que Ud. vive en Lima este año. ¿Cómo contesta Ud. en estas situaciones?

SU AMIGO ALFONSO: Ya son las diez de la noche. Vamos a comer *algo* en El Perico Negro. ¡Tengo hambre!

USTED:
• No, gracias, casi *nunca* ceno fuera.
• Pero... ¡*no* cena *nadie* a estas horas!
• Sí, pero... ¿*no* hay *ningún* otro restaurante cerca de la facultad?

EL CAMARERO: *También* tenemos ceviche, camarones...

USTED:
• Pues... creo que *no* voy a comer *nada,* gracias.
• ¡Qué bien! Quiero probar *algunos* platos típicos.
• Aquí *siempre* pido el ceviche.

Aquí hay otras situaciones. ¿Qué respuestas puede Ud. improvisar, siguiendo el modelo de las respuestas anteriores (*preceding*)?

SU AMIGA ROSA: ¿Algo para beber? Pues, tenemos agua mineral... y también hay vino tinto, si quieres.

SU AMIGO MEXICANO RAÚL: Hoy para el desayuno quiero comer huevos rancheros, frijoles y tortillas.

algo	something, anything	**nada**	nothing, not anything
alguien	someone, anyone	**nadie**	no one, nobody, not anybody
algún (alguno/a/os/as)	some, any	**ningún (ninguno/a)**	no, none, not any
siempre	always	**nunca, jamás**	never
también	also	**tampoco**	neither, not either

YOUR FRIEND ALFONSO: It's already ten P.M. Let's eat something at the Black Parakeet. I'm hungry! YOU: • No thanks, I almost never have dinner out. • But . . . nobody eats dinner at this hour! • OK, but . . . isn't there any other restaurant close to campus? THE WAITER: We also have ceviche (*raw marinated fish*), shrimp . . . YOU: • Well . . . I don't think I'll have anything, thank you. • Great! I want to try some typical dishes! • I always have the ceviche here.

Double Negative

When a negative word comes *after* the main verb, Spanish requires that another negative word—usually **no**—be placed before the verb. When a negative word precedes the verb, **no** is not used.

¿**No** estudia **nadie?**   *Isn't anyone studying?*
¿**Nadie** estudia?

No estás en clase **nunca.**   *You're never in class.*
Nunca estás en clase.

No hablan árabe **tampoco.**   *They don't speak Arabic either.*
Tampoco hablan árabe.

Alguno and *ninguno*

The adjectives **alguno** and **ninguno** shorten to **algún** and **ningún** respectively before a masculine singular noun, just as **uno** shortens to **un.** The plural forms **ningunos** and **ningunas** are rarely used.

—¿Conoce Ud. **algunos** chicos   *Do you know any Hispanic guys?*
 hispanos?

—No, no tengo **ningún** amigo hispano.   *No, I don't have any Hispanic friends.*

PRÁCTICA

A. Answer these questions by following the example and cues given. Then, if you can, expand each response by explaining the situation.

1. ¿Hay **algo** en la pizarra? (palabras)
   ¿en la mesa? (periódico)
   ¿en la calle? (carro)
   ¿en la montaña? (pueblo)

Sí, hay **algo.** Hay
unas **palabras**
en la pizarra.
(Hay clase hoy
en esta sala.)

No, no hay **nada.**
(**No** hay
ninguna clase
aquí hoy.)

2. ¿Hay alguien en el cine?
    (muchas personas)
   ¿en el restaurante?
    (varias familias)
   ¿en el parque? (niños)
   ¿en la biblioteca?
    (muchos estudiantes)

Sí, hay **alguien.** Hay **muchas personas.** (Hay una película muy buena hoy.)

No, no hay **nadie.** (¡La película es muy mala!)

B. **¡Por eso no come nadie allí!** Exprese negativamente, usando el negativo doble.

1. Hay algo interesante en el menú. *No hay nada*
2. Tienen algunos platos típicos.
3. El profesor cena allí también. *no cena allí, tampoco*
4. Mis amigos siempre almuerzan allí. *mis amigos nunca ---*
5. Preparan algo especial para los grupos grandes. *no preparan nada*
6. Siempre hacen platos nuevos. *nunca hacen*
7. Y también sirven ceviche. *No y tampoco ---*

C. **Ningún cumpleaños es perfecto.** Con otro/a estudiante, haga y conteste preguntas sobre un cumpleaños terrible, según el modelo.

MODELO   cartas → —¿Hay algunas cartas para mí?
                    —No, no hay ninguna.

1. regalos
2. tarjetas (*cards*)
3. cena especial esta noche
4. telegramas (*m.*)
5. flores
6. plato especial

CH. ¿Cómo se dice en español?

Nov. 9

A la hora de la cena

1. Is there anything special tonight?
2. They serve dinner at six at (**en**) their house, too.
3. No one is eating at home tonight, right?
4. We don't want to order anything right now.
5. There's no restaurant on that street.

En la residencia, antes del examen

1. No one understands that.
2. Marcos can't write this sentence either.
3. You never study with Carmen. Why not?
4. No one is as tired as I am!
5. Isn't anybody sleepy yet?

CONVERSACIÓN

A. Rosa es una persona muy positiva, pero su hermano Rodolfo tiene ideas muy negativas. Aquí hay unas oraciones que expresan las ideas de Rosa. ¿Cómo puede reaccionar Rodolfo?

1. Tengo hambre; quiero comer algo.
2. Alguien puede hacer un pastel para la fiesta.
3. Siempre salgo con mis amigos.
4. Hay algo interesante en la televisión.
5. Hay algunos estudiantes excelentes en mi clase de sicología.
6. Hay algunas personas muy listas en esta clase.
7. Vamos a beber algo.
8. Se sirven algunos platos estupendos aquí.

B. Preguntas

1. ¿Vamos a vivir en la luna algún día? ¿y en los otros planetas? ¿Dónde va Ud. a vivir algún día?
2. ¿Hay algo más importante que el dinero? ¿que la amistad? ¿que el amor?
3. ¿Algunos de sus amigos son de habla española? ¿De dónde son?
4. En la clase, ¿hay alguien más inteligente que el profesor (la profesora)? ¿más estudioso/a que Ud.? ¿más rico/a que Ud.?
5. Hay algo en la mesa en este momento? ¿en el suelo? ¿debajo de (*under*) su silla (escritorio)?
6. La perfección es una meta (*goal*) imposible, ¿verdad? ¿Hay alguna clase perfecta en esta universidad? ¿Hay alguna residencia perfecta? ¿alguna familia perfecta? ¿Tiene Ud. algún hermano perfecto? ¿un plan perfecto para esta noche?

26. *Oír, traer, and ver*

oír (to hear)		traer (to bring)		ver (to see)	
oigo	oímos	traigo	traemos	veo	vemos
oyes	oís	traes	traéis	ves	veis
oye	oyen	trae	traen	ve	ven
	oyendo		trayendo		viendo

Oír

No **oigo** bien por el ruido.

I can't hear well because of the noise.

English uses *listen!* or *hey!* to attract someone's attention. In Spanish the command forms of **oír** are used: **oye (tú), oiga (Ud.), oigan (Uds.).**

Oye, Juan, ¿vas a la fiesta?

Hey, Juan, are you going to the party?

Traer

—¿Qué podemos llevar?
—Pueden traer un poco de vino.

What can we take?
You can bring a little wine.

Ver

No veo bien por la niebla.

I can't see well because of the fog.

PRÁCTICA

A. **¡No vamos a volver a ese restaurante!** Dé oraciones nuevas según las indicaciones.

1. ¡Hay tanto ruido! No oigo la música. (*Juan y yo, tú, Uds., yo, Paula, vosotros*)
2. ¡Hay poca luz (*light*)! No veo bien el menú. (*Ud., nosotros, Andrés, los clientes, yo, tú, vosotras*)
3. ¡Qué desgracia! ¡No traigo dinero! (*tú, Eduardo, Uds., nosotros, vosotros*)

B. **Un *picnic* en la playa.** ¿Cómo se dice en español?

1. I hear the ocean (**océano**), but I can't see well because of the fog.
2. Paul is bringing the basket (**cesta**) now.
3. Why are you looking at the dog like that (**así**)?
4. I'm listening, but I can't hear because of the waves (**olas**).
5. We're going to take the chairs to the car.

En los Estados Unidos la gente (people) que trabaja más o menos lejos de su casa generalmente almuerza en su oficina o en un restaurante o una «lonchería» cerca de donde trabaja. Así es que la gente sale de casa por la mañana y sólo regresa después de la jornada de trabajo (workday).

En todo el mundo hispánico, sin embargo (however), aunque (although) a veces las circunstancias no lo (it) permiten, las personas tratan de (try to) regresar a casa al mediodía (noon) a almorzar. Esto, entre otras cosas, causa un gran movimiento de tráfico a la hora del almuerzo. También explica por qué algunas tiendas están cerradas dos o tres horas al mediodía.

CERRADO
HORARIO
MAÑANAS 9'30 A 1'30   TARDES 4'00 A 8'00
CERRADO SABADOS TARDES

CONVERSACIÓN

A. Los estudiantes van a hacer una comida todos juntos (*together*) en la clase. Pregunte Ud. a varios compañeros, **Oye, ¿qué vas a traer?**

B. Muchas personas ven la televisión o van al cine con frecuencia. Pregunte Ud. a otros estudiantes de la clase, **¿Qué programa ves con frecuencia y por qué? ¿Qué película(s) nueva(s) quieres ver y por qué?**

27. *Direct Object Nouns and Pronouns*

PETER MENZEL

En un restaurante, esperando *a un amigo*

GRACIELA: ¿No vamos a esperar *a Miguel* para pedir?

CARLOS: ¿*A Miguel*? ¿Por qué? Siempre llega muy tarde.

LAURA: Ya hace una hora que *lo* esperamos.

CARLOS: Siempre podemos pedir sin él, Graciela. ¡Lo más importante es que esté aquí a la hora de pagar!

1. ¿Dónde están todos?
2. ¿A quién esperan? ¿Cuánto tiempo hace que lo esperan?
3. ¿Quién va a pedir por Miguel?
4. ¿Qué es lo más importante respecto a Miguel, que esté para pedir o para pagar?

Ciudad de México

Direct Object Nouns

In English and in Spanish, the *direct object* (**el complemento directo**) of a sentence answers the question *what?* or *whom?* in relation to the subject and verb.

Ann is preparing dinner. $\left\{\begin{array}{l}\text{Ann is preparing } \textit{what?}\\ \textit{What} \text{ is Ann preparing?}\end{array}\right\}$ *dinner*

They can't hear the baby. $\left\{\begin{array}{l}\text{They can't hear } \textit{whom?}\\ \textit{Whom} \text{ can't they hear?}\end{array}\right\}$ *the baby*

Indicate the direct objects in the following sentences:

- I don't see Betty and Mary here.
- Give the dog a bone.
- No tenemos dinero.
- ¿Por qué no pones la sopa en la mesa?

In a restaurant, waiting for a friend   GRACIELA: Aren't we going to wait for Miguel to (before we) order?   CARLOS: For Miguel? Why? He always arrives very late.   LAURA: We've been waiting for him for an hour already.   CARLOS: We can always order without him, Graciela. The most important thing is that he be here when it's time to pay!

A. In Spanish, the word **a** immediately precedes the direct object of a sentence when the direct object refers to a specific person or persons. This **a,** called the **a personal,** has no equivalent in English.*

Vamos a visitar **al profesor.**   *We're going to visit the professor.*

but

Vamos a visitar **el museo.**   *We're going to visit the museum.*

Necesitan **a sus padres.**   *They need their parents.*

but

Necesitan **la cuenta.**   *They need the bill.*

B. The personal **a** is used before **alguien/nadie** and **quién** when these words function as direct objects.

¿Vas a invitar **a alguien?**   *Are you going to invite someone?*
¿A quién llamas?   *Whom are you calling?*

¡OJO!   *Remember that the verbs* **esperar** *(to wait for),* **escuchar** *(to listen to),* **mirar** *(to look at),* and **buscar** *(to look for) include the sense of the English prepositions* for, to, *and* at. *These verbs take direct objects in Spanish (not prepositional phrases, as in English).*

Estoy buscando **mi carro.**   *I'm looking for my car.*
Estoy buscando **a mi hijo.**   *I'm looking for my son.*

[Práctica A, B]

Direct Object Pronouns

Tell what María is looking at in each picture. Follow the models given.

María está mirando **al niño.**   María está mirando **la flor.**
→ **Lo** está mirando.   → **La** está mirando.
También María está mirando _____.   También María está mirando _____.

---

*The personal **a** is not generally used with **tener: Tenemos cuatro hijos.**

María está mirando **a los señores.**
→ **Los** está mirando.
También María está mirando _____ .

María está mirando **las montañas.**
→ **Las** está mirando.
También María está mirando _____ .

Direct Object Pronouns			
me	*me*	**nos**	*us*
te	*you* (fam. sing.)	**os**	*you* (fam. pl.)
lo*	*you* (form. sing.), *him, it* (m.)	**los**	*you* (form. pl.), *them* (m., m. + f.)
la	*you* (form. sing.), *her, it* (f.)	**las**	*you* (form. pl.), *them* (f.)

A. Like direct object nouns, *direct object pronouns* (**los pronombres del complemento directo**) answer the questions *what?* or *whom?* in relation to the subject and verb. Direct object pronouns are placed before a conjugated verb and after the word **no** when it appears. Direct object pronouns are used only when the direct object noun has already been mentioned.

Ellos **me** ayudan.	*They're helping me.*
¿El libro? Diego no **lo** necesita.	*The book? Diego doesn't need it.*
¿Dónde están la revista y el periódico?	*Where are the magazine and the*
Los necesito ahora.	*newspaper? I need them now.*

B. The direct object pronouns may be attached to an infinitive or a present participle.

Las tengo que leer.⎫
Tengo que leer**las.** ⎬   *I have to read them.*

¿**Nos** están buscando?⎫
¿Están buscándo**nos?** ⎬   *Are you looking for us?*

When a pronoun object is attached to a present participle, a written accent is needed on the stressed vowel: **buscándonos.**

[Práctica C, CH, D]

C. The direct object pronoun **lo** can refer to actions, situations, or ideas in general. When used in this way, **lo** expresses English *it* or *that.*

---

*In Spain and in other parts of the Spanish-speaking world, **le** is frequently used instead of **lo** for the direct object pronoun *him.* This usage will not be followed in *Puntos de partida.*

Lo comprende muy bien.
No **lo** creo.

He understands it (that) very well.
I don't believe it (that).

[Práctica E]

PRÁCTICA

A. **En este momento...** Dé oraciones nuevas según las indicaciones.

1. ¿A quién o qué ve? —Veo el *texto.* (*profesor[a], pizarra, estudiantes, mesa, mi amigo/a, puerta*)
2. ¿A quién o qué busca? —Estoy buscando a *mi abuelo.* (*mi libro, Felipe, el amigo de Tomás, alguien, el menú*)

B. **Preparativos para cenar fuera con los amigos.** ¿Cómo se dice en español?

1. We're going to call Miguel.
2. They're inviting Ana? *Invitan a Ana*
3. Whom are you looking at like that? *A quién esta mirando*
4. Why don't you listen to Jorge? It's not a good restaurant! *Porque escucha*
5. I'm not waiting for anyone!

C. Imagine that you have not clearly heard the following questions. For that reason, you will verify your comprehension by repeating part of the question before answering it.

1. —¿Busca Ud. el bolígrafo ahora?
   —¿*El bolígrafo?* No, no lo necesito ahora. (*el menú, los platos, la silla, el carro, las cuentas, los lápices*)
2. —¿Tienen Uds. que preparar el ejercicio para mañana?
   —¿*El ejercicio?* Sí, tenemos que prepararlo para mañana. (*la sopa, los postres, el flan, la lección, las patatas, la cena, el almuerzo*)
3. —¿Pides *cerveza?*
   —¿*Cerveza?* Sí, estoy pidiéndola ahora. (¿*queso?, ¿carne?, ¿helado?, ¿verduras?, ¿papas fritas?, ¿huevos?, ¿la cuenta?*)

CH. **Escenas en un restaurante.** Cambie: complementos directos → pronombres.

1. El camarero pone los vasos (*glasses*) en la mesa.
2. Los niños están leyendo el menú ahora.
3. Voy a pedir la ensalada esta noche.
4. ¿Por qué no pagas tú la cuenta?
5. ¿El dinero? No tengo dinero.
6. Necesitamos esos dos pasteles, señor.
7. El dueño está preparando la cuenta en este momento, señor.
8. Los niños están abriendo las botellas de champán.

D. **Invitaciones.** Con otro/a estudiante, haga y conteste preguntas según el modelo.

MODELO   comer en tu casa → —¿Cuándo me invitas a comer en tu casa?
                                  —Te invito para el sábado.

1. cenar en tu casa
2. almorzar
3. salir

4. ver una película
5. comer en la cafetería

Ahora repita el ejercicio en plural, según el modelo.

MODELO   comer en tu casa → —¿Cuándo nos invitas a comer en tu casa?
                                  —Los invito para el sábado.

E. Your roommate **(compañero/a de cuarto)** is constantly suggesting things
for you to do, but you've always just finished doing them. How will you
respond to each of the following suggestions? Follow the model.

MODELO   —¿Por qué no escribes la composición para la clase de español?
               —¡Porque *acabo de* escribirla!

1. ¿Por qué no estudias la lección ahora?
2. ¿Por qué no visitas el museo conmigo?
3. ¿Por qué no aprendes las palabras nuevas?
4. ¿Por qué no compras el periódico de hoy?
5. ¿Por qué no pagas las cervezas?
6. ¿Por qué no preparas las arvejas?
7. ¿Por qué no vas a comprar agua mineral?
8. ¿Por qué no me ayudas más?

F. Ud. y sus amigos están muy negativos hoy. ¿Cómo van a responder a las
preguntas siguientes?

MODELO   ¿Creen Uds. eso? → ¡No, no lo creemos!

1. ¿Prefieren Uds. eso?
2. ¿Comprenden Uds. eso?
3. ¿Desean Uds. eso?

4. ¿Piensan Uds. eso?
5. ¿Aceptan Uds. eso?
6. ¿Recomiendan Uds. eso?

CONVERSACIÓN

A. Preguntas
1. ¿Quién lo/la invita a cenar con frecuencia? ¿a tomar café? ¿a salir? ¿a
   bailar?
2. Todos necesitamos la ayuda de alguien, ¿verdad? ¿Sus padres los
   ayudan a Uds.? **(Sí, nuestros padres...)** ¿Quién más? ¿sus amigos?
   ¿sus compañeros de cuarto? ¿sus profesores? ¿sus consejeros? ¿sus
   _____?
3. Imagine que Ud. es actor/actriz en un drama de la universidad. Todos
   sus amigos y parientes vienen a verlo/la. ¿Quién lo/la mira en este
   momento? ¿Su padre? ¿su madre? ¿sus hermanos? ¿Quién lo/la
   escucha?

B. Este sábado Ud. va a dar (*to have*) una fiesta y puede invitar a una persona famosa. ¿A quién va Ud. a invitar?

Voy a invitar a _____. Lo/La quiero invitar porque _____.

C. ¿A quién va a llamar Ud. esta noche? ¿Por qué?

Voy a llamar a _____. Necesito llamarlo/la porque _____.

¿Y quién lo/la va a llamar a Ud.? ¿Por qué?

Creo que _____ me va a llamar. Necesita llamarme porque _____.

28. *Saber and* **conocer**

México

Delante de un restaurante

AMALIA: ¿Dónde vamos a almorzar?
ERNESTO: (Entrando en el restaurante.) ¿Por qué no aquí mismo?
AMALIA: *¿Conoces* este restaurante?
ERNESTO: Sí, lo *conozco* y *sé* que es excelente.
AMALIA: ¿Y cómo *sabes* que es tan bueno?
ERNESTO: *Conozco* muy bien a la dueña. ¡Es mi tía! ¿Nos sentamos?

1. ¿Qué hora es, aproximadamente?
2. ¿Conoce Ernesto el restaurante?
3. ¿Cuál es su opinión del restaurante?
4. ¿Cómo sabe Ernesto que el restaurante es muy bueno?
5. ¿Por qué conoce a la dueña del restaurante?

saber (*to know*)		**conocer** (*to know*)	
sé	sabemos	conozco	conocemos
sabes	sabéis	conoces	conocéis
sabe	saben	conoce	conocen
	sabiendo		conociendo

Saber means *to know facts or pieces of information.* When followed by an infinitive, **saber** means *to know how to do something.*

No **saben** el teléfono de Alejandro.

They don't know Alejandro's phone number.

¿**Saben** Uds. dónde vive Carmela?

Do you know where Carmela lives?

¿**Sabes** tocar el piano?

Do you know how to play the piano?

In front of a restaurant AMALIA: Where are we going to have lunch? ERNESTO: (Entering the restaurant.) Why not right here? AMALIA: Do you know (Are you familiar with) this restaurant? ERNESTO: Yes, I know it, and I know that it's excellent. AMALIA: And how do you know that it's so good? ERNESTO: I know the owner very well. She's my aunt! Shall we sit down?

Conocer means *to know* or *to be acquainted (familiar) with a person, place, or thing*. It can also mean *to meet*.

No **conocen** a la nueva estudiante todavía.	*They don't know the new student yet.*
¿**Conocen** Uds. el restaurante mexicano en la calle Goya?	*Are you familiar with (Have you been to) the Mexican restaurant on Goya Street?*
¿Quieren **conocer** a aquel joven?	*Do you want to meet that young man?*

PRÁCTICA

A. **La familia de Julita.** Dé oraciones nuevas según las indicaciones.

1. Conocemos muy bien a Julita.   (*yo, Uds., Juan y yo, Raúl y Mario, vosotros*)
2. Sabemos que su familia es de Chile.   (*ellos, yo, Elvira, Uds., Ana y tú, vosotros*)

B. Describe what these well-known people know how to do.

José Feliciano		jugar al béisbol
Mikhail Baryshnikov	sabe	tocar el piano
Pete Rose		cantar en español
Liberace		escribir novelas
James Michener		leer rápidamente
Evelyn Wood		bailar

C. Can you match these famous couples?

Adán		Marta
Archie Bunker		Cleopatra
Romeo		Eva
Rhett Butler	conoce a	Julieta
Antonio		Scarlett O'Hara
Jorge Washington		Edith

CH. Complete las siguientes oraciones con **conozco** o **sé**.

1. _____ al nuevo novio de Marta pero no _____ de dónde es.
2. _____ un excelente restaurante chino pero no _____ en qué calle está.
3. Sí, sí, _____ a Julio pero no _____ su teléfono.
4. _____ jugar muy bien al tenis pero no _____ a ningún otro jugador en esta residencia.
5. No _____ muy bien la Ciudad de México pero _____ que quiero regresar este verano.
6. ¡Qué problema! _____ que hay una prueba en aquella clase mañana pero no _____ sobre qué capítulo es y no _____ a nadie de la clase que me pueda informar (*who can tell me*)...

CONVERSACIÓN

A. Preguntas

1. ¿Qué restaurantes conoce Ud.? ¿Cuál es su restaurante favorito? ¿Es buena la comida de ese restaurante? ¿Qué sirven allí? ¿Come Ud. allí con frecuencia? ¿Conoce a los dueños del restaurante? ¿Son simpáticos?
2. ¿Conoce Ud. a una persona famosa? ¿Quién es? ¿Cómo es? ¿Qué detalles (*details*) de su vida sabe Ud.?
3. En clase, ¿sabe Ud. todas las respuestas? ¿todos los verbos? ¿todas las palabras nuevas?
4. ¿Sabe Ud. jugar al tenis? ¿a otro deporte? ¿Sabe tocar un instrumento musical? ¿bailar? ¿cantar? ¿hablar otra lengua?
5. ¿Qué platos sabe Ud. preparar? ¿tacos? ¿enchiladas? ¿pollo frito? ¿hamburguesas (con queso)?

B. Ud. ya conoce a los otros estudiantes de la clase y sabe mucho de ellos. Describa Ud. a varios de sus compañeros de clase.

Conozco a _____. Sé que él/ella _____.

Study Hint: Practicing Spanish Outside of Class

The few hours you spend in class each week are not enough time for practicing Spanish. But once you have done your homework and gone to the language lab (if one is available to you), how else can you practice your Spanish outside of class?

1. Practice "talking to yourself" in Spanish as you walk across campus, wait for a bus, and so on. Have an imaginary conversation with someone you know, or simply practice describing what you see or what you are thinking about at a given moment. Write notes to yourself in Spanish.
2. Hold a conversation hour—perhaps on a regular basis—with other students of Spanish. Or make regular phone calls to practice Spanish with other students in your class. It is difficult to communicate on the phone, as you can't rely on gestures and facial expressions, but it's an excellent way to improve your skill.
3. See Spanish-language movies when they are shown on campus or in local movie theaters. Check local bookstores, libraries, and record stores for Spanish-language newspapers, magazines, and music. Read the radio and television listings. Are there any Spanish-language programs or any stations that broadcast partially or exclusively in Spanish?
4. Practice speaking Spanish with a native speaker—either a Hispanic American or a foreign student. Is there an international students' organization on campus? An authentic Hispanic restaurant in your town? Spanish-speaking professors at your university? Try out a few phrases—no matter how simple—every chance you get. Every bit of practice will enhance your ability to speak Spanish.

DIÁLOGO: El placer° de comer en un restaurante español

Ana María, de Madrid
Manuel (Manolo), de Sevilla, amigo de Ana María
Camarero

pleasure

A. Por teléfono

ANA MARÍA:	Dígame°... ¿Cómo?... Más alto,° por favor.	*Hello* / Más... *louder*
MANUEL:	¿Está° la señorita Ana María Hernández?	¿Está en casa
ANA MARÍA:	¡Manolo! ¿No conoces mi voz°? ¿Qué te trae por aquí?	*voice*
MANUEL:	Perdón, chica,* no te oigo bien. Estoy de vacaciones, ¿sabes? ¿Por qué no cenamos juntos en El Toledano esta noche? Sabes dónde está, ¿verdad?	
ANA MARÍA:	Sí, pero no lo conozco muy bien. No estoy haciendo nada ahora y tampoco tengo ningún compromiso° para esta noche.	*commitment, engagement*
MANUEL:	Pues te invito.† Cenamos y oímos a don Paco y su trío. Paso por ti° a las nueve y media, ¿vale°?	Paso... *I'll come by for you* / OK?
ANA MARÍA:	De acuerdo. Hasta luego.	

B. En «*El Toledano*»

MANUEL:	¿Nos sentamos°? Creo que desde° aquí se ve y se oye bien.	¿Nos... *Shall we sit down?* / *from*
ANA MARÍA:	Perfecto. Aquí viene el camarero. ¿Por qué no pides tú la cena ya que° conoces este restaurante?	ya... *since*
CAMARERO:	Buenas noches, señores. ¿Desean algo de aperitivo?	
MANUEL:	Para la señorita un vermut;° para mí un jerez.° Los trae con jamón, queso y anchoas,° por favor. ¿Y qué recomienda Ud. de comida?	*vermouth* / *sherry* / *anchovies*
CAMARERO:	El solomillo a la parrilla° es la especialidad de la casa. Como plato del día hay paella°...	solomillo... *grilled filet mignon* / *Spanish dish of rice, seafood, often chicken; flavored with saffron*
MANUEL:	Bueno. De entrada, el gazpacho.° De plato fuerte,° el solomillo con patatas y guisantes.° Ensalada de lechuga y tomate. Y de postre, flan. Vino tinto y, al final, dos cafés.	*chilled tomato soup* / plato... *main dish* / *arvejas*
ANA MARÍA:	Manolo, basta° ya. ¡Estoy a dieta y he merendado más de la cuenta°!	*enough* / he... *I snacked more than I should have*
MANUEL:	Chica, ¿qué importa? Luego vamos a bailar.	

---

*Note that Manolo calls Ana María **chica.** The words **chico/chica** (*boy/girl*) are commonly used by friends of all ages in Spanish.

†¡OJO! **Invitar** is another cognate that has somewhat different connotations in Spanish and in English. In English *to invite* someone is a request for that person's company. In Spanish **te invito** and similar phrases imply that the person who is inviting will also pay.

Comprensión

Conteste en oraciones completas.

A. 1. ¿Quién es Manolo? ¿y Ana María?
   2. ¿Por qué llama Manolo a Ana María esta noche?
   3. ¿Por qué acepta Ana María la invitación?
   4. ¿Cuál es su plan para la noche?

B. 1. ¿Encuentran los dos una buena mesa?
   2. ¿Por qué pide la cena Manolo?
   3. ¿Qué toman de aperitivo? ¿de entrada? ¿de plato principal? ¿de postre?
   4. ¿Cuál es la especialidad de la casa? ¿y el plato del día?
   5. ¿Por qué tiene miedo Ana María de comer demasiado?

Comentario cultural

Hispanic eating habits are quite different from those in the United States. Not only is the food itself somewhat different, but there are some differences in the meal schedule.

There are three fundamental meals: **el desayuno, la comida/el almuerzo** (*midday meal*), and **la cena** (*supper*). Breakfast, which is eaten around seven or eight o'clock, is a very simple meal, frugal by most U.S. standards: **café con leche** or **chocolate** (*hot chocolate*) with a plain or sweet roll or toast; that is all. The **café con leche** is mostly heated milk with a small amount of very strong coffee to add flavor and color.

The main meal of the day, **la comida/el almuerzo,** is frequently eaten as late as two P.M., and it is a much heartier meal than the average U.S. lunch. It might consist of soup, a meat or fish dish with vegetables and potatoes or rice, a green salad, and then dessert (often fruit or cheese). Coffee is usually served after the meal.

The evening meal, **la cena,** is somewhat lighter than the noon meal. It is rarely eaten before eight o'clock, and in Spain is commonly served as late as ten or eleven P.M. Because the evening meal is served at such a late hour, it is customary to eat a light snack or **merienda** about five or six P.M. The **merienda** might consist of a sandwich or another light snack with **café con leche** or **chocolate.** Similarly, a light snack is often eaten in the morning between breakfast and the midday meal.

Whether eaten at home or in a restaurant, a Spanish meal is an event given great care and attention. The result is an adventure long remembered.

¡Buen provecho! (*Enjoy your meal!*)

UN POCO DE TODO

A. **Vamos a hablar de restaurantes.** With another student, form complete sentences based on the words given in the order given. Conjugate the verbs and add other words if necessary. Use subject pronouns only when needed.

   1. —¿tú / conocer / alguno / restaurante / francés?
      —yo / conocer / ninguno
   2. —¿tú / saber / teléfono / restaurante?
      —yo / no / lo / saber

3. —¿camarero / estar / traer / flan / ahora?
   —no, / no / lo / tener (ellos) / hoy
4. —¿querer / Ud. / algo / más, / Sra. Medina?
   —no, / yo / querer / nada / de postre
5. —¿hay / alguien / mesa / detrás / ti?
   —yo / ver / nadie; / tampoco / oír / nada

B. Con dos estudiantes, haga y conteste preguntas según el modelo.

MODELO   BLANCA: ¿Ves al profesor en este momento?
        EDUARDO: No, no lo veo. (Sí, lo veo.)
           BENI: Yo no lo veo tampoco. (Yo también lo veo.)

1. ¿Ves a _____?
2. ¿Conoces al rector (*president*) de la universidad?
3. ¿Sabes todo el vocabulario para la prueba de hoy?
4. ¿Me oyes (ves) bien?
5. ¿Siempre aprendes todas las palabras nuevas?
6. ¿Vas a traer a tus padres a la universidad algún día?
7. ¿Sabes la dirección (*address*) de mi casa? ¿mi teléfono?

C. Con dos estudiantes, haga y conteste las siguientes preguntas. Uno debe preguntar, otro debe responder de forma afirmativa, y el último (*last one*) negativamente. En todo caso, las personas que contesten tienen que añadir (*to add*) más información, explicando la respuesta que dieron (*they gave*).

Pueden hablar de la clase y de los estudiantes.

1. ¿Ves algo en la pizarra en este momento?
2. ¿Traes algunos libros a clase hoy?
3. ¿Ves a alguien nuevo en la clase?
4. ¿Sabes algo de la historia de Puerto Rico?
5. ¿Sabes algo de la comida de Sudamérica?

Pueden hablar de sus amigos.

6. ¿Conoces a alguien de la Argentina?
7. ¿Conoces a alguien de Cuba?
8. ¿Conoces a algunos españoles?
9. ¿Tienes algunos amigos de habla española?
10. ¿Acabas de conocer a alguien interesante?

CH. Todos nuestros amigos son diferentes. Tienen cualidades que los hacen únicos. De sus amigos/as,...

1. ¿quién conoce a mucha gente (*people*) latina?
2. ¿quién sabe hablar muy bien el español?
3. ¿quién no estudia nunca?
4. ¿quién no tiene nunca ganas de trabajar mucho?
5. ¿quién trae siempre mucho dinero a la clase?
6. ¿quién siempre cree que es un don Juan?
7. ¿quién conoce a una persona famosa?

D. **Gustos y preferencias.** Survey some of the members of your class to determine their tastes and preferences in food. Tabulate the responses to find the most/least popular foods, restaurants, and so on.

1. ¿Prefieres cenar en casa, en un restaurante o en la cafetería de los estudiantes?
2. ¿Hay días en que no cenas?

3. ¿Prefieres comer una hamburguesa o un bistec con papas fritas?
4. ¿Prefieres comer en McDonald's (o en otro restaurante donde se sirve la comida rápidamente) o en un restaurante de lujo (*deluxe*)?
5. ¿Qué comes—y dónde—cuando tienes mucha prisa?
6. ¿Qué comes—y dónde—cuando tienes mucho dinero? ¿poco dinero?
7. ¿Qué plato(s) comes con frecuencia? ¿Qué plato(s) no comes nunca? ¿Qué plato(s) comes solamente en casa de tus padres?
8. ¿Qué bebida(s) prefieres?
9. Cuando tienes hambre a las tres de la tarde, ¿qué prefieres comer? ¿Un yogurt? ¿galletas y leche? ¿zanahorias? ¿un jugo de tomate? ¿chocolate? ¿un sándwich y una cerveza? ¿un pastel y un vaso de leche? ¿otra cosa?
10. ¿Qué comes cuando tienes hambre a las once de la noche?

 # VOCABULARIO

VERBOS

acabar de (+ *inf.*) to have just (*done something*)
ayudar to help
cenar to have dinner
conocer (*irreg.*) to know, be acquainted with
desayunar to have breakfast
esperar to wait (for); to expect
llamar to call
oír (*irreg.*) to hear
preguntar to ask (*a question*)
recomendar (ie) to recommend
saber (*irreg.*) to know; to know how
tocar to play
traer (*irreg.*) to bring
ver (*irreg.*) to see

SUSTANTIVOS

el **almuerzo** lunch
el **arroz** rice
las **arvejas** peas
el **bistec** steak
el/la **camarero/a** waiter/waitress
los **camarones** shrimp
la **carne** meat
la **cena** dinner
el/la **compañero/a de cuarto** roommate

la **cuenta** bill; check
la **chuleta (de cerdo)** (pork) chop
el **desayuno** breakfast
el/la **dueño/a** owner
el **flan** custard
la **flor** flower
el **frijol** bean
la **galleta** cookie
el **helado** ice cream
el **huevo** egg
el **jamón** ham
el **jugo** juice
la **langosta** lobster
la **leche** milk
la **lechuga** lettuce
la **manzana** apple
los **mariscos** shellfish
la **naranja** orange
la **niebla** fog; mist
el **pan** bread
la **papa (frita)** (French fried) potato
el **pastel** cake, pie
el **pescado** fish
el **plato** plate; dish
el **pollo** chicken
el **postre** dessert
el **queso** cheese
la **respuesta** answer
el **ruido** noise
la **sopa** soup
el **vaso** glass

las **verduras** vegetables
el **vino (blanco, tinto)** (red, white) wine
la **zanahoria** carrot

ADJETIVOS

algún (alguno/a/os/as) some, any
juntos/as together
ningún (ninguno/a) no, none, not any

PALABRAS ADICIONALES

a dieta (*with* **estar**) on a diet
algo something
alguien someone, anyone
jamás never
nada nothing, not anything
nadie no one, nobody, not anybody
nunca never
tampoco neither, not either

COGNADOS

la **banana**, la **ensalada**, la **fruta**, la **hamburguesa**, el **menú**, el **restaurante**, el **sándwich**, el **té**, el **tomate**

UN PASO MÁS 6

ACTIVIDADES

En esta pescadería chilena venden pescados y mariscos frescos. Los pescadores (fishermen) llevan la pesca del día a un sitio céntrico, y de allí la distribuyen a los propietarios de restaurantes, mercados y pescaderías.

A. Going shopping for food in a Spanish-speaking country can be quite different from shopping in the United States. In some cities you can go to a central **mercado,** where you can buy items from separate stands and also purchase prepared foods. Or you can go to small shops that specialize in separate items. **Las tiendas de comestibles** are somewhat similar to small U.S. grocery stores; there canned and packaged goods are sold, along with fresh produce, beverages, and so on.

Where would you go to buy the following items?

MODELO   Para comprar leche, voy a una lechería.

1. carne	a. una panadería
2. un pastel	b. una pescadería
3. nata (*whipped cream*)	c. una lechería
4. huevos	ch. una carnicería
5. jamón	d. una pastelería
6. una trucha (*trout*)	e. una frutería
7. queso	f. una cervecería
8. vino	g. una tienda de comestibles
9. naranjas	
10. arvejas	
11. pan	
12. agua mineral	
13. sardinas enlatadas (*canned*)	

Now that you know something about shopping for food in Hispanic countries, explain the concept of a supermarket to your Spanish friend Maripepa, who has never been in one.

Palabras útiles

el supermercado   el departamento (*section*)
el pasillo (*aisle*)   el carrito (*cart*)

A propósito...

Here are some useful words and expressions related to eating at home and in restaurants.

El camarero/La camarera:

¿Qué desea Ud.   • de entremeses?

• de plato principal?

• de postre?

• para beber?

¿Algo más?

El/La cliente:

¿Me trae un(a) _____, por favor?
¿Qué recomienda Ud.?
Un(a) _____ más, por favor.

Psst. Oiga. Señor/Señorita.

La cuenta, por favor.

Palabras y frases útiles:

el tenedor, el cuchillo, la cuchara, la cucharita
Buen provecho.
¡Me muero de hambre!
la especialidad de la casa
el plato del día
¿Nos sentamos?

What would you like   • as an appetizer?

• as a main course?

• for dessert?

• to drink?

Something else?

Would you please bring me a _____?
What do you recommend?
One more _____, please.
Used to get a waiter's/waitress's attention.
Psst is not used in formal settings.
The check, please.

fork, knife, soup spoon, teaspoon
Enjoy your meal.
I'm starving. (I'm dying of hunger.)
specialty of the house
special of the day
Shall we sit down?

B. **El menú, por favor.** Using the menu on the next page and the dialogue on page 183 to help you, answer the following questions that a waiter/waitress would ask. Try to answer each question in several different ways.

MODELO   ¿Qué desea Ud. de postre? → —Para mí, la fruta.
—Me trae un helado, por favor.
—Favor de traerme un helado.
—¿Todavía hay flan?
—¿Qué tal los pasteles?
—No deseo nada, gracias.

Restaurante El Charro
Menú

Entremeses

Jugos (juices)   Cóctel de camarones (shrimp cocktail)

Guacamole (avocado dip)   Jamón (ham)

Nachos (tortilla chips with melted cheese)

Sopas

Sopa de verduras (vegetable soup)   Sopa de tortillas (tortilla soup)

Sopa de pescado (fish soup)   Gazpacho andaluz (tomato soup served chilled)

Platos principales

Enchiladas de queso (cheese-filled tortillas in chili sauce)

Tacos "El Charro" ("El Charro" tacos – specialty of the house)

Bistec con papas fritas (steak with french fries)

Pescado frito (fried fish)

Pollo asado (roast chicken)

Mole poblano de guajolote (turkey in chocolate sauce spiced with chillies)

Paella (para dos personas) (paella for two)

Postres

Flan (baked custard)   Helados variados (assorted flavors of ice cream)

Pasteles (cakes)   Fruta (fresh fruit)

Bebidas

Vino tinto, blanco, rosado   (red, white, rosé wine)

Cerveza (beer)   Agua mineral (bottled mineral water)

Refrescos, gaseosas (soft drinks) Café o té (coffee or tea)

1. ¿Qué desean Uds. de entremeses (*hors d'oeuvres*)?
2. ¿Va a tomar sopa?
3. ¿Qué desea Ud. de plato principal?
4. ¿Y para beber?
5. ¿Qué quiere de postre?
6. ¿Prefiere Ud. té o café?

Now, with your instructor acting as waiter/waitress, order a meal as if you were at **El Charro.** (Pay close attention as your classmates act out the role of client. What would you have said?) You may want to include some but not all of the following common situations in your scene.

- You need ice for your Coke.
- You've dropped your spoon.
- You want something that you don't see on the menu.
- There are items on the menu that you don't understand.

C. **¿Sopa fría?** The cartoon on page 190 elaborates a theme typically found in "restaurant jokes." With one or more students, write a short dialogue that presents some problem related to meals; it may take place either in a restaurant or at home. Work up to the "critical moment," ending your dialogue as soon as you have presented a problem to be resolved. Present your dialogue to the other students in your class, who should then suggest as many solutions to the problem as they can. For the problem shown in the cartoon they might suggest:

—Los clientes pueden ir a otro restaurante.

—El camarero debe traer otro plato de sopa.

***¿Sopa fría? Parece que está aún
bastante templada...°***

bastante... *rather warm
(lukewarm)*

—Deben pedir otro plato, y no deben pagar la sopa.
—Los clientes pueden hablar con el dueño del restaurante.

You may base your skit on one of the following problems or on one of your
own creation.

En un restaurante

1. Hay una mosca (*fly*) en mi sopa.
2. El camarero trae la cuenta; los clientes no pueden pagar.
3. Un violinista da un concierto al lado de la mesa de los clientes. Ellos
   quieren hablar; no quieren oír música. Además, el violinista toca muy
   mal.
4. El niño no come sus verduras pero sí pide postre.
5. El hijo (La hija) de la familia invita a unos amigos a comer. No hay
   bastante (*enough*) comida.

LECTURA CULTURAL: Las comidas en el mundo hispánico

Antes de leer

It is easy to "get off the track" while reading if you assign the wrong meaning to a word that has multiple English equivalents. The word **como** can cause confusion because it can mean *how, like, the way that, as, since,* and *I eat,* depending on the context in which it occurs. Other common words with multiple meanings include **que** (*what, that, who*), **clase** (*class meeting, course, kind* or *type*), and **esperar** (*to wait for, to hope, to expect*).

You must rely on the context to determine which meaning is appropriate. Practice by telling what **como** means in each of the following sentences.

1. En España, como en Francia, se come mucho pescado.
2. No me gusta como habla el profesor; necesita hablar más despacio.
3. Como tú no deseas estudiar, ¿por qué no tomamos una cerveza?

En algunas partes del mundo hispánico, como en México y España, «la comida» se come al mediodía. En otras partes, como en el Perú, Chile y Nicaragua, «la comida» se come por la noche. Pero en casi todas partes la comida del mediodía es la comida fuerte.°

En las grandes ciudades el sistema está cambiando° poco a poco. Es cada vez más° común almorzar en el centro y no en casa, sobre todo° cuando uno vive muy lejos de su trabajo. En este caso, el almuerzo tiende a ser un poco más ligero, y la comida de la noche es la más fuerte. En algunas partes es costumbre comer cinco veces al día: la jornada° se interrumpe una vez por la mañana y otra vez por la tarde.

Como en todas partes del mundo, en los países hispánicos hay muchos restaurantes buenos y variados. El único problema es que a veces el horario de los restaurantes no corresponde a lo que° por costumbre se espera. En Buenos Aires, por ejemplo, los buenos restaurantes se abren por la noche a las siete u° ocho, o incluso más tarde. Los turistas norteamericanos acostumbran a cenar más temprano.

Una de las características más interesantes de los restaurantes en la América Latina es que los camareros casi no charlan° con los clientes; son mucho más reservados. En cambio, en los Estados Unidos no es nada raro° hablar un rato° con la persona que sirve la comida.

principal

changing

cada... *increasingly* / sobre... *especial-mente*

día laboral

lo... *what*

o

hablan

no... *it isn't unusual* / breve período de tiempo

Comprensión

Indique si es una costumbre hispana o norteamericana. Explique su respuesta en cada caso.

1. comer a las seis
2. no hablar con el camarero
3. tomar la comida más fuerte durante el día
4. salir a cenar en un restaurante a las nueve de la noche
5. tomar un almuerzo ligero a las doce del día
6. tomar un breve descanso por la mañana, aun si se trabaja en una oficina

Para escribir

A. Create your own composition about eating and drinking habits in the United States by completing the sentences of the following paragraph.

En los Estados Unidos la gente no da (*give*) gran importancia a las comidas. La vida norteamericana es tan rápida que _____. Muchas veces el padre o la madre _____ y no puede _____. También los niños _____. Por eso cada miembro de la familia norteamericana _____.

B. Write a brief paragraph about your eating preferences or those of your family. Use the following questions as a guide in developing your paragraph.

1. ¿Cuántas veces comen al día? ¿A qué horas?
2. ¿Comen juntos?
3. ¿Quién(es) prepara(n) la comida?
4. ¿Qué prepara(n)? ¿Es excelente la comida? ¿buena? ¿mala? ¿regular?
5. ¿Qué comida prefieren cuando comen en un restaurante? ¿comida china? ¿mexicana? ¿italiana? ¿hamburguesas? ¿En qué restaurantes comen?
6. ¿Comen allí con frecuencia? ¿Cuántas veces al año? ¿Cuándo van a volver?

CAPÍTULO 7

DE VACACIONES

PAUL CONKLIN/MONKMEYER PRESS PHOTO SERVICE

PARA EMPEZAR

In this chapter and in **Un paso más 7,** you will learn vocabulary and expressions about vacations and travel, and will consider related attitudes and customs of Hispanic peoples. As a first step, listen to the following conversation about Holy Week **(Semana Santa)** vacations in Venezuela.

En Caracas, Pam y Lilia hablan de las vacaciones.

PAM: ¿Adónde piensas ir durante Semana Santa?

LILIA: No sé. El año pasado fui (*I went*) a la costa y tomé el sol (*I sunbathed*) toda la semana en la playa. Pero este año mis primos quieren que los acompañe (*me to go with them*) a Mérida a esquiar. ¡Les gustan tanto las montañas de esa región! Y tú, ¿qué vas a hacer?

PAM: Bueno, creo que voy a pasar la semana en Ciudad Bolívar. Quiero ver el río Orinoco y conocer la selva (*jungle*). Me cansa (*tires*) esta vida tan agitada de la capital.

VOCABULARIO: PREPARACIÓN

¡Vamos de vacaciones! ¡Buen viaje!

Ir en avión		**Ir en tren/en autobús**	
el aeropuerto	airport	el asiento	seat
la azafata	female flight attendant	el billete/boleto*	ticket
		de ida	one-way
el/la camarero/a	flight attendant	de ida y vuelta	round-trip
el vuelo	flight	el conductor	conductor
bajar (de)	to get down (from), off (of)	la demora	delay
		la estación	station
		de trenes	train station
estar atrasado/a	to be late	de autobuses	bus station
facturar el equipaje	to check the baggage	la llegada	arrival
		el maletero	porter
guardar (un puesto)	to save (a place)	el pasaje	passage, ticket
hacer cola	to stand in line	el/la pasajero/a	passenger
		la sala de espera	waiting room
		la salida	departure
		la sección de (no) fumar	(non)smoking section
		hacer la(s) maleta(s)	to pack one's suitcase(s)
		hacer un viaje	to take a trip
		ir/estar de vacaciones	to go/be on vacation
		subir (a)	to go up; to get on (*a vehicle*)

(handwritten notes in margin: "go by plane" above Ir en avión; "go by train" above Ir en tren/en autobús; "must all be there" near bajar (de); "?" near el billete/boleto)

A. ¿Cuántas cosas y acciones puede Ud. identificar o describir en este dibujo?

---

*Throughout Spanish America, **boleto** is the word used for a *ticket for travel*. **Billete** is commonly used in Spain. The words **entrada** and **localidad** are used to refer to tickets for movies, plays, or similar functions.

B. Ud. va a hacer un viaje en avión. El vuelo sale a las siete de la mañana. Usando los números **1** a **9,** indique en qué orden van a pasar las siguientes cosas.

_____ Subo al avión.
_5_ Voy a la sala de espera.
_3_ Hago cola para comprar el boleto de ida y vuelta y facturar el equipaje.
_2_ Llego al aeropuerto a tiempo (*on time*) y bajo del taxi.
_____ Se anuncia la salida del vuelo.
_1_ Estoy atrasado/a. Salgo para el aeropuerto en taxi.
_____ La azafata me indica el asiento.
_4_ Pido asiento en la sección de no fumar.
_____ Hay demora. Por eso todos tenemos que esperar el vuelo allí antes de subir al avión.

C. ¿Qué va Ud. a hacer en estas situaciones?

1. Ud. no tiene mucho dinero. ¿Qué clase de pasaje va a comprar?

   a. clase turística   b. primera clase   c. un pasaje en la sección de fumar

2. Ud. quiere pedir dos pasajes—uno para Ud., el otro para su amigo/a. Él/Ella tiene alergia a los cigarrillos (*cigarettes*). ¿Qué pide Ud.?

   a. Dos boletos, sección de fumar, por favor.
   b. Dos pasajes, sin escala (*stops*), por favor.
   c. Dos asientos, sección de no fumar, por favor.

3. Ud. es una persona muy nerviosa y tiene miedo de viajar en avión. Necesita ir desde Nueva York a Madrid. ¿Qué pide Ud.?

   a. un vuelo con muchas escalas
   b. un vuelo sin escalas
   c. un boleto de tren

4. Ud. tiene muchas maletas. Pesan (*They weigh*) mucho y Ud. no quiere llevarlas. ¿Qué hace Ud.?

   a. Compro boletos.   b. Guardo un asiento.   c. Facturo el equipaje.

5. Su vuelo está atrasado, pero Ud. está tranquilo/a. ¿Qué dice Ud. (*do you say*)?

   a. Azafata, insisto en hablar con el capitán.
   b. Una demora más... no importa.
   c. Si no salimos dentro de (*within*) diez minutos, bajo del avión.

CH. ¿A quién se describe, a don Gregorio, vicepresidente de la IBM, o a Harry, típico estudiante universitario?

1. Siempre viaja en clase turística porque es más económica.
2. No le (*to him*) importan nada las demoras; no tiene prisa.
3. Nunca hace cola para comprar el boleto porque su secretaria le (*for him*) arregla todo el viaje.

4. Cuando viaja en avión, es porque está de vacaciones.
5. Por lo general, prefiere viajar en tren porque es más económico.
6. Muchas veces no lleva equipaje porque hace viajes de un solo día.
7. Siempre que (*Whenever*) viaja, lleva traje y corbata.

D. Preguntas

1. Cuando Ud. está de vacaciones, ¿le gusta viajar o prefiere no salir de su ciudad? ¿Cuáles son las actividades que Ud. normalmente asocia con las vacaciones?
2. Cuando Ud. viaja, ¿prefiere ir solo/a, con un amigo (una amiga) o con un grupo de personas? ¿Le gusta ir de vacaciones con su familia?
3. ¿Prefiere Ud. viajar en avión, en tren o en autobús? ¿Cuál es más rápido? ¿más económico? ¿Cuál de ellos hace más escalas?
4. Cuando Ud. va a viajar en avión, ¿pide primera clase o clase turística? ¿Por qué? ¿Pide Ud. asiento en la sección de fumar o en la de no fumar? ¿Cómo paga Ud. el pasaje? ¿con cheque? ¿con tarjeta de crédito? ¿Paga al contado (*cash*) a veces?
5. Cuando Ud. viaja, ¿prefiere salir por la mañana o por la noche? ¿Lleva muchas o pocas maletas? ¿Lo/La ayuda el maletero? ¿Cómo reacciona Ud. si la aerolínea pierde su equipaje?
6. Cuando Ud. viaja en avión (tren, autobús), ¿por lo general, cómo pasa el tiempo durante el viaje? ¿Habla con los otros pasajeros? ¿Lee? ¿Duerme? ¿Observa el paisaje (*scenery*)? ¿Trabaja? ¿Estudia? ¿Escribe cartas?

Impersonal *se*

Se estudia mucho aquí, ¿verdad?   *You (They) study a lot here, right?*

In English several subjects—*you, one, people, they*—can refer to people in general instead of to one person in particular. In Spanish these impersonal subjects are commonly expressed by using the word **se** followed by the third person singular of the verb.* There is no expressed subject.

E. ¿Qué se hace y qué no se hace en... ?

MODELO   la biblioteca → En la biblioteca, se estudia, se lee...
                                   No se habla en voz alta (*loudly*),...

1. la clase de español   4. un avión
2. un mercado   5. la sección de fumar
3. una discoteca   6. la cafetería de los estudiantes

F. Se usa la expresión **¿Cómo se dice?** cuando se quiere aprender una palabra nueva. Repase Ud. (*Review*) el vocabulario nuevo de esta lección, preguntando a sus compañeros, **¿Cómo se dice _____ en inglés?** o **¿Cómo se dice _____ en español?**

---

*__Se habla español aquí__ is a similar construction: *Spanish is spoken here; One speaks Spanish here.*

PRONUNCIACIÓN: S, Z, Ce, and Ci

Spanish **s** and **z** are usually pronounced like the [s] in English *class, Sue.* The letter **c** before **e** and **i** also produces an [s] sound: **cine, once.*** Except in a few words borrowed from other languages **(zigzag),** the letter **z** never occurs before an **e** or **i** in Spanish. For this reason, spelling changes sometimes occur: **lápiz → lápices; vez → veces.**

PRÁCTICA

A. 1. asiento   desea   desierto   pasión   pase   hasta
     Buenas tardes, señora.   ¿Es jueves o viernes?   Siempre insisten.
    2. cine   doce   quince   Cecilia   cenar   ciudad
    3. jerez   azafata   zona   zapatos   quizás   ¡zas!   marzo
     un lápiz y una tiza (*chalk*)   ¿Hay gazpacho?
    4. elección   emigración   estación   vacaciones   preparación   sección

B. Repaso: ¿[s] o [k]?

César	once	discusión	conozco	doce	ataque
cien	doscientos	Carmen	conquistador	carro	Cuco
Cuzco	Quito	diciembre	contaminación	quinina	caso

Venezuela ofrece mucha variedad geográfica. En la parte occidental hay altas montañas que forman parte de la gran cordillera andina. Una de éstas, el pico Bolívar (que se ve en esta foto), alcanza una altura de 5.002 metros (16.410 pies) sobre el nivel del mar. En el noroeste está el Lago Maracaibo, donde está concentrada la producción de petróleo, que es la base de la economía nacional. En el oriente, sobre todo en la cuenca (basin) del río Orinoco, hay selvas tropicales, extensos yacimientos (deposits) de hierro (iron) y otros minerales y muchas especies de árboles de gran valor. La industria ganadera (livestock) está concentrada en los llanos (plains) de la parte suroeste del país.

---

*In many parts of Spain, the letter **z**, as well as **c** before **e** and **i**, is pronounced like *th* in English *thin.*

MINIDIÁLOGOS Y GRAMÁTICA

29. *Indirect Object Pronouns;* **Dar** *and* **decir**

En la sala de espera del aeropuerto

HIJO: Mamá, tengo hambre. ¿*Me das* un caramelo?

MAMÁ: No, hijo. No *te* voy a *dar* un caramelo. Acabas de comer.

HIJO: Mamá, quiero leer. ¿*Me* compras un librito?

MAMÁ: No, no *te* voy a comprar más libros. Ya tienes tres.

HIJO: Mamá...

MAMÁ: No, hijo. Te quiero mucho, pero no *te doy* nada más.

HIJO: Pero mamá...

MAMÁ: ¡*Te digo* que no!

HIJO: Pero mamá, ¿no ves? Ese hombre acaba de robarnos las maletas.

¿Qué dicen la mamá y el niño, **me** o **te**?

El niño	La mamá
1. ¿_____ das un caramelo?	No, no _____ doy más dulces (*sweets*).
2. ¿_____ compras un librito?	No, no _____ voy a comprar nada más.
3. ¿_____ quieres mucho?	¡Claro que _____ quiero!, pero _____ haces demasiadas preguntas.

Indirect Object Pronouns

me	*to, for me*		**nos**	*to, for us*
te	*to, for you* (fam. sing.)		**os**	*to, for you* (fam. pl.)
le	*to, for you* (form.), *him, her, it*		**les**	*to, for you* (form. pl.), *them* (m.) (m. + f.)

A. *Indirect object* nouns and pronouns usually answer the questions *to whom?* or *for whom?* in relation to the verb. The word *to* is frequently omitted in English. Note that indirect object pronouns have the same form as direct object pronouns, except in the third person: **le, les.**

In the airport waiting room SON: Mom, I'm hungry. Will you give me a piece of candy? MOM: No, son. I will *not* give you a piece of candy. You just ate. SON: Mom, I want to read. Will you buy me a little book? MOM: No, I'm not going to buy you any more books. You already have three. SON: Mom . . . MOM: No, son. I love you a lot, but I'm not giving you anything else. SON: But Mom . . . MOM: I'm telling you no! SON: But Mom, don't you see? That man just stole our suitcases.

Indicate the direct and indirect objects in the following sentences.

[handwritten: indirect] 1. I'm giving her the present tomorrow. *[handwritten: te doy el regalo mañana]*

[handwritten: indirect] 2. Could you tell me the answer now? *[handwritten: decir-me]*

[handwritten: indirect] 3. El profesor nos va a hacer algunas preguntas.

4. ¿No me compras el librito ahora?

[handwritten: indirect]   *[handwritten: direct]*

B. Like direct object pronouns, *indirect object pronouns* (**los pronombres del complemento indirecto**) are placed immediately before a conjugated verb. They may be attached to a present participle—with the addition of an accent mark—or to an infinitive.

No, no **te** presto el coche.   *No, I won't lend you the car.*

Están facturándo**me** el equipaje. ⎫
Me están facturando el equipaje. ⎭   *They're checking my bags for me.*

Voy a guardar**te** el asiento. ⎫
Te voy a guardar el asiento. ⎭   *I'll save your seat for you.*

C. Since **le** and **les** have several different equivalents, their meaning is often clarified or emphasized with the preposition **a** and the pronoun objects of prepositions (see Grammar Section 19).

[handwritten: always use object pronoun also]

Voy a mandar**le** un telegrama **a**   *I'm going to send you (him,*
   Ud. (a él, a ella).   *her) a telegram.*

Estoy haciéndo**les** una comida **a**   *I'm making you (them) a meal.*
   Uds. (a ellos, a ellas).

CH. When there is a noun indirect object in a sentence, the indirect object pronoun is almost always used in addition. This construction is very common in Spanish.

Vamos a decir**le** la verdad **a Juan.**   *Let's tell Juan the truth.*
¿**Les** guardo los asientos **a Jorge y**   *Should I save the seats for Jorge*
   Marta?   *and Marta?*

D. Verbs frequently used with indirect objects include **dar** (*to give*), **decir** (*to say, tell*), **escribir, hablar, mandar, pedir, prestar, regalar** (*to give as a gift*), and **servir.**

[Práctica A (1 y 2)]

Dar *and* decir

dar (*to give*)	
d**oy**	damos
das	dais
da	dan
dando	

[handwritten: irregular]

decir (*to say, tell*)	
di**g**o	decimos
dices	decís
dice	dicen
diciendo	

Dar and **decir** are almost always used with indirect object pronouns in Spanish.

¿Cuándo me das el dinero?	*When will you give me the money?*
¿Por qué no me dice Ud. la verdad, señor?	*Why don't you tell me the truth, Sir?*

¡OJO!   In Spanish it is necessary to distinguish between the verbs **dar** (*to give*) and **regalar** (*to give as a gift*). Do not confuse **decir** (*to say* or *to tell*) with **hablar** (*to speak*).

[Práctica A (3 y 4), B, C, CH, D]

PRÁCTICA

A. **De vacaciones con los amigos.** Dé oraciones nuevas según las indicaciones.
   1. Les escribo tarjetas postales *a mis padres.*   (*a ti, a Ud., a Andrés, a Uds., a Alicia, a vosotros*)
   2. Ahora estoy comprándole un recuerdo *a Jorge.*   (*a Sergio, a ti, a Eva, a Uds., a Martín y Rosa, a vosotros*)
   3. *El conductor* le dice la hora de la llegada.   (*yo, ellos, tú, nosotros, Uds.*)
   4. *Juan* le da el billete, ¿verdad?   (*tú, nosotros, yo, Uds., ellas*)

B. Your friends the Padillas, from Guatemala, need help arranging for and getting on their flight back home. Explain to them how you will help, using the cues as a guide.

   MODELO   comprar el boleto → Les compro el boleto.

   1. llamar un taxi
   2. bajar (*to carry down*) las maletas
   3. guardar el equipaje
   4. facturar el equipaje
   5. guardar el puesto en la cola
   6. guardar el asiento en la sala de espera
   7. buscar el pasaporte
   8. por fin, decir adiós

   Now explain the same sequence of actions as if you were talking only to Guillermo, whom you don't know well. Then tell your friend Guadalupe how you will help her.

C. **¿Qué va a pasar?** Dé varias respuestas.
   1. Su amiga Elena está en el hospital. Todos le mandan... Le escriben...
   2. Es Navidad. Los niños les prometen (*promise*) a sus padres... Les piden... Los padres les mandan a sus amigos... Les regalan...
   3. Hay una demora y el avión no despega (*takes off*) a tiempo. La azafata nos sirve... El camarero nos ofrece... El piloto nos dice...
   4. Mi coche no funciona bien. Mi amigo me presta... Mis padres me dan...

CH. Hoy es el cumpleaños de Marcos. ¿Qué le dice Ud. a él? ¿Qué le regala Julio? ¿Ana? ¿Ernesto? ¿María? ¿Qué les dice Marcos a todos? ¿Le da Ud. algunos regalos a Marcos? ¿Por qué no? ¿No lo conoce Ud.? Y a Ud., ¿qué le van a regalar sus amigos este año el día de su cumpleaños?

- un libro
- un regalo grande
- una radio portátil
- una camisa

D. Hoy es el aniversario de los Sres. González. ¿Qué les dice Ud. a ellos? ¿Qué les regala Inés? ¿Irma? ¿Pepe? ¿Rodolfo? ¿Qué les va a regalar Ud. a sus padres para su aniversario?

- un televisor
- unos boletos para un viaje
- una pintura bonita
- un regalo pequeño

CONVERSACIÓN

A. What would you like to "get off your chest"? Tell to whom you would write and what you would say, following the model.

MODELO Quiero escribirle(s) a _____ para decirle(s)...

B. Complete las oraciones en una forma lógica.
1. Mi amigo/a (novio/a) siempre me manda _____ para mi cumpleaños.
2. Mis padres me pagan _____.
3. Quiero darle a _____ un(a) _____ porque _____.
4. ¿Deben los hombres abrirles la puerta a _____?
5. En casa les sirvo _____ a mis amigos.
6. Para el cumpleaños de mi mejor amigo/a, voy a hacerle _____.
7. En _____, mi restaurante favorito, les recomiendo a Uds. el/la _____.
8. Nunca le presto a nadie mi(s) _____.

C. **Entrevista.** With another student, find out if he or she does the following things.

> MODELO   darle consejos (*advice*) → —¿A quién le das consejos?
> —Le doy consejos a...

1. escribirle cartas románticas (tarjetas postales)
2. pedirle ayuda académica (dinero)
3. prestarle la ropa (el coche, dinero)
4. mandarle flores (dulces)
5. decirle secretos (mentiritas [*little white lies*])
6. hacerle favores (regalos especiales)
7. darle consejos (dinero)

¿Recuerda Ud.?

You have already used forms of **gustar** to express your likes and dislikes **(Ante todo, Segunda parte)**. Review what you know by answering the following questions. Then use them, changing their form as needed, to interview your instructor.

1. ¿Te gusta el café (el vino, el té,...)?
2. ¿Te gusta jugar al béisbol (al golf, al vólibol, al...)?
3. ¿Te gusta viajar en avión (fumar, viajar en tren,...)?
4. ¿Qué te gusta más, estudiar o ir a fiestas (trabajar o descansar, cocinar o comer)?

---

30. *Gustar*

Parece que à Ud. no le gusta el humo.

1. Al hombre de la derecha, ¿qué le gusta hacer?
2. ¿Qué cosa no le gusta al hombre de la izquierda?
3. ¿A Ud. le gusta fumar?

Constructions with **gustar**

Spanish	Equivalent	English
Me gusta la playa.	The beach is pleasing to me.	*I like the beach.*
No le gustan sus cursos.	His courses are not pleasing to him.	*He doesn't like his courses.*
Nos gusta correr.	Running is pleasing to us.	*We like to run.*

The verb **gustar** is used to express likes and dislikes, but **gustar** does not literally mean *to like*. **Gustar** means *to be pleasing* (to someone).

Gustar is always used with an indirect object pronoun: someone or something is pleasing *to* someone else. It is most commonly used in the third person singular or plural **(gusta/gustan)**, and must agree with its subject, which is the person or thing liked, *not* the person whose likes are being described. Note that an infinitive (**correr** in the final sentence on page 201) is viewed as a singular subject in Spanish.

emphasize you really like

A mí me gusta<u>n</u> <u>los tacos.</u>   *I like tacos.*
A Ud. no **le** gustan, ¿verdad?   *You don't like them, do you?*
¿A ellos les gusta leer?   *Do they like to read?*

can leave out

As in the preceding sentences, **a mí** (**a ti, a Ud.,** and so on) may be used in addition to the indirect object pronouns for clarification or emphasis.

if have can't leave out ios

The indirect object pronoun *must* be used with **gustar** even when an indirect object noun is expressed. A common word order is as follows:

(*A* + pronoun/noun)	indirect object pronoun	*gustar* + subject
A Juan	le	gustan las fiestas.
(A ellas)	Les	gusta esquiar.

Would Like/Wouldn't Like

Conditional form

What one *would* or *would not* like to do is expressed with the form **gustaría*** + *infinitive* and the appropriate indirect objects.

A mí me gustaría viajar a Colombia.   *I would like to travel to Colombia.*

Nos gustaría hacer *camping* este verano.   *We would like to go camping this summer.*

PRÁCTICA

A. **Gustos y preferencias.** ¿Le gusta o no le gusta? Siga el modelo.

MODELO ¿el café? → (No) Me gusta el café.
  ¿los pasteles? → (No) Me gustan los pasteles.

1. ¿el vino?
2. ¿los niños pequeños?
3. ¿la música clásica?
4. ¿los discos de Barbra Streisand?
5. ¿el invierno?
6. ¿hacer cola?
7. ¿las clases que empiezan a las ocho?
8. ¿el chocolate?
9. ¿las películas de horror?
10. ¿cocinar (*to cook*)?
11. ¿las clases de este semestre?
12. ¿la gramática?
13. ¿los vuelos con muchas escalas?
14. ¿bailar en las discotecas?

---

*This is one of the forms of the conditional of **gustar**. You will study all of the forms of the conditional in **Capítulo 16.**

B. Los miembros de la familia Soto no están de acuerdo sobre el sitio de veraneo (*summer vacation*) de este año. Describa las preferencias de todos, según el modelo.

MODELO   padre / playa → Al padre le gusta la playa.

1. mí / más / montañas
2. Ernesto / esquiar
3. niños / playa también
4. madre / un pueblecito en la costa
5. nosotros / estar en casa
6. Elena / ciudades grandes

C. **Entre parientes.** ¿Cómo se dice en español?

1. My father likes anchovies **(las anchoas),** but he doesn't like sausage **(el chorizo).**
2. My mother likes sausage, but she doesn't like cheese much.
3. My brothers like cheese, but they don't like mushrooms **(los champiñones).**
4. I like everything **(todo),** and I would like to have a pizza **(una piza)** right now!

CH. **De viaje.** ¿Cómo se dice en español?

1. My mother likes to fly (to travel by plane), but she doesn't like long flights. She wouldn't like to go to China by plane.
2. My father doesn't like to wait in line, and he doesn't like delays.
3. My brothers like to get on the plane right away **(en seguida),** but they don't like to save a place for anyone.
4. And I like to travel with all of them!

Escriba Ud. en español un párrafo parecido sobre los gustos y preferencias de los miembros de su familia (sus compañeros de clase, de la residencia, etcétera).

CONVERSACIÓN

A. **¿Qué te gusta? ¿Qué odias** (*do you hate*)**?** Almost every situation has aspects that one likes or dislikes—even hates. React to the following situations by telling what you like or don't like about them. Follow the model and the cues, but add your own words as well and expand your responses, using **gustaría** if you can.

MODELO   En la playa: el agua, el sol, nadar, la arena (*sand*) →
- Me gusta mucho el agua pero no me gusta nada el sol. Por eso no me gustaría pasar todo el día en la playa.
- Me gusta nadar pero odio la arena. Por eso me gustaría más nadar en una piscina (*pool*).

1. En el avión: viajar en avión, la comida, las películas, la música
2. En la discoteca: la música, bailar, el ruido, el humo
3. En el parque: los animales, los insectos, las flores, la hierba (*grass*)

4. En el coche: manejar (*to drive*), el tráfico, los camiones (*trucks*), los policías, el límite de velocidad
5. En el hospital: las inyecciones, los médicos, los enfermeros (las enfermeras) (*nurses*), los visitantes, recibir flores

OTROS SITIOS: En una fiesta; En la biblioteca; En clase; En una cafetería; En un gran almacén; En casa, con sus padres; En un autobús/tren

B. **Entrevista: ¿Qué te gusta más?** Use the following cues to determine what another student likes or dislikes about the topics, asking him or her to give reasons, if possible. When the interview is over, report the most interesting information you have learned to the class.

MODELO   el rojo, el azul o el verde →
—¿Qué color te gusta más—el rojo, el azul o el verde?
—Pues... yo creo que me gusta más el azul.
—¿Puedes explicarme por qué te gusta más ese color?
—Sí, me gusta porque es el color de los ojos de mi novio/a.

1. el cine o la televisión
2. el verano, el invierno, el otoño o la primavera
3. vivir solo/a o vivir con un compañero (una compañera)
4. viajar en clase turística o en primera
5. viajar en avión, en tren, en autobús o en coche
6. vivir en la residencia o en un apartamento
7. las fiestas grandes o las pequeñas
8. las fiestas improvisadas o las bien planeadas

31. *Formal Commands*

En el avión

AZAFATA: *Pase Ud.,* señor. Bienvenido a bordo.
PASAJERO: Gracias. Éste es mi asiento, ¿verdad?
AZAFATA: Sí, es el 24A. *Tome* asiento y *no olvide* el cinturón de seguridad.
PASAJERO: ¿Puedo fumar?
AZAFATA: Ésta es la sección de fumar, pero *no fume Ud.* ahora, por favor. Vamos a despegar pronto para Quito.
PASAJERO: ¿Para Quito? Pero... el vuelo ciento doce va a Cuzco.
AZAFATA: Sí, señor, pero éste es el vuelo ciento dos. ¡*Baje Ud.* ahora mismo—todavía hay tiempo!

On the plane   FLIGHT ATTENDANT: Come in, sir. Welcome aboard.   PASSENGER: Thank you. This is my seat, isn't it?   FLIGHT ATTENDANT: Yes, it's (number) 24A. Take your seat and don't forget the seatbelt.   PASSENGER: May I smoke?   FLIGHT ATTENDANT: This is the smoking section, but don't smoke now, please. We're going to take off for Quito right away.   PASSENGER: For Quito? But . . . flight 112 goes to Cuzco.   FLIGHT ATTENDANT: Yes, Sir, but this is flight 102. Get off right now—there's still time!

1. ¿Qué dice la azafata cuando el pasajero entra en el avión?
2. ¿El pasajero encuentra su asiento? ¿Cuál es?
3. ¿Por qué no debe fumar ahora el pasajero?
4. ¿Cuál es el error del pasajero?
5. ¿Qué debe hacer el pasajero?

Commands (imperatives) are verb forms used to tell someone to do something. In this section you will learn the *formal commands* (**los mandatos formales**), that is, the commands used with people whom you address as **Ud.** or **Uds.**

Formation of Formal Commands

Regular verbs		Stem	Singular	Plural	English equivalent
hablar:	hablø →	habl-	hable (Ud.)	hablen (Uds.)	speak
comer:	comø →	com-	coma (Ud.)	coman (Uds.)	eat
escribir:	escribø →	escrib-	escriba (Ud.)	escriban (Uds.)	write

A. **Ud./Uds.** commands are formed by dropping the final **-o** from the first person singular of the present tense and adding **-e/-en** for **-ar** verbs and **-a/-an** for **-er** and **-ir** verbs. Using **Ud.** or **Uds.** after the command forms makes the command somewhat more formal or more polite.

B. Formal commands of stem-changing verbs will show the stem change, since these commands are based on the **yo** form.

   p**ie**nse Ud.   v**ue**lva Ud.   p**i**da Ud.

C. Verbs ending in **-car, -gar,** and **-zar** require a spelling change in the command form in order to preserve the **-c-, -g-,** and **-z-** sounds.

   buscar: bus**que** Ud.   pagar: pa**gue** Ud.   empezar: empie**ce** Ud.

CH. The **Ud./Uds.** commands for verbs that have irregular **yo** forms will reflect the irregularity.

conocer:	conozcø	→ **conozca Ud.**	salir:	salgø	→ **salga Ud.**
decir:	digø	→ **diga Ud.**	tener:	tengø	→ **tenga Ud.**
hacer:	hagø	→ **haga Ud.**	traer:	traigø	→ **traiga Ud.**
oír:	oigø	→ **oiga Ud.**	venir:	vengø	→ **venga Ud.**
poner:	pongø	→ **ponga Ud.**	ver:	veø	→ **vea Ud.**

D. A few verbs have irregular **Ud./Uds.** command forms.

   dar: **dé Ud.**   ir: **vaya Ud.**   saber: **sepa Ud.**

   estar: **esté Ud.**   ser: **sea Ud.**

[Práctica A, B]

Position of Object Pronouns with Formal Commands

[handwritten: emphasyed position of verb, needs accent]

Direct and indirect object pronouns must follow affirmative commands and be attached to them. In order to maintain the original stress of the verb form, an accent mark is added to the stressed vowel if the original command has two or more syllables.

Léa**lo** Ud.   *Read it.*
Búsque**le** el bolígrafo.   *Look for the pen for him.*

Direct and indirect object pronouns must precede negative commands.

No lo lea Ud.   *Don't read it.*
No le busque el bolígrafo.   *Don't look for the pen for him.*

[Práctica C, CH, D, E]

PRÁCTICA

A. El Sr. Casiano no se siente (*feel*) bien. ¿Qué *no* debe hacer para estar mejor? Déle mandatos negativos según el modelo, usando los verbos indicados o cualquier otro.

MODELO comer tanto → Sr. Casiano, no coma tanto.

1. trabajar tanto
2. cenar demasiado
3. fumar
4. beber tanto
5. volver tarde a casa

6. almorzar tanto *almuerce*
7. jugar al fútbol todas las tardes
8. salir tanto por la noche *salga*
9. ir a discotecas *no vaya*
10. ser tan impaciente

B. Imagine que Ud. es el profesor (la profesora) hoy. ¿Qué mandatos debe dar a la clase?

MODELO hablar español → Hablen Uds. español.

1. llegar a tiempo *lleguen*
2. leer la lección *lean*
3. escribir una composición *escriban*
4. abrir los libros *abran*

5. pensar en español *piensen*
6. estar en clase mañana *estén*
7. traer los libros a clase *traigan*
8. ?

C. Con otro estudiante, haga recomendaciones sobre lo que (*what*) se debe o no comer o beber si se está a dieta.

MODELOS ensalada → —¿Ensalada?   postres → —¿Postres?
                —Cómala.   —No los coma.

1. alcohol (*m.*) *bébela*
2. verduras
3. pan *cómala*
4. dulces *cómalo*
5. leche *bébela*

6. hamburguesas con queso *cómalas*
7. fruta
8. carne
9. pollo
10. refrescos dietéticos

CH. La Sra. Medina quiere tener solamente clases fáciles este semestre. ¿Debe o no debe tomar las siguientes clases?

    MODELO   la física → —¿Física?
                         —No, no la tome.

1. Inglés 1
2. Ciencias políticas
3. Historia de Latinoamérica
4. Química orgánica
5. Cálculo 1
6. Comercio
7. Español 2
8. ___?___

D. Give a singular command (affirmative or negative, as appropriate) in response to each exclamation.

    MODELO   ¡Qué canción más bonita! (*What a pretty song!*) → Cántela.
                                                    Tóquela.
                                                  Escúchela.

1. ¡Qué canción más fea!
2. ¡Qué vestido más elegante!
3. ¡Qué abrigo más caro!
4. ¡Qué novela más interesante!
5. ¡Qué libro más aburrido!
6. ¡Qué pintura más estupenda!
7. ¡Qué ciudad más interesante!
8. ¡Qué viaje más largo!

E. **Preparativos para un viaje.** ¿Cómo se dice en español?

1. Pack your bags.
2. Don't forget your wallet.
3. Go to the airport.
4. Don't be (**llegar**) late.
5. Buy your round-trip ticket.
6. Check your bags.
7. Wait in line.
8. Give your ticket to the flight attendant.
9. Get on the plane.
10. Find your seat.

CONVERSACIÓN

A. **¿Qué le aconseja?** Dé mandatos afirmativos o negativos a la persona que dice lo siguiente.

1. Estoy cansado.
2. Tengo sed.
3. Tengo hambre.
4. No puedo dormir.
5. No entiendo el ejercicio.
6. Necesito más dinero.
7. Mis padres quieren saber cómo estoy.
8. No puedo encontrar mi libro de español.

B. You are a clerk at an airport ticket counter (**el mostrador**) and someone asks you how to get to the waiting room (**sala de espera**). Give him or her directions in Spanish. (See the map and situations on page 208.)

Frases útiles

ir: Vaya Ud.	Go	todo derecho	straight ahead
doblar: Doble Ud.	Turn	a la derecha	to the right
seguir (i, i): Siga Ud.	Continue	a la izquierda	to the left
pasar: Pase Ud. por	Pass through/by	el pasillo	the hall, corridor

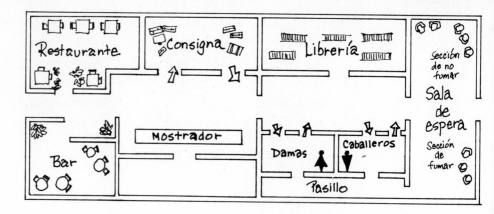

If you are at:

1. la sala de espera
2. la consigna (*baggage claim area*)
3. el restaurante

Tell someone how to get to:

el bar
la sala de espera
los servicios (*restrooms*)

Encuentro cultural: Los mandatos

Los mandatos formales son de verdad mandatos, y a veces pueden parecer (*seem*) un poquito bruscos. Si usted está en un restaurante, por ejemplo, es importante no ofender al camarero para no quedar mal (*to make a bad impression*). Si le dice, «Tráigame otra cerveza», resulta maleducado (*impolite*).

Hay varias maneras de suavizar (*softening*) un mandato. La más fácil es la de decir también «por favor» o «si me hace el favor». Otra forma es la de usar simplemente el presente del verbo: «Me trae, por favor, otra cerveza». Más suave aún es la forma interrogativa: «¿Me trae otra cerveza, por favor?». Si usted quiere estar seguro de no ofender a nadie, pregúntele: «¿Puede Ud. traerme otra cerveza, por favor?».

---

32. *Present Subjunctive: An Introduction*

Al aeropuerto, por favor. ¡Tenemos prisa!

ESTEBAN: ¡Qué temprano sale el avión! ¡Ojalá que *lleguemos* a tiempo!

CARLOTA: ¿Quieres que te *ayude* con las maletas?

ESTEBAN: No. Quiero que *subas* al taxi. Estamos atrasados. ¡No quiero que *perdamos* el vuelo!

CARLOTA: ¡Y yo quiero que tú *tomes* un calmante! Si el avión despega sin nosotros, ¿qué más da? Tomamos el próximo vuelo y ya está.

To the airport, please. We're in a hurry! ESTEBAN: What an early flight this is! (*lit.* How early the plane is leaving!) I hope we get there on time! CARLOTA: Do you want me to help you with the bags? ESTEBAN: No. I want you to get into the cab. We're late. I don't want us to miss the flight! CARLOTA: And I want you to take a tranquilizer! If the plane takes off without us, so what? We'll take the next flight, that's all.

Describa los deseos de Esteban.

1. Esteban quiere que (ellos)...
   a. lleguen a tiempo. b. lleguen con retraso.
2. Quiere que Carlota...
   a. suba al taxi. b. suba al autobús.
3. No quiere que Carlota...
   a. lo ayude con las maletas. b. lo ayude con el taxista.
4. No quiere que (ellos)...
   a. pierdan el taxi. b. pierdan el vuelo.

Subjunctive: An Overview

The present tense forms you have already learned are part of a verb system called the *indicative mood* **(el indicativo).** The **Ud.** and **Uds.** command forms that you learned in Grammar Section 31 are part of another verb system called the *subjunctive mood* **(el subjuntivo).**

In both English and Spanish, the indicative is used to state facts and to ask questions. It is used to express objectively most real-world actions or states of being.

She's writing the letter.
We are already there!

The subjunctive is used to express more subjective or conceptualized actions or states: things we want to happen, things we try to get other people to do, and events that we are reacting to emotionally.

I recommend that she **write** *the letter immediately.*
I wish (that) we **were** *already there.**

In later chapters, you will learn more about the concepts associated with the Spanish subjunctive. This chapter focuses on the forms of the subjunctive and on the structure of a type of sentence in which it is used.

Subjunctive: Sentence Structure

Each of the preceding English sentences with the subjunctive has two clauses: an independent clause with a conjugated verb and subject that can stand alone (*I recommend, I wish*), and a dependent (subordinate) clause that cannot stand alone (*that she write, that we were there*). The subjunctive is used in the dependent clause.

Indicate the independent and dependent clauses in the following sentences.

1. I don't think (that) they're very nice.
2. We feel (that) you really shouldn't go.

---

*The use of the subjunctive has lessened in modern English, and many English speakers no longer use it.

3. He suggests (that) we be there on time.
4. We don't believe (that) she's capable of that.

The Spanish subjunctive also occurs primarily in *dependent clauses* (**las cláusulas subordinadas**). Note that each clause has a different subject.

Independent Clause		**Dependent Clause**
first subject + *indicative*	(that)	second subject + *subjunctive*
Quiero	**que**	subas al taxi.
No quiero	**que**	perdamos el vuelo.

Forms of the Present Subjunctive

The personal endings of the present subjunctive are added to the first person singular of the present indicative minus its **-o** ending. As with **Ud./Uds.** commands, **-ar** verbs add endings with **-e**, while **-er/-ir** verbs add endings with **-a**.

Present Subjunctive of Regular Verbs					
hablar: **hablø → habl-**		**comer:** **comø → com-**		**vivir:** **vivø → viv-**	
habl**e**	habl**emos**	com**a**	com**amos**	viv**a**	viv**amos**
habl**es**	habl**éis**	com**as**	com**áis**	viv**as**	viv**áis**
habl**e**	habl**en**	com**a**	com**an**	viv**a**	viv**an**

The irregularities that you learned with **Ud./Uds.** commands occur in all forms of the present subjunctive.

Present subjunctive of verbs with spelling changes:

-car: c → **qu**	buscar:	bus**que**, bus**ques**,...
-gar: g → **gu**	pagar:	pa**gue**, pa**gues**,...
-zar: z → **c**	empezar:	empie**ce**, empie**ces**,...

*Present subjunctive of verbs with irregular indicative **yo** form:*

conocer: **conozca, conozcas, conozca, conozcamos, conozcáis, conozcan**

decir: **diga**,...	poner: **ponga**,...	traer: **traiga**,...
hacer: **haga**,...	salir: **salga**,...	venir: **venga**,...
oír: **oiga**,...	tener: **tenga**,...	ver: **vea**,...

Irregular present subjunctive forms:

dar:	**dé, des, dé, demos, deis, den**		
estar:	**esté**,...	saber:	**sepa**,...
haber (hay):	**haya**	ser:	**sea**,...
ir:	**vaya**,...		

Present subjunctive of stem-changing verbs:

-Ar and **-er** stem-changing verbs follow the stem-changing pattern of the present indicative.

pensar (ie): p**ie**nse, p**ie**nses, p**ie**nse, p**e**nsemos, p**e**nséis, p**ie**nsen
poder (ue): p**ue**da, p**ue**das, p**ue**da, p**o**damos, p**o**dáis, p**ue**dan

-Ir stem-changing verbs show the first stem change in four forms and the second stem change in the **nosotros** and **vosotros** forms.

dormir (ue, u): d**ue**rma, d**ue**rmas, d**ue**rma, d**u**rmamos, d**u**rmáis, d**ue**rman
preferir (ie, i): pref**ie**ra, pref**ie**ras, pref**ie**ra, pref**i**ramos, pref**i**ráis, pref**ie**ran

Meanings of the Present Subjunctive; Use with **querer**

Like the present indicative, the Spanish present subjunctive has several English equivalents: **(yo) hable** can mean *I speak, I am speaking, I do speak, I may speak,* or *I will speak.* The exact English equivalent of the Spanish present subjunctive depends on the context.

An English infinitive is frequently used to express the Spanish subjunctive.

Quieren que **estemos** allí a las dos. — *They want us **to be** there (that we be there) at 2:00.*

Quiero que **hables** con él en seguida. — *I want you **to speak** to him immediately.*

The use of the verb **querer** in the independent clause is one of the cues for the use of the subjunctive in the dependent clause. In this section you will practice the forms of the subjunctive mainly with **querer.** You will learn additional frequent uses of the subjunctive in the remaining chapters of this book, and see yet other instances of the Spanish subjunctive wherever appropriate, though you may not know the rule or generalization that governs a particular occurence. Now that you know how the subjunctive is formed, however, you will always be able to recognize it and understand its general meaning.

PRÁCTICA

A. Haga oraciones según las indicaciones. **¡OJO!** Cambie sólo el verbo de la cláusula subordinada.

1. Quiero que (tú)... (bailar, cenar, mirar esto, llegar a tiempo, buscar a Anita)
2. ¿Quieres que el niño... ? (aprender, escribir, leer, responder, asistir a clases)
3. Ud. quiere que (yo)..., ¿verdad? (empezar, jugar, pensarlo, servirlo, pedirlo)
4. No quieren que (nosotros)... (pedir eso, almorzar ahora, perderlos, dormir allí, cerrarla)
5. Queremos que Uds.... (conocerlo, hacerlo, traerlo, saberlo, decirlo)

6. Yo no quiero que Ana... (venir, salir ahora, ponerlo, oírlo, ser su amiga)

7. ¿Quieres que (yo)... ? (tenerlo, verlo, estar allí, dar una fiesta, ir al cine contigo)

B. ¿Qué desea cada una de las siguientes personas que hagamos? Haga oraciones según el modelo.

MODELO profesora: hablar mejor el español →
La profesora quiere que **hablemos** mejor el español.

1. Fred: no tener muchos exámenes
2. Betty: no tener que escribir más composiciones
3. Sally: aprender a expresarnos (*ourselves*) mejor
4. profesor: contestar bien todas las preguntas en el examen final

C. **Más sugerencias para las vacaciones.** ¿Adónde quieren todos que vayamos? Haga oraciones según el modelo.

MODELO Papá: ir a la playa → Papá quiere que **vayamos** a la playa.

1. Mamá: visitar la ciudad de Santa Fe
2. Laura: hacer varias excursiones cortas
3. niños: ir a Miami
4. Guillermo: volver a una casita en las montañas
5. tú: estar en casa todo el verano

CH. **Trabajo del guía** (*guide*). ¿Cómo se dice en español?
1. I want him to buy the tickets.
2. Do you want him to check the bags?
3. He doesn't want us to stand in line.
4. He doesn't want us to be late.

CONVERSACIÓN

A. La palabra **ojalá** significa *I wish* o *I hope;* nunca cambia de forma. Se usa con el subjuntivo para expresar deseos.

- **Ojalá que** haya paz en el mundo.
- **Ojalá que** todos estén bien.

Imagine que Ud. tiene tres deseos. Puede desear cualquier cosa para cualquier persona. ¿Qué desea Ud.? Empiece sus deseos con **Ojalá que... .**

B. ¿Qué quiere Ud. que hagan los demás (*others*)? Complete la oración en una forma lógica, haciendo todas las oraciones posibles.

Quiero que mi(s) (padres, novio/a, esposo/a, mejor amigo/a) _____.

DIÁLOGO: Un viaje en avión

Francisca y Rosalba, dos estudiantes argentinas, quieren hacer un viaje a Buenos Aires.

A. En la agencia de viajes

FRANCISCA: Me gusta viajar con gente alegre, ¿sabes? La clase turística es más divertida. ¿Qué te parece°?

ROSALBA: Eso digo yo. La primera clase es demasiado seria y tranquila.

EMPLEADO: Pues para el vuelo 257 a Buenos Aires todavía hay dos pasajes en clase turística. ¿Los quieren?

FRANCISCA: Sí, sí, cómo no. ¿A qué hora tenemos que estar en el aeropuerto?

EMPLEADO: El vuelo sale a las ocho de la mañana. Deben estar allí puntualmente a las siete. Se sirve el desayuno en el avión.

°¿Qué... ¿Qué piensas?

B. En el aeropuerto

FRANCISCA: Los demás pasajeros ya están subiendo al avión. Estamos atrasadas y todavía tenemos que facturar el equipaje.

ROSALBA: ¿Quieres que yo lleve las dos maletas? Tú puedes guardar el puesto en la cola.

FRANCISCA: Está bien. Te espero allí.

C. Un poco más tarde

EMPLEADA: Los boletos, por favor.

ROSALBA: Aquí, tome, y dígame, por favor, ¿adónde tenemos que ir?

EMPLEADA: A la sala de espera. Sigan todo derecho por el pasillo y doblen a la izquierda. El vuelo sale de la puerta° número cuatro,˙ ¿eh?

°gate

ROSALBA: Bien. ¿Es directo el vuelo?

EMPLEADA: No, hay una escala. ¿Quieren que las ponga juntas en la sección de fumar?

ROSALBA: Nosotras no fumamos, pero eso no importa.

EMPLEADA: Pues entonces,° las pongo en la cola° del avión con un grupo de estudiantes. ¡Buen viaje!

°then / tail

Comprensión

Conteste en oraciones completas.

A. 1. ¿Adónde quieren viajar Francisca y Rosalba?
   2. ¿En qué clase les gusta viajar? ¿Por qué?
   3. ¿Qué tipo de pasajes les vende el empleado?
   4. ¿A qué hora es la salida del avión?

Fact = no subjunctive
hope - wish = subj - use que

B. 1. ¿Llegan temprano al aeropuerto Francisca y Rosalba?
   2. ¿Qué tienen que hacer cuando llegan?

a la sala despera

C. 1. ¿Adónde tienen que ir después de entregar (*to hand over*) sus boletos?
   2. ¿Es un vuelo directo?
   3. ¿Quieren que la empleada las ponga en la sección de fumar?
   4. ¿Con quiénes van a viajar? *Con un grupo de estudiantes*

Comentario cultural

Except for a wide belt along the southern and eastern portion of the continent, surface travel in South America is difficult and time-consuming. Much of the remaining area is covered by dense tropical forest and by the Andes, the high range of mountains that extends from the Caribbean coast in the north to Tierra del Fuego in the extreme south. Today the airplane is a very common way to travel long distances in South America, and frequently it is the only way to get from one place to another. But one can also travel from Mexico to the tip of South America on the **Carretera Panamericana,** a highway that extends the length of the western part of the continent.

UN POCO DE TODO

A. **En el aeropuerto.** Form complete sentences based on the words given, in the order given. Conjugate the verbs and add other words if necessary. Use subject pronouns only when needed.

I want you to buy me exchange

1. yo / querer / tú / comprarme / boleto / primero / clase; / yo / esperarte / aquí
2. ojalá / no / haber / mucho / pasajeros; / mí / no / gustar / nada / hacer cola
3. no / fumar / Uds., / por favor; / mi / compañero / no / gustar / humo
4. nosotros / querer / vuelo / llegar / tiempo; / nosotros / no / gustar / esperar
5. yo / no / querer / Ud. / facturarme / equipaje; / mi / maletas / ser / nuevo / y / yo / no / querer / Uds. / perderlas

B. **Oiga, por favor...** ¿Cómo se dice en español?

1. Buy the tickets. Buy them the tickets, please. They want you to buy them the tickets.
2. Save the seat. Save me the seat, please. I want you to save me the seat.
3. Check the bags. Check the bags for us, please. We want you to check the bags for us.

C. **Acciones y reacciones.** React to each situation, then resolve it by giving advice according to the model.

MODELO   SITUACIÓN: Su profesor(a) de español les da muchos exámenes.
         REACCIÓN: (No) Me gusta eso. Quiero que nos dé más/menos exámenes.
         SOLUCIÓN: Profesor(a), dénos más/menos exámenes, por favor.

1. Su profesor(a) les habla muy rápidamente en español.
2. No hay asientos en la sección de no fumar y Ud. tiene que tomar un asiento al lado de (*next to*) un señor que fuma mucho.
3. Su vecino/a (*neighbor*) toca el estéreo por la mañana mientras Ud. trata de (*are trying to*) estudiar.
4. Sus padres siempre van al mismo (*same*) sitio todos los veranos.

CH. **Recomendaciones para las vacaciones.** Complete the following vacation suggestion with the correct form of the words in parentheses, as suggested by the context. When two possibilities are given in parentheses, select the correct word.

(*Les/Los*[1]) quiero decir (*algo/nada*[2]) sobre (*el/la*[3]) ciudad de Machu-Picchu. ¿Ya (*lo/la*[4]) (*saber/conocer*[5]) Uds.? (*Ser/Estar*[6]) situada en los Andes, a unos ochenta kilómetros° de la ciudad de Cuzco (Perú). Machu-Picchu es conocida° como (*el/la*[7]) capital escondida° de los incas. Se (*decir*[8]) que (*ser/estar*[9]) una de las manifestaciones (*más/tan*[10]) importantes de la arquitectura incaica. Era° refugio y a la vez ciudad de vacaciones de los reyes° (*incaico*[11]).

 Yo (*querer*[12]) que Uds. la (*visitar*[13]) porque (*ser/estar*[14]) un sitio inolvidable.° (*Ir*[15]) Uds. a Machu-Picchu en primavera o verano—son las (*mejor*[16]) estaciones para visitar este lugar. Pero (*comprar*[17]) Uds. los boletos pronto, porque (*mucho*[18]) turistas de todos los (*país*[19]) del mundo (*visitar*[20]) este sitio extraordinario. ¡(*Saber/Conocer*[21]) que a Uds. (*los/les*[22]) va a (*gustar*[23]) el viaje!

50 millas / known

hidden

It was

kings

unforgettable

VOCABULARIO

VERBOS

anunciar to announce
bajar (de) to get down (from); to get off (of)
dar (*irreg.*) to give
decir (*irreg.*) to say; to tell
despegar to take off (*of planes*)
doblar to turn (*a corner*)
encontrar (ue) to find
facturar to check (*baggage*)
fumar to smoke
guardar to save (*a place*)
gustar to be pleasing
mandar to send
olvidar to forget
parecer to seem
pasar to happen; to pass
prestar to lend
querer (ie) to love
regalar to give (*as a gift*)
seguir (i, i) to continue; to follow
subir (a) to go up; to get on

SUSTANTIVOS

el **aeropuerto** airport
el **asiento** seat

el **autobús** bus
el **avión** airplane
la **ayuda** help, assistance
la **azafata** female flight attendant
el **billete/boleto** ticket; **de ida** one-way; **de ida y vuelta** round-trip
el/la **camarero/a** flight attendant
el **conductor** conductor
el **consejo** (piece of) advice
la **demora** delay
el **dulce** piece of candy; *pl.* sweets
el **equipaje** baggage, luggage
el **humo** smoke
la **llegada** arrival
el **maletero** porter
el **pasaje** passage, ticket
el/la **pasajero/a** passenger
el **puesto** place (*in line, etc.*)
la **sala de espera** waiting room
la **salida** departure
la **tarjeta (postal)** (post)card
el **tren** train
el **vuelo** flight

ADJETIVOS

atrasado/a (*with* **estar**) late

demás other(s)
divertido/a amusing, funny
económico/a economical
serio/a serious
solo/a alone
tranquilo/a calm, tranquil

PALABRAS ADICIONALES

a tiempo on time
a veces sometimes, at times
la clase turística tourist class
derecho straight ahead
hacer cola to stand in line; **hacer escalas** to have stopovers; **hacer las maletas** to pack one's suitcases
ojalá que + *subjunctive* I wish, hope that (*something happens*)
la primera clase first class
la sección de (no) fumar (non)smoking section

estar de vacaciones to be on vacation
ir de vacaciones to go on vacation

ACTIVIDADES

A. **Necesito comprar...** Imagine that you need to buy the following items but do not know—or have forgotten—the words in Spanish. Try to get your idea across to a Spanish-speaking clerk by paraphrasing, using synonyms, telling what the item is like, what it is used for, what it is made of, and so on.

MODELO a suitcase → Necesito comprar algo para mi viaje. Lo uso para llevar mi ropa y mis otras cosas. Cuando tengo demasiada ropa y demasiadas cosas, otra persona me ayuda a cerrarlo.

1. Kleenex
2. motion-sickness pills
3. a bread box
4. a music box
5. a hammock
6. postcards
7. a briefcase
8. a wallet *cartera*

B. **Por favor.** How would you go about getting the following information? Using the suggestions in **A propósito...** on page 218, prepare a series of short statements and questions that will help you get all the information you need. Your instructor will play the role of ticket seller, travel agent, or flight attendant.

MODELO You need to buy two first-class tickets on Tuesday's 10:50 A.M. train for Guanajuato. →
Dos boletos para Guanajuato, por favor. Para el martes, el tren de las 10:50. De primera clase, por favor.

1. You need to buy two second-class train tickets for today's 2:50 P.M. train for Barcelona.
2. You are at the train station and need to find out how to get to the university—which you understand is quite some distance away—by 10:00 A.M.
3. You want to find out from your travel agent what you need to do before taking your first trip abroad. In what order should things be done?
4. The flight you are on is arriving late, and you will probably miss your connecting flight to Mexico City. You want to explain your situation to the flight attendant and find out how you can get to Mexico City by 7:00 this evening.
5. You are talking to a travel agent and want to fly from Santiago, Chile, to Quito, Ecuador. You are traveling with two friends who prefer to travel first class, and you need to arrive in Quito by Saturday afternoon.

C. **¿Dónde está mi maleta?** You arrive at your destination, but your luggage does not. When you go to the baggage claim area, you are required to fill out

a form. With another student, play the roles of **agente** and **pasajero/a**. The **agente** will ask the following questions in order to fill out the form. The list will help you describe your suitcase.

Agente:

1. ¿Cuál es su apellido, por favor? ¿y sus iniciales?
2. ¿De dónde salió (*took off*) su vuelo? ¿Cuál es el número de su vuelo?
3. ¿Cuál es el número de la etiqueta (*tag*) de su maleta?
4. ¿De qué material es? ¿de qué color?
5. ¿Cuál es el contenido de su maleta?
6. ¿Cuál es su dirección (*address*) permanente? ¿y su teléfono?
7. ¿Cuál es su dirección temporal aquí? ¿y el nombre de su hotel? ¿hasta qué fecha?

IBERIA
LÍNEAS AÉREAS DE ESPAÑA S.A.

PARTE DE IRREGULARIDAD DE EQUIPAJE
PROPERTY IRREGULARITY REPORT
P. I. R.

Apellido(s) del Pasajero / Passenger's name					Inicial(es) del Nombre / Initial(s)

Itinerario del pasajero según su cupón / Passenger's itinerary as per passenger coupon — Compañía/Airline · N.° de Vuelo/Flight N° · Mes/Month · Día/Day · De A/From To

Etiqueta de equipaje n.° de serie / Baggage Tag-Serial N.° — Compañía/Airline · 4 últimos dígitos/Last 4 digits

Tipo de equipaje y Código de Colores / Baggage Type and Colour Codes — Tipo/Type · Color/Colour (×3)

Contenido (Cualquiera de los artículos más corrientes indicados en el reverso) / Contents (Any of the distinct items listed overleaf)

Instrucciones para la entrega local / Local delivery instructions — Peso total del equipaje facturado / Total weight of checked baggage

Título del pasajero / Passenger's title — Correspondencia con el pasajero / Correspondence with the passenger — Llaves adjuntas al PIR-Keys attached to PIR ☐ · Llaves no adjuntas al PIR-Keys not attached to PIR ☐

Idiomas: Español / Languages: Spanish — Inglés/English — Otro/Other

Dirección permanente del pasajero y n.° de teléfono / Passenger's permanent address and telephone n° — Direccion temporal y n.° de teléfono. A partir de/hasta / Temporary address telephone n°. Date from/to

Fecha-Date — Firma del empleado autorizado por la Compañía / Company official's signature — Este informe no supone ninguna aceptación de responsabilidad por parte de IBERIA. This report does not involve any acknowledgement of liability for IBERIA. — Firma del pasajero / Passenger's signature

EQUIPAJE / Baggage

Color: Use el siguiente Código de colores. / Colour: Use following colour codes.

ALU	Plateado (*Aluminum, Silver*).
BLU	Azul (*Blue*).
BLK	Negro (*Black*).
BRN	Marrón, Tostado, del Cervato, Bronce, Cobre, Óxido de hierro, Rojo oscuro (*Brown, Tan, Fawn, Bronze, Copper, Rust, Oxblood*).
CLR	Claro, Traslúcido, Opaco, Plástico (*Clear, Translucent, Opaque, Plastic*).
CRM	Beige, Crema, Marfil, Ante (*Beige, Cream, Ivory, Buff*).
GRN	Verde (*Green, Olive*).
GRY	Gris (*Grey*).
PLD	Cuadros escoceses, Ajedrezado, Jaspeado (*Plaid, Checked, Tweed*).
RED	Rojo, Castaño, Rosa (*Red, Maroon, Pink*).
STR	Listado (*Striped*).
TPY	Tapizado, Floreado, Moteado (*Tapestry, Floral, Spotted*).
WHT	Blanco (*White*).
YLW	Amarillo, Naranja (*Yellow, Orange*).

Material: Para describir la clase de material, utilice una de las siguientes palabras: / Material: For the description of the material, use one of the following.

CUERO — LEATHER
FIBRA — FIBRE
METAL — METAL
PLÁSTICO — PLASTIC
MADERA — WOOD
LONA — CANVAS
CARTÓN — CARDBOARD

A propósito...

Communicating with a minimum of words. In class you are frequently asked to use complete sentences. But when you speak Spanish outside of the classroom, you don't always speak in complete sentences—sometimes because you do not know or cannot remember how to say something. And when you try to say a long sentence, such as *"Would you be so kind as to tell me how I can get to the train station?"*, it is easy to get tongue-tied, to omit something, or to mispronounce a word. When this happens, the listener often has trouble understanding. A shorter, more direct phrase or sentence often yields more effective results. A simple **perdón** or **por favor** followed by **¿la estación de trenes?** is both adequate and polite.

To accomplish something more complicated, such as buying two first-class tickets on Tuesday's 10:50 A.M. train for Guanajuato, you might begin by saying **"Dos boletos para Guanajuato, por favor."** After that, you can add other information, often in response to the questions that the ticket agent will ask you. By breaking the message down into manageable bits of information, you simplify the communication process for both parties.

A word of caution is in order, however. While you may streamline your message, native speakers may answer using complex sentences and words that are unfamiliar to you. Be prepared to guess, relying on context and on real-world information. You can also use the following strategies.

Repita, por favor. No comprendo.	*Repeat, please. I don't understand.*
Por favor, repita _____.	*Please, repeat _____.* (if you can repeat or approximate the word or phrase you didn't understand)
Más despacio, por favor.	*More slowly, please.*
¿Me lo escribe, por favor?	*Would you write it down for me, please?*

LECTURA CULTURAL: Aventuras de transporte

Antes de leer

Be careful when you assign meaning to third-person verbs and object pronouns in Spanish. For example, **le** can mean *to him, to her,* or *to you* **(Ud.),** the reader. In the same way, third-person singular verbs can have the following subjects: *he, she, it,* or *you* **(Ud.).** When reading, you must determine the referent of these pronouns and verb forms.

In the following reading the author often addresses you, the reader, directly, without using **usted** to mark the verb or **a usted** to clarify the object pronoun **le.** Keep this in mind as you read.

Si usted hace una excursión por el mundo hispánico, tiene a su disposición todos los <u>medios</u> de transporte: avión, tren, autobús, taxi y metro. El viaje le puede <u>resultar</u> una experiencia muy interesante, primero por los paisajes,° pero también   *scenery* por las personas que va a conocer.

Si usted necesita un medio de transporte en Madrid, México o Buenos Aires, puede tomar el metro. Es sin duda la forma más rápida y conveniente de <u>movilizarse</u> dentro de estas enormes ciudades. En todas las ciudades un auto-

bús o un taxi lo puede llevar a cualquier° lugar, pero es necesario tener mucho *any*
cuidado° con los taxistas. Algunos creen que son conductores de carros de tener... *to be very*
careful
carreras°... y que su taxi es el único vehículo que ocupa la calle. Es importante conductores... *race-car*
drivers
saber si el taxi tiene taxímetro o no, porque si no lo tiene, es mejor negociar la
tarifa con el taxista antes de subir. Es muy desagradable llegar al lugar de destino
y descubrir que el taxista le cobra el doble de la tarifa normal.

Si usted quiere conocer los pueblecitos del país, es mejor viajar en autobús,
especialmente en los de segunda o tercera clase que se detienen° en muchos se... *stop*
pueblos y aldeas.° Esta clase de bus es prácticamente el único medio de trans- *pequeños pueblos*
porte que usan los campesinos,° porque la tarifa es bastante° barata. Es común ver *rural class / fairly*
subir al autobús a personas que cargan° varios gallos vivos agarrados por las *are carrying*
patas.° gallos... *live roosters*
held by their feet

No queremos darle a usted la impresión de que los medios de transporte del
mundo hispánico están atrasados,° ni mucho menos. Por ejemplo, en España el *backward*
sistema de trenes es bastante bueno, y Venezuela tiene un sistema de carreteras° y *highways*
autopistas° extraordinario. Además, todos los países tienen sus propias° líneas *freeways / own*
aéreas. En efecto, Avianca—la línea colombiana—es la primera línea aérea comercial establecida en el hemisferio occidental. También, las otras aerolíneas—
Mexicana, Iberia (España), Aerolíneas Argentinas, Lacsa (Costa Rica) y Lan-Chile,
entre otras—ofrecen un servicio excelente.

Comprensión

Complete las oraciones en una forma lógica según la lectura.

1. En las ciudades grandes del mundo hispánico, el metro _____
   a. es un medio de transporte indispensable.
   b. es lento (*slow*) y por eso poca gente lo usa.
   c. es un lujo, es decir, para las personas ricas solamente.
2. Un viaje en taxi _____
   a. es poco interesante, por lo general.
   b. no es muy conveniente en las ciudades grandes.
   c. puede ser una experiencia inolvidable (*unforgettable*).
3. La gente que vive en los pueblos pequeños generalmente viaja _____
   a. en taxi.   b. en autobús.   c. por metro.
4. En general los medios de transporte hispánicos son _____
   a. viejos y necesitan modernizarse.
   b. exclusivamente terrestres (*ground*).
   c. bastante buenos y variados, como los de los Estados Unidos.

Para escribir

Imagine that you are writing down some travel tips for a Spanish-speaking friend who is going to visit the
United States. How will you complete each sentence?

1. Si quieres viajar de Boston a Nueva York, puedes _____. También puedes _____.
2. En cambio, si deseas ir de Boston a San Francisco, es necesario _____.
3. Muchas personas _____ en Nueva York y otros usan _____.
4. En este país, no es cómodo _____.
5. En (nombre de su ciudad), la mayoría de la gente _____.

CAPÍTULO 8

EL TRABAJO

PETER MENZEL

PARA EMPEZAR

In this chapter and in **Un paso más 8,** you will learn vocabulary and expressions about professions and the working world, and will consider related attitudes and customs of Hispanic peoples. As a first step, listen to the following conversation about a difficulty encountered by one U.S. citizen who needs to find a job in Bolivia.

Sally habla con Regina, su compañera de cuarto boliviana.

SALLY: ¿Sabes?, creo que no tengo suficiente dinero para pasar todo el verano en La Paz. En los Estados Unidos trabajaba (*I used to work*) tiempo parcial como mesera (*waitress*). Esta tarde voy a buscar un empleo en un restaurante.

REGINA: No te hagas ilusiones (*Don't kid yourself*), mujer. En primer lugar, los restaurantes buenos aquí nunca emplean mujeres. Es más, con la visa que tienes, dudo que te permitan trabajar. Por ley (*law*), un extranjero sólo puede ocupar un puesto si no hay un boliviano capacitado (*qualified*) para ese puesto.

VOCABULARIO: PREPARACIÓN

En la oficina: Jefes y empleados			
el/la director(a)	manager, director	el aumento	raise, increase
el/la empleado/a	employee	el cheque	check
el/la jefe/a	boss	la empresa	corporation, business
		los impuestos	taxes
dar consejos	to give advice	el negocio	business
despedir (i, i)	to fire	la oficina	office
funcionar	to function	el puesto	job, position
ganar	to earn; to win	el sueldo	salary
quitar	to take out, withhold	el trabajo	job, work

En busca de un puesto	
caer (caigo)	to fall
caerle bien/mal a alguien	to make a good/bad impression on someone
cambiar (de puesto)	to change (jobs)
conseguir (i, i)	to get, obtain *consigo*
dejar	to quit; to leave (behind)
llenar	to fill out (*a form*)
renunciar (a)	to resign (from)
el/la aspirante	candidate, applicant
la entrevista	interview
la solicitud	application form

A. ¿Qué acción o descripción corresponde a los sustantivos a la izquierda?

1. el gobierno
2. el empleado
3. la jefa
4. el puesto
5. los impuestos
6. el aumento
7. los consejos
8. el sueldo

a. Trabaja en una oficina.
b. Puede tener prestigio e* interés o puede ser algo regular y monótono.
c. Quita impuestos de nuestros cheques.
ch. Parte del sueldo que se paga al gobierno.
d. Es necesario si el empleado va a poder combatir la inflación.
e. Puede despedir a los empleados no satisfactorios.
f. Se dan gratis porque «no cuestan nada».
g. Nos lo pueden dar semanal (una vez a la semana), bi-semanal o mensualmente.

---

*__*Y__ (*and*) becomes **e** before a word that begins with **i** or **hi: Isabel y Fernando,** but **Fernando e Isabel; hijos y padres,** but **padres e hijos.**

Ahora, siguiendo el modelo de las acciones que se describen en la página 221, describa estos sustantivos de una manera sencilla.

1. el aspirante   2. la entrevista *interview*   3. la solicitud *appl from*

B. Escoja (*Choose*) el mejor consejo para cada problema; luego justifique su respuesta.

   1. Su jefe es muy antipático.
     a. Cambie de puesto, porque los jefes no cambian nunca.
     b. Sea muy simpático/a con él para ver si empieza a ser simpático con Ud.

   2. Los empleados llegan tarde todos los días.
     a. Por cada minuto de retraso (*tardiness*), quíteles un dólar de su cheque.
     b. Dígales que va a anunciar sus puestos como vacantes y empiece a organizar entrevistas.

   3. Ud. gana un sueldo muy bajo.
     a. Explíquele su situación al director/a la directora y pídale un aumento.
     b. Consiga un trabajo de tiempo parcial por las noches.

   4. Un empleado habla mucho por teléfono con sus amigos.
     a. Cuando Ud. ve que llama a alguien, déle algo que hacer.
     b. Cuando llegue la cuenta telefónica, déjela en el escritorio del empleado.

   5. Le quitan muchos impuestos del cheque.
     a. Renuncie Ud. y no busque otro trabajo. Así no tiene que pagar nada al gobierno.
     b. Declare en el formulario W-4 que Ud. tiene cinco hijos.

C. ¿Quién lo dijo (*said*)? ¿La directora, el empleado o los dos? Explique su respuesta.

   1. Siempre les doy buenos consejos, pero no me escuchan nunca. *both los dos*
   2. Este negocio no funciona bien. Voy a renunciar a mi trabajo. *los dos*
   3. La voy a despedir si no mejora (*improves*) su trabajo. *empleado*

*Este ejecutivo costarricense habla con uno de sus clientes por teléfono. El desarrollo (*development*) económico y comercial en el mundo hispánico continúa a un paso aceleradísimo.*

KATHERINE A. LAMBERT

4. Me gusta mucho la responsabilidad de dirigir (*run*) la empresa. *directora*
5. Creo que los jefes ganan mucho más que nosotros. *empleado*
6. Es necesario caerle bien al jefe. Si no, te despide. *los dos*
7. ¡Es tan aburrido leer solicitudes!—todas son iguales. *la directora*
8. Quieren que pensemos solamente en el trabajo. ¿No tenemos una vida privada? *los dos*

Encuentro cultural: La familia y el trabajo

Cada sociedad desarrolla (*develops*) estructuras que responden a sus necesidades. Un buen ejemplo de esto se da en el campo laboral. En el mundo hispánico es muy común encontrar que dentro de un negocio o empresa muchas de las personas son de una sola familia, no solamente padres e hijos, sino (*but*) también en ocasiones primos, cuñados (*brothers-in-law*) y parientes más lejanos. También es común emplear a una persona porque es un pariente de un buen amigo. Este sistema de «personalismo» fácilmente le puede parecer a un norteamericano una manifestación de «nepotismo». Sin embargo, responde al valor (*value*) de atender primero que nada (*first of all*) al bienestar (*well-being*) de la familia.

Profesiones y oficios°	*trades*
el/la abogado/a	lawyer
el/la comerciante	merchant, shopkeeper
el/la criado/a	servant
el/la enfermero/a	nurse
el hombre/la mujer de negocios	businessman/woman
el/la ingeniero/a	engineer
el/la médico/a	doctor
el/la obrero/a	worker, laborer
el/la periodista	journalist
el/la plomero/a	plumber
el/la siquiatra	psychiatrist

CH. ¿A quién necesita Ud. en estas situaciones? ¿A quién va a llamar?

1. Hay problemas con la tubería (*pipes*) en la cocina (*kitchen*).
2. Ud. acaba de tener un accidente con el coche; la otra persona dice que Ud. tiene la culpa (*fault*).
3. Por las muchas tensiones y presiones, Ud. tiene serios problemas afectivos (*emotional*).
4. Ud. está en el hospital y quiere que alguien le dé una aspirina.
5. Ud. quiere que alguien le ayude con el trabajo doméstico porque no tiene mucho tiempo para hacerlo.
6. Ud. quiere que alguien le haga unos arreglos (*repairs*) en la casa.
7. Ud. sabe todos los detalles de un escándalo en la administración local.

D. ¿Qué profesiones asocia Ud. con estas frases? Consulte la lista de la página 223 y la siguiente.

actor/actriz
ama de casa (*homemaker*)
arquitecto/a
azafata/camarero
barman
camarero/a
carpintero/a

consejero/a
cura/pastor/rabino
dentista
entrevistador(a)
maestro/a (*teacher*)
pintor(a)

poeta
policía
político
presidente/a
profesor(a)
secretario/a

1. intelectual
2. aburrido
3. sensible (*sensitive*)
4. mucho/poco dinero
5. mucho/poco poder (*power*)
6. mucha/poca responsabilidad

7. mucho/poco prestigio
8. mucha/poca prisa
9. mucho/poco peligro (*danger*)
10. mucho/poco trabajo
11. de las nueve a las cinco
12. muchos/pocos años de preparación

PRONUNCIACIÓN: I and U with Other Vowels

When unstressed **u** and **i** occur next to another vowel, they always form diphthongs. For this reason, the words **bueno** and **siete** have two syllables each; the **u** and the **i** form diphthongs with the following vowel and are pronounced [w] and [y] respectively: [bwe-no], [sye-te].

When **u** and **i** have written accent marks, they do not form diphthongs. Thus, **dios** has one syllable, while **días** has two syllables; **continuo** has three syllables, and **continúo** has four.

Unaccented **i** represents [y] in the participle ending **-iendo: comiendo, viviendo.** Unaccented **i** between two vowels becomes **y: oyendo, leyendo, cayendo.**

PRÁCTICA

A. ai/aí   uo/úo   ia/ía   au/aú
   ue/úe   ie/íe   io/ío   ua/úa

B. viaje   experiencia   historia   bien   tierra
   radio   idioma   ciudad   traigo   aire
   seis   veinte   treinta   oigo   ciudadano   ruido

C. Guadalajara   suave   puedo   fueron   antiguo
   cuota   causa   bautizo   Europa   europeo

CH. país paraíso oímos sociología energía
período ríe gradúa continúe acentúo

MINIDIÁLOGOS Y GRAMÁTICA

33. Subjunctive in Noun Clauses: Willing

El viernes, por la tarde

JEFE: Tenemos que trabajar el sábado, señores, y tal vez el domingo. *Es necesario* que el inventario *esté* listo el lunes.

EMPLEADO: Ud. *quiere* que *lleguemos* a las ocho, como siempre, ¿verdad?

JEFE: No, una hora más temprano. Y si quieren comer, *recomiendo* que *traigan* algo de casa. No va a haber tiempo para salir.

EMPLEADO: (A la empleada.) ¡Ay! Mis planes para el fin de semana... *Ojalá* que el jefe *cambie* de idea.

EMPLEADA: ¡Lo más probable es que tengas que cambiar de planes!

¿Qué va a pasar este fin de semana? Use las palabras entre paréntesis como guía.

1. El jefe quiere que los empleados (preparar)... preparen
2. Va a ser necesario que todos (llegar)... lleguen a las ocho
3. Va a ser necesario que los empleados (traer)... traigan
4. Va a ser necesario que el empleado (cambiar)... cambie

Subjunctive: Concepts

si Sub -always use ojo
Ojala
nessessario
Recomiendo
espero
Teme

In Grammar Section 32 you learned about the sentence structure typical of many sentences that contain the subjunctive in Spanish: *independent clause* + **que** + *subjunctive in dependent clause,* with a different subject in each clause. In addition, the use of the subjunctive is associated with the presence, in the independent clause, of a number of concepts or conditions—willing, emotion, and doubt—that trigger the use of the subjunctive in the dependent clause.

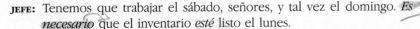

- ***What** does the boss want?*
  Quiere que los empleados lleguen a tiempo. (*direct object*)

- ***What** does the boss like?*
  Le gusta que los empleados lleguen a tiempo. (*subject*)

Friday afternoon BOSS: We'll have to work on Saturday, people, and maybe on Sunday. It's necessary that the inventory be ready on Monday.   EMPLOYEE: You're going to want us to be here at eight as usual, right?   BOSS: No, an hour earlier. And if you want to eat, I recommend that you bring something from home. There won't be any time to go out.   EMPLOYEE: (*To female employee.*) Oh, my plans for the weekend! I hope that the boss changes his mind.   FEMALE EMPLOYEE: It's more likely that you'll have to change your plans!

- **What** *does the boss doubt?*

   Duda que los empleados siempre lleguen a tiempo.   (*direct object*)

These uses of the subjunctive fall into the general category of the subjunctive in noun clauses. The clause in which the subjunctive appears functions like a noun (subject or direct object) in the sentence as a whole.

Subjunctive in Noun Clauses: Willing

Independent Clause		Dependent Clause
first subject + *indicative* (expression of willing)	**que**	second subject + *subjunctive*

La empresa **quiere** que los empleados **estén** contentos.	*The company wants the employees to be happy.*
¿**Prefieres** tú que (yo) **haga** un flan o un pastel?	*Do you prefer that I make a flan or a cake?*
Es necesario que Álvaro **estudie** más.	*It's necessary that Álvaro study more.*

A. Expressions of willing are those in which someone, directly or indirectly, tries to influence what someone else does or thinks: *I suggest that you be there on time; It's necessary that you be there.* In Spanish, expressions of willing, however strong or weak, are followed by the subjunctive mood in the dependent clause.

B. Some verbs of willing include **decir, desear, insistir (en), mandar** (*to order* or *to send*), **pedir (i, i), permitir** (*to permit*), **preferir (ie, i), prohibir** (*to prohibit* or *forbid*), **querer (ie),** and **recomendar (ie).** Because it is impossible to give a complete list of all Spanish verbs of willing, remember that verbs that convey the sense of willing—not just certain verbs—are followed by the subjunctive.

   ¡OJO! The subjunctive is used in the dependent clause after **decir** and **insistir en** when they convey an order. The subjunctive is *not* used when they convey information. Compare the following:

Carolina nos dice que **lleguemos** a las siete en punto.	*Carolina says (that) we should arrive at 7:00 sharp.*
Carolina dice que **son** simpáticos.	*Carolina says (that) they're nice.*

C. Remember to use the infinitive—not the subjunctive—after verbs of willing when there is no change of subject.

   No change of subject:

Desean cenar ahora.	*They want to have dinner now.*

   Change of subject:

Desean que **Luisa y yo cenemos** ahora.	*They want Luisa and me to have dinner now.*

CH. As you know, generalizations are followed by infinitives.

Es necesario estudiar. *It's necessary to study.*

When a generalization of willing is personalized (made to refer to a specific person), it is followed by the subjunctive in the dependent clause.

Es necesario **que estudiemos.** *It's necessary for us to (that we) study.*

Es importante **que consiga** el puesto. *It's important for him to (that he) get the job.*

Other generalizations of willing include **es urgente, es preferible,** and **es preciso** (*necessary*).

[Práctica A]

D. Some verbs of willing are frequently used with indirect object pronouns.

Nos dicen		*They tell us to*	
Nos piden	} que **vayamos.**	*They ask us to*	} go.
Nos recomiendan		*They recommend that we*	

The indirect object indicates the subject of the dependent clause, as in the sentences above: **nos → vayamos.**

[Práctica B, C, CH, D, E]

PRÁCTICA

A. **Sugerencias y recomendaciones.** Dé oraciones nuevas según las indicaciones.

1. En clase: El profesor no quiere que *Uds.* fumen. (*yo, nosotros, tú, los estudiantes, Lupe, vosotros*)
2. En casa, el día antes de la fiesta: Es necesario que alguien *llame a nuestros amigos.* (*comprar los refrescos, buscar unos discos nuevos, invitar a nuestros amigos, traer la comida*)

B. ¿Qué le piden a Ud. siempre sus amigos?

Mis amigos siempre me piden que _____. (*estudiar con ellos, salir con ellos, explicarles la gramática, ir al cine, no tomar tanto café, ?*)

C. **El viernes, en la oficina.** ¿Qué recomendaciones le hace la directora? Haga oraciones según el modelo, usando el pronombre sujeto donde sea necesario.

MODELO recomendar / Paco / trabajar el sábado →
La directora le recomienda a Paco que trabaje el sábado.

1. recomendar / yo / no hablar tanto por teléfono
2. mandar / Alicia / llegar a tiempo el lunes

3. recomendar / Ud. / buscar otro puesto
4. decir / todos / ser más cuidadosos (*careful*) con los detalles
5. pedir / Uds. / tener el inventario preparado para el miércoles
6. prohibir / tú / hablar con el presidente de la empresa

CH. Complete las oraciones, usando el subjuntivo de los verbos indicados.

1. No nos gusta *pagar* los impuestos, pero es preciso que (nosotros) los
_____.
2. Quiero *ir* a Albania, pero nuestro gobierno prohíbe que los
ciudadanos (*citizens*) de los Estados Unidos _____ a ese país.
3. Quiero *tomar* seis clases este semestre, pero el consejero no permite
que _____ tantas.
4. Amanda no le quiere *regalar* nada a su primo, pero su madre insiste
en que le _____ algo.
5. El abuelo está enfermo y el niño quiere *ver*lo, pero sus padres no
permiten que (el niño) lo _____.
6. Nunca *descanso* mucho. Ahora todos están insistiendo en que (yo)
_____ más.
7. Quiero *ir* de vacaciones este año, pero mi situación económica no me
permite que (yo) _____.

D. ¿Qué quiere Ud. que estas personas hagan? Use Ud. los verbos de la derecha
o cualquier otro para formar oraciones de dos cláusulas, según el modelo.

MODELO la criada → Yo insisto en (quiero,...) que la criada lave (*wash*) la
ropa.

1. la siquiatra   servir la comida
2. el plomero   decirme si el doctor está ocupado
3. los comerciantes   escuchar mis problemas
4. la abogada   traerme un café
5. el enfermero   venir pronto—hay mucha agua en el suelo
6. la criada   (*floor*) del cuarto de baño (*bathroom*)
7. la azafata   bajar sus precios
8. el camarero   lavar la ropa
                 darme consejos (legales)
                 darme la cuenta ahora

E. **Recomendaciones del director.** ¿Cómo se dice en español?

1. I want you to do the inventory.
2. I insist that it be ready by **(para)** tomorrow.
3. If you can't do it by then **(para entonces),** I want you to work this
weekend.
4. It's urgent that it be on my desk at 8 A.M.
5. I recommend that you begin it immediately **(en seguida).**

CONVERSACIÓN

A. Qué quieren estas personas?

¿Quiere que lo haga ahora o mañana?

1. El empleado
   _____. El director
   de la empresa
   _____. Yo creo
   que es importante
   _____.

2. La jefa _____. La
   empleada *sale*!
   Parece que es
   urgente *Termina*
   Los jefes siempre
   _____.

3. La madre *que comen los hijos*
   Los niños _____.
   Yo creo que es
   necesario _____.
   Los padres
   siempre _____.

B. **Recomendaciones.** Ud. es miembro de los grupos siguientes y quiere pedir (recomendar, etcétera), muchas cosas—el número máximo posible—a las personas indicadas. ¿Qué va a decir? Use los siguientes verbos y frases.

pedir que	insistir en que	preferir que
recomendar que	prohibir que	querer que
es importante que	es preciso que	es urgente que

1. un grupo de empleados (todos miembros de un sindicato [*union*]), a los jefes
2. un grupo de prisioneros, al director de la prisión
3. un grupo de niños mimados (*spoiled*), a los padres
4. un grupo de viejos militantes (como las «Panteras Grises»), al gobierno
5. los ciudadanos de los Estados Unidos, al presidente
6. la consejera, a un grupo de estudiantes nuevos
7. _____, a _____

C. Working in groups, make a list of five things you would like someone else to do. Then present each request to someone in the class, who must either do it, promise to do it, or give a good excuse for not doing it.

MODELO   Queremos que Roberto nos traiga *donuts* mañana. →
   ROBERTO: No les voy a traer *donuts* porque no tengo dinero.

34. *Subjunctive in Noun Clauses: Emotion*

KATHERINE A. LAMBERT

Ciudad de Panamá

Un futuro peatón

ANITA: ¿Qué tal el tráfico en la carretera esta mañana?

CARLOS: Un desastre, un verdadero desastre. Dos horas al volante, una multa y ahora un coche que no funciona como debe. *Tengo miedo* de que la transmisión no *esté* totalmente bien.

ANITA: ¡Hombre, hace años que tienes problemas de este tipo! *Me sorprende* que no *compres* una casa más cerca de la oficina.

JULIO: ...¡o que no *compres* un carro nuevo!

1. Para Carlos, ¿es fácil llegar a la oficina? no
2. De qué tiene miedo Carlos ahora?
3. ¿Dónde vive Carlos, cerca o lejos de la oficina?
4. ¿Qué le recomiendan Anita y Julio?

Independent Clause		**Dependent Clause**
first subject + *indicative* (expression of emotion)	**que**	second subject + *subjunctive*

Esperamos que Ud. **pueda** asistir.

We hope (that) you'll be able to come.

Tengo miedo (de) que mi abuelo **esté** muy enfermo.

I'm afraid (that) my grandfather is very ill.

Es lástima que no **den** aumentos este año.

It's a shame they're not giving raises this year.

A. Expressions of emotion are those in which speakers express their feelings: *I'm glad you're here; It's good that they can come.* Such expressions of emotion are followed by the subjunctive mood in the dependent clause.

B. Some expressions of emotion are **esperar, gustar, sentir (ie, i)** (*to regret or feel sorry*), **me** (**te, le,** and so on), **sorprende** (*it is surprising to me* [*you, him, her*]), **temer** (*to fear*), and **tener miedo (de).** Since not all expressions of emotion are given here, remember that any expression of emotion—not just certain verbs—is followed by the subjunctive.

C. When generalizations of emotion are personalized, they are followed by the subjunctive in the dependent clause. Some expressions of emotion are **es terrible, es ridículo, es mejor/bueno/malo, es increíble** (*incredible*), **es extraño** (*strange*), **qué extraño** (*how strange*), **es lástima** (*shame*), and **qué lástima** (*what a shame*).

A future pedestrian ANITA: What was the traffic like on the highway this morning? CARLOS: Terrible, just terrible. Two hours at the wheel, a ticket, and now a car that isn't working as it should. I'm afraid that the transmission isn't quite right. ANITA: Man, you've had problems like these (of this kind) for years. I'm surprised you don't buy a house closer to the office. JULIO: ...or buy a new car!

PRÁCTICA

A. **Sentimientos.** ¿Cuáles son algunas de las cosas que le gustan o que le dan miedo a Ud.?

   1. Me gusta mucho que ____. (*estar contentos mis amigos, funcionar bien mi coche, venir todos a mis fiestas, estar bien mis padres, ?*)

   2. Tengo miedo de que ____. (*haber mucho tráfico en la carretera mañana, no venir nadie a mi fiesta, haber una prueba* [quiz] *mañana, ocurrir una crisis internacional, no darme el jefe un aumento, ?*)

B. **Chismes** (*Gossip*) **de la oficina.** Haga oraciones completas de dos cláusulas, según el modelo.

   MODELO   Juan / no gustar / tenemos que trabajar los fines de semana →
               A Juan no le gusta que tengamos que trabajar los fines de semana.

   1. Sara / esperar / le dan un aumento
   2. a ti / sorprender / hay tanto trabajo
   3. Armando / temer / lo van a despedir
   4. nosotros / sentir / nos quitan tanto del cheque para los impuestos
   5. a mí / no gustar / nos dan sólo dos semanas de vacaciones
   6. todos / tener miedo / no hay aumentos este año

C. Complete las oraciones con la forma apropiada del verbo entre paréntesis.

   1. Dicen en la agencia que mi carro nuevo es económico. Por eso me sorprende que (*usar tanta gasolina*). Temo que el coche (*no funcionar totalmente bien*).

   2. ¡Qué desastre! El jefe dice que me va a despedir. ¡Es increíble que (*despedirme*)! Es terrible que (yo) (*tener que buscar otro puesto*). Espero que (él) (*cambiar de idea*).

   3. Generalmente nos dan un mes de vacaciones, pero este año sólo tenemos dos semanas. Es terrible que sólo (*darnos dos semanas*). No nos gusta que (*ser tan breves las vacaciones*). Es lástima que (*no poder ir a ningún sitio*).

   4. A los padres de Soledad no les cae bien su novio. Siento que Soledad (*estar tan triste*). ¡Qué lástima que a sus padres (*caerles mal el novio*). Espero que los dos (*poder resolver la situación*).

CH. **Noticias familiares.** ¿Cómo se dice en español?

   1. I'm sorry your daughter is sick.
   2. It's incredible that Johnny is already twelve years old!
   3. What a shame that Julio isn't feeling well.
   4. How strange that Jorge never calls you.
   5. I'm glad that you're going to invite John to the wedding.

CONVERSACIÓN

A. ¿Qué piensan estas personas? Conteste las preguntas según los dibujos.

1. ¿Qué siente Jorge? ¿Qué espera?

2. ¿Qué espera Fausto? ¿Qué teme? ¿Qué le parece ridículo?

3. ¿Qué teme Mariana? ¿Qué espera?

B. **Profesiones y oficios.** Express your feelings about the following situations by restating them, beginning with one of the following phrases or any others you can think of:

es bueno/malo que **es extraño/increíble que** **es lástima que**

1. Muchas personas buscan trabajo hoy en día.
2. Los salarios no se aumentan al mismo ritmo (*same pace*) que la inflación.
3. Los plomeros ganan mucho por hora.
4. Muchos obreros ganan más que los maestros.
5. Hay muchos/pocos cursos comerciales en esta universidad.
6. Uno tiene que estudiar diez años para ser médico.
7. Los siquiatras nunca descubren (*reveal*) los secretos de sus pacientes.
8. Las mujeres no siempre ganan tanto como los hombres cuando hacen el mismo trabajo.

¿Recuerda Ud.?

Review the direct (Grammar Section 27) and indirect object (Grammar Section 29) pronouns before beginning Grammar Section 35. Remember that direct objects answer the questions *what* or *whom* and that indirect objects answer the questions *to whom* or *for whom* in relation to the verb.

DIRECT:	me	te	**lo/la**	nos	os	**los/las**
INDIRECT:	me	te	**le**	nos	os	**les**

Identifique los complementos directo e indirecto en las siguientes oraciones.

1. Nos mandan los libros.
2. ¿Por qué no los compras mañana?
3. ¿Me puedes leer el menú?
4. Léalo ahora, por favor.

5. Juan no te va a dar el dinero hoy.
6. No lo va a tener hoy.
7. Sí, claro que te veo.
8. Hábleme ahora, por favor.

35. *Double Object Pronouns*

Pedestrian!

When both an indirect and a direct object pronoun are used in a sentence, the indirect object pronoun (**I**) precedes the direct (**D**): **ID.** Note that nothing comes between the two pronouns. The position of double object pronouns with respect to the verb is the same as that of single object pronouns.

¿Por qué no **nos lo** dices?	*Why don't you tell it to us?*
Acaba de dár**melas.**	*He's just given them to me.*
Me lo está sirviendo ahora.	*She's serving it to me now.*

[Práctica A, B]

When both the indirect and the direct object pronouns begin with the letter **l,** the indirect object pronoun always changes to **se.** The direct object pronoun does not change.

~~Le~~ ↓ **Se**	compra unos zapatos. los compra.	*He's buying her some shoes.* *He's buying them for her.*
~~Les~~ ↓ **Se**	mandamos la blusa. la mandamos.	*We'll send you the blouse.* *We'll send it to you.*

Since **se** stands for **le** (*to/for you* [sing.], *him, her*) and **les** (*to/for you* [pl.], *them*), it is often necessary to clarify its meaning by using **a** plus the pronoun objects of prepositions.

Se lo escribo **(a Uds., a ellos, a ellas).**	*I'll write it to (you, them).*
Se las doy **(a Ud., a él, a ella).**	*I'll give them to (you, him, her).*

[Práctica C, CH]

PRÁCTICA

A. Ud. todavía tiene hambre. Pida más comida, según el modelo. Fíjese en (*Note*) el uso del tiempo presente como sustituto para el mandato.

MODELO   ensalada → ¿Hay más ensalada? Me la pasas, por favor.

    1. pan   2. tortillas   3. tomates   4. fruta   5. vino   6. jamón

B. La casa de su amigo Raúl es un desastre. Dígale Ud. cómo lo va a ayudar a ponerla en orden, usando el verbo **lavar** (*to wash*).

MODELO   coche → ¿El coche? Te lo lavo mañana.

    1. ventanas   2. refrigerador (*m.*)   3. platos   4. ropa

C. Answer the questions, basing your answers on what you observe happening in the drawings. Use double object pronouns.

1. ¿El empleado le vende el carro a María? (→ *No, no se lo vende a ella.*) ¿a los Sres. Benítez? ¿a Ud.? ¿a Esteban?

2. ¿El camarero le sirve una cerveza a Carlos? ¿a los hermanos? ¿a Uds.? ¿a Emilia?

3. ¿Ramiro le manda flores a Tomás? ¿a los Sres. Padilla? ¿a ti? ¿a Carmen?

4. ¿Carmen les recomienda los tacos a Raúl y Celia? ¿a Estela? ¿a Ud.? ¿a Lucas?

CH. **En el aeropuerto.** Cambie: sustantivos → pronombres.

    1. Acaban de decirme la hora de la salida.
    2. Sí, quiero que Ud. me lea el horario, por favor.
    3. No, no tiene que darle los boletos ahora.
    4. Estoy guardándole el equipaje.
    5. ¿No quieres que te compre los pasajes?
    6. ¿Nos quieren guardar el puesto en la cola?
    7. Le recomiendo la clase turística, señor.
    8. La azafata nos va a servir la cena en el avión.

CONVERSACIÓN

Entrevista. Discover another student's opinions about the topics listed, following the model.

MODELO   Profesiones: la carrera de maestro →
  —¿Me recomiendas la carrera de maestro?
  —No, no te la recomiendo porque tienes que pasar todo el día con niños, y sé que a ti no te gustan.
  —¿Y la carrera de...

1. Profesiones y oficios: la carrera de abogado, de médico, de periodista, el oficio de plomero/a
2. La música: los discos de Julio Iglesias, las canciones (*songs*) de Bob Dylan, los conciertos de Los Rolling Stones, la ópera
3. Las vacaciones: un viaje a Buenos Aires, a Madrid, a la ciudad de México, a las islas del Caribe
4. La comida: McDonald's, el ceviche, (nombre de un restaurante)

OTRAS CATEGORÍAS: clases de la universidad, películas recientes, profesores, medicinas, residencias, actividades

36. *Double Object Pronouns with Formal Commands*

¡Tráigamelo!
¡Mándenselas!
¡No se lo digan!
¡No nos la solicite!

Match these requests with the boss's commands.

- No quiero que les digan el verdadero problema.
- Quiero que me traiga el contrato.
- Prohíbo que nos solicite otra entrevista.
- Es necesario que le manden las cuentas.

The position of double object pronouns in relation to formal commands is the same as that of single object pronouns (Grammar Section 31). The pronouns must follow and be attached to affirmative commands, and precede negative ones.

Págue**melo**. No **me lo** pague.   *Pay it for me. Don't pay it for me.*
Díga**selo**. No **se lo** diga.   *Tell it to them. Don't tell it to them.*

PRÁCTICA

Mandatos de la oficina. Con otro/a estudiante, haga y conteste las preguntas según el modelo.

MODELO traer un café → —¿Quiere que le traiga un café?
—Sí, tráigamelo, por favor.

1. buscar las solicitudes
2. firmar (*to sign*) las cartas
3. comprar el boleto
4. hacer las reservaciones
5. escribir el contrato
6. preparar el inventario
7. llenar la solicitud
8. conseguir una entrevista

Ahora repita el ejercicio, contestando negativamente.

MODELO traer un café → —¿Quiere que le traiga un café?
—No, no me lo traiga todavía.

CONVERSACIÓN

Someone has just mentioned the following items to you. Give as many commands as you can, based on them. Be creative! And remember to give negative as well as affirmative commands.

MODELO la novela *Guerra y paz* →
¡No me la lea!
Désela a mi hermano, por favor. A él le gusta leer.
Mándemela, por favor. Me gustan las novelas largas.

1. un millón de dólares
2. un coche usado del año sesenta
3. dos billetes para un concierto de la orquesta sinfónica
4. unas flores
5. unos dulces
6. un disco de Santana

DIÁLOGO: Una cuestión de suerte

Carlos, estudiante hispanoamericano que estudia comercio internacional en Arizona
Fred, estudiante estadounidense, compañero de Carlos
la Sra. Carrillo, empleada hispanohablante de una oficina de empleo

A. En la residencia

CARLOS: ¿Sabes, Fred? Va a ser necesario que regrese sin terminar el semestre.

Temo que vayan a devalorar nuestra moneda° y sé que mis padres no me   *currency*
pueden ayudar más.

FRED: ¡Qué fatal, hombre! ¿Por qué no buscas un trabajo de tiempo parcial?

CARLOS: No sé... el Departamento de Inmigración tiene tantas reglas°...   *rules*

FRED: Sí, pero también hay excepciones. Sólo es necesario demostrar° que hay   *to show*
circunstancias excepcionales.

CARLOS: ¡Ojalá que tengas razón! ¿Me acompañas a Inmigración?

FRED: Cómo no.

B. En la oficina de empleo

SRA. CARRILLO: Ah, ¿ya llenó° su solicitud de empleo?   *did you fill out*

CARLOS: Sí, pero... quiero que me la revise,° si es tan amable.   *check*

SRA. CARRILLO: (*Leyendo la solicitud.*) ¿No ha trabajado Ud.° antes?   *No... Have you worked*

CARLOS: En mi país, sí, como ayudante de mi padre en su oficina durante las
vacaciones.

SRA. CARRILLO: Pues, mire, señor. Sin título,° experiencia ni recomendaciones...   *degree*
temo que Ud. tenga muy pocas posibilidades de conseguir un buen
trabajo. ¿Tiene algún oficio?

CARLOS: No, señora, ni carrera tampoco. Todavía soy estudiante. Necesito un
trabajo de tiempo parcial.

SRA. CARRILLO: Ah, ya comprendo. Déjeme ver en este fichero°... ¿Sabe Ud. traducir   *card file*
contratos del inglés al español y viceversa? Una empresa mercantil
busca un traductor. Ud. puede traducir los documentos en su casa.
Y le pagan bastante bien.

CARLOS: Creo que soy la persona para ese empleo. Estudio comercio
internacional.

SRA. CARRILLO: Pues vaya Ud. a la Sección de Personal de la empresa con estos
papeles y presénteselos al jefe en mi nombre. Buena suerte en la
entrevista y... además... ¡que se gradúe pronto!

CARLOS: Se lo agradezco° enormemente, señora. ¡Adiós!   *I thank*

Comprensión

Conteste en oraciones completas.

A. 1. ¿Cuál es el problema de Carlos?
   2. ¿Qué consejo le da Fred?
   3. ¿Espera Carlos que su situación pueda
      resolverse (*be solved*)?
   4. ¿Adónde quiere Carlos que vayan los dos?

B. 1. ¿Tiene Carlos mucha experiencia en el
      mundo del trabajo?
   2. ¿La Sra. Carrillo cree que Carlos tiene
      muchas o pocas posibilidades de
      encontrar trabajo? ¿Por qué?
   3. ¿Qué tipo de puesto le recomienda la Sra.
      Carrillo?
   4. ¿Puede hacer Carlos bien el trabajo?
   5. ¿Adónde tiene que ir Carlos y qué tiene
      que hacer?

Comentario cultural

1. Carlos is able to get special permission from the Immigration Department to seek a job in the United States, but in many cases it is not easy for a foreigner to get a work permit in this country. Normally a student visa does not permit one to work, and other regulations make it difficult for skilled or semiskilled foreigners to support themselves in this country. The situation in Hispanic countries is even more strict, and in many nations foreigners are strictly prohibited from holding jobs at all. All employment possibilities are reserved for citizens.

2. More and more Hispanic women are entering the work force. In metropolitan areas, women of the lower classes have always worked, of necessity. Tradition, however, expected women—particularly middle-class and upper-class women—to stay at home and attend to the needs of the family. This tradition is gradually changing, and the percentage of women in the work force in Spanish America and Spain has increased rapidly in recent years. Increasing numbers of women are completing college, and many more are working in industry and entering the professions: law, medicine, and so on. A majority, however, continue to be employed in auxiliary occupations.

UN POCO DE TODO

A. **El trabajo perfecto.** Form complete sentences based on the words given, in the order given. Conjugate the verbs and add other words if necessary. Use subject pronouns only when needed.

1. yo / esperar / Ud. / estar / muy / contento / trabajando / este / empresa
2. nosotros / no / insistir / Ud. / llegar / a la misma (*same*) hora / siempre
3. me / sorprender / Ud. / aceptar / salario ofrecido; / yo / querer / que / Ud. / pedir / aumento
4. ser / lástima / Ud. / pensar / dejar / estudios
5. si / haber / alguno / problema, / Ud. / poder / explicar / le / lo / director; / él / gustar / escuchar / problemas / de / empleados

B. **Jefes y empleados.** Con otro/a estudiante, haga y conteste preguntas según el modelo.

MODELO   EMPLEADO: ¿Ud. quiere que le escriba la carta al Sr. Pérez?
        JEFE: Sí, escríbasela, por favor. En realidad, quiero que se la escriba ahora mismo.

1. ¿Ud. quiere que les prepare el contrato a los hermanos Padilla?   (esta tarde)
2. ¿Ud. quiere que le mande el telegrama a la empresa colombiana?   (en este momento)
3. ¿Ud. desea que le entreviste a los dos aspirantes?   (tan pronto como sea posible)
4. ¿Me dice que le dé un aumento de sueldo a Jorge?   (para el mes que viene)

C. Ud. es director(a) de una oficina. Hoy un empleado/a viene a la oficina por primera vez. ¿Qué le va a decir? ¿Qué consejos le va a dar?

Le recomiendo que Ud....
Espero que los otros empleados...
Es necesario que Ud....
Me gusta que todos...
Prefiero que...

trabajar todos juntos aquí.
llegar puntualmente por la mañana.
no usar el teléfono en exceso.
no dejar para mañana el trabajo de hoy.
ayudarlo a acostumbrarse (*to get used*) a la rutina.
siempre estar de acuerdo con el jefe.

CH. Con otro/a estudiante, planee un viaje de vacaciones para este verano. Primero, hágale preguntas al compañero (a la compañera) para descubrir sus preferencias. Luego, pónganse de acuerdo (*agree*) sobre el itinerario. Use las siguientes preguntas como guía.

1. ¿Quieres que vayamos a las montañas o a la playa? (¿al mar o al campo [*country*]?)
2. ¿Prefieres que pidamos hoteles de lujo (*deluxe*) o de clase turística?
3. ¿Es mejor que vayamos en avión o en barco? ¿en coche?
4. ¿Qué lugares esperas que visitemos?
5. ¿Cómo es necesario que paguemos? ¿con tarjetas de crédito o al contado (*in cash*)?

Ahora describa el itinerario para la clase.

D. **Comparaciones.** With another student, compare and contrast the ways in which you complete the following sentences. Talk about yourself, your family, your friends, and so on.

MODELO   —¿Qué te piden siempre tus padres que hagas?
         —Siempre quieren que yo... Y tus padres, ¿qué te piden a ti que hagas?

- Yo siempre quiero que mi(s) _____ • No me gusta nada que mi(s) _____.
- Mi(s) _____ siempre quiere(n) que yo _____ • A mi(s) _____ (no) le(s) gusta que yo _____
- Me gusta mucho que mi(s) _____ • Es ridículo/lástima que mi(s) _____.

VOCABULARIO

VERBOS

caer (caigo) to fall
caer bien/mal to make a good/bad impression
cambiar (de) to change
conseguir (i, i) to get, obtain
dejar to quit; to leave (behind)
despedir (i, i) to fire
funcionar to function; to run, work (*machines*)
ganar to earn; to win
llenar to fill out (*a form*)
mandar to order
permitir to permit, allow
prohibir to prohibit, forbid
quitar to take out, withhold
renunciar (a) to resign (from)
resolver (ue) to solve, resolve
sentir (ie, i) to regret, feel sorry
temer to fear

SUSTANTIVOS

el/la **aspirante** candidate, applicant

el **aumento** raise, increase
la **carrera** career, profession
el/la **ciudadano/a** citizen
el/la **comerciante** merchant, shopkeeper
el/la **criado/a** servant
el **cheque** check
el/la **director(a)** manager, director
el/la **empleado/a** employee
la **empresa** corporation, business
el/la **enfermero/a** nurse
la **entrevista** interview
el **gobierno** government
el **hombre/la mujer de negocios** businessman/woman
el **impuesto** tax
el/la **ingeniero/a** engineer
el **inventario** inventory
el/la **jefe/a** boss
el/la **médico/a** doctor
el **miembro** member
el **negocio** business
el/la **obrero/a** worker, laborer
el **oficio** trade
el/la **periodista** journalist

el/la **plomero/a** plumber
el **puesto** job, position
el/la **siquiatra** psychiatrist
la **solicitud** application form
el **sueldo** salary

PALABRAS ADICIONALES

de tiempo parcial part-time
en busca de looking for, in search of
es (¡qué... !) extraño it is (how) strange
es increíble it is incredible
es (¡qué... !) lástima it is (what a) shame
es preciso it is necessary
listo/a (with **estar**) to be ready
me (te, le...) sorprende it is surprising to me (you, him . . .)

UN PASO MÁS 8

ACTIVIDADES

A. **Una llamada del Departamento de Personal.** Imagine that your friend Manuela has given your name as a personal reference on a job application. The person in charge of hiring for that position is calling you. What will or should you say about Manuela to help her get the job in the following situations?

Manuela quiere ser...

1. abogada pública para el condado (*county*)
2. vendedora de libros de texto para universidades
3. secretaria bilingüe
4. dependienta en un almacén
5. profesora de español

Now imagine that you are trying to get information about an applicant for the jobs listed above. What would you want and need to know? Make up questions to elicit the information you need.

Palabras y frases útiles

la experiencia	experience	**dejó**	she left
los puntos débiles	weaknesses	**estudió**	she studied
los puntos fuertes	strengths	**viajó**	she traveled
cuidadoso/a	careful		
honrado/a	honest		
independiente	independent		
maduro/a	mature		
responsable	responsible		
se preocupa (preocupó) por los demás	she is (was) concerned about others		
se lleva (llevó) bien/mal con los demás	She gets (got) along well/badly with others		

B. **¿Cómo?** You hear the following sentence fragments. How can you get the entire message in each situation? Give as many different responses as possible to each fragment, using the expressions in the **A propósito...** section.

1. Cuesta... pesos el kilo.
2. Primero vaya Ud. a la calle Princesa, después... y por fin doble a la derecha.
3. ...no tienen que tomar el examen final.
4. ...lo puede hacer.

5. Es necesario que... y después Ud. puede hablar con el jefe.
6. La entrevista es a las...
7. Siento decirte que tu amigo...
8. Ahora quiero que Ud.... Podemos hablar más tarde.

C. **¡Ay!** Los padres del dibujo experimentan (*are feeling*) una ansiedad típica de muchas personas: temen que se estén poniendo (*becoming*) viejos demasiado rápidamente. ¿Teme Ud. esto también? ¿Qué ansiedad o ansiedades tiene Ud.? Mencione por lo menos cinco, siguiendo estos modelos.

MODELO   Tengo miedo de que _____
             Temo que _____

¿Qué ansiedades tienen las siguientes personas?

1. el presidente de los Estados Unidos
2. una bailarina muy famosa
3. un millonario
4. un estudiante durante un examen final
5. un profesor sin experiencia, el primer día de clases en su primer puesto
6. un niño de cinco años el primer día de la escuela primaria

---

A propósito...

In the **A propósito...** section in Chapter 7, you learned some basic strategies to use when you haven't understood what someone has said to you in Spanish. Here are some additional suggestions.

In English, when you don't understand what someone says, it is appropriate to ask "*What?*" For this reason, it seems natural to ask **"¿Qué?"** in Spanish, but the word **qué** is seldom used in this way. If you want a speaker to repeat what he or she said, use one of these expressions:

¿Cómo?	*What? How's that again?*
¿Mande? (México)	
¿Qué (me) dice(s)?	*What did you say?*
Perdón, no entendí bien.	*Excuse me, I didn't understand.*
¿Puede(s) hablar más despacio, por favor?	*Could you speak more slowly, please?*

If you understand most of what is said but miss a single important word or phrase, you can repeat what you *did* understand, leaving it to the speaker to fill in the part you missed: **¿El autobús para León sale a... ? ¿Quieres que yo... ?** Or, you can simply use an interrogative such as **¿cuántos?, ¿cuál(es)?, ¿quién(es)?, ¿dónde?,** or **¿cuándo?** to elicit the missing information.

LECTURA CULTURAL: La educación en los países hispánicos

Antes de leer

In upcoming chapters of *Puntos de partida* you will learn a number of different verb tenses. But even before you know the actual verb forms you should be able to make educated guesses about when an action takes place by examining the context that surrounds the verb. Pay particular attention to the time cues in the following sentences. Can you guess what the verbs mean?

1. Pagaré la matrícula mañana. Y tú, ¿cuándo la pagarás?
2. El año pasado los Ramírez viajaron a Colombia en junio.
3. Anoche Raúl estaba leyendo mientras (*while*) su esposa preparaba la cena.

In the following reading, a number of verb forms end in **-ó.** This is part of the third-person ending for a past tense that you will study in the next chapter. If you recognize the infinitive, you should be able to determine the meaning of the unglossed verb forms that end in **-ó: habló** = *he/she spoke,* **vivió** = he/she lived.

Para describir el sistema educativo de muchos países hispanos, tomemos° como ejemplo el caso de Josué, un arquitecto colombiano que acaba de graduarse en la Universidad Nacional de Bogotá. Josué entró en la escuela primaria a los seis años de edad. Asistió a una escuela privada para varones° dirigida por padres jesuitas. Después de terminar los seis años de primaria, entró en otra escuela privada para hacer los seis años de colegio.° Allí siguió diez cursos al año: ciencias, matemáticas, religión, filosofía, dibujo, inglés, francés, latín, literatura y economía. Luego empezó a estudiar en la Universidad Nacional—la matrícula allí era° más barata que en las universidades privadas. Terminó su programa de estudios en seis años en vez de cuatro porque hubo° mucha actividad política durante aquel tiempo. Además de° varias huelgas° estudiantiles, el gobierno cerró la universidad en varias ocasiones.

    El programa educativo de Josué es un ejemplo de la educación que reciben muchos de los estudiantes hispanos. Por lo general, el sistema hispano impone un programa más rígido que el de las escuelas de los Estados Unidos, en el colegio y en la universidad también. En los planes de estudios hispánicos hay menos cursos «optativos». Por sus esfuerzos° en el colegio los estudiantes reciben el título de Bachiller después de aprobar° los exámenes de bachillerato. En la universidad se preparan para una profesión específica en alguna de las facultades distintas como Ingeniería, Medicina, Arquitectura, Derecho° o Filosofía.

    Otra diferencia entre los dos sistemas es que el hispano es más tradicional que el norteamericano. En los Estados Unidos se da más importancia a la discusión que a las conferencias° y lo que° se lee fuera de clase. Por ejemplo, para muchos profesores norteamericanos, un factor muy importante en la nota° que se da al estudiante es su activa participación en la clase durante el semestre. En cambio,

let's take

niños

escuela secundaria

was

there was

Además... *In addition to* / strikes

efforts
passing

Law

lectures / lo... *what* grade

en las universidades hispánicas es más corriente° que hable sólo el profesor   probable
durante la hora de clase.

Comprensión

¿De quién se habla, de un estudiante hispano o de un norteamericano?

1. Estudia en la escuela secundaria cuatro años.
2. Con frecuencia se interrumpen sus estudios porque los estudiantes protestan por algo.
3. Estudia una lengua extranjera porque es uno de los cursos optativos.
4. Entra en una facultad profesional inmediatamente después de graduarse en la secundaria.
5. Para él, es más importante escuchar al profesor que participar en las clases.
6. En la secundaria, estudia muchas materias clásicas.

Para escribir

A. Complete the following paragraph about your chosen career.

Estudio para ser _____ porque _____. Después de graduarme, quiero _____. En esta profesión se puede _____.

B. Haga una comparación entre dos clases de su universidad: su clase de español y otra. Incluya las respuestas de estas preguntas en la comparación.

1. ¿En qué clase participan más los estudiantes? ¿Por qué?
2. ¿En qué clase se da más importancia a las conferencias? ¿a la participación activa de los estudiantes?
3. ¿Cuántos días de la semana es obligatorio asistir a clase?
4. ¿Es la clase un requisito o es un curso optativo?
5. ¿Qué clase le gusta más a Ud.? ¿Por qué?

CAPÍTULO 9

EN CASA

VICTOR ENGLEBERT

PARA EMPEZAR

In this chapter and in **Un paso más 9,** you will learn vocabulary and expressions about housing and daily household activities, and will consider related attitudes and customs of Hispanic peoples. As a first step, read the following paragraph about one kind of house that you might see in Latin America.

¿Qué le parece esta casa de apartamentos? ¿Es de un estilo conocido (*familiar*)? Esta vista del exterior, ¿le parece a usted bonita? ¿Por qué sí o por qué no? En su opinión, ¿qué tiene de extraño? ¿Cómo cree usted que va a ser el interior del edificio? ¿Cuál es la función de la cerca (*fence*)? ¿Y la del alambre de púas (*barbed wire*)?

¿Qué se hace en los Estados Unidos para garantizar la seguridad de una casa particular (*private*)? ¿Qué estilo de construcción invita más al crimen, el de la foto o el de los Estados Unidos? En los Estados Unidos, ¿se considera más importante el aspecto exterior o el interior de la casa? ¿Son los dos aspectos de igual importancia para usted?

VOCABULARIO: PREPARACIÓN

La vida doméstica

Los quehaceres (*tasks*) domésticos

hacer la cama	to make the bed
lavar (las ventanas, los platos)	to wash (the windows, dishes)
limpiar la casa entera	to clean the whole house
pasar la aspiradora	to vacuum
poner la mesa	to set the table
preparar la comida/cocinar	to prepare food/to cook
sacar la basura	to take out the trash
sacudir los muebles	to dust the furniture

Las máquinas domésticas

el (aire) acondicionador	air conditioner	**la lavadora**	washing machine
		el lavaplatos	dishwasher
la cafetera	coffeepot	**el refrigerador**	refrigerator
la estufa	stove	**la secadora**	dryer

Los cuartos y las otras partes de una casa

la alcoba	bedroom	**el garaje**	garage
el baño	bathroom	**el patio**	patio; yard
la cocina	kitchen	**la sala**	living room
el comedor	dining room		

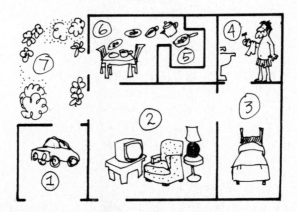

A. ¿Es Ud. buen(a) ama de casa (*housekeeper*)? ¿Con qué frecuencia hace Ud. los siguientes quehaceres? Otro/a estudiante lo/la va a entrevistar para evaluar sus hábitos domésticos. Si Ud. vive en una residencia estudiantil, imagine que vive en una casa o en un apartamento.

MODELO lavar las ventanas →
—¿Con qué frecuencia lavas las ventanas?
—No las lavo nunca. Me las lava la criada. (Las lavo frecuentemente. No me gusta que estén sucias.)

0 = nunca **1** = a veces **2** = frecuentemente **3** = todos los días

_____ 1. lavar las ventanas
_____ 2. hacer las camas
_____ 3. poner la mesa
_____ 4. preparar la comida
_____ 5. sacudir los muebles

_____ 6. lavar los platos
_____ 7. limpiar la casa entera
_____ 8. sacar la basura
_____ 9. pasar la aspiradora
_____ 10. limpiar el horno (*oven*)

_____ TOTAL

Interpretaciones

0–7 puntos: ¡Cuidado (*careful*)! Ud. estudia demasiado. Por favor, ¡limpie su casa! O, por lo menos, haga que alguien se la limpie a Ud.

8–14 puntos: Ud. puede vivir en su casa, pero no debe invitar a otras personas si no la limpia bien primero.

15–23 puntos: Su casa, aunque (*although*) no está perfecta, está limpia. Es un buen modelo para todos.

24–30 puntos: ¡Ud. es una maravilla y tiene una casa muy, muy limpia! Pero, ¿pasa Ud. todo el día limpiando la casa? ¿Le pide a la criada que se lo limpie todo?

B. ¿En qué cuarto o parte de la casa se hacen las siguientes actividades?
1. Se hace la cama en _____.
2. Se pone la mesa en _____.
3. Se saca la basura de _____ y se pone en _____.
4. Se prepara la comida en _____.
5. Se sacude los muebles de _____.
6. Se duerme en _____.
7. Uno se baña (*bathes*) en _____. Se baña al perro en _____.
8. Se mira la televisión en _____.
9. Se pasa la aspiradora en _____ y en _____.
10. Se lava el coche en _____.

C. ¿Para qué se usan los siguientes productos? Explíqueselo a su amigo hispano, que no los conoce.

1. Windex   3. Endust   5. Joy   7. Tide
2. Mr. Coffee   4. Glad Bags   6. Cascade   8. Lysol

CH. **Familias de palabras.** Dé Ud. el verbo que corresponde al sustantivo (*noun*) indicado en cada oración.

MODELO **prepara**ción → **prepara**r

1. La **seca**dora sirve para _____ la ropa. secar
2. Es necesario _____ la comida en un **refrigera**dor.

3. En la **cocina** se puede _cocinar_.
4. La **lava**dora sirve para _lavar_ ropa.
5. El **acondiciona**dor sirve para _____ el aire.

acondicionar

¿Dónde vive Ud.? ¿Dónde quiere vivir?			
alquilar	to rent	**el/la inquilino/a**	renter, tenant
el alquiler	rent	**la luz**	light, electricity
el centro	downtown	**la piscina**	swimming pool
la dirección	address	**el/la portero/a**	building manager; doorman
el/la dueño/a	owner, landlord, landlady	**el/la vecino/a**	neighbor
el gas	gas; heat	**la vista**	view

D. ¿Qué prefiere Ud.?

1. ¿vivir en una casa o vivir en una casa de apartamentos?
2. ¿vivir en el centro o en los suburbios? ¿o tal vez en el campo (*country*)?
3. ¿alquilar una casa / un apartamento o comprar una casa?
4. ¿pagar el gas y la luz—o pagar un alquiler más alto con el gas y la luz incluidos?
5. ¿ser el dueño del apartamento o ser el inquilino?
6. ¿que el portero / la portera lo arregle (*fix*) todo o arreglarlo todo Ud. mismo/a (*yourself*)?
7. ¿tener un garaje o una piscina?
8. ¿un apartamento pequeño con una vista magnífica o un apartamento más grande sin vista?
9. ¿un apartamento pequeño con una dirección elegante o un apartamento grande con una dirección más modesta?
10. ¿conocer muy bien a los vecinos o mantenerse a distancia (*keep your distance*)?

E. **Definiciones.**

MODELO   el lavaplatos → Es una máquina doméstica que lava los platos.

1. el inquilino   3. el garaje   5. el vecino
2. el centro   4. el portero   6. la criada

Más verbos útiles			
acostar (ue)	to put to bed	**levantar**	to lift, raise
afeitar	to shave	**quitar**	to remove, take away
bañar	to bathe	**sentar (ie)**	to seat, lead to a seat
despertar (ie)	to wake	**vestir (i, i)**	to dress
divertir (ie, i)	to amuse, entertain		

F. Complete las oraciones en una forma lógica, usando estas palabras o cualquier otra.

- el televisor, el ruido, una buena película, el sol, la clase de español, el despertador (*alarm clock*), el estéreo
- mi compañero/a, la enfermera, el camarero, el barbero, el dueño, el padre, la esposa, un estudiante

1. _____ me despierta.
2. _____ me divierte.
3. _____ baña al bebé.
4. _____ nos sienta en el restaurante.
5. _____ nos afeita en la barbería.
6. _____ acuesta a los niños en el hospital.
7. _____ quita los platos después de la comida.
8. _____ viste a los niños.
9. _____ levanta la mano (*hand*).

PRONUNCIACIÓN: More on Stress and the Written Accent

Some English words are distinguished from each other solely by the position of stress: *objéct* (*to express disagreement*), or *óbject* (*thing*); *súspect* (*one who is suspected*) or *suspéct* (*to be suspicious*). The same is true in Spanish: **tomas** (*you take*) or **Tomás** (*Thomas*). As you will soon learn, many past-tense verb forms are accented on the last syllable, so it is important to pay special attention to stress in verbs: **hable** (*speak*) versus **hablé** (*I spoke*): **hablo** (*I speak*) versus **habló** (*he spoke*).

Remember that when a word does not carry a written accent, (1) it is stressed on the next-to-last syllable if it ends in a vowel, **-n,** or **-s,** and (2) it is stressed on the last syllable if it ends in a consonant other than **-n** or **-s.** If the pronunciation of a word does not conform to these rules, the word must have a written accent mark on the stressed syllable. Note that the addition of an object pronoun to a verb form or of an ending to nouns and adjectives often affects accent marks: **usando → usándolo; ambición → ambiciones; francés → franceses.**

PRÁCTICA

A. Pronounce the following groups of words. Stress is the only difference in pronunciation.

1. tomas, Tomás   esta, está   papa, papá   halla, allá
2. hablo, habló   trabajo, trabajó   estudio, estudió   llego, llegó
3. baile, bailé   termine, terminé   cante, canté   compre, compré
4. continuo, continúo, continuó   intérprete, interprete, interpreté

B. Explain why accents are needed or not needed on the following words.

1. joven, jóvenes
2. francés, franceses
3. orden, órdenes
4. examen, exámenes

5. nación, naciones
6. dando, dándonos, dándonoslo
7. diga, dígame, dígamelo
8. hagan, háganlos, hácanselos

MINIDIÁLOGOS Y GRAMÁTICA

37. Reflexive Pronouns

Un día típico

1. *Me llamo* Alicia; mi esposo *se llama* Miguel. 2. *Me despierto* y *me levanto* temprano, a las seis. Él también *se levanta* temprano. 3. *Nos bañamos* y *nos vestimos*. 4. Luego yo pongo la mesa y él prepara el desayuno. 5. Después él hace la cama y yo lavo los platos. 6. ¡Por fin! Estamos listos para salir para la oficina. 7. Pero... un momentito. ¡Es sábado! ¿Es demasiado tarde para *acostarnos* otra vez?

Imagine que Ud. es Alicia y complete las oraciones.

1. _____ llamo Alicia y mi esposo _____ llama Miguel.
2. _____ levanto a las seis y Miguel _____ levanta a las seis y diez.
3. _____ baño; luego él _____ baña.
4. _____ visto y él _____ viste al mismo tiempo.

Ahora imagine que Ud. es Miguel y complete las oraciones describiendo las acciones de los dos.

1. Alicia y yo _____ levantamos temprano.
2. _____ bañamos y _____ vestimos con prisa (*quickly*) por la mañana.
3. Casi siempre _____ acostamos temprano también.

A typical day 1. My name is Alicia; my husband's name is Miguel. 2. I wake up and get up early, at six. He also gets up early. 3. We bathe and get dressed. 4. Then I set the table, and he makes breakfast. 5. Next he makes the bed, and I wash the dishes. 6. Finally! We're ready to leave for the office. 7. But . . . just a minute. It's Saturday! Is it too late to go back to bed?

Uses of Reflexive Pronouns

bañarse (*to take a bath*)		
(yo)	**me** baño	*I'm taking a bath*
(tú)	**te** bañas	*you're taking a bath*
(Ud.)		*you're taking a bath*
(él)	**se** baña	*he's taking a bath*
(ella)		*she's taking a bath*
(nosotros)	**nos** bañamos	*we're taking baths*
(vosotros)	**os** bañáis	*you're taking baths*
(Uds.)		*you're taking baths*
(ellos)	**se** bañan	*they're taking baths*
(ellas)		*they're taking baths*

In Spanish, whenever the subject does anything to or for him/her/itself, a *reflexive pronoun* (**un pronombre reflexivo**) is used. The Spanish reflexive pronouns are **me, te,** and **se** in the singular, **nos, os,** and **se** in the plural. English reflexives end in *-self/-selves: myself, yourself,* and so on.

The pronoun **se** at the end of an infinitive indicates that the verb is used reflexively. When the verb is conjugated, the reflexive pronoun that corresponds to the subject must be used: *(yo) me* **baño,** *(tú) te* **bañas,** and so on.

Spanish frequently uses reflexive pronouns with verbs to express ideas that are not reflexive or are not expressed reflexively in English: *I'm taking a bath* → **me baño** (literally, *I'm bathing myself*).

The following Spanish verbs, which you have already used nonreflexively, are also frequently used with reflexive pronouns.* Many of them are stem-changing.

acostarse (ue)	to go to bed	**levantarse**	to get up; to stand up
afeitarse	to shave	**llamarse**	to be named, called
bañarse	to take a bath	**ponerse**	to put on (clothing)
despertarse (ie)	to wake up	**quitarse**	to take off (clothing)
divertirse (ie, i)	to have a good time, enjoy oneself	**sentarse (ie)**	to sit down
dormirse (ue, u)	to fall asleep	**vestirse (i, i)**	to get dressed
lavarse	to wash oneself, get washed		

¡OJO!   After **ponerse** and **quitarse,** the definite article—not the possessive—is used with articles of clothing.

Se pone **el** abrigo.

He's putting on his coat.

Se quitan **el** sombrero.

They're taking off their hats.

---

*Compare: **Juan se lava.** (*John gets washed.*) **Juan lava la ropa.** (*John washes the clothing.*) **Juan la lava.** (*John washes it.*)

Placement of Reflexive Pronouns

Like direct and indirect object pronouns, reflexive pronouns are placed before a conjugated verb but after the word **no** in a negative sentence: **No se bañan.** They may either precede the conjugated verb or be attached to an infinitive or present participle.

Me tengo que levantar temprano. ⎫
Tengo que levantar**me** temprano. ⎭   *I have to get up early.*

¿**Te** estás divirtiendo? ⎫
¿Estás divirtiéndo**te?** ⎭   *Are you having a good time?*

¡OJO!   Regardless of its position, the reflexive pronoun reflects the subject of the sentence.

[Práctica A, B, C]

Reflexive pronouns are attached to affirmative commands, but they precede the verb in negative commands. When a reflexive and another object pronoun are used together, the reflexive comes first.

Quíte**se** el suéter.   *Take off your sweater.*
Quíte**selo** Ud.   *Take it off.*

No **se** ponga esa blusa.   *Don't put on that blouse.*
No **se la** ponga Ud.   *Don't put it on.*

[Práctica CH, D, E]

Reciprocal Actions with Reflexive Pronouns

The plural reflexive pronouns, **nos, os,** and **se,** can be used to express *reciprocal actions* (**las acciones recíprocas**). Reciprocal actions are usually expressed in English with *each other* or *one another.*

Nos queremos

Nos queremos.
¿**Os** ayudáis?
Se miran.

Se miran

We love each other.
Do you help one another?
They're looking at each other.

[Práctica F]

PRÁCTICA

A. **Hace calor.** ¿Qué hacemos? Dé oraciones nuevas según las indicaciones.

—*Ellos* se quitan el suéter.   (*yo, Carolina, nosotros, tú, todos, vosotros*)

yo me quito
se quita

*¿Tú crees que cada vez° que nos
encontramos tenemos que salu-
darnos dándonos la mano?*

cada... *every time*

B. **Hábitos y costumbres.** ¿Qué hacemos todos los días? Use el sujeto pronominal cuando sea necesario.

1. yo / levantarse / a las siete   *me levanto*
2. Ud. / levantarse / más tarde   *se levanta*
3. nosotros / bañarse / por la mañana   *nos bañamos*
4. Roberto / bañarse / por la noche   *se baña*
5. tú / vestirse / antes de desayunar   *te vistes*
6. los niños / vestirse / después de desayunar
7. mi padre / acostarse / temprano   *se acuesta*
8. yo / acostarse / temprano / también   *me acuesto*

C. Complete las oraciones, usando la forma correcta de los verbos a la derecha.

1. En la escuela primaria los niños _____ en el suelo
   (*floor*) con frecuencia. Generalmente los maestros
   prefieren _____ en una silla.
2. ¡Hace calor! Yo voy a _____ el abrigo. ¿No vas a
   _____ la chaqueta?
3. Voy a _____ antes de acostarme esta noche. ¿A qué
   hora va a _____ Ud.?
4. Nosotros _____ muy temprano, a las seis de la
   mañana. Y tú, ¿a qué hora te gusta _____ ?
5. Hace un poquito de frío. En este momento yo
   estoy _____ una chaqueta. Alfredo prefiere _____
   un suéter.
6. ¡Tú siempre _____ en las fiestas! ¿Por qué no _____
   ahora?

lavarse
sentarse
despertarse
ponerse
quitarse
divertirse

CH. Dé Ud. consejos a una persona que es muy perezosa y que no estudia mucho.
Déle consejos basados en estos verbos.

MODELO   afeitarse → Es necesario que se afeite. ¡Aféitese!

1. despertarse más temprano ~se despierte, Despiértese~
2. levantarse más temprano ~se levante, Lévántese~
3. no acostarse tan tarde ~no se acueste~
4. vestirse mejor ~se vista, vístase~
5. no divertirse tanto ~no divierta~
6. quitarse esa ropa sucia y ponerse ropa limpia ~se quite, se ponga~   ~quítese pongase~
7. bañarse más ~se bañe, Báñese~

D. **En el hospital.** Con otro/a estudiante, haga los papeles (*play the roles*) de paciente y enfermero/a, siguiendo el modelo.

   MODELO   los zapatos → —¿Quiere Ud. que me quite los zapatos ahora?
                                —Sí, quíteselos, por favor.

   1. el suéter ~que me quite el suéter, quíteselo~   4. la camiseta
   2. la camisa/la blusa ~quítesela~   5. los calcetines/las medias
   3. los pantalones ~quíteslos~   6. toda la ropa ~quítesela~

   ¿Qué otros mandatos le puede dar la enfermera/el enfermero al paciente?

E. **Escenas domésticas.** ¿Cómo se dice en español? (**¡OJO!**   No se usan pronombres reflexivos en todas las oraciones.)

   1. I'm going to put Johnny to bed now. ~Voy acostarlo a Juanito~
   2. I'll go to bed later. ~me acuesto después~ ~voy a acostarme~
   3. Wake up now! ~Despiértese ahora~
   4. And wake up the kids, too! ~Y despiértelos~ ~despierte a los niños~
   5. Their son's name is Agustín. ~se llama a Augustín~
   6. He always calls his parents on weekends. ~Siempre llama a sus padres los fines de semana~
   7. They're putting on their slippers (**zapatillas**) now. ~Están poniéndose las o. Están poniéndose a las zap—~
   8. Then they're going to put the coffepot on the stove. ~Después ... poniéndose~

F. Exprese como acciones recíprocas.

   1. Estela me mira a mí. Yo miro a Estela. ~Nos miramos~
   2. Eduardo habla con Pepita. Pepita habla con Eduardo. ~se hablan~
   3. El padre necesita a su hijo. El hijo necesita a su padre. ~se necesita~
   4. Tomás me conoce a mí. Yo conozco a Tomás. ~Nos conocemos~
   5. Tú escribes a Luisa. Luisa te escribe a ti. ~se escriben~
   6. La profesora escucha a los estudiantes. Los estudiantes escuchan a la profesora. ~Se escuchan~
   7. Ud. quiere a su esposo. Su esposo la quiere también a Ud. ~se quieren~
   8. Jorge le da la mano a Mario. Mario le da la mano a Jorge. ~Se dan la mano~

~luego - then, next~
~después - afterward~

~Tomás & I ← so say we.~

CONVERSACIÓN

A. Preguntas

   1. ¿Prefiere Ud. bañarse por la mañana o por la noche? ¿Es necesario que los hombres se afeiten todos los días? ¿Se afeita Ud. todos los días?

¿Prefiere no afeitarse los fines de semana? ¿Cuántos años hace que se afeita?

2. ¿Dónde le gusta a Ud. sentarse para leer, en la sala o en la alcoba? ¿en un sofá, en un sillón (*armchair*) o en la cama? ¿Es buena idea sentarse en la cama para estudiar? ¿Por qué sí o por qué no? ¿Es mejor que uno se siente a estudiar en un escritorio? ¿Dónde le gusta sentarse en las clases? ¿cerca o lejos del profesor? ¿cerca o lejos de la puerta?

3. ¿Le gusta a Ud. vestirse elegante o informalmente? ¿Qué ropa se pone cuando quiere estar elegante? ¿cuando quiere estar muy cómodo/a (*comfortable*)? ¿Qué se pone para ir a las clases?

4. ¿A qué hora tiene que levantarse todos los días? ¿Es necesario que alguien lo/la despierte? ¿A qué hora se acuesta? ¿Cuál es la última cosa que hace antes de acostarse? ¿Cuál es la última cosa en que piensa antes de dormirse?

5. ¿Ud. se duerme fácilmente o con dificultad? ¿Qué hace cuando no puede dormirse? ¿Es necesario que Ud. piense en cosas agradables para poder dormir? ¿Qué hace cuando tiene sueño pero no debe dormirse?

6. ¿Cómo se llama el dueño (la dueña) de su casa de apartamentos? ¿el portero/la portera? ¿Cómo se llama su vecino/a favorito/a? ¿Por qué le cae tan bien?

7. ¿Con qué frecuencia se ven Ud. y su novio/a (esposo/a, mejor amigo/a)? ¿Cuánto tiempo hace que se conocen? ¿Con qué frecuencia se dan regalos? ¿se escriben? ¿se telefonean? ¿Le gusta a Ud. que se vean tanto (tan poco)? ¿Es lástima que no se vean con más frecuencia?

B. **En el espejo** (*mirror*). Describa lo que pasa en el dibujo. Use oraciones cortas, pero sea imaginativo/a.

1. ¿Quiénes son las personas del dibujo?
2. ¿Dónde están y qué hacen?
3. ¿Quién intenta (*tries*) mirarse en el espejo?

4. ¿Se puede ver? ¿Por qué sí o por qué no?

C. Using the following verbs as a guide, ask another student what he or she does during a typical day, and, when appropriate, where. Note the answers; then tell the class about his or her day.

MODELO   despertarse → ¿Se despierta Ud. temprano? ¿tarde? ¿fácilmente? ¿A qué hora se despierta Ud.?

1. despertarse	8. asistir a clases	15. sacar la basura
2. levantarse	9. almorzar	16. sentarse para
3. bañarse	10. divertirse	ver la televisión
4. afeitarse	11. volver a casa	17. quitarse la ropa
5. vestirse	12. cenar	18. acostarse
6. desayunar	13. lavar los platos	19. dormirse
7. salir para la	14. limpiar la cocina	20. dormir ⎯⎯ horas
universidad		

38. *Preterite of Regular Verbs and of* **dar, hacer, ir,** *and* **ser**

Past tense

Un problema con la agencia de empleos

SRA. GÓMEZ: ¡La criada que Uds. me *mandaron* ayer *fue* un desastre!

SR. PARDO: ¿Cómo que *fue* un desastre? ¿Qué *hizo*?

SRA. GÓMEZ: Pues no *hizo* nada. *Pasó* todo el día en mi casa, pero no *lavó* los platos, no *sacó* la basura, ni *sacudió* los muebles. Luego cuando *salió* de mi casa a las tres, me *dio* las buenas tardes como si nada.

SR. PARDO: Pero, señora, cada persona tiene sus más y sus menos. Por lo menos esta criada *fue* mejor que la otra que le mandamos anteayer—que ni *llegó.*

Imagine que Ud. es la Sra. Gómez y describa para el Sr. Pardo las acciones de la criada. Use el diálogo como guía.

1. Ella no... (lavar los platos, sacar la basura, sacudir los muebles)
2. Pero (ella) sí... (llegar temprano por la mañana, pasar todo el día en casa, salir a las tres)
3. Total que (ella)... (no hacer nada, ser un desastre)

¿Quiere la Sra. Gómez que esta criada vuelva mañana? ¿Va a querer que esta agencia le mande otra criada?

A problem with the employment agency   GÓMEZ: The maid you sent me yesterday was a disaster!   PARDO: What do you mean, a disaster? What did she do?   GÓMEZ: Well, she didn't do anything. She spent all day at the house, but she didn't wash the dishes, take out the trash, or dust the furniture. Then, when she left the house at three, she said, "Good afternoon" as if nothing were wrong.   PARDO: But, madam, everyone has his or her good and bad points. At least this maid was better than the other one we sent you the day before yesterday—who didn't even arrive.

Spanish has two simple past tenses (tenses formed without an auxiliary or "helping" verb): the preterite and the imperfect.* The *preterite* (**el pretérito**) has several equivalents in English. For example, **hablé** can mean *I spoke* or *I did speak*. The preterite is used to report finished, completed actions or states of being in the past. If the action or state of being is viewed as completed—no matter how long it lasted or took to complete—it will be expressed with the preterite.

Preterite of Regular Verbs

hablar		comer		vivir	
hablé	*I spoke (did speak)*	comí	*I ate (did eat)*	viví	*I lived (did live)*
hablaste	*you spoke*	comiste	*you ate*	viviste	*you lived*
habló	*you/he/she spoke*	comió	*you/he/she ate*	vivió	*you/he/she lived*
hablamos	*we spoke*	comimos	*we ate*	vivimos	*we lived*
hablasteis	*you spoke*	comisteis	*you ate*	vivisteis	*you lived*
hablaron	*you/they spoke*	comieron	*you/they ate*	vivieron	*you/they lived*

Note the accent marks on the first- and third-person singular of the preterite tense. These accent marks are dropped in the conjugation of **ver: vi, vio.**

Verbs that end in **-car, -gar,** and **-zar** show a spelling change in the first-person singular of the preterite.

buscar: bus**qu**é, buscaste,...
pagar: pa**gu**é, pagaste,...
empezar: empe**c**é, empezaste,...

-Ar and **-er** stem-changing verbs show no stem change in the preterite: **desperté, volví. -Ir** stem-changing verbs do show a change.[†]

As in the present participle, an unstressed **-i-** between two vowels becomes **-y-**.

creer: cre**y**ó, cre**y**eron
leer: le**y**ó, le**y**eron

Irregular Preterite Forms

dar		hacer		ir/ser	
di	dimos	hice	hicimos	fui	fuimos
diste	disteis	hiciste	hicisteis	fuiste	fuisteis
dio	dieron	hizo	hicieron	fue	fueron

---

*The forms of the preterite are presented in this section and in Chapter 10. The imperfect is presented in Chapter 11.
[†]You will practice the preterite of most stem-changing verbs in Chapter 10.

The preterite endings for **dar** are the same as those used for regular **-er/-ir** verbs in the preterite, except that the accent marks are dropped. The third-person singular of **hacer—hizo—**is spelled with a **z** to keep the [s] sound of the infinitive. **Ser** and **ir** have identical forms in the preterite. Context will make the meaning clear.

Fui profesora.   *I was a professor.*
Fui al centro anoche.   *I went downtown last night.*

PRÁCTICA

A. **Preparativos para el examen de química.** Dé oraciones nuevas según las indicaciones.

1. *Pepe* estudió hasta muy tarde.   (*yo, Uds., tú, Graciela, nosotros, vosotros*)
2. *Tú* escribiste todos los ejercicios.   (*Rodrigo, yo, nosotras, ellas, Uds., vosotros*)
3. *Julio* fue al laboratorio.   (*yo, Paula, tú, nosotros, Estela y Clara, vosotras*)
4. *Ana* hizo los experimentos.   (*yo, nosotros, Uds., tú, Adolfo, vosotros*)

B. **Quehaceres de la casa de apartamentos.** ¿Qué pasó ayer? Haga oraciones según las indicaciones. Use el sujeto pronominal cuando sea necesario.

1. portero / no / sacar / basura   El portero no sacó la b
2. tú / llamar / dueño   Tú llamaste al dueño.
3. alguno / inquilinos / salir / de viaje   salieron.
4. portera / alquilar / tres / apartamento   alquiló
5. electricista / arreglar (*to fix*) / luz   arregló
6. Ud. / limpiar / piscina / ¿verdad?   limpió
7. yo / ir / garaje / para / buscar / cajas (*boxes*)   Fui para buscar
8. nosotros / levantar / alfombra (*rug*) / para / limpiar / suelo   levantamos la   limpiar el suelo.

C. Cambie los verbos indicados al pretérito.

1. *Regreso* tarde a casa. Mi compañero *prepara* la cena y *cenamos* juntos.   Regresé   preparó   Luego *empiezo* a estudiar, pero mi compañero *sale* con unos amigos a ver una película.   empecé   salió
2. *Paso* un semestre estudiando en México. Mis padres me *pagan* el vuelo y *trabajo* para ganar el dinero para la matrícula y los otros gastos (*expenses*). En México *vivo* con una encantadora familia mexicana y *aprendo* mucho. *Voy* a muchos lugares interesantes. Mis amigos me *escriben* muchas cartas. Yo les *compro* recuerdos a todos.   Pasé   pagaron   trabajé
3. ¡La fiesta de cumpleaños de la Sra. Sandoval *es* un desastre! Alicia le *hace* un pastel pero no lo *come* nadie. Y a la señora no le *gustan* los regalos que le *dan*. Todos *salen* descontentos. *Deciden* no dar nunca otra fiesta para la Sra. Sandoval.   hizo   comió   gustaron   dieron   salieron   Decidieron

CH. **¿Qué hicieron ayer?** Dé oraciones completas, usando los verbos en el pretérito.

1. **Julián:** hacer cola para comprar una entrada de cine / comprarla por fin / entrar en el cine / ver la película / gustarle mucho / regresar a casa tarde

2. **mis hermanos:** regresar temprano a casa / sacudir los muebles de la sala / sacar la basura / sacar la ropa de la lavadora / limpiar la casa entera / pasar la aspiradora / prepararlo todo para la fiesta de ésta noche

3. **yo:** llegar a la universidad a las ___?___ / asistir a clases / ir a la cafetería / almorzar / estudiar en la biblioteca / darle un libro a un amigo / ?

D. ¿Qué hicieron estas personas ayer? ¿Qué piensa Ud.? Invente los detalles necesarios.

Personas	Acciones
Dan Rather	dar un discurso (*speech*)
el presidente	leer las noticias (*news*)
Julio Iglesias	cocinar
Julia Child	cantar
el profesor (la profesora)	enseñar
___?___	no hacer ninguno de sus quehaceres
	___?___

CONVERSACIÓN

A. Preguntas

1. ¿Qué le dio Ud. a su mejor amigo/a (esposo/a, novio/a) para su cumpleaños el año pasado? ¿Qué le regaló a Ud. esa persona para su cumpleaños? ¿Alguien le mandó a Ud. flores el año pasado? ¿Le mandó Ud. flores a alguien? ¿Le gusta a Ud. que le traigan chocolates? ¿otras cosas?

2. ¿Dónde y a qué hora comió Ud. ayer? ¿Con quiénes comió? ¿Le gustaron todos los platos que comió? ¿Quién se los preparó? Si comió fuera, ¿quién pagó?

3. ¿Cuándo decidió Ud. estudiar el español? ¿Cuándo lo empezó a estudiar? ¿Cuánto tiempo hace que lo estudia ahora? ¿Va a seguir estudiándolo el semestre (trimestre) que viene?

4. ¿Qué hizo Ud. ayer? ¿Adónde fue? ¿Con quién(es)? ¿Ayudó a alguien a hacer algo? Lo/La llamó alguien? ¿Llamó Ud. a alguien? ¿Lo/La invitaron a hacer algo especial algunos amigos? Y anteayer, ¿qué hizo? ¿Lo mismo?

5. ¿Qué programa de televisión vio anoche? ¿Qué película vio la semana pasada? ¿Qué libro/novela leyó el año pasado? El año pasado, ¿pasó

Ud. más tiempo leyendo o viendo la televisión? ¿trabajando o estudiando? ¿estudiando o viajando? Si hizo algún viaje, ¿adónde fue? ¿Qué tal fue el viaje?

Encuentro cultural: Las criadas (maids)

La mayoría de las familias hispanas de la clase media y alta tienen una criada que vive en casa. La criada, o «la muchacha del servicio», como la llaman en algunas partes, siempre tiene su propia alcoba y también su propio baño. Ella prepara las comidas, cuida a (*takes care of*) los niños, lava la ropa y ayuda a mantener la casa limpia. Muchas veces la criada parece ser de la misma familia.

Acuérdese (*Remember*) de que la criada tiene mucho trabajo. No le cause mucho trabajo extra, y tenga cuidado de no darle órdenes bruscas. Si Ud. va a pasar una o varias noches en la casa, pregúntele a la señora de la casa qué gesto de agradecimiento (*thanks*) debe tener con la criada antes de salir. En algunas casas es costumbre dejarle una propina (*tip*); en otras, un regalito. A veces no se le deja nada (*one doesn't leave anything*), pero siempre debe darle las gracias.

B. **¿Por qué no sacudió Ud. los muebles?** The housekeeper in the cartoon will have to explain why she did not dust the furniture. An able excuse-maker, she could point out all the other tasks that she *did* complete during the day. She could also indicate the many unexpected complications that kept her from dusting.

Ah, pues... Naturalmente: Si le pasa usted el dedo°!...

le... *you run your finger over it*

MODELO   ¿Por qué no sacudió Ud. los muebles? →

- No fue posible, señora, pero sí hice muchas otras cosas: hice todas las camas, lavé las ventanas, saqué la basura, preparé la cena y...
- No lo hice hoy, señora, porque—como Ud. sabe—llegó inesperadamente (*unexpectedly*) su hermana con sus diez niños. Les preparé la comida, los llevé al museo de arte moderno, fui al mercado a comprar más carne y tuve que (*I had to*)...

Following the model of the housekeeper's excuses, give the most elaborate excuses that you can in response to the following questions.

1. EL JEFE: ¿Por qué llegó Ud. tarde a la oficina?
2. LA PROFESORA: ¿Por qué no terminó Ud. los ejercicios de hoy?
3. SU MEJOR AMIGO: ¿Por qué no me llamaste la semana pasada?
4. SU COMPAÑERO/A: ¿Por qué no le ayudaste a Juan a pintar su apartamento? ¿Por qué no comiste nada esta mañana? ¿Por qué no fuiste a la fiesta anoche?
5. SUS PADRES: ¿Por qué no nos escribiste la semana pasada?

39. Subjunctive in Noun Clauses: Doubt and Denial

«¡*No es posible* que *pidan* sesenta mil!»
«*Dudo* que *tenga* un patio grande.»
«*No creo* que el interior *esté* en buenas condiciones.»
«*Estoy seguro de que tiene sólo dos alcobas.*»

Continúe las especulaciones de los compradores.

- ¡Es imposible que...
- No creo que...
- Dudo que...
- Estoy seguro/a de que... (**¡OJO!**)

Independent Clause		**Dependent Clause**
first subject + *indicative* (expression of doubt or denial)	**que**	second subject + *subjunctive*
No creo que **sean** estudiantes.		*I don't believe they're students.*
No están seguros de que Roberto **tenga** razón.		*They're not sure that Roberto is right.*
Es imposible que **esté** con él.		*It's impossible for her to be with him.*

A. Expressions of doubt and denial are those in which speakers express uncertainty or negation: *I doubt he's right; It's not possible for her to be here.* Such expressions, however strong or weak, are followed by the subjunctive in the dependent clause in Spanish.

B. Expressions of doubt and denial include **no creer, dudar** (*to doubt*), **no estar seguro,** and **negar (ie)** (*to deny*). Not all Spanish expressions of doubt are given here. Remember that any expression of doubt is followed by the subjunctive in the dependent clause.

C. When generalizations of doubt are personalized, they are followed by the subjunctive in the dependent clause. Some generalizations of doubt and denial are **es posible, es imposible, es probable, es improbable, no es verdad, no es cierto** (*certain*), and **no es seguro** (*sure*).*

Indicative Versus Subjunctive

No creer, dudar, no estar seguro, and **negar** are followed by the subjunctive. However, **creer, no dudar, estar seguro,** and **no negar** are usually followed by the indicative, since they do not express doubt, denial, or negation. Compare the following:

No niego (No dudo) que **es** simpático.	*I don't deny (doubt) that he's nice.*
Niego (Dudo) que **sea** simpático.	*I deny (doubt) that he's nice.*
Estamos seguros (Creemos) que el examen **es** hoy.	*We're sure (believe) the exam is today.*
No estamos seguros (No creemos) que el examen **sea** hoy.	*We're not sure (We don't believe) that the exam is today.*

PRÁCTICA

A. **¡El coche no funciona!** ¿Hay un mecánico aquí? Dé oraciones nuevas según las indicaciones.

1. Dudo que *Luis* sepa mucho de coches. (*tú, el tío, Uds., Ud., vosotros*)
2. *No creo* que sea la transmisión. (*creo, dudo, estoy seguro/a, niego, no dudo, no estoy seguro/a*)
3. Es *necesario* que Ud. compre otro carro. (*mejor, posible, seguro, probable, verdad, imposible*)

B. **¿Lo cree o lo duda Ud.?** Give your response to the following statements, repeating them with one of the suggested phrases.

(No) Creo que...	Es (im)posible que...
(No) Dudo que...	Es (im)probable que...
(No) Niego que...	(No) Es verdad que...
(No) Estoy seguro/a de que...	

1. Es necesario vivir en una casa enorme.
2. Los casados están más contentos que los solteros.
3. Hay vida en los otros planetas.
4. Es bueno manejar (*to drive*) a 55 millas por hora.
5. El español se habla en todas las partes del mundo.
6. Juan sale todas las noches, no estudia nunca y recibe buenas notas.
7. Hay una guerra nuclear.
8. Los inquilinos deben cuidar (*take care of*) la propiedad que alquilan.

---

*Generalizations that express certainty are not followed by the subjunctive: *Es verdad* que *cocina* bien; *No hay duda* de que el **inquilino lo** *paga.*

C. **¿Qué va a pasar en clase mañana?** ¿Cómo se dice en español?

1. There's a quiz **(prueba)**, but I'm not sure that it's tomorrow. *[handwritten: Hay una prueba, pero...]*
2. I doubt that the subjunctive is **(entrar)** on the test.
3. Is it possible there will be commands? *[handwritten: Es posible que haya]*
4. I don't think it will be easy! *[handwritten: No creo que...]*
5. It's probable that John won't come to class! *[handwritten: Es probable que no venga]*

CONVERSACIÓN

A. ¿Cómo van a contestar estas personas las preguntas? ¿Y cómo contesta Ud.?

1. ¿El carro es económico?

2. ¿El niño tiene catorce años? *[handwritten: Dudo que]*

3. ¿El hombre puede volar (*to fly*) por el aire? *[handwritten: Dudo que pueda]*

4. ¿Cuatro y cuatro son nueve?

B. Algunos creen que las oraciones siguientes describen el mundo de hoy. ¿Qué cree Ud.? Reaccione Ud. a estas oraciones, empezando con una de estas expresiones:

Dudo que...	Es bueno/malo que...
(No) Es verdad que...	Es lástima que...
No hay duda que...	Es increíble que...
Es probable que...	(No) Me gusta que...

1. Los niños miran la televisión seis horas al día.
2. Hay mucha pobreza (*poverty*) en el mundo.
3. En los Estados Unidos, gastamos (*we use*) mucha energía.
4. Hay mucho sexo y violencia en la televisión y en las películas.
5. Se come poco y mal en muchas partes del mundo.
6. Los niños de habla española reciben una buena educación en los Estados Unidos.

7. Hay mucho interés en la exploración del espacio.
8. El fumar no es malo para la salud (*health*).
9. Los deportes (*sports*) para las mujeres no reciben tanto apoyo (*support*) financiero como los de los hombres.
10. No se permite el uso de la marihuana.

Indique Ud. soluciones para algunos de los problemas. Empiece las soluciones con estas frases:

Es urgente que...   Es necesario que...
Es preferible que...   Es importante que...
Quiero que...   Insisto en que...

DIÁLOGO: Intercambio estudiantil

la Sra. Viuda° de López Morcillo, ama de casa y madre de Pedro María   *widow*
Pedro María, estudiante mexicano
John Clemens, estudiante estadounidense que llega a México para
    estudiar en un programa de intercambio estudiantil

A. *John llega a la puerta de la casa con dos maletas.*

JOHN: Buenos días, señora. ¿Es ésta la casa de los López Morcillo?

SEÑORA: Sí, aquí es. Y me parece que Ud. es el estudiante americano que viene a pasar el verano con nosotros, ¿verdad?

JOHN: Sí, señora. Acabo de llegar de Portland. Me llamo John Clemens.

SEÑORA: Pues pase, hijo. Yo soy la mamá de Pedro María. Me alegro de° conocerlo   *Me... I'm glad to*
y de que esté ya con nosotros. ¿Qué tal fue su viaje?

JOHN: Muy interesante... pero como hice el viaje en autobús, estoy rendido.°   *muy cansado*

SEÑORA: Pues siéntese como en su casa. Pedro llega en un momento. La criada
salió al mercado, pero yo le preparo en seguida° un café. ¿Qué le parece?   *en... inmediatamente*

JOHN: Estupendo... pero... permítame que la ayude.

SEÑORA: ¡No, no, no! En esta casa los hombres no entran en la cocina.

B. *Después de un recorrido° por la casa, John y Pedro*   *tour*
María hablan en la sala.

PEDRO: Pues bien, Juan, ya viste la casa. ¿Qué te parece todo?

JOHN: Pues... yo me siento° como en un palacio. Mi cuarto es mucho más   *yo... I feel*
grande que la habitación que tú y yo compartimos° en Oregón.   *shared*

PEDRO: No lo creas.° Es probable que esta sensación te la den los techos° más   *No... Not so. / ceilings*
altos y las ventanas más amplias.

SEÑORA: (*Llama desde el comedor.*) ¡A la mesa, hijos!

PEDRO: Bueno, Juan, creo que Mamá nos preparó un almuerzo. Vamos a comer.

Comprensión

Conteste en oraciones completas.

A. 1. ¿Quién es la persona que abre la puerta?
2. ¿Quién es John Clemens?
3. ¿Cómo se siente John en ese momento?
4. ¿Qué le ofrece la señora?
5. ¿Cómo reacciona John y qué responde la viuda?

B. 1. ¿Cuál es la primera impresión de John de esta casa hispánica?
2. ¿Cree Ud. que es rica la familia López Morcillo?
3. ¿Cómo es el cuarto en que va a vivir John?
4. ¿Cómo explica Pedro María la sensación de amplitud que describe John?

Comentario cultural

1. The López Morcillo family lives in a typically traditional Mexican home. It may be either a detached house or an apartment. In either case, the sensation of spaciousness that John immediately notices is typical of old Hispanic houses. It is created in part by high ceilings and big windows, as Pedro María points out, but also by the fact that, in general, walls are white. Floors (usually marble, granite, or wood inlay) are rarely carpeted, except in the living room.

2. John's feeling that he is being treated royally is typical of the initial reaction of many Anglos to Hispanic hospitality. His attempt to help the **señora** in the kitchen, a gesture of his good will, is probably viewed by her as inappropriate. She does not expect her house guests to help her with household tasks. Likewise, it would be inappropriate for John or another guest—male or female—to offer to help the maid with her chores.

UN POCO DE TODO

A. **Los compañeros de cuarto.** Form complete sentences based on the words given, in the order given. Conjugate the verbs and add other words if necessary. Use subject pronouns only when needed. The double slashes mark the end of one sentence and the beginning of the next.

1. yo / dudar / Marcos / poder / limpiar / todo / casa / hoy // yo / saber / él / no / la / limpiar / semana / pasado
2. yo / no / creer / ellos / acostarse / muy / temprano / este / noche // anoche / ellos / acostarse / dos / mañana
3. no / ser / probable / nosotros / dar / fiesta / este / sábado // nosotros / hacer / uno / fin / semana / pasado
4. yo / estar / seguro / Enrique / no / hacer / cama / todo / días // él / no / la / hacer / ayer / tampoco
5. ojalá / yo / despertarse / a tiempo / mañana // ayer / yo / no / despertarse / hasta / once

B. **Describa Ud. la triste historia de amor de Orlando y Patricia.** Use el pretérito de los siguientes verbos.
1. verse en clase   2. mirarse   3. hablarse mucho   4. llamarse por teléfono constantemente
5. mandarse regalos   6. escribirse durante las vacaciones   7. ayudarse con los problemas
8. casarse (to get married)   9. no llevarse (to get along) bien   10. separarse   11. divorciarse

C. **Hora de comer.** ¿Qué pasa en el dibujo? ¿Quiénes son las personas que se ven, qué pasó y qué va a pasar? Use las preguntas como guía.

Ahora no me podrás° negar que te levantas por la noche a saquear° el refrigerador.

won't be able to

to plunder, raid

1. ¿Qué hora es?
2. ¿Quién se levantó primero? ¿Quién se despertó después y qué oyó?
3. ¿Quién está sacando una foto? ¿Cómo es probable que haga uso de la foto?
4. ¿Comió mucho el esposo para la cena? ¿Qué sensación física es probable que tenga en este momento? ¿Qué está sacando del refrigerador?
5. ¿Cree Ud. que la esposa va a comer algo también?
6. ¿A qué hora van a acostarse otra vez?

CH. **Los anuncios** (*Ads*). Imagine que a Ud. lo/la invitan a aparecer en un anuncio para la televisión. Otro estudiante, haciendo el papel (*role*) de entrevistador(a), va a hacerle a Ud. las preguntas siguientes.

1. ¿Dónde compró Ud. este/a _____? ¿Cuándo lo/la compró?
2. ¿Cuánto pagó Ud. por él/ella?
3. ¿Quién se lo/la recomendó?
4. ¿Puede Ud. recomendárselo/la a nuestros televidentes (*viewers*)?
5. ¿Qué le gusta más de este producto?
6. ¿Es probable que lo/la compre otra vez? ¿Por qué sí o por qué no?

D. **Más sobre los anuncios.** Complete the following paragraphs with the correct form of the words in parentheses, as suggested by the context. When two possibilities are given in parentheses, select the correct word. Use the preterite of infinitives indicated with an asterisk.

(*Haber*[1]) anuncios por (*todo*[2]) partes (*del/de la*[3]) mundo y los hay° de todos tipos. Algunos (*aparecer*[4])* primero en los Estados Unidos, pero ahora (*ser/estar*[5]) internacionales.

los... *there are some*

• (*Beber*[6]) Ud. Coca-Cola, (*delicioso*[7]) y refrescante.
• ¿No (*ser/estar: tú*[8]) contento de usar Dial?
• La (*nuevo*[9]) sonrisa° Colgate...

smile

Un estadounidense que (*viajar*[10]) por Latinoamérica o España (*poder*[11]) (*tener*[12]) la impresión de que (*cada*[13]) hombre (*afeitarse*[14]) con Gillette y que todos (*bañarse*[15]) y (*lavarse*[16]) los dientes° con productos norteamericanos.

teeth

Hay un caso famoso en el mundo de la propaganda° que (*demostrar: ue*[17]) el peligro° de vender un producto en el extranjero° (*con/sin*[18]) considerar bien su nombre. Se trata° (*del/de la*[19]) coche norteamericano *Nova*, que (*alguno*[20]) latinoamericanos malpensados° (*cambiar*[21])* en **No va.**° Ya que° (*este*[22]) nombre realmente no (*animar*[23]) al comprador de habla española, los fabricantes° lo (*cambiar*[24])* a *Caribe*.

advertising danger / en... abroad Se... It's the case

wicked / No... It doesn't run / Ya... Since manufacturers

En los países hispanos hay muchos anuncios de lotería. Allí, como aquí, (*ser/estar*[25]) probable que tales anuncios nos (*prometer*[26]) un futuro mejor:

• Juan Fernández (*ganar*[27])* un millón de pesos en la lotería nacional.

Ser/Estar[28]) el sueño de todos comprar un décimo* o un billete entero° y ganar el premio gordo.°

billete... whole sheet premio... first prize

VOCABULARIO

VERBOS

acostar (ue) tó put to bed; **acostarse** to go to bed
afeitar to shave; **afeitarse** to shave (oneself)
alquilar to rent
bañar to bathe; **bañarse** to take a bath
cocinar to cook
despertar (ie) to wake; **despertarse** to wake up
divertir (ie, i) to amuse, entertain; **divertirse** to have a good time, enjoy oneself
dormirse (ue, u) to fall asleep
dudar to doubt
lavar to wash; **lavarse** to wash oneself, get washed
levantar to lift, raise; **levantarse** to get up; to stand up
limpiar to clean
llamarse to be named, called
negar (ie) to deny
pasar to spend (*time*)
ponerse to put on (*clothing*)
preparar to prepare
quitar to remove, take away; **quitarse** to take off (*clothing*)
sacar to take out, remove
sacudir to dust
sentar (ie) to seat, lead to a seat;

sentarse to sit down
vestir (i, i) to dress; **vestirse** to get dressed

SUSTANTIVOS

el **(aire) acondicionador** air conditioner
la **alcoba** bedroom
el **alquiler** rent
el **anuncio** announcement; ad
la **aspiradora** vacuum cleaner
el **baño** bathroom
la **basura** garbage
la **cafetera** coffeepot
la **cama** bed
el **centro** downtown
la **cocina** kitchen
el **comedor** dining room
la **dirección** address
la **estufa** stove
el **garaje** garage
el **gas** gas; heat
el/la **inquilino/a** tenant; renter
la **lavadora** washing machine
el **lavaplatos** dishwasher
la **luz** (*pl.* **luces**) light; electricity
la **mano** hand
la **máquina** machine
los **muebles** furniture
el **patio** patio; yard
la **piscina** swimming pool

el/la **portero/a** building manager; doorman
el **producto** product
el **quehacer** task, chore
el **refrigerador** refrigerator
la **sala** living room
la **secadora** dryer
el/la **vecino/a** neighbor
la **ventana** window
la **vez** (*pl.* **veces**) time, occasion
la **vista** view

ADJETIVOS

cada each, every
doméstico/a domestic
entero/a whole, entire
mismo/a same
pasado/a past, last (*in time*)

PALABRAS ADICIONALES

anoche last night
anteayer the day before yesterday
ayer yesterday
hacer la cama to make the bed
no es cierto it isn't certain
no es seguro it isn't sure
otra vez again
pasar la aspiradora to vacuum
poner la mesa to set the table

*See the lottery ticket on page 98.

ACTIVIDADES

COCO

¿Te has suscrito tú° a una revista° de decoración?

¿Te... *Have you subscribed / magazine*

A. **Una casa sin muebles.** Invente un cuento que explique el dibujo. Use estas preguntas como guía.

1. ¿Quiénes son estos señores?
2. ¿Dónde viven? ¿Cuánto tiempo hace que viven allí?
3. ¿Por qué se suscribió la señora a una revista de decoración?
4. ¿Qué muebles necesitan?
5. ¿Por qué no tienen muebles?
6. ¿Es probable que tengan muebles en el futuro inmediato? Explique.
7. Si estos señores le piden a Ud. que les dé consejos para la decoración de su casa, ¿qué les aconseja Ud.? ¿Deben comprar muebles nuevos o muebles usados? ¿antigüedades (*antiques*)? ¿Qué colores deben emplear? ¿Cuáles son las primeras cosas que ellos deben hacer o comprar para decorar la sala? ¿las últimas?

Palabras útiles

la alfombra (*rug*)	el estéreo	el sillón
la cama	la lámpara	(*armchair*)
la cómoda (*bureau*)	la mesa	el sofá
el escritorio	la mesita (*end table*)	el televisor
el estante (*bookcase*)	la silla	

B. **En familia.** Referring to the phrases in **A propósito...** on page 268, give as many different questions or statements as possible about each of the following situations. Work with a partner and practice interviewing each other.

A propósito...

The following phrases are useful for communicating about basic everyday matters while living with a Spanish-speaking family. They should help you to be a polite guest, to fit into the family schedule, to offer and ask for help and information.

¿A qué hora se cena?	*What time do you eat?*
Salgo ahora pero vuelvo a las dos.	*I'm going out now but I'll be back at two.*
Voy a cenar fuera esta noche.	*I'm going to eat out tonight.*
¿Cómo te/le puedo ayudar? (¿Pongo la mesa? ¿Saco la basura?)	*How can I help you? (Shall I set the table? Shall I take out the garbage?)*
Voy de compras. ¿Necesita(s) algo?	*I'm going shopping. Do you need anything?*
¿Me puede(s) prestar (enseñar, decir) _____?	*Can you lend (show, tell) me _____?*
No quiero molestarte/lo/la, pero _____.	*I don't want to bother you, but _____.*
¿Dónde puedo comprar _____?	*Where can I buy _____?*
Me falta* jabón (papel higiénico).	*I need soap (toilet paper).*
Me faltan* toallas.	*I need towels.*
¿Está libre el baño?	*Is the bathroom free? (Does anyone else want to use the bathroom?)*
Quisiera lavarme el pelo. ¿Hay agua caliente?	*I would like to wash my hair. Is there any hot water?*
¿Se puede usar el teléfono (mirar la televisión) ahora?	*Is it okay to use the phone (watch television) now?*

MODELO   Ud. acaba de llegar a México sin tener alojamiento (*lodging*). La universidad le da una lista de familias que ofrecen alojamiento a estudiantes extranjeros. Ud. va a la casa de una de ellas. ¿Qué les pregunta?

- ¿La habitación es para una persona o para dos?
- ¿Cuánto es?
- ¿Se incluyen las comidas?
- ¿Hay niños en la familia?
- Tengo una radio. (Toco la guitarra.) ¿Les va a molestar (*bother*)?

1. Ud. vive ya con una familia mexicana, pero acaba de llegar y todavía no sabe mucho de la familia, de su rutina, sus costumbres, sus gustos (*likes*). ¿Qué necesita saber para hacerse parte de la familia? ¿Qué pregunta?

2. Ud. es como parte de la familia ya. Por eso Ud. quiere ayudarles a todos los miembros de la familia. ¿Qué va a decir para ofrecer su ayuda?

3. Ud. también necesita pedirles ayuda a los miembros de la familia cuando no sabe algo o cuando necesita algo. ¿Qué les puede preguntar?

---

*The use of the verb **faltar** (*to be lacking*) is like that of **gustar.** It takes an indirect object, and the subject usually follows the verb.

Me falta un libro.	*I need a book. (A book is lacking to me.)*
Me faltan diez dólares.	*I need ten dollars. (Ten dollars are lacking to me.)*

4. Ud. vive en un apartamento y busca un compañero (una compañera) de habla española para poder practicar el español. Al mismo tiempo, quiere compartir su apartamento con alguien que le sea simpático, que tenga algunos de sus mismos gustos, etcétera. ¿Qué preguntas les va a hacer a las personas que quieren compartir el apartamento con Ud.?

C. **Se alquila apartamento.** Ads for housing in Spanish newspapers are usually easy to understand because they are written in somewhat telegraphic language. Since the authors of the ads are paying by the word or by the fraction of an inch, they try to write ads that are as brief as possible. Rather than writing out **Se ofrece un apartamento en buenas condiciones,** the ad might simply say: **Apto. buenas condiciones.**

Se alquila apartamento amueblado. Sala. Baño. Dos alcobas. Teléfono 184-3345.	**Casa particular. Tres habitaciones. Ducha y baño. Buenas condiciones. 254-7812**	**Apto. Barrio residencial. Animales prohibidos. Llame 323-7892.**
Magnífico apto. Para dos o tres personas. 244-8900	**Apto. moderno. Piscina y club deportivo. No amueblado. Recientemente renovado. Calle Alonso, 64.**	**Piso moderno. Todo eléctrico. Baño incluso. Alquiler barato. Edificio Magallanes, centro.**

Read the preceding ads, then do the following activities based on them.

1. You have just arrived in Mexico City and need a place to live for a year. Which of the ads would you respond to and why? What questions would you ask the owner or landlord when you went to see the house or apartment, before renting it?
2. You need to sublet your house or apartment for the summer and want to place an ad in a Spanish-language newspaper. Write an ad of twenty-five words or less and present it to the class. What kinds of details should you include to get a lot of response to your ad?

LECTURA CULTURAL: «Hogar, dulce hogar»

Antes de leer

Before starting a reading, it is a good idea to try to get a general sense of its content. The more you know about the reading before you begin to read, the easier it will seem to you. Here are some things you can do to prepare yourself for readings.

1. Make sure you understand the meaning of the title of the reading. Think about what the title suggests to you and what you already know about the topic.
2. Look at the drawings, photos, or other visual cues that accompany the reading. What do they indicate about its content?
3. Read the comprehension questions before starting to read. They will tell you what kind of information you should be looking for.

4. Read all of the glosses before starting to read. Not only will this strategy give you some ideas about the content of the reading, it will also make the act of reading go faster.

Try all of the preceding strategies before beginning the following reading.

Una casa es una casa, ¿verdad? Pues, eso depende de la persona y también de su cultura. Es verdad que hasta cierto punto la vida en una casa hispana es como en una norteamericana: la gente duerme por la noche y por la mañana se despierta; se levanta, se baña, se viste y desayuna. Pero hay también diferencias interesantes, algunas físicas y otras en cuanto al° uso de ciertos cuartos, sobre todo el de la alcoba y el del baño.

en... concerning

Por ejemplo, la típica alcoba hispánica en las casas tradicionales probablemente no tiene un clóset. Pero sí tiene un ropero° grande donde se guarda no solamente la ropa sino medicinas, pañuelos,° la cartera y otros objetos de uso personal: toallas, jabón,° artículos para afeitarse, maquillaje, perfumes y un cepillo° para el pelo. ¿Por qué no están estas cosas en el baño? Porque el baño es considerado un área común compartida por todos. Es preferible dejar el baño completamente desocupado después de usarlo. Así las demás personas de la casa pueden entrar y encontrarlo listo° para ellas. Por eso, si algún día Ud. se encuentra en una casa hispana, ¡no deje sus cosas personales en el baño! Llévelas todas a su alcoba. La toalla mojada° también se cuelga° en el ropero o afuera en el patio.

large, freestanding closet
handkerchiefs
soap / brush

ready

damp / se... is hung

Otro aspecto un poco desconcertante en cuanto al uso de la alcoba es que es muy común encontrar el televisor en la alcoba de los señores de la casa, sobre todo en casas de la clase media. Cuando los jóvenes invitan a sus amigos a ver un programa de televisión, todos van a la alcoba a verlo. Otras veces se reúne allí toda la familia para ver su programa favorito—una comedia, el noticiario° o quizá° un partido de fútbol. Pero también es frecuente encontrar el televisor en el comedor, donde toda la familia se reúne para comer y ver la tele al mismo tiempo.

news
perhaps

Comprensión

¿Dónde está Ud., en una casa hispana o en una norteamericana?

1. Hay una botella de champú y varios cepillos en el lavabo (*sink*) del cuarto de baño.
2. Ud. está colgando una camisa en el ropero.
3. Ud. se lleva siempre la toalla a su cuarto para colgarla allí.
4. Toda la familia se sienta en la sala para mirar la tele.
5. Hay un jabón que usa toda la familia.
6. Después de usar la pasta dental, Ud. la deja en el cuarto de baño.

Para escribir

Write two short paragraphs about your living accommodations. The first should give information about where you live: whether in a house, apartment, or dormitory; the number of rooms; a description of the furniture; and so on. You might also want to write about what you like or do not like about where you live. The second paragraph should include information about those you live with and about their and your personal habits: who gets up first, who takes care of domestic chores, who smokes or doesn't smoke, and so on.

CAPÍTULO 10

DÍAS FESTIVOS

PETER MENZEL

PARA EMPEZAR

In this chapter and in **Un paso más 10,** you will learn vocabulary and expressions about holidays and expressing emotions, and will consider related attitudes and customs of Hispanic peoples. As a first step, listen to the following conversation about how children receive gifts during the Christmas season.

Carol habla con Elena, su amiga española. Hace un año que Elena vive en los Estados Unidos con su esposo y sus tres hijos.

CAROL: ¿Qué esperan tus niños que les traiga Santa Claus este año?

ELENA: ¿Santa Claus? Mis niños no lo conocen. En nuestro hogar (*household*) son los Reyes que les traen los regalos a los niños.

CAROL: ¿Ah, sí?

ELENA: Sí, pero no llegan la Nochebuena sino el seis de enero, el Día de los Reyes Magos (*Three Kings*).

VOCABULARIO: PREPARACIÓN

Los días festivos y las fiestas

la Noche Vieja	New Year's Eve	dar/hacer una fiesta	to give/have a party
el Día del Año Nuevo	New Year's Day	faltar	to be absent, lacking
la Pascua	Passover	pasarlo bien/mal	to have a good/bad time
la Pascua (Florida)	Easter	reírse (i, i)	to laugh
el Día de los Muertos	All Souls' Day	sentirse (ie, i) feliz/triste	to feel happy/sad
el Día de Gracias	Thanksgiving	sonreír (i, i)	to smile
la Nochebuena	Christmas Eve		
la Navidad	Christmas		
los entremeses	hors d'oeuvres		
felicitaciones	congratulations		
los refrescos	refreshments		
la sorpresa	surprise		

A. ¿Qué palabra corresponde a estas definiciones?

1. El día en que se celebra el nacimiento (*birth*) de Jesucristo
2. Algo que alguien no sabe o no espera
3. Algo de comer que se sirve en las fiestas (dos respuestas)
4. El día en que los hispanos visitan el cementerio para honrar la memoria de los difuntos (*deceased*)
5. Reacción emocional cuando se reciben muy buenas noticias (*news*)
6. Reacción emocional cuando se recibe la noticia de una tragedia
7. La noche en que se celebra el pasar de un año a otro nuevo
8. Palabra que se dice para mostrar una reacción muy favorable, por ejemplo, cuando un amigo recibe un gran aumento de sueldo

B. Explique cómo Ud. se divierte en estas fiestas y otras ocasiones. ¿Qué hace? ¿Qué quiere Ud. que ocurra, idealmente?

1. El día de su cumpleaños
2. Durante las vacaciones de invierno o de Semana Santa (*Easter Week*)
3. En una fiesta que dan sus padres (sus hijos)... y los amigos de ellos están presentes
4. Los viernes por la noche
5. El Día de Gracias

Ahora describa una situación típica en la que Ud. lo pasa mal.

C. Explíquele a un amigo hispano los siguientes días festivos. ¿Qué hace la gente en estos días en los Estados Unidos?

1. el Día de Gracias   2. *Labor Day*   3. *Saint Patrick's Day*   4. la Noche Vieja   5. el Día de los Enamorados   6. *April Fools' Day*

Más emociones			
enojarse	to get angry	**portarse**	to behave
llorar	to cry	**bien/mal**	well/badly
olvidarse (de)	to forget (about)	**recordar (ue)**	to remember

To Become (Get) *ponerse*

¿Por qué **te pones** tan furioso?	*Why are you getting (becoming) so angry?*
Vamos a **ponernos** muy sucios.	*We're going to get (become) very dirty.*
Se hizo } directora de la compañía. **Llegó a ser** }	*She became director of the company.*
Quiere { **hacerse** } rico. { **llegar a ser** }	*He wants to become rich.*

Ponerse + *adjective* is used to indicate physical, mental, or emotional changes. **Hacerse** and **llegar a ser** + *noun* indicate a change as the result of a series of events or as the result of effort. They are also frequently used with the adjective **rico.**

Hacerse—to become or make yourself something

CH. ¿Cómo reacciona o cómo se pone Ud. en estas situaciones? Use estos adjetivos o cualquier otro, y también los verbos que describen las reacciones emocionales.

serio/a   feliz/triste   avergonzado/a (*embarrassed*)
nervioso/a   furioso/a   contento/a

1. Es Navidad y alguien le regala a Ud. un reloj (*watch*) muy muy caro.
2. Es Navidad y sus padres se olvidan de regalarle a Ud. algo.
3. En una fiesta, alguien acaba de contarle a Ud. (*to tell you*) un chiste (*joke*) muy cómico.
4. Ud. está completamente aburrido/a en una fiesta que sus amigos le están dando. Tiene ganas de estar en otro sitio, pero no quiere ofender a sus amigos.
5. Ud. está dando una fiesta pero la gente no lo está pasando bien, es decir, no se ríen, no sonríen, no cuentan chistes, etcétera.
6. Hay un examen muy importante esta mañana, pero Ud. no estudió nada anoche.
7. Ud. acaba de terminar un examen difícil (fácil) y cree que lo hizo bien (mal).
8. En un examen de química, Ud. se olvida de una fórmula muy importante.
9. Sin querer, Ud. se portó en una forma muy descortés con un buen amigo.
10. Se acaban (*run out*) los entremeses durante su fiesta de Noche Vieja, y sólo son las diez de la noche.

Las vacaciones que tenemos en los Estados Unidos durante Spring Break *coinciden a veces con las que hay en el mundo hispánico durante la Semana Santa. La Semana Santa es una fiesta religiosa que comienza con el Domingo de Ramos* (Palm Sunday) *y termina el Domingo de la Resurrección. Las familias que pueden, salen de vacaciones durante estos días. En las ciudades grandes es fácil notar un cambio en el ritmo de vida: muchas tiendas se cierran, especialmente el Jueves y Viernes Santo* (Holy Thursday and Good Friday), *y hay menos tráfico y menos gente* (people) *en las calles. En algunas partes hay suntuosas procesiones en las cuales* (in which) *los fieles* (faithful) *llevan estatuas o imágenes de Jesucristo y de la Virgen María por las calles de la ciudad o del pueblo. Aquí se ve un paso en una procesión de Sevilla, España.*

PETER MENZEL

D. ¿Qué ambiciones tiene Ud.? Complete las oraciones en una forma lógica. Luego explique sus decisiones.

Yo quiero hacerme _____ algún día.
No quiero nunca llegar a ser _____.

PRONUNCIACIÓN: Ñ, Y, and LL

The three consonants **ñ, y,** and **ll** are called palatals because they are produced with the middle of the tongue against the hard palate (the roof of the mouth). The **ñ** resembles the [ny] sound of English *canyon* and *union,* but it is a single sound, not an [n] followed by a [y].

In Spanish, the **y** at the beginning of a syllable **(yo, papaya)** resembles English *y* (*yo-yo, papaya*), except that the tongue is closer to the palate. The result is a sound with some palatal friction, in between English *y* and the *zh* sound of *measure.* In some dialects, when the speaker is emphatic, **y** at the beginning of a word has even more friction, sounding like the *j* in the English *Joe:* **—¿Quién? —¡Yo!**

In most parts of the Spanish-speaking world, **ll** is pronounced exactly like **y;*** therefore, pronunciation alone will not tell you whether a word is spelled with **y** or **ll.**

*In many areas of Spain, **ll** is a sound made with the middle of the tongue against the palate. This resembles the [ly] sound of English *million,* but is one sound, not an [l] plus a [y].

PRÁCTICA

A. cana/caña   mono/moño   sonar/soñar   tino/tiño   pena/peña
   una/uña   lena/leña   cena/seña
B. compañero   año   señora   cañón   español   pequeña
   niño
C. llamo   llamas   llueve   yogurt   yate   yanqui   yoga
CH. ellas   tortilla   millón   valle   villa   mayo   destruyo
   incluyo   construyo
D. El señor Muñoz es de España y enseña español.
   Yolanda Carrillo es de Sevilla.
   ¿Llueve o no llueve allá en Yucatán?

MINIDIÁLOGOS Y GRAMÁTICA

40. *Irregular Preterites*

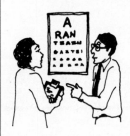

Pronóstico de un nombre

FÉLIX: ¿Por qué faltaste al bautizo de la nieta de don Pepe ayer?
BEGOÑA: *Quise* ir pero no *pude* por el trabajo. ¿Qué tal *estuvo?*
FÉLIX: La fiesta *estuvo* estupenda. ¡Cuánta gente! ¡Y qué divertido todo!
BEGOÑA: ¿Qué nombre le *pusieron* a la niña?
FÉLIX: Arántzazu Gazteizgogeascoa. Son vascos, sabes.
BEGOÑA: ¡Por Dios! Con un nombre así, tiene que hacerse oculista. ¡No hay más remedio!

1. ¿Por qué faltó Begoña al bautizo? *Tubo que trabajar*
2. ¿Qué tal estuvo la fiesta? *Estupenda*
3. ¿Qué nombre le pusieron a la niña?
4. ¿Por qué es probable que ella llegue a ser oculista?

You have already learned the irregular preterite forms of **dar, hacer, ir,** and **ser.** The following verbs are also irregular in the preterite. Note that the first- and third-person singular endings, which are the only irregular ones, are unstressed, in contrast to the stressed endings of regular preterite forms.

Prognosis for a name   FÉLIX: Why weren't you at the baptism of don Pepe's granddaughter yesterday?   BEGOÑA: I tried to go, but I couldn't because of work. How was it?   FÉLIX: The party was marvelous. So many people! And what fun!   BEGOÑA: What name did they give the child?   FÉLIX: Arántzazu Gazteizgogeascoa. They're Basques, you know.   BEGOÑA: Heavens! With a name like that, she has to be an eye doctor. She has no choice!

estar:	**estuv-**
poder:	**pud-**
poner:	**pus-**
querer:	**quis-**
saber:	**sup-**
tener:	**tuv-**
venir:	**vin-**

}
-e
-iste
-o
-imos
-isteis
-ieron

estar	
estuve	estuvimos
estuviste	estuvisteis
estuvo	estuvieron

decir:	**dij-**
traer:	**traj-**

} -e, -iste, -o, -imos, -isteis, **-eron**

When the preterite verb stem ends in **-j-**, the **-i-** of the third-person plural ending is omitted: **dijeron, trajeron.**

The preterite of **hay (haber)** is **hubo** (*there was/were*).

Several of these Spanish verbs have an English equivalent in the preterite tense that is different from that of the infinitive.

saber:	Ya lo sé.	*I already know it.*
	Lo **supe** ayer.	*I found it out (learned it) yesterday.*
conocer:	Ya la conozco.	*I already know her.*
	La **conocí** ayer.	*I met her yesterday.*
querer:	Quiero hacerlo hoy.	*I want to do it today.*
	Quise hacerlo ayer.	*I tried to do it yesterday.*
	No quise hacerlo anteayer.	*I refused to do it the day before yesterday.*
poder:	Puedo leerlo.	*I can (am able to) read it.*
	Pude leerlo ayer.	*I could (and did) read it yesterday.*
	No pude leerlo anteayer.	*I couldn't (did not) read it the day before yesterday.*

PRÁCTICA

A. **La fiesta del Día del Año Nuevo.** ¿Qué pasó? Dé oraciones nuevas según las indicaciones.

1. *Todos* estuvieron en casa de Mario. (*yo, Raúl, Uds., tú, nosotros, vosotras*)
2. *Muchos* vinieron con comida y bebidas. (*Ud., nosotros, tú, Rosalba, Uds., vosotros*)
3. *Todos* dijeron que la fiesta estuvo estupenda. (*tú, Anita, Uds., yo, ellas, vosotros*)

B. **¿Qué pasó en casa de los Ramírez durante la Nochebuena?** Haga oraciones según las indicaciones. Use el sujeto pronominal cuando sea necesario.

1. nosotros / poner / mucho/ regalos / debajo / árbol
2. niños / querer / dormir / pero / no / poder
3. ellos / tener / preparar / mucho / comida

4. haber / cena / para / mayores

[handwritten: hubo]

5. alguno / amigos / venir / a / cantar / villancicos (*carols*)

[handwritten: son / vinimos]

6. a / doce / yo / les / decir / «¡Feliz Navidad!» / todos

[handwritten: a las doce yo les dije   a]

C. **¿Qué pasó anoche?** Cambie por el pretérito.

1. El nieto de Ana *viene* a visitarnos. El niño se *porta* muy bien. *Está* en casa una hora; luego *dice* adiós y se *va.*

   [handwritten: vino   porto   Estuvo   fue]

2. Los Sres. Torres *hacen* la cena y *ponen* la mesa a las seis. Luego *tienen* que lavar los platos. No *pueden* ir al cine hasta muy tarde.

   [handwritten: dijo   hicieron   pudieron]

3. *Quiero* estudiar pero no *puedo* porque mi amigo Octavio *viene* a casa con un amigo ecuatoriano. *Tengo* que ver las fotos que *traen.*

   [handwritten: turieron / quise   pude   Tuve   trajeron]

CH. Describa Ud. estos hechos (*events*) históricos, usando una palabra o frase de cada columna. Use el pretérito de los verbos.

en 1969 los estadounidenses	traer	un hombre en la luna
Adán y Eva	saber	en Valley Forge con sus soldados
Jorge Washington	conocer	«que coman (*let them eat*) pasteles»
los europeos	decir	que las serpientes son malas
Stanley	estar	a Livingston en África
María Antonieta	poner	el caballo (*horse*) al Nuevo Mundo

¿Qué otros hechos históricos puede Ud. contar? Haga por lo menos una oración sobre cada una de estas personas. Hay algunas sugerencias entre paréntesis.

1. los rusos (poner: espacio)
2. John F. Kennedy (decir: *ich bin ein Berliner*)
3. Cleopatra (conocer: Marco Antonio, Egipto)
4. los conquistadores (traer: caballos, América; llevar: tabaco, Europa)

CONVERSACIÓN

A. Preguntas

1. ¿En qué mes conoció Ud. al profesor (a la profesora) de español por primera vez? ¿A quién(es) más conoció ese mismo día? ¿Tuvo Ud. que hablar español el primer día de clase? ¿Cuánto tiempo hace que ya lo habla? ¿Qué les dijo a sus amigos después de esa primera clase? ¿Qué les va a decir hoy?

2. ¿Hubo una prueba (*quiz*) ayer en la clase de español? ¿Cuándo hubo examen? ¿Le fue difícil a Ud. aprenderlo todo para ese último examen? ¿Cuánto tiempo estudió Ud.? ¿Qué dijo cuando supo la nota que tuvo en ese examen? ¿Cuándo va a haber otra prueba en esta clase? ¿Le gusta a Ud. que haya tantas pruebas?

3. ¿Dónde estuvo Ud. el fin de semana pasado? ¿Con quiénes estuvo? ¿Adónde fue con ellos? ¿Qué hicieron? ¿Se portaron bien? ¿Dónde estuvo Ud. la última Noche Vieja? ¿el último Día de Gracias? ¿Dónde piensa estar este año para celebrar esos días festivos?

4. ¿Le dio alguien a Ud. una fiesta de cumpleaños este año? ¿Qué le trajeron sus amigos? ¿Qué le regalaron sus padres? ¿Le hizo alguien un pastel? ¿Qué le dijeron todos? ¿Y qué les dijo Ud.? ¿Quiere que le den otra fiesta este año?

5. ¿Dónde puso su coche ayer? ¿Lo puso en el garaje o lo dejó en la calle? ¿Dónde puso el abrigo cuando se lo quitó? ¿Dónde puso los libros cuando llegó a casa? ¿Se olvida a veces de dónde pone las cosas? ¿De qué otra cosa se olvida Ud. a veces?

B. Complete las oraciones en una forma lógica.

1. La semana pasada, hubo examen en la clase de _____. Fue _____.
2. Ayer/La semana pasada supe que _____. Me puse _____.
3. El año pasado conocí a _____. Me cayó muy bien/mal.
4. Ayer/La semana pasada me puse (nervioso/a, avergonzado/a) porque tuve que _____.
5. Una vez no quise/pude _____.

C. **Entrevista.** With another student, ask and answer questions to determine the first and/or last time the following situations occurred.

MODELO   ¿Cuándo fue la última vez (la primera vez) que tú... ?

1. decir algo muy interesante
2. ponerse muy contento/a
3. estar enfermo/a
4. traer diez dólares a clase

5. tener que pedirle ayuda a alguien
6. dar una fiesta
7. ir al mercado
8. hacer un viaje en avión

41. *Preterite of Stem-changing Verbs*

El cumpleaños de Mercedes

Siguiendo las indicaciones, invente Ud. una descripción de la fiesta de sorpresa que se celebró para Mercedes el año pasado.

1. Llegaron todos a ___(hora)___ .

2. Mercedes $\begin{cases} \text{sonrió} \\ \text{se rió} \\ \text{empezó a llorar} \end{cases}$ cuando los vio.

3. Sus amigos le trajeron muchos regalos. Su amigo Raúl le regaló un libro de dibujos cómicos. Su prima Julita le regaló un diccionario de español. Su hermano...

4. Mercedes $\begin{cases} \text{sonrió} \\ \text{se rió} \\ \text{le dijo ___} \end{cases}$ cuando abrió el regalo de _____.

5. Su compañera de cuarto sirvió (¿un pastel? ¿helado?).

6. Se despidieron todos a ___(hora)___ , y Mercedes se durmió, muy contenta, a ___(hora)___ .

Ahora repita Ud. algunos de los detalles, pero desde el punto de vista de Mercedes.

1. Yo $\begin{cases} \text{sonreí} \\ \text{me reí} \\ \text{empecé a llorar} \end{cases}$ cuando llegaron todos.

2. Cuando _____ me dio _____, (yo) $\begin{cases} \text{sonreí} \\ \text{me reí} \\ \text{le dije} \text{ \_\_\_\_}. \end{cases}$

3. Comí y bebí _____.

4. Me dormí, muy contenta, a <u> (hora) </u> .

-Ar and **-er** stem-changing verbs have no stem change in the preterite.

recordar (ue)		perder (ie)	
recordé	recordamos	perdí	perdimos
recordaste	recordasteis	perdiste	perdisteis
recordó	recordaron	perdió	perdieron

   -Ir stem-changing verbs have a stem change in the preterite, but only in the third-person singular and plural, where the stem vowels **e** and **o** change to **i** and **u** respectively. This is the same change that occurs in the present participle of **-ir** stem-changing verbs.

pedir (i, i)		dormir (ue, u)	
pedí	pedimos	dormí	dormimos
pediste	pedisteis	dormiste	dormisteis
pidió	pidieron	durmió	durmieron

The **-ir** stem-changing verbs that you already know are the following.

(con)seguir (i, i)   reír(se) (i, i)*
despedir(se) (i, i)   sentir(se) (ie, i)
divertir(se) (ie, i)   servir (i, i)
dormir(se) (ue, u)   sonreír (i, i)*
pedir (i, i)   vestir(se) (i, i)
preferir (ie, i)

Another **-ir** stem-changing verb is **morirse (ue, u)** (*to die*).

_____

*Note the simplification: **ri-ió → rió; ri-ieron → rieron; son-ri-ió → sonrió; son-ri-ieron → sonrieron.**

PRÁCTICA

A. Todos pasaron un día fatal ayer. ¿Qué les pasó? Dé oraciones nuevas según las indicaciones.

   1. Dormimos muy mal anoche.   (*yo, todos, Irma, tú, Uds., vosotros*)
   2. No recordaste traer los ejercicios.   (*Raúl, nosotros, Ud., ellos, vosotros*)
   3. *Raúl* perdió las llaves (*keys*) del coche.   (*tú, Horacio y Estela, yo, Ud., vosotras*)
   4. Pedimos mariscos pero no había (*they were out of them*).   (*yo, Jacinto, tú, Uds., vosotros*)
   5. *Todos* se rieron mucho de Nati.   (*nosotros, Esteban, yo, Uds., vosotras*)

B. ¿Qué pasó ayer? Cambie los verbos indicados por el pretérito. Luego continúe las historias.

   1. Juan se *sienta* en un restaurante. *Pide* una cerveza. El camarero no *recuerda* su pedido (*order*) y le *sirve* una Coca-Cola. Juan _____
   2. Rosa se *acuesta* temprano y se *duerme* en seguida. *Duerme* bien y se *despierta* temprano, a las siete. Se *viste* y *sale* para la universidad. Rosa _____
   3. Yo me *visto, voy* a una fiesta, me *divierto* mucho y *vuelvo* tarde a casa. Mi compañero de cuarto *decide* quedarse (*to stay*) en casa y *ve* la televisión toda la noche. No se *divierte* nada. *Pierde* una fiesta excelente y lo *siente* mucho. Yo _____.

C. Describa Ud. estos hechos (*events*) pasados, usando una palabra o frase de cada columna. Use el pretérito de los verbos.

durante la primavera pasada	llover	muchos cursos el semestre
Romeo	recordar	pasado
la segunda guerra mundial	divertirse	en Acapulco
Rip Van Winkle	dormir	en 1939
los turistas	morir	por Julieta
mis amigos	empezar	muchos años
	seguir	todo el vocabulario en el
	nevar	último examen
		mucho

¿Qué otros hechos pasados puede Ud. contar? Haga por lo menos una oración sobre cada una de estas personas. Hay algunas sugerencias entre paréntesis.

   1. la Bella Durmiente (picarse el dedo, dormirse, despertarse)
   2. los Beatles (vestirse, divertir, morir)
   3. mis amigos (despedirse anoche, reírse)
   4. yo (divertirse anoche, preferir)

CONVERSACIÓN

A. Preguntas

1. ¿Dónde almorzó Ud. ayer? ¿Qué pidió? ¿Quién se lo sirvió? ¿Quién pagó la cuenta? ¿Cuánto dejó Ud. de propina (*tip*)? La última vez que cenó en un restaurante, ¿qué pidió? ¿Prefiere Ud. que otra persona pague en un restaurante elegante?

2. ¿A qué hora se acostó Ud. anoche? ¿Cuántas horas durmió? ¿Durmió bien? ¿Se sintió descansado/a (*rested*) cuando se despertó? ¿Cómo se vistió esta mañana, elegante o informalmente? ¿Se levantó con el pie izquierdo (*on the wrong side of the bed*)?

3. ¿Qué película o programa de televisión le divirtió más el año pasado? ¿Se rió Ud. mucho cuando vio _____? ¿Les gustó también a sus amigos? ¿Qué película quieres ver este mes? ¿Es posible que se ría mucho o es más probable que llore?

B. **Entrevista.** Ask another student **preguntas indiscretas** based on these cues. He or she should invent equally outrageous answers. Then report what you have learned to the class.

MODELO   dormirse → —¿A qué hora te dormiste anoche?
                         —Me dormí a las tres de la mañana... y me levanté a las siete, muy descansada.
                         —Alicia se durmió a las tres... y se levantó a las siete.

1. dormir(se): ¿a qué hora? ¿dónde?
2. servir: ¿qué, en su última (fiesta, cena)? ¿quién? ¿a quién?
3. despedirse: ¿de quién, anoche? ¿a qué hora?
4. perder: ¿qué cosa? ¿cuánto dinero? ¿dónde?

Encuentro cultural: Celebraciones

En la vida de uno hay muchas ocasiones para dar fiestas. Claro que todos los años hay que celebrar el cumpleaños. Pero en el mundo hispánico se celebra también el día del santo. En el calendario religioso católico cada día corresponde al nombre de un santo. Si usted se llama Juan, por ejemplo, el día de su santo es el 24 de junio, y lo celebra igual que el día de su cumpleaños.

Para las señoritas, la fiesta de los quince años, la quinceañera, es una de las más importantes, porque desde esa edad a la niña se le considera ya mujer. Para los muchachos, la fiesta de los veintiún años representa la llegada a la mayoría de edad (*coming of age*).

¿Recuerda Ud.?

Before beginning Grammar Section 42, review the Comparison of Adjectives (Grammar Section 23).

¿Cómo se dice en español?

1. I'm taller than John.
2. This book is less interesting than that one.
3. This shop is better than that one.
4. My brothers are older than I (am).

42. Superlatives and Absolute Superlatives

Otro aspecto del mundo del trabajo

TERESA: ¿Por qué cambiaste de puesto? ¿No me escribiste que era *el* trabajo *más fácil* del mundo?

TOMÁS: Sí, eso dije, pero me equivoqué. El trabajo resultó *malísimo.* Tenía *el peor* jefe, *las* condiciones *más incómodas* y *el* sueldo *más bajo* de toda la oficina.

TERESA: ¿Y los días festivos?

TOMÁS: *¡Poquísimos!* ¡Ni siquiera nos dieron libre la Semana Santa! Así no se puede, mujer. El trabajo es necesario, pero para mí, es *importantísimo* estar con mi familia, sobre todo los días de fiesta. Este nuevo puesto me permite pasar más tiempo en casa y estoy *contentísimo* con el cambio.

Imagine que Ud. es Tomás y que todavía tiene el trabajo anterior. Describa su trabajo, usando estas palabras como guía y refiriéndose al diálogo.

- ¿Mi trabajo? (malo)
- ¿Mi jefe? (peor, oficina)
- ¿Las condiciones? (incómodo, oficina)
- ¿Mi sueldo? (bajo, oficina)

- ¿Los días festivos? (poco)
- ¿Estar con la familia? (importante)
- ¿Yo ahora? (contento)

Superlatives

article + noun + **más/menos** + adjective + **de**
article + **mejor/peor** + noun + **de**

David es **el** estudiante **más inteligente de** la clase.

Son **los mejores** doctores **de** aquel hospital.

David is the smartest student in the class.

They're the best doctors at that hospital.

The *superlative* (**el superlativo**) is formed in English by adding *-est* to adjectives or by using expressions such as *the most, the least,* and so on, with the adjective. In Spanish, this concept is expressed in the same way as the comparative, but is always accompanied by the definite article. In this construction **mejor** and **peor** tend to precede the noun; other adjectives follow. *In* or *at* is expressed with **de.**

[Práctica A]

Another side to the working world   TERESA: Why did you change jobs? Didn't you write me that it was the easiest job in the world? TOMÁS: Yes, that's what I said, but I was wrong. The job turned out to be extremely bad. I had the worst boss, the most uncomfortable conditions, and the lowest salary in the whole office.   TERESA: And what about holidays?   TOMÁS: Very few. They didn't even give us Holy Week off! You just can't put up with that, my friend. Work is necessary, but for me it's very important to be with my family, especially on holidays. This new job lets me spend more time at home and I'm very happy with the change.

Absolute Superlatives

Esos ejercicios son **facilísimos.**	*Those exercises are very, very easy.*
Esa mujer es **inteligentísima.**	*That woman is extremely intelligent.*

When **-ísimo/-a/-os/-as** is used with an adjective, the idea *extremely (exceptionally; very, very; super)* is added to the quality described. This form is called the *absolute superlative* **(el superlativo absoluto).** If the adjective ends in a consonant, **-ísimo** is added to the singular form: **fácil → facilísimo.** If the adjective ends in a vowel, the final vowel is dropped before adding **-ísimo: perezoso → perezosísimo.** Any accents on the adjective stem are dropped when **-ísimo** is added: **difícil → dificilísimo.**

Spelling changes occur when the final consonant of an adjective is **c, g,** or **z: rico → riquísimo; largo → larguísimo; feliz → felicísimo.**

[Práctica B]

PRÁCTICA

A. Expand the information in these sentences, according to the model.

MODELO   Carlota es una estudiante muy inteligente. (la clase) →
                      En efecto, es la estudiante más inteligente de la clase.

En la oficina

1. Olga y Paula son empleadas muy trabajadoras. (la oficina)
2. La Sra. Gómez es una aspirante muy buena. (la lista)
3. Es una oficina muy eficiente. (la empresa)

En la excursión

4. Es una plaza muy pequeña. (la ciudad)
5. Son ciudades muy grandes. (el país)
6. Es un metro muy rápido. (mundo)

En la universidad

7. Son capítulos muy importantes. (el texto)
8. Es una residencia muy ruidosa. (la universidad)
9. ¡Es una clase muy mala! (la facultad)

B. Es Navidad. Descríbala, contestando las preguntas con oraciones muy enfáticas según el modelo.

MODELO   ¿Es importante el día? → ¡Sí, es importantísimo!

1. ¿Es alto el árbol de Navidad?
2. ¿Son felices los niños?
3. ¿Es difícil preparar ese plato?

4. ¿Es rico este postre?
5. ¿Estás cansado?
6. ¿Son caros los regalos?

CONVERSACIÓN

A. Usando oraciones completas, dé Ud. el nombre de...

1. El/La mejor estudiante de la clase
2. La persona más pobre de su familia
3. El profesor (La profesora) más paciente de la universidad
4. Una persona riquísima
5. La empresa/el negocio más importante de esta ciudad
6. Un coche baratísimo y otro rapidísimo *porsche*
7. Un coche pequeñísimo y otro grandísimo *cadillac*
8. Una persona famosa viejísima *george burns*

B. **Entrevista.** With another student, ask and answer questions based on the following phrases. Then report your opinions to the class. Report any disagreements as well.

1. La persona más guapa del mundo
2. La noticia más seria de esta semana
3. Un libro interesantísimo y otro pesadísimo (*very boring*)
4. El mejor restaurante de la ciudad y el peor
5. El cuarto más importante de la casa y el menos importante
6. Un plato riquísimo y otro malísimo
7. Un programa de televisión interesantísimo y otro pesadísimo
8. Un lugar tranquilísimo, otro animadísimo y otro peligrosísimo (*very dangerous*)
9. La canción más bonita del año y la más fea
10. La mejor película del año y la peor

El bautizo de un niño es un evento de mucha importancia religiosa, cultural y social.

DIÁLOGO: Un nuevo miembro de la familia

Inés, la madre
Agustín, hermano de Inés y tío del bebé
Julián, íntimo amigo de la familia
los abuelos, españoles que ahora viven en México

A. Hablando del nacimiento

JULIÁN: Llamé a tu casa y me dijeron que tu hermana ya dio a luz.°   dio... *gave birth*
AGUSTÍN: Sí, esta mañana. Inés está muy bien y todos estamos contentísimos.
JULIÁN: Por fin, ¿qué tuvo, varón° o niña?   *niño*
AGUSTÍN: Un varoncito hermosísimo. Pesó° cuatro kilos. Vamos a bautizarlo el   *He weighed*
domingo a las dos de la tarde. Luego hay una fiesta en casa. No dejes de°   No... *Be sure you*
asistir, ¿eh?[1]*

B. El domingo, en casa de la familia

ABUELA: ¡Qué bien que llegaste para la fiesta, Julián! Te extrañamos° en la cere-   *we missed*
monia, pues para nosotros tú eres como de la familia.
JULIÁN: Lo siento, señora. No pude venir antes. ¿Qué tal estuvo el bautizo?
ABUELA: Magnífico. ¡Cuánta gente, Julián, y qué ruido!
JULIÁN: Cuénteme del nietecito. ¿Se puso pesado° durante la ceremonia?   Se... *Did he act up*
ABUELA: ¡Qué va! El gordito° durmió casi todo el tiempo. No lloró nada. ¡Es un   *chubby little fellow*
angelito!
JULIÁN: ¿Qué nombre le pusieron?
ABUELA: José Pelayo. José por su padre, como es el primer varón. Además, nació el
19 de marzo.[2]
JULIÁN: ¿Y Pelayo? ¿Por qué?
ABUELA: Por su abuelo que es de Asturias.[3] Llegó a México muy joven, después de
la Guerra Civil,[4] y se hizo ciudadano mexicano, pero todavía es más
asturiano que Pelayo.

C. Más tarde

JULIÁN: Felicitaciones, don José. Debe estar Ud. contento con el nieto, ¿verdad?
ABUELO: El nacimiento de Pepín me hizo muy feliz, pero el bautizo y la fiesta, no.
Faltó algo... la sidra.° No hay bautizo sin sidra asturiana.   *hard cider*

---

*The superscript numbers in this and subsequent **Diálogos** refer to the **Comentario cultural.**

JULIÁN: Pero no estamos en Asturias, ni el niño es español.

ABUELO: Pero estamos en mi casa, ¡caramba!, y mi nieto tiene sangre° asturiana.   *blood*
¿No conoces la tradición?

INÉS: Perdonen que los interrumpa, pero ¿puedo saber quién puso sidra en el
biberón° de Pepito?   *baby bottle*

ABUELO: Una vieja tradición, mujer, una tradición que yo no voy a romper.°   *to break*

Comprensión

Conteste en oraciones completas.

A. 1. ¿Quién acaba de dar a luz? ¿Es varón o
niña el bebé?
2. Para un recién nacido, ¿es muy grande?
3. ¿Qué va a hacer la familia el domingo
después del bautizo?

B. 1. ¿Quién no pudo asistir al bautizo?
2. ¿Por qué lo extrañaron todos?
3. ¿Por qué dice la abuela que el niño es un
angelito?
4. ¿Qué nombre le pusieron?
5. ¿Por qué le pusieron José? ¿y Pelayo?

C. 1. ¿Por qué está contento el abuelo?
2. Según el abuelo, ¿qué falta?
3. ¿De dónde es el abuelo? ¿Dónde vive
ahora?
4. ¿Quién puso sidra en el biberón de
Pepito?

Comentario cultural

1. In a Hispanic family, a christening is always an important event. After the baptismal ceremony at the
church, there is usually a party at home for friends and family.

2. **Pepito** and **Pepín** are the diminutive forms of **Pepe,** the nickname for **José** (*Joseph*). **Pepito,**
named for his father, was born on March 19, St. Joseph's Day on the Catholic calendar. March 19,
then, is not only **Pepito's** birthday but is also his saint's day, or name day.

3. In Spain, people often identify more strongly with the area in which they were born and raised than
with Spain as a nation. Each of the seventeen **comunidades autónomas** of Spain has its own
history and personal and linguistic characteristics.

Asturias is a small **comunidad** on the north coast of Spain. There, in the year
718 A.D., a band of Christians led by don Pelayo defeated the invading Moorish
armies at the Battle of Covadonga, thus preventing Islam from completely over-
taking the Iberian Peninsula. Later, don Pelayo was elected king of Asturias. Pelayo
is now regarded as a national hero in Spain, and the heir to the Spanish throne
holds the honorary title Prince of Asturias.

Pepito's grandfather still has strong feelings for Asturias, even though he is now
a citizen of Mexico, and he is proud that his Mexican-born grandson will have the
name **Pelayo.**

4. The Spanish Civil War was a bitter conflict between Republicans and Nationalists that lasted for three years (1936–1939). It is estimated that as many as one million people died as a result of the war. Thousands of refugees fled from Spain, many going to Mexico and other countries of North and South America.

UN POCO DE TODO

A. Use Ud. estos verbos en el presente para describir un día típico en la vida de Domingo Meléndez. Luego diga lo que (*what*) Ud. hizo ayer, usando el pretérito. **¡OJO!** Hay verbos de todos tipos en la lista: regulares (Sección 38), irregulares (Sección 40) y verbos que cambian el radical (Sección 41). Haga un repaso (*review*) del pretérito antes de empezar este ejercicio.

despertarse	divertirse con los amigos	no poder estudiar
levantarse	despedirse de ellos	mirar la televisión
bañarse	estudiar en la biblioteca	decir buenas noches a _____
vestirse	volver a casa	quitarse la ropa
desayunar	preparar la cena	acostarse
ir a la universidad	poner la mesa	leer un poco
asistir a clases	cenar	poner el despertador (*alarm clock*)
almorzar	lavar los platos	dormirse pronto
	quedarse en casa toda la noche	

B. **David siempre exige...** Con un compañero/a estudiante, haga y conteste preguntas según el modelo.

MODELO ¿Qué te pareció el ruido de la fiesta? (fiesta, ruidoso) →
        ¡Dijiste: Sí, la que la fiesta fue ruidosísima!

1. ¿Qué te pareció el menú de la cena que preparó mi hermana? (comida, rico)
2. ¿Recordaste las direcciones de la fiesta? (instrucciones, complicado)
3. ¿No te gustó la fiesta de Jorge el viernes pasado? (aburrido)
4. ¿Oíste algo de la noticia del accidente de Ernesto? (calle, peligroso)

C. **Situaciones y respuestas.** Explique la situación que resulta en estas preguntas. Después, conteste las preguntas.

MODELO ¿Por qué quiere hacerse presidente? →
        Situación: Entrevista con un reportero del periódico estudiantil
        Respuesta: Porque no estoy de acuerdo con las decisiones que toma el presidente actual (*current*).

1. ¿Por qué vino Ud. a verme y con esa cara (*face*) tan seria?
2. ¿Qué quieres que te traiga el Papá Noel este año?
3. ¿Por qué te pusiste tan contento/a?
4. ¿Por qué quiere hacerse presidente?
5. ¿Por qué no quiso hacerlo?
6. ¿Por qué estás llorando? Fue una ventana, nada más.

CH. **Situaciones y reacciones.** Imagine que ocurrieron las siguientes situaciones en algún momento en el pasado. ¿Cómo reaccionó Ud.? ¿Sonrió? ¿Lloró? ¿Se rió? ¿Se enojó? ¿Se puso triste, contento/a, furioso/a? ¿Qué hizo?

MODELO Su compañero de cuarto hizo mucho ruido anoche. ¿Cómo reaccionó Ud.? →
- Me enojé.
- Me puse furiosísimo/a.
- Salí de casa y fui a la biblioteca a estudiar.
- Hablé con él.

Situaciones

1. Una amiga le regaló un libro pesadísimo.
2. El profesor le dijo que no hay clase mañana.
3. Ud. rompió las gafas (*eyeglasses*).
4. Su hermano perdió la cartera.
5. Su mejor amigo lo/la llamó a las seis de la mañana el día de su cumpleaños.
6. Nevó anoche.
7. Ud. recibió el aumento de sueldo más grande de la oficina.
8. Durante el último examen, Ud. no pudo recordar las formas del pretérito.
9. Ud. preparó una cena para algunos amigos y todo le salió horrible.

Ahora, usando las formas del pretérito, invente otras situaciones y pídales a sus compañeros de clase que le indiquen sus reacciones.

D. **Más días festivos.** Complete the following paragraphs with the correct form of the words in parentheses, as suggested by context. When two possibilities are given in parentheses, select the correct word. Use the preterite of infinitives indicated with an asterisk.

La fiesta de la virgen de Guadalupe

En (*alguno*[1]) países hispánicos los días de (*cierto*[2]) santos (*ser/estar*[3]) fiestas nacionales. Se (*conmemorar*[4]) a la santa patrona de México, la Virgen de Guadalupe, el día 12 (*de/del*[5]) diciembre. (*Mucho*[6]) mexicanoamericanos celebran (*este*[7]) fiesta también. Se (*creer*[8]) que la Virgen María se le (*aparecer*[9])* (*a/de*[10]) Juan, un humilde pastor,° en el pueblo (*a/de*[11]) Guadalupe. La Virgen (*dejar*[12])* su imagen en un rebozo° que todavía se puede (*ver*[13]) en la Catedral de la Ciudad de México.

° shepherd
° shawl

La fiesta de San Fermín

No (*todo*[14]) las fiestas hispánicas (*ser/estar*[15]) religiosas. Esta fiesta de Pamplona (España) lleva (*el/la*[16]) nombre de un santo y (*ser/estar*[17]) de origen religioso, pero es primariamente secular. Durante diez días—entre (*el/la*[18]) 7 y (*el/la*[19]) 17 de julio—se interrumpe la rutina diaria° (*del/de la*[20]) ciudad. (*Llegar*[21]) personas de todas partes de España e inclusive de (*otro*[22]) países para beber, cantar, bailar... y (*pasarlo*[23]) bien en general. Todas las mañanas se (*permitir*[24]) que algunos toros (*correr*[25]°) libres° por (*el/la*[26]) calle de la Estafeta, en dirección (*al/a la*[27]) plaza de toros. (*Alguno*[28]) jóvenes atrevidos° (*correr*[29]) delante de ellos. No (*haber*[30]) duda que (*este*[31]) demostración de brío° (*ser/estar*[32]) bastante peligrosa. Luego por (*el/la*[33]) tarde se celebra una corrida° en la famosa plaza de

° daily

° run / free
° daring

° courage
° bullfight

descubrió

toros que (*describir*[34])* Ernest Hemingway en (*su*[35]) novela *The Sun Also Rises*.
En Pamplona todavía (*ser/estar*[36]) posible (*hablar*[37]) con personas que (*saber/* *conocieron* *conocer*[38])* a este famoso escritor estadounidense que (*tener*[39])* tanto interés *tuvo* por las culturas (*hispánico*[40]).

VOCABULARIO

VERBOS

bautizar to baptize
celebrar to celebrate
contar (ue) to tell about
despedirse (i, i) de to say goodbye
   (to), take leave (of)
enojarse to get angry
faltar to be absent, lacking
hacerse (*irreg.*) to become
irse (*irreg.*) to leave, go away
llegar a ser to become
llorar to cry
morirse (ue, u) to die
olvidarse (de) to forget (about)
pasarlo bien/mal to have a good/bad
   time
pesar to weigh
ponerse (*irreg.*) to become, get
portarse to behave
quedarse to stay, remain
reaccionar to react

recordar (ue) to remember
reírse (i, i) to laugh
sentirse (ie, i) to feel
sonreír (i, i) to smile

SUSTANTIVOS

el **árbol** tree
el **bautizo** baptism
el **chiste** joke
la **emoción** emotion
los **entremeses** hors d'oeuvres
la **foto** photograph
el **nacimiento** birth
la **noticia** piece of news
la **prueba** quiz
la **sorpresa** surprise
el **varón** male child, boy

ADJETIVOS

avergonzado/a embarrassed

feliz (*pl.* **felices**) happy
peligroso/a dangerous
pesado/a boring

PALABRAS ADICIONALES

así thus, like that, in that way
dar/hacer una fiesta to give a party
felicitaciones congratulations
no hay más remedio nothing can be
   done about it

LOS DÍAS FESTIVOS

**la Noche Vieja, el Día del Año
Nuevo, la Pascua (Florida), el
Día de los Muertos, el Día de
Gracias, la Nochebuena, la
Navidad**

Format
   reflexive

I washed my face
Me lavé la cara

I gave it to him
se lo di

Ref.- present prog
Do it to
yourself

creí
creíste
creyó
creímos
creyeron

anything contrary to fact = subj = emotion
                                 doubt
                                 negation

ACTIVIDADES

A. **Chistes.** In all countries there are jokes about children, families, and aspects of family life. Here are a number of cartoons without captions. Can you match them with appropriate captions from the list following them?

Captions

1. ¿Vieron como sin mí no son nadie?

2. ¿Novios? Lo siento, pero me dijeron que Bo Derek se va a divorciar...
Comprende que no voy a dejar pasar la oportunidad...
3. Mamá, te cogí (*I picked*) una florecita.
4. ¿Que si te gusta el casco (*helmet*) espacial que me trajeron los Reyes?
5. Lo siento, la señora no está en casa.

Here are some jokes that do not depend on visual appeal for their humor.

JAIMITO: Abuelita, ¿quién trajo a Pepito?
ABUELITA: Una cigüeña (*stork*) lo trajo.
JAIMITO: ¿Y por qué no lo trajo directamente a la casa en vez de dejarlo en el hospital?

ROSITA: Abuelito, ¿de dónde vienen los niños?
ABUELITO: De París, guapa, de París.
ROSITA: Y si yo vine de París, ¿cómo es que no hablo francés?

Write in simple Spanish an English joke that does not involve a play on words. If you need to use a dictionary, follow the suggestions in the **Study Hint** on page 154. Practice reading your joke aloud; then present it to the class.

A propósito...

Carrying on a conversation in a second language requires effort. When you are speaking to someone in Spanish, you may be making such an effort to understand everything or to formulate even simple answers that you forget to say the things that you would automatically say in English.

A conversation is somewhat like a tennis game: it is important to keep the ball moving. But to keep a conversation going, you need to do more than just answer the other person's questions mechanically. If you volunteer a comment or ask a question in return, you not only provide more information but let the other person know that you are interested in continuing the conversation. For example, in answer to the question **¿Juegas al béisbol?,** the words **Sí** or **Sí, juego al béisbol** do little more than hit the ball back. They are factually and grammatically correct, but since they provide no more new information, they return the burden of carrying the conversation to the other person. Answers such as **Sí, soy el pícher** or **Sí, ¿a ti te gusta también? ¿Quieres jugar con nosotros el domingo?** or **No, pero juego al tenis** demonstrate your willingness to keep on talking.

B. **Dime más.** (*Tell me more.*) With another student, ask and answer the following questions. After answering the questions with a minimal amount of information, volunteer an additional comment or ask your partner a follow-up question. Using the suggestions in the **A propósito...** section, keep each conversation going for a minimum of three or four exchanges before going on to the next question.

1. ¿A ti te gusta bailar el chachachá?
2. ¿Conoces la ciudad de Nueva York?
3. ¿Dónde vive tu familia?
4. ¿Tienes coche?
5. ¿Por qué estudias español?
6. ¿Cuál es tu programa de televisión favorito?
7. ¿Quieres viajar por México?
8. ¿Qué hiciste el verano pasado?

C. **Entrevistas.** Many U.S. families have special traditions that come from their ethnic or cultural heritage. Other family customs originate in special events that have meaning only to individual families. Explain some of your family traditions to the class by answering the following questions.

1. ¿De dónde viene su familia?
2. ¿Se habla otra lengua en casa? ¿Cuál?
3. ¿Un miembro de su familia nació en otro país? ¿Cuál?
4. ¿Cuáles son las fiestas que se celebran en su familia con reuniones (*gatherings*) familiares o con costumbres especiales? ¿la Navidad? ¿la Pascua? ¿la Pascua Florida? el Día de Gracias? ¿el 4 de julio? ¿el cumpleaños de alguien?
5. ¿Cómo se celebra esta fiesta? ¿Hay comida especial? ¿Quiénes vienen a casa? ¿Van Uds. a casa de otro pariente?

LECTURA CULTURAL: La Navidad

Antes de leer

In previous chapters you learned to recognize cognates, word endings, and new words that are related to familiar words. Another large group of adjectives derived from verbs ends in **-ado** or **-ido**: you can often guess the meaning of these adjectives if you know the related verb. For example: **conocer** (*to know*) → **conocido** (*known, famous*); **preparar** (*to prepare*) → **preparado** (*prepared*). Can you guess the meaning of the following italicized adjectives based on verbs you already know?

1. unas ideas bien *explicadas*   2. una mujer *desconocida*   3. su libro *preferido*

In the following reading there are many **-do** adjectives. Try to guess their meaning from context.

En el mundo hispánico hay diferentes costumbres navideñas. Es importante recordar que para los hispanos la Navidad es siempre una fiesta religiosa que celebra el nacimiento de Jesucristo en Belén. En realidad, en algunos países las celebraciones navideñas comienzan el 16 de diciembre. Durante nueve días hay una mezcla° de actividades religiosas y sociales. Es costumbre reunirse en grupos primero a rezar° la novena—una serie de oraciones dirigidas a María, a José y al Niño Jesús—y a cantar villancicos. Después hay una fiesta con comida y música. Este período culmina con la gran cena y la fiesta familiar que se celebra en la noche del 24 de diciembre. A veces la familia va a la iglesia a medianoche para oír la Misa del Gallo.°

    mixture
    to pray

    Misa... *Midnight Mass*

Las costumbres navideñas varían de país en país. En algunas partes de México, por ejemplo, se celebra la Navidad más o menos como es celebrada en los Estados Unidos: se reciben los regalos la Nochebuena o el mismo día de Navidad y se conoce al Papá Noel. Es también frecuente ver árboles de Navidad decorados con ángeles y bolas de colores.

En Colombia se reciben los regalos en la Nochebuena a las doce. Siempre hay una fiesta con toda la familia, incluyendo a los niños chiquitos. Los niños creen

que los regalos son enviados° por el Niño Dios y que el Papá Noel los re-   *sent*
parte,° ayudado por los ocho venaditos. Después de abrir los regalos, hay una   distribuye
gran cena. En cuanto a° las decoraciones, es muy importante el pesebre: figuritas   *En... Concerning*
de barro° o de porcelana que representan en miniatura a la Sagrada° Familia, a los   *clay / Holy*
Reyes Magos y a algunos animalitos. Pero en las calles es común ver representado
el pesebre con personas y animales de verdad. En otros países al pesebre se le
llama «Nacimiento» o «Belén».

En España también se celebra la Navidad con fiestas religiosas y familiares, pero
no se reciben los regalos ese día. Éstos llegan el día de los Reyes: el 6 de enero. Se
dejan los zapatos cerca de una ventana de la casa, y todos madrugan° para ver qué   se levantan muy
les dejaron los Reyes. Si los niños no se portan bien se les da carbón° en vez de   temprano
dulces y otros regalos. Para hacer una broma,° a veces se les pone un «dulce de   *coal*
carbón» en el zapato. Éste es un verdadero dulce, pero en forma de un pedazo°   chiste
de carbón.   *piece*

Comprensión

¿Cierto o falso? Corrija las oraciones falsas.

1. Todos los hispanos celebran la Navidad de la misma manera.
2. En general, la Navidad es una fiesta religiosa *y* social para los hispanos.
3. Una figura similar a Santa Claus no existe en la tradición hispana.
4. El pesebre es una fiesta para la Nochebuena.
5. Para los niños españoles, los Reyes Magos son más importantes que el Papá Noel.

Para escribir

Imagine that you are writing a note to a friend on a holiday greeting card. Describe how the holiday
season is being celebrated by your friends and family this year, and pass along other holiday greetings.
Use the model letter as a guide, and add other details as needed.

20 de diciembre de _____

Querido/a Juan(a),

Ya casi pasó otro año, ¿verdad? Parece que el tiempo vuela. Aquí estamos haciendo preparativos para
_____. Anoche _____ y hoy _____. Los niños ya le escribieron a _____. Quieren que les traiga _____.
Esperamos que todos Uds. _____. Si puedes, _____.
¡Feliz Navidad!

Un abrazo de tu amigo

Una invitación a México y la América Central

PETER MENZEL

Esta zona, que incluye también el conjunto (*group*) de islas en el Mar Caribe llamadas (*called*) las Antillas, es una región geográfica muy importante para los Estados Unidos. Aquí—como en toda Hispanoamérica—se han realizado grandes esfuerzos (*great efforts have been made*) durante todo el siglo (*century*) XX para conseguir radicales cambios políticos, económicos y sociales. Actualmente (*Currently*) la América Central es escenario de una gran actividad revolucionaria.

1. *La primera gran revolución del siglo XX fue la de México, que empezó en 1910. No resolvió todos los problemas de México, pero sí dio lugar al establecimiento (establishment) de programas de reforma agraria y a la creación de una constitución democrática. En la actualidad (Currently) la Ciudad de México, con una población metropolitana de más de catorce millones de habitantes, es la tercera (third) ciudad más poblada del mundo.*

2. *En 1959 un grupo de revolucionarios encabezados (headed) por Fidel Castro y Ernesto «Che» Guevara, entre otros, tomaron control del gobierno de la isla de Cuba. En la actualidad, Fidel, como presidente del Consejo de Estado, es la autoridad máxima. Su política exterior (foreign policy) está dominada por sus acuerdos y relaciones con la Unión Soviética. Muchos cubanos, disidentes del gobierno actual de Cuba, vinieron—y siguen viniendo—a los Estados Unidos.*

BOB HENRIQUES/MAGNUM PHOTOS

JANE LATTA/PHOTO RESEARCHERS, INC.

3. ***Aunque*** (*Although*) ***en gran parte están todavía inexplotadas*** (*undeveloped*)***, las riquezas naturales de la zona son considerables: el petróleo de México, la fruta de los países centroamericanos, el atractivo turístico de las islas del Caribe y de las playas de México, entre otras. El Canal de Panamá, ahora propiedad del pueblo panameño, es el enlace*** (*link*) ***más importante entre el Océano Atlántico y el Pacífico.***

4. ***El Museo Nacional de Antropología de la ciudad de México tiene estupendas riquezas de las antiguas civilizaciones indígenas de México y Centroamérica, inclusive la de los mayas y los aztecas. Allí se encuentra el famosísimo calendario Azteca. En realidad, esta obra no es un calendario sino*** (*but rather*) ***una representación del mito azteca de la creación.***

5. ***Teotihuacán, cerca de la ciudad de México, es una de las más importantes ciudades precolombinas. Se encuentran en ella las grandes Pirámides del Sol y de la Luna. Fue un centro ceremonial de los antepasados*** (*ancestors*) ***de los actuales habitantes de México.***

6. ***La cultura puertorriqueña es tan colorida como su paisaje*** (*countryside*)***. Sus aportaciones*** (*contributions*) ***a nuestro mundo son considerables: su comida, su música, su danza, su lengua (son de origen indígena puertorriqueño palabras españolas tales como huracán, canoa y barbacoa, entre otras). Los puertorriqueños, habitantes del Estado Libre Asociado (ELA)*** (*Commonwealth*) ***de Puerto Rico, son además ciudadanos estadounidenses.***

OAS

JERRY FRANK/DPI

PETER MENZEL

CAPÍTULO 11

¡HUY, PERDÓN!

JANE SCHERR/JEROBOAM, INC.

PARA EMPEZAR

In this chapter and in **Un paso más 11,** you will learn vocabulary and expressions about mistakes, accidents, and days when everything seems to go wrong, and will consider the attitudes of Hispanic peoples about what is and is not appropriate behavior. As a first step, listen to the following conversation that Cindy, a U.S. student, hears between two Spanish women.

Cindy está almorzando en la cafetería de la Universidad de Salamanca. Sin querer, oye la siguiente conversación.

PRIMERA ESPAÑOLA: ¿Te fijas que (*Have you noticed that*) vinieron muchos norteamericanos a la universidad este año?

SEGUNDA ESPAÑOLA: ¡Claro que sí! ¡Y qué modales (*habits*) tienen algunos, chica! Por ejemplo, mira a aquellos dos que están sentados (*seated*) leyendo con los pies puestos sobre la mesa del comedor.

PRIMERA ESPAÑOLA: A mí también me parecen, muchos de ellos, un tanto ordinarios y hasta maleducados.* Ni siquiera saludan. (*They don't even shake hands.*)

SEGUNDA ESPAÑOLA: Tampoco ofrecen pitillos (*cigarettes*) cuando fuman. ¡Qué egoístas!

---

*Maleducado** implies *ill-mannered, rude, poorly brought up.* See **Comentario cultural,** page 310.

VOCABULARIO: PREPARACIÓN

Me levanté con el pie izquierdo°			Me... *I got up on the wrong side of the bed*
la aspirina	aspirin	equivocarse	to be wrong, make a mistake
el despertador	alarm clock		
la llave	key	hacerse daño	to hurt oneself
distraído/a	absent-minded	olvidarse (de)	to forget
torpe	clumsy	pegar	to hit, strike
acordarse (ue) de	to remember	perder (ie)	to lose
apagar	to turn off	romper	to break
caerse (me caigo)	to fall down	sufrir muchas presiones	to be under a lot of pressure
cambiar de lugar	to move (something)		
doler (ue)	to hurt	tropezar (ie) con	to bump into
Me duele la cabeza.	I have a headache.	¡Qué mala suerte!	What bad luck!
		Fue sin querer.	It was unintentional. I (he . . .) didn't mean to do it.

(handwritten annotations: "caer = to fall", "always")

Algunas partes del cuerpo°   *body*

el brazo	arm	el pie	foot
la cabeza	head	la pierna	leg
la mano	hand		

A. Match each response from column B with the appropriate statement from column A.

A

1. ¡Ay, estoy sufriendo muchas presiones en el trabajo!
2. Anoche no me acordé de poner el despertador.
3. ¡Ay! ¡Me pegaste!
4. Nunca miro por donde camino (*I'm going*). Esta mañana me caí otra vez.
5. Lo siento, señores, pero ésta no es la casa de Lola Pérez.
6. No cambié de lugar el coche y el policía me puso una multa (*fine*).
7. Anoche en casa de unos amigos rompí su lámpara favorita.

B

a. ¿Vas a comprarles otra?
b. Perdón, señora. Nos equivocamos de casa.
c. ¿Otra vez? ¡Qué distraído eres! ¿Te hiciste daño?
ch. Huy, perdón. Fue sin querer.
d. ¿Te olvidaste otra vez? ¿A qué hora llegaste a la oficina?
e. ¡Qué mala suerte! ¿Cuánto tienes que pagar?
f. ¿Sí? Por qué no te tomas unos días de vacaciones?

B. ¿Qué verbos asocia Ud. con estas palabras?

la llave   el brazo   la luz
la pierna   la aspirina   los pies
la mano   la cabeza   el despertador

Posibilidades: despedirse, doler, apagar, caminar, levantar, correr (*to run*), preguntar, pegar, escribir, pensar, tomar, caerse, hacerse daño, poner, tropezar, perder

C. ¿De cuántas maneras diferentes puede Ud. reaccionar en cada situación? Describa sus reacciones.

1. A Ud. le duele mucho la cabeza.
2. Ud. se equivoca en un asunto (*matter*) importante / en un pequeño detalle (*detail*).
3. Ud. le pega a otra persona sin querer.
4. Ud. se olvida del nombre de otra persona.
5. Ud. está muy distraído/a.
6. Ud. se hace daño en la mano/el pie.

CH. ¿Se refieren a Ud. estas oraciones? Conteste diciendo «**Sí, así soy**» o «**No, no soy así**».

1. Se me caen (*I drop*) las cosas de las manos con facilidad en el trabajo y en casa.
2. Con frecuencia no me acuerdo de hacer la tarea (*homework*) para la clase de español.
3. Cuando oigo el despertador, lo apago y me duermo otra vez.
4. Rompo los platos y los vasos cuando los lavo.
5. Se me pierden (*I misplace*) ciertos objetos, como las llaves, los cuadernos, la cartera...

Encuentro cultural: En el extranjero (*Abroad*)

Dos jóvenes turistas, contentas de estar en la Ciudad de México, conversan muy animadamente mientras dan un paseo (*walk*) por el parque de Chapultepec.

RUTH: ¡Qué bueno es estar aquí en México! Me gusta más cada día. (Sonríe y mira a su alrededor [*around her*].)
JUDY: A mí también. (Sonríe.) Sobre todo porque la gente (*people*) es tan amable.
RUTH: Sí, pero... ¿No te parece que los hombres son muy mirones (*stare a lot*)?
JUDY: Pues, sí, es cierto. No sé por qué no nos quitan la vista de encima (*why they don't take their eyes off of us*). No hacemos nada que les deba llamar la atención.

¿Cómo se puede explicar la impresión que tienen las jóvenes? Escoja Ud. la mejor alternativa.

1. No saben en qué consiste un saludo.
2. Casi todos los hombres latinos son frescos (*fresh*).
3. El comportamiento (*behavior*) de las jóvenes, que a ellas les parece completamente apropiado, no lo es en México.

6. Con frecuencia tropiezo con los muebles.
7. Algunas veces me hago daño en las manos mientras (*while*) preparo la cena.
8. En las fiestas, me olvido de los nombres de las personas que me acaban de presentar (*to introduce*).

D. ¿Cómo se debe o se puede reaccionar en estas situaciones? Compare sus respuestas con las de los otros miembros de la clase.

1. Son las seis de la mañana. Ud. oye el despertador, pero todavía tiene sueño.
2. Ud. quiere despedirse, pero la persona con quien está hablando quiere hablar más.
3. Ud. pierde su cartera y con ella todo su dinero y el pasaporte. Va a la estación de policía.
4. El vecino siempre deja su carro delante del garaje de Ud. y Ud. no puede sacar su carro.
5. Ud. rompe un objeto muy caro y muy querido (*beloved*) en la casa de un amigo.
6. Ud. está preparándose para salir con unos amigos cuando lo/la llama Jaime. Ud. se olvidó de la cita que tenía (*had*) con él para esta tarde.
7. Ud. sufre muchas presiones a causa de los exámenes finales.

De + Noun

In English a noun can modify another noun in order to express the material of which something is made or the nature of a place or thing: *a **gold** watch, the **language** lab, a **summer** day*. In Spanish this structure is expressed by using the preposition **de**: **un reloj *de* oro, el laboratorio *de* lenguas, un día *de* verano.**

E. ¿Qué hay en la sala de clase? Hay...

| sillas / bolígrafos / mesas / escritorios / libros / cuadernos | de | metal / madera / plástico / papel / ? |

¿Y en la universidad? Hay...

| laboratorios / textos / clases / profesores | de | lenguas / francés / sicología / química / física / comercio / matemáticas / inglés / ? |

F. **En la facultad.** ¿Cómo se dice en español?

1. my Spanish books
2. our history exam
3. her French class
4. our science professor (*f.*)
5. his telephone number
6. the university cafeteria

G. Imagine que Ud. puede pedirle cualquier (*any*) cosa a un amigo (una amiga)... ¡y recibirla! ¿Qué le va a pedir?

MODELO   Quiero que _____ me compre un(a) _____ de _____.

Posibles objetos: anillo (*ring*), cadena (*chain*), reloj, figura, cartera, bolsa, abrigo

Posibles materiales: oro, plata (*silver*), diamantes, cristal, porcelana, cuero (*leather*), madera, pieles (*fur*)

PRONUNCIACIÓN: X, M, and N

X   The letter **x** is usually pronounced as [ks], as in English. Before a consonant, however, the [k] is often dropped and the resulting sound is simply an [s] sound, as in **texto** and **extranjero.**

M and **N**   Spanish **m** and **n** are usually pronounced as in English. However, before **p, b/v,** and **m,** the letter **n** is pronounced [m]; before the sounds [k] and [g], and the spellings **j** and **ge/gi,** it has an [ng] sound, as in the English word *sing.*

PRÁCTICA

A. [ks]   laxo   sexo   axial   existen   examen

B. [s]   explique   extraordinario   sexto   extremo   extraterrestre

C. [m]   convence   un beso   un peso   con Manuel   con Pablo
con Verónica   con Bárbara   en Perú   en Venezuela   en Bolivia
en México   son buenos

CH. [ng]   en casa   en Castilla   un genio   son generosos   son curiosos
son jóvenes   en Colombia   en Japón   en Quito   en Granada
con Carlos   con Juan   con Gregorio

MINIDIÁLOGOS Y GRAMÁTICA

43. *Imperfect of Regular and Irregular Verbs*

Past tense

La nostalgia

MATILDE: ...y todos los hijos *eran* chiquitos. *Entraban* y *salían* de casa como locos. ¡Qué ruido *había* siempre! ¿Te acuerdas?
ARMANDO: Sí, sí, sí, aquéllos *eran* otros tiempos.

used when its a progressive action in the past

España

MATILDE: Y luego en verano *íbamos* siempre a la playa con todos los tíos y tus padres y dos criados y los amigos de los niños. *Teníamos* aquella casita tan linda... ¡Casi la puedo ver! ¿No la ves?

ARMANDO: Sí, sí, sí, aquéllos *eran* otros tiempos.

MATILDE: Dime una cosa, Armando. De verdad, ¿qué prefieres, aquella época o estos tiempos más tranquilos?

ARMANDO: Sí, sí, sí, aquéllos *eran* otros tiempos.

MATILDE: Ay, querido, parece que las cosas nunca cambian. ¡Tampoco me *escuchabas* en aquel entonces!

1. ¿Qué hacían los niños de Matilde y Armando?
2. ¿Su casa estaba muy tranquila?
3. ¿Adónde iban siempre en verano? ¿Iban solos?
4. ¿Qué pregunta Matilde a Armando? ¿Cómo responde?
5. ¿Armando escucha bien a Matilde? Y antes, ¿la escuchaba?

The *imperfect* (**el imperfecto**) is another past tense in Spanish. In contrast to the preterite, which views actions or states of being as finished or completed, the imperfect tense views past actions or states of being as habitual or as "in progress." The imperfect is also used for descriptions.

The imperfect has several English equivalents. For example, **hablaba,** the first-person singular of **hablar,** can mean *I spoke, I was speaking, I used to speak,* or *I would speak* (when *would* implies a repeated action). Most of these English equivalents indicate that the action was still in progress or was habitual, except *I spoke,* which can correspond to either the preterite or the imperfect.

Nostalgia   MATILDE: . . . and all the kids were little. They went in and out of the house like mad. There was always so much noise! Remember?   ARMANDO: Yes, yes, yes, those were different times.   MATILDE: And then in the summer we would go to the beach with all the uncles and aunts and your parents and two servants and the kids' friends. We used to have that pretty little house . . . I can almost see it! Don't you see it?   ARMANDO: Yes, yes, yes, those were different times.   MATILDE: Tell me something, Armando. Honestly, which do you prefer—those times or these more peaceful times?   ARMANDO: Yes, yes, yes, those were different times. MATILDE: Well, dear, I guess things never change. You never used to listen to me back then, either!

Forms of the Imperfect

hablar		comer		vivir	
hablaba	hablábamos	comía	comíamos	vivía	vivíamos
hablabas	hablabais	comías	comíais	vivías	vivíais
hablaba	hablaban	comía	comían	vivía	vivían

Stem-changing verbs do not show a change in the imperfect: **almorzaba, perdía, pedía.** The imperfect of **hay** is **había** (*there was, there were, there used to be*). Only three verbs are irregular in the imperfect: **ir, ser,** and **ver.**

ir		ser		ver	
iba	íbamos	era	éramos	veía	veíamos
ibas	ibais	eras	erais	veías	veíais
iba	iban	era	eran	veía	veían

Uses of the Imperfect

The imperfect is used for the following.

A. To describe *repeated habitual actions* in the past

Siempre **nos quedábamos** en aquel hotel.

We *always stayed (used to stay, would stay)* at that hotel.

Todos los veranos **iban** a la costa.

Every summer they *went (used to go, would go)* to the coast.

B. To describe an *action that was in progress*

Pedía la cena.

She *was ordering* dinner.

Buscaba el carro.

He *was looking* for the car.

C. To describe two *simultaneous actions in progress,* with **mientras**

Tú **leías mientras** Juan **escribía** la carta.

You *were reading while* John *was writing* the letter.

CH. To describe *physical, mental, or emotional states* in the past

Tenía dieciocho años.

She *was eighteen years old.*

Estaban muy distraídos.

They *were very distracted.*

La **quería** muchísimo.

He *loved her a lot.*

D. To tell *time in the past*

Era la una.

It *was one o'clock.*

Eran las dos.

It *was two o'clock.*

¡OJO! Just as in the present, the singular form of the verb **ser** is used with one o'clock, the plural form from two o'clock on.

E. To form a *past progressive:* imperfect of **estar** + *present participle**

Estábamos cenando a las diez.   *We were having dinner at ten.*
¿No **estabas estudiando?**   *Weren't you studying?*

PRÁCTICA

A. Dé oraciones nuevas según las indicaciones.

En la escuela primaria...

1. *Tina* estudiaba y jugaba mucho. (*yo, Uds., tú, nosotros, Julio, vosotros*)
2. *Todos* bebían leche y dormían la siesta. (*Tina, tú, nosotros, Alicia, yo, vosotros*)

¿Qué hacían Uds. anoche a las doce?

3. *Ceci* veía un programa interesante. (*tú, yo, Uds., Pablo, ellas, vosotros*)
4. *Mis padres* iban a acostarse. (*tú, yo, nosotros, Hernando, ellas, vosotros*)
5. Yo (no) estaba _____. (*leer, mirar la televisión, escribir una carta, dormir, llorar, comer, apagar las luces, ?*)

B. ¿Cómo eran o qué hacían estas personas de (*as*) niños?

O. J. Simpson	ser	con frecuencia/siempre
todos	cantar	fútbol americano/béisbol
Michael Jackson	tocar	música popular
Elizabeth Taylor (no)	estudiar	mucho/poco
Pete Rose	jugar al	el piano/la guitarra
Chris Evert-Lloyd	creer en	tenis
yo	acostarse	temprano/tarde
Ann Landers	equivocarse	guapo/a
Tom Sellek	levantarse	con el pie izquierdo
?	dar	Santa Claus/los Reyes Magos
	caerse	pobre, rico/a
		consejos
		?

C. **¿Qué pasaba?** Cambie los verbos indicados por el imperfecto.

1. Olga *va* a la universidad todos los días. Siempre *asiste* a sus clases. *Pregunta* mucho porque *es* inteligente. Sus profesores *están* muy contentos con ella.

---

*A progressive tense can also be formed with the preterite of **estar:** ***Estuvieron*** **cenando hasta las doce.** The progressive with the preterite of **estar,** however, is relatively infrequent, and it will not be practiced in *Puntos de partida.*

2. Yo *trabajo* para el gobierno. Mi jefe, que se *llama* Ángel, nos *hace* trabajar mucho. Siempre *almorzamos* juntos en el mismo restaurante y a veces *jugamos* al básquetbol por la tarde.

3. *Vivo* en Sacramento. Siempre *llueve* mucho en invierno y en primavera, pero me *gusta* mucho el clima. Además (*Besides*), las montañas *están* cerca y *puedo* esquiar.

CH. **Una noche tranquila en casa.** ¿Cómo se dice en español?

It was eight o'clock, and I was reading while my friend was writing a letter. There was little noise, and it was snowing outside **(afuera).** We weren't expecting **(esperar)** anyone, and we thought that it was going to be a quiet evening.

CONVERSACIÓN

Ayer

Hoy

A. **Los tiempos cambian.** Muchas cosas y costumbres actuales (*current customs*) son diferentes de las del pasado. Las oraciones siguientes describen algunos aspectos de la vida de hoy. Después de leer cada oración, invente Ud. otra, describiendo cómo eran las cosas antes, en otra época.

MODELO   Ahora casi todos los bebés nacen en el hospital. →
Antes casi todos los bebés nacían en casa.

1. Ahora muchas personas viven en apartamentos.
2. Se come con frecuencia en un restaurante.
3. Muchísimas mujeres trabajan fuera de casa.
4. Muchas personas van al cine y miran la televisión.
5. Ahora las mujeres—no sólo los hombres—llevan pantalones.
6. Ahora hay enfermeros y maestros (*teachers*)—no sólo enfermeras y maestras.
7. Ahora tenemos coches pequeños que gastan (*use*) poca gasolina.
8. Ahora usamos más máquinas y por eso hacemos menos trabajo físico.
9. Ahora las familias son más pequeñas.
10. ____?

B. **La nostalgia.** Think of something pleasant from your past—a special person, place, moment, or thing—and use one of the following sets of questions to describe it.

Una persona especial

1. ¿Cómo se llamaba?
2. ¿Cómo era—su aspecto físico, su personalidad?
3. ¿Dónde vivía? ¿Dónde trabajaba/estudiaba?
4. ¿Por qué le gustaba a Ud. esta persona?

Un lugar favorito

1. ¿Cuál era su lugar favorito?
2. ¿Dónde estaba?
3. ¿Iba Ud. allí con frecuencia? ¿Iba solo/a o con otra persona?
4. ¿Qué hacía allí?
5. ¿Cómo era el lugar?

Un momento agradable
del pasado

1. ¿Cuántos años tenía Ud.?
2. ¿Dónde estaba? ¿Con quién(es) estaba?
3. ¿Qué hacía Ud.?
4. ¿Qué tiempo hacía?
5. ¿Cómo se sentía?

Una cosa del pasado

1. ¿Qué cosa era?
2. ¿Cómo era la cosa? ¿Era grande o pequeña? ¿nueva o vieja?
3. ¿De qué color era?
4. ¿Dónde estaba?
5. ¿Qué hacía Ud. con la cosa?
6. ¿Por qué le gustaba a Ud.?

C. **Entrevista.** Using the following questions as a guide, interview another student about his or her childhood. Then report the information to the class.

1. ¿Dónde vivías y con quién? ¿Tenías un apodo (*nickname*)?
2. ¿Cómo se llamaba tu escuela primaria? ¿y tu maestro/a en el primer grado?
3. ¿Cuál era tu materia favorita? ¿Por qué?
4. ¿Cómo se llamaba tu mejor amigo/a? ¿Dónde vivía? ¿Siempre se llevaban bien (*did you get along*)?
5. ¿Perdías o rompías muchas cosas? ¿Eras un(a) niño/a distraído/a?
6. ¿Practicabas algunos deportes? **(Sí, jugaba _____.)**
7. ¿Te caías con frecuencia? ¿Siempre te hacías daño?
8. ¿Tenías un perrito? ¿un gato (*cat*)? ¿Cómo se llamaba?
9. ¿Cómo era la casa o el apartamento en que vivías?
10. ¿Cómo era tu cuarto? ¿Tenías allí un objeto muy especial?
11. ¿Qué bebías (comías) cuando eras niño/a que ahora no bebes?
12. ¿Qué programas de televisión veías que ahora no ves?

---

44. *Se for Unplanned Occurrences*

Se me cayó el vaso.
I dropped the glass. (The glass fell from my hands.)

A Mario se le perdieron los libros.
Mario lost his books. (Mario's books were lost to him.)

Unplanned or unexpected events (*I dropped, we lost, you forgot*) are frequently expressed with **se** and the third person of the verb. The occurrence is viewed as happening *to* someone—the unwitting performer of the action. Thus the victim is indicated by an indirect object pronoun, often clarified by **a** + *noun* or *pronoun*. In such sentences, the subject (the thing that is dropped, broken, forgotten, and so on) usually follows the verb.

(**A** + *noun* or *pronoun*)	*Se*	*Indirect object pronoun*	*Verb*	*Subject*
(A mí)	Se	me	cayó	el vaso.
A Mario	se	le	perdieron	los libros.
A ellas	se	les	olvidó	comprar los discos.

The verb agrees with the grammatical subject of the Spanish sentence (**el vaso, los libros, comprar los discos**), not with the indirect object pronoun. **No** immediately precedes **se: A Mario *no se* le perdieron los libros.**

As with **gustar,** the clarification of the indirect object pronoun is optional. But the indirect object pronoun itself is always necessary whether or not the victim is named: ***A la mujer* se *le* rompió el plato.** Some verbs frequently used in this construction include the following.

acabar	to finish; to run out of		**perder (ie)**	to lose
caer	to fall		**quedar**	to leave behind
olvidar	to forget		**romper**	to break

PRÁCTICA

A. **¡Qué distraídos estuvimos todos ayer!** Dé oraciones nuevas según las indicaciones.

1. A *Pablo* se le olvidó la cartera.   (*mí, nosotros, Inés, ti, los chicos, vosotros*)
2. ¡Se *te* perdieron las llaves otra vez!   (*Ernesto, Uds., niña, mí, vosotros*)
3. María fue la más distraída de todos. Se le olvidó/olvidaron _____.   (*tomar el desayuno, las gafas* [glasses], *estudiar para el examen, los cheques, venir a clase*)

B. Anteayer fue aun peor que ayer. Describa lo que pasó, usando el **se** reflexivo según el modelo.

MODELO   Marcial olvidó los discos. → A Marcial se le olvidaron los discos.
Juan dejó las llaves en casa. (quedar) → A Juan se le quedaron las llaves en casa.

1. Jorge rompió las tazas (*cups*).
2. Roberto y Jacinta se olvidaron de llenar el tanque.

3. Olvidé tomar las aspirinas.
4. Dejamos los billetes en casa. (quedar)
5. Perdiste las llaves.
6. Rompí varias cosas.
7. No pudieron servir más pan. (acabar)

C. Sus amigos esperan que Ud. lleve los vasos y el champán a una fiesta, pero Ud. llega sin nada. Explíqueselo a sus amigos.

- Se me _____ los vasos.   *(olvidar, romper, caer,*
- Se me _____ el champán. acabó   *quedar en casa, acabar)*
- Se les _____ el champán en la tienda.

CONVERSACIÓN

A. ¿Qué les pasó a estas personas?

1.
2.
3.
4.

B. **Al mono más vivo se le cae la banana de vez en cuando.** (*Even the brightest monkey drops his banana sometimes.*) ¿Qué desastres le han ocurrido (*have happened*) a Ud.? Después de completar las oraciones, use sus propias respuestas como guía para entrevistar a un compañero (una compañera) de clase.

MODELO   Una vez durante las vacaciones se me perdió/perdieron _____. →
Una vez durante las vacaciones se me perdió el dinero. ¿Se te perdió el dinero alguna vez? ¿Qué te pasó?

C. Complete las oraciones en una forma lógica.

1. Una vez se me cayó/cayeron _____.
2. Es posible que se me olvide(n) _____, pero nunca se me olvida(n) _____.
3. Una vez se me rompió/rompieron _____ y me enojé.
4. Hoy se me quedó/quedaron _____ en casa.
5. El año pasado se me perdió/perdieron _____.

45. *Adverbs*

1. Según el pianista, ¿la pieza se toca fácil o difícilmente?
2. ¿Cree Ud. que la tocó lenta o rápidamente?
3. ¿Toca maravillosa o malísimamente este pianista?
4. Y Ud., ¿cómo toca?

You already know some of the most common Spanish *adverbs* **(los adverbios): bien, mal, mejor, peor, mucho, poco, más, menos, muy, pronto, a tiempo, tarde, temprano, siempre, nunca, sólo.** The form of adverbs is invariable.

Adverbs that end in *-ly* in English usually end in **-mente** in Spanish. The suffix **-mente** is added to the feminine singular form of adjectives. Adverbs ending in **-mente** have two stresses: one on the adjective stem and the other on **-mente.** The stress on the adjective stem is the stronger of the two.

Adjective	Adverb	English
rápido	**rápidamente**	*rapidly*
fácil	**fácilmente**	*easily*
valiente	**valientemente**	*bravely*

In Spanish, adverbs modifying a verb are placed as close to the verb as possible. When they modify adjectives or adverbs, they are placed directly before them.

Hablan **estupendamente** el español.	*They speak Spanish marvelously.*
Ese libro es **poco** interesante.*	*That book is not very interesting.*
Vamos a llegar **muy tarde.**	*We're going to arrive very late.*

PRÁCTICA

Complete Ud. estas oraciones con adverbios basados en los siguientes adjetivos.

directo	posible	puntual	constante
inmediato	rápido	tranquilo	
paciente	fácil	total	

*Note that the Spanish equivalent of *not very* + *adjective* is **poco** + *adjective*.

1. La familia está esperando _____ en la cola. *pacientemente*
2. Hay examen mañana y tengo que empezar a estudiar _____ *rapidamente*
3. Se vive _____ en aquel pueblo en la montaña.
4. ¿Las enchiladas? Se preparan _____ *facilamente* *posiblemente*
5. ¿El hombre va a vivir en la luna algún día? Mi hermana contesta, «_____».
6. ¿Qué pasa? Estoy _____ confundido. *totalmente*
7. Un vuelo que hace escalas no va _____ a su destino.
8. Cuando mira la tele, mi hermanito cambia el canal _____.
9. Es necesario que las clases empiecen _____.

CONVERSACIÓN

Entrevista. With another student, exchange opinions about the news media and television in general. Tell whether you agree or disagree with the following statements and give examples to support your point of view. Then make suggestions for improvement, as appropriate.

1. Los reporteros de la televisión nos informan imparcialmente de los acontecimientos (*happenings*).
2. Por lo general ofrecen los programas más interesantes en el canal _____.
3. Me interesan únicamente las noticias de los Estados Unidos (de mi ciudad/estado).
4. En este país la prensa (*press*) es irresponsable.
5. Las telenovelas (*soap operas*) reflejan la vida exactamente como es.
6. Los anuncios son sumamente (*extremely*) informativos y más interesantes que muchos programas.

DIÁLOGO: Escenas de la vida

A.

Jaime, estudiante universitario, un poco torpe y distraído
Javier, su compañero de cuarto en un apartamento; un poco distraído también

JAIME: ¿Sabes lo que° me pasó anoche? Se me olvidó poner el despertador. Dormí estupendamente, pero hoy, cuando me desperté, ya era tardísimo. Ni pude bañarme ni desayunar antes de salir para la universidad.　　*lo... what*

JAVIER: Sí, te oí salir con mucha prisa... pero no te preocupes.° De todos modos° no había desayuno. El pan estaba seco° y se nos acabó la leche anoche. No me acordé de ir al mercado ayer. Pero, dime,° ¿llegaste tarde a tu primera clase?　　*no... don't worry* / *De... Anyway* / *stale* / *tell me*

JAIME: Hice lo que pude, pero ¡qué va! Salí a toda prisa en el carro. Me vio un policía, me paró° y me puso una multa de cincuenta pesos. Llegué tardísimo.　　*stopped*

JAVIER: ¡Qué mala suerte! ¿Desayunaste, por fin?

JAIME: Nada. Estaba tan nervioso que dejé el carro en un espacio marcado «Prohibido estacionarse». Luego me di cuenta,° volví para cambiarlo de lugar y tuve que romper la ventanilla° porque, cuando cerré el carro, se me quedaron las llaves adentro.°

me... I realized
(car) window
inside

JAVIER: Creo que te levantaste hoy con el pie izquierdo.

JAIME: Yo creo que sí, desgraciadamente.

B.

Raúl, empleado de oficina, que acaba de llegar a casa
Paula, su esposa

RAÚL: Ay, Paula, creo que no te va a gustar lo que te voy a contar.

PAULA: Pero, ¿por qué, Raúl? ¿Te pasó algo malo hoy en la oficina?

RAÚL: Una tontería. Yo tenía un poco de sueño, el jefe tenía prisa y... se me fueron dos ceros más en° un cheque. Vino en persona a mi escritorio. ¡Estaba enojadísimo! Yo me puse de pie° inmediatamente... y... se me cayó la taza de café sobre el balance general° que estaba preparando. Me miró—estaba furiosísimo. Creí que iba a pegarme. «¡Lo siento muchísimo, viejo», le dije, «fue sin querer, créemelo°»!

se... two extra zeros got
on
Yo... Me levanté
balance... balance sheet

tú-command form of
creer

PAULA: ¿Y qué te dijo entonces?

RAÚL: Me despidió por torpe, maleducado y confianzudo.°

forward, overly familiar

Comprensión

Conteste en oraciones completas.

A. 1. ¿Qué se le olvidó a Jaime?
   2. ¿Durmió bien? ¿Cuándo se levantó?
   3. ¿Qué no hizo antes de salir para la universidad?
   4. ¿Qué se le olvidó a Javier ayer?
   5. ¿Dónde dejó el coche Jaime? ¿Qué otro problema tuvo con el auto?

B. 1. ¿En qué se equivocó Raúl? ¿Por qué se equivocó?
   2. ¿Cómo reaccionó su jefe?
   3. ¿Qué le dijo Raúl a su jefe? ¿Le habló de **tú** o de **Ud.?**
   4. ¿Por qué lo despidió el jefe?

Comentario cultural

Raúl might have been dismissed for making the error on the check. But his real mistake was being overly familiar **(confianzudo)** with his boss, addressing him as **tú (créemelo),** as if they were equals. Raúl's use of **viejo** was also offensive, since it implied a familiarity and camaraderie that was not acceptable to his superior. (Such camaraderie, however, might have been the rule in another office.)

Raúl's boss also used the term **maleducado** to refer to his employee. **Maleducado** implies *ill-mannered, rude, poorly brought up.* In contrast, to be described as **educado** is to be considered *well-mannered, polite, cultured.* The ideal expressed by the term **educado** is moderation in dress, behavior, and speech, as well as propriety and politeness, no matter what the provocation.

Study Hint: Listening

When you are listening to someone speaking Spanish, try to pick out cognates and to guess the meaning of unfamiliar words from context, just as you do when you are reading. The following suggestions will also help you to understand more of what you hear in Spanish.

1. Remember that it is not necessary to understand every word in order to get the gist of the conversation. You may feel uncomfortable if you cannot understand absolutely everything, but chances are good that you will still be able to handle the conversational situation.

2. Watch the speaker's facial expressions and gestures—they will give you a general idea about what he or she is saying. For example, if there is a pause and the speaker is looking at you expectantly, it is reasonable to guess that he or she has just asked you a question.

3. Use brief pauses in the conversation to digest the words that you have just heard.

4. The more familiar you are with the vocabulary being used, the easier it will be to understand what you are hearing. Listen for familiar words—and be flexible: they may appear with

a different meaning in a new context. Listen also for specific clues, such as the following.

a. *the gender of nouns and adjectives:* Is the speaker talking about **un chico alto** or **una chica alta?** Here you have three chances—with the article, the noun itself, and the adjective—to catch the gender of the person being described.

b. *verb endings:* Who did what to whom? If you hear **habló,** for example, you know that the speaker is not talking about himself or herself, since the **-ó** ending signals a third person.

c. *object pronouns:* The sentence **La vi en el restaurante** can only refer to a woman or to a feminine noun.

ch. *intonation:* Did you hear a question or a statement?

Above all, if you really have not understood what someone said to you, react: ask questions, admit that you haven't understood, and ask him or her to repeat. You will find some phrases to help you do this politely in the **A propósito...** section on page 241.

UN POCO DE TODO

A. Form complete sentences based on the words given, in the order given. Conjugate the verbs and add other words if necessary. Give the preterite form of the first verb and the imperfect of the others. Use subject pronouns only when needed.

1. ella / servir / cena / temprano / porque / todos / tener hambre
2. nosotros / apagar / luces / diez / porque / tener / sueño / y / querer / dormir
3. Cecilia / acostarse / temprano / porque / tener que / levantarse / siete
4. Lorenzo / se / olvidar / poner / despertador / porque / estar / muy / distraído
5. nosotros / no / salir / temprano / para / montañas / porque / nevar / mucho
6. yo / reírse / mucho / aunque / estar / triste

B. With another student, ask and answer questions based on the model. Ask the questions in the preterite (P) and answer them in the imperfect (I), as indicated. Use subject pronouns only when needed.

MODELO **P:** por qué / quedarse / tú / en casa anoche
I: saber / que / no / ir / gustar / aquel / película
USTED: ¿Por qué te quedaste en casa anoche?
COMPAÑERO: Porque sabía que no me iba a gustar la película.

1. **P:** por qué / pedir / Ud. / tanto / restaurante
I: tener mucha hambre
2. **P:** por qué / dormirse / ellos / en clase
I: tener / sueño
3. **P:** por qué / se les / olvidar / Uds. / apagar / luz
I: estar / distraído / por / examen
4. **P:** por qué / reírse / tú / tanto
I: Horacio / portarse / como / un loco
5. **P:** por qué / se te / caer / vaso / cristal
I: pensar / en / otro / cosa
6. **P:** por qué / equivocarse / Uds. / tanto / en / detalles
I: no / saber / bien / fórmulas

C. Complete the following sentences, using a verb in the imperfect to describe the feelings, condition, or emotions of the person named.

1. A Cristina se le olvidaron los libros hoy porque _____.
2. Ayer Roberto tropezó con el sofá y se cayó porque _____.
3. Cuando se le murió la abuela, Leopoldo _____.
4. Cuando se despidió de su novio, Ángela _____.
5. Anoche Gregorio volvió temprano a casa porque _____.
6. Cuando se le rompió el reloj que le regalaron sus padres, Angelito _____.
7. El niño se hizo mucho daño cuando se cayó en la calle. Por eso _____.
8. Alfonso tomó unas aspirinas porque _____.

CH. Complete estas oraciones, usando un verbo en el pretérito para describir una acción.

1. La semana pasada yo estaba muy ocupado/a (preocupado/a). Por eso yo (no) _____.
2. Era tarde y tenía que estudiar más todavía. Por eso yo _____.
3. Eran las cuatro de la mañana cuando mi amigo/a _____.
4. Yo estaba manejando (*driving*) mi carro a setenta millas por hora. Por eso el policía _____.
5. El carro estaba en un lugar marcado «Prohibido estacionarse». Por eso yo lo _____.
6. Me dolían los pies. Por eso yo _____.
7. Todos tenían mucha sed. Por eso yo les _____.
8. Me dolía la cabeza. Por eso yo _____.

D. **Un encuentro inesperado.** Complete the following paragraphs with the correct form of the infinitives—preterite or imperfect—as indicated. When an adjective is given in parentheses, give the adverb derived from it. When two possibilities are given in parentheses, select the correct word.

Ana (*ir:* **I**[1]) (*rápido*[2]) por la carretera° cuando le (*ocurrir:* **P**[3]) algo (*mucho/muy*[4])   °highway
extraño. (*Parar:* **P**[5]) el coche (*inmediato*[6]) y (*escuchar:* **I**[7]) (*atento*[8]) un ruido
desconocido mientras unas luces rarísimas (*bailar:* **I**[9]) cerca (*del/de la*[10]) carretera. (*Ser:* **I**[11]) azules y (*brillar:* **I**[12]) con una intensidad rara. Las luces se
(*mantener:* **I**[13]) a unos dos metros de (*el/la*[14]) tierra.

Ana (*apagar:* **P**[15]) las luces de su coche y (*bajar:* **P**[16]). De repente° (*salir:* **P**[17])   *De... Suddenly*
del círculo de luz (*un/unos*[18]) pequeños hombres verdes. —Hola,— le (*decir:*
P[19]) (*amistoso*[20]) uno de ellos. —Nosotros (*ir:* **I**[21]) a Pluto, pero se nos (*acabar:*
P[22]) la gasolina y por eso (*aterrizar:* **P**[23]) aquí. ¿Nos puedes indicar una
gasolinera?

* * * * *

(*Ser:* **I**[24]) las dos de la mañana cuando Ana (*llegar:* **P**[25]) por fin a casa. (*Estar:*
I[26]) cansada pero (*querer:* **I**[27]) hablar con (*alguien/nadie*[28]), aunque (*estar:* **I**[29])
(*absoluto*[30]) segura que (*alguien/nadie*[31]) (*ir:* **I**[32]) a creerlo.

 # VOCABULARIO

VERBOS	SUSTANTIVOS	ADJETIVOS
acabar to finish; to run out of	la **aspirina** aspirin	**distraído/a** absent-minded
acordarse (ue) de to remember	el **brazo** arm	**loco/a** crazy
apagar to turn off	la **cabeza** head	**torpe** clumsy
caerse (me caigo) to fall down	el **canal** channel	
cambiar de lugar to move	el **cuerpo** body	**PALABRAS ADICIONALES**
(*something*)	el/la **chico/a** boy/girl	
doler (ue) to hurt	el **despertador** alarm clock	**aun** even
equivocarse to be wrong, make a	el **disco** record	**aún** still
mistake	la **época** era, time (*period*)	**aunque** although
hacerse daño to hurt oneself	la **llave** key	**Fue sin querer.** It was unintentional.
parar to stop	el/la **maestro/a** teacher	**levantarse con el pie izquierdo** to
pegar to hit, strike	la **multa** ticket, fine	get up on the wrong side of
quedar to remain, be left	el **oro** gold	the bed
romper to break	el **pie** foot	**mientras** while
sufrir muchas presiones to be under	la **pierna** leg	**¡Qué mala suerte!** What bad luck!
a lot of pressure	la **prisa** haste, hurry	
tropezar (ie) con to bump into	el **reloj** watch, clock	
	la **taza** cup	

ACTIVIDADES

sale... *turns out right*

A. **Me levanté con el pie izquierdo.** Hay días en que nada sale a derechas, como dice el paracaidista (*parachutist*) del dibujo. Usando las siguientes preguntas como guía, describa Ud. un día en la vida de una persona que se levantó con el pie izquierdo. Puede describir un día en su propia (*own*) vida o en la vida de otra persona—un amigo (una amiga), un hombre/una mujer de negocios, una ama de casa, el presidente, etcétera.

1. ¿A qué hora se despertó? ¿Se levantó inmediatamente? ¿Se sentía bien?
2. ¿Tuvo tiempo para comer y vestirse bien? ¿Le faltaba algo? ¿Qué no podía encontrar?
3. ¿Había problemas con los otros miembros de la familia? ¿con el coche?
4. ¿Qué tiempo hacía? ¿Llovía? ¿Nevaba?
5. ¿Dónde estaba por la mañana? ¿por la tarde? ¿Qué le pasó en cada lugar?
6. ¿Se le perdió algo?
7. ¿Había problemas con los amigos (el jefe, los empleados, los niños)?
8. ¿Recordó todo lo que tenía que hacer ese día? ¿Se le olvidó algo?

A propósito...

Familiarity with the following expressions can help smooth over embarrassing moments. Use the expressions given below on the left when you need to apologize to someone. You can follow these phrases by a brief explanation of what caused the problem. To accept someone else's apology graciously, use one of the expressions on the right.

Perdón, me equivoqué.	Está bien.	*It's all right.*
Perdón, es que...	No se preocupe. ⎫	
¿Me perdona(s)?	No te preocupes. ⎭	*Don't worry.*
Lo siento mucho.	No importa.	*It doesn't matter.*
¡Cuánto lo siento!	Tranquilo/a.	*Don't worry. Be calm.*
Me equivoqué de...		
Fue sin querer.		
Lo hice sin querer.		
No quise decir eso.		
Perdón. No sabía que...		

B. **¡Ay, perdón!** How would you respond in each of the following situations? Keep in mind the persons involved, the place or situation, and the degree of severity of what you have done.

1. En el autobús, Ud. le pisa el pie a una viejecita. Ella grita, «¡Ay!» y todos los pasajeros se vuelven (*turn around*) para mirarlos.
2. Ud. bosteza (*yawn*), haciendo un ruido enorme, en la clase de español.
3. En una fiesta, Ud. tropieza con una silla y se le cae la bebida encima del vestido nuevo de la anfitriona (*hostess*).
4. Se le olvidó el cumpleaños de su (novio/a, hermano/a, etcétera).
5. En la cafetería Ud. habla con unos amigos nuevos. Al mencionarse el nombre de alguien, Ud. inmediatamente dice, «¿Ésa? Es tonta y aburrida.» Una de las personas que lo/la escucha dice, «¡Qué insulto! Es mi hermana.»
6. Esta tarde, Ud. limpió toda la casa y echó muchos papeles en la basura. Más tarde, cuando regresa su compañero/a de cuarto, le dice, «¡Qué raro! No puedo encontrar el borrador (*rough draft*) de mi *term paper* en ningún sitio. ¿Sabes dónde está?»
7. Ud. le pregunta a un amigo por (*about*) el padre de él. Su amigo le contesta: «¿No lo sabías? Mi padre murió en un accidente hace dos semanas (*two weeks ago*).»

C. **Refranes.** Proverbs often focus on extremes—the very good and the very bad aspects of life, the positive and the negative. Tell why you agree or disagree with one of the following proverbs, or tell about an incident from your own life that illustrates it.

1. Después de la tempestad (*storm*) viene la calma.
2. Con amor y aguardiente (*brandy*), nada se siente.

3.ª Cada día que amanece (*dawns*), el número de tontos crece (*grows*).
4. Quien (*He/She who*) nunca subió no puede caer.
5. Poco a poco se va lejos.

LECTURA CULTURAL: Los estereotipos

PETER MENZEL

*En los Estados Unidos solamente damos la mano cuando conocemos (*we meet*) a una persona por primera vez, o en ocasiones formales. En cambio, estos dos jóvenes se dan la mano antes de entrar en clase, como lo hacen todos los amigos hispánicos, siempre que se encuentran.*

Algunas veces cuando queremos expresar una opinión sobre algo o alguien que no conocemos, recurrimos a° los estereotipos. Es una estrategia muy útil, pues nos sirve para «hacer creer» que sabemos lo que° en realidad «no sabemos». En muchas ocasiones no nos damos cuenta de° que estamos haciendo uso de un estereotipo—o no lo reconocemos° como tal.

recurrimos... *we make use of*
lo... *what*
no... *we don't realize*
no... *we don't recognize it*

    Piense Ud. por un segundo en un restaurante francés. ¿Qué imagen tiene Ud. en la mente? Ahora piense en un restaurante mexicano y haga una rápida comparación mental de las dos imágenes. ¿Son parecidos? ¿Son diferentes? Es probable que estas imágenes le den una idea de los estereotipos que algunos estadounidenses tienen de los franceses y los mexicanos. Ahora piense rápidamente en un hombre inglés y en un peruano. ¿Cuál le parece más culto? ¿más rico? ¿más elegante? Y ahora, la pregunta clave:° ¿A cuántos ingleses conoce Ud.? ¿y a cuántos peruanos? ¿De dónde salen sus impresiones?

key

Es probable que las impresiones que Ud. tiene de las personas de otras culturas sean producto de los modernos medios de comunicación: la televisión, el cine, las revistas, etcétera. Pero los estereotipos se forman también a través de experiencias personales. Volvamos° a la conversación que oyó Cindy en la cafetería española. Naturalmente se sintió ofendida por lo que dijeron las dos españolas sobre los estudiantes norteamericanos. Pero después lo comentó con unos amigos de confianza, y ellos le <u>aclararon</u> la conversación.

Let's go back

- Los hispanos, como regla de cortesía, tienen la costumbre de ofrecer todo— cigarrillos, chicle, dulces, lo que sea°—a los demás antes de consumirlo ellos mismos. Los norteamericanos no lo hacemos <u>en el mismo grado</u>.

  lo... whatever

- Existe entre los hispánicos la costumbre de saludar a las personas, incluso a los mejores amigos, <u>dándoles la mano</u>. Es un signo de cordialidad. Hacen lo mismo al despedirse. En la cultura norteamericana se da la mano de vez en cuando en ciertas circunstancias más bien° formales, pero no es común hacerlo con los amigos.

  más... rather

- Las normas estadounidenses para el comportamiento° fuera de casa son mucho más informales que en los países hispánicos. Así, el poner los pies sobre una mesa es una manera de <u>comportarse</u> que puede extrañar° a un hispano.

  behavior

  seem strange

Las españolas juzgaron a los norteamericanos de acuerdo con las normas hispanas, y así sacaron una imagen desfavorable de todos los «gringos».

Si los norteamericanos se portan en los países hispanos como lo hacen en los Estados Unidos—sin saber o tener en cuenta° las normas culturales del otro país—inevitablemente van a meter la pata.° Lo mismo pasa cuando los hispanos visitan los Estados Unidos. La responsabilidad de conocer y respetar las normas locales—las de otro país o las de una familia vecina—es de los visitantes.

tener... to keep in mind

meter... to make a social blunder

Comprensión

¿Cierto o falso? Corrija las oraciones falsas.

1. Los hispanos tienen más estereotipos de otros grupos culturales que los norteamericanos.
2. Antes de fumar, un hispano le ofrece un cigarrillo a la persona que le acompaña.
3. Los hispanos dan la mano con más frecuencia que los norteamericanos.
4. Los hispanos no juzgan a los demás según su comportamiento en los lugares públicos.
5. Es buena idea estudiar no sólo la lengua de un país, sino (*but rather*) también sus costumbres y normas sociales.
6. Es buena idea ser tolerante con la conducta social de los extranjeros.

Para escribir

Write a brief paragraph about one of the following frequently stereotyped groups. Use the model as a guide.

las mujeres rubias　　　　los nuevayorquinos/sanfranciscanos
los políticos　　　　　　　los atletas

Los/Las _____ son objeto de ciertos estereotipos. Muchas personas creen que ellos/ellas _____ porque _____. Hay chistes e historias que los/las describen como _____. Yo (no) creo que _____. Mi experiencia personal ha sido (*has been*) que _____.

CAPÍTULO 12

LA SALUD

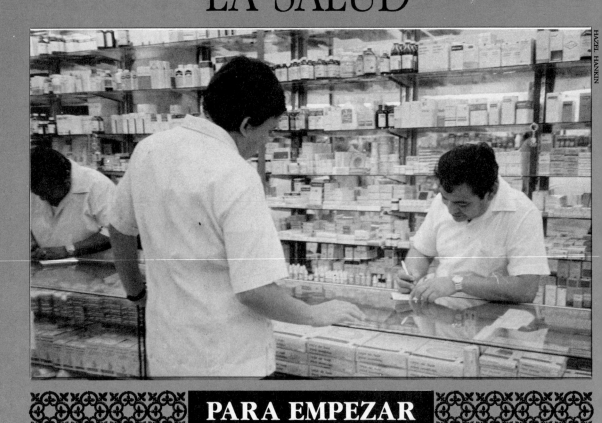

HAZEL HANKIN

PARA EMPEZAR

In this chapter and in **Un paso más 12,** you will learn vocabulary and expressions about health and well-being, and will consider related attitudes and customs of Hispanic peoples. As a first step, listen to the following conversation about one aspect of health care in most Hispanic countries.

Nancy, que estudia este año en Lima, está enferma. Llama a Alicia, su amiga consejera.

NANCY: Lo que (*What*) no me explico es esto: en la enfermería me dijeron que necesitaba una inyección, pero no me la pusieron allí porque no la tenían.

ALICIA: ¿Y no te pusieron una cuando llegaste a casa?

NANCY: ¿Cómo iban a ponerme una inyección en casa?

ALICIA: Mira, sólo tienes que llamar a la farmacia y pedirles que te manden a alguien que te ponga la inyección. No cuesta casi nada. Generalmente mandan a una señorita que te la pone y se va.

NANCY: ¿Una señorita? ¿No es siquiera (*even*) enfermera?

ALICIA: Pero, Nancy, no es para tanto. Esta gente sabe hacerlo. Es sólo una inyección.

VOCABULARIO: PREPARACIÓN

Más partes del cuerpo		La salud° y el bienestar°		health / well-being
la boca	mouth	**caminar**	to walk	
el corazón	heart	**comer bien**	to eat well	
el estómago	stomach	**correr**	to run	
la garganta	throat	**cuidarse**	to take care of oneself	
la nariz	nose	**dejar de** + *inf.*	to stop (*doing something*)	
el ojo	eye			
los pulmones	lungs	**dormir lo suficiente**	to sleep enough	
		hacer ejercicio	to exercise, get exercise	
		llevar una vida tranquila (sana)	to lead a calm (healthy) life	
		practicar deportes	to participate in sports	

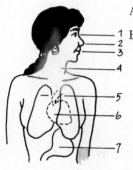

A. ¿Cómo se llaman estas partes del cuerpo que se ven en el dibujo?

B. Imagine que Ud. es Richard Simmons y explique cada una de las siguientes oraciones.

MODELO Se debe comer bien. →

> **RICHARD:** ¡Sí, eso es! Eso quiere decir (*means*) que es necesario comer muchas verduras, que...

1. Se debe dormir lo suficiente todas las noches.
   RICHARD: ¡Exacto! Esto significa que... También...
2. Hay que hacer ejercicio.
3. Es necesario llevar una vida tranquila.
4. En general, uno debe cuidarse muy, muy bien.

C. **Entrevista.** Use las siguientes frases como guía para entrevistar a un compañero (una compañera) de clase. ¿Cree él/ella que estas acciones son buenas o malas para la salud? Pídale que explique su punto de vista. ¿Traen algún beneficio para la salud de uno? ¿Hacen algún daño? ¿En qué parte del cuerpo?

1. Fumar tres o cuatro cigarrillos al día
2. Fumar dos paquetes de cigarrillos al día
3. Preocuparse mucho y no descansar
4. Gritar (*To shout*) y enojarse con frecuencia
5. Leer con poca luz
6. Hacer ejercicio sin llevar zapatos
7. Salir sin chaqueta cuando hace frío

8. Beber uno o dos vasos de vino al día
9. Dejar de tomar bebidas alcohólicas por completo
10. Dejar de comer por completo para adelgazar (*to lose weight*)

En el consultorio° del médico			*office*
el/la enfermero/a	nurse	**enfermarse**	to get sick
el/la paciente	patient	**resfriarse**	to get/catch a cold
congestionado/a	congested	**respirar**	to breathe
mareado/a	nauseated	**sacar la**	to stick out
		lengua	(*a tongue*)
el antibiótico	antibiotic	**tener dolor**	to have a pain (in)
el jarabe	(cough) syrup	**(de)**	
la pastilla	pill	**tener fiebre**	to have a fever
la receta	prescription	**tomarle la**	to take someone's
el resfriado	cold	**temperatura**	temperature
la tos	cough	**toser**	to cough

CH. Describa Ud. la situación de estas personas. ¿Dónde están y con quiénes? ¿Qué síntomas tienen? ¿Qué les recomienda Ud.?

1. Anamari está muy bien de salud. Nunca le duele(n) _____. Nunca tiene _____. Siempre _____. Es bueno que _____.

2. Martín tiene resfriado. Le duele(n) _____. Tiene _____. El médico le dice que _____. Es mejor que _haga_ _su congestion_.

3. Inés tiene apendicitis. Le duele(n) _____. Tiene _____. Debe _____. El médico y la enfermera le mandan que _____. Es necesario que _____.

D. **Estudio de palabras.** Complete las siguientes oraciones con una palabra de la misma familia de la palabra en *letras cursivas*.

1. Si me *resfrío,* tengo _resfriado_
2. La *respiración* ocurre cuando alguien _respira_
3. Si me _____, estoy *enfermo/a;* un(a) _enfermera_ me toma la temperatura.

4. Cuando alguien *tose,* se oye una _tos_.
5. Si me *duele* el estómago tengo un _dolor_ de estómago.

E. ¿Qué partes del cuerpo asocia Ud. con las siguientes palabras?

1. un ataque   2. la digestión   3. comer   4. respirar   5. congestionado
6. ver   7. mareado

Encuentro cultural: ¡No beba Ud. el agua!

Cuando uno viaja a cualquier parte, es muy común que se enferme un poco del estómago durante los primeros días. Con frecuencia se le echa la culpa (*one blames*) a las condiciones sanitarias del nuevo lugar, a la comida, al agua o a cualquier otra circunstancia del nuevo ambiente (*environment*). La verdad, muchas veces, es que el cuerpo sencillamente está reaccionando a esos cambios, y no a ningún microbio en particular. No nos damos cuenta (*We don't realize*), por ejemplo, de que los extranjeros que vienen a visitar los Estados Unidos también se enferman al principio.

Claro está que no todo el mundo que viaja se enferma. Pero si usted viaja a otro país es buena idea cuidarse unos días al principio del viaje hasta que su cuerpo se acostumbre al nuevo ambiente. Y recuerde que al regresar a su casa, su cuerpo va a tener que acostumbrarse de nuevo.

F. Ud. no se siente bien y va al consultorio del médico. Complete el diálogo entre Ud. y el médico.

PACIENTE: Buenas tardes, doctor.
DOCTOR: Buenas tardes. ¿Qué le pasa? ¿Qué tiene?
PACIENTE: Es que me _siento_ muy mal. Me _____ la cabeza y tengo una _fiebre_ muy alta.
DOCTOR: Entonces, ¿tiene resfriado?
PACIENTE: Bueno, Ud. es el médico.
DOCTOR: ¿Se tomó la temperatura antes de venir?
PACIENTE: No, pero la _enfermera_ me la tomó y tenía 38,5.

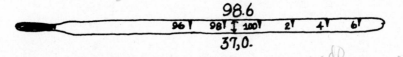

DOCTOR: ¿Tiene dolor de estómago? ¿Se siente _mareado_?
PACIENTE: No, pero respiro sólo con dificultad; estoy muy _congestionado_. Toso tanto que me duelen también los _pulmones_. Es que me duele el _cuerpo_ entero.
DOCTOR: Vamos a ver. Abra Ud. la _boca_, por favor, y _saque_ la lengua. Humm... tiene la _garganta_ bastante (*rather*) inflamada. Ahora la respiración. _Respire_ Ud. profundamente... Me parece que está bien. ¿Tiene alergia a los antibióticos?
PACIENTE: No, no creo.

DOCTOR: Bueno, aquí tiene Ud. una ____. Vaya a la farmacia y compre este
jarabe para la tos. Tómeselo cuatro veces al día. Para la fiebre, tome
un par de _aspirinas_ cada cuatro horas y este _antibiótico_ para combatir la
infección. Si todavía se siente mal la semana que viene, venga a
verme otra vez. Y cuídese, ¿eh?

PACIENTE: Muchas gracias, doctor. Adiós.

Lo + adjective

You already know that Spanish adjectives can be nominalized (used as nouns)
with an article or with a demonstrative adjective: **el** rojo, **aquella** española.
They can also be nominalized by using the masculine singular form with **lo**.
Adjectives nominalized in this way describe general qualities or characteristics.
They do not refer to any one noun in particular.

lo cómico	_the funny thing (part), what's funny_
lo bueno/malo	_the good/bad thing (part), what's good/bad_
lo más importante	_the most important thing (part), what's important_
lo mejor	_the best thing (part), what's best_
lo mismo	_the same thing (part)_

G. Exprese sus ideas sobre lo más importante de la vida.

Lo más importante de la vida (no) es/son* _la salud_. (_las clases, la libertad,
las vacaciones, la salud, los amigos, la familia, __?__)_

H. ¿Cómo se dice en español?

1. the good news _las buenas noticias_
2. the important part _la parte impor_
3. the worst thing _lo peor_
4. what's sad is . . .
5. the most difficult thing _lo más difícil_
6. the easiest part
7. the best part _lo mejor_

I. With another student, give good news and bad news for each of the following
situations.

MODELO   en el restaurante → Lo bueno es que la comida es excelente.
Lo malo son los precios.

1. en la clase de español
2. en la oficina de la profesora/esta universidad
3. en el aeropuerto _Lo bueno es liquor, lo malo es la comida._
4. en el consultorio del médico/dentista
5. en casa/durante un viaje _Lo bueno es la comida, lo malo es lis hijos_
6. en el trabajo o durante una entrevista

---

*Use **es** before a singular noun and **son** before a plural. The verb **ser** anticipates the noun that follows.

MINIDIÁLOGOS Y GRAMÁTICA

46. Preterite and Imperfect

No es para tanto...

CARMEN: Yo no *sabía* lo que *tenía,* pero la doctora me lo *diagnosticó* en seguida.

PILAR: ¿Y qué te *dijo* que *tenías?*

CARMEN: Pues... que tengo insomnio... y que tengo los ojos muy irritados... Pero de todos modos todavía tengo que terminar las investigaciones para el proyecto que necesitan mañana en la oficina.

1. ¿Quién acaba de tener una consulta con la doctora?
2. ¿Pudo la doctora diagnosticar la enfermedad?
3. ¿Qué dijo la doctora que tenía Carmen?

Ahora invente respuestas para las siguientes preguntas.

4. ¿Cuánto tiempo hace que no duerme bien Carmen?
5. ¿Por qué tiene los ojos muy irritados?
6. ¿Qué le recomienda la doctora que haga?
7. ¿Qué quiere el jefe que Carmen haga?
8. ¿Qué cree Ud. que va a hacer?

Summary of the Preterite and the Imperfect

A. When speaking about the past in English, you choose which past tense forms to use in a given context: *I wrote letters, I did write letters, I was writing letters, I used to write letters,* and so on. Usually only one or two of these options will convey exactly the idea you want to express. Similarly, in some Spanish sentences either the preterite or the imperfect can be used, but the meaning of the sentence will be different, depending on which tense you use. The choice between the preterite and imperfect depends on the speaker's perspective: how does he or she view the action or state of being?

B. The PRETERITE is used to report *completed* actions or states of being in the past, no matter how long they lasted or took to complete; if the action or state is viewed as finished or over, the preterite is used. The IMPERFECT is used, however, if the *ongoing or habitual nature* of the action is stressed, with no reference to its termination.

It's not that serious . . . CARMEN: I didn't know what I had, but the doctor diagnosed it for me immediately. PILAR: And what did she say you had? CARMEN: Well . . . that I have insomnia . . . and that my eyes are very irritated . . . But in any case I still have to finish the research for the project (that) they need at the office tomorrow.

Escribí las cartas.

I wrote (did write) the letters.

Escribía las cartas cuando...

I was writing the letters when . . .

Carlos **fue** estudiante.

Carlos was a student (and no longer is).

Carlos **era** estudiante.

Carlos was (used to be) a student.

Anita **estuvo** nerviosa.

Anita was nervous (and no longer is).

Anita **estaba** nerviosa.

Anita was (used to be) nervous.

C. A *series of completed actions that take place in sequence* will be expressed in the PRETERITE (unless it refers to habitual actions).

Me **levanté,** me **vestí** y **desayuné.**

I got up, got dressed, and ate breakfast.

Actions or states *in progress* are expressed with the IMPERFECT. The IMPERFECT is also used to express most *descriptions; physical, mental, and emotional states;* and *the time.*

Escribía las cartas **mientras** Ana **leía.**

I was writing letters while Ann was reading.

Tenía ocho años.

She was eight years old.

Estaban cansados.

They were tired.

Eran las ocho.

It was eight o'clock.

CH. Certain words and expressions are frequently associated with the preterite, others with the imperfect.

Words often associated with the preterite:

ayer, anteayer, anoche
una vez (*once*), dos veces (*twice*), etcétera

el año pasado, el lunes pasado, etcétera
de repente (*suddenly*)

Words often associated with the imperfect:

todos los días, todos los lunes, etcétera
siempre, frecuentemente
mientras
de niño/a (*as a child*), de joven
was ____-*ing, were* ____-*ing* (in English)
used to, would (when *would* implies *used to* in English)

¡OJO!   The words do not automatically cue either tense, however. The most important consideration is the meaning that the speaker wishes to convey.

Ayer cenamos temprano.

Yesterday we had dinner early.

Ayer cenábamos cuando Juan llamó.

Yesterday we were having dinner when Juan called.

De niño jugaba al fútbol.

He played football as a child.

De niño empezó a jugar al fútbol.

He began to play football as a child.

[Práctica A]

D. Remember the special English equivalents of the preterite forms of **saber, conocer, poder,** and **querer: supe** (*I found out*), **conocí** (*I met*), **pude** (*I could and did*), **no pude** (*I failed*), **quise** (*I tried*), **no quise** (*I refused*).

[Práctica B]

E. The preterite and the imperfect frequently occur in the same sentence.

Miguel **estudiaba** cuando **sonó** el teléfono.

Miguel was studying when the phone rang.

Olivia **comió** tanto porque **tenía** mucha hambre.

Olivia ate so much because she was very hungry.

In the first sentence the imperfect tells what was happening when another action—conveyed by the preterite—broke the continuity of the ongoing activity. In the second sentence, the preterite reports the action that took place because of a condition, described by the imperfect, that was in progress or in existence at that time.

*has stop &
start = pret

is ongoing =
imp*

F. The preterite and imperfect are also used together in the presentation of an event. The preterite narrates the action while the imperfect sets the stage, describes the conditions that caused the action, or emphasizes the continuing nature of a particular action.

[Práctica C, CH, D]

PRÁCTICA

*next exam
we could get a question
paragraph on
preterite or
imperfect (bad)*

A. Give the preterite or the imperfect of the verbs in parentheses, basing your decision on the clues in the sentences.

1. Cuando (*ser*) niños, Jorge y yo (*vivir*) en la Argentina. Siempre (*ir*) al Mar del Plata para pasar la Navidad. Allí casi siempre (*quedarse*) en el Hotel Fénix. *eramos (imp) vivíamos (imp) ibamos (imp) nos quedábamos (imp)*

2. ¡(*Ser*) las once de la noche cuando de repente se nos (*apagar*) todas las luces de la casa! *eran (imp) pret (apagaron)*

3. Antonio (*trabajar*) en aquella farmacia todos los lunes. ¿No lo (*ver*) tú allí alguna vez? *trabajaba (imp) viô (pret)*

4. La tía Anita (*resfriarse*) ayer, pero anoche (*tomar*) un antibiótico y ahora se siente mucho mejor. *se resfriaba (imp)*

5. ¡Qué mala suerte tengo! El año pasado (*enfermarse*) durante las vacaciones. (*Estar*) muy mal durante todo el viaje. *imp estaba (imp)*

6. El niño (*toser*) mientras la enfermera le (*hablar*). La madre del niño (*esperar*) pacientemente. Por fin (*venir*) la doctora. Le (*tomar*) la temperatura, le (*examinar*) la garganta y le (*dar*) un jarabe. *tosía (imp) hablaba (imp)*

B. **Los hijos de los Quintero.** ¿Cómo se dice en español?

1. When I met them, I already knew their son. *Cuando los conocí, ya conocía a su hijo*

2. He knew how to read when he was five. *Sabía leer cuando tenía cinco*

3. And he could play the piano before he started grade school. *Y podía tocar el piano antes de b/c prepos empezar la primaria*

*conocí = knew (imp)
conocía = met (pret)*

[handwritten: quisieron enseñarle su hijo —]

4. They tried to teach their daughter to play that early, too.
5. But she refused to practice ten hours a (al) day. *[handwritten: no quiso practicar]*
6. How did you find all of that (todo eso) out?
[handwritten: Cómo supiste]

C. Explain the reasons for the use of the preterite or the imperfect for each verb in the following paragraph.

Hacía mucho frío. Ester cerró con cuidado todas las ventanas y puertas, pero todavía tenía frío. Se preparó una taza de té y se puso otro suéter, pero todavía temblaba de frío. Eran las once de la noche cuando sonó el teléfono. Era su esposo. Entre otras cosas, dijo que hacía mucho frío afuera. Ester ya lo sabía.

Which Spanish past tense should be used to express each verb in the following paragraph? Explain why in each case.

[handwritten: imp=descriptive]

[handwritten annotations above: (imp) (pret) (imp)]
We were walking down Fifth Street when we caught sight of him. He looked very tired and his clothes were very dirty. He said he was hungry and he asked us for money. We gave him all the money that we had because he was an old friend.
[handwritten: (pret) ... teníamos (imp) (imp)]

CH. Read the following paragraph at least once to familiarize yourself with the sequence of events in it. Then read it again, giving the proper form of the verbs in parentheses in the preterite or the imperfect, according to the needs of each sentence and the context of the paragraph as a whole.

[handwritten: paragraph — in Spanish]

Rubén (*estar*) estudiando cuando Soledad (*entrar*) en el cuarto. Le (*preguntar*) a Rubén si (*querer*) ir al cine con ella. Rubén le (*decir*) que sí porque se (*sentir*) un poco aburrido con sus estudios. Los dos (*salir*) en seguida para el cine. (*Ver*) una película cómica y (*reírse*) mucho. Luego, ya que (*hacer*) frío, (*entrar*) en El Gato Negro y (*tomar*) un chocolate. (*Ser*) las dos de la mañana cuando por fin (*regresar*) a casa. Soledad (*acostarse*) inmediatamente porque (*estar*) cansada, pero Rubén (*empezar*) a estudiar otra vez.
[handwritten annotations: estaba, entró, quería, dijo, sintió, salieron, vieron, hacía, entraron, tomaron, eran, regresaron, se acostó, estaba, empezó]

Answer the following questions based on the paragraph about Rubén and Soledad. ¡OJO!   A question is not always answered in the same tense as that in which it is asked.

1. ¿Qué hacía Rubén cuando Soledad entró?
2. ¿Qué le preguntó Soledad a Rubén?
3. ¿Por qué dijo Rubén que sí?
4. ¿Les gustó la película? ¿Por qué?
5. ¿Por qué tomaron un chocolate?
6. ¿Regresaron a casa a las tres?
7. ¿Qué hicieron cuando llegaron a casa?

D. Read the following paragraphs once for meaning. Then read them again, giving the proper form of the verbs in parentheses in the present, preterite, or imperfect.

Durante mi segundo (*second*) año en la universidad, yo (*conocer*) a Roberto en una clase. Pronto nos (*hacer*) muy buenos amigos. Roberto (*ser*) una persona muy generosa que (*organizar*) una fiesta en su apartamento todos los viernes. Todos nuestros amigos (*venir*). (*Haber*) muchas bebidas y comida, y todo el mundo (*cantar*) y (*bailar*) hasta muy tarde.

Una noche algunos de los vecinos de Roberto (*llamar*) a la policía y (*decir*) que nosotros (*hacer*) demasiado ruido. (*Venir*) un policía al apartamento y le (*decir*) a Roberto que la fiesta (*ser*) demasiado ruidosa. Nosotros no (*querer*) aguar (*to spoil*) la fiesta, pero ¿qué (*poder*) hacer? Todos nos (*despedir*) aunque (*ser*) solamente las once de la noche.

Aquella noche Roberto (*aprender*) algo importantísimo. Ahora cuando (*hacer*) una fiesta, siempre (*invitar*) a sus vecinos.

CONVERSACIÓN

A. Dé Ud. sus impresiones del primer día de su primera clase universitaria. Use estas preguntas como guía.

1. ¿Qué hora era cuando llegó Ud. a la universidad? ¿Por qué llegó tan tarde/temprano?
2. ¿Cuál fue la clase? ¿A qué hora era la clase y dónde era (*was it taking place*)?
3. ¿Vino Ud. a clase con alguien? ¿Ya tenía su libro de texto o lo compró después?
4. ¿Qué hizo Ud. después de entrar en la sala de clase? ¿Qué hacía el profesor (la profesora)?
5. ¿A quién conoció Ud. aquel día? ¿Ya conocía a algunos miembros de la clase? ¿A quiénes?
6. ¿Aprendió Ud. mucho durante la clase? ¿Ya lo sabía todo?
7. ¿Le cayó bien o mal el profesor (la profesora)? ¿Por qué? ¿Cómo era?
8. ¿Cómo se sentía durante la clase? ¿nervioso/a? ¿aburrido/a? ¿cómodo/a? ¿Por qué?
9. ¿Les dio tarea (*homework*) el profesor (la profesora)? ¿Pudo Ud. hacerla fácilmente?
10. ¿Cuánto tiempo estudió Ud. la materia antes de la próxima clase?
11. Su primera impresión de la clase y del profesor (de la profesora), ¿fue válida o la cambió luego? ¿Por qué?

B. Describa Ud. las acciones que se ven en los dibujos en la página 328. Use dos verbos en cada descripción, uno en el imperfecto, el otro en el pretérito. ¿Qué hicieron estas personas después?

1.   **2.**   **3.**

C. Describa Ud. su última enfermedad. Use estas preguntas como guía.

1. ¿Cuándo empezó Ud. a sentirse mal? ¿Dónde estaba Ud.? ¿Qué hacía?
2. ¿Cuáles eran sus síntomas? ¿Cómo se sentía? ¿Estaba mareado/a? ¿congestionado/a? ¿Le dolía alguna parte del cuerpo? ¿Tenía fiebre? ¿Se tomó la temperatura?
3. ¿Qué hizo? ¿Regresó a casa? ¿Se quitó la ropa? ¿Tosía mucho? ¿Se acostó?
4. ¿Fue al consultorio del médico? ¿Lo/La examinó? ¿Cuál fue su diagnóstico?
5. ¿Le puso una inyección el médico? ¿Le dio una receta? ¿Llevó Ud. la receta a la farmacia? ¿Cuánto le costó la medicina?
6. ¿Cuándo se sintió bien por fin? ¿Empezó a cuidarse más?

47. *Summary of the Uses of the Definite Article*

1. ¿Qué le robaron a la mujer?
2. ¿Dónde tenía la cartera?
3. ¿Qué le está pasando en este momento?
4. Para esta mujer, ¿es hoy uno de los peores días de la semana?

¡Me robaron la bolsa donde tenía la cartera!

In Spanish, as in English, the definite article is used to point out or indicate a specific noun: *El* **libro está en** *la* **mesa.** The use of the definite article in Spanish differs from English usage in the following ways.

A. The definite article is generally repeated before each noun in a series.

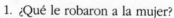

El libro, **el** bolígrafo y **el** cuaderno están en la mesa.

The book, pen, and notebook are on the table.

B. The definite article is used before a title (except **don** and **doña***) when you are talking *about* a person: *el* **Sr. Romero,** *la* **profesora Burgos.** The article is not used when you are talking directly to the person.

La Dra. López va a estar en el consultorio a las nueve.

Dr. López will be in the office at nine.

but

Dra. López, ¿cuándo va a estar en el consultorio mañana?

Dr. López, when are you going to be in your office tomorrow?

C. The definite article is used to express *on* with the days of the week.

El lunes vamos al centro.

On Monday we're going downtown.

La farmacia está cerrada **los miércoles.**

The pharmacy is closed on Wednesdays.

CH. The definite article—not the possessive adjective—is used before articles of clothing or parts of the body when context makes meaning clear.

Me puse **el** sombrero.
Puse **el** sombrero en la mesa cuando entré.

I put on my hat.
I put my hat on the table when I came in.

but

¿Dónde pusiste **mi** sombrero?

Where did you put my hat?

Tiene **el** pelo largo.
Me duele **la** garganta.

He has long hair. (His hair is long.)
My throat hurts me.

but

Estas botas son demasiado pequeñas para **mis** pies.

These boots are too small for my feet.

D. The definite article appears before abstract nouns and before nouns used in a general (or generic) sense.

La vida es breve.
La salud es importante.
Nos gustan **las flores.**

Life is short.
Health is important.
We like flowers (in general).

E. The definite article is used with the names of languages, except when they immediately follow **de, en,** and **hablar.** The article is often omitted after **escribir, aprender, leer, estudiar,** and **enseñar.**

El francés es una lengua bonita.
Hablan bien **el español.**

French is a pretty language.
They speak Spanish well.

but

Hablan español.

They speak Spanish.

---

*Don and **doña** are titles of respect. Because they are used with someone's first name, they are less formal than the titles **Sr., Sra.,** and **Srta.,** and they communicate a feeling of warmth or cordial familiarity. Depending on the context, they can also communicate a sense of respect: **...y éste es mi abuelo, don Gregorio.**

F. The definite article has traditionally been used with the names of certain countries. However, many native speakers of Spanish no longer observe this rule.

la Argentina	**los Estados Unidos**	**el Perú**
el Brasil	**la India**	**la República Dominicana**
el Canadá	**el Japón**	**El Salvador**
el Ecuador	**el Paraguay**	**el Uruguay**

PRÁCTICA

A. Dé oraciones nuevas según las indicaciones.

1. —¿Quiénes vinieron a celebrar el cumpleaños de Dolores?
   —Vinieron los *abuelos,* los *primos* y los *tíos.* (*primos, tío, abuela; padres, abuelos, otros parientes; primos, hermanas, esposos de ellas*)

2. —¿Cuándo está en el consultorio el doctor? ¿los lunes?
   —Sí, el doctor está los *lunes.* (*miércoles, viernes, sábados, martes, jueves*)

3. —¿Hacía mucho frío esta mañana?
   —Sí, por eso me puse el *suéter.* (*abrigo, sombrero, botas, calcetines*)

4. —¿Qué tiene el paciente?
   —Pues, le duele la *garganta.* (*estómago, pulmones, cabeza, ojos, nariz*)

5. —Su amiga Antonia es una verdadera experta en lenguas extranjeras. ¿Habla español?
   —Sí, Antonia habla muy bien el *español.* Tomó muchos cursos de español en la secundaria. (*francés, inglés, japonés, chino, ruso, portugués*)

6. —¿Son latinoamericanos estos países? ¿(el) Perú?
   —Sí, (el) *Perú* es un país latinoamericano. (*Argentina, Japón, Brasil, Francia, Paraguay, México, Ecuador, Canadá, Colombia, Estados Unidos*)

B. Describe Dr. García, using the following words and phrases to give information about him: **buen médico, cubano, cincuenta y siete años, una familia grande, español, la Habana.**

MODELO   El Dr. García es un buen médico.

Now ask Dr. García questions that would elicit the information given above.

MODELO   Dr. García, ¿es Ud. un buen médico?

C. **Opiniones personales.** Describa Ud. algunos de sus valores (*values*).

(No) Creo que _____ es/sea importante. (*dinero / amistad / amor / salud / matrimonio / educación / libertad / trabajo*)

CH. **En la Argentina.** ¿Cómo se dice en español? Use el imperfecto y el pretérito.

1. Mr. Radillo went to meet **(buscar)** us at the station on Sunday.
2. We put the suitcases, presents, and coats in his car and walked to a restaurant.
3. Argentine food is excellent, and I ordered in Spanish.
4. I didn't need help from anyone.
5. I think we're going to like life in Argentina.

[handwritten annotations:]
El Sr. Radillo fue a buscarnos en la estación el domingo
Pusimos las maletas, los regalos y los abrigos en su coche. Caminamos a un Restaurant
La comida argentina es excelente y pedí en español!
No necesité la ayuda de nadie.
la blo F de nadie
Creo que nos va a gustar la vida en la Argentina
Pienso

CONVERSACIÓN

A. Preguntas

1. ¿Se habla español en España? ¿y en (el) Uruguay? ¿en (el) Brasil? ¿En qué partes de los Estados Unidos se habla inglés? ¿francés? Para Ud., ¿cuál es la lengua más bonita de todas? ¿Qué es lo más difícil de aprender una lengua extranjera? ¿Cree Ud. que se debe hablar sólo inglés en este país?

2. ¿Qué es lo más importante en la vida de un estudiante de esta universidad? ¿Son las notas (*grades*)? ¿los deportes? ¿las fiestas? ¿Qué importancia tienen las «fraternidades»/«sororidades»?

3. ¿Qué piensa Ud. hacer el sábado? ¿el domingo? ¿Qué hizo el último fin de semana? ¿Qué hacía los fines de semana cuando era niño/a? ¿Es necesario que estudie Ud. los fines de semana?

4. ¿Tiene Ud. el pelo largo? ¿los pies grandes? ¿los ojos azules? ¿Qué parte destaca (*stands out*) de su aspecto físico? ¿Qué actor/actriz tiene los ojos muy azules? ¿una boca muy grande? ¿una nariz enorme?

5. ¿Cuáles son los síntomas de una persona que tiene resfriado? ¿Qué temperatura tiene? ¿Qué le duele? ¿Pierde el apetito? ¿Qué quiere Ud. que sus amigos le hagan cuando Ud. está enfermo/a?

6. ¿Qué artículo de ropa pierde Ud. con frecuencia? ¿Lo perdía también cuando era niño/a? ¿Tenía dificultad en ponerse algún artículo de ropa cuando era niño/a? ¿Olvidó Ud. ponerse algo esta mañana?

B. **Entrevista.** Using last names and the titles **Sr., Srta., Sra.,** or **profesor(a),** ask several people in your class the following questions. Remember that it is not always necessary to tell the truth!

1. Sr. (Sra., Srta., Prof.) _____, ¿cuánto gana Ud. de (*as*) sueldo?
2. Para Ud., Sr. (Sra., Srta., Prof.) _____, ¿qué es lo más importante de la vida?
3. ¿Qué hizo el sábado pasado?
4. ¿A qué país no quiere viajar nunca? ¿Por qué?
5. ¿Qué hacía todos los veranos cuando era niño/a?
6. En cuanto a la comida (*As far as food is concerned*), ¿qué le gusta muchísimo y qué no le gusta nada?

Now report the information you have learned to the class, again using the person's last name and title.

MODELO   Cuando era niño, el profesor _____ iba a México todos los veranos.

Study Hint: False Cognates

Not all Spanish and English cognates are identical in meaning. Here are a few important "traps" to be aware of: **sano** is *healthy;* **renta,** *income;* **pariente,** *relative;* **gracioso,** *funny;* **actual,** *current, up-to-date;* **fábrica,** *factory;* **colegio,** *elementary or secondary school;* **una molestia,** *a bother;* **sopa,** *soup;* **ropa,** *clothing;* **real,** *real* or *royal;* **sensible,** *sensitive;* **éxito,** *success*—and **constipado** means *suffering from a head cold.* These words are *false,* or misleading, *cognates* (**amigos falsos**).

Occasionally such words can lead to communication problems. The American tourist who,

embarazado/a may find people chuckling at the remark, since **embarazada** means not *embarrassed* but *pregnant.*

---

48. *Relative Pronouns:* **Que, quien(es), lo que**

Lo que dijo el doctor Matamoros

ISABEL: ¿Y qué más te dijo este médico *que* tanto sabe?
BEATRIZ: Que lo más importante es quedarse en cama y descansar.
ISABEL: Mira, la próxima vez *que* te pongas enferma, la primera persona con *quien* debes hablar es conmigo. Te digo lo mismo... ¡y sin cobrar!

1. La persona con quien habla Isabel es _____.
2. El médico de quien hablan es _____.
3. El médico recomienda que Beatriz _____.
4. Isabel le recomienda que _____.
5. Yo creo que lo que debe hacer Beatriz es lo siguiente: _____.

There are four principal relative pronouns in English: *that, which, who,* and *whom.* They are usually expressed in Spanish by the following relative pronouns.

What Dr. Matamoros said   ISABEL: And what did this doctor who knows so much tell you?   BEATRIZ: That the most important thing is to stay in bed and rest.   ISABEL: Look, the next time you get sick, the first person you should talk to is me. I'll tell you the same thing . . . and without charging!

A. **Que** = *that, which, who*

Tuve una cita con el médico **que**
duró una hora.

Es un buen médico, **que** no cobra
mucho.

*I had an appointment with the
doctor that lasted an hour.*

*He's a good doctor, who doesn't
charge a lot.*

B. **Quien(es)** = *who/whom* after a preposition or as an indirect object

La mujer con **quien** hablaba era mi
hermana.

Éste es el hombre de **quien** te
hablaba.

¿A **quién** no le gustan las tortillas?

*The woman with whom I was
talking was my sister.*

This is the man about whom I
was talking to you.*

Who doesn't like tortillas?

C. **Lo que** = *what, that which*

No entiendo **lo que** dice.

Lo que no me gusta es su actitud
hacia los pobres.

*I don't understand what he is
saying.*

*What I don't like is his attitude
toward poor people.*

The antecedent of **lo que** is always a sentence, a whole situation, or something that hasn't been mentioned yet. **Lo que necesito es estudiar más.**

PRÁCTICA

A. Imagine que Ud. es el doctor Matamoros (la doctora Matamoros). Explíquele
a la enfermera lo que Ud. necesita, dando dos oraciones según el modelo.

MODELO   bisturí (*m., scalpel*) / mesa → Lo que necesito es el bisturí.
                                      → Necesito el bisturí que está en
                                         la mesa.

1. termómetro / armario (*cupboard*)
2. jarabe / consultorio
3. frascos / mi bolsa
4. aspirinas / escritorio

5. teléfono del especialista / mi
   agenda
6. nombre del hospital / ese
   pueblo

B. Ahora dígale a la enfermera con quién necesita hablar.

MODELO   director → El director es la persona con quien necesito hablar.

1. madre del niño
2. padres

3. niño mismo
4. abuelos del niño

5. enfermera
6. pediatra (*m.*)

C. **En la sala de emergencias.** ¿Cómo se dice en español?

1. Who was the man that brought her here?

---

*Relative pronouns are never omitted in Spanish. In many English sentences, however, they are optional.

[handwritten: nopodemos a la mujer con quien vive]

2. We can't locate (**encontrar**) the woman she lives with. (¡OJO! with whom . . .) *[handwritten: (prep.)]*
3. What we need is more time! *[handwritten: Lo que necesitamos es más tiempo.]*
4. I need the name of the medicine you were taking. *[handwritten: Necesito el nombre de la medicina que tomaba]*

CONVERSACIÓN

A. Complete las oraciones en una forma lógica.

1. Lo que más me gusta/molesta de esta clase es/son _____.
2. Lo que (no) me gusta de la vida universitaria es/son _____.
3. Lo que más necesito en este momento es/son _____.
4. Lo que (no) me gusta de nuestro actual presidente es/son _____.

B. **Problemas y consejos.** Dé varios consejos a la persona que tiene los siguientes problemas. Use estas frases como guía.

• La persona con quien debes hablar es...

• Lo que debes hacer es...

• Lo que creo es que debes...

1. Tengo un resfriado terrible.
2. Necesito descansar y tengo tres días libres la semana que viene.
3. Tengo ganas de comer comida china esta noche.
4. No sé qué clases debo tomar el semestre que viene.
5. ¡Sufro tantas presiones en mi vida privada!
6. Vivo muy lejos de la universidad. Pierdo una hora en ir y venir todos los días.
7. Se me cayó el vaso favorito de mi abuela y se rompió, pero no se lo dije cuando pasó.

Ahora invente Ud. problemas semejantes y pídales consejos a sus compañeros de clase.

DIÁLOGO: En el consultorio de la doctora[1]

Tomás Hernández Rodríguez, estudiante universitario
Enfermera
Dra. Ruiz Sánchez, especialista en medicina general

A. El paciente habla con la enfermera.

ENFERMERA: Siéntese, por favor. ¿Cómo se llama?
TOMÁS: Tomás Hernández Rodríguez.

ENFERMERA: ¿Qué es lo que tiene?

TOMÁS: Un resfriado muy grave.

ENFERMERA: ¿Cuándo empezó a sentirse mal?

TOMÁS: Ayer por la noche tenía fiebre. Tosía mucho y me dolía todo el cuerpo. Hoy me siento peor y lo malo es que tengo examen de literatura. No sé nada porque anoche no pude estudiar.

ENFERMERA: ¿Tiene otros síntomas?

TOMÁS: No, gracias a Dios.

ENFERMERA: Dígame su edad, su peso° y su estatura,° por favor.   *weight / height*

TOMÁS: Tengo veintiún años, mido° un metro ochenta y cinco y peso ochenta   *I am (measure)*
kilos.[2]

ENFERMERA: Muy bien. Ahora, lo que voy a hacer es tomarle la temperatura...
Humm... todavía tiene Ud. fiebre: treinta y ocho grados.[3] Súbase la
manga° derecha, que le voy a tomar la presión.°   Súbase... *roll up your sleeve / blood pressure*

TOMÁS: ¿Todo esto para un resfriado?

ENFERMERA: Es rutinario. Ahora pase Ud. al consultorio de la doctora.

B. En el consultorio de la Dra. Ruiz Sánchez

DOCTORA: Siéntese. Saque la lengua. Abra bien la boca y diga: «Aaaaa... aaa...». La
garganta está un poco inflamada. Ahora respire profundamente. Diga:
«treinta y tres».

TOMÁS: Treinta y tres.

DOCTORA: Bien. Ud. no tiene nada serio en los pulmones.

TOMÁS: Pero toso mucho, doctora. Ya tosía antes de resfriarme.

DOCTORA: Lo que pasa es que fuma demasiado. Ahora calle° mientras le ausculto°   no diga nada / *I listen*
el corazón. Humm... ¿hace Ud. mucho ejercicio físico?   *to (medical)*

TOMÁS: Fui campeón° de natación° en el colegio. Todavía practico varios   *champion / swimming*
deportes.

DOCTORA: Bueno, en general, Ud. está en muy buen estado físico.

TOMÁS: ¿Y para este resfriado?

DOCTORA: Pues, unas aspirinas y... paciencia. Para su salud en general, deje de
fumar. Y para sus exámenes, ¡no los deje para el último momento! No
es necesaria otra receta.

Comprensión

Conteste en oraciones completas.

A. 1. ¿Quién está enfermo?
2. ¿Qué síntomas tenía ayer?
3. ¿Cómo está hoy?
4. ¿Por qué no pudo estudiar para su examen?
5. ¿Tiene otros síntomas?
6. ¿Cuántos años tiene? ¿Es alto?
7. ¿Quién le toma la temperatura y la presión?

B. 1. ¿Qué tiene que hacer el paciente cuando abre la boca? ¿cuando respira?
2. ¿Tiene pulmonía (*pneumonia*)?
3. ¿Por qué tose tanto?
4. ¿Fue buen atleta? ¿Es muy deportista ahora?
5. ¿Qué medicina le recomienda la doctora para el resfriado?
6. ¿Qué le recomienda la doctora que haga?

Comentario cultural

1. The term **médico/a** is used to refer to a medical doctor, whose title in direct address is **doctor(a).** Many Hispanic doctors complete residencies and advanced studies at medical centers in the United States and Europe. The number of doctors in relation to the population varies greatly from country to country, and in some Latin American countries the health needs of the people cannot be adequately met. The 1977 *United Nations Statistical Yearbook* showed 1 doctor for every 911 persons in Uruguay, and 1 for every 4,330 in Guatemala. The ratio in the United States is 1 to 622, although this varies from region to region.

   Many U.S. prescription drugs are sold over the counter in Hispanic **farmacias.** For this reason, many people just explain their symptoms to the pharmacist **(farmacéutico/a),** who then prescribes a drug for them. The **farmacéutico** is usually well trained and up to date in pharmacology. Medical services are also performed by **practicantes,** persons with three years of medical training who are licensed to treat the sick, give injections, and perform very minor surgery.

2. A meter equals 39.37 inches, and a kilo equals 2.2 pounds. Tom is therefore 6 feet, 3/4 inches (1.85 meters) tall and weighs 176 pounds (80 kilos).

3. On the Fahrenheit scale, Tom has a temperature of 100.4 degrees (38 degrees Centigrade). To convert Centigrade to Fahrenheit, use the formula F = 9/5C + 32.

4. Many Spanish proverbs and sayings have to do with health, medicine, and doctors. Here is a selection:

   • Músculos de Sansón (*Sampson*) con cerebro de mosquito.

   • Si quieres vivir sano, acuéstate y levántate temprano.

   • Para enfermedad de años, no hay medicina.

   • De médico, poeta y loco, todos tenemos un poco.

   • La salud no se compra, no tiene precio.

UN POCO DE TODO

A. Form complete sentences based on the words given in the order given. Conjugate the verbs in the preterite or the imperfect and add other words if necessary. Use subject pronouns only when needed.

1. cuando / yo / ser / niño / pensar / que / mejor / de / estar enfermo / ser / quedarse / en cama

2. peor / ser / que / con frecuencia / yo / resfriarse / durante / vacaciones

3. una vez / yo / ponerme / muy / enfermo / durante / Navidad / y / mi / madre / llamar / a / médico / con / quien / tener / confianza

4. Dr. Matamoros / venir / casa / y / darme / antibiótico / porque / tener / mucho / fiebre

5. ser / cuatro / mañana / cuando / por fin / yo / empezar / respirar / sin dificultad

6. desgraciadamente / día / de / Navidad / yo / tener / tomar / jarabe / y / no / gustar / nada / sabor (*taste*)

7. bueno / de / este / enfermedad / ser / que / mi / padre / tener / dejar / fumar / mientras / yo / estar / enfermo

B. **¿Qué pasó?** Complete the following narrative with the proper form—preterite or imperfect—of
the verbs in parentheses, and fill in the blanks with **que, quien(es)** or **lo que,** as needed.

El muchacho (_fue_[1]) se hizo daño fue Daniel. (*Estar*[2]) jugando con Guillermo, con (_que_[3])
(*jugar*[4]) todas las tardes. Los dos (*llamar*[5]) a una vecina, (_que_[6]) (*venir*[7]) en seguida a ayudarlos.
Le (*preocupar*[8]) a la vecina la cantidad de sangre (*blood*) que (*perder*[9]) Daniel. Pero no (*ser*[10]) muy
seria la herida (*wound*). Por eso no (*llamar*[11]) a los padres de Daniel, a (_quienes_[12]) la vecina no
(*conocer*[13]) muy bien.

C. **Entrevista.** Use the following questions to interview another student about his or her childhood
and about specific events in the past, as well as what is currently happening in his or her life. Report
the most interesting information to the class.

1. ¿A qué escuela asistías (cuando tenías _____ años)? ¿Asististe a esta universidad el año
   pasado? ¿Cuánto tiempo hace que estudias aquí?
2. ¿Qué lenguas estudiabas? ¿Estudiaste latín en la secundaria? ¿Cuánto tiempo hace que
   estudias español?
3. ¿Qué hacías cuando te enfermabas? ¿Cuántas veces te resfriaste el año pasado? ¿Es necesario
   que empieces ahora a llevar una vida más sana?
4. ¿Qué películas te gustaban más? ¿Te gustó la última película que viste? ¿Qué nueva película
   quieres ver este mes?
5. En la secundaria, ¿qué era lo más importante de tu vida? ¿Qué cosa importante te pasó el
   año pasado? ¿Qué esperas que pase este año?
6. Qué hacías durante los veranos? ¿Qué hiciste el verano pasado? ¿Qué vas a hacer este
   verano?

CH. **Un accidente que salió bien.** Complete the following paragraphs with the correct form of the
verbs in parentheses—preterite or imperfect—as suggested by the context. When two possibilities
are given in parentheses, select the correct word. When an adjective is given in parentheses, give the
nominalized form of it.

Cuando yo (*tener*[1]) doce años, (*caerse*[2]) de la bicicleta en que (*montar*[3]) y se me
(*romper*[4]) el brazo derecho. Las personas (*que/quien*[5]) (*ver*[6]) el accidente (*lla-*
mar[7]) una ambulancia (*que/lo que*[8]) me (*llevar*[9]) al hospital. Me (*doler*[10]) mucho el brazo y (*tener*[11]) mucho miedo, pero no (*querer*[12]) portarme como un
niño. Por fin, cuando (*ver*[13]) la sala de urgencia, (*empezar*[14]) a llorar.

La recepcionista (*llamar*[15]) a mi madre, pero ella no (*estar*[16]) en casa;
(*trabajar*[17]) en la oficina. Cuando por fin la (*localizar*[18]), ella les (*dar*[19]) permiso
para tratarme. Yo (*dejar*[20]) de llorar muy pronto porque los médicos me
(*contar*[21]) chistes mientras me (*examinar*[22]) el brazo. (*Más divertido*[23]) (*ser*[24])
cuando ellos (*cubrirse*[25]) de yeso° al° ponerme la enyesadura.°   *plaster / when /*
cast

(*Ser*[26]) las siete de la noche y ya (*estar*[27]) oscuro cuando mi madre y yo
(*llegar*[28]) a casa. Yo (*tener*[29]) mucha hambre y (*querer*[30]) comer, pero mi mamá
no (*sentirse*[31]) muy bien. Utilizando sólo el brazo sano, le (*hacer*[32]) una taza de té
y me (*preparar*[33]) un sándwich.

¿Qué (*ser*[34]) (*bueno*[35]) del accidente? Pues, ahora soy completamente am-
bidextro.

D. **En el consultorio.** El paciente de la página 338 está muy enfermo. Usando palabras y frases del
ejercicio C (página 328), describa Ud. lo que pasa en el dibujo.

VOCABULARIO

VERBOS

caminar to walk
correr to run
cuidarse to take care of oneself
dejar de + *inf.* to stop (*doing something*)
enfermarse to get sick
examinar to examine
hacer ejercicio to exercise, get exercise
llevar una vida... to lead a . . . life
practicar to participate in (*sports*); to practice
resfriarse to get/catch a cold
respirar to breathe
sacar to stick out (*a tongue*)
sonar to ring
toser to cough

SUSTANTIVOS

el **antibiótico** antibiotic
el **bienestar** well-being

la **boca** mouth
el **consultorio** office
el **corazón** heart
el **deporte** sport
la **dificultad** difficulty
la **enfermedad** illness
el **estómago** stomach
la **farmacia** drugstore, pharmacy
la **fiebre** fever
la **garganta** throat
la **gente** people
el **jarabe** (cough) syrup
la **lengua** tongue; language
la **medicina** medicine
la **nariz** nose
el **ojo** eye
el/la **paciente** patient
la **pastilla** pill
el **pelo** hair
los **pulmones** lungs
la **receta** prescription
el **resfriado** cold
la **salud** health
el **síntoma** symptom

la **temperatura** temperature
la **tos** cough

ADJETIVOS

actual current
congestionado/a congested
cualquier(a) any
mareado/a nauseated
sano/a healthy

PALABRAS ADICIONALES

de joven, niño/a as a youth/child
de repente suddenly
en seguida immediately
lo que what
lo suficiente enough
profundamente deeply
tener dolor de to have a pain in
una vez once

UN PASO MÁS 12

ACTIVIDADES

A. **¿Te importa tu salud?** What steps do you take to stay healthy? With another student, ask and answer the following questions.

1. ¿Cuántas horas duermes cada noche? ¿Duermes bien?
2. ¿Comes bien? ¿Comes muchos dulces? ¿mucha proteína? ¿mucha ensalada? ¿muchas verduras? ¿mucha fruta?
3. ¿Comes comidas «instantáneas» o prefieres comidas «naturales»?
4. ¿Tomas mucho café, mucho té o mucha Coca-Cola? ¿bebidas alcohólicas?
5. ¿Fumas? ¿mucho o poco? ¿Quieres dejar de fumar? ¿Cuándo fumas?
6. ¿Consultas a tu médico por lo menos una vez al año?
7. ¿Sigues las recomendaciones de tu médico?
8. Cuando necesitas tomar medicina, ¿sigues las instrucciones?
9. ¿Llevas una vida de muchas presiones? ¿Tienes muchas responsabilidades?
10. ¿Tienes tiempo para pensar, meditar o simplemente descansar?
11. ¿Caminas mucho o siempre vas en coche (tomas el autobús, etcétera)?
12. ¿Haces mucho ejercicio? ¿Corres? ¿Practicas algún deporte?

A propósito...

It is important to be able to communicate accurately when you are in need of medical or dental attention. English-speaking doctors and dentists are available in most large cities in Spanish-speaking countries. But if you do need to speak Spanish with medical personnel, the following words and phrases will be useful.

¿Cuánto tiempo hace que Ud. está enfermo/a?	*How long have you been ill?*
Hace (dos días) que estoy enfermo/a.	*I've been sick for (two days).*
¿Cuándo se enfermó?	*When did you get sick?*
¿Padece de algo más?	*Is anything else wrong?*
Sí, padezco de ____.	*Yes, I'm also suffering from ____.*
¿Ha tenido Ud. ____?	*Have you had ____?*
Sí, he tenido/No, no he tenido ____.	*Yes, I've had/No, I haven't had ____.*
¿Toma Ud. alguna medicina?	*Are you taking any medicine?*
Vamos a sacar los rayos equis/las radiografías.	*We're going to take X-rays.*
Voy a ponerle una inyección.	*I'm going to give you a shot.*
Tenemos que sacarle el diente (la muela).	*We have to pull the tooth (molar).*

Remember that any temperature above 37 degrees Centigrade (98.6 degrees Fahrenheit) constitutes a fever.

out of bed, up
sacar de encima *to get
rid of:* me he
sacado *I got rid*

B. **Dramas médicos.** Con su profesor(a), haga los papeles de paciente (Ud.) y doctor(a) o enfermero/a (su profesor[a]) en las siguientes situaciones.

1. Ud. está en el consultorio del médico. Le duele muchísimo la garganta.
2. Ud. visita al médico porque tiene dolor de cabeza desde hace (*for*) una semana. Tampoco respira bien—le es casi imposible bajar y subir las escaleras (*stairs*).
3. Ud. visita al dentista porque hace varios días que tiene dolor de muela (*molar*). Pero Ud. es cobarde y no quiere que el dentista se la saque.
4. Ud. lleva a su hijo para consultar con la doctora. Tiene fiebre y vomita con frecuencia.
5. Ud. está en el hospital, en la sala de urgencia (*emergency*). Acaba de tener lo que parece ser un ataque de apendicitis y lo/la van a operar. Habla con una enfermera.

—*Pero ¿cómo quiere que le opere, si no tiene
usted nada?*
—*Mejor, doctor. Así la operación le será más
fácil...*

C. **Estereotipos sobre la salud.** Su amigo hispano es muy observador... por lo menos así se cree él que es. Le gusta mirar a la gente y después hacer comentarios sobre ella. Hace un año que observa las costumbres de los estadounidenses referentes a la comida y la salud. ¿Qué le va a decir Ud. cuando él haga los siguientes comentarios?

1. «Uds. los norteamericanos tienen una verdadera manía por el *jogging.*»
2. «Creo que las comidas favoritas de los norteamericanos son el yogur y el *wheat germ.*»
3. «Uds. los norteamericanos trabajan demasiado. No saben descansar y divertirse. Lo de las nueve a las cinco es una tontería.»
4. «¿Por qué toman Uds. tantas vitaminas? Vitamina C, vitaminas de alta potencia... ¿Es realmente tan mala la comida de este país?»

5. «Me fascina el hecho de que (*the fact that*) en cada esquina (*corner*) haya un gimnasio pequeño. Allí veo a muchas personas que levantan pesas y hacen ejercicio. ¿Qué significa *shape up*?»

LECTURA CULTURAL: La salud y la medicina

Una de las preocupaciones que todos tenemos es, «¿Qué me va a pasar si me pongo enfermo cuando estoy en un lugar desconocido?» Afortunadamente, si usted está en una ciudad de Latinoamérica o España, no tiene por qué preocuparse, puesto que, por lo general, la calidad del servicio médico es muy alto. El sistema está organizado en forma que permite dar atención más personal al paciente que en los Estados Unidos.

En muchos países hispánicos, es muy común que los médicos, como parte obligatoria de su <u>entrenamiento</u>, pasen hasta un año prestando° servicio en las   dando
áreas rurales. Como resultado de esta experiencia, los médicos jóvenes aprenden a curar a la gente sin la ayuda de tantos aparatos como los que tienen los hospitales urbanos, y se hacen expertos en la diagnosis y en el <u>tratamiento</u> de las enfermedades.

En cuanto a los hospitales, claro que están equipados con modernos aparatos médicos, farmacias, enfermeras, y todo lo que uno espera en un buen hospital. Pero están organizados de acuerdo con las necesidades personales de los pacientes. Por ejemplo, en muchos centros hospitalarios existe la posibilidad de que alguno de los familiares del paciente pueda quedarse—a veces en el mismo cuarto—mientras que el enfermo <u>se mejora</u>. Lógicamente, esto ayuda mucho al paciente y le hace mucho más tolerable su <u>estancia</u> en el hospital.

Otra ventaja del sistema médico hispánico es que es fácil y barato conseguir los servicios de una enfermera particular° que cuide del enfermo, ya sea en la casa o   privada
en el hospital. Hay cierta abundancia de enfermeras en la América Latina, ya que el entrenamiento que se requiere no es tan riguroso como en este país. Estas enfermeras no tienen tanto conocimiento teórico como las enfermeras en los Estados Unidos, pero tienen mucha experiencia en su campo y saben cuidar al enfermo.

Comprensión

¿Cierto o falso? Corrija las oraciones falsas.

1. Las enfermeras hispanas estudian más años que sus colegas norteamericanas.
2. Por lo general, la medicina en Latinoamérica es bastante avanzada y de muy buena calidad.
3. Como parte de su preparación profesional, algunos médicos jóvenes prestan sus servicios primero en zonas rurales.
4. En casi todos los hospitales hispanos, es imposible que un pariente se quede con el enfermo.
5. Es difícil conseguir la ayuda de enfermeras en los países hispanos a causa del alto costo de sus servicios.

Study Hint: Writing

You can develop a more mature writing style in Spanish by using transition words to link shorter sentences. Follow these suggestions.

1. Write a first draft of your composition, trying to express your ideas in short, simple sentences. Be sure that each sentence contains at least a subject and a verb.
2. Determine which sentences have a logical relationship and can be linked together. Choose transition words that show these relationships.
3. Rewrite the composition, adding the transition words and making changes, if necessary. For

example, if you link the following sentences together with **cuando,** the word **ella** will not be necessary.

Vimos a Jacinta. Ella estaba en la cafetería. →

Cuando vimos a Jacinta, estaba en la cafetería.

Remember to use words with which you are familiar because you have used them before, and avoid using the dictionary too much (**Study Hint,** page 154).

Transition Words

además	*besides*	pero	*but*
así	*thus, so*	por ejemplo	*for example*
cuando	*when*	por eso	*therefore, for that reason*
de vez en cuando	*from time to time*	por fin	*at last, finally*
en cambio	*on the other hand*	pues	*well; since*
es decir	*that is*	sin embargo	*nevertheless*
luego	*then, next*	también	*also*
mientras	*while*		

Para escribir

Answer the following questions about your last visit to the doctor, adding as many details as possible. Then, using the words in *Study Hint: Writing* and any others you know, join the sentences together to form three paragraphs that flow smoothly.

Paragraph A

1. ¿Cuándo fue la última vez que Ud. consultó con un médico?
2. ¿Por qué lo hizo? ¿Cuáles eran sus síntomas?

Paragraph B

1. En el consultorio, ¿tuvo Ud. que esperar mucho tiempo? ¿Esperaban también otros pacientes?
2. Cuando por fin entró en el consultorio, ¿cuánto tiempo duró la consulta? ¿Qué actitud mostró el médico? ¿compasión? ¿humor? ¿preocupación? ¿indiferencia?
3. ¿Le recetó alguna medicina? ¿Qué otras recomendaciones le dio? ¿Las siguió Ud.? ¿Por qué sí o por qué no?

Paragraph C

1. ¿Cuándo se mejoró Ud. por fin?
2. ¿Qué hace ahora para mantenerse en buen estado de salud?

CAPÍTULO 13

DE COCHES Y COMPUTADORAS

CARL FRANK/PHOTO RESEARCHERS, INC.

PARA EMPEZAR

In this chapter and in **Un paso más 13,** you will learn vocabulary and expressions about cars and aspects of modern technology, and will consider related attitudes and customs of Hispanic peoples. As a first step, listen to the following conversation about the expectations that two Americans had about what they would find in Venezuela.

Pat y Kevin hablan con un compañero en la cafetería de la Universidad Central.

KEVIN: Todavía me acuerdo de la sorpresa que nos llevamos al llegar (*when we arrived*) a Caracas.

PAT: Es cierto. Sabíamos que la América Latina no forma parte de los países desarrollados (*developed*)... pero no nos imaginábamos que hubiera (*there would be*) ciudades tan grandes y cosmopolitas.

RAÚL: En la América Latina hay de todo. Aquí en Venezuela, por ejemplo, tenemos una industria petrolera muy desarrollada, sin decir nada de la siderúrgica (*iron and steel industry*). En el Paraguay están terminando de construir la presa (*dam*) de Itaipú, el proyecto hidroeléctrico más grande del mundo.

VOCABULARIO: PREPARACIÓN

Los automóviles			
el aceite	oil	**arrancar**	to start (*a motor*)
la batería	battery	**arreglar**	to fix, repair
el camino	street, road	**contener** (like	to contain, hold
la carretera	highway	**tener**)	
la circulación, el tráfico	traffic	**chocar (con)**	to run into, collide (with)
el conductor/la conductora	driver	**doblar**	to turn
		estacionar(se)	to park
la esquina	corner (*of a street*)	**gastar (mucha gasolina)**	to use (a lot of gas)
la estación de gasolina/la gasolinera	gas station	**llenar (el tanque)**	to fill (the tank)
los frenos	brakes	**manejar, conducir**	to drive
la gasolina	gasoline	**(conduzco)**	
la licencia (de manejar, conducir)	(driver's) license	**parar**	to stop
		revisar	to check
la llanta	tire	**seguir (i, i)**	to keep on
una llanta desinflada	a flat tire	**(todo derecho)**	going; to go (straight ahead)
el semáforo	traffic signal		

A. **Definiciones.** Busque Ud. la definición de las palabras de la columna de la derecha.

1. Se pone en el tanque.
2. Se llenan de aire.
3. Lubrica el motor.
4. Es necesaria para arrancar el carro.
5. Cuando se llega a una esquina hay que hacer esto o seguir todo derecho.
6. No contiene aire y por eso es necesario cambiarla.
7. Es un camino público ancho (*wide*) donde los coches circulan rápidamente.
8. Se usan para parar el coche.
9. El policía nos la pide cuando nos para en el camino.
10. Allí se vende gasolina y se revisan y se arreglan los carros.

    a. los frenos
    b. doblar
    c. la carretera
  ch. la batería
    d. la gasolinera
    e. una llanta desinflada
    f. la gasolina
    g. las llantas
    h. el aceite
    i. la licencia

Ahora, siguiendo el modelo de las definiciones anteriores, ¿puede Ud. dar una definición de las siguientes palabras?

1. el semáforo
2. la circulación

3. estacionarse
4. gastar gasolina

B. **Mientras Ud. conducía...** Invente los detalles para explicar lo que pasó en las siguientes situaciones. ¿Qué necesitaba o qué debía hacer Ud.? ¿Qué hizo?

1. De repente Ud. oyó un *flop flop*.
2. El coche de Ud. se paró y no volvió a arrancar (*wouldn't start up again*).
3. Ud. llegó a una esquina donde había otro coche parado (*stopped*) a la derecha.
4. En una esquina, Ud. vio dos coches, una ambulancia y varios policías.
5. Ud. manejó solamente 20 millas y gastó un cuarto de tanque de gasolina.

C. **En la gasolinera.** Describa Ud. las cosas y acciones que se ven en el dibujo.

CH. Su viejo carro no arrancó esta mañana y en el taller (*shop*) dicen que no lo pueden arreglar. Es hora de comprar un carro nuevo. ¿Qué tipo de carro desea Ud.?

Deseo un carro ＿＿ porque ＿＿.

1. grande / económico
2. nuevo / usado
3. con una transmisión de cambios (*manual shift*) / con una transmisión automática
4. con llantas convencionales / con llantas radiales
5. con aire acondicionado / sin aire acondicionado
6. con radio AM / con radio AM/FM / sin radio
7. con frenos regulares / con frenos de disco
8. de color / marca ＿＿
9. hecho (*made*) en USA / importado

D. **Entrevista.** Usando las siguientes frases como guía, entreviste a un compañero (una compañera) de clase para determinar con qué frecuencia hace las siguientes cosas.

1. Dejar la licencia en casa cuando va a manejar
2. Acelerar (*To speed up*) cuando dobla una esquina
3. Manejar después de beber
4. Respetar o exceder el límite de velocidad
5. Estacionar el coche donde dice «Prohibido estacionarse»
6. Revisar el aceite y la batería
7. Seguir todo derecho a toda velocidad cuando no sabe llegar a su destino
8. Adelantar (*To pass*) tres carros a la vez

Ahora, con base en lo que Ud. averiguó (*learned*), describa la forma de manejar de su compañero/a. ¿Es un buen conductor (una buena conductora)?

Encuentro cultural: No funciona el carro

En los Estados Unidos, cuando algo le pasa al carro, automáticamente lo llevamos a un mecánico. ¿Y qué hace el mecánico? Si tiene suerte, encuentra la parte dañada (*damaged*) y la cambia por otra nueva. En realidad no *repara* nada. Si no puede encontrar el problema, es muy probable que el dueño norteamericano se diga: «Bueno, este carro ya no sirve. Voy a comprarme otro.»

En cambio, en la América Latina y en España, un coche nuevo cuesta relativamente mucho dinero y en algunos países hasta un dineral (*fortune*). Además, los repuestos (*spare parts*) son costosos y los mecánicos intentan *reparar* verdaderamente las partes que no funcionan. Por eso es común ver coches viejos que después de quince o veinte años de uso diario todavía funcionan.

Adjetivos ordinales

primer(o)	first	**quinto**	fifth	**noveno**	ninth
segundo	second	**sexto**	sixth	**décimo**	tenth
tercer(o)	third	**séptimo**	seventh		
cuarto	fourth	**octavo**	eighth		

Ordinal numbers are adjectives and must agree in number and gender with the nouns they modify.* Ordinals usually precede the noun: **la cuarta lección, el octavo ejercicio.**

Like **bueno,** the ordinals **primero** and **tercero** shorten to **primer** and **tercer,** respectively, before masculine singular nouns: **el primer niño, el tercer mes.**

E. ¿En qué grado están estos niños?

1. Manuel—5º
2. Teresa—3er
3. Eduardo—7º
4. Jesús—1er
5. Pablo—10º
6. Evangelina—2º

---

*Ordinal numbers are frequently abbreviated with superscript letters that show the adjective ending: **las 1ᵃˢ lecciones, el 1er grado, el 5º estudiante.**

F. Conteste las preguntas según el dibujo.

1. ¿Quién es la décima persona? ¿la quinta? ¿la tercera? ¿la novena? ¿la segunda?
2. ¿En qué posición está Ángela? ¿Cecilia? ¿Juan? ¿Simón? ¿Linda?

G. ¿En qué orden de importancia coloca Ud. los distintos factores al tomar las siguientes decisiones? ¿Por qué?

MODELO   El primer factor sería (*would be*)... El segundo sería...

1. Ud. tiene que elegir los cursos para el próximo semestre.
   _____ la hora de la clase
   _____ el profesor/la profesora
   _____ la materia del curso
   _____ la posibilidad de sacar una buena nota
2. Ud. tiene que escoger entre dos puestos.
   _____ el sueldo
   _____ el prestigio de la empresa
   _____ la ciudad
   _____ la posibilidad de ascenso (*promotion*)
   _____ la personalidad del jefe/de la jefa
   _____ las condiciones físicas de la oficina

MINIDIÁLOGOS Y GRAMÁTICA

¿Recuerda Ud.?

Ud. and **Uds.** commands (Grammar Section 31) are the third persons (singular and plural) of the present subjunctive. Object pronouns (direct, indirect, reflexive) must follow and be attached to affirmative commands; they must precede negative commands.

AFFIRMATIVE: Háblele Ud.   Duérmase.   Dígaselo Ud.
NEGATIVE: No le hable Ud.   No se duerma.   No se lo diga Ud.

¿Cómo se dice en español?

1. Bring me the book. **(Uds.)**
2. Don't give it to her. **(Uds.)**
3. Sit here, please. **(Ud.)**
4. Don't sit in that chair! **(Ud.)**
5. Tell them the truth. **(Uds.)**
6. Tell it to them now! **(Uds.)**
7. Never tell it to her. **(Uds.)**
8. Take care of yourself. **(Ud.)**
9. Lead a healthy life. **(Ud.)**
10. Listen to me. **(Ud.)**

49. *Tú* Commands

En la escuela primaria: frases útiles para la maestra

—Maritere, *toma* tu leche; *no tomes* la de Carlos.
—Cristina, *escribe* las oraciones en la pizarra; *no las escribas* en la pared.
—Joaquín, *escucha; no hables* tanto.
—Esteban, *siéntate* en tu silla; *no te sientes* en el suelo.
—Silvia, *quítate* el abrigo; *no te quites* el suéter.
—Graciela, *dale* el cuaderno a Ernesto; *no se lo des* a Joaquín.
—Mario, *ponte* el abrigo; *no olvides* tu calculadora.
—Ramón, *ten* cuidado; *no corras, no te caigas.*
—Juana, *no hagas* eso; *tráeme* el papel.

1. ¿Qué dice la maestra cuando Maritere no toma su leche? ¿cuando alguien debe escribir en la pizarra? ¿no escucha? ¿no se sienta en la silla? ¿no se quita el abrigo? ¿no le da el cuaderno a Ernesto? ¿no se pone el abrigo? ¿no tiene cuidado? ¿no trae el papel?
2. ¿Por qué da la maestra los mandatos negativos? Por ejemplo, ¿por qué le dice la maestra a Maritere «no tomes la leche de Carlos»?

   • **Porque Maritere tomó la leche de Carlos.**
   • **Porque no está tomando su propia (*own*) leche.**
   • **Porque la maestra no quiere que Maritere la tome.**

Informal commands (**los mandatos informales**) are used with persons whom you address as **tú.**

Negative *tú* Commands

-ar Verbs		*-er/-ir* Verbs	
No hables.	*Don't speak.*	**No comas.**	*Don't eat.*
No cantes.	*Don't sing.*	**No escribas.**	*Don't write.*
No juegues.	*Don't play.*	**No pidas.**	*Don't order.*

Like **Ud.** commands (Grammar Section 31), the negative **tú** commands are expressed with the present subjunctive: **no hable Ud., no hables tú.** The pronoun **tú** is used only for emphasis.

No cantes **tú** tan fuerte. *Don't you sing so loudly.*

In grade school: useful phrases for the teacher. Maritere, drink your milk; don't drink Carlos's. Cristina, write the sentences on the board; don't write them on the wall. Joaquín, listen; don't talk so much. Esteban, sit in your chair; don't sit on the floor. Silvia, take off your coat; don't take off your sweater. Graciela, give the notebook to Ernesto; don't give it to Joaquín. Mario, put on your coat; don't forget your calculator. Ramón, be careful; don't run, don't fall. Juana, don't do that; bring me the paper.

As with negative **Ud.** commands, object pronouns—direct, indirect, and reflexive—precede negative **tú** commands.

No lo mires.	*Don't look at him.*
No les escribas.	*Don't write to them.*
No te levantes.	*Don't get up.*

[Práctica A, B]

Affirmative **tú** *Commands**

-ar Verbs		*-er/-ir Verbs*	
Habla.	*Speak.*	**Come.**	*Eat.*
Canta.	*Sing.*	**Escribe.**	*Write.*
Juega.	*Play.*	**Pide.**	*Order.*

Unlike the other command forms you have learned, most affirmative **tú** commands have the same form as the third-person singular of the present *indicative*. Only the following verbs have irregular affirmative **tú** command forms.

decir:	**di**	poner:	**pon**	tener:	**ten**
hacer:	**haz**	salir:	**sal**	venir:	**ven**
ir:	**ve**	ser:	**sé**		

¡OJO!   The affirmative **tú** commands for **ir** and **ver** are identical: **ve.** Context will clarify meaning.

¡Ve esa película!	*See that movie!*
Ve a casa ahora mismo.	*Go home right now.*

As in affirmative **Ud.** commands, object and reflexive pronouns follow affirmative **tú** commands and are attached to them. Accent marks are necessary except when a single pronoun is added to a one-syllable command.

Dile la verdad.	*Tell him the truth.*
Léela, por favor.	*Read it, please.*
Póntelos.	*Put them on.*

[Práctica C, CH, D]

PRÁCTICA

A. **Un viaje con Raúl.** Durante un viaje en coche, su amigo Raúl insiste en hacer cosas que a Ud. no le gustan. Dígale que no las haga, según el modelo.

   MODELO   Raúl estaciona el carro en medio (*middle*) de la calle. →
            Raúl, no lo estaciones aquí, por favor.

---

*Affirmative **vosotros** commands are formed by substituting **-d** for the final **-r** of the infinitive: **hablar** → **hablad; comer** → **comed; escribir** → **escribid.** There are no irregular affirmative **vosotros** commands. Negative **vosotros** commands are expressed with the present subjunctive: **no habléis/comáis/escribáis.** Placement of object pronouns is the same as with all other command forms: **Decídmelo; No me lo digáis.**

1. Raúl gasta mucho dinero en gasolina.
2. Raúl maneja muy rápidamente.
3. Cierra la ventanilla.
4. Dobla en una esquina.
5. Para en una esquina.
6. Lee el mapa.
7. Sigue todo derecho.
8. Dice que Uds. van a llegar tarde.
9. Es muy descortés con Ud.
10. Arranca muy rápidamente.

B. Dé Ud. mandatos informales para continuar estos comentarios que Ud. hace a unos miembros de su familia. Siga el modelo.

MODELO *Hablaste* tanto ayer. → No hables tanto hoy, por favor.
Dejaste tu ropa en el suelo ayer. → No la dejes allí hoy, por favor.

1. *Dejaste* tus libros en el suelo también.
2. Ayer *regresaste* tarde a casa.
3. No quiero que *manejes* mi coche.
4. No es bueno que *corras* y *juegues* en la calle.
5. No es necesario que *vayas* al parque todos los días.
6. No es bueno que *mires* la televisión constantemente.
7. Siempre le *dices* mentiras (*lies*) a Papá.
8. Siempre *te olvidas* de sacar la basura.
9. ¿Por qué *comes* en tu cuarto?
10. *Eres* tan mala.

C. Haga mandatos informales afirmativos para cada situación, usando las frases como guía.

Lo que Ud. le dice a su amigo Teodoro

1. estudiar / química / con / nosotros
2. ayudarme / con / español
3. venir / a mi casa / noche
4. almorzar / conmigo hoy

Lo que la maestra le dice a Lilia, una estudiante de primaria

5. escribir / problema / pizarra
6. quitarse / abrigo / ahora
7. leerlo / y / aprenderlo / para / examen
8. sentarse / y / callarse (*to be quiet*)

CH. Dé Ud. mandatos informales para continuar estos comentarios a unos miembros de su familia.

1. Siempre *usas* mis cosas sin permiso.
2. No me *ayudas* nunca.
3. No *tienes* paciencia.
4. Insisto en que *desayunes*.
5. Nunca me *escuchas*.
6. Es terrible que nunca *termines* tus proyectos.
7. Nunca *dices* la verdad.
8. Ayer *hiciste* ensalada.
9. No debes *contestar*me en este tono de voz.
10. Nunca *pones* la mesa.
11. No debes *tocar*lo. ¡Está caliente!

12. Quiero que *seas* bueno.
13. Nunca te *acuestas* cuando debes.

D. Imagine que sus amigos hacen las siguientes cosas. Ayúdelos con lo que deben de hacer, según el modelo.

MODELO Carlos escribe la carta con lápiz. (bolígrafo) →
Carlos, escríbela con bolígrafo; no la escribas con lápiz.

1. Anita habla inglés en la entrevista. (español)
2. Gilberto lee un periódico. (una novela)
3. Nati le pregunta a Carmen la dirección. (Lorenzo)
4. Santiago revisa las llantas. (los frenos)
5. Maricarmen nos está comprando tres boletos. (cuatro)
6. Julio dobla en la primera esquina. (la tercera)
7. Dolores trae cerveza. (vino)
8. Silvia estaciona el carro en el estacionamiento (*parking lot*). (en la calle Bolívar)
9. Mariela llena la solicitud amarilla. (la verde)
10. Jaime se pone *bluejeans* para la entrevista. (un traje)

CONVERSACIÓN

A. Su amigo Carlos tiene una entrevista para un trabajo que le interesa mucho y quiere caerle bien al entrevistador. Déle Ud. consejos sobre la entrevista en forma de mandatos informales.

MODELO Llega a la hora en punto, Carlos.

B. Dé Ud. mandatos informales para las siguientes situaciones.
- Para ser un esposo (una esposa) feliz (*happy*)
- Para ser el compañero (la compañera) de cuarto ideal
- Para estar en buena salud

C. **Entrevista.** Con un compañero (una compañera), haga y conteste preguntas para saber los cinco mandatos que el otro escuchaba con más frecuencia cuando era niño/a en los lugares indicados. ¿Quién se los daba?

MODELO USTED: Cuando jugaba en la calle, siempre me decía mi madre: No corras—te vas a caer. Y es verdad; me caía con frecuencia. Era muy torpe. Y a ti, ¿te decía lo mismo tu mamá?

COMPAÑERO/A: No, no me decía eso cuando estábamos en la calle. Pero sí me decía con frecuencia...

Sitios

en la calle, en la iglesia, en la piscina, en una tienda, en el coche, durante una cena familiar

50. *Summary of the Use of the Infinitive As a Verb Complement*

Ventajas (*Advantages*) y desventajas de la era de la tecnología

Algunos de los inventos del siglo (*century*) XX nos traen problemas a la vez (*at the same time*) que nos facilitan otros aspectos de la vida. Mire el dibujo y lea el comentario del señor. Luego, usando las frases como guía, invente la historia de este señor, que es víctima del progreso. Use infinitivos con cada frase.

Yo quería ir a su oficina a pagar la tasa de estacionamiento,° pero no pude hacerlo porque no encontré sitio para estacionar.

tasa... *parking fee*

1. Este señor debió...
2. Quería...
3. Cuando llegó a la oficina, trató de (*he tried to*)...
4. Pero no pudo...
5. Por eso tuvo que...
6. Una vez en casa, decidió...
7. En este momento, acaba de...
8. El señor con quien habla va a...

A. When two verbs occur in a series, the second verb is usually in the infinitive form. Many Spanish verbs require no preposition before an infinitive.

Prefieren poner la mesa.	*They prefer to set the table.*

deber	necesitar	preferir (ie)
decidir	pensar (ie) (*to intend*)	querer (ie)
desear	poder (ue)	saber
esperar		

B. Some Spanish verbs require a preposition or **que** before an infinitive.

   1. Some verbs require **a** before an infinitive.

La profesora nos **enseña a bailar.**	*The professor is teaching us to dance.*

aprender a   enseñar a   venir (ie) a
ayudar a   invitar a
empezar (ie) a   ir a

2. Other verbs or verb phrases require **de** before an infinitive.

Siempre **tratamos de llegar**   *We always try to arrive on time.*
  puntualmente.

acabar de   olvidarse de
acordarse (ue) de   tener ganas de
dejar de   tratar de

3. One frequently used verb requires **en** before an infinitive.

Insisten en venir esta noche.   *They insist on coming over tonight.*

insistir en

4. Two verbs require **que** before an infinitive.

Hay que sacar la basura.   *It's necessary to take out the
                                        garbage.*

haber que   tener que

PRÁCTICA

A. Dé oraciones nuevas según las indicaciones.

1. Con frecuencia mis amigos me invitan a _____. (*jugar al tenis,
cenar, salir con ellos, visitarlos, bailar en un club, __?__*)

2. Las máquinas modernas nos ayudan a _____. (*tener más tiempo libre,
mantener más limpia la casa, ir de un lugar a otro más rápidamente,
comunicarnos con los amigos que viven lejos, __?__*)

3. Para salir bien (*succeed*) en esta clase, hay que _____. (*conjugar
muchos verbos, escuchar bien, saber el vocabulario, estar siempre
alerta, __?__*)

B. Complete las siguientes descripciones, usando un infinitivo más **a, de, en**
o **que,** si es necesario.

1. Un mecánico tiene _____.
2. Los novios van _____.
3. En el avión, la azafata insiste _____.
4. Un niño de seis años empieza _____ y aprende _____.
5. Un profesor de español nos enseña _____. Sin duda sabe _____.
6. Los invitados vienen a casa _____. No vienen _____. Esperan _____.
7. Un estudiante de baile tiene ganas _____. Trata _____.
8. Si un estudiante sale de la biblioteca a las once de la noche, acaba
_____. Piensa _____.

CONVERSACIÓN

A. **Preparativos para un viaje en carro.** ¿Qué tiene Ud. que hacer en las siguientes situaciones? Use las palabras que Ud. ya sabe y las que se dan a continuación (*below*). Use también **a, de, en** o **que,** si es necesario.

1. Pienso viajar durante la época de las lluvias. Por eso debo _____.
2. Quiero hacer un viaje por las montañas de Colorado en el mes de diciembre. Por eso tengo _____.
3. Vamos al desierto a hacer *camping* este fin de semana. Parece que una de las llantas está un poco desinflada. Por eso hay _____.
4. Antes de empezar un viaje largo, debo consultar con _____. Él/Ella va _____.
5. Yo no sé _____. Por eso siempre me lo/la cambia _____.

Palabras útiles

las cadenas (*chains*)
el filtro del aire (del aceite, del combustible)
hacer una revisión de _____

los limpiaparabrisas (*windshield wipers*)
la llanta de repuesto (*spare*)
el radiador

B. Complete las oraciones en una forma lógica, usando un infinitivo más **a, de, en** o **que,** si es necesario.

1. En clase hay _____.
2. En esta clase aprendo _____.
3. Mañana tengo _____.
4. Siempre trato _____ pero no puedo.
5. Acabo _____.
6. Esta noche, pienso _____.
7. Siempre me olvido _____.
8. Siempre me acuerdo _____.

---

51. Use of the Subjunctive in Noun Clauses: Review

Una computadora: ¿Una compra (*purchase*) esencial?

Si Ud. quiere comprar una computadora para su uso personal, tiene que ir a una tienda especializada en electrónicas. Allí va a ver todos los nuevos modelos. *Ud. va a querer que* el dependiente...

• le *enseñe* los últimos modelos
• le *explique* cómo funciona cada computadora
• le *diga* cuáles son las ventajas y desventajas de cada modelo

Claro está que Ud. va a aprender mucho. Sin duda *le va a sorprender que*...

• las computadoras *cuesten* tan poco hoy día
• *sean* tan fáciles de usar
• *haya* tantos modelos diferentes y tantos programas que se pueden comprar

Después de examinar muchas computadoras, es probable que Ud. por fin decida comprar una. Si no puede pagar al contado (*in cash*), *es posible que* el dependiente...

- le *proponga* (*suggest*) un plan para pagar a plazos (*on installments*)
- le *pida* su tarjeta de crédito
- le *diga* que *espere* hasta el mes que viene, pues va a haber muchas gangas (*bargains*)

Si Ud. decide pagar a plazos, firme los papeles necesarios y ya tiene su computadora nueva. ¡Que tenga buena suerte!

Use la narración anterior como guía para explicar lo que pasa cuando uno va a comprar un coche o un aparato eléctrico.

Independent Clause		**Dependent Clause**
first subject + *indicative*	**que**	second subject + *subjunctive*

$$\text{expression of} \begin{cases} \text{willing} \\ \text{emotion} \\ \text{doubt, denial} \end{cases}$$

Remember that, in Spanish, the subjunctive occurs primarily in two-clause sentences with a different subject in each clause. If there is no change of subject, an infinitive follows the first verb. Compare the following:

$$\left. \begin{array}{l} \text{Quiero} \\ \text{Es necesario} \end{array} \right\} \text{que él revise el carro.} \qquad \left. \begin{array}{l} \textit{I want} \\ \textit{It's necessary for} \end{array} \right\} \textit{him to check the car.}$$

$$\left. \begin{array}{l} \text{Quiero} \\ \text{Es necesario} \end{array} \right\} \text{revisar el carro.} \qquad \left. \begin{array}{l} \textit{I want} \\ \textit{It's necessary} \end{array} \right\} \textit{to check the car.}$$

The independent clause, in addition to fulfilling the preceding conditions, must contain an expression of willing, emotion, or doubt in order for the subjunctive to occur in the dependent clause. If there is no such expression, the indicative is used. Compare the following:

Dicen que maneje Julio.	*They say that Julio should drive.*
Dicen que Julio maneja muy mal; por eso quieren que maneje Carlota.	*They say that Julio drives very badly; that's why they want Carlota to drive.**

PRÁCTICA

En esta era de la tecnología avanzada, hay máquinas para todo. Imagine que Ud. tiene en casa un robot de último modelo. Complete las oraciones según las indicaciones.

1. Quiero que el robot (me) _____. (*lavar los platos, hacer las camas, mantener el carro en buenas condiciones, pagar las cuentas, __?__*)

---

*See Grammar Sections 32, 33, 34, and 39 for a more detailed presentation of the uses of the subjunctive in noun clauses.

2. Me alegro de (*I'm glad*) que el robot _____. (*ayudarme tanto, funcionar bien casi siempre, no quejarse* [to complain] *nunca, no pedirme un aumento de sueldo, __?__*)

3. Me sorprende que el robot _____. (*hablar tan bien y tan lógicamente, ser tan inteligente, parecer tan humano, saberlo todo, __?__*)

4. Dudo que los robots _____ algún día. (*reemplazar* [to replace] *a los seres humanos, controlarlo todo, __?__*)

CONVERSACIÓN

A. Ud. es mecánico/a y encuentra muchos problemas con el coche de un cliente. ¿Cuáles son? Ud. y el cliente pueden hablar de los frenos de disco, la transmisión, el aire acondicionado, las llantas, la batería, el radiador, el aceite, etcétera. Use estas palabras como guía. ¿Cuántas oraciones puede Ud. inventar?

Temo que	revisarme _____
Recomiendo que	su _____ estar roto
Me sorprende que	no funcionar bien _____
¿Cómo es posible que... ?	poner un(a) _____ nuevo/a
Quiero que	arreglar _____
	ir a costarle _____
	usar un(a) _____ reconstruido (*rebuilt*)
	no hay _____ en _____
	__?__

PETER MENZEL/STOCK, BOSTON

Este centro de computadoras electrónicas es parte de la Universidad de Guadalajara en México. La edad electrónica ya llegó también a la América Latina. La tecnología está en todas partes. ¿La controlamos, o nos controla?

B. **¿Qué espera Ud. de la tecnología?** Complete the following sentences in a logical fashion; then ask other students how they responded (**¿Qué esperas de las computadoras?, etcétera),** until you find some who share your own hopes and/or uncertainties.

1. Espero que las computadoras _____.
2. Estoy seguro/a de que el progreso _____.
3. Dudo que los robots _____.
4. Prefiero que la gente _____.
5. Me alegro de que la tecnología _____.
6. Tengo miedo de que los seres humanos _____.
7. Creo que la comunicación instantánea _____.

DIÁLOGO: El carro nuevo de Margarita... ¿una ganga o un desastre?

Margarita, una joven de unos veinticinco años que acaba de comprarse un carro nuevo

Alberto, un amigo de Margarita que sabe mucho de coches

A. *En la estación de gasolina, unos meses después de comprar el coche*

MARGARITA: Lléneme el tanque, por favor.

EMPLEADO: ¿Quiere que le revise las llantas y el aceite?

MARGARITA: Sí, por favor, y el agua de la batería y del radiador.

ALBERTO: Temo que tu coche esté gastando mucha gasolina.

MARGARITA: Yo lo calculé la semana pasada y estoy segura que en la carretera no llego a los diez kilómetros por litro° que me prometió el vendedor.° Y temo que en la ciudad gaste aún más... .

diez... *10 kilometers per liter (22.6 miles per gallon) / salesman*

B. *Al mes siguiente, camino a° una fiesta en casa de unos amigos que viven en el campo*

camino... *on the way to*

ALBERTO: (*Al volante°*) Margarita, perdona que te interrumpa, pero a sólo tres kilómetros de tu casa, no es posible que el termómetro marque una temperatura tan alta en el motor. Ya está en la zona roja.

wheel

MARGARITA: No te preocupes; debe estar roto° como el cuentakilómetros° y el reloj, que tampoco funcionan.

broken / speedometer

ALBERTO: Pronto te vas a quedar sin coche. Mira, en cosa de pocos minutos se puede localizar el problema. En esa estación de servicio hay un mecánico y un electricista de guardia.[1] ¿Quieres que pare?

MARGARITA: ¡Ay, Alberto! Ahora no vamos a un taller° sino° a una fiesta. Conduce más de prisa, por favor, o vamos a llegar tarde.

shop / but rather

ALBERTO: Como quieras. Al fin y al cabo° el coche es tuyo.°

Al... *After all / yours*

C. Unos minutos después

ALBERTO: Margarita, quieras o no, tengo que ver lo que pasa con el motor. Ni con las luces plenas° puedo ver el camino. Aquí dentro la calefacción no calienta... déjame probar° la bocina°... ¡ay, tampoco suena!

luces... *high beams*
to try / horn

MARGARITA: ¡Válgame Dios, Alberto! Hoy estás imposible. Primero, el termómetro; segundo, el taller; tercero, las luces; cuarto, la calefacción; quinto, la bocina... Vamos a llegar tarde.

ALBERTO: No me importa que lleguemos tarde o temprano. Lo único que quiero es que lleguemos. (*Apaga el motor y se baja del coche...*)

¿Cómo cree Ud. que va a terminar el episodio? Elija el final o la combinación de finales que le parezca más lógica y explique por qué.

• Alberto levanta la tapa (*hood*) del motor y descubre que está rota (*broken*) la correa (*belt*) del ventilador.

• Alberto la puede arreglar, ya que Margarita tenía una correa de repuesto en el maletero (*trunk*). Los dos siguen su viaje y llegan a tiempo a la fiesta.

• Forzando un poco el motor, llegan a la fiesta sin reparar el carro.

• Da la casualidad de que pararon cerca de una cabina telefónica. Llaman a un taller y pronto llega un mecánico, que se lo arregla todo.

• No es posible reparar el carro. Así que los dos tienen que hacer «auto-stop», pero llegan a la fiesta de todas formas.

• En realidad no estaba mal ni el motor ni nada. Alberto lo fingía (*pretended*) todo porque quería estar solo con Margarita en un lugar romántico.

Comprensión

Conteste en oraciones completas.

A. 1. Qué quiere Margarita que haga el empleado en la estación de gasolina?
2. ¿Gasta el coche mucha o poca gasolina?
3. ¿Cuántos kilómetros por litro le prometió a Margarita el vendedor del coche?

B. 1. ¿Qué problema tiene el coche cuando los dos están camino a una fiesta?
2. ¿Qué otras partes del carro tampoco funcionan como deben?

3. ¿Qué quiere hacer Alberto?
4. ¿En qué insiste Margarita?

C. 1. ¿Qué otros problemas descubre Alberto?
    2. ¿Qué hace por fin?

Comentario cultural

The phrases **de guardia** and **de turno,** frequently used with gas stations and pharmacies, indicate that the establishment is open all night, with a mechanic or pharmacist on duty. In many parts of the Hispanic world, these establishments take turns being open, and the newspaper ads for the day will indicate, for example, which is the **farmacia de guardia (de turno)** for a given neighborhood.

UN POCO DE TODO

A. **Anuncios modernos.** Form complete sentences based on the words given in the order given. Give the **tú** command form of verbs and add other words if necessary. Use subject pronouns only when needed.

1. no / comprar / tú / primero / computadora / que veas; / comprar / mejor
2. no / sufrir / tú / más / con / robot (*m.*) / anticuado; / venderlo / y / comprarse / uno / de último modelo
3. no / hacer / tú / llamadas / a la antigua (*old-fashioned*); / hacerlas / instantáneamente / con / nuestro / líneas / satélite
4. ser / tú / uno / primeros / que viajen / otro / planetas (*m.*); / ponerse / tú / casco (*helmet*) / espacial / y / venir / volar / nosotros

B. **De vacaciones.** Cuando menos se espera, las cosas pueden no ir bien—sobre todo cuando se trata de coches (*where cars are concerned*). La escena de este dibujo no es una excepción. Describa la situación. ¿Quiénes son estas personas? ¿Por qué tienen que empujar (*to push*) el coche? ¿Adónde van? ¿De dónde vienen? ¿Qué se les cae del coche? ¿Qué quiere cada miembro de la familia que hagan? ¿Qué cree Ud. que deben hacer? ¿Cómo va a terminar el episodio?

C. Complete las oraciones en una forma lógica.

1. En el _____ año de la secundaria, estudié _____ y (no) me gustó mucho, porque _____.
2. Durante el _____ año de secundaria, viajé a _____. Fue una ciudad/un país _____. Una cosa que me interesó especialmente fue/fueron _____ porque _____.
3. Mi primer(a) amigo/a se llamaba _____. Lo/La conocí en el _____ grado. Fue un(a) chico/a _____.
4. Toma _____, es la mejor clase de esta universidad. No tomes _____. Es _____ porque _____.
5. Pon _____ (*nombre de programa*) en la televisión esta noche—es un programa estupendo porque _____. Pero no pongas _____. Es _____.

CH. **Los sentimientos robóticos.** Complete the following paragraph with the correct form of the words in parentheses, as suggested by the context. When two possibilities are given in parentheses, select the correct word. Begin with the present indicative.

Yo (*ser/estar*[1]) uno de los robots de una fábrica de juguetes.° (*Preferir: yo*[2]) (*trabajar*[3]) aquí porque me (*gustar*[4]) (*ayudar*[5]) a la gente (*a/de*[6]) (*fabricar*[7]) juguetes (*bueno*[8]) y duraderos.° Los empleados (*del/de la*[9]) fábrica tratan (*que/de*[10]) (*mantener*[11]) mi cuerpo en (*bueno*[12]) condiciones; (*poner: ellos*[13]) aceite en (*mi*[14]) junturas° y (*limpiar*[15]) el abrigo (*de/—*[16]) metal que llevo. Pero a mí me (*molestar*[17]) que ellos no (*hacer*[18]) absolutamente nada más. Sólo tienen (*que/de*[19]) (*empujar°*[20]) los botones y esperan que yo (*hacer*[21]) todo el trabajo. Insisten (*de/en*[22]) que yo (*funcionar*[23]) veinticuatro horas al día. No me dejan (*ir*[24]) a la cafetería con ellos y no me (*dar*[25]) vacaciones. No (*creer*[26]) que yo (*cansarse°*[27]) de vez en cuando y dudan que yo (*tener*[28]) sentimientos. Tampoco me permiten que (*hablar*[29]) con (*los/las*[30]) demás robots.

fábrica... *toy factory*

long-lasting

joints

to push

to grow tired

VOCABULARIO

VERBOS

alegrarse (de) to be happy (about)
arrancar to start (*a motor*)
arreglar to fix, repair
conducir (conduzco) to drive
contener (contengo) to contain, hold
chocar (con) to run into, collide (with)
decidir to decide
estacionar(se) to park
gastar to use, expend
haber *infinitive form of* **hay** (there is/are)
manejar to drive
mantener (mantengo) to maintain, keep up
prometer to promise
revisar to check
tratar de + *inf.* to try to (*do something*)

SUSTANTIVOS

el **aceite** oil
el **automóvil** car, automobile
la **batería** battery
el **camino** street, road
la **carretera** highway
la **circulación** traffic
la **compra** purchase
la **computadora** computer
el/la **conductor(a)** driver
la **desventaja** disadvantage
la **esquina** corner (*of a street*)
la **estación de gasolina** gas station
los **frenos** brakes
la **ganga** bargain
la **gasolina** gasoline
la **gasolinera** gas station
la **licencia** license
la **llanta** tire
una **llanta desinflada** a flat tire
el/la **mecánico** mechanic
la **nota** grade (*academic*)
el/la **policía** police officer
el **semáforo** traffic signal
el **tanque** tank
el **tráfico** traffic
la **ventaja** advantage

ADJETIVOS

verdadero/a true, real

PALABRAS ADICIONALES

hay que + *inf.* it is necessary to (*do something*)
prohibido estacionarse no parking
todo derecho straight ahead

LOS ADJETIVOS ORDINALES:

primer(o/a), segundo/a, tercer(o/a), cuarto/a, quinto/a, sexto/a, séptimo/a, octavo/a, noveno/a, décimo/a

ACTIVIDADES

A. **En la acera** (*sidewalk*). Describa lo que pasa en el dibujo del hombre que espera junto al cruce para peatones (*pedestrians*). Conteste las siguientes preguntas y añada otros detalles.

1. ¿Quién es el hombre? ¿Dónde trabaja?
2. ¿Es un conductor o un peatón? ¿Por qué camina y no maneja?
3. ¿Dónde está ahora? ¿Qué hace?
4. ¿Qué prohíbe la señal de tráfico?
5. ¿Qué cree Ud. que significan los números que se ven en la señal?
6. ¿Tiene miedo el hombre? ¿de qué?

Ahora imagine que Ud. está pasando vacaciones en México. Mientras maneja su carro, ve las siguientes señales. ¿Qué permiten o prohíben? ¿Qué tiene que hacer Ud. cuando ve cada señal?

B. **Los carros.** Use the following questions to interview another student about cars and transportation in general. Without using notes, tell the class what you have learned.

1. ¿Tienes coche? ¿Tiene coche tu familia?

Si respondió que sí a la pregunta 1:

2. ¿De qué año es? ¿De qué color? ¿Qué modelo?
3. ¿Cómo es el coche? ¿Es grande o pequeño? ¿Funciona bien o tiene muchos problemas mecánicos?
4. ¿Funciona bien la calefacción en invierno? ¿Tiene aire acondicionado?
5. ¿Gasta mucha gasolina? ¿Cuántas millas por galón? ¿Es económico el carro?
6. ¿Lavas el coche con frecuencia?
7. ¿Te gusta el coche? ¿Tiene nombre? ¿Cómo se llama?
8. De las siguientes oraciones, ¿cuál describe mejor tu manera de pensar? ¿Por qué?

   • Mi carro refleja mi personalidad.
   • Mi carro no es más que un medio de transporte.

Si respondió que no a la pregunta 1:

2. ¿Quieres tener coche o prefieres usar el transporte público?
3. Si compras un coche, ¿vas a comprar un coche grande o un coche pequeño?

A propósito...

People speak with their hands and bodies as well as with their mouths. Stereotypes portray the typical Italian as a person of many gestures and hand movements, and the British as people who use their hands and make facial expressions very infrequently.

Hispanics use many gestures in conjunction with speech, and may often use a gesture as a replacement for a word or a whole sentence. Here are some typical Hispanic gestures.

No.   Dinero.   Así así.

¿Tomamos algo?   Un momentito.   Es tacaño (*stingy*).

4. ¿Cómo es tu coche ideal?
5. Generalmente, ¿prefieres tomar el autobús, tomar un taxi o caminar?
6. Cuando haces un viaje largo, ¿prefieres viajar por avión, por tren, en bus o en coche de un amigo (una amiga)? ¿Por qué?
7. En tu opinión, ¿cuáles son las ventajas de tener un coche? ¿las desventajas?

C. **Los gestos.** Imagine that your Hispanic friend has made the following statements. Respond to each with a gesture from **A propósito...** and an appropriate oral response, if necessary.

1. «¿Qué tal? ¿Cómo estás?»
2. «¿Me prestas quinientos dólares?»
3. «¿Por qué no compras un auto nuevo?»
4. «¡No lo creo! Fui a almorzar con Alfredo. Al terminar, yo me ofrecí a pagar la cuenta de los dos y él aceptó sin decir nada. ¡Nunca paga ni su propia cuenta!»
5. «¡Vámonos ya! No te puedo esperar todo el día.»
6. «Hace tanto calor que no puedo trabajar más aquí fuera.»

LECTURA CULTURAL: Los países en vías de desarrollo°

en... *developing*

El nivel de vida de los países no industrializados no puede compararse con el de los Estados Unidos. Pero tampoco quiere decir que todos esos pueblos viven en la miseria. Es importante reconocer que aun entre los países generalmente llamados «países en vías de desarrollo», y particularmente entre los que forman la América Latina, existen diferentes niveles de desarrollo. Hay países cuya° economía se basa principalmente en la agricultura, pero también hay otros bastante industrializados, como demuestran las siguientes noticias.

whose

PANAMÁ SE BENEFICIA CON EL TRANSBORDADOR ESPACIAL

El transbordador espacial de los Estados Unidos, Columbia, va a ayudar a Panamá a realizar un inventario de sus recursos naturales. El sistema de Imágenes por Radar del transbordador actúa como un ojo en el cielo. El país tiene grandes extensiones de selva° que no pueden examinarse fácilmente.

jungle

IMPORTANCIA ECONÓMICA DEL TABACO

El tabaco ocupa el séptimo lugar entre los cultivos más difundidos° del mundo, después del trigo,° el arroz, la soja,° el algodón° y el café. Los Estados Unidos y el Brasil, que duplicaron sus exportaciones de tabaco en la última década, son los principales productores y exportadores de Occidente.

widespread
wheat / soybeans / cotton

EL METRO EN EL TRANSPORTE URBANO

El metro de la ciudad de México, que es el más utilizado del continente, transportó más de 1.000 millones de pasajeros el año pasado. Durante más de 50 años, Buenos Aires tuvo el único sistema de transporte subterráneo de la América

Latina. Pero el éxito° del metro mexicano, inaugurado en 1968 para los Juegos   *success*
Olímpicos, ayudó a <u>convencer</u> a otras naciones con problemas de tráfico de la
ventaja de construir sus propios sistemas subterráneos.

DESARROLLO DEL VALLE DEL CAUCA

La Corporación del Valle del Cauca (CVC), una de las entidades° de desarrollo   empresas
regional de más éxito de la América Latina, celebra su trigésimo° aniversario en   treinta
1984. La organización fue fundada en 1954 siguiendo el modelo del Tennessee
Valley Authority. Es una entidad pública y autónoma que ha desarrollado° el valle   ha... *has developed*
más rico de Colombia mediante° el control de <u>inundaciones</u> y el suministro° de   por medio de /
energía hidroeléctrica.   *providing*

(Adaptado de *Américas*)

Comprensión

¿Cierto o falso? Corrija las oraciones falsas.

1. La mayoría de los países latinoamericanos forman parte del grupo de los países desarrollados.
2. Los países latinos son países del tercer mundo, muy poco industrializados y con pocos recursos naturales.
3. La economía de los países latinoamericanos está basada en uno o dos productos o industrias.
4. Hay pocos metros en Latinoamérica.
5. El Brasil es el principal productor y exportador del trigo del Occidente.
6. Se produce mucha energía hidroeléctrica en Colombia.

Para escribir

Hay un debate constante sobre el siguiente tema: ¿Deben ayudar o no los Estados Unidos a los «países en vías de desarrollo» (al gobierno, a las empresas nacionales y las del sector privado, a la comunidad científica...)? ¿Qué piensa Ud.? Si dice que sí, ¿qué forma debe tomar esta ayuda? Conteste en un párrafo breve, usando las siguientes frases como guía. Haga las modificaciones necesarias.

Creo que los Estados Unidos (no) deben ayudar a los «países en vías de desarrollo». Es muy importante que _____. Si nosotros los ayudamos, entonces _____. En mi opinión, estos países _____. También tenemos que considerar _____. En fin, (no) es buena idea ayudarlos.

CAPÍTULO 14

LOS PASATIEMPOS Y LA VIDA COTIDIANA

PETER MENZEL

PARA EMPEZAR

In this chapter and in **Un paso más 14,** you will learn vocabulary and expressions about ways to spend leisure time and other aspects of daily life, and will consider related attitudes and customs of Hispanic peoples. As a first step, listen to the following conversation about one aspect of life in the United States that is surprising to a **venezolana** who is visiting this country for the first time.

Alicia y Pam hablan de las impresiones que Alicia tiene de los Estados Unidos.

ALICIA: Bueno, Pam, estoy encantada de estar por fin en tu tierra. Pero, es todo tan diferente...

PAM: ¿De veras (*Really*)? Para mí todo es de lo más normal. ¿Qué hay que te parezca tan raro?

ALICIA: Bueno, por ejemplo: me sorprende que, en el centro, todo esté tan vacío (*empty*): las aceras (*sidewalks*), las plazas, hasta los parques.

PAM: ¿Vacío? Pues es que la gente está trabajando.

ALICIA: Lo sé, pero ¿no te acuerdas de que en Caracas hay siempre mucho movimiento en las calles a casi todas horas? La gente se pasea, se sienta en los parques y en las plazas... En fin, es en la calle donde uno puede encontrarse con los amigos.

VOCABULARIO: PREPARACIÓN

Los pasatiempos			
la acera	sidewalk	**pasarlo bien**	to have a good time
dar un paseo	to take a walk		
hacer planes para + *inf.*	to make plans to (*do something*)	**los ratos libres**	free time
jugar (ue) a las cartas/al ajedrez	to play cards/chess	**ser aficionado/a a**	to like, be a fan of
		tomar el sol	to sunbathe

Los deportes			
el básquetbol	basketball	**correr**	to run; to jog
el béisbol	baseball	**esquiar**	to ski
el fútbol*	soccer	**jugar (ue) (al...)**	to play (*a sport*)
el fútbol norte-americano*	football	**nadar**	to swim
el golf	golf	**pasear en bicicleta**	to go for a bike ride
el tenis	tennis	**patinar**	to skate
el equipo	equipment; team	**el partido**	game, match
el estadio	stadium	**la pelota**	ball
el/la jugador(a)	player	**la raqueta**	racket

En el cine o en el teatro			
la butaca	seat (*in a theater*)	**la película (doblada)**	(dubbed) movie
la comedia	play	**la taquilla**	box office
la entrada†	ticket (*for a performance*)	**la trama**	plot
la función	performance, show		

A. ¿Dónde están y qué hacen las personas de la página 367?

El fútbol (*Soccer*) is a popular spectator and participation sport in Hispanic countries. The game called *football* in the United States is usually called **el fútbol (norte)americano** in Spanish.

†Remember that the words **billete** and **boleto** designate tickets for travel.

1.

2.

3.

B. ¿Qué actividades asocia Ud. con...

1. el verano?
2. la primavera?
3. el otoño?
4. una cita especial con (su novio/a, su esposo/a,...)?
5. un día lluvioso?
6. un día feriado (*holiday*) cuando no hay clases?

C. ¿Qué palabra *no* pertenece al grupo? Explique por qué.

1. la raqueta   la pelota   la butaca   el jugador
2. doblada   la taquilla   mirar   un paseo
3. jugar a las cartas   jugar al ajedrez   escuchar música
   jugar al tenis
4. nadar   jugar a las cartas   tomar el sol   esquiar
5. la trama   el equipo   la función   la comedia
6. el fútbol   el básquetbol   el béisbol   el golf

CH. Ud. quiere ir al cine. Usando los números **1** a **9,** indique en qué orden va a
hacer las cosas siguientes.

_____ Llamo a mi amigo/a para ver si quiere acompañarme.
_____ Cuando hago planes para ir al cine, lo primero que hago es
consultar el periódico.
_____ Compramos las entradas en la taquilla.
_____ Subo al autobús para ir al centro, donde está el cine.
_____ Buscamos buenas butacas para poder ver bien.
_____ Compramos refrescos para tomar durante la película.
_____ Me fijo en (*I pay attention to*) la trama para adivinar (*to guess*)
cómo va a terminar la película.
_____ Espero a mi amigo/a en la acera delante de la taquilla.
_____ Después de la función, vamos a tomar algo a un café.

D. **¿Es Ud. deportista? ¿O es más aficionado/a a otra clase de diversiones?**
What are you most likely to do on each of these occasions? Mark your answers
and score yourself. (The scoring system is at the bottom of page 368.) Then
refer to the **Interpretaciones** that follow the test. Does the interpretation of
your score describe you accurately?

1. El lunes por la noche cuando realmente quiero pasarlo bien, _____.
   a. miro «El partido de la semana» (fútbol norteamericano)
   b. escucho música
   c. juego al vólibol con mis amigos
2. En verano en mis ratos libres _____.
   a. tomo el sol pero no nado
   b. corro o paseo en bicicleta
   c. paso horas debajo de un árbol leyendo una novela
3. Es sábado y ya terminé las cosas que tenía que hacer. Ahora voy a _____.
   a. jugar al tenis
   b. leer una revista de deportes
   c. organizar una barbacoa con unos amigos
4. Es un día de invierno y son las cuatro de la tarde. Hace mucho frío y está nevando. Prefiero _____.
   a. esquiar, patinar o jugar en la nieve
   b. invitar a varios amigos a hacer una cena informal en mi casa
   c. mirar los Juegos Olímpicos en la televisión
5. Es el 4 de julio y la temperatura es de unos 40 grados (*104°F*) a la sombra (*shade*). Voy a _____.
   a. tomar limonada
   b. jugar al béisbol
   c. hablar de deportes con mis parientes
6. Estoy mirando el *Superbowl* en la televisión. Estoy _____.
   a. contento/a
   b. descontento/a; prefiero estar en el estadio
   c. aburridísimo/a

_____TOTAL

Interpretaciones

0–3 puntos   Ud. tiene poco interés en los deportes. Para Ud. son quizá (*perhaps*) una pérdida de tiempo.

4–8 puntos   Ud. tiene cierto interés en los deportes. A Ud. le gusta ver, leer y hablar de deportes, pero participa muy poco.

9–12 puntos   Ud. sí es un verdadero deportista. Debe ser una persona muy activa.

E. Es un día perfecto de verano y Ud. y unos amigos están haciendo planes para hacer una excursión. Exprese sus preferencias y haga sugerencias para que resulte una tarde ideal. Piense sólo en sus propios (*own*) deseos.

MODELO   —Prefiero que vayamos a la playa porque quiero tomar el sol. Temo que haga fresco si vamos a las montañas.
          —Juanita, haz los sándwiches, ¿qué te parece? Carlos, trae tu radio...

Scoring

2 puntos: 1-c, 2-b, 3-a, 4-a, 5-b, 6-b; **1 punto:** 1-a, 2-a, 3-b, 4-c, 5-c, 6-a; **0:** 1-b, 2-c, 3-c, 4-b, 5-a, 6-c

MINIDIÁLOGOS Y GRAMÁTICA

52. *Subjunctive After Nonexistent and Indefinite Antecedents*

En la plaza central

Describa lo que pasa y lo que *no* ocurre en esta escena de la plaza central de un pueblo mexicano.

- *Hay personas* que *conversan* con los amigos, que *pasan* aquí sus ratos libres todos los días, que... (jugar al ajedrez, vender/comprar periódicos/comida, tomar el sol, __?__)

- *Hay niños* que *toman* helados, que... (jugar en la acera, dar un paseo con sus padres, __?__)

- *No hay nadie* que *lleve* ropa de invierno, que *pasee* en bicicleta, que... (ser aficionado al golf, ser de los Estados Unidos, escuchar la radio, __?__)

In English and in Spanish, an adjective clause is a dependent clause that modifies a noun or a pronoun: *I have a car **that gets good gas mileage;** I need a house **that is closer to the city.*** The noun or pronoun that precedes the adjective clause and is modified by it is called the *antecedent* (**el antecedente**) of the clause.

In Spanish, when the antecedent of an adjective clause refers to someone (something, someplace, and so on) that does not exist, the subjunctive must be used in the adjective clause.

| EXISTENT ANTECEDENT: | **Hay algo** aquí que me **interesa.** | *There is something here that interests me.* |
| NONEXISTENT ANTECEDENT: | **No hay nada** aquí que me **interese.** | *There is nothing here that interests me.* |

Similarly, when the existence of the antecedent is indefinite or uncertain, the subjunctive is used.

DEFINITE ANTECEDENT:	**Tenemos un portero** que lo **arregla** todo.	*We have a manager who fixes everything.*
INDEFINITE ANTECEDENT:	**Necesitamos un portero** que lo **arregle** todo.	*We need a manager who will (can) fix everything.*

The personal **a** is not used with direct object nouns that refer to hypothetical persons.* Compare the following:

Busco **un señor** que lo **sepa**.	*I'm looking for a man who knows that.*
Busco **al señor** que lo **sabe**.	*I'm looking for the man who knows that.*

Note that the subjunctive is used when the antecedent is unknown to the questioner, but the indicative is used if the antecedent is known to the answerer.

—¿**Hay algo** aquí que te **guste?**	*Is there something here that you like?*
—**Sí, hay mucho** que me **gusta**.	*Yes, there is lots that I like.*

PRÁCTICA

A. Dé oraciones nuevas según las indicaciones.

1. Aquí hay unas personas que hablan español y que son de Costa Rica. No hay nadie aquí que hable inglés, que sea de los Estados Unidos, que _____. (*llamarse Smith, ser rubio, vivir en Kansas, tener parientes en Cincinnati*)

2. Los Sres. Alonso tienen un apartamento que es bonito y que está en el centro. Los Sres. Alonso buscan una casa que sea más grande, que esté en el campo (*country*), que _____. (*no costar mucho, tener un patio enorme, tener una terraza, ser elegante*)

3. Acabo de mudarme (*to move*) a esta ciudad. Quiero tener amigos que _____. (*ir al cine con frecuencia, jugar a las cartas, practicar algún deporte, desear esquiar, __?__*)

4. Las habilidades de los miembros de esta clase son sorprendentes, pero no hay nadie aquí que _____. (*ser actor/actriz, hablar chino, saber tocar la viola, coleccionar insectos, saber preparar comida turca, __?__*)

---

*Remember that **alguien** and **nadie** always take the personal **a** when they are used as direct objects: **Busco a alguien que lo sepa. No veo a nadie que sea norteamericano.**

B. Contradict the speakers in the following situations, using the cues in parentheses.

- Ud. y su amigo Rodolfo están perdidos (*lost*) en un camino rural, por la noche. Además, parece que el coche empieza a fallar (*sputter*).

  RODOLFO: 1. Seguramente hay alguien en aquella casa que conoce el camino. (No, hombre, no hay nadie...)
  2. Sin duda hay alguien en aquella gasolinera que puede arreglar el coche. (No, no hay nadie...)

- En una oficina: son las cinco de la tarde y hay mucho trabajo que hacer todavía. Ud. habla con el jefe.

  JEFE: 1. Necesito al secretario que sabe español. (Pero, señor, aquí no tenemos ningún...)
  2. Claro que hay alguien que lo puede terminar para mañana. (Siento decírselo, pero no hay...)

- En la tienda de muebles: su esposo/a busca muebles para su casa.

  ESPOSO/A: 1. Pues, sí, aquí hay algunas cosas que me gustan. (No hay nada...)
  2. Necesitamos un sillón que sea un poco más grande. (Pero si ya tenemos dos...)

C. ¿Cómo se dice en español?

1. I have a doctor who speaks Spanish. Now I need a dentist who speaks it, too.—I know one who charges a lot. Do you want me to give you his phone number?
2. I know someone who plays tennis, but I don't know anyone who plays baseball.—Do you want to meet someone who's a good player? Come to the stadium with me this afternoon.
3. Is there someone who knows the plot?—No, there's no one here who knows the movie.—I know someone who is reading the book.

CONVERSACIÓN

A. Complete las oraciones en una forma lógica.

1. Tengo un carro que es _____.
2. Necesito un carro que _____.
3. Tengo un apartamento que está _____.
4. Busco un apartamento que _____.
5. En mi familia hay alguien que _____, pero no hay nadie que _____.
6. En clase hay algo que _____, pero no hay nada que _____.
7. En clase hay alguien que _____, pero no hay nadie que _____.

B. **Entrevista.** With another student, ask and answer the following questions. Then report what you have learned to the class.

1. ¿Hay alguien en tu vida que te quiera más que tus padres?
2. ¿Hay algo que te importe más que los estudios universitarios?
3. ¿Buscas una especialización (*major*) que sea interesante? ¿útil? ¿que lleve a un puesto bien remunerado?
4. Para el semestre que viene, ¿qué clases buscas? ¿una que empiece a las ocho de la mañana?
5. ¿Deseas vivir en un apartamento (una casa) que tenga piscina?
6. ¿Conoces a alguien que sepa patinar muy bien? ¿bailar muy bien? ¿nadar muy bien?
7. ¿Hay alguien en tu familia que sea campeón (campeona) de ajedrez? ¿de natación? ¿de esquí?

C. **Unos refranes y dichos en español.** Proverbs and sayings are used frequently by speakers of Spanish in everyday speech. Many of these sayings begin with **No hay...** Can you guess the English equivalent of the following proverbs?

1. No hay monte tan alto que un asno cargado de (*loaded with*) oro no lo suba.
2. No hay mal que cien años dure (*lasts*).
3. No hay mal que por bien (*for a good purpose*) no venga.
4. No hay peros que valgan (*have value*).
5. No hay mucho que no se acabe, ni poco que no se alcance (*reach, attain*).
6. No hay regla sin excepción.
7. No hay peor sordo (*deaf person*) que el que no quiera oír.
8. No hay mejor espejo (*mirror*) que el amigo viejo.
9. No hay renta (*income*) más segura y cierta que dejar de gastar lo que se puede excusar (*to do without*).

En el mundo hispánico se cultiva el arte de la conversación, y dos de sus manifestaciones más comunes son la sobremesa y la tertulia.* La sobremesa es un período de conversación entre los miembros de la familia después de la comida. Es un aspecto imprescindible (indispensable) de la vida cotidiana de una familia hispánica. Les da a todos la oportunidad de contar sus actividades, sus experiencias y sus planes, de pedir y ofrecer consejos y de mantener firmes las relaciones familiares. Para muchas familias la sobremesa es el centro de toda la vida familiar, como lo es para estos peruanos.

BARBARA RIOS/PHOTO RESEARCHERS, INC.

*Vease **Encuentro cultural**, página 375.

Now invent some **refranes** of your own that use the same structure.

10. No hay clase (universidad, profesor) que _____.
11. No hay amigo (hombre, mujer, niño) que _____.
12. No hay mentira (problema, dolor) que _____.
13. No hay compañero de cuarto (vecino, dueño, ladrón) tan malo (pobre, rico, inteligente, corrupto) que _____.
14. No hay _____.

---

53. *Subjunctive After Certain Conjunctions*

¿Otra vez?

JUAN: Pongamos el sillón aquí *para que esté* cerca del televisor.
ADA: Ahí no, *a menos que se cambien* de lugar el estante y el escritorio.
ROBERTO: (Poniendo el sillón en el centro de la sala.) ¡No! Aquí se va a quedar el sillón—*¡para que* yo no lo *tenga* que levantar otra vez!

1. De las tres personas que hablan, ¿cuáles quieren cambiar de lugar ciertos muebles?
2. ¿Dónde quieren que Roberto ponga el sillón?
3. ¿Para qué quieren que el sillón esté cerca del televisor?
4. Según Juan y Ada, ¿qué otros muebles tienen que cambiarse de lugar?
5. ¿Dónde quiere poner el sillón Roberto? ¿Por qué?
6. ¿Ud. cambia los muebles de lugar con frecuencia en su casa/apartamento? ¿Por qué sí o por qué no?
7. ¿Qué aparatos alteran mucho su vida cotidiana cuando dejan de funcionar?

In Spanish the subjunctive always occurs in dependent clauses introduced by these *conjunctions* (**las conjunciones**):

a menos que	unless	**en caso de que**	in case
antes (de) que	before	**para que**	so that
con tal que	provided (that)	**sin que**	without

Voy **con tal que** ellos me **acompañen.**   *I'm going, provided (that) they go with me.*

En caso de que llegue Juan, dile que ya salí.   *In case Juan arrives, tell him that I already left.*

Note that these conjunctions introduce dependent clauses in which the events have not yet materialized; the events are conceptualized, not real world. When there is no change of subject in the dependent clause, Spanish more frequently uses the prepositions **antes de, para,** and **sin** plus an infinitive, instead of the

---

Again?   JUAN: Let's put the armchair here so that it's close to the television set.   ADA: Not there, unless the bookcase and desk are moved.   ROBERTO: (Putting the armchair in the middle of the living room.) No! The armchair is going to stay here—so that I don't have to lift it again!

corresponding conjunctions plus the subjunctive. Compare the following:

PREPOSITION:	Estoy aquí **para aprender.**	*I'm here to (in order to) learn.*
CONJUNCTION:	Estoy aquí **para que Uds. aprendan.**	*I'm here so that you will learn.*
PREPOSITION:	Voy a comer **antes de salir.**	*I'm going to eat before leaving.*
CONJUNCTION:	Voy a comer **antes (de) que salgamos.**	*I'm going to eat before we leave.*

PRÁCTICA

A. Dé oraciones nuevas según las indicaciones.

1. —¿De veras es tan importante esa llamada (*call*) de Luis?
   —¡Claro que sí! No salgo esta tarde _____ me llame Luis.   (*sin que, a menos que, antes de que*)
2. —¿Por qué quieres que lleguemos al teatro tan temprano?
   —Pues, para que (nosotros) _____. ¡Es una comedia famosísima!   (*no perder la función, poder comprar entradas, conseguir buenas butacas, ver el comienzo de la comedia*)

B. **Un fin de semana en las montañas.** Hablan Manuel y su esposa Marta. Use la conjunción entre paréntesis para unir las dos oraciones. Haga todos los cambios necesarios.

1. Voy a aprender a esquiar. Tú me lo enseñas.   (con tal que)
2. Vamos a salir para la sierra esta tarde. Nieva mucho.   (a menos que)
3. No salgo a esquiar. Dejamos a los niños en casa.   (a menos que)
4. Yo también prefiero que vayamos solos. Pasamos un rato libre sin ellos.   (para que)
5. Tu hermano Juan quiere acompañarnos, pero no quiere salir. Termina el partido de fútbol.   (antes de que)
6. No podemos esperar más. Dejemos un recado. (*Let's leave a message.*) (Juan) llama.   (en caso de que)
7. Es importante que lleguemos a la cabaña. Empieza a nevar.   (antes de que)
8. Compra leña (*firewood*) aquí. No hay leña en la cabaña.   (en caso de que)

C. **Una tarde en el parque.** ¿Cómo se dice en español?

1. We go there to have fun.
2. We also go there so that the kids can play baseball.
3. They're going to swim before eating (they eat).
4. Are they going to swim before *we* eat?
5. Don't go without talking to your mother.
6. And don't leave without your father giving you money.

CONVERSACIÓN

A. Cualquier acción humana puede justificarse. Explique Ud. las siguientes situaciones tan lógicamente como sea posible.

1. Cuando la familia es muy grande, los padres trabajan mucho para (que)...
2. Los profesores les dan tarea a los estudiantes para que...
3. Tenemos que pagar los impuestos federales para que...
4. Los dueños de los equipos profesionales pagan mucho a algunos jugadores para (que)...
5. Les compramos juguetes a los niños para que...
6. Se doblan las películas extranjeras para (que)...
7. Cambiamos de lugar los muebles de vez en cuando (*from time to time*) para (que)...
8. Los padres castigan (*punish*) a los niños para (que)...

B. Complete las oraciones en una forma lógica.

1. Voy a graduarme en _____ a menos que _____.
2. Este verano voy a _____ a menos que _____.
3. Voy a seguir viviendo en esta ciudad con tal que _____.
4. Nunca estudio sin (que) _____.
5. Siempre me baño antes de (que) _____.

C. Los Sres. Cortina quieren alquilar un apartamento, pero no quieren pagar el alquiler alto que les pide el dueño. Al dueño de la casa de apartamentos le caen muy bien los Sres. Cortina, pero no quiere bajar el alquiler. ¿Pueden ponerse de acuerdo los Sres. Cortina y el dueño? Use estas oraciones como guía en la conversación sobre el apartamento.

LOS SRES. CORTINA: No alquilamos el apartamento a menos que _____.

EL DUEÑO: Bajo el alquiler con tal que _____.

LOS SRES. CORTINA: Alquilamos el apartamento con tal que _____.

EL DUEÑO: No puedo bajar el alquiler a menos que _____.

Encuentro cultural: La tertulia

La tertulia es para un grupo de amigos lo que es la sobremesa para una familia: una oportunidad de pasar un rato conversando. Los participantes se reúnen sistemáticamente; por ejemplo, a la misma hora de la tarde todos los días. Generalmente la tertulia se celebra en un bar o café donde se puede tomar vino o cerveza y hablar. Las conversaciones pueden abarcar (*cover*) muchos temas, pero sin duda, dos de los más comunes son los deportes y la política. Los amigos de la tertulia pueden llegar a formar otra familia. Ya que (*Since*) la gente hispánica no se muda (*move*) con la misma frecuencia como en los Estados Unidos, muchos de estos grupos duran años y años, con los mismos amigos reuniéndose en el mismo sitio y a la misma hora.

54. *Past Participle Used As an Adjective*

Más refranes y dichos en español

1. En boca *cerrada* no entran moscas.
2. *Aburrido* como una ostra.
3. Cuando está *abierto* el cajón, el más *honrado* es ladrón.

1. A veces, ¿es mejor no decir nada? ¿Qué le puede pasar a uno cuando tiene la boca abierta?
2. ¿Llevan una vida muy interesante las ostras? ¿Sufren de muchas presiones?
3. ¿Cometen todos los delitos (*crimes*) los criminales? ¿Es posible que una persona honrada llegue a ser un criminal?

Forms of the Past Participle

hablar	**comer**	**vivir**
habl**ado** (*spoken*)	com**ido** (*eaten*)	viv**ido** (*lived*)

The past participle of most English verbs ends in *-ed*—for example, *to walk → walked; to close → closed.* However, many English past participles are irregular: *to sing → sung; to write → written.* In Spanish the *past participle* (**el participio pasado**) is formed by adding **-ado** to the stem of **-ar** verbs, and **-ido** to the stem of **-er** and **-ir** verbs. An accent mark is used on the past participle of **-er/-ir** verbs with stems ending in **-a, -e,** or **-o.**

caído   creído   leído   oído   (son)reído   traído

The following Spanish verbs have irregular past participles.

abrir:	**abierto**	escribir:	**escrito**	resolver:	**resuelto**
decir:	**dicho**	hacer:	**hecho**	romper:	**roto**
cubrir:	**cubierto**	morir:	**muerto**	ver:	**visto**
describir:	**descrito**	poner:	**puesto**	volver:	**vuelto**
descubrir:	**descubierto**				

A few Spanish proverbs and sayings   1. Into a closed mouth no flies enter.   2. Bored as an oyster.   3. When the drawer is open, the most honest (person) is (can become) a thief.

The Past Participle Used as an Adjective

In both English and Spanish, the past participle can be used as an adjective to modify a noun. Like other Spanish adjectives, the past participle must agree in number and gender with the noun modified.

Tengo una bolsa **hecha** en El Salvador.	*I have a purse made in El Salvador.*
El español es una de las lenguas **habladas** en los Estados Unidos.	*Spanish is one of the languages spoken in the United States.*

The past participle is frequently used with **estar** to describe conditions that are the result of a previous action.

La puerta **está abierta.**	*The door is open.*
Todos los lápices **estaban rotos.**	*All the pencils were broken.*

¡OJO! English past participles often have the same form as the past tense: *I closed the book. The thief stood behind the closed door.* The Spanish past participle is never identical in form or use to a past tense. Compare the following:

Cerré la puerta.	*I closed the door.*
Ahora la puerta está **cerrada.**	*Now the door is closed.*

PRÁCTICA

A. Identifique los objetos que se encuentran en la sala, según las indicaciones. Use el participio pasado de los verbos.

MODELO flores / mandar / Anita → Son flores mandadas por Anita.

1. el sillón / usar / papá
2. regalos / mandar / abuelos
3. revistas / leer / niños
4. un libro / recomendar / la vecina
5. una figurita / hacer / en Colombia
6. vasos / comprar / en el Brasil

B. Describa Ud. las condiciones en estas situaciones, siguiendo el modelo.

MODELO La nieve va a *cubrir* la tierra. →
           La tierra no está cubierta de nieve todavía.

1. Natalia tiene que *escribir* una carta.
2. Los Sres. García tienen que *abrir* la tienda.
3. David y Marta van a *casarse* (*to get married*) mañana.
4. Pablo tiene que *cerrar* la ventana.
5. Los turistas tienen que *facturar* el equipaje.
6. Delia tiene que *poner* la mesa.
7. Es posible que *descubran* el error.
8. Tenemos que *resolver* este problema.

C. **Planes para la tarde.** ¿Cómo se dice en español?

1. I'm sorry (I regret it), but my plans for the evening are already made.
2. And anyway **(de todos modos),** I'm not a fan of dubbed movies.
3. But the tickets are already paid for!
4. More money spent in vain **(en vano)!**

CONVERSACIÓN

A. Describa Ud. el siguiente dibujo, tratando de mencionar todos los detalles que han ocasionado (*caused*) la situación presentada. Use participios pasados donde sea posible.

MODELO   Todo está preparado para la fiesta...

B. Preguntas

1. ¿Tiene Ud. algo hecho en Francia? ¿en un país latinoamericano? ¿en España? ¿en el Japón? ¿algo hecho a mano?
2. ¿Sabe Ud. el título de un libro escrito por un autor latinoamericano? ¿por un autor español?
3. En su casa o garaje, ¿hay algo roto? ¿algo sucio?
4. En su casa, ¿el televisor está puesto constantemente? ¿el estéreo? ¿la radio?
5. ¿El Nuevo Mundo ya estaba descubierto en 1700? ¿La penicilina ya estaba descubierta en 1960?

C. Dé Ud. el nombre de las cosas siguientes.

1. Algo contaminado
2. Una persona bien/mal organizada
3. Una persona cansada
4. Un edificio bien/mal construido
5. Un grupo explotado
6. Algo que pueda estar cerrado o abierto
7. Un curso acelerado

8. Un servicio necesitado por muchas personas
9. Un tipo de transporte usado por muchas personas
10. Algo deseado por muchas personas

DIÁLOGO: Una nueva dirección

Maricarmen, mujer joven y práctica
Ramón, esposo de Maricarmen
Ana María, amiga de Maricarmen
Portero

A. En casa

ANA MARÍA: Me parece imposible, Maricarmen, que Ramón y tú todavía vivan en el centro de la ciudad. ¡Qué ruido! ¡Qué falta° de panorama!   *lack*

MARICARMEN: Es verdad, pero es barato y desde aquí llegamos más rápidamente al trabajo. Ahora la cosa es distinta. Yo estoy tomando unos cursos nocturnos° y necesitamos un apartamento que esté más cerca de la universidad.   *de noche*

ANA MARÍA: Pues mira, cerca de nuestra casa hay un edificio recién construido donde haya quizá algún apartamento desocupado.

MARICARMEN: Con tal que no sea excesivamente caro, no nos importa pagar un poco más. ¿Me acompañas a verlo, Anamari?

ANA MARÍA: Con mucho gusto. ¿Por qué no vamos esta tarde?

B. En busca de otro apartamento

MARICARMEN: ¿Es Ud. el portero?

PORTERO: Para servirla a Ud., señora.

MARICARMEN: Pues a nosotras nos interesa ver un apartamento que tenga dos alcobas y vista al exterior.

PORTERO: De momento° hay dos: uno en el primer piso* y otro igual en el quinto, que es mucho más barato.   *De... Ahora mismo*

ANA MARÍA: No sé... a menos que haya ascensor°...   *elevator*

PORTERO: No hay, señora, por eso el apartamento del quinto es más económico. Pero, en cambio,° desde su terraza se ve toda la ciudad. Es una vista magnífica.   *en... on the other hand*

MARICARMEN: Yo no conozco a nadie a quien le guste subir hasta el quinto piso a pie—sobre todo después de trabajar mañana y tarde y estudiar de noche.

ANA MARÍA: Pues veamos° el apartamento del primer piso...   *let's see*

---

*El primer piso refers to the *first floor up* in Hispanic buildings. The *ground floor* is **la planta baja.**

C. Otra vez en casa

RAMÓN: Maricarmen, ¿de dónde diablos vamos a sacar ciento veinticinco pesos más de alquiler y un mes por adelantado°?   *por... in advance*

MARICARMEN: Cálmate, querido, que te pones feo cuando estás enojado. Mira, mi hermana viene a estudiar a la universidad y no tiene con quién vivir todavía. Pues... ella puede quedarse con nosotros y ayudar un poco con el alquiler...

RAMÓN: ¡Y así matamos dos pájaros° de un tiro°!   *birds / shot*

MARICARMEN: Exacto. ¿Qué te parece?

RAMÓN: ¡Trato hecho°!   *¡Trato... It's a deal!*

Comprensión

Conteste en oraciones completas.

A. 1. ¿Qué no puede creer Ana María? ¿Por qué?
    2. ¿Por qué viven Maricarmen y Ramón en el centro de la ciudad?
    3. ¿Por qué quieren mudarse?
    4. ¿Qué les recomienda Ana María?
    5. ¿Cuándo van a ver los apartamentos recién construidos?

B. 1. ¿Qué tipo de apartamento desea ver Maricarmen?
    2. ¿Qué diferencia hay entre los dos apartamentos desocupados?
    3. ¿Son diferencias importantes? Explique.
    4. ¿Qué apartamento deciden ver las dos?

C. 1. ¿Por qué está Ramón un poco enojado?
    2. ¿Cuál es el plan de Maricarmen?
    3. ¿Qué piensa Ramón de este plan?

Comentario cultural

In the Hispanic world, most city dwellers live in apartments; many of these, like condominiums, are owned rather than rented. Modern apartments in Hispanic countries are comparable in design and convenience to the most modern apartments in the United States, but they are not all as spacious.

Maricarmen and Ramón are a very modern Hispanic couple. It is quite likely, however, that some of their daily routine is quite different from that of a comparable couple in the United States. Shopping for fresh food daily—bread, meat, milk, eggs, and so on—is still the norm rather than the exception, and people tend to shop in small stores in their neighborhood, not in large supermarkets some distance away. Such daily shopping trips are necessary because few refrigerators are likely to be as large as those in U.S. homes; electricity and electrical appliances are very expensive.

Whether they shop in a small neighborhood store or in a larger supermarket, Hispanic shoppers choose from a variety of *fresh* products that make up the bulk of most stores' stock. Canned, frozen, and ready-made foods have only recently begun to have an impact on the Hispanic marketplace.

The daily morning or mid-afternoon shopping trip is also a social occasion for the shopper—much more so than in the U.S.

UN POCO DE TODO

A. **La rutina y las diversiones.** Form complete sentences based on the words given, in the order given. Conjugate the main clause verb in the present indicative and add other words if necessary. Use subject pronouns only when needed. Give the past participle of the infinitives in parentheses.

1. yo / no / conocer / nadie / que / levantarse / cinco / mañana / para / correr
2. ¿siempre / tú / despertarse / antes de que / sonar / despertador?
3. gustarme / tener / mesa / (poner) / y / comida / (hacer) / antes de que / empezar / noticiero (*news*) / de / seis
4. yo / avisarte (*to let you know*) / en cuanto / baño / estar / (desocupar)
5. en caso de que / tú / tener / rato libre / sábado / ¿por qué / no / comprar / yo / entradas / para / cine?
6. gustarnos / dormir / con / ventanas / (abrir) / para que / entrar / aire

B. Con otro/a estudiante, haga y conteste preguntas según el modelo.

MODELO   casa / tener cuatro alcobas / tener cada hijo su propia alcoba →
     ADELA: Buscamos una casa que tenga cuatro alcobas.
     PABLO: ¿Por qué?
     ADELA: Para que cada hijo tenga su propia alcoba.

1. casa / tener piscina / aprender a nadar los niños
2. casa de apartamentos / tener ascensor (*elevator*) / no tener que subir las escaleras el abuelo
3. apartamento / tener un garaje doble / no tener que dejar el carro en la calle Ramón
4. apartamento / estar cerca del centro / llegar más rápido al trabajo Elena
5. casa / estar cerca de la universidad / no tener que usar el carro tanto Catalina

C. Su tío de Buenos Aires está de visita y Ud. quiere que llegue a conocer todos los aspectos de la vida de los Estados Unidos. Con un compañero (una compañera), planee estos aspectos de la visita de su tío, completando las siguientes oraciones en una forma lógica.

1. Llevémoslo (*Let's take him*) al estadio para que ＿＿＿. No hay equipo que ＿＿＿.
2. Vamos a la casa del abuelo para que ＿＿＿. No hay ningún otro pariente que ＿＿＿.
3. Vamos con él al centro para que ＿＿＿. ¿Crees que hay ＿＿＿ como los/las de los Estados Unidos en la Argentina?
4. Llevémoslo al teatro por lo menos una vez, para que ＿＿＿. No hay nada ＿＿＿ tanto como el teatro.

CH. **Hablando de películas...** Complete the following dialogue and movie reviews with the correct form of the words in parentheses, as suggested by the context. When two possibilities are given in parentheses, select the correct word. Use the past participle of infinitives indicated with an asterisk.

Saliendo del cine

—Bueno, ¿qué piensas (*de/en*[1]) la película? ¿Te gustó?
—Pues, (*ser/estar*[2]) muy (*divertir*[3])*... pero quizás un poco superficial.
—Ah, ¿sí? ¿Por qué (*reírse*[4]) tanto?
—Hombre, no hay (*alguien/nadie*[5]) que no lo (*pasar*[6]) bien viendo una de

estas historietas de vez en cuando.° Pero (*que/lo que*[7]) yo realmente   de... *from time to*
(*preferir*[8]) son las películas sobre temas más (*profundo*[9]). Como, por   *time*
ejemplo, (*ese*[10]) película francesa (*que/lo que*[11]) (*ver: nosotros*[12]) la semana (*pasar*[13])*.

—Bueno, la próxima vez es mejor que tú (*escoger*°[14]) la película; pero no me   *to select*
(*llevar*[15]) a ver (*alguna/ninguna*[16]) película (*doblar*[17])*, ¿eh? Ya
(*saber/conocer: tú*[18]) que no me (*gustar*[19]) nada.

«El regreso del Jedi»

Esta película (*ser/estar*[20]) la tercera parte de una serie muy famosa que se
(*iniciar*[21]) con «La guerra de las galaxias» y (*continuar*[22]) con «El imperio
(*contraatacar*[23])». El rasgo° principal de «El regreso del Jedi» (*ser/estar*[24]) la   *característica*
acción emocionante, (*caracterizar*[25])* por complejos efectos (*especial*[26]). En
«Jedi», los personajes° principales, (*que/lo que*[27]) representan la Alianza   *characters*
Rebelde, (*volver*[28]) para enfrentarse° con las Fuerzas Imperiales de la Oscu-   *to confront*
ridad, (*encabezar*°[29])* por el malévolo° Darth Vader.   *to lead* / *malo*

«Supermán II»

Este film (*contar*[30]) las peripecias° (*que/lo que*[31]) el (*tímido*[32]) periodista   *aventuras*
Clark Kent (*tener*[33]) que afrontar° para dedicarse a la defensa del bien.°   *to face* / *good*
(*Obligar*[34])* por las circunstancias, Kent (*transformarse*[35]) en el mitológico
héroe Supermán para luchar° contra tres supercriminales (*que/quienes*[36])   *to fight*
tratan (*de/en*[37]) conquistar el mundo, (*ayudar*[38])* por Lex Luthor, el archienemigo de Supermán.

VOCABULARIO

VERBOS

cubrir to cover
descubrir to discover
durar to last, endure
esquiar to ski
nadar to swim
patinar to skate
reunirse (con) to get together
   (with)

SUSTANTIVOS

la **acera** sidewalk
el/la **aficionado/a** fan, enthusiast
el **ajedrez** chess
la **butaca** seat (*in a theater*)
las **cartas** (playing) cards
la **comedia** play
la **entrada** ticket (*for a
   performance*)
el **equipo** equipment; team
el **estadio** stadium
la **función** performance, show

el/la **jugador(a)** player
el **ladrón** thief
el **partido** game, match
el **pasatiempo** pastime,
   diversion
la **pelota** ball
la **raqueta** racket
el **rato libre** free minute; *pl.*
   spare, free time
el **sillón** armchair
la **taquilla** box office
la **tierra** ground, earth
la **trama** plot

ADJETIVOS

cotidiano/a daily
deportista sports-minded
desocupado/a free, vacant
doblado/a dubbed

CONJUNCIONES

a menos que unless

antes (de) que before
con tal que provided (that)
en caso de que in case
para que so that
sin que without

PALABRAS ADICIONALES

dar un paseo to take a walk
de veras really
hacer planes para + *inf.* to make
   plans to (*do something*)
pasear en bicicleta to go for a
   bike ride
quizá(s) perhaps
tomar el sol to sunbathe

LOS DEPORTES

el **básquetbol**, el **béisbol**, el **fútbol**
(**norteamericano**), el **golf**,
el **tenis**

UN PASO MÁS 14

 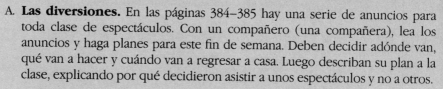

ACTIVIDADES

A. **Las diversiones.** En las páginas 384–385 hay una serie de anuncios para toda clase de espectáculos. Con un compañero (una compañera), lea los anuncios y haga planes para este fin de semana. Deben decidir adónde van, qué van a hacer y cuándo van a regresar a casa. Luego describan su plan a la clase, explicando por qué decidieron asistir a unos espectáculos y no a otros.

B. **¿Qué haces para pasarlo bien?** No todos nos divertimos de la misma manera. A veces el dinero y el tiempo imponen restricciones y otras veces es sencillamente una cuestión de gustos: lo que a alguna persona le gusta mucho tal vez no le guste a Ud.... y vice versa. ¿Qué cree Ud. que hacen para pasarlo bien las siguientes personas en un sábado típico? Use su imaginación pero entre los límites de lo que es posible en el mundo real de cada persona o grupo.

1. Una persona rica que vive en Nueva York
2. Un grupo de buenos amigos que trabajan todos en una fábrica (*factory*) en Michigan
3. Un matrimonio joven con poco dinero y dos niños pequeños
4. Un niño de ocho años que vive en el centro de una ciudad grande
5. Dos amigas de mediana edad (*middle-aged*) que viven en los suburbios de Los Ángeles
6. Un matrimonio viejo—él de ochenta años y ella de ochenta y dos— que vive en Texas

---

A propósito...

In English we frequently use vocalized pauses ("uh," "um") and filler words ("well now," "okay," "let's see") when we don't quite know what to say or when we are looking for the right words. When you need a few seconds to collect your thoughts in Spanish, use one of the following expressions:

este	uh, um	**bien**	well, okay
pues	well	**a ver**	let's see
bueno	well, okay	**ahora bien**	well now

When you want to avoid taking a position on an issue, perhaps to avoid an argument, use one of these phrases:

En mi opinión...	In my opinion . . .	**Puede ser.**	That might be.
Depende.	It depends.	**Posiblemente.**	Possibly.
No sé.	I don't know.	**A veces.**	At times.
Tal vez. Quizá(s).	Perhaps.	**¿Ud. cree?**	Do you think so?
Es posible.	It's possible.	**¿Tú crees?**	Do you think so?

tv/programas

13.00 BALONVOLEA. Cometarios: Rafael Muro. Desde Palma de Mallorca, transmisión de la fase final de Spring Cup de Balonvolea.

15.00 TELEDIARIO.

15.15 VUELTA CICLISTA A ESPAÑA. En directo, final de la etapa correspondiente a esta día: Málaga-Elche.

16.00 MASADA. «Episodio número 5».

16.55 DOCUMENTAL. «En algún lugar de Europa: Goodwood Mansion». Goodwood Mansion, residencia de los duques de Richmond, es uno de los más bellos y extensos ejemplos de la arquitectura aristocrática inglesa. Este documental nos cuenta su historia, muestra sus hermosos paisajes, su valiosa pinacoteca y los problemas que presenta para habitarlo y conservarlo.

17.30 DIBUJOS ANIMADOS. «Trapito». El destino de Trapito, el espantapájaros, es triste y aburrido al tenerse que mantener siempre clavado en el suelo. Durante una gran tormenta salva la vida a un pequeño gorrión que, a partir de este momento, se convierte en su ilusión.

18.35 BARRIO SESAMO. «Circuitos y Espinete». Antonio y Matilde salen a cenar. Chema trae a Circuitos para que haga compañía a los niños. En un principio, el «humanoide» funcionará muy bien, pero al oir la radio se producirá el caos.

19.05 EL PLANETA IMAGINARIO. «Desperdicios».

19.30 LAS FABULAS DEL BOSQUE VERDE. «El pequeño Danielito». La nieve es la gran diversión de Danielito, y ahora que la pradera está totalmente cubierta se entretiene haciendo túneles en todas direcciones.

20.00 ANDY ROBSON. «Carrera entre dos caballos». Intérpretes: Jack Watling, Norman Jones y Tom Davidson. Durante el curso de una cacería surge un incidente entre George Grieve y Helga.

20.30 AL GALOPE. Comentarios: Daniel Vindel y Marisa Abad. Reportaje sobre el mundo de las carreras de caballos. Pronóstico de la Quiniela Hípica.

21.00 TELEDIARIO.

21.15 INFORMATIVO: VUELTA CICLISTA A ESPAÑA.

21.35 ESTRELLAS DEL BOLSHOI. «Paquita». De la actuación del ballet soviético Estrellas del Bolshoi les ofreceremos «Paquita», de Minkos, por la primera bailarina del teatro Kirov, de Leningrado, e Imijail Petujov, del Teatro de la Opera de Odesa.

22.05 LARGOMETRAJE. «El despertar» («The yearling»), 1964. Duración: 2 h. 7 m. Dirección: Clarence Brown. Intérpretes: Gregory Peck, Jane Wyman, Claude Jarman Jr. y Chill Wills. Un muchacho, hijo de un granjero de Florida forjado a la antigua usanza, encuentra un día a un cervatillo, al que convierte en su inseparable mascota.

00.15 CONCIERTO SENTIDO. La Orquesta Sinfónica de la RTVE, bajo la dirección de Miguel Angel Gómez Martínez, interpretará el «Concierto número 24 en do menor para piano y orquesta», de Mozart. Solista: Alicia Delarrocha (piano).

00.50 MEDITACION. «Mañana es Sábado Santo», por monseñor Narciso Jubany, cardenal arzobispo de Barcelona.

00.55 DESPEDIDA Y CIERRE.

cine

estrenos de la semana

EL PEQUEÑO CONVICTO. 1 h. 37 m. Venus. Dibujos animados. Austral. Dir.: Paul McAdam. Dos presos ingleses deportados a Australia escapan de la cárcel ayudados por un niño y se refugian en la selva. Tolerada. **Espronceda.**

GRAN FESTIVAL DE GOOFY («Superstar Goofy»). 1 h. 19 m. Filmayer. Dibujos animados. USA. Dir.: Walt Disney. Goofy, Pluto y el pato Donald interpretan los diversos deportes que participan en una Olimpiada. Tolerada. **Montera, Bristol, Ciudad Lineal, Kursal, Lisboa, Odeón, Oporto, San Blas, París** y **Las Vegas.**

TAL PARA CUAL («Two of a kind»). 1984. 1 h. 30 m. Incine. Drama. USA. Dir.: John Herzfeld. Con John Travolta, Olivia Newton-John y Charles Durning. Dios, ante la corrupción de los hombres, ha decidido lanzar un segundo Diluvio Universal. Para evitar el castigo de un ladrón y una chica que trabaja en un banco deben demostrar que todavía queda amor en la Tierra. Tolerada. **Proyecciones** y **Real Cinema.**

LA VENTANA INDISCRETA. («Rear window»). 1954. 1 h. 52 m. CIC. Suspense. USA. Dir.: Alfred Hitchcock. Con James Stewart, Grace Kelly y Thelma Ritter. Un fotógrafo que a causa de un accidente debe permanecer inmovilizado en su casa se dedica a espiar a los vecinos y descubre un asesinato. Tolerada. **Conde Duque** y **M-2.**

LAS BICICLETAS SON PARA EL VERANO. 1983. 1 h. 45 m. Incine. Drama. Esp. Dir.: Jaime Chávarri. Con Agustín González, Amparo Soler Leal y Victoria Abril. La difícil supervivencia de varias familias vecinas en el Madrid de la guerra civil. Adaptación de la obra teatral de Fernando Fernán-Gómez. Tolerada. **Capitol, Carlton** y **Luchana 1.**

estrenos que siguen en cartel

BAJO EL FUEGO («Under fire»). 1983. 2 h. 10 m. Lauren. Acción. USA. Dir.: Roger Spottiswoode. Con Nick Nolte, Gene Hackman y Joanna Cassidy. Tres periodistas americanos marchan a Nicaragua para cubrir la revolución sandinista contra el régimen del dictador Somoza. Mayores 13 años. **Torre de Madrid 1.** ,

FEROZ. 1984. 1 h. 55 m. CB. Drama. Esp. Dir.: Manuel Gutiérrez Aragón. Con Fernando Fernán-Gómez y Frederick de Pasquale. Un muchacho que se va transformando progresivamente en oso es recogido por un hombre que pretende enseñarle un comportamiento humano e integrarlo en la sociedad. Tolerada. **Palacio de la Música.**

LA FUERZA DEL CARIÑO («Terms of endearment»). 1983. 2 h. 7 m. CIC. Drama. USA. Dir.: James L. Brooks. Con Debra Winger, Shirley Mac Laine y Jack Nicholson. La relación entre una madre viuda y su única hija a lo largo de treinta años, acompañada paralelamente de las historias de ambas con los hombres. Tolerada. **El Españoleto, Gran Vía** y **Peñalver.**

IMPACTO SUBITO («Sudden impact»). 1983. Warner. Policíaca. USA. Dir.: Clint Eastwood. Con Clint Eastwood, Sondra Locke y Pat Hingle. Harry el «Sucio» llega a un pueblo costero de California siguiendo la pista de un asesino ritualista. Mayores 18 años. **Rialto** (lunes).

EL DIA DESPUES («The day after»). 1983. 2 h. 5 m. Impacto. Drama. USA. Dir.: Nicholas Meyer. Con Jason Tobards, Jobeth Williams y Steven Guttenberg. Sobre los pacíficos habitantes de Kansas City se abate la catástrofe nuclear que ha estallado en el mundo. Mayores 13 años. **Cartago** y **Lope de Vega.**

Museos

MUSEO NACIONAL DE BELLAS ARTES — Av. del Libertador 1473. Salas y colecciones: Obras de arte de los más famosos plásticos: Gauguin, Corot, Degas, Hogarth, El Greco, Manet, Van Gogh, Bourdelle, etc. Obras vinculadas al pasado y costumbres argentinas: Palliére, Morel, Pellegrini, D'Hastrel, Monvoisin, Cándido López y otros. Posee biblioteca especializada en arte habilitada para el público los lunes y viernes de 14.30 a 19 horas. Y los jueves de 9 a 12.30 horas. HORARIO: jueves y martes de 9 a 13.30 y de 14.30 a 19 horas. Visitas guiadas a las 17 horas.

COMPLEJO MUSEOLOGICO HISTORICO MUSEO HISTORICO NACIONAL — Defensa 1600. Tel. 27-4767 y 26-4588. Salas y colecciones: historia nacional. Salas: del Descubrimiento, de la Conquista, de las Misiones Jesuítas, del Virreinato, de las Invasiones Inglesas, de Mayo, etc.; de los Héroes y de hechos; símbolos nacionales, periodismo, etc.

BsAs
Buenos Aires
TANGO SHOW
SU CONFITERIA BAILABLE
BULNES 1596
Cap. Fed.
Reservas 825-3740

Un lugar grande en Buenos Aires, para grandes, donde nos reencontraremos con los tangos y la música del 40. Un lugar distinto del Viejo Palermo donde nuestra meta principal es la de pasar un momento de sana diversión. Te esperamos, de elegante sport. Jueves, viernes, sábado y domingo.

CALENDARIO

21 Viernes

19.30. Concierto de Silvia Lester en piano; obras de Mozart, Chopin, Debussy y otros. En Cerrito 740, primer piso. Entrada libre.

20.30. Proyección del filme 1789, de la realizadora Ariane Mnouckhine. En Sarmiento 2255.

21. Proyección del filme Bananas, con Woody Allen. En la sala Leopoldo Lugones.

22 Sábado

20. Proyección del filme Alphaville, de Godard. En Yerbal 2651.

21. Juan Carlos Cirigliano

y los Músicos de Buenos Aires, y el grupo Maroma. En el teatro Santa María, Montevideo 842.

22. Cóctel de sueños, espectáculo humorístico musical. En la sala ADISYC, Marpu 523, subsuelo.

23 Domingo

15.30. En el Monumental, River Plate recibe a Ferro Carril Oeste y en Avellaneda, Independiente a Huracán.

16. Visita al Mercado de Pulgas de la Plaza Dorrego. Humberto I y Defensa

21. Proyección del filme Dos extraños amantes, de Woody Allen, con Diane Keaton. En la sala Leopoldo Lugones.

C. **¿Cómo responde Ud.?** Un amigo (Una amiga) o un miembro de la familia pregunta o declara las siguientes opiniones. Ud. no está de acuerdo, pero no quiere ofender a la otra persona. ¿Cómo va a responder? Use algunas de las frases que aparecen en **A propósito... .**

MODELO   —Jorge trabaja mucho y debe recibir un aumento de salario. →
          —Puede ser, pero hay otros empleados que trabajan más que él y por eso ellos van a recibir el aumento.
          —Pues no sé. Me dicen que es un hombre muy simpático, pero, ¿de veras trabaja bien?

1. Es más interesante ir al teatro que ir al cine, ¿no crees?
2. Barbra Streisand es una actriz excelente. Me gusta mucho.
3. Para descansar, no hay nada como sentarse delante del televisor.
4. Para echar raíces (*to settle down*), las ciudades grandes son mejores que las pequeñas.
5. Me encanta la comida japonesa, sobre todo el *sushi*.
6. No sé qué les pasa a los jóvenes de hoy. ¡Son tan descorteses!
7. Creo que es mejor *no* tener hijos.
8. No me caen bien los gatos. Los perros son infinitamente superiores.

LECTURA CULTURAL: Las diversiones

En el mundo hispánico, las diversiones son tan variadas y numerosas como en los Estados Unidos. Las actividades pueden variar según la clase social y el lugar, pero hay aficiones que gozan de° gran aceptación popular en todos los rincones° del mundo hispánico: el cine, el baile, las visitas y los deportes.   gozan... *enjoy* / *corners*

    Las visitas a los familiares ocupan una parte importante del tiempo libre. Los fines de semana sobre todo, los hijos ya casados, con sus hijos, visitan la casa de sus padres. Generalmente los hombres terminan hablando en una parte de la casa y las mujeres en otra, con los niños jugando en el patio. Otra actividad familiar muy popular es salir al campo para comer y a veces para jugar un poco al fútbol,

al vólibol o al bádminton.

Entre los jóvenes, las actividades más populares son las fiestas y los bailes. Lo más común es reunirse con los amigos en la casa de alguien para hablar y bailar hasta muy tarde. A casi todo el mundo le gusta también ir al cine. A veces un grupo de jóvenes va al cine temprano, después va a la casa de alguien a cenar y con frecuencia termina organizando una fiesta allí. También van con frecuencia a los clubes nocturnos y a las discotecas.

Las personas de las clases acomodadas° suelen ir° a un club deportivo donde practican el golf, el tenis, la natación, e incluso el polo. También hay centros en los que se reúnen miembros de diferentes colonias de extranjeros (la alemana, la libanesa, la norteamericana, la italiana, etcétera). En estos centros hay de todo: billar, cartas, exhibiciones de arte, bailes y comidas formales y muchas otras diversiones.

well-off / suelen... tienden a ir

El ciclismo, el boxeo y el fútbol son los deportes más populares. Y en México, las islas del Caribe y Venezuela, el béisbol es una locura. Hay muchísimos jugadores latinoamericanos que juegan en las ligas mayores de béisbol en los Estados Unidos. Quizás en este momento el más famoso de éstos es Fernando Valenzuela, el famoso lanzador de los Dodgers de Los Ángeles.

En la América Latina y España, no se televisan los partidos y otras actividades deportivas con la misma frecuencia que en los Estados Unidos, pero hay excepciones: las Olimpíadas, los Juegos Panamericanos y los Juegos Bolivarianos, y sobre todo la Copa Mundial° de fútbol. La Copa Mundial es un torneo que se celebra cada cuatro años, y casi todos los países del mundo hispánico tienen equipos que participan en esta competición. Cuando juega el equipo nacional, todos tratan de estar delante del televisor y, si éste gana, siempre hay grandes fiestas y celebraciones por todo el país.

World

Comprensión

Según la lectura, las siguientes observaciones sobre el mundo hispánico *no* son válidas. Explique brevemente por qué.

1. Después de casarse, los hijos se olvidan de sus padres.
2. Durante las visitas familiares, los hombres y las mujeres se quedan en el comedor jugando a las cartas o conversando.
3. Los padres no les permiten a los hijos que salgan mucho de noche.
4. Muchas personas de las clases humildes pertenecen (*belong*) a clubes deportivos.
5. El béisbol es un deporte desconocido en Latinoamérica.
6. Es posible ver un espectáculo deportivo en la televisión todos los fines de semana.

Para escribir

Describa la última fiesta a la que Ud. fue. Su breve párrafo debe incluir los siguientes detalles.

1. si había allí muchas personas cuando Ud. llegó
2. lo que todos hicieron durante la fiesta
3. si Ud. se divirtió o no
4. a qué hora salió Ud. de la fiesta y si volvió a casa en seguida
5. si Ud. se levantó tarde o temprano al día siguiente
6. cómo se sentía al levantarse

CAPÍTULO 15

LA CIUDAD Y EL CAMPO

IRA KIRSCHENBAUM/STOCK, BOSTON

PARA EMPEZAR

In this chapter and in **Un paso más 15,** you will learn vocabulary and expressions about life in the city and country and about the environment, and will consider related attitudes and customs of Hispanic peoples. As a first step, answer the following questions about city versus country living.

¿Qué diferencias hay entre la vida de la ciudad y la del campo? ¿Es mejor ésta que aquélla? ¿Por qué sí o por qué no?

¿Qué ventajas y desventajas tiene cada sitio? ¿Dónde hay más vida social? ¿cultural? ¿Dónde es más amable la gente? ¿Dónde hay más pobreza? ¿más delitos (*crimes*)? ¿más contaminación? ¿Hay más tranquilidad en la ciudad o en el campo? La gente rica, ¿prefiere vivir en la ciudad o en el campo? ¿Dónde prefiere vivir la gente de la clase media? ¿y la gente con niños pequeños?

Vamos a suponer que usted puede vivir en cualquier parte del mundo. ¿Qué lugar prefiere? ¿Por qué?

VOCABULARIO: PREPARACIÓN

¿La ciudad o el campo?

la autopista	freeway	el transporte	(means of) transportation
el/la campesino/a	farm worker		
el delito	crime	la vivienda	housing
la finca	farm		
la población	population	bello/a	beautiful
el ranchero	rancher	denso/a	dense
el rascacielos	skyscraper	puro/a	pure
el ritmo (acelerado) de la vida	(fast) pace of life	encantar	to enchant
		me encanta(n)	I like very much
los servicios públicos	public services	madrugar	to get up early
la soledad	solitude	montar a caballo	to ride horseback
		recorrer	to pass through; to cover (*territory*)

El medio ambiente°

medio... *environment*

la energía	energy	acabar	to run out, use up completely
la escasez	lack, shortage		
el gobierno	government	conservar	to save, conserve
la naturaleza	nature	construir*	to build
los recursos naturales	natural resources	contaminar	to pollute
		desarrollar	to develop
		proteger (protejo)	to protect

A. De las siguientes oraciones, ¿cuáles corresponden al campo? ¿a la ciudad?

1. El aire es más puro y hay menos contaminación.
2. La naturaleza es más bella.
3. El ritmo de la vida es más acelerado.
4. Hay menos autopistas y menos tráfico.
5. Los delitos son más frecuentes.
6. Los servicios financieros y legales son más asequibles (*available*).
7. Hay pocos transportes públicos.
8. La población es menos densa.
9. Hay escasez de viviendas.
10. Hay más árboles y zonas verdes.

B. Dé Ud. una definición de estas palabras.

MODELO   ranchero → Es el dueño de un rancho.

---

*Note the present indicative conjugation of **construir: construyo, construyes, construye, construímos, construís, construyen.**

1. autopista	3. delito	5. naturaleza	7. soledad
2. campesino	4. finca	6. población	8. rascacielos

C. ¿Está Ud. de acuerdo con las ideas siguientes? Defienda sus opiniones.

1. Para conservar energía debemos bajar la calefacción en invierno y usar menos el aire acondicionado en verano.
2. Es mejor calentar la casa con una estufa de leña (*wood stove*) que con gas o electricidad.
3. Debemos proteger nuestras «zonas verdes» y establecer más parques públicos para las futuras generaciones.
4. Es más importante explotar los recursos naturales que proteger el medio ambiente.
5. Para gastar menos gasolina, debemos tomar el autobús, caminar más y formar *car pools*.
6. No debemos importar petróleo de otros países a menos que se acaben nuestras propias reservas.
7. El gobierno debe poner multas muy fuertes a las compañías y a los individuos que contaminen el aire.
8. Debemos adoptar una manera de vivir más sencilla.
9. No es necesario destruir la naturaleza para construir centros urbanos técnicamente muy desarrollados.
10. Se deben explotar todos nuestros recursos naturales al máximo para satisfacer las necesidades que la población tiene en la actualidad.

CH. Su amigo hispánico no reconoce los siguientes conceptos norteamericanos. Trate de explicárselos.

1. the EPA
2. the Secretary of the Interior
3. the welfare system
4. the National Parks system and park rangers
5. a parole officer
6. the inner city

D. Pancho cree que la vida del campo es ideal. Para él, vivir en la ciudad no ofrece ni una sola ventaja. Gabriela, la amiga de Pancho, es una mujer muy cosmopolita. Le encanta la ciudad y no puede decir nada bueno de la vida del campo. ¿Quién dijo las siguientes oraciones? ¿Qué desventaja puede citar la otra persona en cada caso?

1. No hay buenos servicios públicos.
2. Hay más actividades culturales—teatro, conciertos y museos.
3. Allí es posible vivir en paz y en tranquilidad.
4. No me gusta levantarme temprano; allí hay que madrugar para terminar el trabajo.
5. Me encanta recorrer las autopistas de la ciudad por la noche.
6. Necesito vivir en contacto con la naturaleza.
7. Cuando la nieve cubre las calles, las ciudades están paralizadas.

Ahora adopte el punto de vista de Pancho/Gabriela. ¿Qué va Ud. a decir sobre los siguientes temas?

1. el ritmo de la vida
2. la explotación de la tierra
3. la gente/los vecinos
4. el gobierno

E. Complete estas oraciones de una forma lógica, adoptando el punto de vista de la persona que diría (*would say*) cada una.

1. «Estamos cansados de vivir en Nueva York. Buscamos un lugar (en) que _____.»
2. «Estamos aburridos del campo. Queremos mudarnos (*to move*) a un lugar que _____.»

Encuentro cultural: Más sobre las variaciones léxicas

¿Sabía usted que en una parte de los Estados Unidos en vez de decir *frying pan* mucha gente dice *spider*? ¿Sabía que en vez de decir *soda* o *soda pop* o sencillamente *pop,* la misma gente dice *tonic*? Todo esto no le debe de sorprender, pues ya sabe que cuando se habla un mismo idioma en diferentes zonas geográficas, es normal encontrar variantes en el vocabulario que se usa.

En el mundo hispánico, **finca** es la palabra más universal para *ranch*. En México **un rancho** es una finca pequeña. Un rancho grande se llama una **hacienda** en México y en España (aunque también se llama **una finca**); **un hato** en Venezuela; **una estancia** en España, el Uruguay y la Argentina; y **un fundo** en Chile. Al principio, estas variaciones pueden ser un poco confusas, pero cuando usted está en un país o en una región de habla española, lo único que tiene que hacer es escuchar con cuidado a la gente y seguir el uso local.

Ways of Expressing the Word *Time*

hora: specific hour or time of day

¿Qué **hora** es?	*What time is it?*
Es **hora** de comer.	*It's time to eat.*

un rato: a short period of time

Hablamos **un rato.**	*We spoke (for) a time (a little while).*
¿Quieres pasar por casa **un ratito** esta tarde?	*Do you want to stop by the house for a short time (a few minutes) this afternoon?*

vez: time, occasion

una vez, dos veces, muchas veces, pocas veces	*once, twice (two times), many times (often), infrequently*
a veces	*at times*
otra vez	*another time (again)*

tiempo: time in a general or abstract sense

El tiempo vuela.	*Time flies.*
¿Tienes **tiempo** de/para ayudarme?	*Do you have time to help me?*

FOTO DU MONDE/THE PICTURE CUBE

Lamentablemente, el desarrollo económico, la tecnología y la modernización no se consiguen sin costo. Por ejemplo, esta refinería de petróleo en Chile representa el progreso económico, pero también contribuye a la contaminación del medio ambiente.

F. Llene el espacio con la palabra apropiada para expresar la palabra *time*.

1. ¡Por Dios, Anita! Come más rápido. Ya es _____ de salir.
2. Perdone, señorita, pero ¿puede Ud. repetir el número una _____ más?
3. Si tienes _____, podemos tomar un café y hablar un _____.
4. ¿Otra _____? ¿Cuántas _____ tengo que decirte que no hagas eso?
5. Bebí un vaso de leche y después de leer un _____ me acosté.
6. Muchos mexicanos preguntan: «Qué horas son?» pero los españoles generalmente preguntan: «¿Qué _____ es?»
7. Lo siento mucho, pero no tengo _____ para acompañarte esta _____.

G. **Entrevista.** Con otro/a estudiante, haga y conteste las siguientes preguntas.

1. ¿A qué hora vas a despertarte (acostarte) mañana?
2. ¿Qué es lo primero que haces cuando es hora de estudiar? ¿cuando es hora de salir para la universidad?
3. ¿Qué haces en tus ratos libres? ¿Siempre tienes tiempo de divertirte con los amigos?
4. Si un amigo o una amiga va a llegar tarde, ¿estás dispuesto/a (*willing*) a esperar un rato? ¿Cuánto tiempo lo/la esperas?
5. En un mes, ¿cuántas veces faltas a tus clases? ¿Faltas a veces cuando no estás enfermo/a?
6. Para ti, ¿vuela el tiempo o pasa lentamente? ¿Cuál es más importante, el tiempo o el dinero?
7. Cuando no entiendes un capítulo del texto, ¿lo estudias otra vez? ¿Cuántas veces leíste el capítulo 14?

MINIDIÁLOGOS Y GRAMÁTICA

55. *Present Perfect Tense*

Ana **está lavando** los platos.
El abuelo **está preparando** la cena.
El avión **está llegando** al aeropuerto.

→ Ana **ha lavado** los platos.
→ El abuelo **ha** _____.
→ El avión _____.

Clara **está leyendo** el periódico.
El campesino **está recorriendo** el rancho.
La autora **está escribiendo** la novela.

→ Clara **ha leído** el periódico.
→ El campesino **ha** _____.
→ La autora _____.

Forms of the Present Perfect			
he hablado	*I have spoken*	**hemos** hablado	*we have spoken*
has hablado	*you have spoken*	**habéis** hablado	*you (pl.) have spoken*
ha hablado	*you have spoken,*	**han** hablado	*you (pl.) have spoken,*
	he/she has spoken		*they have spoken*

In English, the present perfect is a compound tense consisting of a present-tense form of the verb *to have* plus the past participle: *I have written, you have spoken,* and so on.

In the Spanish *present perfect* (**el presente perfecto**) the past participle is used with present-tense forms of **haber,** the equivalent of English *to have* in this construction. **Haber,** an auxiliary verb, is not interchangeable with **tener.**

In general, the use of the Spanish present perfect parallels that of the English present perfect.

No **hemos estado** aquí antes.	*We haven't been here before.*
Me he divertido mucho.	*I've had a very good time.*
Ya **le han escrito** la carta.	*They've already written her the letter.*

The form of the past participle never changes with **haber,** regardless of the gender or number of the subject. The past participle always appears immediately after the appropriate form of **haber** and is never separated from it. Object pronouns and **no** are always placed directly before the form of **haber.**

The present perfect of **hay** is **ha habido** (*there has/have been*).

¡OJO!   Remember that **acabar** + **de** + *infinitive*—not the present perfect tense—is used to state that something *has just* occurred.

Acabo de mandar la carta.	*I've just mailed the letter.*

PRÁCTICA

A. **¿Qué hemos hecho hoy?** Dé oraciones nuevas según las indicaciones.

1. *José* se ha preparado muy bien para la clase.   (*tú, el profesor, los estudiantes, Luis, Carmen y Pilar, vosotros*)
2. Yo *he empezado* la lección para hoy.   (*leer, escribir, estudiar, comprender, aprender*)
3. Lidia *se ha despertado*.   (*levantarse, bañarse, vestirse, desayunar, correr a la facultad, leer en la cafetería, reírse con los amigos, ir a su primera clase*)

B. Ud. y su amigo/a visitan un rancho. Es el segundo día de su visita. ¿Qué han hecho Uds.? Dé oraciones basadas en las siguientes palabras.

1. recorrer la finca entera   2. ver las vacas (*cows*) y los toros   3. montar a caballo   4. hablar con los campesinos   5. respirar el aire puro   6. ver los efectos del desarrollo industrial

C. **Entrevista.** Con otro/a estudiante, haga y conteste preguntas con estos verbos. La persona que contesta debe decir la verdad.

MODELO   visitar México → —¿Has visitado México?

—Sí, he visitado México una vez.
—No, no he visitado México nunca.
—Sí, he visitado México durante las últimas vacaciones.

1. comer en un restaurante hispánico
2. estar en Nueva York
3. manejar un Alfa-Romeo
4. correr en un maratón
5. abrir hoy tu libro de español
6. escribir un poema

7. actuar en una comedia
8. ver un monumento histórico

9. conocer a una persona famosa
10. romperte la pierna alguna vez

CH. Margarita lo/la llama a Ud. por teléfono. Quiere saber lo que Ud. está haciendo. Con otro/a estudiante, haga y conteste preguntas, según el modelo.

MODELO   cenar → MARGARITA: Estás cenando, ¿no?
UD.: No, ya he cenado.

1. cocinar
2. descansar
3. lavar los platos

4. leer el periódico
5. poner la mesa

Ahora Margarita tiene unos recados (*messages*) de Jorge.

MODELO   llamarlo → MARGARITA: Jorge dice que lo llames.
UD.: Pero ya lo he llamado.

6. mandarle una invitación a Pablo
7. hablar con Concepción
8. ir a su casa
9. ver (película)
10. escribir la composición esta tarde

D. **¿Qué ha hecho Ud. en clase esta semana?** ¿Cómo se dice en español?

1. There has been a lot of work in class.   2. I still have three exercises to **(que)** write for tomorrow.   3. I've just done the first one, but I haven't finished the second and third.

CONVERSACIÓN

A. ¿Qué han hecho estas personas? ¿Y qué *no* han hecho todavía?

1.   2.   3.

B. Indique algo inolvidable (*unforgettable*) que Ud. ha hecho en el pasado, usando los siguientes verbos.

MODELO   oír → He oído un concierto de Simon y Garfunkel.

1. ver
2. comer

3. romper
4. hacer un viaje

5. leer
6. olvidar

C. Complete las oraciones en una forma lógica.

1. Quiero/Tengo que ＿＿＿ pero no he ＿＿＿ todavía.

2. Hoy he ———— un rato. Todavía no he ————.
3. Nunca he ————.
4. Me han dicho que ————, pero no es verdad.
5. Me han dicho que ———— y es verdad, aunque parezca (*it may seem to be*) mentira.

56. *Present Perfect Subjunctive*

Una cuestión de perspectiva

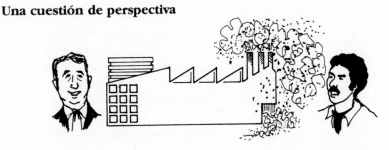

El dueño de la fábrica	El defensor del medio ambiente
No creo que *hayan construido* una fábrica mejor en todo el mundo.	Han construido una fábrica que contamina no sólo el aire sino también el agua de la zona.
Es posible que nuestra explotación de la zona *haya hecho* algún daño... pero no creo que *haya sido* irrevocable.	El daño que han hecho al medio ambiente no puede repararse. La actitud de algunos industriales ha sido irresponsable.

¿Quién cree...

1. que la fábrica es una maravilla de la tecnología moderna?
2. que la fábrica destruye el medio ambiente?
3. que la protección del medio ambiente es más importante que el progreso industrial?
4. que importa poco el medio ambiente en comparación con el desarrollo económico?
5. que los recursos naturales son inagotables (*endless*)?
6. que hay que conservar los recursos naturales, no explotarlos?

A question of perspective THE FACTORY OWNER I don't think they've built a better factory anywhere in the world. It's possible that our development of the area has done some damage . . . but I don't think it's anything irreversible. THE ENVIRONMENTALIST They've built a factory that not only pollutes the air but the water in the area as well. The damage they've done to the environment can't be reversed. The attitude of some industrialists has been irresponsible.

Forms of the Present Perfect Subjunctive	
haya hablado	**hayamos** hablado
hayas hablado	**hayáis** hablado
haya hablado	**hayan** hablado

The *present perfect subjunctive* **(el perfecto del subjuntivo)** is formed with the present subjunctive of **haber** plus the past participle. It is used to express *I have spoken* (*written,* and so on) when the subjunctive is required. Although its most frequent equivalent is *I have + past participle,* its exact equivalent in English depends on the context in which it occurs.

Es posible que lo **haya hecho.**	*It's possible (that) he may have done (he did) it.*
Me alegro de que **hayas venido.**	*I'm glad (that) you have come (you came).*
Es bueno que lo **hayan construido.**	*It's good that they built (have built) it.*

Note that the English equivalent of the present perfect subjunctive can be expressed as a simple or as a compound tense: *did/have done; come/have come; built/have built.*

PRÁCTICA

A. Imagine que se descubrió el año pasado un caso de contaminación ambiental en su ciudad. ¿Qué ha dicho la gente sobre el caso? Haga oraciones completas según las indicaciones. Use **Uds.** como sujeto y el perfecto del subjuntivo en la cláusula dependiente.

   1. es probable: ya estudiar el problema
   2. no creo: descubrir la solución todavía
   3. es posible: ya consultar con unos expertos
   4. es dudoso: ya arreglar la situación
   5. espero: ya reconocer la necesidad de evitar (*to avoid*) situaciones parecidas en el futuro

B. Imagine que Ud. es dueño/a de una casa de apartamentos. Conteste las siguientes preguntas, empezando sus respuestas con las palabras entre paréntesis.

   1. ¿Han alquilado todos los apartamentos? (Dudo que...)
   2. ¿Han vuelto de su viaje los inquilinos del primer piso? (Es posible que...)

3. ¿Se han mudado ya los inquilinos ruidosos? (Sí, y me alegro mucho de que...)
4. ¿Han pagado todos el gas y la luz este mes? (No creo que...)
5. ¿Se ha arreglado ya la ventana? (Es probable que...)
6. Se ha muerto la esposa del portero. (¡Ay, siento que... !)

C. **El viaje de David.** ¿Cómo se dice en español?

1. He's just returned from his year in Uruguay.
2. I hope he's brought us a souvenir.
3. I don't think he's found a new apartment yet.
4. I doubt that he's looked for one in the city.
5. It's more likely **(probable)** that he's gone back to the country.
6. He's always preferred the tranquility of life there.

CONVERSACIÓN

A. Su mejor amigo/a ha ganado cien mil dólares en la lotería y ha ido de compras. ¿Qué cree Ud. que ha comprado? Conteste completando las siguientes oraciones.

1. Es probable que haya comprado _____.
2. No creo que haya comprado _____.
3. Es cierto que ha comprado _____.

B. Con otro/a estudiante, reacciona a las siguientes oraciones. La persona que reaccione debe empezar con frases como **Lo siento,** (nombre), **pero dudo que _____; No, es imposible que _____;** etcétera.

MODELO   —Anoche hice un viaje a la luna.
         —Lo siento, Harry, pero dudo que hayas hecho un viaje a la luna.

1. Escribí una novela este fin de semana.
2. Leí *Lo que el viento se llevó* (*Gone with the Wind*) en veinte minutos.
3. Anoche salí con Robert Redford/Kate Jackson.
4. Vi un OVNI (objeto volador no identificado) esta mañana.
5. Tom Selleck/Jessica Lange me mandó una carta de amor.
6. Hice algo estúpido en una ocasión.
7. En mi otra vida fui rey/reina de Inglaterra.
8. Anoche tomé ocho botellas de cerveza.

C. Complete las oraciones en una forma lógica.

1. Siento que mis padres (no) hayan _____.
2. Mi amigo/a _____ siente que yo (no) haya _____. Se alegra de que yo (no) haya _____.
3. Es posible que mi amigo/a _____ ya haya _____, pero lo dudo.
4. Es bueno/malo que (no) hayamos _____ este año.
5. Mis padres sienten que yo (no) haya _____.

57. *Past Perfect Tense*

Cambio de ritmo

RAFAEL: Antes de mudarme al campo, yo siempre *había usado* el carro para todo. Nunca *había tenido* tiempo de apreciar la naturaleza. Y nunca *había madrugado* tanto.

LINDA: Pues, antes de mudarme a la ciudad, yo siempre *había vivido* en una finca. Nunca *había visto* tantas autopistas. Y nunca *había visitado* museos.

RAFAEL: La ciudad tiene muchas ventajas.... Pero yo me siento más a gusto ahora.

LINDA: ¡Y yo estoy más a gusto en la ciudad! Como dicen, ¡no hay nada escrito sobre gustos!

1. ¿Quién no había vivido antes en la ciudad?
2. ¿Quién no había apreciado las flores y las montañas?
3. ¿Quién había tenido acceso a manifestaciones culturales?
4. ¿Quién no se había levantado temprano con frecuencia?
5. ¿Quién no había visto tantas autopistas en un solo lugar?
6. ¿Quién había manejado mucho?
7. ¿Dónde se siente más a gusto Linda? ¿y Rafael?

Forms of the Past Perfect

había hablado	*I had spoken*	**habíamos** hablado	*we had spoken*
habías hablado	*you had spoken*	**habíais** hablado	*you* (pl.) *had spoken*
había hablado	*you had spoken,* *he/she had spoken*	**habían** hablado	*you* (pl.) *had spoken,* *they had spoken*

The English past perfect consists of the past tense of *to have* plus the past participle: *I had written, you had written,* and so on.

In Spanish the *past perfect* (**el pluscuamperfecto**) is formed with the imperfect of **haber** plus the past participle.

Ya **había cenado** cuando llegó Juan.

I had already eaten dinner when Juan arrived.

Habíamos visto aquella película antes de 1970.

We had seen that movie before 1970.

The past perfect tense is used to emphasize the fact that an action (**Ya había**

Change of pace RAFAEL: Before I moved to the country, I had always used the car for everything. I had never had time to appreciate nature. And I had never gotten up early so often. LINDA: Well, before I moved to the city, I had always lived on a farm. I had never seen so many freeways. And I had never visited museums. RAFAEL: The city has a lot of advantages.... But I'm more comfortable now. LINDA: And I'm more at home in the city! As they say, there's no accounting for tastes!

cenado, Habíamos visto) took place before another action, event, or moment in the past **(llegó Juan, 1970).**

PRÁCTICA

A. Jaimito es un niño acusón (*tattle-tale*). Siempre le dice a su madre las cosas que ha hecho—y que *no* ha hecho—Laura, su hermana mayor. ¿Qué le dijo a su madre ayer? Dé oraciones nuevas según las indicaciones.

—Jaimito le dijo que Laura *había dicho una mentira.   (mirar la televisión toda la tarde, no estudiar, perder sus libros, romper un plato, faltar a clase, comer todo el pastel, pegarle, __?__)*

B. ¿Qué cosas habían hecho—o *no* habían hecho—Uds. antes de 1980? Dé oraciones nuevas según las indicaciones.

—Antes de 1980 (no) habíamos... (*estudiar español, asistir a esta universidad, graduarnos en la escuela superior, escuchar un concierto, ver una comedia española, comer flan, __?__)*

¿Qué cosas no habían hecho... y no han hecho todavía?

—No habíamos... ¡Y no lo hemos hecho todavía! (*visitar la Patagonia, viajar a Moscú, aprender ruso, conocer a Julio Iglesias, __?__)*

C. Con otro/a estudiante, haga y conteste preguntas según el modelo.

MODELO   leer la lección para hoy →
    —Ayer, cuando llamaste, no pude hablar contigo. Lo siento.
    —Estabas *leyendo la lección para hoy,* ¿no?
    —No, ya *la* había *leído.*

1. escuchar el noticiero (*newscast*)
2. bañarse
3. preparar la cena
4. hacer las maletas
5. mirar (programa de televisión)

CONVERSACIÓN

A. Describa Ud. su juventud (*youth*). Antes de cumplir dieciocho años, ¿qué había hecho? ¿Qué no había hecho?

B. Complete las oraciones en una forma lógica.

1. Antes de 1492 Cristóbal Colón no _____.
2. Antes de 1938 la Segunda Guerra Mundial no _____.
3. Antes de 1500 Shakespeare no _____.
4. Antes de 1950 mis padres (no) _____.
5. Antes de 1975 yo (no) _____.

Esta casa de campo está en Costa Rica. A veces las fincas sirven de lugares de recreo, y los dueños sólo van allí para pasar las vacaciones o los fines de semana. Esta finca tiene una bonita vista de la ciudad de San José, capital del país.

DIÁLOGO: Facetas del campo

Raúl, un hispanoamericano
Peter, un estadounidense que pasa un año en el país de Raúl

A. Preparativos para un viaje

RAÚL: ¡Qué bueno que mamá nos haya invitado a pasar el fin de semana en la finca!

PETER: ¡Sí, hombre! Estoy loco por ir al campo. ¿Naciste° allí?   *Were you born*

RAÚL: Sí, viví allí en la finca hasta hace unos años.° Dice mamá que le han hecho   hace... *a few years ago*
arreglos° a la casa y que ha cambiado mucho.   *repairs*

PETER: ¿Vamos en automóvil o en tren?

RAÚL: En coche, pero no te preocupes.° Ya tengo el carro preparado para el viaje.   no... *don't worry*

PETER: ¿A qué hora vamos a estar allí?

RAÚL: Pues si salimos a las seis de la mañana después de que hayamos desayunado,
vamos a estar a mitad de camino° a las ocho.   a... *halfway there*

PETER: Entonces llegamos a las diez.

RAÚL: ¡Ojalá! La segunda mitad del viaje no es por autopistas ni por carreteras. Es
por caminos rurales.

B. Más tarde, antes de acostarse

PETER: Estoy entusiasmado con este viaje, ¿sabes? Siempre me ha encantado el
campo.

RAÚL: A mí, también, pero sólo para los fines de semana. Prefiero la ciudad con
sus servicios públicos bien organizados y sus posibilidades de trabajo.

PETER: Y el aire contaminado, el ritmo acelerado de la vida, las viviendas
amontonadas,° los delitos...   *crowded one on top of another*

RAÚL: Es verdad. Ya me lo había dicho mi madre cuando dejé la finca. Y otra cosa... No sé cómo es en tu país, Pedro, pero aquí, la ciudad siempre ha explotado al campo y a los campesinos.

PETER: ¿Cómo es eso?

RAÚL: Pues, los intermediarios° siempre nos han pagado muy poco por nuestras cosechas.° Cuando murió papá, decidí venir a la capital para educarme y poder ayudar a mamá y a mis hermanos. Y hasta ahora en todo me ha ido muy bien.   *intermediaries (profiteers)* *harvests*

PETER: Espero que siempre sea así. Ahora pensemos° en el fin de semana. Ya son las diez de la noche y mañana tenemos que madrugar.   *let's think*

RAÚL: No te preocupes. ¿Para qué crees que tenemos el despertador?

Comprensión

Conteste en oraciones completas.

A. 1. ¿Por qué van al campo Peter y Raúl? ¿Cómo van?
   2. ¿A Peter le gusta el campo?
   3. ¿Por qué tienen que madrugar?
   4. ¿Cómo son los caminos cerca de la finca?

B. 1. ¿A quién le gusta el campo? ¿A quién le gusta menos?
   2. Según Raúl, ¿cuáles son las ventajas de vivir en la ciudad?
   3. Según Peter, ¿cuáles son las desventajas de la ciudad?
   4. Según Raúl, ¿cómo explota la ciudad al campo?
   5. ¿Por qué vino Raúl a la ciudad?
   6. ¿Se van a despertar a tiempo mañana Peter y Raúl?

Comentario cultural

In Spain and Latin America, agriculture is a profitable enterprise for large landowners and for the professionals who manage the estates on their behalf. For the owner of a small farm, however, farming is often a marginal operation at best, demanding long hours of hard work. For the tenant farmer, farming is even less rewarding. Remote areas still lack roads and schools, and life in general is not easy.

As a result, many **campesinos** opt for the uncertainties of the city, hoping to find employment for themselves and a better education and future for their children. The migration of people into urban centers has accelerated during the past decades, creating large concentrations of population around cities such as Buenos Aires, Lima, and Mexico City in Latin America, and Madrid, Barcelona, Valencia, and Bilbao in Spain. This migration has placed a great strain on housing and public services in the cities, and many migrants are forced to live in makeshift dwellings on the outskirts of the large cities.

 # UN POCO DE TODO

A. **Una visita a la ciudad.** Form complete sentences based on the words given, in the order given. Use the present perfect of the first verb and the past perfect of the second. Use subject pronouns only when needed. Two slashes (//) indicate the break between sentences.

1. yo / madrugar / este / mañana // (yo) nunca / levantarse / tan temprano
2. ellos / preocuparse / mucho / por / niños // nunca / preocuparse / tanto
3. hoy / Juan / faltar / trabajo / primero / vez // nunca / faltar / antes
4. nosotros / divertirse / tanto / aquel / película // nunca / reírse / tanto
5. tú / pedir / vino / con / comida // antes / siempre / beber / leche

B. Con otro/a estudiante, haga y conteste preguntas según el modelo.

MODELO escribir la carta → —¿Ya está escrita la carta?
—No, no la he escrito todavía.
—Ah, creía que ya la habías escrito.

1. hacer las maletas
2. pagar las entradas
3. preparar la paella para la cena
4. facturar el equipaje
5. abrir todas las ventanas
6. sacudir los muebles

C. **Entrevista.** With another student, react to the following statements by telling whether you believe them to be possible or not. Use the present perfect indicative or subjunctive, as needed.

MODELO —Hoy tuve que madrugar. Me levanté a las cinco.
—Bueno, yo creo que te has levantado hoy a las cinco.
—No, no te creo. Es imposible (No es probable) que te hayas levantado hoy a las cinco.

1. A veces digo cosas estúpidas y absurdas.
2. Nunca digo cosas estúpidas y absurdas.
3. Nunca duermo.
4. Hoy me levanté a las tres de la mañana.
5. Puedo leer quince libros en una hora.
6. He leído muchos libros este año.
7. Mis padres me mandaron mil dólares la semana pasada.
8. Fui al Japón el año pasado.
9. Fui al Japón ayer.
10. Siempre salgo bien en los exámenes difíciles.

CH. Describa el dibujo, usando las preguntas como guía.

1. Describa la ciudad que se ve en el dibujo.
2. ¿Qué mira la gente? ¿Por qué mira con tanto interés?

3. Para construir la ciudad, ¿qué han hecho? ¿Qué han destruido? (Es posible que...)
4. ¿Cuál es su reacción personal frente a esta situación? (Creo que...)
5. ¿Cree Ud. que se ve el mundo de hoy o el mundo del futuro en el dibujo? ¿Por qué?

D. **Cambio de ritmo.** Complete the following paragraph with the correct form of the words in parentheses, as suggested by the context. When two possibilities are given in parentheses, select the correct word.

Ayer yo pasé un rato recorriendo mi nueva finca. Toda la vida he (*admirar*[1]) la naturaleza, pero creo que fue (*la primera vez/el primer tiempo*[2]) que había (*ver*[3]) (*tan/tanto*[4]) belleza en (*tan/tanto*[5]) poco tiempo. En el lago había unos patitos° y su padre (*les/los*[6]) estaba (*enseñar*[7]) a nadar. La bugavilla, que (*haber florecer*[8]) la semana pasada, estaba (*cubrir*[9]) de flores de colores (*brillante*[10]). (*Oír: yo*[11]) la canción de un pájaro y (*ver: yo*[12]) que uno (*haber construir*[13]) su nido° en el árbol cerca del lago.   *ducklings*

nest

(*Pasar: yo*[14]) todo el día a caballo hasta (*la hora/el tiempo*[15]) de cenar y luego, después de (*comer*[16]), (*descansar*[17]) (*un rato/una vez*[18]) bajo los árboles. Antes de (*mudarnos*[19]) al campo, (*haber hablar: nosotros*[20]) de las ventajas del aire puro y del ritmo lento de la vida, pero no (*haber pensar*[21]) en la tranquilidad y la belleza de las cosas (*cotidiano*[22]). Ahora (*ser/estar: nosotros*[23]) (*tan/tanto*[24]) contentos que no es posible que nuestra decisión (*haber ser*[25]) un error.

Ahora escriba un párrafo semejante, pero desde el punto de vista de una persona que acaba de mudarse a una ciudad grande.

VOCABULARIO

VERBOS

conservar to conserve
construir to build
contaminar to pollute
desarrollar to develop
destruir to destroy
encantar to enchant
explotar to exploit
madrugar to get up early
montar a caballo to ride horseback
mudarse to move
preocuparse to worry
proteger (protejo) to protect
recorrer to pass through; to cover
   (*territory, miles, and so on*)

SUSTANTIVOS

el **aire** air
la **autopista** freeway
el/la **campesino/a** farm worker

el **campo** country; field
el **delito** crime
el **desarrollo** development
la **energía** energy
la **escasez** (*pl.* **escaseces**) lack, shortage
la **fábrica** factory
la **finca** farm
el **gusto** taste; preference; pleasure
el **medio ambiente** environment
la **mentira** lie
la **naturaleza** nature
la **población** population
el **ranchero** rancher
el **rancho** ranch
el **rascacielos** skyscraper
el **rato** short period of time
los **recursos naturales** natural resources
el **ritmo** rhythm, pace
el **servicio** service
la **soledad** solitude

la **tranquilidad** peace, tranquility
el **transporte** (means of) transportation
la **vaca** cow
la **vivienda** housing

ADJETIVOS

acelerado/a fast, accelerated
bello/a beautiful
denso/a dense
público/a public
puro/a pure

PALABRAS ADICIONALES

a gusto comfortable, at home
dos veces twice
hace + *time period* ... ago
muchas veces frequently, a lot
pocas veces infrequently

ACTIVIDADES

EL ÚLTIMO EMIGRANTE. *Bueno, en este pueblo, al menos, ya se ha resuelto el problema del campo.*

A. **Una noche misteriosa.** Imagine que Ud. está haciendo *camping* con un grupo de amigos. Alguien pregunta: «¿Por qué no contamos un cuento (*story*) de misterio?» ¿Cómo es el cuento que se va a contar? Para empezar, puede usar una de las siguientes situaciones. Luego, use las preguntas para continuar su cuento.

¡OJO! Debe tratar de contar una historia que realmente capte la atención de todos.

Una noche de invierno dos jóvenes entraron en una casa abandonada, una casa que estaba en una zona aislada en las afueras (*outskirts*) de la ciudad. Los jóvenes estaban hablando de _____ cuando de repente...

Una noche de verano un grupo de jóvenes fue al Parque Transilvania porque se decía que era muy bonito de noche. Habían caminado mucho cuando...

1. ¿Quiénes son los personajes (*characters*) del cuento? ¿Dónde estaban?
2. ¿Qué hora era?
3. ¿Qué tiempo hacía?
4. ¿Qué hacían los personajes?
5. ¿Qué oyeron?
6. ¿Cómo se sintieron?
7. ¿Qué hicieron?
8. ¿Qué pasó después?
9. ¿Y después?
10. ¿Cómo terminó su aventura?

B. **Es cuestión de prioridades...** Imagine que Ud. es miembro de un comité imaginario: COPAMA (el Comité del Presidente para la Preservación de Animales y del Medio Ambiente). El comité se ha reunido porque varios grupos le han solicitado fondos para ciertos casos de urgencia. Al comité le queda muy poco dinero que distribuir antes del primero del mes. En su opinión, ¿qué grupo(s) debe(n) recibir los fondos? ¿Por qué?

1. Un grupo dedicado a la preservación del cóndor
2. El grupo que se llama «Salve las ballenas (*whales*)»
3. El Club Sierra
4. Un grupo de víctimas de la contaminación ambiental
5. Un municipio que busca fondos para la renovación del centro de su ciudad
6. ___?___

A propósito...

Más sobre la cortesía.   When you are searching for words to express the exact nature of a problem or situation, it is possible to sound abrupt or impolite, even though that is not your intention. The use of phrases such as **por favor, perdón,** and **con permiso** will show that you want to be polite, even when you may not be able to express yourself as precisely or as eloquently as a native speaker of Spanish.

Other phrases that will help you to communicate respect and politeness include the following.

Quisiera hablar con el Sr. Jiménez.	*I would like to talk to Mr. Jiménez.*
Me gustaría comprar una blusa azul.	*I would like to buy a blue blouse.*
Me trae otro café, **si fuera tan amable.**	*Bring me another cup of coffee, if you would be so kind.*
Es Ud. muy amable.	*You are very kind.*
Mil gracias. Ud. me ha ayudado muchísimo.	*Thanks a million (a thousand thanks). You have helped me a lot.*
Ha sido un placer hablar con Ud.	*It has been a pleasure to talk with you.*

Both **quisiera** and **me gustaría** (*I would like*) are more polite than **quiero** (*I want*). This usage parallels that of English.

C. **¿Qué se debe decir?** What would you say to be especially courteous in each of the following situations? How would you thank the person for helping you?

1. You need to return an article of clothing to a department store because it is the wrong size. You want the clerk to help you select the right size.
2. You know that you need to catch the number 17 bus to get to the **Museo de Arte,** but you don't know where to catch it. You ask a police officer on the street corner.
3. You have lost the key to your hotel room and need to tell the clerk. You also need to get another key.
4. The waiter has just brought you a cup of coffee. You ordered tea.

5. Something is wrong with your car. You want the mechanic to fix it as quickly and as cheaply as possible.
6. You have gone to the doctor with a routine ailment. After he or she has examined you and you have received a prescription, you discover that you have left your money and checkbook at home and cannot pay at this moment.

LECTURA CULTURAL: La urbanización en el mundo hispánico

Parece que en todas partes coexisten la riqueza y la pobreza, y los Estados Unidos no son ninguna excepción. En nuestro país, la población con escasos° recursos económicos tiende a desplazarse° a las ciudades, mientras que la clase media prefiere irse al campo o a las afueras de la ciudad. La tendencia de los pobres a dirigirse° a las grandes ciudades es aún más marcada en los países del mundo hispánico.

    Tomemos° como ejemplo la familia Raquejo, que se despide de su casita en el campo y de sus vecinos para empezar el largo viaje a la capital del país. Para los Raquejo, la ciudad ofrece la esperanza de una nueva vida, de un buen trabajo, la oportunidad de vivir en una casa decente, y de proporcionarles° a sus hijos una buena educación. El campo les ha dado su aire fresco y la tranquilidad de la naturaleza, pero también un trabajo duro y mal pagado. Ha llegado la hora de cambiar de ambiente, de mudarse a la capital para mejorar las condiciones de vida.

    Esta llegada de los campesinos a la ciudad es uno de los problemas urbanos más graves que tiene Hispanoamérica. En muchos países, especialmente en Venezuela y en México, esto se ha debido a la intensa actividad económica provocada por el descubrimiento de grandes yacimientos° de petróleo. Ante las nuevas perspectivas que ofrecía tal descubrimiento, los gobiernos inauguraron grandes proyectos para la construcción de edificios, carreteras y puertos.° Mucha gente pensó que los campesinos podrían proporcionar la mano de obra° que la nueva ola° de prosperidad necesitaba.

    Desgraciadamente no todo salió tal como lo habían soñado los gobiernos. Debido a la baja en la demanda y en el precio del petróleo, los campesinos tuvieron que enfrentarse con el desempleo y la falta de viviendas adecuadas suficientes. Además, con frecuencia no tenían la preparación necesaria para obtener buenos puestos. Estas familias, que aun en la actualidad siguen siendo numerosas, cocinan y duermen en viviendas de un solo cuarto en los barrios pobres de las ciudades. Para ganar dinero, el esposo, con frecuencia, vende cigarrillos o billetes de lotería por las calles, la señora lava ropa o trabaja de criada, y los niños—que raras veces pueden asistir a la escuela—limpian zapatos en el centro comercial de la ciudad.

pocos
mudarse

ir

Let's take

darles

deposits

ports
mano... working force
wave

Junto a esta pobreza, el lujo y la grandeza también están presentes en Hispanoamérica. Desde la Ciudad de México hasta Buenos Aires hay ciudades modernas llenas de rascacielos y de barrios elegantes. En las afueras hay casas
modernas y lujosas° con todas las comodidades.° Grandes sistemas de autopistas   *luxurious / comforts*
conectan los distintos barrios de las ciudades que, como toda ciudad moderna,
sufren los efectos de la contaminación del aire y del tráfico incontrolable. Como
los demás países del mundo, las naciones hispanoamericanas van a tener que
esforzarse para hacer de sus metrópolis lugares apropiados para la vida de todos
sus habitantes.

Comprensión

Haga oraciones completas, combinando las frases de la columna A con las de la columna B.

A	B
1. La urbanización significa...	a. tienen la esperanza de una vida mejor y buenos puestos
2. Muchas personas pobres emigran a la ciudad porque...	b. lujo y grandeza
3. Los campesinos encontraron... en la ciudad.	c. un movimiento del campo hacia la ciudad
4. Al llegar al centro urbano, la mayoría de los campesinos... ; por eso les era difícil encontrar buenos puestos.	ch. no tenían suficiente preparación
5. A causa de su pobreza, es típico que los niños...	d. trabajen y que no asistan a la escuela
6. A pesar de la pobreza en Latinoamérica, también hay...	e. muchos obstáculos

Para escribir

Describa la ciudad más grande que Ud. conoce. Su descripción debe incluir los siguientes detalles.

1. dónde está
2. su importancia nacional e internacional
3. población: tamaño (*size*), grupos étnicos o culturales
4. lugares de interés
5. industrias
6. política
7. si le gustaría a Ud. vivir allí y por qué (no)

Una invitación a Sudamérica

Como en Norteamérica, hay en Sudamérica una variedad sorprendente de climas, tierras, gentes y culturas. No se habla solamente el español en Sudamérica: en el Brasil se habla portugués y son importantes también las lenguas indias, como el quechua en el Perú.

1. *La gente sudamericana es descendiente no sólo de indios y españoles sino (but) del gran número de inmigrantes europeos—italianos, franceses, alemanes, etcétera—que llegaron y siguen llegando a este gigante del sur.*

2. *Según los demógrafos, varias de las ciudades de Hispanoamérica van a estar entre las diez ciudades más grandes del mundo en el año 2000. Igual que la Ciudad de México, Caracas, Bogotá, Lima, Santiago y Buenos Aires siguen creciendo (growing) de una manera extraordinaria. Buenos Aires, la capital de la Argentina, es una ciudad muy elegante que algunos llaman «el París de Sudamérica». A sus habitantes se les llama porteños, o sea, gente que vive en el puerto (port city).*

Venezuela
Caracas
Colombia
Bogotá
el Ecuador
Quito
el Perú
Lima
el Brasil
Bolivia
Brasilia
La Paz
el Paraguay
Chile
Asunción
Buenos Aires
el Uruguay
Santiago
la Argentina
Montevideo
OCÉANO PACÍFICO
OCÉANO ATLÁNTICO
SUDAMÉRICA

PETER MENZEL/STOCK, BOSTON

BILL HARRIS

DAVID MANGURIAN

3. Situada en las grandes alturas de los Andes, a unos ochenta kilómetros de la ciudad de Cuzco, Machu-Picchu es conocida como la capital escondida (hidden) de los incas. Construida con grandes bloques de piedra (stone), la ciudad es una de las manifestaciones más importantes de la arquitectura incaica. Fue refugio y ciudad de vacaciones de los reyes incaicos.

4. Como en los Estados Unidos, en los países hispanoamericanos el lujo y la riqueza coexisten con la pobreza. En casi todos los países, la población india está marginada social y económicamente.

5. La cordillera de los Andes se extiende desde Venezuela en el norte del continente hasta la Tierra del Fuego en el extremo sur de la Argentina. Es una zona sísmica muy activa. Quito, la capital del Ecuador (altitud: 2.800 metros—9.350 pies—sobre el nivel del mar) goza de un clima primaveral durante todo el año, aunque está situada casi en el ecuador. La ciudad de La Paz, capital de Bolivia, está a 3.600 metros (11.700 pies) y es la capital más alta del mundo.

CAPÍTULO 16

EL DINERO

FOTO DU MONDE/THE PICTURE CUBE

PARA EMPEZAR

In this chapter and in **Un paso más 16,** you will learn vocabulary and expressions about money and finances, and will consider money-related attitudes and customs of Hispanic peoples. As a first step, listen to the following conversation about one aspect of the working world in Venezuela.

Guillermo y Jim piensan en su futuro después de graduarse en la universidad.

JIM: Bueno, Guille, ya casi nos graduamos, ¿verdad?

GUILLERMO: Pues sí. Ya falta muy poco. ¿Qué piensas hacer después de graduarte?

JIM: No estoy seguro. A lo mejor regreso a Boston y busco trabajo enseñando español.

GUILLERMO: Pero, ¿cómo vas a vivir? Aquí en Venezuela esa carrera no te daría ni siquiera para comer (*wouldn't even give you enough to eat on*). Tendrías que (*You would have to*) buscar además (*in addition*) otro empleo.

JIM: ¿Tener dos empleos distintos?

GUILLERMO: Exacto. Aquí el pluriempleo (*moonlighting*) es una realidad para la mayoría de la gente.

VOCABULARIO: PREPARACIÓN

Una cuestión de dinero	
el alquiler	rent
el banco	bank
la cuenta corriente	checking account
la cuenta de ahorros	savings account
el cheque	(*bank*) check
la factura	bill
los gastos	expenses
el préstamo	loan
el presupuesto	budget
la tarjeta de crédito	credit card
ahorrar	to save (*money*)
aumentar	to increase
cargar (a la cuenta de uno)	to charge (*to someone's account*)
cobrar	to cash (*a check*); to charge (*someone for an item or service*)
economizar	to economize
gastar	to spend (*money*)
pagar a plazos/al contado/con cheque	to pay/in installments/cash/by check
prestar	to lend
quejarse	to complain

A. ¿Quiénes son estas personas? ¿Dónde están? ¿Qué van a comprar? ¿Cómo van a pagar?

1.

2.

3.

B. **Definiciones.** Dé una definición de estas palabras en español.

1. el presupuesto   3. el préstamo   5. el alquiler
2. economizar   4. la factura

Ahora explique la diferencia entre una cuenta corriente y una cuenta de ahorros.

Un aspecto problemático de los viajes al extranjero (abroad) *es el cambio de la moneda: el valor del dinero del país extranjero en comparación con el dólar. Muchas veces, sobre todo* (especially) *cuando el cambio está muy «favorable», el viajero tiende a considerar que el dinero extranjero no es realmente dinero, es decir, que es «dinero de juguete». Por ejemplo, en 1984 el peso mexicano valía más o menos dos tercios* (two thirds) *de un centavo estadounidense; es decir, con un dólar estadounidense, se podría* (one could) *comprar ciento cincuenta pesos mexicanos. Así, si algo costaba 2.550 pesos, en los Estados Unidos costaría* (it would cost) *$17. Puesto que* (Since) *la diferencia es tan enorme, es muy fácil creer que el peso no vale nada. Si Ud. no tiene cuidado, puede comenzar a gastar su dinero—es decir, sus pesos—más libremente de lo que debe.*

C. Indique una respuesta para cada pregunta o situación. Luego invente un contexto para cada diálogo. ¿Dónde están las personas que hablan? ¿en un banco? ¿en una tienda? ¿Quiénes son? ¿clientes? ¿cajeros (*cashiers*)? ¿dependientes?

1. ¿Cómo prefiere Ud. pagar?
2. ¿Hay algún problema?
3. Me da su pasaporte, por favor. Necesito verlo para poder cobrar su cheque.
4. ¿Quiere usar su tarjeta de crédito?
5. ¿Va a depositar este cheque en su cuenta corriente o en su cuenta de ahorros?
6. ¿Adónde quiere Ud. que mandemos la factura?

a. En la cuenta de ahorros, por favor.
b. Me la manda a la oficina, por favor.
c. No, prefiero pagar al contado.
ch. Sí, señorita, Ud. me cobró demasiado por el jarabe.
d. Aquí lo tiene Ud.
e. Cárguelo a mi cuenta, por favor.

CH. De estas oraciones, ¿cuáles describen la situación económica de Ud.?

1. Me resulta imposible ahorrar dinero. Siempre aumentan los gastos.
2. Uso demasiado mis tarjetas de crédito; por eso tengo muchas facturas que pagar.
3. Es mejor pagar al contado que cargarlo todo a la cuenta.
4. Necesito dos empleos para poder pagar todas mis facturas.
5. Si mi producto favorito sube un 50 por ciento de precio, dejo de comprarlo.
6. Si el dependiente de una tienda me cobra demasiado, me quejo en seguida.

7. Si no tengo dinero al final del mes, saco dinero de mi cuenta de ahorros.
8. Mi cuenta corriente siempre tiene mucho dinero al final del mes.

D. Haga Ud. una descripción de la situación económica de estas dos personas. Incluya todos los detalles que sean posibles.

1. El señor Rodríguez, presidente de la compañía «Universal, S. A.»*
2. Juan Típico (Juana Típica), estudiante de esta universidad

MINIDIÁLOGOS Y GRAMÁTICA

58. *Future Verb Forms*

¡Hay que reducir los gastos! ¿Qué vamos a hacer?

MADRE: *Tomaré* el autobús en vez de usar el carro.

ANDRÉS: *Comeremos* más ensalada y menos carne y pasteles.

PADRE: Los niños no *irán* al cine con tanta frecuencia.

JULIETA: *Dejaré* de fumar.

MADRE: Los niños *gastarán* menos en dulces.

PADRE: No *cargaré* nada a nuestras cuentas. Lo *pagaré* todo al contado.

JULIETA: *Bajaremos* la calefacción.

GABRIELA: Y yo me *iré* a vivir con los abuelos. Allí *habrá* de todo como siempre, ¿verdad?

1. ¿Quién dejará de usar el carro? ¿de fumar?
2. ¿Qué comerá la familia? ¿Qué no comerá?
3. ¿Cómo gastará menos dinero el padre? ¿y los niños?
4. ¿Adónde irá a vivir Gabriela? ¿Por qué?

hablar		comer		vivir	
hablar**é**	hablar**emos**	comer**é**	comer**emos**	vivir**é**	vivir**emos**
hablar**ás**	hablar**éis**	comer**ás**	comer**éis**	vivir**ás**	vivir**éis**
hablar**á**	hablar**án**	comer**á**	comer**án**	vivir**á**	vivir**án**

*****S. A.** is the abbreviation for **Sociedad Anónima,** the Spanish equivalent of *Incorporated* (*Inc.*).

It's necessary to cut down on expenses! What are we going to do? MOTHER: I'll take the bus instead of using the car. ANDRÉS: We'll eat more salad and less meat and cake. FATHER: The kids won't go to the movies so much. JULIETA: I'll stop smoking. MOTHER: The kids will spend less on candy. FATHER: I won't charge anything. I'll pay for everything in cash. JULIETA: We'll turn down the heat. GABRIELA: And I'll go to live with our grandparents. There they'll have (there will be) everything as usual, right?

Future actions or states of being can be expressed with the **ir** + **a** + *infinitive* construction (Grammar Section 13) or with the future. In English the future is formed with the auxiliary verbs *will* or *shall: I will/shall speak.* The *future* (**el futuro**) of most Spanish verbs is formed by adding the future endings to the infinitive: **-é, -ás, -á, -emos, -éis, -án.** No auxiliary verbs are needed.

The following verbs add the future endings to irregular stems.

decir:	**dir-**	
hacer:	**har-**	
poder:	**podr-**	**-é**
poner:	**pondr-**	**-ás**
querer:	**querr-**	**-á**
saber:	**sabr-**	**-emos**
salir:	**saldr-**	**-éis**
tener:	**tendr-**	**-án**
venir:	**vendr-**	

decir	
diré	diremos
dirás	diréis
dirá	dirán

The future of **hay** is **habrá** (*there will be*).*

¡OJO!   Remember that indicative and subjunctive present-tense forms can be used to express the immediate future. Compare:

Llegaré a tiempo.

Llego a las ocho mañana. ¿Vienes a buscarme?

No creo que Pepe **llegue** a tiempo.

I'll arrive on time.

I arrive at eight tomorrow. Will you pick me up?

I don't think Pepe will arrive on time.

¡OJO!   When English *will* refers not to future time but to the willingness of someone to do something, Spanish uses a form of the verb **querer,** not the future.

¿Quieres cerrar la puerta, por favor?

Will you please close the door?

PRÁCTICA

A. ¿Qué pasará durante el viaje a Guatemala? Haga oraciones según las indicaciones.

1. yo: { hablar sólo español
        { leer periódicos en español

2. tú: { levantarse temprano todos los días
       { comer arroz y frijoles

---

*The *future perfect tense* (**el futuro perfecto**) is formed with the future of the auxiliary verb **haber** (**habré, habrás, habrá, habremos, habréis, habrán**) plus the past participle. It is used to express what will have occurred at some point in the future.

Para mañana, ya **habré hablado** con Miguel.   *By tomorrow, I will already have talked with Miguel.*

3. nosotros: { cambiar mucho dinero
{ escribir muchas tarjetas postales

4. Uds.: { no usar las tarjetas de crédito
{ querer pagarlo todo al contado

5. Gustavo: { tratar de seguir un presupuesto rígido
{ prometer no gastar todo su dinero

6. vosotros: { comprar recuerdos en el mercado indio
{ divertirse mucho

B. Son las tres de la tarde, un viernes, y todos han recibido el cheque semanal (*weekly*). Claro que todos tratarán de cobrar el cheque antes de que se cierren los bancos, pero... ¿qué harán después? Conteste según las indicaciones.

—Algunos comprarán comestibles. Otros _____. (*pagar las facturas, hacer un nuevo presupuesto, depositar un poco en la cuenta de ahorros, quejarse porque nunca tienen suficiente, decir que ya no usarán las tarjetas de crédito, ___?___*)

C. Ud. es astrólogo/a, y puede predecir (*predict*) el futuro. ¿Qué predicciones puede Ud. formar usando una palabra o frase—en su forma correcta—de cada columna? Use el futuro de los verbos.

yo	conseguir	pagar todas las facturas algún día
el/la profesor(a)	querer	casarse, mudarse a _____, retirarse
mi amigo/a _____ (no)	tener	un aumento de salario por fin
mis padres	poder	en un país hispano, en _____
___?___	ser	casado/a, soltero/a, rico/a, famoso/a
	vivir	ahorrar dinero para comprar _____
		muchos/pocos/ningún hijo(s)
		médico/a, abogado/a, _____
		___?___

CH. Ud. quiere imitar todas las acciones de su amigo Gregorio. Cuando Gregorio dice que va a hacer algo, diga Ud. que lo hará también, usando el futuro.

MODELO   Gregorio va a gastar menos este mes. → Yo también gastaré menos.

1. Gregorio va a mudarse de apartamento.
2. Va a hacer un presupuesto y lo va a seguir.
3. Va a saber todas las respuestas en el próximo examen.
4. Va a salir para la playa este fin de semana.
5. Va a ir a la fiesta esta noche.
6. Va a decirle a Graciela que vaya a la fiesta también.
7. Va a casarse (*to get married*) algún día.
8. Va a poner todo su dinero en una cuenta de ahorros.

D. ¿Cómo se dice en español? Un grupo de turistas está en una tienda en Costa Rica. Usando el futuro, explique cómo pagarán sus compras.

1. Mr. Adams says (that) he will pay in cash.   2. Mrs. Walsh will use her credit card.   3. Ms. Smith says that she will have to cash a check at **(en)** the bank.   4. Mr. Judd says that the shop will have to send the bill to his home.

CONVERSACIÓN

A. **Para conseguir más dinero.** What can you do to get extra cash or to save money? Some possibilities are shown in the cartoon and in the following drawings. What are the advantages and disadvantages of each plan?

MODELO   dejar de tomar café →
Si dejo de tomar café estaré menos nervioso/a, pero será más difícil despertarme por la mañana.

1. pedirles dinero a mis amigos
2. cometer un robo
3. alquilar un cuarto de mi casa a otras personas
4. dejar de fumar
5. buscar un trabajo de tiempo parcial
6. ?

B. Haga una descripción del mundo del año 2500 completando estas oraciones.

1. (No) Habrá _____. (pobreza [*poverty*], guerras [*wars*], igualdad [*equality*] para todos, un gobierno mundial, gasolina, otros tipos de energía, _____)
2. La gente (no) vivirá en _____.
   tendrá _____.
   se quejará de _____.
   hablará _____.
   comerá _____.
3. Nosotros (no) viajaremos a/en _____.
   usaremos más/menos _____.
   podremos _____.
   comeremos _____.

¿Está Ud. de acuerdo con las predicciones de sus compañeros de clase? Exprese su opinión, completando estas oraciones.

Estoy de acuerdo en que _____ en el futuro.
No creo que _____ en el futuro. (¡**OJO!** subjuntivo)

59. *Future of Probability*

¿Dónde **estará** Cecilia?
I wonder where Cecilia is. (Where can Cecilia be?)

Estará en la carretera.
She is probably (must be) on the highway. (I bet she's on the highway.)

The future may indicate future actions *or* express probability or conjecture in the present. This construction is called the *future of probability* **(el futuro de probabilidad).** English *probably, I guess, I bet,* and *I wonder* are not directly expressed in Spanish; their sense is contained in the future form of the verb used.

PRÁCTICA

A. Imagine que Ud. acaba de recibir su cheque mensual... pero es el doble de lo que Ud. esperaba. ¿Qué habrá pasado? Haga comentarios especulativos según las indicaciones.

1. jefes / estar / aumentando / sueldos
2. aumento / ser / regalo / Navidad
3. hay / error / enorme
4. todos los empleados / tener / devolverlo todo (*to give it all back*)
5. ¡Ud. / tratar / gastarlo / en seguida!

B. Cambie por el futuro para expresar probabilidad o conjetura.

De compras

1. Cobran mucho en aquella tienda, ¿no crees?
2. ¿Cuánto es el precio de aquella estatua?
3. Podemos usar las tarjetas de crédito aunque estamos en el extranjero.
4. ¡Las facturas llegan a casa antes que lleguemos nosotros!

Una visita de la doctora

1. Julito está enfermo.
2. ¿Cuántos grados de temperatura tiene?
3. La doctora viene más tarde.
4. Le da un antibiótico.

C. **Los nuevos vecinos.** ¿Cómo se dice en español? Use el futuro de probabilidad.

1. He's probably a teacher, and she must be a doctor.   2. I wonder

where she works.   3. I wonder which one earns more money.   4. They're probably from a big city.   5. They probably have a lot of kids.   6. They must be asking questions about **(acerca de)** us, too!

CONVERSACIÓN

A. Describa Ud. estas escenas. ¿Quiénes serán las personas? ¿Dónde estarán? ¿Qué estarán haciendo? ¿Qué les pasará?

1.

2.

B. Imagine that you are a fortune teller **(un adivino/una adivina).** Using the future of probability, speculate about the life of a member of your class or of a well-known person. Use these questions as a guide.

1. ¿Dónde vivirá? ¿Cómo será su casa/apartamento?
2. ¿Cuántos años tendrá?
3. ¿Estará casado/a? ¿Tendrá hijos? ¿Cómo serán?
4. ¿Cuánto ganará?
5. ¿Ahorrará mucho dinero? ¿Cómo lo gastará?
6. ¿Qué le gustará hacer?
7. ¿Cuáles serán sus mayores preocupaciones?

60. *Conditional Verb Forms*

¿Es posible escapar?

Necesito salir.... Creo que me *gustaría* ir a Puerto Rico o a algún otro lugar del Caribe... no *trabajaría... podría* nadar... *tomaría* el sol... *comería* platos exóticos... *vería* bellos lugares naturales... *sería* ideal.... Pero..., tarde o temprano, *tendría* que volver a lo de siempre... a los rascacielos de la ciudad... al tráfico... al medio ambiente contaminado... al mundo del trabajo.... *Podría* usar mi tarjeta de crédito, como dice el anuncio—¡pero, al fin y al cabo, lo *tendría* que pagar todo!

Is it possible to escape?   I need to get away. . . . I think I'd like to go to Puerto Rico or to some other place in the Caribbean . . . I wouldn't work . . . I could swim . . . I would sunbathe . . . I would eat exotic food . . . I would see beautiful natural sites . . . it would be ideal . . . But . . . sooner or later, I would have to return to the usual routine . . . to the city skyscrapers . . . to the traffic . . . to the polluted environment . . . to the working world. . . . I could use my credit card, as the ad says—but in the end I would have to pay for it all!

1. ¿Cómo respondería la mujer a la pregunta: ¿Es posible escapar?
2. A ella, ¿adónde le gustaría ir?
3. ¿Qué haría en el Caribe?
4. ¿Duraría su sueño mucho tiempo?
5. ¿Por qué quiere escapar la mujer?
6. ¿Es posible escapar? ¿Qué cree Ud.?

hablar		**comer**		**vivir**	
hablar**ía**	hablar**íamos**	comer**ía**	comer**íamos**	vivir**ía**	vivir**íamos**
hablar**ías**	hablar**íais**	comer**ías**	comer**íais**	vivir**ías**	vivir**íais**
hablar**ía**	hablar**ían**	comer**ía**	comer**ían**	vivir**ía**	vivir**ían**

Conditional actions or states of being are expressed with the conditional. In English the conditional uses the auxiliary verb *would: I would speak.* The Spanish *conditional* (**el condicional**) is formed by adding the conditional endings to the infinitive: **-ía, -ías, -ía, -íamos, -íais, -ían.** No auxiliary verb is needed.

Verbs that form the future on an irregular stem use the same stem to form the conditional.

decir:	**dir-**			**decir**		
hacer:	**har-**	-**ía**				
poder:	**podr-**	-**ías**		diría	diríamos	
poner:	**pondr-**	-**ía**		dirías	diríais	
querer:	**querr-**	-**íamos**		diría	dirían	
saber:	**sabr-**	-**íais**				
salir:	**saldr-**	-**ían**				
tener:	**tendr-**					
venir:	**vendr-**					

The conditional of **hay** is **habría** (*there would be*).*

Uses of the Conditional

The conditional expresses what you would do in a particular situation, given a particular set of circumstances.

—¿**Hablarías** francés en México?　　　　*"Would you speak French in Mexico?"*

—No, **hablaría** español.　　　　*"No, I would speak Spanish."*

¡OJO!　When *would* implies *used to* in English, Spanish uses the imperfect.

Íbamos a la playa todos los veranos.　　　　*We would go (used to go) to the beach every summer.*

[Práctica A, C]

---

*The *conditional perfect tense* (**el condicional perfecto**) is formed with the conditional of the auxiliary verb **haber (habría, habrías, habría, habríamos, habríais, habrían)** plus the past participle. It expresses what would have happened at some time in the past.

Habríamos tenido que buscarla en el aeropuerto.　　　　*We would have had to pick her up at the airport.*

¿Qué **habría hecho** Ud.?　　　　*What would you have done?*

The conditional is often used in Spanish to express probability or conjecture about past events or states of being, just as the future is used to indicate probability or conjecture about the present. This use of the conditional is called **el condicional de probabilidad.**

—¿Dónde **estaría** Cecilia?   *"I wonder where Cecilia was."*
                                          (Where could Cecilia have been?)
—**Estaría** en la carretera.   *"She was probably on the highway."*

[Práctica CH, D]

PRÁCTICA

A. **¿Es posible escapar?** Imagine que sí. Conteste la pregunta, haciendo oraciones completas según las indicaciones.

   1. yo / ir / playa / Puerto Rico
   2. ¿no / viajar / tú / Europa?
   3. nosotros / quedarse / en casa
   4. Raúl / alquilar / coche / y / recorrer / país / entero
   5. ¡ellos / sencillamente / dejar / trabajar!

B. ¿Cómo sería el mundo si Ud. pudiera (*could*) controlarlo todo? Haga oraciones con una palabra o frase de cada columna. También pueden empezarse las oraciones con **(No) Habría....**

yo	usar	(la) pobreza
la gente	haber	(las) guerras
el gobierno (no)	tener	(la) (des)igualdad
nosotros	vivir en	un gobierno mundial
	ser	gasolina
	eliminar	casas _____
	desarrollar	otros tipos de energía
	quejarse de	esperanza (*hope*) para un futuro mejor
		tarjetas de crédito

C. **Es necesario ahorrar más.** ¿Qué dicen estas personas? Cambie por el condicional.

   1. —Yo sé economizar sin sacrificar ninguna comodidad (*comfort*).
   2. —Quiero saber el secreto de hacerlo.
   3. —No ponemos tanto el aire acondicionado en verano.
   4. —Javier nunca sale sin apagar todas las luces.
   5. —Tenemos que hacer un presupuesto rígido... y luego seguirlo.
   6. —¿Podemos hacerlo?
   7. —¿Qué hacen Uds. para ahorrar?
   8. —Bueno, sencillamente nos conviene (*it's a good idea*) gastar menos.

CH. Lea el siguiente párrafo.

   Había una mujer detrás de un mostrador (*counter*). Vino un hombre que llevaba una maleta porque iba a hacer un viaje. El hombre parecía nervioso y la maleta parecía pesar mucho. El hombre habló con la mujer y luego sacó dinero de su cartera. Se lo dio a la mujer, quien le dio un papelito. El hombre le dio a la mujer la maleta y fue a sentarse. Parecía muy agitado. Escuchaba los avisos (*announcements*) que se oían periódicamente mientras que escribía rápidamente una tarjeta postal. Al escuchar un aviso en particular, se levantó el hombre y...

¿Qué pasaría aquí? Conteste, usando el condicional de probabilidad. Si quiere, puede inventar más detalles.

1. ¿Dónde estarían el hombre y la mujer?
2. ¿Quién sería la mujer? ¿y el hombre?
3. ¿Por qué estaría nervioso el hombre?
4. ¿Qué tendría el hombre en la maleta?
5. ¿Qué preguntaría el hombre a la mujer?
6. ¿Por qué le daría dinero a la mujer?
7. ¿Qué le daría la mujer al hombre?
8. ¿Por qué le daría el hombre la maleta a la mujer?
9. ¿Qué serían los avisos?
10. ¿A quién le escribiría el hombre?
11. ¿Qué haría el hombre después de levantarse?
12. ¿Qué pasaría después?

D. **Las consecuencias del progreso.** ¿Cómo se dice en español?

1. I wonder why they would want to build a factory there.   2. They would have to destroy a lovely natural environment.   3. And the garbage would pollute the lake.   4. They probably want to develop the area (**el área,** but *f.*), but they're going to destroy it!

Encuentro cultural: El mercado negro de monedas

Un riesgo que tarde o temprano encuentra el viajero en el extranjero es el «mercado negro de monedas». Esto es un cambio extraoficial; significa que algunas personas pagarán más del cambio oficial por conseguir dólares norteamericanos.

Tal vez (*Perhaps*) quieran hacer un viaje a los Estados Unidos, pero su propio (*own*) gobierno pone límites a la cantidad de dinero que pueden sacar del país. Quizás sea porque la persona cree que pronto habrá una desvalorización de la moneda de su país y quiere proteger su capital.

De todos modos, es importante saber que este cambio extraoficial es completamente ilegal en cualquier país. Si usted vende sus dólares extraoficialmente, corre el riesgo de encontrarse en serios problemas con la policía.

CONVERSACIÓN

A. Preguntas

1. ¿Qué le gustaría a Ud. comer esta noche? ¿Por qué quiere comerlo? ¿Le gustaba comer eso cuando era niño/a? ¿Qué comió anoche? ¿Y qué va a comer mañana?

2. ¿Qué lengua hablaría una persona de Pekín? ¿Cuál sería su nacionalidad? ¿y una persona de Moscú? ¿del Canadá? ¿de Lisboa? ¿de Guadalajara? ¿Podría Ud. hablar con todos ellos? ¿Qué lengua(s) tendría que aprender?

3. ¿Qué haría Ud. para obtener mucho dinero? ¿y para ahorrar mucho dinero? ¿y para gastar mucho dinero? ¿Siempre ha tenido Ud. mucho dinero? Como consecuencia, ¿qué tipo de vida ha llevado Ud. en cuanto al (*as far as*) aspecto económico? ¿Cuánto dinero necesitaría Ud. para pagar todas sus facturas actuales?

4. ¿Qué persona famosa le gustaría ser? ¿Por qué? ¿Qué tipo de persona sería Abraham Lincoln? ¿Florencia Nightingale? ¿Hernán Cortés? ¿Cristóbal Colón? ¿la reina Isabel? ¿Qué rasgos de su personalidad comparte Ud. (*do you share*) con ellos? ¿Qué cosas le gustaría tener a Ud. de ellos?

5. ¿Qué le gustaría decirle al presidente de los Estados Unidos? ¿al presidente de la universidad? ¿a _____ (actor/actriz, político, _?_) ¿Por qué le quiere decir eso?

B. ¿Qué haría Ud. en las siguientes situaciones? Conteste, usando los verbos indicados o cualquier otro.

1. Sus gastos mensuales están aumentando y Ud. necesita dos trabajos. ¿Cuál sería su segundo empleo? ¿Por qué?
   a. camarero/a   c. *barman*   d. otra cosa
   b. detective   ch. dependiente/a

2. Ud. no tiene suficiente dinero para mantener su presupuesto actual; tiene que reducir los gastos. ¿Qué dejaría Ud. de comer, de tomar, de usar o de hacer?
   a. bebidas alcohólicas   c. carne   d. otra cosa
   b. el carro   ch. cigarrillos

3. Ud. es el presidente (la presidenta) del país. ¿Qué haría para combatir la inflación?
   a. prohibir el aumento   c. no hacer nada
      de los precios   ch. prohibir el aumento
   b. poner un límite a las ganancias   de los sueldos
      (*earnings*) de las grandes empresas   d. otra cosa

4. El dueño de su apartamento le aumenta el alquiler un 50 por ciento. ¿Cómo reaccionaría Ud.?
   a. comprar una casa   c. mudarse a otro apartamento
   b. quejarse pero pagar   ch. hacer un pleito (*to sue*)
      el aumento   d. otra cosa

DIÁLOGO: El pluriempleo

Eva, estudiante hispanoamericana
Ramón (Raymond), estudiante de los Estados Unidos
   en un país hispano

RAMÓN: Hay algo que todavía no entiendo° de la economía latina.   no... *I don't understand*

EVA: ¿Qué es?

RAMÓN: ¿Cómo podrá existir el pluriempleo aquí donde hay tantas personas que
no pueden encontrar ni° un trabajo?   *even*

EVA: Te parecerá imposible, pero así es en casi todos nuestros países. Para la
persona que tiene dos trabajos es una oportunidad estupenda para
aumentar las ganancias. Pero para la persona que no puede encontrar ni
un puesto, es otra desigualdad del sistema económico.

RAMÓN: Yo, en los Estados Unidos, viviré más o menos bien con un puesto. Seré
profesor, me casaré y buscaré una casa.

EVA: Aquí probablemente no sería así. Para vivir bien tendrías que ser un
profesor eminente o... de familia rica. De lo contrario,° vivirías es-   De... *If that were not the case*
trechamente° y tu mujer tendría que trabajar por necesidad, no por   *barely making ends meet*
gusto.

RAMÓN: Los sueldos de los profesores aquí serán pequeños, ¿no?

EVA: Sí, sobre todo al principio° de la carrera. Además, la competencia° por   al... *at the beginning / competition*
los puestos es mucha.

RAMÓN: Es decir° que aquí yo sería profesor por vocación y otra cosa por   Es... *That means*
necesidad.

EVA: Exacto.

RAMÓN: ¿Y esto pasa en todas las clases sociales?

EVA: Más o menos, pero sobre todo en la clase baja y la clase media.°   *middle*

RAMÓN: El pluriempleo no corresponde a la idea que tenemos los americanos de
los latinos.

EVA: Pues... no somos perezosos como nos pinta el estereotipo del cacto, el
burrito y el indio durmiendo la siesta. Yo tengo dos empleos... y una
esperanza: la esperanza de poder dedicarme a un solo trabajo en el
futuro.

Comprensión

Conteste en oraciones completas.

1. ¿Qué no entiende Ramón?
2. ¿Qué es el pluriempleo?
3. ¿Todos lo consideran una ventaja?

4. Según Ramón, ¿cómo será su vida en los Estados Unidos?
5. ¿Cómo sería su vida de profesor en Hispanoamérica?
6. ¿Ganaría mucho dinero en Hispanoamérica? ¿Qué otra desventaja habría?
7. ¿Por qué tendría Ramón dos empleos en Hispanoamérica?
8. ¿Por qué hay mucho pluriempleo en Hispanoamérica?
9. ¿En qué clases sociales se encuentra?
10. ¿Cuál es la esperanza de Eva?

Comentario cultural

El pluriempleo (*Moonlighting*), or holding down more than one job, is a common feature of the economy of Hispanic countries. Wage scales, modest in comparison with the high cost of basic necessities, force people in all types of employment, including white-collar professions, to hold a second job. Approximately one-third of the labor force has more than one job. The postman may also work at a restaurant, a utility company employee may work as a porter or tend bar, a beginning attorney or doctor may also teach. The second job is often the only way some families can finance a television set or a car. For others, it is the only way to survive economically.

UN POCO DE TODO

A. **El mundo bancario.** Form complete sentences based on the words given in the order given. Conjugate the verbs in the future or conditional as appropriate and add other words if necessary. Use subject pronouns only when needed. Two slashes (//) indicate a break between sentences.

1. ellos dijeron / que / estar / aquí / doce / media
2. semana / próximo / yo / dejar / usar / tarjetas / crédito
3. ¿qué / hacer / Uds. / con / dinero? // ¿qué / van / comprar?
4. yo / no / estaba / en / banco / ayer / pero / haber / mucho / gente / allí, / creo
5. ¿por qué / estar / ellos / pidiendo / uno / préstamo / tan / grande? // ¡no / podrán / pagarlo!

B. **¡Entendiste mal!** Con otro/a estudiante, haga y conteste preguntas según el modelo.

MODELO   llegar el trece de junio / tres → —Llegaré el trece de junio.
                                         —¿No dijiste que llegarías el tres?
                                         —¡Que no! Dije que llegaría el trece. Entendiste mal.

1. estar en el bar a las dos / doce
2. estudiar con Juan / Juana
3. ir de vacaciones en julio / junio
4. verte en casa / en clase
5. comprar la blusa rosada / roja

C. Su amiga Ángela tiene los siguientes problemas y preguntas. Déle consejos, según el modelo.

MODELO   ÁNGELA: Tengo mucha sed. →
             UD.: Pues, yo tomaría una Coca-Cola.

1. Necesito más dinero. No podré pagar mis cuentas este mes.
2. Estoy locamente enamorada de Jaime. ¿Me querrá él?

3. No me gusta la clase de italiano... y creo que sacaré una D.
4. ¿Dónde estará Carmen? No la encuentro.
5. No sé qué película ponen en el cine Apolo.
6. Mi jefe siempre se queja de mi trabajo. Tampoco le gustará este informe que le he preparado para mañana.

CH. ¿Cómo será tu futuro? ¿Qué harás? ¿Qué harías? Con otro/a estudiante, haga y conteste las siguientes preguntas. Después de la entrevista, cada estudiante debe preparar un retrato (*portrait*) del otro para presentar a la clase.

MODELO   ¿Dejarás de fumar algún día? → ¡Ay, no! No dejaré de fumar nunca.
→ Pues, creo que sí. Dejaré de fumar algún día.

Preguntas con el futuro:

1. ¿Te graduarás en esta universidad (o en otra)?
2. ¿Vivirás en esta ciudad después de graduarte?
3. ¿Buscarás un empleo aquí?
4. ¿Te casarás pronto después de graduarte?
5. ¿Cuántos niños tendrás?
6. ¿Serás famoso/a algún día?
7. ¿Te pondrás gordo/a?
8. ¿Tendrás dificultades con la policía?

Preguntas con el condicional:

1. ¿Te casarías con una persona de otra religión?
2. ¿Te mudarías con frecuencia?
3. ¿Estarías contento/a sin mirar la televisión?
4. ¿Ahorrarías el diez por ciento de tu sueldo?
5. ¿Vivirías en la misma ciudad para siempre?
6. ¿Te gustaría ayudar a colonizar otro planeta?
7. ¿Renunciarías a tu trabajo para poder viajar por el mundo?
8. ¿Podrías vivir sin usar nunca las tarjetas de crédito?

 # VOCABULARIO

VERBOS

ahorrar to save (*money*)
aumentar to increase
cargar to charge (*to an account*)
casarse (con) to get married (to)
cobrar to cash (*a check*); to charge (*someone for an item or service*)
economizar to economize
entender (ie) to understand
gastar to spend (*money*)
quejarse to complain
reducir (reduzco) to reduce, cut down
valer (valgo) to be worth

SUSTANTIVOS

el **banco** bank
el **cambio** (*rate of*) exchange
la **cuenta** account
la **cuenta corriente** checking account
la **cuenta de ahorros** savings account
la **cuestión** question, matter
la **desigualdad** inequality
la **esperanza** hope
la **factura** bill
el **futuro** future
las **ganancias** earnings
los **gastos** expenses
la **guerra** war
la **igualdad** equality
la **moneda** currency
la **necesidad** necessity, need
el **pluriempleo** moonlighting
la **pobreza** poverty
el **préstamo** loan
el **presupuesto** budget
la **tarjeta de crédito** credit card

ADJETIVOS

mensual monthly

PALABRAS ADICIONALES

a plazos in installments
además besides, in addition
al contado cash
al final de at the end of
con cheque by check
en cuanto a as far as _____ is concerned
en el extranjero abroad
en vez de instead of
por ciento percent
sencillamente simply
sobre todo above all, especially

ACTIVIDADES

Variación de precios en 16 años (1969-1984)

Entrada para cine de estreno
'69: 40 ptas.
'84: 400 ptas.
1000%

Vuelo Madrid-Barcelona
'69: 1.515 ptas.
'84: 7.500 ptas.
400%

Alquiler piso de tres habitaciones. Zona Clara del Rey en Madrid
'69: 7.000 ptas.
'84: 60.000 ptas.
900%

Automóvil (Seat 124)
'69: 118.000 ptas.
'84: 980.000 ptas.
900%

Litro gasolina "super"
'69: 10 ptas.
'84: 98 ptas.
1000%

TV. blanco y negro de 20 pulg.
'69: 19.000 ptas.
'84: 40.000 ptas.
200%

Paquete de "Ducados"
'69: 12 ptas.
'84: 35 ptas.
300%

Diario
'69: 3 ptas.
'84: 50 ptas.
1700%

Botella coñac normal
'69: 65 ptas.
'84: 350 ptas.
500%

Un litro de leche
'69: 10 ptas.
'84: 55 ptas.
500%

A. **¡Cómo sube la vida!** The cost of living continues to go up in spite of efforts to control prices. This drawing indicates some of the price increases that occurred in Spain from 1969 to 1984. Look at the drawing and match the phrases below with the appropriate synonym or description. Then answer the questions that follow.

1. diario
2. «Ducados»
3. piso
4. 20 pulgadas (pulg.)
5. estreno
6. «El regreso del Jedi»
7. litro

a. casa o apartamento
b. nombre de una película famosa de 1984
c. periódico
ch. una marca de cigarrillos
d. una medida: equivale a 50,80 centímetros
e. la presentación de una película por primera vez
f. una medida: equivale a 1,1 *quarts*

Preguntas

1. ¿Cuáles son las tres cosas que sufrieron el mayor aumento de precio en España en este período? ¿el menor aumento?
2. Supongamos que ciento treinta y cinco pesetas equivalen a un dólar (U.S.A.). ¿Qué cosas tienen más o menos el mismo precio en los

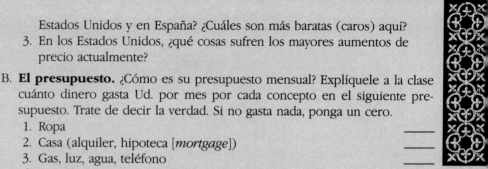

Estados Unidos y en España? ¿Cuáles son más baratas (caros) aquí?

3. En los Estados Unidos, ¿qué cosas sufren los mayores aumentos de precio actualmente?

B. **El presupuesto.** ¿Cómo es su presupuesto mensual? Explíquele a la clase cuánto dinero gasta Ud. por mes por cada concepto en el siguiente presupuesto. Trate de decir la verdad. Si no gasta nada, ponga un cero.

1. Ropa	_____
2. Casa (alquiler, hipoteca [*mortgage*])	_____
3. Gas, luz, agua, teléfono	_____
4. Comida	_____
5. Diversiones (cine, fiestas, restaurantes, etcétera)	_____
6. Gastos médicos	_____
7. Seguros (*Insurance*) (automóvil, casa, etcétera)	_____
8. Automóvil (préstamos, reparaciones, gasolina, aceite, etcétera)	_____
9. Educación (matrícula, libros, etcétera)	_____
10. Impuestos	_____
11. Ahorros	_____
12. Miscelánea: _____	_____
TOTAL:	_____

Ahora, con un compañero (una compañera) de clase, imagine que juntos ganan $1.500,00 al mes. ¿Cómo sería su presupuesto? ¿Cómo gastarían el dinero? Conteste, usando las siguientes preguntas como guía.

1. ¿Cuánto gastarían por cada concepto?
2. ¿Les sería fácil o difícil ahorrar dinero? Expliquen.
3. Imaginen que alguien les da cinco mil dólares y Uds. pueden hacer cualquier cosa con ese dinero. ¿Qué harían con él? ¿Lo ahorrarían? ¿Comprarían algo? ¿Pagarían sus facturas? Expliquen.
4. ¿Qué harían para economizar? ¿En qué categoría podrían gastar menos? Comenten.

C. **¿Una ganga?** Based on U.S. prices, are the following people getting a bargain, or are they paying an exorbitant price? Refer to the rates of exchange in the **A propósito...** section on page 428.

1. Los señores Anderson visitan Acapulco donde alquilan una habitación en el Hotel Ritz. Pagan cinco mil pesos al día.
2. Karen Judd va a México y encuentra una habitación en un hostal de estudiantes. Paga mil pesos al día. Está incluido el desayuno.
3. Pattie Myers vive en Madrid. Allí en una tienda de lujo paga cinco mil pesetas por una cartera de cuero (*leather*) para su padre.
4. Pamela Evans cena en un restaurante español. Aunque el restaurante no es de lujo, cena muy bien. Le cobran quinientas pesetas.
5. Wayne Curtis toma un taxi en Guadalajara, México. Hace un viaje de unos cuarenta kilómetros y paga seis mil pesos.
6. Eric Burlingame va a Colombia. Allí compra un suéter de lana (*wool*) por diez mil pesos.
7. Los señores Walsh van a ver la Pirámide del Sol en México. En una pequeña tienda compran un libro sobre las civilizaciones

precolombinas. Es un libro grande, con muchas fotografías en colores. Pagan cuatro mil quinientos pesos.

A propósito...

Using foreign currency when traveling outside of the United States can be confusing. Often tourists have no concrete sense of what foreign currency is worth or how much they are paying for an item or a service, even though they know the current conversion factor used to exchange money at the bank.

Here are the exchange rates **(cambios)** for the currencies of several Spanish-speaking countries. These rates of exchange fluctuate; they may be different by the time you read this.

MÉXICO: 1 peso = \$.006 U.S.A. (100 pesos = \$.60)
                    (\$1.00 = 167 pesos; \$10.00 = 1.670 pesos)

ESPAÑA: 1 peseta = \$.007 U.S.A. (100 pesetas = \$.74)
                    (\$1.00 = 135 pesetas; \$10.00 = 1.350 pesetas)

COLOMBIA: 1 peso = \$.008 U.S.A. (100 pesos = \$.80)
                    (\$1.00 = 125 pesos; \$10.00 = 1.250 pesos)

Familiarize yourself with these exchange rates by determining the following equivalents.

¿Cuánto valen?

1. 50 pesos (Méx.)   a. \$.30   b. \$1.00
2. 2.000 pesos (Méx.)   a. \$12.00   b. \$33.40
3. 10.000 pesos (Méx.) a. \$167.00   b. \$60.00
4. 300 pesetas   a. \$2.22   b. \$22.20
5. 1.000 pesetas   a. \$7.40   b. \$13.50
6. 20.000 pesetas   a. \$370.00   b. \$148.00
7. 500 pesos (Col.)   a. \$40.00   b. \$4.00
8. 3.000 pesos (Col.)   a. \$24.00   b. \$37.50
9. 40.000 pesos (Col.) a. \$320.00   b. \$3,200.00

JOEL GORDON

LECTURA CULTURAL: El pasado y el futuro económicos de Hispanoamérica

Por lo general, cuando hablamos del sistema económico de los países hispanoamericanos, pensamos en economías basadas en un solo producto: el café colombiano o el plátano de las repúblicas centroamericanas. Esta situación procede de la explotación económica de los productos latinos más deseables y valiosos° por los intereses internacionales.   *de gran valor*

Esta historia comenzó en la época de la Conquista, cuando España explotaba el oro y la plata de sus colonias americanas. Después de conseguir la independencia de España en el siglo XIX, las nuevas naciones hispanoamericanas—políticamente débiles°—fueron lugares de fácil explotación económica para los países   *weak*

industrializados europeos y para los Estados Unidos. Los casos clásicos son la explotación intensiva del cobre° chileno, del petróleo venezolano y de la fruta centroamericana.

copper

Actualmente los hispanoamericanos tienen una clara conciencia° de este pasado de explotación extranjera e insisten cada vez más° en su derecho a tener voz en su propio destino económico. Por lo tanto,° cabe° hacer la siguiente pregunta: ¿Serán algún día los países de Hispanoamérica una de las regiones económicamente más importantes del mundo? Cuando se considera la gran cantidad de recursos naturales que quedan aún por aprovechar° y desarrollar, es muy fácil decir que sí.

áwareness

cada... *more and more*

Por... Por eso / es apropiado

to utilize

Para realizar° tal desarrollo económico, sin embargo, habrá que resolver los muchos problemas internos que son, en gran parte, el resultado de un proceso histórico caracterizado por el predominio político y económico de un reducido grupo de personas y la pobreza de la gran mayoría. Para un norteamericano, en cuyo° país la clase media es la predominante, es muy difícil entender la dinámica de una sociedad en la cual° la clase media es la menos numerosa.

to bring about

whose

la... *which*

El reciente descubrimiento de petróleo en México es sólo un ejemplo de la riqueza natural que posee Hispanoamérica. En esta época de continuas crisis de energía, esta riqueza hispanoamericana tiene muchísimo valor. Además del petróleo, las tierras hispanoamericanas cuentan con grandes depósitos de cobre, plata, hierro,° plomo,° estaño° y tungsteno. Todos estos son productos que necesitará el mundo del futuro.

iron / lead / tin

Será importante también el aprovechamiento de la riqueza agrícola y pesquera. Con sus vastos territorios cultivables y con la pesca—en especial a lo largo de la costa del Pacífico—las naciones hispanoamericanas, con un desarrollo apropiado, podrán producir comida para su propio consumo y también para la exportación.

Comprensión

¿Cierto o falso? Corrija las oraciones falsas.

1. En los Estados Unidos se conoce la economía latinoamericana por la variedad de sus productos fabricados (*manufactured*).
2. La historia de Hispanoamérica ha sido una de constante explotación económica.
3. Ya no hay muchos recursos naturales que explotar en Hispanoamérica.
4. Los países hispanoamericanos tienen una clase media muy numerosa que domina el sistema económico.
5. El futuro económico de Latinoamérica depende de sus metales y minerales, del petróleo y de la agricultura, según el autor de la lectura.

Para escribir

Escriba un párrafo sobre el siguiente tema: ¿Cómo será la situación económica de los Estados Unidos en el año 2000? Conteste las siguientes preguntas en el párrafo.

1. ¿Habrá una crisis de energía? ¿Qué clase de energía será la más común en el futuro, la energía nuclear o la solar?
2. ¿Qué países extranjeros serán los más importantes para nuestra economía nacional?
3. ¿Qué grupo político controlará el gobierno? ¿Será un gobierno de tipo conservador o progresista?

CAPÍTULO 17

EL INDIVIDUO Y LA SOCIEDAD

PARA EMPEZAR

In this chapter and in **Un paso más 17,** you will learn vocabulary and expressions about the individual's place and rights in society, and will consider related attitudes and customs of Hispanic peoples. As a first step, listen to the following conversation about making travel plans.

Sue y María José están planeando sus vacaciones de verano.

MARÍA JOSÉ: Ya casi estamos de vacaciones, Sue.

¿Qué piensas hacer? ¿Adónde piensas ir?

SUE: Todavía no sé. ¿Te acuerdas de Kevin, mi amigo de Iowa?

MARÍA JOSÉ: Claro que sí. Es el que vino la semana pasada a nuestra fiesta, ¿verdad?

SUE: El mismo. De todas maneras, él y yo pensamos ir a Colombia, a pasar unos días en Cartagena. Todavía no conocemos esa parte de la costa del Caribe.

MARÍA JOSÉ: ¿Viajar los dos solos? ¿Qué dirá la gente?

VOCABULARIO: PREPARACIÓN

El individuo			
el barrio	neighborhood	**comunicarse**	to communicate
el/la ciudadano/a	citizen	**(con)**	(with)
el deber	responsibility, obligation	**enterarse (de)**	to find out (about)
el derecho	right	**hacer cola**	to wait in line
el egoísmo	selfishness	**merecer**	to deserve
la huelga	strike (*labor*)	**(merezco)**	
la libertad	liberty, freedom	**protestar**	to protest
el/la obrero/a	worker	**tomar en cuenta**	to keep in mind, take into account
		es cuestión de ⎱	it's a matter of
		se trata de ⎰	

La responsabilidad cívica			
el acontecimiento	event, happening	**castigar**	to punish
		garantizar	to guarantee
el bienestar	well-being	**gobernar (ie)**	to govern, rule
la cárcel	jail, prison	**informar**	to inform
el castigo	punishment	**obedecer**	to obey
los demás	other people	**(obedezco)**	
la dictadura	dictatorship	**proteger**	to protect
la guerra	war	**(protejo)**	
la ley	law	**votar**	to vote
las noticias	news		
la paz	peace		
la prensa	press, news media		
la república	republic		

A. María y Carmen son dos activistas políticas. Una es conservadora, la otra es liberal. Complete el diálogo entre ellas.

MARÍA: No, no estoy de acuerdo. No debemos _____ a los criminales con la pena de muerte (*death penalty*).

CARMEN: Entonces, ¿cómo vamos a _____ a los inocentes si dejamos libres a los asesinos?

MARÍA: Yo no digo que un criminal no _____ (¡OJO! subjuntivo) ningún _____. Sólo digo que éste no debe ser demasiado fuerte.

CARMEN: Oye, María. Tú tienes que tomar en _____ que se _____ de un acto muy violento. ¡Es _____ de vida o muerte! ¿No crees tú que todos deben _____ la ley?

MARÍA: Sí, pero la pena de muerte no garantiza nada. Es una violación de los
_____ humanos más básicos. Creo que sería mejor poner a los
criminales en la _____.

CARMEN: ¡Ajá! ¿Y quién paga todo eso? ¡La sociedad! No es el individuo que
paga el delito, sino (*but rather*) la _____. No es justo, María.

MARÍA: Ay, Carmen, siempre te refieres a lo económico cuando hablamos de
los conflictos entre el individuo y la sociedad.

B. **Asociaciones.** ¿Con quién asocia Ud. las siguientes ideas?

1. El individuo debe trabajar para el
bienestar del estado; el estado es
más importante que el individuo.
2. La dictadura es la única manera
de gobernar a las masas.
3. Todos tenemos que protestar
contra la discriminación de las
minorías.
4. La prensa es la voz (*voice*) del
pueblo, no del gobierno.
5. Para protestar contra la represión
de nuestros derechos, estoy en
huelga de hambre.
6. Es evidente que el rey no toma
en cuenta los derechos de los
que vivimos aquí en las colonias.
7. Tenemos que garantizar los
derechos y la libertad personal
de todos.

a. Martín Lutero King
b. Ghandi
c. Carlos Marx
ch. William Randolph Hearst
d. Thomas Jefferson
e. Gloria Steinem
f. Adolph Hitler

C. **Definiciones.** Match the description with the appropriate word.

1. la confrontación armada entre
dos o más países
2. un medio de comunicación
3. cuando los obreros se niegan
(*refuse*) a trabajar
4. una persona que gobierna un
país de una forma absolutista

a. la prensa
b. la guerra
c. el dictador
ch. la huelga

Ahora diga las palabras que Ud. asocia con los siguientes conceptos o dé una
definición de cada cual.

1. el deber
2. la ley
3. la dictadura
4. protestar
5. la cárcel
6. la justicia

CH. Explíquele a su amigo hispánico los siguientes conceptos o instituciones
estadounidenses.

Los Ángeles, California. En todas partes del mundo, la gente llamada «minoritaria» se esfuerza por mantener su identidad. Pensándolo bien, todos somos parte de alguna «minoría», porque somos todos diferentes de los demás.

1. the Bill of Rights
2. the Declaration of Independence
3. civil rights
4. "Read him his rights."

D. Indique la importancia que tienen para Ud. los siguientes acontecimientos.

1 = de poco o ningún interés   **2** = de interés   **3** = de gran interés

_____ 1. el asesinato de un político estadounidense
_____ 2. el asesinato de un dictador de otro país
_____ 3. las noticias del continente africano
_____ 4. un serio accidente de coches en una carretera que está cerca de su barrio
_____ 5. una huelga de obreros en algún país europeo
_____ 6. una huelga de obreros en el suroeste de los Estados Unidos
_____ 7. una guerra en el Oriente Medio
_____ 8. una guerra en Centroamérica o en Sudamérica
_____ 9. una guerra en Europa
_____ 10. el precio de la gasolina

Ahora compare las respuestas de los miembros de la clase. ¿Qué indican sus respuestas sobre su interés en los acontecimientos mundiales?

E. Preguntas

1. Para Ud., ¿es importante estar informado/a de lo que pasa en el mundo? ¿Cómo se entera de las noticias locales o regionales? ¿Cómo se entera de lo que pasa en su barrio? ¿en su familia?

2. ¿Qué canal de televisión prefiere Ud. para escuchar y ver las noticias? ¿Cree Ud. que en ese canal le informan mejor? ¿O prefiere al locutor (a la locutora) que se las ofrece? ¿Le interesan a Ud. mucho o poco las noticias del estado de California? ¿de Nueva York? ¿Por qué sí o por qué no?

3. ¿Le importan más a Ud. su autonomía e individualismo o los sentimientos de los demás? En una tienda, ¿hace cola con paciencia o primero trata de atraer la atención del dependiente? En una parada de autobús (*bus stop*), ¿hace cola o trata de subir primero?

4. Para Ud., ¿cuáles son los derechos más básicos de que todos debemos gozar (*enjoy*)? ¿Cuáles son los deberes de un buen ciudadano? ¿Es importante que todos votemos en todas las elecciones, sean nacionales o locales? ¿Por qué cree Ud. que muchos no votan?

Encuentro cultural: «El qué dirán»

En el mundo hispánico, igual que en los Estados Unidos, hay mucho individualismo pero también mucha preocupación por «el qué dirán»: la opinión que puede tener la otra gente sobre uno. Cuando Sue (página 430) le dice a María José que piensa salir de vacaciones con su amigo Kevin, María José inmediatamente piensa en la mala impresión que esto pudiera (*could*) causar si la gente lo supiera (*found out*). Esta preocupación es tan arraigada (*deeply rooted*) en el pueblo hispánico que se ha convertido en una expresión muy repetida: «No te olvides del qué dirán.» El mensaje para Sue es que no sólo es muy importante portarse bien sino que (*but also*) también debe portarse de manera que la gente no piense mal de ella o de sus familiares.

MINIDIÁLOGOS Y GRAMÁTICA

¿Recuerda Ud.?

To learn the forms of the past subjunctive (presented in Grammar Section 61), you will need to know the forms of the preterite well, especially the third-person plural. Regular **-ar** verbs end in **-aron** and regular **-er/-ir** verbs in **-ieron** in the third-person plural of the preterite. Stem-changing **-ir** verbs show the second change in the third person: **servir (i, i) → sirvieron; dormir (ue, u) → durmieron.** Verbs with a stem ending in a vowel change the **i** to **y: leyeron, cayeron, construyeron.** Many common verbs have irregular stems in the preterite: **quisieron, hicieron, dijeron,** and so on. Four common verbs are totally irregular in this tense: **ser/ir → fueron, dar → dieron, ver → vieron.**

Cambie por la tercera persona del plural del pretérito.

1. habla	5. pierde	9. estoy	13. traigo	17. digo
2. como	6. dormimos	10. tenemos	14. dan	18. destruimos
3. vives	7. río	11. vamos	15. sé	19. creo
4. juegan	8. leemos	12. visten	16. puedo	20. mantienen

61. Past Subjunctive

Aquéllos eran otros tiempos...

VIEJOS VOTANTES. ¿Recuerda cuánto tuvimos que discurrir° usted y yo antes de votar hace treinta años?

to discuss

«¡Parece imposible que yo *dijera* eso! ¡Qué egoísmo!»

«¡No es posible que *lucháramos* tanto!»

Hace treinta años, era difícil que don Jorge y don Gustavo *hablaran* de las elecciones sin pelearse. Era imposible que se *pusieran* de acuerdo en política. ¡Qué lástima que *hubiera* tanta enemistad entre ellos!

   Ahora es probable que no se acuerden de todas las peleas del pasado. También es posible que sus convicciones políticas sean menos fuertes... o simplemente que ahora tengan otras cosas de que hablar.

Hace diez años...

1. ¿de qué era difícil que Ud. hablara con sus padres?
2. ¿con quién era imposible que Ud. se pusiera de acuerdo?
3. ¿con quién era imposible que Ud. se comunicara?
4. ¿contra qué orden de sus padres era común que Ud. protestara?

Cuando Ud. era niño/a...

5. ¿con quién era probable que discutiera (*you argued*) en la escuela primaria o en el barrio?
6. ¿dónde le prohibían sus padres que jugara?
7. ¿qué era obligatorio que comiera o bebiera?
8. ¿de qué temía que sus padres se enteraran?

Those were the days . . .   "It seems impossible that I said that. How selfish!"   "It's not possible that we fought that much!" Thirty years ago it was difficult for don Jorge and don Gustavo to talk about elections without fighting. It was impossible for them to come to any agreement about politics. What a shame that there was so much bad feeling between them!

   Now it's probable that they don't remember all the fights of the past. It's also possible that their political convictions are less intense . . . or just that they have other things to discuss now.

In Spanish, although there are two simple indicative past tenses (preterite and imperfect), there is only one simple subjunctive past tense, **el imperfecto del subjuntivo** (*past subjunctive*). Its exact English equivalent depends on the context in which it is used.

Forms of the Past Subjunctive

Past Subjunctive of Regular Verbs*					
hablar: hablarón		**comer: comierón**		**vivir: vivierón**	
hablara	habláramos	comiera	comiéramos	viviera	viviéramos
hablaras	hablarais	comieras	comierais	vivieras	vivierais
hablara	hablaran	comiera	comieran	viviera	vivieran

The past subjunctive endings **-a, -as, -a, -amos, -ais, -an** are identical for **-ar, -er,** and **-ir** verbs. These endings are added to the third-person plural of the preterite indicative, minus its **-on** ending. For this reason, the forms of the past subjunctive reflect the irregularities of the preterite.

Stem-changing Verbs

-Ar and **-er** verbs: no change

empezar (ie): empezarón → **empezara, empezaras, etc.**
volver (ue): volvierón → **volviera, volvieras, etc.**

-Ir verbs: all persons of the past subjunctive reflect the vowel change in the third-person plural of the preterite.

dormir (ue, u): durmierón → **durmiera, durmieras, etc.**
pedir (i, i): pidierón → **pidiera, pidieras, etc.**

Spelling Changes

All persons of the past subjunctive reflect the **i → y**-between-two-vowels change.

i → y (caer, construir, creer, destruir, leer, oír)

creer: creyerón →
creyera, creyeras, creyera, creyéramos, creyerais, creyeran

Verbs with Irregular Preterites

dar: dierón → **diera, dieras, diera, diéramos, dierais, dieran**

decir: dijerón → **dijera**   **haber:** hubierón → **hubiera**
estar: estuvierón → **estuviera**   **hacer:** hicierón → **hiciera**

---

*An alternate form of the past subjunctive (used primarily in Spain) ends in **-se: hablase, hablases, hablase, hablásemos, hablaseis, hablasen.** This form will not be practiced in *Puntos de partida*.

ir:	fuer**ø**n	→ **fuera**	**saber:**	supier**ø**n	→ **supiera**
poder:	pudier**ø**n	→ **pudiera**	**ser:**	fuer**ø**n	→ **fuera**
poner:	pusier**ø**n	→ **pusiera**	**tener:**	tuvier**ø**n	→ **tuviera**
querer:	quisier**ø**n	→ **quisiera**	**venir:**	vinier**ø**n	→ **viniera**

Uses of the Past Subjunctive

The past subjunctive usually has the same applications as the present subjunctive, but is used for past events.

Quiero que **jueguen** por la tarde.	*I want them to play in the afternoon.*
Quería que **jugaran** por la tarde.	*I wanted them to play in the afternoon.*
Siente que no **estén** allí.	*He's sorry (that) they aren't there.*
Sintió que no **estuvieran** allí.	*He was sorry (that) they weren't there.*
Dudamos que se **equivoquen.**	*We doubt that they will make a mistake.*
Dudábamos que se **equivocaran.**	*We doubted that they would make a mistake.*

Remember that the subjunctive is used (1) after expressions of *willing, emotion,* and *doubt;* (2) after *nonexistent* and *indefinite antecedents;* and (3) after certain *conjunctions:* **a menos que, antes (de) que, con tal que, en caso de que, para que, sin que.**

¿Era necesario que **regatearas?**	*Was it necessary for you to bargain?*
Sentí que no **tuvieran** tiempo para ver Granada.	*I was sorry that they didn't have time to see Granada.*
No había nadie que **pudiera** resolverlo.	*There wasn't anyone who could (might have been able to) solve it.*
Los padres trabajaron **para que** sus hijos **asistieran** a la universidad.	*The parents worked so that their children might go to the university.*

Deber, poder, *and* querer

The past subjunctive forms of **deber, poder,** and **querer** are used to soften a request or statement.

Debieras estudiar más.	*You really should study more.*
¿Pudieran Uds. traérmelo?	*Could you bring it for me?*
Quisiéramos hablar con Ud. en seguida.	*We would like to speak with you immediately.*

PRÁCTICA

A. **Recuerdos.** Dé oraciones nuevas según las indicaciones.

1. —Cuando Ud. estudiaba en la secundaria, ¿qué le gustaba?
   —Me gustaba que nosotros _____. (*estudiar idiomas, leer libros interesantes, ver películas en la clase de historia, hacer experimentos en la clase de física, bailar durante la hora del almuerzo, divertirnos después de las clases, __?__*)

2. —¿Cómo era la vida de Ud. de niño/a?
   —Mis padres querían que yo _____. (*ser bueno/a, estudiar mucho, creer en Santa Claus, ponerse la ropa vieja para jugar, no jugar en las calles, no comer tantos dulces, tener amigos que se portaran bien, __?__*)

B. Cuando es cuestión de dinero, todos los años son iguales. Cambie por el pasado.

1. Papá insiste en que ahorremos más.
2. Preferimos que no uses tanto las tarjetas de crédito.
3. Me alegro de que Ud. empiece a economizar.
4. Siento que no le podamos proporcionar (*grant*) el préstamo.
5. Dudamos que en esa tienda cobren tanto por necesidad.
6. El jefe no cree que me queje con razón.
7. Necesito un empleo donde me paguen lo que merezco.
8. Es necesario que no lo cargue a la cuenta.
9. No es probable que tenga fondos en mi cuenta de ahorros ni en la cuenta corriente.
10. No hay nadie que gaste el dinero como Ramón.

C. **Escenas de la historia de la república.** Haga oraciones según las indicaciones.

1. indios / temer / que / colonos / quitarles / toda la tierra
2. colonos / no / gustar / que / rey / cobrarles / impuestos
3. parecía imposible / que / joven república / tener éxito (*success*)
4. los del sur / no / gustar / que / gobernarlos / los del norte
5. abolicionistas / no / gustar / que / algunos / no / tener / mismo / libertades
6. era necesario / que / declararse / en huelga / obreros / para / obtener / alguno / derechos
7. era terrible / que / haber / dos / guerra / mundial
8. para que / nosotros / vivir / en paz / es cuestión de / aprender / comunicarse / con / demás naciones
9. también / es necesario / que / haber / leyes / que / garantizar / derechos / todos

CH. **El comienzo y el fin del delito perfecto.** Combine las oraciones, usando las conjunciones entre paréntesis y haciendo otros cambios necesarios.

1. El ladrón no pensaba entrar en la casa. No oía ningún ruido.   (a menos que)
2. No iba a molestar a los dueños. Encontraba dinero y objetos de valor.   (con tal que)
3. Un amigo lo acompañaba. Había alguna dificultad.   (en caso de que)
4. El amigo rompió la ventana. El ladrón pudo entrar.   (para que)
5. El ladrón entró silenciosamente. Los dueños no se despertaron.   (para que)
6. Salió. Los dueños pudieron llamar a la policía.   (antes de que)

D. **La situación es delicada...** ¿Cómo se dice en español?

1. You really should drive more slowly.
2. Couldn't you think about others this time?
3. We would like you to consider your obligations.
4. How would you like to pay, madam?
5. We really should protect their welfare first.

CONVERSACIÓN

A. **Me decía ayer Cristóbal...** ¿Cómo completarían estas personas las siguientes oraciones?

1. *Cristóbal Colón:* Casi todos dudaban que...
2. *Neil Armstrong:* Yo esperaba que un día...
3. *Miss Piggy:* Mis padres esperaban que un día yo...
4. *Franklin Delano Roosevelt:* Yo temía que...
5. *El rey Tut:* Dudaba que...
6. *Marie Curie:* Pocos creían que yo...

a. hubiera otra guerra mundial.
b. el mundo fuera redondo (*round*).
c. descubrieran mi tumba.
ch. hiciera un descubrimiento magnífico.
d. llegara a ser una actriz famosa.
e. el hombre llegara a la luna.

B. Su tía Laura, quien asistió a la universidad durante los años cincuenta, le describe cómo eran entonces las normas de conducta. ¿Cuáles de estas normas todavía están vigentes (*viable*) en las universidades de los años ochenta? Explíquenle a Laura las diferencias. ¿Hay algunas antiguas normas que le parezcan a Ud. mejores que las modernas? ¿Cuál(es)? ¿Por qué?

1. Era necesario que los hombres y las mujeres vivieran en distintas residencias.
2. Para entrar en la cafetería de la universidad a cenar, era necesario que los hombres llevaran corbata y las mujeres, falda.

Verás, quisiera un vaso de agua. Pero no te molestes, porque ya no tengo sed. Sólo quisiera saber si, en el caso de que tuviese otra vez sed, podría venir a pedirte un vaso de agua.

3. Había «horas de visita» en las residencias. Los hombres sólo podían visitar a sus amigas durante esas horas, y vice versa.
4. Era necesario que cada estudiante volviera a su propia residencia a una hora determinada de la noche (a las once, por ejemplo).

C. Preguntas

1. ¿De qué tenía Ud. miedo cuando era pequeño/a? ¿Era posible que ocurrieran las cosas que Ud. temía? ¿Era probable que ocurrieran? ¿A veces temía que lo/la castigaran sus padres? ¿Lo merecía a veces? ¿Era necesario que Ud. los obedeciera siempre? ¿Va a querer que sus propios niños lo/la obedezcan de la misma manera? ¿Cree Ud. que lo harán? ¿Por qué sí o por qué no?
2. ¿Qué quería el gobierno que hicieran los ciudadanos el año pasado? ¿Quería que gastaran menos gasolina? ¿que usaran menos energía? ¿que pagaran los impuestos? ¿que votaran en todas las elecciones? ¿que fueran ciudadanos responsables? ¿Ud. hizo todo eso? ¿Por qué sí o por qué no? ¿Qué hizo por Ud. el gobierno?
3. ¿Qué tipo de clases buscaba para este semestre? ¿clases que fueran fáciles? ¿interesantes? ¿Las encontró Ud.? Según sus experiencias este semestre, ¿qué tipo de clases buscará para el semestre que viene?
4. ¿Qué buscaban los primeros inmigrantes que vinieron a los Estados Unidos? ¿un lugar donde pudieran practicar su religión? ¿un lugar donde fuera posible escaparse de las obligaciones financieras? ¿donde hubiera abundancia de recursos naturales? ¿menos leyes? ¿más libertad? ¿más respeto por los derechos humanos? ¿menos gente? ¿más espacio?

CH. ¿Qué diría Ud. en las siguientes situaciones? Use el pasado de subjuntivo donde sea posible.

1. Ud. ha llamado a un amigo a las diez de la noche para invitarlo a salir con Ud.... pero ya estaba dormido y Ud. lo ha despertado.
2. Ud. llega a casa muy enfermo/a, con tos y fiebre. El médico le ha aconsejado que se quede en cama para descansar. Pero su compañero/a de cuarto, queriendo darle una sorpresa, le ha preparado una fiesta de cumpleaños... de sorpresa. Todos los amigos lo/la saludan cuando entra.

¿Recuerda Ud.?

Review the forms and uses of possessive adjectives (Grammar Section 18) before beginning Grammar Section 62.

| SINGULAR: | mi | tu | su | nuestro/a | vuestro/a | su |
| PLURAL: | mis | tus | sus | nuestros/as | vuestros/as | sus |

Son mis libros. — *They're my books.*
Es su gobierno. — *It's his (her, your, their) government.*
Son nuestras casas. — *They're our houses.*

¿Cómo se dice en español?

1. It's his right.
2. What about (**¿Y...**) my rights?
3. It's our obligation.
4. It's a question of your freedom! (**Uds.**)
5. Their press doesn't inform them well.
6. Our crimes were not serious.
7. Your (**Ud.**) welfare is important.
8. It's our country too!

62. *Stressed Possessive Adjectives and Possessive Pronouns*

Algún día, hijo mío, todo esto será tuyo.

1. ¿Quién es el dueño del mundo en esta visión del futuro?
2. ¿A quién le va a dar todo el padre robot?

Stressed Possessive Adjectives

Forms of the Stressed Possessive Adjectives			
mío/a/os/as	*my, (of) mine*	**nuestro/a/os/as**	*our, (of) ours*
tuyo/a/os/as	*your, (of) yours*	**vuestro/a/os/as**	*your, (of) yours*
suyo/a/os/as	*your, (of) yours; his, (of) his; her, (of) hers; its*	**suyo/a/os/as**	*your, (of) yours; their, (of) theirs*

Stressed forms (**las formas tónicas**) of the possessive are, as the term implies, more emphatic than the *unstressed forms* (**las formas átonas**), discussed in Grammar Section 18. The stressed forms are used when in English you would emphasize the possessive with your voice, or when you want to express English *of mine* (*of yours, of his,* and so on).

Es **mi** amigo.	He's my friend.

Es **un** amigo **mío**. $\begin{cases} \textit{He's \textbf{my} friend.} \\ \textit{He's a friend of mine.} \end{cases}$

Es **su** perro.
Es **un** perro **suyo**. $\begin{cases} \textit{It's her dog.} \\ \textit{It's a dog of hers.} \end{cases}$

The stressed forms of the possessive adjective follow the noun, which must be preceded by a definite or indefinite article or by a demonstrative adjective. The stressed forms agree with the noun modified in number and gender.

Possessive Pronouns

Éste es mi **banco**. ¿Dónde está **el suyo?**   *This is my bank. Where is yours?*
Sus **bebidas** están preparadas; **las nuestras,** no.   *Their drinks are ready; ours aren't.*
No es el **pasaporte** de Juan; es **el mío**.   *It isn't Juan's passport; it's mine.*

The stressed possessive adjectives—but not the unstressed possessives—can be used as possessive pronouns: **la maleta suya → la suya.** The article and the possessive form agree in gender and number with the noun to which they refer. The definite article is frequently omitted after forms of **ser: Es suya.**

PRÁCTICA

A. Con un compañero (una compañera), haga y conteste las siguientes preguntas.

1. —El *carro* de Antonio está roto. ¿Y el tuyo?
   —¿El *mío*? Ya lo he arreglado. (*lámparas, estéreo, cámara, frenos, transmisión*)
2. —¿Ya han encontrado todo el equipaje?
   —El maletín de Juan, sí, pero las maletas *mías*, no. (*suyo, tuyo, nuestro, vuestro*)

B. Ud. trata de encontrar una serie de objetos perdidos. ¿Son suyos los objetos que le ofrecen? Con un compañero (una compañera), haga y conteste preguntas según los modelos.

MODELO   —Esta maleta, ¿es *de Ud.*?
             —No, no es mía.

1. de Juan   2. de Uds.   3. de Alicia   4. de Ud.   5. tuya

MODELO   —¿Esta *radio*?
             —No, no es mía. La mía es más pequeña.

6. guitarra   8. llave   10. maletas
7. zapatos   9. televisor   11. diamante (*m.*)

C. Alargue (*Extend*) las preguntas según el modelo.

MODELO   Voy a lavar mi carro esta tarde. ¿Y tú? →
¿Vas a lavar el tuyo también?

1. No puedo pagar mis facturas este mes. ¿Y tú? (¡**OJO!** tampoco)
2. Ya han hecho sus reservaciones para junio. ¿Y Juan?
3. ¡Ay, he dejado mis cheques en casa! ¿Y tú?
4. No podemos encontrar nuestras llaves. ¿Y ellos? (¡**OJO!** tampoco)
5. Vas a informar a tus padres, ¿verdad? ¿Y ellos?
6. No, no perdimos el vuelo. ¿Y Uds.? (¡**OJO!** tampoco)
7. Ya he hecho mis planes para las vacaciones. ¿Y Ud.?
8. Claro que nos preocupamos por nuestro bienestar. ¿Y los demás? (¿No...)

CH. **Un conflicto civil.** ¿Cómo se dice en español?

1. He has his rights and I have mine!
2. We have our lawyer and they have theirs.
3. How can we find out what theirs (*lawyer*) is going to say?
4. Keep (**Ud.**) in mind that their laws are less rigid (**estricto**) than ours.
5. It's a question of *their* welfare or ours.
6. It's *his* obligation; it isn't ours.

CONVERSACIÓN

A. **Entrevista.** Con otro/a estudiante, haga y conteste las siguientes preguntas.

1. ¿Qué clases tienes este semestre (trimestre)? ¿Son interesantes? ¿Cuáles son más interesantes, mis clases o las tuyas?
2. ¿Cómo es tu horario este semestre (trimestre)? ¿Cuál es más fácil, mi horario o el tuyo?
3. ¿Tienes coche? ¿Cómo es? ¿Prefieres mi coche o el tuyo?
4. ¿Vives en un apartamento? ¿Cuánto pagas al mes? ¿Cuál es más barato, mi apartamento o el tuyo?
5. ¿Cuántas personas hay en tu familia? ¿Cuál es más grande, mi familia o la tuya?
6. ¿Trabajas? ¿Dónde? ¿Te gusta el trabajo? ¿Cuál es mejor, mi puesto o el tuyo?

B. Piense Ud. en algo que Ud. tiene o en alguien que conoce. Luego descríbalo/la a la clase, sin mencionar su nombre. Sus compañeros tienen que decir qué/quién es.

MODELO   Esta cosa mía contiene muchas tarjetas de crédito.
Esta cosa mía es de cuero (*leather*) y metal.
Esta cosa mía está debajo de mi silla en este momento.

(una bolsa)

63. Uses of **por**

Una negociación accidentada

REPORTERO: Así que Ud. y el líder del sindicato pasaron toda la noche de negociaciones; *por* la mañana Uds. tuvieron una entrevista en la televisión y *por* la tarde, Uds. hablaron con los reporteros.

NEGOCIADORA: Así es.

REPORTERO: Les gustó a todos el compromiso que Uds. propusieron. Y *por* fin el sindicato optó *por* continuar la huelga. ¿Me puede explicar *por* qué?

NEGOCIADORA: Fue *por* el accidente.

REPORTERO: ¡*Por* Dios! ¿Qué accidente?

NEGOCIADORA: El choque entre el carro del presidente de la compañía y el coche del líder del sindicato.

1. ¿Cómo pasaron la noche la negociadora y el líder del sindicato?
2. ¿Qué pasó por la mañana?
3. ¿Qué pasó por fin?
4. ¿Por qué no se resolvió la huelga?
5. ¿Qué tipo de accidente hubo?

The preposition **por** has the following English equivalents.

1. *By, By means of*

Vamos **por avión** (**tren, barco,** etcétera).	*We're going by plane (train, ship, and so on).*
Le voy a hablar **por teléfono**.	*I'll talk to him by phone.*

2. *Through, Along*

¿No quieres caminar **por el parque**?	*Don't you want to walk through the park?*
Recomiendan que caminemos **por la playa**.	*They suggest that we walk along the beach.*

3. *During, In* (the morning, afternoon, and so on)

Por la mañana jugamos al tenis.	*We play tennis in the morning.*

4. *Because of*

Estoy nervioso **por la entrevista**.	*I'm nervous because of the interview.*

An accidental negotiation REPORTER: So, you and the union leader spent all night in negotiations; you had an interview on television in the morning and you talked with the reporters in the afternoon. NEGOTIATOR: That's right. REPORTER: Everyone liked the compromise you proposed. And finally the union chose to continue the strike. Can you explain why? NEGOTIATOR: It was because of the accident. REPORTER: For heaven's sake! What accident? NEGOTIATOR: The collision between the company president's car and the union leader's car.

5. *For,* when *for* means the following:
   a. *In exchange for*

¿Cuánto me das **por este sombrero?**	*How much will you give me for this hat?*
Gracias por el regalo.	*Thanks for the gift.*

   b. *For the sake of, On behalf of*

Lo voy a hacer **por ti.**	*I'm going to do it for you (for your sake).*

   c. *In order to get, In search of*

Van **por pan.**	*They're going for (going to get) bread.*

   ch. *For a period of time*

Elena manejó **(por)** tres horas esta tarde.	*Elena drove for three hours this afternoon.*

   Many native speakers of Spanish do not use **por** in this and similar sentences; **tres horas** implies *for* three hours.

Por is also used in a number of fixed expressions.

por Dios	for heaven's sake	**por lo general**	generally, in general
por ejemplo	for example	**por lo menos**	at least
por eso	that's why	**por primera/ última vez**	for the first/last time
por favor	please		
por fin	finally	**por si acaso**	just in case

PRÁCTICA

A. Conteste Ud. en oraciones completas, usando **por** y las expresiones entre paréntesis.

1. Supongamos que Uds. son muy ricos. ¿Cómo prefieren viajar? ¿y si tienen que ahorrar? (avión, autobús)
2. ¿Cómo se entera Ud. de lo que pasa en otros países? ¿de las noticias del barrio? ¿y de lo que les pasa a sus amigos? (televisión, teléfono)
3. ¿Por dónde les gusta a los hispánicos dar paseos? (las plazas, el centro)
4. ¿Cuándo le gusta a Ud. estudiar? ¿ver la tele? (la tarde, la noche)
5. ¡Qué nervioso está Julio hoy! ¿Por qué será? (el examen, la cita con el dentista)
6. ¿Cuánto tiempo estudia su compañero/a de cuarto todos los días? (tres horas, a veces sólo media hora)
7. ¿Cuánto pagó Ud. por este coche? (menos de lo que Ud. piensa, $2.000)
8. ¿Por quiénes se sacrifican los padres? (los niños, todos los demás)

9. En una conferencia de prensa, ¿por quién hablan los periodistas? (los periódicos que representan, los lectores)
10. ¿Por qué volvieron Uds. a la tienda? (pan, vino)

B. Match the statements in the left-hand column with the responses on the right. Then try to expand the dialogues, creating the questions or statements that might have led to the first sentence and continuing the conversational exchange.

1. Acabo de jugar al básquetbol por dos horas.
2. Pero nunca están en casa por la tarde.
3. ¿No vas a tomar nada? ¿por lo menos un sándwich?
4. Siento llegar tan tarde.
5. No, no puedo tomar el examen hoy, por muchas razones.
6. Juan acaba de tener un accidente horrible.
7. ¡Pero, papá, quiero ir!
8. ¡Por Dios! ¡Qué desgracia!

a. Sí, murieron más de veinte personas.
b. Te digo que no, por última vez.
c. Lo importante es que por fin estás aquí.
ch. ¡Por Dios! ¿Qué le pasó?
d. No puedo. Tengo que salir inmediatamente.
e. ¿Por ejemplo?
f. Ah, por eso estás tan cansado.
g. ¿Por qué no los llamamos, por si acaso... ?

CONVERSACIÓN

A. Preguntas

1. En esta ciudad, ¿es agradable caminar por los parques públicos? ¿por el centro? ¿Por dónde le gusta caminar cuando quiere pensar?
2. ¿Cómo se llega de Washington a California por carro? (Hay que pasar por _____.) ¿de los Estados Unidos a Guatemala? ¿del Canadá a México?

Una turista pide información en Santiago de Chile. Tradicionalmente el pueblo hispánico trata a los extranjeros de un modo cariñoso y amable. El hispano en la calle será siempre muy correcto y cortés, y hasta cierto punto servicial (very willing to help). Pero también puede parecerle al estadounidense un poco reservado y distante. Por ejemplo, es poco común que las personas desconocidas se saluden en la calle—sea verbalmente o con una sonrisa u otro gesto—como muchas veces lo hacen los norteamericanos. Usted no debe ver esta manera de comportarse como una muestra (sign) de frialdad por parte de los hispánicos. Esto sólo refleja una mayor formalidad en su forma de comportarse socialmente.

KATHERINE A. LAMBERT

3. Generalmente, ¿qué hace Ud. por la mañana? ¿por la tarde? ¿por la noche?

4. ¿Por qué quiere Ud. viajar a Acapulco? ¿por el sol? ¿a España? ¿a California? ¿a Nueva York?

5. ¿Adónde se va por gasolina? ¿por ropa? ¿por comestibles (*food*)?

6. ¿Quiénes se sacrifican por Ud.? ¿sus padres? ¿Ud se sacrifica por alguien?

7. ¿Cuándo salió Ud. por primera vez con un chico (una chica)?

8. ¿Cómo se informa Ud. de las noticias internacionales? ¿del tiempo? ¿de la hora exacta? ¿de lo que pasa en el mundo de los deportes?

B. **Entrevista.** Con un compañero (una compañera), haga y conteste preguntas para ponerse de acuerdo sobre los siguientes temas. Luego dígale a la clase lo que Uds. han acordado.

1. Un lugar en esta ciudad por donde es peligroso (muy agradable) caminar

2. Una persona con quien, por lo general, es difícil (fácil) comunicarse

3. Un derecho por el cual (*which*) Uds. (no) se sacrificarían

4. La forma más económica *y* a la vez más agradable de viajar

5. Una razón por la cual (*which*) es disculpado (*okay*) faltar a clase (a un examen)

6. Una cantidad que es excesiva pagar por un coche (un vestido o traje, los libros de texto para una sola clase, una entrada para un partido importante)

DIÁLOGO: Una experiencia en el autobús

Douglas, estudiante estadounidense, recién llegado
  a la Ciudad de Guatemala
doña Elvira Molina, dueña de la casa en que
  se hospeda° Douglas
Jaime, amigo guatemalteco de Douglas

se... vive

A. *A la hora del desayuno*

DOUGLAS: Después de estar aquí dos semanas, ya es hora de que yo supiera usar el servicio de autobuses.

DOÑA ELVIRA: Seguramente, Douglas. Nuestro carro también es suyo, pero sería bueno que Ud. supiera usar los transportes públicos.

DOUGLAS: Bueno, por eso le pedí anoche a un amigo mío que me acompañara al centro esta mañana en autobús.

DOÑA ELVIRA: ¡Buena idea!

B. *Horas más tarde, Douglas y Jaime regresan a casa.*

DOÑA ELVIRA: ¡No esperaba que volvieran tan pronto! ¿Cómo les fue?

JAIME: Muy bien. Llegamos a la parada del autobús antes de que empezara la aglomeración° de mediodía.°   *rush / noon*

DOÑA ELVIRA: Me alegro de que tuvieran suerte.° Hay horas en que los autobuses   *luck* vienen muy llenos. Aunque muchos hacen cola, también hay muchos que se abren paso a empellones.°   *a... pushing*

JAIME: Así pasó. De veras, Douglas, yo temía que te formaras una impresión desagradable de la gente de mi país.

DOUGLAS: Bueno, siempre el que° espera desespera... aunque aquí parece que   *el... he who* la gente a veces tiene mucha impaciencia.

JAIME: Sí, pero toma en cuenta que hay ciertas circunstancias que contribuyen a ello:° la escasez de vehículos, la falta de control en el   *esto* límite de pasajeros permitidos a bordo...

DOÑA ELVIRA: ...además de los horarios irregulares. Todo esto sucede en muchas partes.

DOUGLAS: Pasa igual en mi país, sobre todo en las ciudades grandes.

JAIME: Si supiéramos resolver estos problemas, la gente usaría más el transporte público, ¿verdad?

Comprensión

Conteste en oraciones completas.

A. 1. ¿Qué tiene que aprender Douglas?
   2. ¿Qué piensa doña Elvira de esta idea?
   3. ¿Qué le pidió Douglas a su amigo Jaime?

B. 1. ¿Tuvieron algún problema especial Jaime y Douglas? ¿Por qué?
   2. ¿Cómo vienen los autobuses durante las aglomeraciones?
   3. ¿Cómo se comporta mucha gente al subir al autobús?
   4. ¿Qué temía Jaime esta mañana?
   5. ¿Qué circunstancias explican la actitud impaciente de muchos pasajeros?

Comentario cultural

1. In many countries where public transportation systems are heavily used, discipline and order can sometimes disappear in the rush to board the bus or train. This situation can become more upsetting than usual for the foreign tourist who, in addition to coping with the headlong rush to get on, is also trying to figure out the system of routes, fares, and transfers.

   In stores and other places where clients wait to be attended by a clerk, the custom of forming orderly lines does not always exist.

2. Over the centuries writers have focused on the markedly individualistic nature of the Hispanic personality. Whether this observation is true or not, it is accurate to state that many Hispanics perceive Americans to be reserved and less fun at a party—**"esa gente no sabe divertirse"**—, while many Americans see all Hispanics as being lively and outgoing. Expecting reality to live up to stereotypes of these kinds can lead to disappointments—and pleasant surprises—on both sides.

UN POCO DE TODO

A. **Siempre los mismos problemas.** Cambie por el pasado.

1. Es increíble que haya tantos problemas mundiales.
2. No creo que nadie sepa todas las soluciones.
3. Siento que no se pueda resolver todos los problemas.
4. Las autoridades siempre niegan que la culpa sea suya.
5. Los ciudadanos piden que alguien haga algo por ellos.

Siga con la historia, haciendo oraciones completas según las indicaciones.

6. ser / necesario / que / todos / cumplir (*to fulfill*) / con / responsabilidades / suyo
7. haber / suficiente / recursos / para que / nadie / sufrir / ninguno / privación
8. ¿haber / gobierno / que / ser / mejor / nuestro?
9. yo / dudar / que / se / formar / nunca / sociedad / perfecto
10. yo / sugerir / que / todo / ciudadanos / trabajar / junto / para / crear / mundo / mejor

B. What did you want to happen in the following situations? Begin your sentences with **Yo prefería que...**, **Yo quería que...**, or **Yo insistía en que...**. Incorporate the information given in parentheses.

1. La semana pasada fuimos a las montañas.   (playa)
2. El presidente quería que gastáramos más en la defensa de la nación.   (menos)
3. Anoche mi amigo y yo fuimos a ver una película italiana. Usamos su coche.   (francesa; mi coche)
4. El verano pasado, mi amigo y yo alquilamos una casa vieja y en malas condiciones. Vinieron a visitarnos todos sus amigos.   (nueva y con todas las comodidades; mis amigos)
5. Pasamos la última Navidad con la familia de mi esposo/a.   (mi familia; pasar la Nochebuena con sus parientes)

C. Examine el siguiente dibujo de Mafalda, niña argentina a quien no le gusta nada la sopa que su madre insiste en prepararle. Luego complete las oraciones para formar una historia completa.

Frases útiles

estar listo   soñar con (to *dream about*)   llenar un plato

1. Anoche, mientras dormía, Mafalda _____.
2. Soñaba que estaba _____.
3. Cuando la sopa _____, Mafalda _____.
4. Llevó el plato _____ y _____.
5. Su _____ estaba sentada a la mesita.
6. Mafalda veía a su madre como si ésta (*as if the latter*) _____. (**¡OJO!** past subjunctive)
7. Mafalda quería que su madre _____.
8. Pero cuando su madre _____, _____.
9. Es probable que Mafalda soñara todo esto porque con frecuencia su madre quiere que _____.

Ahora cuente Ud. lo que va a pasar después. ¿Qué va a hacer la madre? ¿Qué va a hacer Mafalda?

CH. **El noticiero de las seis.** Complete the following news flashes with the correct form of the words in parentheses, as suggested by the context. When two possibilities are given in parentheses, select the correct word. Use the past participle of infinitives indicated with an asterisk.

TRENTON, ESTADOS UNIDOS.   Se reveló ayer que los comandantes de las bases navales de los Estados Unidos han (*recibir*[1])* órdenes «supersecretas» de (*intensificar*[2]) las medidas de seguridad.° Se cree que terroristas (*cubano*[3]) (*pensar*[4]) sabotear instalaciones norteamericanas. Estas órdenes, (*emitir*°[5])* por el jefe de operaciones navales, (*mandar*[6]) que los comandantes (*aumentar*[7]) la seguridad para que no (*ocurrir*[8]) otra tragedia como el ataque contra el cuartel de los marinos en Beirut.

medidas... security measures
to issue

MOSCÚ.   Hoy todo Moscú se está (*preguntar*[9]) si el jefe del Estado y del Partido Comunista, Yuri Andrópov, (*asistir*[10]) mañana sábado (*por/de*[11]) la tarde a la solemne reunión (*organizar*[12])* por el Kremlin para (*celebrar*[13]) el 66º aniversario (*del/de la*[14]) revolución bolchevique. Hace varios meses que el señor Andrópov no (*aparecer*[15]) en público y es posible que (*ser/estar*[16]) gravemente enfermo. Hasta este momento, claro, la prensa soviética no (*haber decir*[17]) nada al respecto.° Mañana sábado, a las 17 horas, no sólo el cuerpo° diplomático y los periodistas (*extranjero*[18]), sino° también la población soviética (*ser/estar*[19]) ante° los televisores para (*ver*[20]) si la directiva° del Partido hace su entrada° en la Sala de Congreso del Kremlin.

al... about it
corps / but
in front of / leadership
entrance

SANTIAGO, CHILE.   Al final del próximo febrero, seis familias chilenas (*viajar*[21]) a la Antártida. Allí (*vivir*[22]) (*por/para*[23]) un período de dos años como parte (*del/de la*[24]) programa de exploración y colonización del territorio antártico (*que/lo que*[25]) lleva a cabo° la Fuerza Aérea Chilena. Las seis familias (*vivir*[26]) en casas especialmente (*diseñar*[27])* y (*construir*[28])* por la Fuerza Aérea. También se (*construir*[29]) un centro comunitario donde los niños tendrán (*alguno*[30]) diversiones. Para poder participar en la colonización de la Antártida, fue necesario que los profesionales (*estar*[31]) casados, (*tener*[32]) hijos (*pequeño*[33]) y (*viajar*[34]) con su familia. El mayor de los niños (*que/quien*[35]) viaja a la Antártida (*tener/estar*[36]) actualmente siete años.

lleva... is carrying out

D. **Continúa el noticiero de las seis.** With another student, write three brief news items. Two of them should describe real events that have appeared recently in the news. The other should be imaginary. Present your news items to the class. Your classmates will determine which of the three news items are true and which is a fabrication.

 # VOCABULARIO

VERBOS

castigar to punish
comunicarse (con) to communicate (with)
enterarse (de) to find out (about)
garantizar to guarantee
gobernar (ie) to govern, rule
informar to inform
merecer (merezco) to deserve
obedecer (obedezco) to obey
protestar to protest
sacrificar to sacrifice
votar to vote

SUSTANTIVOS

el **acontecimiento** event, happening

el **barrio** neighborhood
la **cárcel** jail
el **castigo** punishment
la **comodidad** comfort, convenience
el **deber** responsibility, obligation
el **derecho** right
la **dictadura** dictatorship
el **egoísmo** selfishness
la **huelga** strike (*labor*)
el **individuo** individual
la **ley** law
la **libertad** liberty, freedom
las **noticias** news
la **parada del autobús** bus stop
la **paz** peace
la **prensa** press, news media
la **república** republic
el **sindicato** labor union
la **sociedad** society

PALABRAS ADICIONALES

es cuestión de it's a matter of
por Dios for heaven's sake
por ejemplo for example
por fin finally
por lo menos at least
por primera/última vez for the first/last time
por si acaso just in case
se trata de it's a matter of
tomar en cuenta to keep in mind, take into account

ACTIVIDADES

DAVID MANGURIAN

Aquí frente a «la Casa Rosada» en Buenos Aires los guardias están bajando la bandera a la puesta (setting) del sol. No hay que tener miedo de los soldados, pues la presencia de guardias y policías militares en esta clase de ceremonias es más común en la América Latina que en los Estados Unidos, no importa que (regardless of whether) el gobierno sea militar o civil.

A. **Una elección difícil.** Aquí hay una lista de los derechos que consideramos básicos en este país. Para Ud., ¿cuáles son los más importantes y cuáles son los menos importantes? Póngalos en orden de importancia (**1** = el más importante). Luego compare su lista con las de los otros miembros de la clase. ¿Hay algún derecho que tenga prioridad entre los demás? ¿Por qué tendrá tanta importancia para Uds.?

_____ el derecho a la libertad de expresión
_____ el derecho a la asociación libre
_____ el derecho a no dar testimonio
_____ el derecho a ser juzgado (*judged*) por un jurado
_____ el derecho a llevar armas
_____ el derecho a la igualdad de oportunidades para todos en el mundo
          laboral
_____ el derecho a recibir una educación gratis

De los derechos anteriores, ¿cuáles serían los más importantes para los siguientes individuos? Explique sus respuestas.

1. Una mujer divorciada con tres hijos
2. Un granjero (*farmer*) que vive en Kansas
3. Un miembro de un grupo minoritario que vive en un barrio pobre de Los Ángeles
4. Un senador en Washington D.C.
5. Un adolescente residente en Chicago

B. **¿Un deber o un derecho?** Having rights also means respecting others' rights and liberties. Others are entitled to the same rights that you enjoy, and their needs and priorities may be quite different from your own. With another student or in a group, list two or three rights that also imply responsibilities. Follow the models.

MODELOS   El derecho a fumar implica la responsabilidad de no fumar en ciertas circunstancias: en un restaurante, en un ascensor (*elevator*)...
El derecho a llevar armas implica la responsabilidad de no abusar de ellas.

A propósito...

Command forms and indirect requests with the subjunctive are not always the best way of getting someone to do something. Often a greater degree of politeness is necessary in order not to offend the person you are addressing.

Here are some examples of how to initiate a request that someone do—or stop doing—something.

Por favor, ¿puede/pudiera Ud.... ?
          ¿quiere/quisiera Ud.... ?
Por favor, ¿me trae... ?   ¿me pasa... ?   ¿me da... ?   ¿me dice/explica... ?

The last series of questions can also be declarative statements: **Por favor, me trae el periódico.** To be even more polite, you could also add **...si (Ud.) es tan amable** to the end of the sentence.

The other side of making a request is responding to one. When someone asks a favor of you, you may or may not want—or even be able—to comply. Here are a few ways to indicate your willingness to help.

¡Sí, sí!	Sí, no hay problema.	¡Por supuesto!
¡Cómo no!	¡Claro!	¡Con mucho gusto!

If the favor is not one that you can grant, use phrases such as the following.

Lo siento. Realmente quisiera hacerlo, pero no puedo por(que)...
(Desgraciadamente) No es posible ahora por(que)...

C. **¿Me hace el favor de... ?** The following are common situations in which you might need to ask for something or in which someone might make a request of you. What might you say in each situation? Try to offer several different responses, when possible.

1. En la mesa, durante la cena, Ud. necesita la sal, pero el salero está al otro lado de la mesa, cerca del señor de la casa.
2. Sus padres le han mandado un cheque desde los Estados Unidos, pero Ud. no lo ha recibido todavía. Ud. necesita un poco de dinero y habla ccn su amigo Jaime.
3. Ud. se encuentra en una esquina de Madrid y no sabe dónde está. Con el mapa en la mano, Ud. para a dos personas y pregunta:...
4. Su amiga Marta le pregunta si Ud. le puede prestar unos discos para una fiesta. Marta tiene fama de olvidarlo todo.

5. Un compañero le pide prestado un dólar y Ud. tiene diez. No es una molestia prestarle dinero.
6. Otro compañero acaba de pedirle prestados cincuenta dólares. Ud. no tiene disponible esa cantidad y tampoco tiene mucha confianza en el amigo.
7. Alguien le pide prestado su coche. Pero el coche no es suyo; es de su papá y Ud. sabe que a él no le gusta que otras personas lo manejen.

LECTURA CULTURAL: España y Latinoamérica

No es por casualidad que los hispanoamericanos llaman a España la «madre patria». Cuando los conquistadores llegaron al Nuevo Mundo, instalaron un sistema de gobierno directamente controlado desde España que duró casi doscientos años. Pero a pesar de los vínculos° culturales, sociales y religiosos, ha habido también muchas diferencias, sobre todo en el área de la política.   *ties, links*

La monarquía española

Generalmente se acepta que la unificación política de los distintos reinos° que   *kingdoms*
había en la Península—excepto Portugal—se produjo como consecuencia del matrimonio de Isabel I de Castilla con Fernando II de Aragón en 1469. Fue la reina Isabel quien prestó a Cristóbal Colón la ayuda que necesitaba para realizar su viaje a las «Indias».

El nieto de Fernando e Isabel, Carlos, fue el primer rey de la casa de Hapsburgo que reinó en España. Fue coronado emperador al heredar de su padre el trono del Sacro Imperio Romano, por lo que recibió el título de Carlos I de España y Carlos V de Alemania. La dinastía de los Hapsburgos, que presenció° la derrota de   *vio*
la Armada Invencible por Inglaterra en 1588, fue sustituida en 1700 por la casa real francesa de los Borbones.

Tras dos períodos republicanos, una sangrienta° guerra civil (1936–1939) y el   *bloody*
gobierno ininterrumpido del general Francisco Franco hasta 1975, el régimen monárquico ha sido restaurado en la persona de don Juan Carlos I de Borbón. Don Juan Carlos se inclinó por una reforma profunda que permitiera acceder° a   *to come to be*
un régimen democrático. Esto se refleja en la Constitución Española de 1978, donde se afirma: «La forma política del Estado español es la Monarquía parlamentaria.»

Las revoluciones hispanoamericanas

En los primeros años del siglo XIX, hubo un movimiento generalizado en las Américas con el fin de independizarse de España. Estallaron° guerras de inde-   *Broke out*
pendencia desde México hasta la Argentina. Fue ésta la época de los libertadores. En México el padre Miguel Hidalgo empezó la revolución con el grito de la independencia el día 16 de septiembre de 1810. Lo fusilaron un año después sin

que hubiera visto° realizado su sueño. En Sudamérica los grandes libertadores   *sin... before he had seen*
fueron Bernardo O'Higgins de Chile; Antonio José de Sucre, venezolano y primer
presidente de la república de Bolivia; y José de San Martín de la Argentina. Pero el
hombre al que todos los sudamericanos reconocen como «El Libertador» es
Simón Bolívar. Bolívar es para Sudamérica lo que Jorge Washington es para los
norteamericanos: el verdadero padre de la independencia.

Aunque las guerras de independencia tuvieron éxito y las colonias con-
siguieron independizarse de España, todavía continúan las luchas en Hispanoamérica. En la actualidad el objetivo es lograr cambios políticos, económicos
y sociales. Ha habido guerras de guerrillas en Venezuela, Colombia, Guatemala y
El Salvador, y verdaderas revoluciones en México, Chile, Cuba y Nicaragua. En el
siglo XX, los dos guerrilleros más conocidos han sido Ernesto «Che» Guevara de
la Argentina, que participó intensamente en la revolución cubana, y Camilo
Torres, sacerdote° colombiano que murió en una batalla contra el ejército del   *priest*
gobierno de su país en 1965. La revolución moderna que ha durado más tiempo
es la mexicana, que comenzó en 1910 y que según algunos mexicanos todavía
sigue. Esta revolución trajo consigo° la nacionalización de la tierra, una impor-   *with it*
tante reforma agraria, y una constitución que todavía está en vigor.°   *en... in existence*

Comprensión

¿Cierto o falso? Corrija las oraciones falsas.

1. Isabel y Fernando vivieron en el siglo XIX.
2. Se consiguió la unificación política de España en el siglo XV.
3. Carlos V fue el primer rey de la casa de los Borbones.
4. Ha habido (*There have been*) pocos cambios políticos en España en el siglo XX.
5. Todavía hay una monarquía en España.
6. En la historia de Hispanoamérica, el siglo XIX es una época monárquica.
7. Simón Bolívar es el padre de la independencia mexicana.
8. Las luchas actuales en Centroamérica tienen como objetivo independizarse de España.
9. «Che» Guevara y Camilo Torres son dos guerrilleros latinoamericanos del siglo XX.
10. La revolución mexicana consiguió pocos cambios.

Para escribir

Escriba un breve párrafo sobre uno de los siguientes temas. El párrafo debe dirigirse a un lector
hispánico que sabe poco de la historia estadounidense.

1. George Washington, libertador de las colonias inglesas: quién fue; su participación en la lucha
   por la independencia norteamericana; su papel (*role*) en el nuevo gobierno de los Estados
   Unidos
2. Los Kennedy, una familia política: quiénes son (fueron) John, Robert y Ted; su importancia en la
   política de los Estados Unidos

CAPÍTULO 18

LOS HISPANOS EN LOS ESTADOS UNIDOS

PETER MENZEL

PARA EMPEZAR

In this chapter and in **Un paso más 18,** you will learn vocabulary and expressions about family origins, and will consider related attitudes and experiences of Hispanic peoples. As a first step, listen to the following conversation about one aspect of being Hispanic in the United States.

Alicia y Judy están en Iowa y acaban de visitar el antiguo colegio (*former high school*) de Judy.

ALICIA: Me gustó mucho tu colegio, Judy. Pero me sorprendió muchísimo saber, cuando me presen-

taste al Sr. Hernández, que él no habla español. Es difícil creer que un señor de apellido Hernández sea profesor de inglés y no de español.

JUDY: Pues, no te sorprendas. Aquí en los Estados Unidos, un montón (*great number*) de personas son de origen hispánico. Pero aunque una gran parte de esta gente es bilingüe, hay muchos de la segunda y tercera generación que no hablan casi nada de español. Hay también millones de estadounidenses con apellidos irlandeses, alemanes o italianos que nunca han hablado otro idioma que el inglés. Así es este país.

VOCABULARIO: PREPARACIÓN

Los inmigrantes			
los bienes	possessions (*property*)	**acostumbrarse (a)**	to get used (to)
el/la ciudadano/a	citizen	**añorar**	to long for
la costumbre	custom	**asimilarse**	to assimilate, blend in
la cultura	culture		
el «choque cultural»	culture shock	**emigrar**	to emigrate
		establecerse (me establezco)	to establish oneself
el/la exiliado/a	person in exile, expatriate	**mantener (ie) (mantengo)**	to maintain, support (*a family, etc.*)
el idioma	language		
la patria	native land, homeland	**sufrir altibajos**	to have ups and downs
las raíces (la raíz)	roots		
el/la refugiado/a	refugee	**bilingüe**	bilingual
la tierra natal	native land, place of birth	**por necesidad**	of necessity

A. **Definiciones.** Dé la palabra que corresponde a cada definición.

1. pagar todos los gastos de una familia
2. adaptarse poco a poco
3. el país natal de una persona
4. un individuo que ha dejado su país por razones políticas
5. tener la habilidad de hablar dos idiomas
6. salir de un país para vivir en otro
7. el conflicto que una persona experimenta (*experiences*) en una nueva cultura
8. tener unos ratos alegres y otros tristes
9. la propiedad y los objetos que uno tiene
10. la herencia cultural y familiar de una persona

Ahora, siguiendo el modelo de las definiciones anteriores, dé una definición de las siguientes palabras.

1. ciudadano
2. costumbre
3. cultura
4. añorar
5. establecerse en un país nuevo

B. ¿Cuánto sabe Ud. de la gente de origen hispánico que vive en los Estados Unidos? En cada grupo de oraciones, dos no describen al grupo étnico indicado. ¿Cuáles son las oraciones falsas? Las respuestas se dan al pie de la página 458.

Los chicanos: personas de descendencia mexicana o mexicanoamericana que viven en los Estados Unidos.

1. Los chicanos viven solamente en California y Texas.
2. Muchos de los chicanos del oeste son descendientes de mexicanos que se establecieron allí en el siglo XIX o antes.
3. Todos los chicanos con apellidos hispanos hablan el idioma español.
4. Como sus raíces culturales proceden de México, muchos chicanos comen comidas mexicanas como pan dulce y chocolate, tacos y tortillas, frijoles y arroz.
5. El Cinco de Mayo es una fiesta mexicana celebrada por muchos chicanos.

Los puertorriqueños: personas que proceden—o sus antepasados (*ancestors*)—de la isla de Puerto Rico, en el Mar Caribe.

1. Los puertorriqueños son ciudadanos de los Estados Unidos.
2. Un quince por ciento de la población de la ciudad de Dallas es de origen puertorriqueño.
3. Puerto Rico es un Estado Libre Asociado (*Commonwealth*).
4. Muchos platos típicos puertorriqueños se preparan con guayaba (*guava*), una fruta tropical.
5. Puerto Rico fue una colonia de los Estados Unidos durante 400 años.

Los cubanos: personas que proceden—o sus antepasados—de la isla de Cuba, que también está en el Mar Caribe, cerca de la Florida.

1. La mayoría de los cubanos que han venido a los Estados Unidos han emigrado por gusto.
2. Los cubanos se han establecido sólo en el estado de la Florida.
3. Un plato típico de los cubanos se llama «moros y cristianos».
4. Los cubanos han influido mucho en la vida política, económica y cultural de algunas regiones de los Estados Unidos.
5. Muchos de los primeros inmigrantes cubanos eran personas con una buena preparación profesional.

C. Javier Ochoa y David Dinsmore son dos extranjeros recién llegados a los Estados Unidos, pero hay una gran diferencia entre ellos. David es del Canadá y desea estudiar medicina en este país; no está casado. Javier es un estudiante graduado en bioquímica. Es de Madrid y viene con su familia (una esposa

---

Los chicanos: 1. Falso. Los chicanos se han establecido en casi todas partes de los Estados Unidos. 2. Cierto.   3. Falso. Algunos chicanos son bilingües, pero otros son monolingües.   4. Cierto. 5. Cierto.

Los puertorriqueños: 1. Cierto.   2. Falso. Un quince por ciento de la población de la ciudad de *Nueva York* es de origen puertorriqueño.   3. Cierto.   4. Cierto.   5. Falso. Puerto Rico fue una colonia de España.

Los cubanos: 1. Falso. La mayoría ha venido por necesidad, por razones políticas.   2. Falso. Hay colonias cubanas en muchas partes de los Estados Unidos, aunque sí hay que reconocer que muchos se concentran en la Florida.   3. Cierto. Consiste en frijoles negros («moros») y arroz («cristianos»). 4. Cierto.   5. Cierto.

que no habla inglés y dos hijos pequeños). ¿En qué cree Ud. que se diferenciarán sus dos primeros años en los Estados Unidos?

CH. Preguntas

1. ¿Cuál es su tierra natal, su patria? ¿y la de sus padres? ¿la de sus abuelos? ¿Son diferentes algunas de las costumbres de este país y las de la tierra natal de su familia? ¿Hay personas bilingües en su familia? ¿Qué idiomas hablan? ¿Qué costumbres étnicas todavía conservan?

2. ¿De qué países han emigrado muchas personas a los Estados Unidos? ¿De qué países han venido muchos refugiados políticos? ¿Conoce Ud. a algún refugiado? ¿Ha podido traer sus bienes o los tuvo que dejar en su tierra natal? ¿Dónde se ha establecido esta persona? ¿Añora su patria? ¿Tiene raíces muy profundas en su cultura?

3. ¿Conoce Ud. a alguien que haya salido de los Estados Unidos? ¿Emigran con frecuencia los estadounidenses? ¿Por qué saldrían? ¿Dónde podrían acostumbrarse fácilmente? ¿Por qué?

Encuentro cultural: Los hispanos en los Estados Unidos

En los Estados Unidos hay quizás unos dieciséis millones de personas de origen hispánico, o sea entre el seis y el siete por ciento de toda la población. El norteamericano medio (*average*) suele tener (*usually has*) impresiones superficialmente fundadas sobre los hispanos de los Estados Unidos. Quizás la impresión más equivocada es que los hispanos son todos más o menos iguales. En realidad hay varios grupos de hispanos en los Estados Unidos: los mexicanoamericanos, los puertorriqueños, los cubanos, los salvadoreños, los costarricenses, los guatemaltecos.... Los tres grupos más grandes son los mexicanoamericanos, los puertorriqueños y los cubanos. (Se hará un breve retrato [*portrait*] de cada uno de estos tres grupos en este capítulo.) Cada grupo tiene su propio carácter y es el producto de su historia, su cultura y su individualismo.

Pero and *sino*

Sino means *but,* implying *but rather* or *but on the contrary.* Thus, **sino** is used to contradict or give the opposite of a preceding negative.

No es **rico sino pobre.** *He isn't rich but (rather) poor.*
No van **al cine sino a la playa.** *They're not going to the movies but (rather) to the beach.*

When there is no contradiction, **pero** (*but, on the other hand, yet*) is used, even after a negative.

No es rico, **pero** es amable. *He isn't rich, but he's nice.*

D. Complete las oraciones con **pero** o **sino.**

1. La casa que me gusta no es blanca _____ amarilla.
2. No tengo bolígrafo _____ lápiz.
3. Tengo un lápiz _____ no tengo bolígrafo.
4. El idioma materno de Carlos no es el inglés _____ el español.

5. Pepe no tiene mucho dinero _____ vive bien.
6. Félix no comió allí por gusto _____ por necesidad.
7. Nuestro abogado no es simpático _____ es muy inteligente.
8. Ramón no trabaja mucho _____ gana mucho dinero.
9. Los García no querían quedarse _____ emigrar.
10. El Canadá no es su tierra natal _____ su país de exilio.

E. Complete las oraciones en una forma lógica.

1. (nombre) no es soltero/a sino _____.
2. (nombre) no es antipático/a sino _____.
3. Yo no soy _____ sino _____.
4. Yo no soy de _____ sino de _____.
5. Este verano no voy a _____ sino a _____.
6. No quiero ser _____ sino _____.

MINIDIÁLOGOS Y GRAMÁTICA

64. *Conditional Sentences*

Si Ana Ortega *saliera* en la televisión,
...*estaría* muy nerviosa.
...les *diría* «hola» a todos sus amigos.
...*expresaría* sus ideas políticas.
...se *consideraría* una persona famosa.
...*recibiría* muchas cartas después.

Si yo *saliera* en la televisión,
...*aparecería* en ___(programa)___
...*estaría* muy ___(adjetivo)___.
...*diría* _____.
...*expresaría* _____.

Dependent Clause: *Si* Clause	**Independent Clause**
Si + *imperfect subjunctive,*	*conditional*

When a clause introduced by **si** (*if*) expresses a contrary-to-fact situation, **si** is always followed by the past subjunctive. In such sentences, the verb in the independent clause is usually in the conditional, since the sentence expresses what one *would do or say* if the **si** clause were true.

If Ana Ortega appeared on television, . . . she would be very nervous.   . . . she would say "hello" to all of her friends.   . . . she would express her political views.   . . . she would consider herself a famous person.   . . . she would receive a lot of letters later. If I appeared on television, . . . I would appear on __.   . . . I would be very __.   . . . I would say __.   . . . I would express __.

Si yo **fuera** tú, no **haría** eso.	*If I were you, I wouldn't do that.**
Si se levantaran más temprano, **podrían** llegar a tiempo.	*If they got up earlier, they would be able to arrive on time.*
Iría a las montañas **si tuviera** tiempo.	*He would go to the mountains if he had the time.*

When the **si** clause is in the present tense, the present indicative is used—not the present subjunctive.

Si tiene tiempo, **irá** a las montañas.	*If he has time, he'll go to the mountains.*

Como si (*as if, as though*) is always followed by the past subjunctive because it always indicates something contrary to fact.

Connie habla **como si fuera** española.	*Connie speaks as though she were Spanish.*

PRÁCTICA

A. Su amigo Pablo necesita consejos. ¿Qué le dirá Ud.? Dé oraciones nuevas según las indicaciones.

—Si yo _____, no lo haría. (*ser tú, estar allí, tener ese problema, poder decidir, vivir allí*)

B. ¿Qué harían Uds. si estuvieran ahora de vacaciones? Haga oraciones según las indicaciones.

1. si yo estuviera de vacaciones, / tomar / sol / playa
2. si nosotros estuviéramos... / no tener / estudiar
3. si Uds.... / poder / pasarlo bien
4. si Anita... / no venir / clase
5. si tú... / ir / Buenos Aires
6. si Ud.... / escribir / tarjetas postales

C. ¿Qué haría Ud.? ¿Adónde iría? Complete las oraciones en una forma lógica.

1. Si necesitara comprar comida, iría a _____.
2. Si necesitara un libro, lo compraría en _____.
3. Si tuviera que emigrar, iría a _____.
4. Si tuviera sed, tomaría _____.
5. Si yo _____, comería un sándwich.
6. Si quisiera ir a _____, iría en avión.
7. Si quisiera tomar _____, esperaría en la estación.
8. Si _____, compraría un coche nuevo.

---

*English speakers frequently use the subjunctive after *if* (*If I were you . . .*) in conditional sentences, but this usage, like the use of the subjunctive in general, is inconsistent in contemporary English speech.

CH. Describa Ud. las exageraciones de su amiga Carlota, que exagera todo. Use oraciones que empiezan con **Habla como si... ,** según el modelo.

MODELO Carlota es de una familia de clase media →
Habla como si fuera de una familia rica.

1. Carlota vive en una casa humilde.
2. Se equivoca con frecuencia porque tiene mala memoria.
3. No es experta en nada.
4. Sin embargo, cree que lo sabe todo.
5. Cree que los otros no saben nada.

D. ¿Vamos a llegar a tiempo? Cambie según el modelo.

MODELO Queremos *comprar* flores, pero no tenemos tiempo. →
Si tuviéramos tiempo, compraríamos flores.

1. No queremos *perder* la fiesta, pero no podemos salir temprano.
2. Quiero *mirar* el mapa, pero no tengo una linterna (*flashlight*).
3. Pienso *doblar* en esa esquina, pero no puedo ver el nombre de la calle.
4. Quiero *parar* aquí pero no reconozco la casa.
5. Roberto quiere *estacionarse* aquí, pero no queremos caminar tanto.
6. *Dejaría* de criticar tu manera de conducir, pero no me lo pides con calma.

CONVERSACIÓN

A. ¿Qué haría Ud. en estas situaciones? Explique su respuesta.

1. Los señores Medina están durmiendo. De repente se oye un ruido. Un hombre con máscara y guantes (*gloves*) entra silenciosamente en la alcoba. **Si yo fuera** el señor (la señora) Medina/el hombre, _____.
2. Celia está estudiando para un examen muy importante. Su compañera de cuarto se pone enferma y la tiene que llevar al hospital. No puede seguir estudiando para el examen y, a la mañana siguiente, no está lista para tomar el examen. **Si yo fuera** Celia/su compañera, _____.
3. Los padres de Ana no quieren que se case con su novio Antonio, que vive en otro estado. Un día, Ana recibe una carta de Antonio, la lee y de repente sale de la casa. Deja la carta, abierta, en la mesa. **Si yo fuera** Ana/el padre (la madre), _____.

B. Complete las oraciones en una forma lógica.

1. Si yo fuera presidente/a, yo _____.
2. Si yo estuviera en _____, _____.
3. Si tuviera un millón de dólares, _____.
4. Si yo pudiera _____, _____.
5. Si yo fuera _____, _____.
6. Si _____, (no) me casaría con él/ella.

7. Si _____, estaría contentísimo/a.
8. Si _____, estaría enojadísimo/a.

¿Recuerda Ud.?

Review the forms of the perfect tenses, both indicative and subjunctive, in Chapter 15 before beginning Grammar Section 65. Remember that the perfect tenses consist of the appropriate form of **haber** plus the past participle.

Indicative

PRESENT PERFECT: he, has, ha, hemos, habéis, han
PAST PERFECT: había, habías, había, habíamos, habíais, habían
CONDITIONAL PERFECT: habría, habrías, habría, habríamos, habríais, habrían

Subjunctive

PRESENT PERFECT: haya, hayas, haya, hayamos, hayáis, hayan

La historia de los Fuentes. ¿Cómo se dice en español? Complete la historia con otros detalles.

1. Yes, they've already emigrated. They've . . .
2. She's already gotten used to her new life. She has . . .
3. Why hadn't they left earlier? Because . . .
4. They would have done it, but . . .
5. I'm glad that they've fit in so well and that . . .

---

65. *Pluperfect Subjunctive*

Idénticas pero diferentes

ABUELA: A comer, todos.

JULIA: ¡Qué bien huele, abuela! El arroz, los frijoles, el mole... Pero, ¿dónde están las tortillas de maíz?

ABUELA: ¿De maíz? Si te las *hubiera hecho* de maíz, seguro que me habrías pedido las de harina.

JULIA: No, abuelita. Juanita siempre las quiere de harina; yo prefiero las de maíz. Son las mejores, ¿no sabes?

ABUELA: Ay, si yo *me hubiera dado* cuenta de que tú venías a cenar.... Creo que en todo el mundo no hay otras gemelas que sean tan parecidas... y que tengan gustos tan diferentes. Ándale pues, la próxima vez te las preparo de maíz.

The same but different.   GRANDMOTHER: Let's eat, everybody.   JULIA: Gee, it smells good, Grandmother. Rice, beans, the mole (*turkey in chocolate-base chili sauce*) . . . But where are the corn tortillas?   GRANDMOTHER: Corn? If I had made them for you out of corn, I'm sure you would have asked me for flour ones.   JULIA: No, Grandma. Juanita always wants the flour ones; I prefer corn. They're the best, don't you think (know)?   GRANDMOTHER: Ah, if I had realized that *you* were coming to dinner . . . I think that in all the world there are no other twins who are so alike . . . and who have such different tastes. Okay, I'll make them from corn the next time.

Complete las siguientes oraciones como lo haría la persona indicada.

Julia

1. Yo siempre quiero que la abuela _____.
2. En cambio, mi hermana las _____.

Abuela

1. Yo pensaba que _____.
2. No me di cuenta de que _____.
3. Si lo hubiera sabido, habría _____.
4. La próxima vez _____.

Pluperfect Subjunctive

Forms of the Pluperfect Subjunctive	
hubiera hablado	hubiéramos hablado
hubieras hablado	hubierais hablado
hubiera hablado	hubieran hablado

The *pluperfect subjunctive* (**el pluscuamperfecto del subjuntivo**) is formed with the pluperfect subjunctive of **haber** plus the past participle. It is used to express *I had spoken* (*written,* and so on) when the subjunctive is required.

Si lo hubiera sabido...	*If I had (only) known . . .*
Si me hubieran llamado primero...	*If (only) they had called me first . . .*
Habla como si lo hubiera conocido.	*She talks as if she had met him.*

[Práctica A, B]

Use of the Pluperfect Subjunctive in Conditional Sentences

Dependent Clause: *Si* clause	**Independent Clause**
Si + *pluperfect subjunctive,*	*conditional perfect*

The pluperfect subjunctive and the conditional perfect are used in **si**-clause sentences to speculate about what would have happened if a particular event had or had not occurred.

Si hubiera tenido el dinero, **habría** hecho el viaje.	*If I had had the money, I would have made the trip.*
Si me **hubieran avisado,** los **habría** acompañado.	*If they had let me know, I would have gone with them.*

[Práctica C]

PRÁCTICA

A. Ud. se ha equivocado y tiene que disculparse (*to excuse yourself*). Empiece las disculpas según las indicaciones.

MODELO   saberlo (yo) a tiempo → Si lo hubiera sabido a tiempo...

1. llamarme Uds.
2. avisarme mis padres
3. consultarme Ud. antes

4. preguntármelo tú
5. pedírnoslo Uds.
6. decírmelo Raúl

B. Su amigo Rodolfo presume de saberlo todo y de haberlo hecho todo. Descríbalo, completando las siguientes oraciones con **como si...** y las frases indicadas.

MODELO   No sabe nada de béisbol, pero habla... (ver muchos partidos) →
No sabe nada de béisbol, pero habla como si hubiera visto muchos partidos.

1. Nunca ha estado en Latinoamérica, pero habla... (estar allí)
2. Nunca ha conocido al presidente, pero habla... (conocerlo)
3. No sabe nada de física, pero habla... (estudiarla)
4. No conoce el Toledano, pero habla... (cenar allí muchas veces)
5. No ha visto una película en todo el año, pero habla... (ver muchas)

C. **¿Qué habría ocurrido si... ?** Haga oraciones nuevas según el modelo.

MODELO   No he visto a Julio en la fiesta. (saludarlo) →
Si lo hubiera visto, lo habría saludado.

1. No he recibido el paquete. (pagarlo)
2. No me han mandado el contrato. (firmarlo)
3. No han hecho cola. (comprar las entradas)
4. No se ha cuidado. (no ponerse enfermo)
5. No ha trabajado mucho. (darle un aumento)
6. No se han establecido con facilidad. (no emigrar otra vez)
7. No les ha enseñado español a sus hijos. (ser bilingües ahora)
8. Han tratado de asimilarse. (no añorar su patria)

CONVERSACIÓN

Complete las oraciones en una forma lógica.

1. Si yo hubiera nacido rico/a (en Sudamérica, en 1850), _____.
2. Mi vida habría sido totalmente diferente si _____.
3. Si nunca hubieran inventado el teléfono (la televisión, el coche), _____.
4. Si nunca hubiera nacido Beethoven (Picasso, Kennedy), _____.
5. Si yo hubiera conocido a __(persona)__, _____.

66. *Uses of **para**, and **para** Versus **por***

La política de un expolítico

ADELA: Lincoln lo expresó muy bien en su discurso—¿no lo recuerdas?— « ...que el gobierno del pueblo, *por* el pueblo, *para* el pueblo no desaparezca de la tierra».

BENITO: (Levantándose, furioso) Pues *para* mí un gobierno del, *por* y *para* el pueblo no existe todavía.

ADELA: Pero si el pueblo va a gobernarse, es necesario educarlo *para* gobernar. ¿Por qué crees que... ? (Se va Benito.) ¡Ay, qué pesado! Últimamente se enoja cada vez que se habla de política.

CARLOS: Lógico. No te olvides de que lo botaron en las últimas elecciones.

1. ¿Quién es Benito? ¿De qué hablan los amigos?
2. ¿De qué tipo de gobierno habló Lincoln?
3. ¿Está Benito de acuerdo con Lincoln? ¿Cómo reacciona?
4. ¿Adela cree que es necesario educar al pueblo? ¿Para qué?
5. ¿Por qué se enoja Benito cuando se habla de política?

Para

The preposition **para** has many English equivalents, including *for*. Underlying all of them is reference to a goal or a destination.

1. *In order to* + infinitive

Se quedaron en Andorra **para esquiar.**	*They stayed in Andorra to (in order to) ski.*
Sólo regresaron **para cenar.**	*They only came back to have dinner.*
Ramón estudia **para (ser) abogado.**	*Ramon is studying to be a lawyer.*

2. *For,* when *for* means the following:
   a. *Destined for, To be given to*

Le regalé un libro **para su hijo.**	*I gave him a book for his son.*
Todo esto es **para ti.**	*All of this is for you.*

   b. *For (By) a specified future time*

Para mañana estudien Uds. la página 72.	*For tomorrow, study page 72.*

The politics of an ex-politician   ADELA: Lincoln said it very well in his speech—Don't you remember it?—". . . that government of the people, by the people, for the people shall not perish from the earth."   BENITO: (*getting up, angry*) Well, as far as I'm concerned a government of, by, and for the people doesn't exist yet.   ADELA: But if the people are going to govern themselves, you have to teach them to govern. Why do you think that . . . ? (*Benito leaves.*) What a pain! Lately he gets mad every time anyone talks politics.   CARLOS: Of course. Don't forget that they threw him out (of office) in the last elections.

Lo tengo que terminar **para la semana que viene.**

I have to finish it by next week.

c. *Toward, In the direction of*

Salieron **para Acapulco** ayer.

They left for Acapulco yesterday.

ch. *To be used for*

Es un vaso **para agua.**

It's a water glass (a glass for water).

¡OJO!   Compare the following:

Es un vaso **de agua.**

It's a glass (full) of water.

d. *Compared with others, In relation to others*

Para mí el español es fácil.
Para (ser) extranjera habla muy bien el inglés.

For me Spanish is easy.
She speaks English very well for a foreigner.

e. *In the employ of*

Trabajan **para ese hotel.**

They work for that hotel.

[Práctica A, B, C]

Para versus *Por*

Sometimes either **por** or **para** can be used in a given sentence, but there will always be a difference in meaning depending on which one is used. Compare the following pairs of sentences.

Vamos **para** las montañas.
Vamos **por** las montañas.

Let's head toward the mountains.
Let's go through the mountains.

Déle el dinero **para** el carro.

Give her the money for (so that she can buy) the car.

Déle el dinero **por** el carro.

Give her the money (in exchange) for the car. (Buy the car from her.)

Es alto **para** su edad.

He's tall for his age (compared to others of the same age).

Es alto **por** su edad.

He's tall because of his age. (He's no longer a child.)

[Práctica CH]

PRÁCTICA

A. **En el restaurante.** Dé oraciones nuevas según las indicaciones.

1. Estamos aquí para _____.   (*comer, cenar, almorzar, desayunar*)
2. Para mi *padre*, traiga la *paella*, por favor.   (*madre/pescado, hermanito/bistec, abuela/paella también, mí/pollo*)

B. ¿Para dónde salieron estas personas? Haga oraciones según las indicaciones.

MODELO   Ponce de León salió para la Florida.

1. Colón / la India
2. los astronautas / la luna
3. Lewis y Clark / el oeste
4. Hernán Cortés / México

C. Conteste Ud. negativamente, según las indicaciones.

1. Para mañana, ¿hay que leer el capítulo 20? (el diálogo)
2. Para Ud., las ciencias son muy interesantes, ¿verdad? (aburridas)
3. ¿Busca Ud. el texto para la clase de comercio? (matemáticas)
4. Para ser principiantes, nosotros pronunciamos muy mal, ¿verdad? (bien)
5. Para la semana que viene, ¿tenemos que repasar el pretérito? (subjuntivo)
6. Ud. está en la biblioteca para conversar, ¿no? (leer un libro)

CH. Complete las oraciones con **por** o **para.**

1. Salieron _____ el Perú ayer. Van _____ avión, pero luego piensan viajar en carro _____ todo el país. Van a estar allí _____ dos meses en total.
2. Pagué veinte dólares _____ esta blusa _____ Clara. Es un regalo de cumpleaños, ¿sabes?
3. Buscamos un regalo de boda _____ nuestra nieta. ¿No tienen Uds. unos vasos de cristal _____ vino?
4. Graciela quiere estudiar _____ (ser) doctora. _____ eso trabaja _____ un médico _____ la mañana; tiene clases _____ la tarde.
5. No dejes los estudios _____ mañana, ¿eh? —No te preocupes, mamá. Hoy _____ la tarde voy a estudiar _____ el examen.
6. Sé que tienes mucho que hacer _____ la boda mañana. ¿Te puedo traer o preparar algo _____ la fiesta después? —Pues sí. ¿Me haces el favor de ir a la tienda _____ vino?
7. ¿ _____ qué están Uds. aquí todavía? Yo pensaba que iban a dar un paseo _____ el parque. —Íbamos a hacerlo, pero _____ fin no fuimos _____ la nieve.

CONVERSACIÓN

A. Describa los dibujos, usando oraciones con **por** o **para** donde sea posible.

MODELO   ¿Cómo se llama la niña?
¿Para quién canta?
Para niña, ¿canta bien o mal?
¿Cuántos años tendrá?
¿Es muy alta para su edad?
¿Para qué se han reunido todas estas personas?
¿Por qué está sentada la gente?

1.   2.   3.   4.

B. Complete las oraciones, inventando los detalles necesarios. Base sus respuestas en su propia vida cuando sea posible.

1. Para mañana tengo que _____. No lo hice ayer por _____.
2. Por la mañana (yo) siempre _____. Me gustaría _____ pero no es posible porque _____.
3. Siempre he querido hacer algo especial para _____. Por eso, esta noche voy a _____ para _____.
4. Este fin de semana salgo para _____. Me gustaría viajar por _____, pero voy _____.
5. Mi _____ trabaja para _____. Para _____, esta profesión es muy _____ porque _____.
6. Estudio para (ser) _____. Esta profesión es la mejor para mí porque _____.
7. Pagué _____ por _____. No pagaría más de _____ por un(a) _____.
8. Para mí es fácil (difícil, interesante) _____, pero no es fácil (difícil, interesante) _____.

Cualquier pretexto para reunirse con los familiares es bueno. Esta familia se aprovecha de (is taking advantage of) una tarde desocupada para salir al parque a divertirse.

DIÁLOGO: Un *picnic* en el parque

A. *En casa de una familia puertorriqueña[1] de Nueva York. Es domingo por la mañana.*

ABUELA: ¿Te gustaría que comiéramos hoy en el Parque Central?
ABUELO: ¡Ay, es como si hubieras adivinado° lo que pensaba!   *guessed*
ABUELA: Si llamáramos a nuestros hijos, tal vez vendrían ellos también. ¿Qué te parece?
ABUELO: Sí, diles que no vengan solos, sino con los nietos... podemos invitar a todos los familiares. Un *picnic* como los que hacíamos antes.
ABUELA: Eso, sí—¡como si estuviéramos otra vez en Puerto Rico!

B. *Hablan por teléfono.*

HIJA: ¿Quieres que lleve algo, mamá?
ABUELA: No te preocupes, mujer. Estoy preparando comida para todos y espero que en una hora todo esté listo.
HIJA: Mira, tengo aquí en casa unos pastellillos[2] y un postre. Si quieres, los llevo.
ABUELA: ¿Pastellillos de carne? ¡Cómo me gustan!
HIJA: Ni de carne ni de queso, mamá, sino de guayaba.[3]
ABUELA: ¡Todavía mejor! Éstos son los más ricos de todos.

C. *Más tarde. Toda la familia en el Parque Central.*

NIETA: Abuelito, ¿qué te gusta más: vivir en Nueva York o vivir en Puerto Rico?
ABUELO: Pues, si pudiéramos elegir° entre Borinquen y la Babel de Hierro,[4]   *choose*
          preferiríamos vivir en nuestra tierra natal.
NIETA: Entonces,° ¿por qué estamos aquí?   *Then*
ABUELO: Porque perdí mi finca, hija, y entre la falta de trabajo allí y la posibilidad de un trabajo bien pagado aquí, tu abuela y yo optamos por emigrar.
NIETA: Pero en los Estados Unidos no somos inmigrantes sino ciudadanos norteamericanos.
ABUELO: No es que seamos inmigrantes sino que somos de otra cultura, de otra región geográfica, de otra lengua. Mira, tú has nacido aquí; para ti es diferente. Para nosotros, Puerto Rico es nuestra patria. La isla es muy pequeña; tiene riquezas,° pero son insuficientes para la población.   *riches*
NIETA: ¿Por eso han salido tantos puertorriqueños de su tierra?
ABUELO: Algunos sí. No han salido por gusto sino por necesidad.
NIETA: ¿Qué será de Puerto Rico en el futuro, abuelito? ¿Crees que algún día será un estado de la Unión?
ABUELO: No sé, hijita, pero siempre será nuestra patria.

Comprensión

Conteste en oraciones completas.

A. 1. ¿Qué sugiere (*suggests*) la abuela?
   2. ¿En qué había pensado el abuelo?
   3. ¿A quiénes van a invitar?
   4. ¿Dónde hacían antes este tipo de *picnic* familiar?

B. 1. ¿Qué va a llevar la hija?
   2. ¿Quién va a llevar el resto de la comida?
   3. ¿Qué tipo de pastelillos le gustan más a la abuela?

C. 1. ¿Qué otro nombre le da el abuelo a Puerto Rico? ¿a Nueva York?
   2. De los dos lugares, ¿cuál les gusta más a los abuelos?
   3. ¿Por qué viven, entonces, en Nueva York?
   4. ¿Qué sentimientos tiene el abuelo hacia Puerto Rico?
   5. ¿Por qué son diferentes los sentimientos del abuelo y los de la nieta?
   6. ¿Por qué han salido muchos puertorriqueños de la isla?
   7. ¿Añora el abuelo Puerto Rico? ¿Cómo se sabe eso?

Comentario cultural

1. Puerto Rico was a colony of Spain for over four hundred years. In 1898, at the end of the Spanish-American War, the island became a territory of the United States. Puerto Ricans were granted full United States citizenship in 1917, and in 1952 Puerto Rico became a self-governing commonwealth associated with the United States. In 1967 the people of Puerto Rico reaffirmed their commonwealth status, but a sizeable number of Puerto Ricans favor statehood or independence.

   Puerto Rico is one of the most densely populated areas of the world. Thousands of Puerto Ricans have emigrated to the mainland, settling primarily in the industrial cities of the east, where they have had a major impact on population and culture. Often the first members of a family to migrate to the mainland lack education and specialized training. Their hope is that their children and grand-children, with better education and training, will be able to move upward.

2. **Pastelillos** are small turnovers, or pastries, filled with meat, cheese, or fruit.

3. **Guayaba** (*Guava*) is a tropical fruit of the West Indies. It is used in making preserves, jellies, and **pastelillos.**

4. **Borinquen** refers to Puerto Rico, and **borinqueños** are Puerto Ricans. The words are derived from **Boriquén,** the native name for the island when Columbus arrived in 1493. **Babel de Hierro** (*Babel of Iron*) refers to New York City.

 # UN POCO DE TODO

A. **Si sólo fuera así...** Form complete sentences based on the words given, in the order given, to express contrary-to-fact conditions. Conjugate the verbs and add other words if necessary. Use subject pronouns only when needed.

   1. si / yo / ser / tú, / yo / no / hacer / eso

2. si / yo / haber / estar / allí, / yo / no / lo / haber / decir
3. si / nosotros / haber / viajar / España, / nosotros / haber / aprender / mucho
4. si / tú / me / dar / dinero, / yo / te / comprar / boleto
5. yo / viajar / mucho / países / si / yo / tener / dinero
6. nosotros / no / haber / dejar / dinero / banco / si / nosotros / no / haber / tener / que / emigrar

B. Describe the experiences and feelings of someone who has recently come to this country by completing the following sentences.

1. Antes de llegar, Antonio temía que _____.
   Antes de emigrar, Antonio esperaba que _____.
   Si no hubiera emigrado, Antonio _____.

> no poder encontrar trabajo él y su esposa
> no acostumbrarse todos fácilmente a la nueva cultura
> no aprender sus hijos el idioma
> tener ellos que dejarlo todo
> encontrar la familia una vida mejor
> haber más libertad política aquí
> quedarse en su tierra natal
> no tener que establecerse en otro país

2. Ahora se alegra de que _____.
   Ahora insiste en que _____.
   Es como si _____.

> haber emigrado todos
> hablar los dos idiomas sus hijos
> mantenerse en casa las costumbres viejas
> estar contentos todos en el nuevo país
> mantener contacto con los parientes en la tierra natal
> conocer los hijos sus raíces
> siempre haber vivido aquí
> haber nacido aquí

C. **¿Bajo qué circunstancias... ?** Entreviste a otro/a estudiante según el modelo.

MODELO comprar un coche nuevo → —¿Bajo qué circunstancias comprarías un coche nuevo?
—Compraría un coche nuevo si tuviera más dinero.

1. dejar de estudiar en esta universidad
2. haber emigrado a otro país
3. estudiar otro idioma
4. no haber obedecer a los padres
5. votar por _____ para presidente
6. haber sido candidato/a para presidente/a
7. casarse
8. no decirle la verdad a un amigo

OWEN FRANKEN/STOCK, BOSTON

El grupo más numeroso de hispanos en los Estados Unidos es el mexicanoamericano. La gran mayoría de ellos vive a lo largo de la frontera de los Estados Unidos y México—de Texas a California—y también en otros estados del oeste. Los antepasados de algunos eran los poseedores de estos territorios muchos años antes de que llegaran los anglosajones a esta parte de lo que es hoy los Estados Unidos. La frontera es solamente una línea artificial para la gente de la región fronteriza; es una realidad política, pero no divide dos pueblos. El pueblo y la cultura mexicanos han vivido y siguen viviendo en esta región a pesar de la frontera. Este hombre mexicanoamericano lee un periódico español en El Paso, Texas.

Como los mexicanoamericanos, los puertorriqueños tampoco son extranjeros. La isla de Puerto Rico es un Estado Libre Asociado, y las personas que allí nacen son ciudadanos norteamericanos. Las grandes concentraciones de puertorriqueños se encuentran en Nueva York, Nueva Jersey y Pensilvania. Hay mucho movimiento entre la Isla y las ciudades del noroeste, ya que muchas personas tienen amigos y familiares en las dos partes. La mayoría de los puertorriqueños que se han establecido en el continente han venido a aprovecharse de (to take advantage of) las mejores condiciones económicas y educativas aquí. Estos jóvenes puertorriqueños de Spanish Harlem son estudiantes universitarios.

Los cubanos sí son un grupo inmigrante. Comenzaron a llegar en gran número alrededor del año 1960 debido a la situación política existente en la isla de Cuba. Esta inmigración es en un sentido única. Históricamente, siempre que ha habido (there have been) grandes inmigraciones a este país, la gente que ha llegado era pobre y perteneciente a las clases más humildes. Pero en el caso de los cubanos, que son refugiados políticos más que económicos, los que llegaron en los años 60 fueron en su mayoría profesionales de las clases media y alta. No pudieron traer nada excepto su cultura y su educación. En sólo una generación el pueblo cubano ha recuperado casi todo lo que tuvo que abandonar, y ha ejercido una enorme influencia en la vida del sur de la Florida en donde aún está concentrado. Estas mujeres cubanas celebran el cumpleaños de una niña nacida en los Estados Unidos.

CH. **Si el mundo fuera diferente...** Adaptarse a un nuevo país o a nuevas circunstancias es difícil, pero también es una aventura interesante. ¿Qué ocurriría si el mundo fuera diferente?

MODELO   Si yo fuera la última persona en el mundo... →
tendría que aprender a hacer muchas cosas.
sería la persona más importante—y más ignorante—del mundo.
me adaptaría fácilmente/difícilmente.
los animales y yo nos haríamos buenos amigos.

1. Si yo pudiera tener solamente un amigo (una amiga), _____.
2. Si yo tuviera que pasar un año en una isla desierta, _____.
3. Si yo hubiera sido (otra persona), _____.
4. Si el president**e** fuera president**a,** _____.
5. Si hubiera nacido en la Argentina, _____.
6. Si fuera el año 2080, _____.
7. Si yo hubiera vivido en el siglo XIX (XV, etcétera), _____.
8. Si yo fuera la persona más poderosa (*powerful*) del mundo, _____.
9. Si los estudiantes fueran profesores y los profesores fueran estudiantes, _____.

D. **Un exiliado cubano.** Complete the following story with the correct form of the words in parentheses, as suggested by the context. When two possibilities are given in parentheses, select the correct word.

Miguel García es un médico excelente que vive y trabaja en Miami. Emigró de Cuba después de la revolución de Fidel Castro. Miguel (*querer*¹) mucho a su patria, (*pero/sino*²) no le (*gustar*³) el nuevo sistema político. Así (*salir: él*⁴) de Cuba en 1963 y (*llegar*⁵) con su familia a los Estados Unidos. El gobierno cubano no permitió que (*traer: ellos*⁶) muchos bienes personales; (*también/tampoco*⁷) les (*dejar*⁸) sacar dinero del país.

Ser un refugiado político es como empezar una nueva vida. Al° establecerse en los Estados Unidos, Miguel (*experimentar*⁹) muchos cambios difíciles. (*El/La*¹⁰) idioma, (*por/para*¹¹) ejemplo, (*representar*¹²) un obstáculo para él. Ya (*saber*¹³) bastante° gramática (*inglés*¹⁴) porque la (*haber estudiar*¹⁵) en el colegio en Cuba. (*Pero/Sino*¹⁶) nunca (*haber aprender*¹⁷) a hablarlo con facilidad, y también tuvo muchos problemas en comprender (*al/a la*¹⁸) gente. Aunque Miguel (*haber ser*¹⁹) médico en Cuba, fue difícil encontrar trabajo. Tuvo que trabajar en una fábrica (*por/para*²⁰) mantener a su mujer y a sus tres hijos. Mientras tanto,° hizo la residencia en un hospital y (*examinarse*²¹) en el estado de Florida. (*Por/Para*²²) fin (*conseguir*²³) un (*bueno*²⁴) puesto en un hospital de Miami.

Upon

a fair amount of

Mientras... Meanwhile

Además, era necesario que los García (*acostumbrarse*²⁵) a una vida y a una cultura completamente diferentes. (*Decidir: ellos*²⁶) adoptar una vida bilingüe: el español es (*que/lo que*²⁷) usan en la casa, (*pero/sino*²⁸) hablan inglés en el trabajo y en (*el/la*²⁹) calle.

Hoy, después de muchos años de exilio, Miguel y su familia se (*haber acostumbrar*³⁰) a la forma de vida en los Estados Unidos. (*Ser/Estar: ellos*³¹) ciudadanos de (*este/esto*³²) país, aunque muchas veces (*añorar*³³) su tierra natal. Sin embargo, saben que si no (*haber emigrar*³⁴), su vida en Cuba seguramente (*haber ser*³⁵) muy diferente.

 **VOCABULARIO**

VERBOS	el/la **chicano/a** Chicano	el/la **refugiado/a** refugee
	el «**choque cultural**» culture shock	la **tierra natal** native land, place of birth
acostumbrarse (a) to get used (to)	el/la **descendiente** descendent	
añorar to long for	el/la **exiliado/a** person in exile,	
asimilarse to assimilate, blend in	expatriate	**ADJETIVOS**
avisar to warn, advise	el **exilio** exile	
emigrar to emigrate	la **falta** lack	**bilingüe** bilingual
establecerse (me establezco) to	la **guayaba** guava	**étnico/a** ethnic
establish oneself	el **idioma** language	**monolingüe** monolingual
experimentar to experience	el/la **inmigrante** immigrant	
	la **isla** island	
	el/la **mexicanoamericano/a** Mexican-	**PALABRAS ADICIONALES**
SUSTANTIVOS	American	
	el **origen** origin	**como si** as if, as though
el **antepasado** ancestor	el **pastelillo** small turnover, pastry	**por gusto** willingly
los **bienes** possessions (*property*)	la **patria** native land, homeland	**por necesidad** out of necessity
la **costumbre** custom	el/la **puertorriqueño/a** Puerto Rican	**sino** but (rather)
el/la **cubano/a** Cuban	la **raíz** (*pl.* **raíces**) root	**sufrir altibajos** to have ups and downs
la **cultura** culture		

ACTIVIDADES

A. **¿Sabía Ud.?** ¿Qué sabe Ud. de los grupos étnicos de los Estados Unidos? Tome el siguiente *test*. Las respuestas se encuentran después del *test*.

1. Según un censo de 1980 más de _____ de norteamericanos—o sus padres—nacieron en otro país.

   a. dos millones   b. catorce millones   c. treinta y cuatro millones

2. De las personas que han emigrado a los Estados Unidos, _____ son hispanos.

   a. el 60 por ciento   b. el 29 por ciento   c. el 5 por ciento

3. Hay más de _____ de hispanos en los Estados Unidos.

   a. 50 millones   b. 14 millones   c. 35 millones

4. De los hispanos que viven en los Estados Unidos, el _____ por ciento son puertorriqueños, el _____ por ciento son mexicanoamericanos y el _____ por ciento son cubanos.

   a. 14, 60, 7   b. 30, 40, 10   c. 50, 25, 25

5. En San Antonio, Texas, más del _____ de la población es de linaje (*ancestry*) mexicano.

   a. 20 por ciento   b. 35 por ciento   c. 50 por ciento

6. En Philadelphia hay más de _____ hispanos, muchos de ellos de Centroamérica.

   a. 10 mil   b. 100 mil   c. 500 mil

7. En Hartford, Connecticut, el _____ por ciento de los habitantes son hispanos; la mayoría son de familias puertorriqueñas o cubanas.

   a. 6   b. 10   c. 20

1.b 2.b 3.b 4.a 5.c 6.b 7.c

A propósito...

Like English, Spanish has many different dialects. Here are a few expressions that you are likely to hear if you listen carefully to the speech of Hispanics in the United States. Although these expressions are typical of the following groups, they are not limited to them, by any means.

Expresiones mexicanas

Ándale.	Está bien. OK.	**prieto/a**	moreno/a, negro/a
Ven pa' cá.	Ven aquí/acá.	**güero/a**	rubio/a
¡Qué chulo!	¡Qué lindo/ bonito/ precioso!	**echar una pachanga**	hacer una fiesta

Expresiones puertorriqueñas

¡Chévere!	¡Magnífico! ¡Estupendo!
¿Tienes chavos?	¿Tienes dinero?
un(a) jíbaro/a	un(a) campesino/a (puertorriqueño/a)
¿Tú te das cuenta?	¿Entiendes? ¿Sabes?

Expresiones cubanas

la guagua   el autobús   **Es un pollo.**   Es una chica bonita.

viejo/a, querido/a   (*term of endearment*)

In many words and expressions, the *s* sound at the end of a syllable is pronounced as a sound similar to English *h:* **adióh** = **adiós; máh** = **más; loh libroh** = **los libros.**

Anglicismos

Because **hispanos** who live in the United States come into constant contact with the English language, it is natural that they borrow words from English and adapt them to the norms of Spanish pronunciation and grammar. English has done the same with many Spanish words: *vamoose* = **vamos;** *alligator* = **el lagarto** (*the lizard*). Here are some words that some Spanish speakers have borrowed from English. Say these words aloud. What English verbs do they sound like?

chequear   espeliar   flonquear   wachar

B. **¿Comprende Ud.?** ¿Sabe Ud. comunicarse con algunos hispanos que viven en los Estados Unidos? Si oye las expresiones en la columna A, ¿cómo va a contestar?

A	B
1. Acabo de perder la guagua.	a. No, gracias. Ya he comido mucho.
2. ¿Por qué no vienes tú pa' cá?	b. No creo. Conozco a un Pablo Martínez, pero es güero.
3. ¿Tienes chavos?	c. ¡Chévere! ¿Me prestará cien?
4. ¿Conoces a Teresita?	ch. No te preocupes. Vendrá otra dentro de diez minutos.
5. ¿No quiereh máh?	d. Sí, señor. ¡Qué pollo es!
6. Esta noche voy a una pachanga en casa de Mario.	e. ¿Por qué? ¿Qué quieres que haga?
7. ¿Conoces a Pablo Cervantes? Es prieto.	f. Sí, vieja. ¿Qué quieres?
8. Aquí viene la señora Reyes con su niño.	g. Yo no. Mañana nos pagarán.
9. Mi mamá acaba de ganar mil dólares en la lotería.	h. ¡Qué chulo! ¿Cómo se llama el chamaco (*kid*)?
10. ...y así ocurrió todo, ¿no te das cuenta?	i. Ándale... pues yo te acompaño si quieres.
11. María: «Ramón, ven acá.»	j. ¡Sí, sí! ¿Y después?

C. **Las raíces de la familia.** Los Estados Unidos se considera el crisol (*melting pot*) de las razas y muchas familias norteamericanas tienen historias muy interesantes. Hoy día muchas personas hacen investigaciones para aprender más de la historia de sus antepasados. ¿Qué piensa Ud. de este fenómeno? ¿Qué sabe Ud. de sus antepasados?

1. En su opinión, ¿es importante saber la historia de su familia? ¿Por qué sí o por qué no?
2. ¿Ha estudiado Ud. la historia de su propia familia? ¿Sabe mucho de ella?
3. ¿Dónde nacieron sus padres? ¿sus abuelos? ¿sus bisabuelos (*great-grandparents*)?
4. ¿Cuándo vinieron a los Estados Unidos sus antepasados? ¿Sabe Ud. algo de su vida durante los primeros años en este país? Comente.
5. Hay en su familia alguna comida típica que represente su herencia cultural? ¿Cómo se llama? ¿Sabe Ud. prepararla?
6. ¿Hay costumbres o tradiciones familiares que se deriven de su herencia cultural? ¿celebraciones familiares o religiosas?
7. ¿Hay artículos—fotografías, ropa, artículos decorativos, por ejemplo— que recuerden (*bring to mind*) la historia cultural de su familia? ¿De quién(es) son estos artículos? ¿Qué importancia tienen?
8. ¿Ha visitado Ud. la tierra natal de sus antepasados o quiere visitarla en el futuro? Comente.

Esta niña mexicano-americana lleva un traje típico en un día festivo. La comunidad hispana en los Estados Unidos está orgullosa (proud) de su larga historia cultural y lingüística, y se esfuerza por transmitirles a los jóvenes los mismos valores y la misma identidad.

CH. **Estereotipos.** Stereotypic ideas about individuals from a particular national or ethnic background are extremely common. There may be a grain of truth in some stereotypic images, but most are inaccurate.

What do people in other countries think of us? Describe what you think a non-American's stereotypic idea of a North American (*U.S.A.*) might be like. What part of the stereotype is fairly accurate, even though it is an over-generalization? What part of it is inaccurate?

Ha ganado el primer premio en el baile de disfraces.°   *costumes*

LECTURA CULTURAL: La diversidad étnica en los Estados Unidos

A través de su historia, los Estados Unidos se ha caracterizado como un gran crisol° étnico. Esto quiere decir que aunque la población está constituida de muchos grupos de personas de distinto origen, existe no obstante° un pueblo norteamericano. Tradicionalmente los inmigrantes se han asimilado a la cultura norteamericana después de una o dos generaciones. Debido a la insistencia de los padres, los hijos han hablado en inglés y gradualmente han adoptado las nuevas costumbres de la patria adoptiva.

melting pot
no... sin embargo

En los últimos quince o veinte años ha habido un nuevo movimiento por parte de los grupos étnicos. Algunos han optado por conservar su cultura e idioma tradicionales en vez de asimilarse a la cultura norteamericana general. Hay ahora en varios estados y condados° del país leyes que reconocen este deseo de conservar el patrimonio étnico. Estas leyes establecen, por ejemplo, que los sistemas de educación pública tienen que ofrecer programas bilingües y que todos los grupos étnicos deben tener acceso a la estructura política con tal de que éstos alcancen° un determinado porcentaje de la población.

counties

reach

Estas leyes han dado lugar a controversias, especialmente en aquellos lugares donde hay y ha habido grandes concentraciones de personas de origen étnico no anglosajón, sobre todo en Nueva York, Texas y California. Por un lado hay personas que defienden el derecho a conocer y conservar las propias raíces culturales. Para ellos, el hecho de que este país sea un crisol no implica que se tengan que eliminar las diferencias étnicas. Creen también que debemos enseñar a los muchachos en su propio idioma, generalmente la lengua que utiliza su familia, ya que el sistema educativo funciona mejor cuando no hay ningún bloqueo lingüístico o cultural. Este grupo, por tanto, defiende lo bilingüe y lo bicultural.

Por otro lado, otras personas afirman que la riqueza y la fuerza social y moral de este país reside en su variedad étnica y cultural. El mismo lema de los Estados Unidos dice *E Pluribus Unum,* que quiere decir «Uno solo entre varios». Para este segundo grupo, todas las personas que por cualquier razón se encuentran

OWEN FRANKEN/STOCK, BOSTON

La educación es la llave que abre muchas puertas. Este muchacho mexicanoamericano de Houston, Texas, se aplica en sus estudios, pensando en el presente pero también en el futuro.

en los Estados Unidos tienen la responsabilidad de asimilarse—o de dejar que sus hijos se asimilen—a la cultura dominante del país. Lógicamente se opone a los programas educativos bilingües porque, según ellos, estos programas dividen al pueblo y crean un ambiente de separatismo.

¿Qué opina usted? ¿Es posible que los dos grupos tengan razón, o que los dos estén equivocados?

Comprensión

Escoja Ud. la mejor manera de completar cada oración.

1. Los Estados Unidos se caracteriza por...
    a. su diversidad étnica.
    b. su homogeneidad étnica.
    c. su mayoría hispánica.
2. A lo largo de la historia de los Estados Unidos, los inmigrantes...
    a. se han mantenido aparte.
    b. se han asimilado.
    c. han creado nuevas costumbres.
3. En vez de asimilarse completamente, algunos grupos étnicos desean...
    a. que haya enseñanza pública en inglés.
    b. mantener sus tradiciones étnicas.
    c. dividir al pueblo.
4. En algunas partes hay leyes que mandan que...
    a. todos aprendan español.
    b. todos los miembros de los grupos étnicos aprendan inglés.
    c. se ofrezcan programas bilingües en todas partes.
5. Los que están en contra de la educación bilingüe creen que los diferentes grupos deben...
    a. buscar mejores puestos.
    b. asimilarse a la cultura mayoritaria.
    c. aprender a leer en español.
6. El autor de esta lectura...
    a. está a favor de la educación bilingüe.
    b. está en contra de la educación bilingüe.
    c. no muestra una actitud clara con respecto a la educación bilingüe.

Para escribir

Escriba un párrafo en contra de o a favor de la educación bilingüe. Use las siguientes preguntas como guía.

1. ¿Es buena o mala idea enseñar en otro idioma en las escuelas públicas en los Estados Unidos? ¿Por qué sí o por qué no?
2. ¿Es posible que un individuo se asimile a la cultura mayoritaria si no habla bien el inglés? ¿Es necesario que todos se asimilen a la cultura mayoritaria?
3. ¿Se ha asimilado por completo la familia de Ud.? ¿Mantienen Uds. algunas tradiciones étnicas? Dé ejemplos.
4. ¿Conoce Ud. a una familia de inmigrantes? ¿Se ha asimilado por completo a la cultura mayoritaria de los Estados Unidos o ha mantenido aspectos de su herencia étnica? Dé ejemplos.

CAPÍTULO 19

DE VIAJE

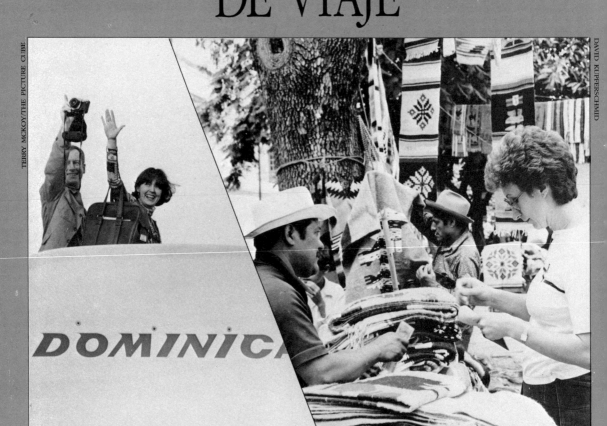

TERRY MCKOY/THE PICTURE CUBE

DAVID KUPFERSCHMID

PARA EMPEZAR

In this chapter and in **Un paso más 19,** you will learn vocabulary and expressions about travel abroad, and will consider related attitudes and customs of Hispanic peoples. As a first step, read the following description of one type of tourist.

Cuando viajan por el extranjero, muchas personas sufren un tipo de ceguera (*blind-ness*), que se puede llamar «ceguera cultural». Lo ven todo desde su propio punto de vista cultural. No observan nada realmente y juzgan todo según sus propios valores. Llevan consigo (*with them*) muchos prejuicios, no tratan de conocer la nueva cultura y ni siquiera (*not even*) tratan de acomodarse a ella.

Basándose en los comentarios anteriores, en su opinión, ¿cómo debiera ser el turista perfecto?

VOCABULARIO: PREPARACIÓN

En la aduana°			*customs*
el/la inspector(a) (de aduanas)	(customs) inspector	**pagar los derechos de aduana / una multa**	to pay customs duty / a fine
la nacionalidad	nationality	**registrar**	to search, examine
el pasaporte	passport	**tener algo que declarar**	to have something to declare
el/la viajero/a	traveler		
cruzar la frontera	to cross the border	**viajar al / en el extranjero, ir al extranjero**	to travel abroad, to go abroad
declarar (algo)	to declare (something)		

A. **Definiciones.** Dé una definición de las siguientes palabras.

1. la aduana
3. los derechos de aduana
5. la multa
2. el pasaporte
4. la frontera
6. registrar

B. **Pasando por la aduana.** ¿Qué dice o pregunta el inspector en este diálogo?

INSPECTOR: ¿————?

VIAJERA: Soy española, de Toledo.

INSPECTOR: ¿————?

VIAJERA: Aquí lo tiene, señor.

INSPECTOR: ¿————?

VIAJERA: Solamente estos libros y estos cigarrillos para uso personal.

INSPECTOR: ¿————?

VIAJERA: Espere Ud. un momento. Mi esposo trae la llave.

INSPECTOR: ¡————!

VIAJERA: ¡Oh, no! ¡No sabía que $\begin{cases} \text{tenía que declararlo!} \\ \text{era ilegal!} \end{cases}$

INSPECTOR: ————.

VIAJERA: ¿Cuánto tengo que pagar, pues?

INSPECTOR: ————.

Encuentro cultural: Pasando por la aduana

Cuando uno viaja a otro país, su primer encuentro cultural puede ser en la aduana, antes de salir ni siquiera del aeropuerto. Puede haber problemas en la aduana de todos los países; pero por lo general esta experiencia es muy rutinaria. Para pasar por la aduana sin problema, lo único importante es no llevar nada que esté prohibido: cierto tipo de alimentos, plantas, ciertas sustancias químicas, etcétera. Si usted tiene alguna duda, es buena idea que se entere de cuáles son las cosas prohibidas en el país que va a visitar antes de entrar en él.

Si usted va a quedarse con una familia en el extranjero, es aconsejable que lleve consigo unos regalitos. Las calculadoras electrónicas, que ahora se compran tan baratas en los Estados Unidos, son muy buenos regalos.

C. Explíquele a su amigo Paul, que nunca ha viajado en el extranjero, lo que pasa cuando uno toma un vuelo internacional. Empiece desde el momento de subir al avión hasta el momento de salir de la Oficina de Inmigración.

En el hotel o en la pensión°			*boardinghouse*
la ducha	shower	con (__ días de) anticipación	(__ days) in advance
la habitación	room	desocupado/a	unoccupied, vacant, free
el hotel de lujo	luxury hotel		
el/la huésped(a)	guest		
el mozo (el botones)	bellhop	confirmar	to confirm
la propina	tip	reservar	to reserve
la recepción	front desk		

CH. **¿El Hotel María Cristina o la Pensión Libertad?** De estas oraciones, ¿cuáles describen un hotel grande e internacional? ¿una pensión pequeña y modesta?

1. Tiene todas las comodidades que se encuentran en los mejores hoteles.
2. Los botones llevan el equipaje a la habitación.
3. Muchos de los huéspedes y del personal hablan solamente una lengua, el español, por ejemplo.
4. Hay que reservar una habitación con muchos días de anticipación.
5. Los dependientes confirman la reservación del huésped.
6. Generalmente se puede llegar sin reservaciones y encontrar una habitación desocupada.
7. Hay que gastar mucho dinero en propinas.
8. Los huéspedes suben (*carry up*) su equipaje, o el dueño los ayuda a subirlo.
9. Hablan muchos idiomas en la recepción.

*El centro turístico Mar del Plata, cerca de Buenos Aires, es popular entre los argentinos y también entre los turistas del extranjero. Si Ud. busca un sitio de veraneo (*vacation spot*) en los meses de enero o febrero, ya sabe adónde ir.*

RENE BURRI/MAGNUM PHOTOS

10. Todas las habitaciones tienen ducha y, a veces, baño completo con ducha.
11. Se puede pedir una habitación con todas las comidas incluidas (pensión completa).
12. Generalmente es necesario compartir (*to share*) el baño con otros huéspedes.
13. Tiene un comedor grande y elegante.
14. Es posible que los huéspedes coman con la familia, en el comedor o en la cocina.

D. **¿Qué se puede hacer?** Si Ud. se encuentra en estas situaciones, ¿cómo va a resolver el problema? Hay más de una respuesta posible.

1. Ud. reservó una habitación, pero el recepcionista no puede encontrar la reservación.
   a. Me voy a otro hotel.
   b. Insisto en hablar con el gerente (*manager*).
   c. Me quejo en voz alta mientras la sigue buscando el recepcionista.
   ch. ___?___

2. Ud. llega al único hotel del pueblo y encuentra que la única habitación desocupada cuesta muchísimo más de lo que quiere pagar.
   a. Regateo con el hotelero, pidiéndole que baje el precio.
   b. Busco a alguien para compartir el cuarto.
   c. Duermo en el coche.
   ch. ___?___

3. Ud. está viajando con un amigo. Ud. quiere quedarse en un hotel de lujo con todas las comodidades—con aire acondicionado, televisor y refrigerador en la habitación—, pero su amigo quiere quedarse en una pensión y prefiere una habitación sin baño porque es más barata.
   a. Lo dejo lo más pronto posible.
   b. Voy a la pensión pero me pongo de muy mal humor.
   c. Insisto en que nos quedemos en un hotel de lujo, pero pago más de la mitad (*half*) de la cuenta.
   ch. ___?___

4. Ud. quiere pagar su cuenta y salir, pero sólo tiene cheques de viajero. El hotel no los acepta. Además, es domingo y los bancos están cerrados.
   a. Me quedo un día más.
   b. Salgo sin pagar.
   c. Le pido al gerente que me haga el favor de aceptar los cheques de viajero y lloro tanto que no me lo puede negar.
   ch. ___?___

5. La pensión en que Ud. quiere quedarse ofrece tres posibilidades. ¿Cuál va a escoger?
   a. habitación sin comida
   b. pensión completa
   c. media pensión

MINIDIÁLOGOS Y GRAMÁTICA

67. *Indicative and Subjunctive After* **aunque**

Antes de aterrizar

AZAFATA: Atención, por favor, señoras y señores. Les entregaremos ahora las planillas de inmigración y de la declaración de aduana. Llénenlas antes de que aterricemos y ténganlas a mano con sus pasaportes. Muchas gracias.

VIAJERA: Señorita, por favor. ¿Es necesario que declare la cámara fotográfica y la grabadora, *aunque* no *son* para vender?

AZAFATA: Con tal que no las traiga de regalo o para comerciar, no pagará derechos. Pero declárelas de todos modos, *aunque sean* para su uso personal.

VIAJERO: ¿Y hasta cuántas cámaras se permiten para uso personal?

AZAFATA: No sé exactamente, pero ¡creo que menos de las diez que Ud. tiene!

1. ¿Qué les entrega la azafata a los pasajeros?
2. ¿Qué tienen que hacer los pasajeros?
3. ¿Qué pregunta la viajera?
4. ¿Cuándo pagará derechos un viajero?
5. ¿La cámara y la grabadora de la viajera son para su uso personal? ¿y las cámaras del viajero?

The subjunctive is used after the conjunction **aunque** (*although, even though*) when the speaker wishes to convey doubt, uncertainty, or disbelief. When there is no doubt or uncertainty, **aunque** is followed by the indicative. Compare the following:

No me gusta **aunque sea** amigo de Rita.

I don't like him although he may (might) be Rita's friend.

No me gusta **aunque es** amigo de Rita.

I don't like him even though he is Rita's friend.

No me gustaría **aunque fuera** amigo de Rita.

I wouldn't like him even if he were Rita's friend.

Before landing ATTENDANT: Attention please, ladies and gentlemen. We will be passing out the immigration and customs-declaration forms. Fill them out and have them within easy reach, along with your passports, before we land. Thank you very much. TRAVELER: Please, Miss. Is it necessary for me to declare my camera and tape recorder even though I don't intend to sell them? ATTENDANT: Provided that you're not bringing them as a gift or for business reasons, you won't pay duty. But declare them anyway, although they may be for your personal use. TRAVELER: And (up to) how many cameras are permitted for personal use? ATTENDANT: I don't know exactly, but I think fewer than the ten that you have!

PRÁCTICA

A. Dé oraciones nuevas según las indicaciones.

1. No hay ninguna habitación disponible (*available*) en la única pensión del pequeño pueblo donde Ud. desea quedarse. Ud. insiste, pero el dueño sigue diciendo que no hay. ¿Qué le dice a Ud. el dueño?

   —No hay habitaciones, aunque Ud. _____. (*prometer pagar el doble, esperar aquí en la recepción toda la noche, insistir en quedarse aquí, darme una propina enorme, haber reservado una habitación, haber confirmado su reservación, decir que no tiene dónde dormir, ___?___*)

2. La inspectora de aduanas insiste en registrar su maleta, pero Ud. no la puede abrir. ¿Qué le dice a Ud. la inspectora?

   —Aunque Ud. _____, no va a salir de aquí sin abrir la maleta. (*no poder encontrar la llave, pagar los derechos, no tener ninguna cosa que declarar, no llevar nada prohibido, ___?___*)

B. **Últimas palabras famosas.** Complete Ud. las frases a la izquierda con las palabras a la derecha.

1. Julieta: Aunque sea uno de los Capuletos,
2. Un estudiante: Aunque haya examen mañana,
3. El maletero: Aunque no hayamos encontrado su maleta todavía,
4. El segundo de los tres cochinitos (*little pigs*): Aunque sea débil (*weak*) de construcción,
5. Una amiga: Aunque maneje a setenta millas por hora,
6. El turista que pasa por la aduana: Aunque el inspector registre muy bien mi maleta,
7. El viajero que toma el tren: Aunque no estemos en la estación a la hora de la salida que ponen en el horario,

a. no va a encontrar la grabadora que no declaré.
b. quiero conocer a aquel joven.
c. no se preocupe Ud. Nunca se nos pierde el equipaje.
ch. no te preocupes—no hay policías por aquí.
d. no importa. Los trenes nunca salen a tiempo.
e. no voy a estudiar más esta noche.
f. voy a hacer mi casa de madera.

C. **De viaje.** ¿Cómo se dice en español?

1. I won't take the bus, even though it may be less expensive.
2. You must declare these (*m.*), even though they may be for your personal use only.
3. Although they are for personal use, you can't bring this many watches.

4. Even though they may be rich, they'll still have problems in customs.
5. Even though he is a senator **(senador),** he still has to pay duty on the cameras.

CONVERSACIÓN

A. Su amigo/a está enamorado/a de Ud. y le pide que se casen en seguida. Ud. no quiere casarse con nadie, y menos con este amigo (esta amiga). Explíquele su punto de vista, empezando su respuesta con **No me casaría contigo, aunque...**

MODELO   —Pero voy a ser muy rico/a algún día.
           —No me casaría contigo aunque fueras el hombre más rico/la mujer más rica del mundo.

1. Prometo llevarte a Hawai todos los veranos.
2. Llegaré a ser famoso/a algún día.
3. Podríamos vivir en España.
4. Tendremos una casa en Nueva York y otra en San Francisco.

B. Siga Ud. practicando el arte de decir que no, completando estas oraciones en una forma lógica.

1. No les voy a acompañar en el viaje a la Antártida, aunque _____.
2. No compraría este carro, aunque _____.
3. No quiero tratar de pasarlo por la aduana, aunque _____.
4. No voy a comentar este problema con el jefe, aunque _____.

68. *Subjunctive and Indicative After Conjunctions of Time*

Uno, dos, tres...

Describa Ud. lo que está pasando—y lo que va a pasar—en este dibujo. Use las preguntas como guía.

1. ¿Quién es el viajero? ¿Cómo es?
2. ¿Quiénes lo esperan?
3. ¿Cómo es el inspector?
4. ¿Qué problema va a haber?
5. ¿Cómo va a resolverse (*to be resolved*) el problema?

Ahora cuente Ud. la historia de otra manera, completando estas oraciones en una forma lógica.

1. El viajero cree que, tan pronto como (*as soon as*) pase por _____, (él) _____.
2. En cuanto (*As soon as*) el inspector vea _____, (él) _____.
3. Aunque el viajero sea _____, va a tener que _____.
4. Después de que el viajero pague _____, el inspector _____.

In a dependent clause after a conjunction of time, the subjunctive is used to express a future action or state of being, that is, one that is still pending or has not yet occurred from the point of view of the main verb. The events in the dependent clauses are conceptualized—not real-world—events. Conjunctions of time include the following.

cuando	when	**hasta que**	until
después (de) que	after	**tan pronto como**	as soon as
en cuanto	as soon as		

The indicative is used after conjunctions of time to describe a habitual action or a completed action in the past. Compare the following:

PENDING ACTION (Subjunctive):

Saldremos **en cuanto llegue** Felipe. *We'll leave as soon as Felipe arrives.*

Anoche, íbamos a salir **en cuanto llegara** Felipe. *Last night we were going to leave as soon as Felipe arrived.*

HABITUAL ACTION (Indicative):

Siempre salimos **en cuanto llega** Felipe. *We always leave as soon as Felipe arrives.*

PAST ACTION (Indicative):

Anoche, salimos **en cuanto llegó** Felipe. *Last night, we left as soon as Felipe arrived.*

The subject and verb are frequently inverted in the subordinate clause following conjunctions of time.

¡OJO! Even though it is a time conjunction, **antes de que** always requires the subjunctive (Grammar Section 53).

PRÁCTICA

A. **Detalles del viaje al extranjero.** Dé oraciones nuevas según las indicaciones.

1. En el avión, ¿qué les dice la azafata sobre las planillas de inmigración?
   —Entreguen las planillas _____ aterrice el avión. (*tan pronto como, cuando, después de que, en cuanto, No... hasta que*)

2. Cuando el inspector quiere que Ud. le entregue el pasaporte, ¿qué le dice Ud.?

   —Le entrego el pasaporte tan pronto como (yo) ____. (*encontrarlo, poder encontrar la llave de mi maleta, cerrar mi maleta, dármelo mi esposo/a, recordar dónde lo tengo*)

B. Use la conjunción entre paréntesis para unir las dos oraciones. Haga todos los cambios necesarios. **¡OJO!** No se usa el subjuntivo en todas.

Escenas en el aeropuerto

1. Voy a llamarlos. Paso por la aduana.   (en cuanto)
2. Juan va a decidirlo. Su amiga baja del avión.   (después de que)
3. No digas nada. Julio paga los derechos.   (hasta que)
4. El inspector va a registrar la maleta. Mi esposo la abre.   (en cuanto)

Se trata de bodas

5. Se casaron. Sus padres anunciaron su noviazgo.   (antes de que)
6. Te lo dijo. Lo supo.   (en cuanto)
7. Los padres se sorprendieron. Escucharon lo que les dijo su hijo. (cuando)
8. Los novios iban a salir de viaje. Terminó el semestre.   (tan pronto como)
9. Les íbamos a dar una fiesta. Regresaron de su luna de miel (*honeymoon*).   (después de que)

C. **En la pensión.** ¿Cómo se dice en español?

1. We'll take the room without a shower until the room with the shower is free.
2. Please notify us as soon as the other guests leave.
3. Will the bellhop help us when we change rooms?
4. Weren't they going to leave when the festival (*m.*) was over?
5. I'm sorry, but they've decided to stay until their daughter arrives.

CONVERSACIÓN

A. Describa Ud. los dibujos, completando las oraciones. Luego, describa Ud. su propia vida.

1. Pablo va a estudiar hasta que ____.

   Esta noche yo voy a estudiar hasta que ____.

   Siempre estudio hasta que ____.

   Anoche estudié hasta que ____.

2. Los señores Castro van a cenar tan pronto como _____.

Esta noche voy a cenar tan pronto como _____.
Siempre ceno tan pronto como _____.

Anoche iba a cenar tan pronto como _____.

3. Lupe va a viajar al extranjero en cuanto _____.

Voy a _____ en cuanto _____.
Siempre _____ en cuanto _____.
De niño/a, _____ en cuanto _____.

B. Preguntas

1. ¿Qué piensa Ud. hacer después de graduarse en la universidad? ¿Qué le van a regalar sus padres/amigos cuando Ud. se gradúe? ¿Qué recibió Ud. cuando se graduó en la escuela secundaria?

2. Cuando Ud. tenga el tiempo y el dinero, ¿adónde va a ir? ¿Adónde fue Ud. el año pasado cuando estaba de vacaciones? Cuando todavía vivía Ud. con su familia, ¿adónde iban Uds. de vacaciones?

Hay muchos tipos de hospedaje entre los cuales el viajero puede escoger. Desde luego, el mejor sitio es un hotel de lujo que ofrece todas las comodidades: piscina, canchas de tenis, restaurantes, discoteca, etcétera. Pero éstos son siempre muy caros. En cambio, los hoteles de segunda clase son más baratos y también muy buenos. Cada habitación tiene su baño, y hay comedor, bar y otras comodidades.

Si Ud. va a pasar una temporada larga en un lugar, será una buena idea buscar una pensión. En una pensión cada persona tiene su propio cuarto aunque puede ser necesario compartir el baño con los demás huéspedes. Normalmente se sirve un desayuno sencillo y la cena. Todos los huéspedes viven como en una gran familia. Lo mejor para un estudiante que va a pasar un semestre en una ciudad es tratar de hospedarse en la casa de una familia. Al principio es más difícil adaptarse a la vida familiar, porque uno entra en contacto con la nueva cultura desde el nivel más íntimo. Pero no hay mejor forma de conocer otro idioma y otra cultura.

PETER MENZEL

69. *Sequence of Tenses with the Subjunctive: A Summary*

Una fiesta de despedida

ALBERTO: ¿Trajiste los discos?

EDUARDO: ¿Yo? Yo no. Alguien le *dijo* a Margarita que los *trajera* ella.

MARGARITA: A mí no. Me *pidieron* que yo *hiciera* un pastel. *Es probable* que los *traiga* Roberto. *Si* me lo *hubieran dicho...*

ALBERTO: *Dudo* que se lo *hayamos pedido* a Roberto. Él trae la cerveza. Además, a él no le gusta nada bailar. ¿Qué hacemos?

MARGARITA: Mira, a mí no me importa volver a casa a buscarlos—*con tal que* no *coman* Uds. *antes de que* yo *vuelva*.

ALBERTO: Bueno, por lo menos te podemos prometer que sin ti no vamos a empezar a bailar.

1. ¿Quién trajo los discos?
2. ¿Alguien le dijo a Margarita que los trajera?
3. ¿Qué le pidieron a Margarita que hiciera?
4. ¿Es probable que Roberto traiga los discos? ¿Por qué no?
5. ¿Quién está dispuesto a volver a casa?
6. ¿Qué teme Margarita?
7. ¿Qué le promete Alberto?

When the subjunctive is required in a subordinate clause, the subjunctive tenses appear with the indicative tenses in the following combinations.

	Independent (Indicative) Clause	Dependent (Subjunctive) Clause
A	present command future	present subjunctive, present perfect subjunctive, or past subjunctive
B	imperfect preterite conditional	past subjunctive or past perfect subjunctive

A

Me alegro de que

- **estés** aquí ahora.
- **hayas estado** aquí hoy.   *I'm glad that*
- **estuvieras** allí anoche.

- *you are here now.*
- *you have been here today.*
- *you were there last night.*

A goodbye party   ALBERTO: Did you bring the records?   EDUARDO: Me? I didn't. Someone told Margarita to bring them. MARGARITA: Not me. They told me to bring a cake. Roberto is probably bringing them. If you had told me . . .   ALBERTO: I doubt that we asked Roberto. He's bringing the beer. Besides, he doesn't like to dance. What'll we do?   MARGARITA: Look, I don't mind going back home to get them—provided that you don't eat until I get back.   ALBERTO: Well, at least we can promise you that we're not going to start to dance without you.

Busque (Buscaré)
un agente que

{
hable español.
haya vivido en México.
trabajara antes en el
extranjero.
}

*Look (I'll look) for
an agent who*

{
speaks Spanish.
has lived in Mexico.
worked abroad before.
}

B

Me alegraba de que {
estuvieras allí.
hubieras estado allí.
}

I was glad that {
you were there.
you had been there.
}

Insistió en que nos **quedáramos.**
Me gustaría que me **acompañara** mañana.

He insisted that we stay.
I would like you to accompany me tomorrow.

PRÁCTICA

A. Dé oraciones nuevas según las indicaciones.

1. ¡Qué calle más peligrosa! Por eso, Carmen *no permitía* que sus niños jugaran allí.   (*no permite, no permitirá, no permitió, nunca ha permitido*)
2. *Es* necesario que los inmigrantes se acostumbren a una vida muy diferente.   (*era, será, fue, sería, ha sido*)
3. Todos los pasajeros *esperaban* que el vuelo saliera a tiempo. (*esperan, esperarán, esperaron*)

B. Complete la historia de los señores Casiano, que vinieron a los Estados Unidos de Puerto Rico.

1. Es necesario que los Casiano (*emigrar*).
2. Es inevitable que (*añorar*) su patria.
3. Lo más probable es que los niños (*asimilarse*) con facilidad.
4. Todos van a estudiar el nuevo idioma hasta que lo (*aprender*) bien.
5. Los padres piensan regresar a la isla de vez en cuando para que los niños (*conocer*) sus raíces.

Ahora vuelva a contar la historia de los Casiano *en el pasado.*

C. **Problemas del viajero.** ¿Cómo se dice en español?

1. We're sorry that you lost your luggage!
2. I insist that you accept our help.
3. It will be easy to find a hotel as soon as you get downtown.
4. Would you like to stay with us until you find a **pensión**?
5. If you had told me you were coming, I would have picked you up **(buscar)** at the airport.

CH. Dé la forma apropiada del verbo—indicativo o subjuntivo.

Ayer, Carmen (*llegar*) tarde a la oficina. (*Entrar*) sin que su jefe la (*ver*). A las seis de la tarde, mientras ella se (*preparar*) para salir, el jefe le (*pedir*) que se (*quedar*) para que los dos (*terminar*) un proyecto importante. Era una lástima que Carmen (*tener*) que quedarse hasta tan tarde ayer. Ojalá que mañana (*poder*) salir temprano.

CONVERSACIÓN

A. Describa este dibujo, completando estas oraciones y añadiendo (*adding*) otras.

John se encontraba _____.
No hablaba _____ y no había nadie que _____.
Esperaba que _____ pero dudaba que _____.
Era lástima que _____.
Ojalá que _____.

B. Complete las oraciones en una forma lógica.

1. En la secundaria yo siempre quería que mis amigos _____. Buscaba amigos que _____. Ahora quiero que _____.

2. Antes, me gustaba que mis profesores _____. Ahora prefiero que ellos _____.

3. En el año 1900 no había nadie que pudiera _____. Ahora no hay nadie (hay muchos) que _____.

MICHAEL A. ROGERS

Cuzco, Perú. Para el turista, no hay mejor forma de conocer a la gente del pueblo que en un autobús. Normalmente es la forma más barata de trasladarse (getting around)*, pero también quita mucho tiempo. Los taxis, aunque siempre cuestan más, son más rápidos que los autobuses, y a veces el taxista le da a su cliente una orientación turística gratis.*

DIÁLOGO: Un viaje en el extranjero

A. *En la aduana*

INSPECTOR: ¿Su nacionalidad, por favor?

VIAJERA: Soy colombiana. Aquí tiene Ud. mi pasaporte.

INSPECTOR: Muchas gracias. Y esa maleta... ¿es suya?

VIAJERA: Sí, señor, es mía, pero contiene solamente objetos de uso personal. No tengo nada que declarar.[1]

INSPECTOR: Aunque sea así, ábrala, por favor. Es necesario que la registremos, aunque esto la demore° un poco. En cuanto termine, Ud. puede cerrarla y seguir hacia la salida,° con tal que no tenga que pagar derechos.   *may delay*   *exit*

VIAJERA: Muy bien, señor.

INSPECTOR: A ver,° ropa... libros... nada de alcohol ni de cigarrillos... pues todo está bien. Puede salir ahora, señorita. Ojalá que le guste nuestro país.   *A... Let's see*

B. En la estación de autobuses del aeropuerto

VIAJERA: ¿Hay autobuses para la ciudad?

MALETERO: Acaba de salir el último. Es tardísimo, ¿comprende? Si su hotel tiene su propio autobús, puede llamar y esperar hasta que llegue.

VIAJERA: Tengo una habitación ya reservada en un pequeño hotel[2] en la Calle 8 de Agosto, pero no sé si ofrecen ese servicio. Sería mejor que tomara un taxi. Pero, ¿dónde están los taxis? No veo ninguno.

MALETERO: Muchos de los taxistas están en huelga. Además, es muy tarde. Pero yo soy muy bueno para encontrar taxis. Espere un minuto hasta que le encuentre uno—a menos que decida Ud. ir caminando a su hotel.

C. El taxi llega al hotel.

TAXISTA: Aquí es, señorita.

VIAJERA: Bien, gracias. ¿Cuánto le debo?

TAXISTA: Son treinta y cinco pesos, señorita.

VIAJERA: Tome cuarenta. ¿Me hace el favor de esperar hasta que confirme la reservación?

TAXISTA: Con tal que regrese pronto, aquí me quedo.

(*Cinco minutos más tarde*)

VIAJERA: Todo está bien. Tienen preparada mi habitación y parece que es un hotel con todas las comodidades.

TAXISTA: Menos mal° que Ud. hizo la reservación con anticipación porque durante el mes de agosto hay muy pocas habitaciones desocupadas.   *Menos... It's good*

VIAJERA: Aquí viene el mozo por mis maletas. Buenas noches y muchas gracias.

Comprensión

Conteste en oraciones completas.

A. 1. ¿De dónde es la viajera?
2. ¿Por qué no tiene nada que declarar?
3. ¿Qué tiene que hacer el inspector antes de que pueda salir la señorita?
4. ¿Necesita pagar derechos?
5. ¿Cuáles son las últimas palabras del inspector a la viajera?

B. 1. ¿Por qué es imposible que encuentre un autobús público?
2. ¿Por qué es difícil que ella encuentre un taxi?
3. ¿Quién le ofrece su ayuda?

C. 1. ¿Cuánto le da la viajera de propina al taxista?
   2. ¿Qué le pide al taxista?
   3. ¿Cómo es el hotel? ¿Cómo está la habitación de ella?
   4. ¿Por qué es importante, según el taxista, hacer las reservaciones con anticipación?

Comentario cultural

1. Customs duty is usually not charged on personal-use items taken into a country other than one's own. However, if you plan to send gifts to friends living in another country, it is a good idea to find out if they will have to pay duty on them. It may be quite expensive for them to pick up your "gifts"!
2. Many types of lodging are available to travelers in Hispanic countries. There are youth hostels, motels, inexpensive hotels with few conveniences, and ultramodern hotels. In Spain, many historic buildings have been converted into elegant **paradores nacionales** (*national inns*). There guests can enjoy the illusion of living in another century—with none of the inconveniences! There are a number of modern **paradores** as well.

UN POCO DE TODO

A. **Comentario del viaje.** Form complete sentences based on the words given, in the order given. Conjugate the verbs in the past or conditional and add other words if necessary. Use subject pronouns only when needed.

   1. él / me / llamar / anoche / aunque / no / tener / nada que decir / sobre / viaje
   2. nosotros / ir / mandar / tarjetas postales / nuestro / parientes / en cuanto / llegar / Madrid
   3. yo / pensar / confirmar / mi horario / después de que / confirmar / tuyo
   4. tú / no / ir / salir / con / tu / maleta / hasta que / yo / encontrar / mías / ¿verdad?
   5. yo / te / haber / comprar / billete / ida y vuelta / si / tú / me / haber / decir / que / querer / regresar / con nosotros

B. **¿Cuándo lo van a hacer?** Con otro/a estudiante, haga y conteste preguntas según el modelo.

   MODELO —¿Cuándo vas a depositar tu dinero? (cuando) →
   —Voy a depositarlo cuando deposite el tuyo.

   1. ¿Cuándo van a registrar mis maletas?   (en cuanto)
   2. ¿Cuándo van a llevar mi equipaje a la habitación?   (tan pronto como)
   3. ¿Cuándo vas a comprar tu billete?   (antes de que)
   4. ¿Cuándo van a preparar mi habitación?   (en cuanto)
   5. ¿Cuándo vas a entregar tu pasaporte?   (después de que)

C. Escoja el verbo que mejor complete las siguientes oraciones.

   1. Tomás está saliendo para el aeropuerto. Dígale que (*volviera / vuelva / haya vuelto*) a casa en seguida. Tiene una llamada urgente.
   2. Teníamos que encontrar la dirección de Luisa en Bogotá. Preguntamos por todas partes, pero no había nadie que la (*sepa / haya sabido / supiera*).
   3. ¿Su cuarto? Lo estamos preparando ahora para que Uds. lo (*puedan / hayan podido / pudieran*) ocupar en media hora.

4. Es lástima que tengan que esperar tanto la llegada del avión. Ojalá que (*viene / venga / haya venido*) pronto.

5. ¿Ya sabes tu horario? ¡Es imposible que ya te lo (*digan / hayan dicho / dicen*)!

CH. **El primer viaje a Guadalajara.** Complete the following story with the correct form of the words in parentheses, as suggested by the context. When two possibilities are given in parentheses, select the correct word.

El día que salí para México, (*ser/estar*[1]) nublado. Iba a la Universidad de Guadalajara (*por/para*[2]) presentarme a un examen oral (*por/para*[3]) entrar en la Facultad de Medicina. Yo me (*haber preparar*[4]) con cuidado y (*esperar*[5]) saber todas las respuestas. Aunque en el pasado siempre (*haber sacar*[6]) buenas notas en las ciencias, (*saber/conocer*[7]) que los profesores mexicanos (*ser/estar*[8]) muy exigentes. (*Tener: yo*[9]) miedo (*a/de*[10]) que me (*hacer: ellos*[11]) alguna pregunta imposible. Si yo (*haber tener*[12]) la opción, me (*haber quedar*[13]) en cama esa mañana. (*Pero/Sino*[14]) no (*ser/estar*[15]) así, y a las diez (*por/de*[16]) la mañana (*subir: yo*[17]) (*en el/al*[18]) avión.

Cuando (*llegar: yo*[19]) a Guadalajara, (*llover*[20]) ligeramente. (*Ir: yo*[21]) al hotel y (*empezar*[22]) a repasar todas mis notas. (*Leer*[23]) hasta las tres, cuando (*por/para*[24]) fin (*acostarse*[25]). (*Ser/Estar*[26]) tan cansada que (*dormirse*[27]) casi inmediatamente.

Al día siguiente, después (*de/que*[28]) vestirme con cuidado, (*tomar*[29]) un taxi (*por/para*[30]) la Facultad. Los examinadores ya (*ser/estar*[31]) allí esperándome.

—(*Sentarse*[32]) Ud. aquí y no (*tener*[33]) miedo,— me (*decir*[34]) ellos. —Aquí todos (*ser/estar: nosotros*[35]) amigos. Y con esas palabras todos me (*sonreír*[36]).

Fue como si (*haber: yo tomar*[37]) un tranquilizante. (*Empezar*[38]) el examen y (*contestar: yo*[39]) como si (*tener*[40]) los libros (*abrir*[41]) en la mesa. Después, ellos me (*decir*[42]) que yo (*haber hacer*[43]) muy bien y que todos (*esperar*[44]) verme allí el año siguiente. (*Regresar: yo*[45]) al hotel como si (*volar*[46]), casi sin que los pies (*tocar*[47]) el suelo. ¡Qué felicidad! ¡Y cómo (*brillar*[48]) el sol!

 VOCABULARIO

VERBOS		
aterrizar to land		
compartir to share		
confirmar to confirm		
cruzar to cross		
declarar to declare		
entregar to hand in, over		
ofrecer (ofrezco) to offer		
registrar to search, examine		
reservar to reserve		

SUSTANTIVOS

la **aduana** customs
el **botones/mozo** bellhop
la **cámara** camera
los **derechos** customs duty
la **ducha** shower
la **frontera** border, frontier
el/la **gerente** manager
la **grabadora** tape recorder
la **habitación** room
el **horario** schedule
el **hotel (de lujo)** (luxury) hotel
el/la **huésped(a)** guest
la **inmigración** immigration
el/la **inspector(a) (de aduanas)** (customs) inspector
la **nacionalidad** nationality
el **pasaporte** passport
la **pensión** boardinghouse
la **planilla** form
la **propina** tip (*to a porter, etc.*)
la **recepción** front desk
la **reservación** reservation
el/la **taxista** cab driver
el **uso** use
el/la **viajero/a** traveler

ADJETIVOS

propio/a (one's) own

PALABRAS ADICIONALES

con (___ días de) anticipación (___ days) in advance
después (de) que after
en cuanto as soon as
hasta que until
ir al extranjero to go abroad
ni siquiera not even
tan pronto como as soon as
tener algo que declarar to have something to declare
viajar al/en el extranjero to travel abroad

ACTIVIDADES

MADRID-Chamartín

ASTURIAS SANTANDER

MADRID ←	→ SANTANDER ←	→ MADRID				
955 Electro-tren 1-2	**923** Exp. 1-2 A	**925** Exp. 1-2 B	**ESTACIONES**	**956** Electro-tren 1-2	**924** Exp. 1-2 A	**926** Exp. 1-2 C
15.20	23.10	23.40	S. MADRID-Ch. L I.	21.55	7.45	8.03
	23.48	0.27	L I. Villalba de G. S.		7.01	7.11
	23.49	0.28	S. Villalba de G. L I.		7.—	7.10
	0.59	1.38	S. SEGOVIA S.		5.59	6.15
	2.34	3.12	L I. Medina del C. S.		4.08	4.27
16.47			L I. ÁVILA S.	20.21		
16.48			S. ÁVILA L I.	20.20		
17.36			L I. Medina del C. S.	19.32	4.08	4.27
17.37	2.39	3.16	S. Medina del C. L I.	19.31	4.04	4.23
18.02	3.12	3.48	L I. VALLADOLID S.	19.07	3.34	3.53
18.04	3.17	3.53	S. VALLADOLID L I.	19.05	3.29	3.49
18.25	3.47	4.23	L I. Venta de Baños S.	18.44	3.—	3.21
18.25	3.57	4.27	S. Venta de Baños	18.44	2.56	3.17
18.33	4.08	4.38	S. PALENCIA L I.	18.36	2.45	3.06
18.35	4.14	4.44	S. PALENCIA L I.	18.32	2.42	3.03
	4.40	5.10	Fromista		2.15	2.36
	4.55	5.25	Osorno		1.59	2.20
	5.16	5.46	Herrera del P.		1.39	2.—
	5.28	5.55	Alar del Rey S.Q.		1.31	1.52
19.36	5.52	6.18	Aguilar de C.	17.30	1.12	1.32
	6.06	6.32	Mataporquera		0.58	1.18
20.04	6.30	6.56	Reinosa	17.02	0.36	0.56
	7.03	7.29	Barcena		23.58	0.18
	7.23	7.49	Los Corrales de B.		23.38	23.49
	7.31	7.58	Las Caldas de B.		23.29	23.42
20.56	7.37	8.04	S. Torrelavega L I.	16.07	23.23	23.39
20.59	7.42	8.09	S. Torrelavega L I.	16.06	23.19	23.26
	7.56	8.22	Renedo		23.06	
21.24	8.20	8.46	L I. SANTANDER S.	15.40	22.45	23.05

A Auto-expreso.

ELECTROTREN. Servicio de buffet frío y bar.

LITERAS
...Con billete de 2ª clase se puede ocupar una plaza de litera, abonando un suplemento.

EQUIPAJES
El transporte de equipaje facturado es gratuito hasta 30 kilogramos por billete y hasta 15 kilogramos para los niños con medio billete.

AUTO-EXPRESO
Madrid-Gijón-Madrid y Madrid-Santander-Madrid.
Esto servicio permite al viajero transportar su automóvil de origen a destino del tren mediante la adquisición de un boletín complementario.

VENTA DE BILLETES HASTA CON SESENTA DÍAS

A. ¿Sabe Ud. usar un horario de tren? Para usar un horario de tren, hay que saber que emplean el mismo sistema que usan los militares, es decir, que usan un sistema de veinticuatro horas. Así no hay necesidad de decir «de la mañana (tarde/noche)». Ponen 2.20 si el tren sale a las 2.20 de la mañana y ponen 14.20 si sale a las 2.20 de la tarde; ponen 10.30 si sale a las 10.30 de la mañana y 22.30 si sale a las 10.30 de la noche.

Ahora conteste las preguntas según el horario que se da en esta página.

1. Si Ud. quisiera ir de Madrid a Santander de la manera más rápida posible, ¿qué tren debería tomar?
2. Si Ud. vive en Ávila y tiene ganas de visitar a unos parientes que viven en Reinosa, ¿puede tomar cualquier tren?

3. Si Ud. viajara de Madrid a Santander y quisiera dormir en el tren, ¿cuál debería tomar?
4. Si Ud. quiere ir de Madrid a Ávila, ¿qué trenes *no* puede tomar?
5. ¿Qué es el servicio auto-expreso? ¿Qué tren debe Ud. tomar si desea transportar su coche desde Madrid a Santander?
6. ¿A qué hora sale el electrotrén de Madrid (estación de Chamartín) para Santander? ¿A qué hora llega a Santander? ¿El electrotrén para en Segovia? ¿A qué hora pasa por Reinosa?
7. Si Ud. desea viajar de Santander a Madrid de noche y con litera, ¿qué tren debe tomar? ¿A qué hora sale de Santander? ¿A qué hora llega a Madrid?
8. ¿A qué hora llega el tren-exprés 926 a Valladolid? ¿A qué hora sale?
9. ¿Cuál es el último tren de noche que sale de Segovia? ¿Este tren para en Ávila?
10. ¿Se ofrecen comidas en los electrotrenes? ¿Se ofrecen literas? ¿Por qué sí o por qué no? Si se toma el electrotrén 956 en Santander, ¿cuánto tiempo se tarda (*does it take*) en llegar a Madrid? ¿Cuánto se tarda si se toma el exprés 926? ¿Cuál es más rápido, el electrotrén o el exprés? ¿Cuál de los dos preferiría Ud.? ¿Por qué?

B. **La aduana.** As you are going through customs, the inspector asks you the following questions or makes the following comments. Give as many appropriate responses as possible.

MODELO   INSPECTOR: Su pasaporte, por favor. →
           VIAJERO/A: Sí, cómo no.
                      Claro.
                      Aquí tiene mi pasaporte.
                      Un momento, por favor. Está en esta maleta.

1. ¿Ciudadanía?
2. ¿Algo que declarar?
3. Hmm. Ud. trae muchos cigarrillos americanos.
4. ¿Son suyas todas estas maletas?

5. ¿Qué lleva en la pequeña?
6. ¿Cuánto tiempo va Ud. a estar en nuestro país?
7. Doscientos pesos, por favor.

SYBIL SHELTON/PETER ARNOLD, INC.

Es en la recepción del hotel donde comienza la estancia (stay). Allí es donde el dependiente confirma el precio de la habitación y da información respecto a las comodidades que el hotel ofrece. Este dependiente de un hotel español les da información y consejos a unos huéspedes.

A propósito...

The following phrases—most of which you already know—will be useful to you in arranging for lodging in a Spanish-speaking country.

Frases útiles para el hotel

un hotel de lujo	*a deluxe hotel*
un hotel de primera (segunda) clase	*a first-class (second-class) hotel*
una habitación para una persona (dos personas)	*a single (double) room*
con baño (ducha)	*with a bath (shower)*
sin baño	*without a bath*
para una noche (dos noches)	*for one night (two nights)*
¿Necesita Ud. mi pasaporte?	*Do you need my passport?*
¿Aceptan Uds. cheques de viajero (tarjetas de crédito)?	*Do you accept traveler's checks (credit cards)?*

Frases útiles para la pensión

pensión completa	*room and full board (all meals included)*
media pensión	*breakfast and one other meal included*

While staying in a hotel or pension, you may need to make a phone call or answer one. Here are some typical expressions that are part of phone courtesy.

Contestando

¿Diga?	
¿Aló?	*Hello?*
¿Sí?	
¿De parte de quién?	*Who's calling?*
¿Quiere dejar un recado?	*Would you like to leave a message?*
Adiós.	*Goodbye.*

Llamando

Habla Juan Ordás.	*This is Juan Ordás.*
¿Está Cecilia Hernández, por favor?	*Is Cecilia Hernández there (at home), please?*
Sí, quisiera saber...	*Yes, I would like to know . . .*
Perdón. Marqué mal el número.	*Pardon me. I dialed the wrong number.*

C. **Problemas del viajero.** Con otro/a estudiante o con el profesor (la profesora), hagan los papeles de viajero y recepcionista en la siguiente situación. El viajero debe contestar sin leer primero las preguntas. Hagan el diálogo dos veces: primero en un hotel de lujo, luego en una pensión u hotel de tercera categoría.

En la recepción: El viajero busca una habitación y quiere pagar con cheque.

RECEPCIONISTA: Sí, señor(a). ¿En qué puedo servirlo/la?

VIAJERO/A: _____.

RECEPCIONISTA: ¿La prefiere Ud. con ducha o con baño?

VIAJERO/A: _____.

RECEPCIONISTA: Muy bien. Tenemos una habitación en el tercer piso. ¿Necesita ayuda con el equipaje?

VIAJERO/A: _____.

RECEPCIONISTA: ¿En qué forma piensa Ud. pagar, por favor?

VIAJERO/A: _____.

RECEPCIONISTA: Lo siento, pero no los aceptamos. Pero sí aceptamos cheques de viajero, si Ud. tiene documentación.

Una conversación telefónica. ¿Cómo responde Ud. en estas situaciones?

1. Ud. llama a su amigo Pepe a su casa. La mamá de él contesta, diciendo «¿Diga?».
2. Cuando Ud. llama a su jefe, su secretaria le pregunta «¿De parte de quién?».
3. Ud. pregunta por Consuelo y la persona que contesta dice: «Perdón, pero aquí no vive ninguna Consuelo.»

Ahora, con otro/a estudiante o con el profesor (la profesora), invente una conversación telefónica. Imagine que Ud. es un(a) turista en la Ciudad de México. Busca habitación y llama al Hotel Fénix para pedir información sobre las tarifas y las habitaciones disponibles. Quiere reservar una habitación para dos personas si puede pagar lo que piden. Sea cortés y trate de conseguir toda la información que necesita.

LECTURA CULTURAL: En el extranjero

Miles de norteamericanos viajan al extranjero todos los años y regresan después a su país con un nuevo conocimiento de sí mismos, basado en toda una serie de experiencias personales, culturales y académicas. Pero algunos no aprovechan la oportunidad de aprender, y regresan con los mismos horizontes limitados que tenían antes de salir. Veamos° unos ejemplos.

Let's see

- Brian va a pasar el verano estudiando en el extranjero, digamos° en México. Se viste para ir a la UNAM° como si estuviera pasando el verano en su propia universidad: sandalias, pantalones cortos, camiseta. Cuando su compañero de cuarto, un mexicano, trata discretamente de informarle de las costumbres locales, Brian lo escucha atentamente. Después contesta insistiendo en su derecho a vestirse como le dé la gana,° ya que su única responsabilidad consiste en pagar las cuentas y en sacarle provecho al programa académico. Naturalmente, terminado el verano, vuelve a los Estados Unidos y comenta con sus amigos lo fríos y antisociales que son los jóvenes mexicanos. Realmente nunca los llegó a conocer.

let's say
Universidad Nacional Autónoma de México

como... however he wants

- El señor Baker tiene 66 años; su esposa tiene 67. Toda la vida habían querido viajar al extranjero pero no habían podido. Primero, tenían que establecerse; después, sus dos hijos necesitaban su ayuda. Ahora, sus hijos han crecido y él se ha jubilado. Han ahorrado durante cinco años para hacer un viaje, y quieren que todo les resulte perfecto. Por fin hacen una excursión a Madrid: se quedan en una

Este grupo de turistas está en Granada, España. Algunos se han puesto ropa de estilo árabe para que alguien les saque una foto. Parece que esta gente sí que está gozando de sus vacaciones.

pensión; comen la mayoría de sus comidas en la pensión o en los pequeños restaurantes del centro; hacen todo lo posible por enterarse de las costumbres locales; las aceptan—aunque a veces les parecen muy «diferentes»—y se adaptan a ellas; tratan de conocer a muchas personas. Cuando regresan a los Estados Unidos, dicen que nunca se habían divertido tanto.

Para disfrutar una experiencia en el extranjero, basta con darse cuenta de que conocer una cultura nueva es como conocer a una persona nueva. Las dos tienen su personalidad, sus cualidades y defectos. Lo importante es querer conocerlas.

Comprensión

¿Quién lo diría, Brian o el señor Baker?

1. «No me importa lo que digan los otros.»
2. «Conocer a muchas personas es una buena manera de llegar a conocer una cultura.»
3. «Así me visto en verano, así soy. No voy a cambiar.»
4. «Siempre trato de hablar español, aunque no lo hablo muy bien.»
5. «Estoy aquí para aprender, no para preocuparme de sus ideas y tradiciones anticuadas.»
6. «No es fácil acostumbrarse a cenar a las diez de la noche, pero estoy haciendo un esfuerzo.»

Para escribir

Escríbale una carta a un amigo mexicano que piensa estudiar inglés en los Estados Unidos el verano que viene. Debe tratar de ayudarlo a evitar el «choque cultural» que pudiera experimentar. Use los siguientes temas como guía.

1. Ropa que llevar para ir de compras, asistir a clases, salir por la noche a una discoteca
2. Normas de conducta para los que fuman
3. Cómo saludar y despedirse de los amigos y conocidos
4. Comportamiento en clases y con los profesores
5. Comportamiento en un autobús (tren, avión)

CAPÍTULO 20

EN EL EXTRANJERO

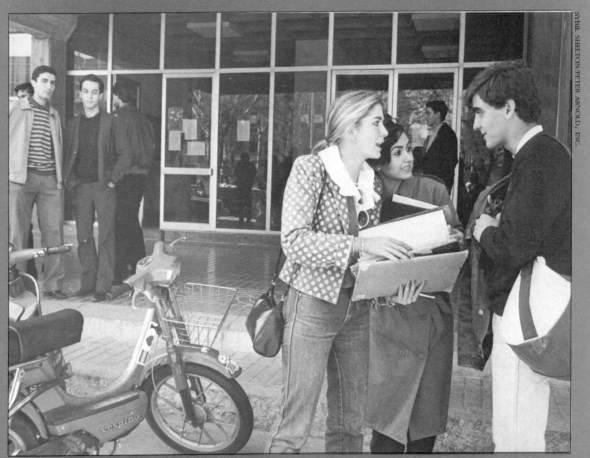

SYBIL SHELTON/PETER ARNOLD, INC.

PARA EMPEZAR

Ya llegó el día. Mañana usted sale a pasar el próximo año estudiando en Madrid. Todo lo que usted ha aprendido acerca de (*about*) la cultura hispana y su idioma ha servido para prepararlo/la para esta ocasión. Ahora sólo queda darle el último consejo: cuando llegue a Madrid, no se desanime (*don't be discouraged*). Las primeras dos o tres semanas pueden ser abrumadoras (*overwhelm-* ing). Lo más común es buscar apoyo (*support*) social y lingüístico entre los amigos y conocidos que hablan inglés. Pero si usted cae en esta tentación, corre el riesgo de echarlo todo a perder. Sea valiente. Mézclese (*Mix*) con los madrileños y confíe en su habilidad para comunicarse. Verá que después de un mes todo le parecerá de lo más conocido y rutinario. ¡Buen viaje!

En el extranjero: Palabras útiles

Los lugares		Las cosas	
el café	café	**el champú**	shampoo
el correo	post office	**el jabón**	soap
la estación del metro	subway stop	**la pasta dental**	toothpaste
		la tarjeta postal	postcard
el estanco	tobacco stand/shop	**los fósforos**	matches
la farmacia	pharmacy, drugstore	**el papel para cartas**	stationery
la papelería	stationery store	**el paquete**	package
la parada del autobús	bus stop	**la revista**	magazine
		el sello	stamp
la pastelería	pastry shop	**el sobre**	envelope
el quiosco	kiosk (*small outdoor stand where a variety of items is sold*)	**el batido**	drink similar to a milkshake
		una copa / un trago	(*alcoholic*) drink
		el pastelito	small pastry

Even though the place names in the preceding list are given as equivalents, the actual places may be very different in another country. The following letter will show you one aspect of culture shock as it was experienced by an American university student.

Madrid

Querido Joe:

¡Cuánto siento que no hayas podido venir con nosotros en este viaje a España! Para que sigas practicando el español, te escribo en este idioma.

Quiero contarte el «choque cultural» que estoy pasando. Por ejemplo: en las farmacias no venden la variedad de cosas—dulces, tarjetas postales, etcétera—que se venden en las farmacias de los EE.UU.* Esta mañana, cuando fui a una farmacia para comprar postales, aprendí que allí sólo venden medicinas y productos de higiene: jabón, pasta dental, champú, etcétera.

Después necesitaba sellos para mandar unas cartas y le pregunté a un señor que esperaba en la parada del autobús dónde estaba el correo para poder comprarlos. Me dijo que no tenía que ir hasta el correo porque los sellos también se venden en los estancos. Como había un estanco enfrente, entré. Allí no sólo

---

*EE.UU. is one way to abbreviate **Estados Unidos**. E.U. and USA are also used.

vendían fósforos, cigarrillos y puros (*cigars*) sino también sellos, sobres y tarjetas postales.

También quería comprar una revista y no tuve que ir lejos porque en la misma calle había un quiosco. Aquí hay muchas de estas tiendecitas donde se venden cosas como periódicos, libros, revistas, etcétera. Claro que también se pueden comprar estas cosas y más—lápices, papel para cartas, etcétera—en las papelerías.

Bueno, Joe, después de hacer todas estas compras, estaba muy cansado. Como era la una de la tarde, empezaron a cerrar todas las tiendas. Así, tomé el metro y volví a la pensión. Aquí estoy, descansando un rato antes de la comida.

Hablando de la comida, eso es otra cosa que encuentro muy diferente aquí. Se almuerza muy fuerte, con tres o cuatro platos más el postre. Y no se almuerza sino hasta la una y media o las dos de la tarde. Todas las tiendas están cerradas durante tres o cuatro horas, porque muchas personas vuelven a casa a almorzar y después a echar (*to take*) una siesta. Ya tengo la costumbre de dormir por lo menos una hora después de comer. Te digo que, con excepción de los restaurantes, es como si el mundo español dejara de existir entre las dos y las cuatro de la tarde. ¿Y sabes otra cosa que me sorprende? La cena es a las diez de la noche.

Pues, eso es todo por el momento. Te escribo otra vez la semana que viene.

Tu amigo,

PRÁCTICA

A. Conteste en oraciones completas.

1. ¿Dónde se compra el champú? ¿el jabón?
2. ¿Cuál es la diferencia entre una farmacia de los Estados Unidos y una farmacia de España?
3. ¿Dónde se puede comprar sellos en España? (Mencione dos lugares.)
4. Si se necesitan cigarrillos o fósforos, ¿adónde se va?
5. ¿Qué es un quiosco? ¿Qué cosas se venden allí?
6. ¿Qué venden en una papelería?
7. ¿En qué se diferencian el horario de comer en España y el de los Estados Unidos?
8. ¿Cuándo se toma la comida principal en España? ¿Qué hacen muchos después?

B. ¿Cierto o falso? Corrija las oraciones falsas.

1. Se pueden comprar batidos y pastelitos en una pastelería.
2. Si yo quisiera tomar una copa, iría a un quiosco.
3. Se va a un quiosco para mandar paquetes.
4. Es más rápido ir a pie que tomar el metro.
5. Se va a un café a comprar champú.

6. Si yo necesitara pasta dental, iría al correo.
7. Se pueden comprar fósforos en un estanco.
8. Un batido se hace con vino.

C. Pretend that you are a Spanish student studying for the first time in the United States. Write a letter to a friend back home, telling him or her about the culture shock you are experiencing. How will your letter differ from David's?

Preparaciones para un año en el extranjero

If you are planning a trip abroad, it is a good idea to find out as much as possible about the country and city where you will be staying.

The following reading is a letter written in response to a letter of inquiry from an American student planning to spend a year studying in Madrid.

Madrid, 4 de julio

Querida Patti,

Me alegro muchísimo de que vengas a pasar el año entero aquí en Madrid. Hace mucho tiempo que no nos vemos y estaré contentísima de verte de nuevo°—esta vez en mi país. Me hiciste muchas preguntas y quiero contestarlas todas para que no tengas muchas sorpresas cuando llegues.

    de... again

Primero, el alojamiento.° Podrías vivir en un colegio mayor,° pero yo, por mi parte, prefiero una pensión.[1] Si te interesa, puedes quedarte en la misma donde yo vivo. La gente y la señora son muy amables y la pensión está muy bien situada en la Moncloa—la zona estudiantil—muy cerca de la Ciudad Universitaria.[2] Es un sitio° estupendo, con restaurantes y bares divertidísimos por todas partes—y también hay pastelerías excelentes; te lo digo porque te conozco y sé lo golosa que eres.° Y desde allí se llega fácilmente al centro, porque está situada entre la boca° del metro y las paradas de los autobuses.

    lodging / *colegio... dormitory*

    place

    lo... what a sweet tooth you have
    entrance

Hablando de comida, debo decirte que las tres comidas están incluidas en el precio de la habitación. La comida es casera,° pero riquísima. Seguro que te gustará. Sin embargo, si algún día te apeteciera° una hamburguesa y un batido, podrías ir—¿adónde crees?—¡pues al Burger King de la calle Princesa, que está muy cerca!

    home cooked
    te... you felt like (eating)

Con respecto a tu segunda pregunta—qué debes traer y qué no debes traer—te voy a dar algunos consejos. Recuerda que no vas a estar en la Costa del Sol sino en Madrid, y si no traes ropa de invierno te vas a congelar.° El clima aquí va de un extremo al otro y empieza a hacer frío en el mes de octubre. Se dice que en Madrid hay nueve meses de invierno y tres de infierno... y por algo lo dirán.°

    to freeze

    por... they must have a reason for saying it

En cuanto a las otras cosas que piensas traer, yo te aconsejaría que no trajeras ningún aparato eléctrico, porque la corriente aquí es diferente a la de los EE.UU.

Todas las cosas que vas a necesitar las puedes comprar cuando llegues. Hay muchas tiendas—papelerías, estancos, librerías, farmacias y más—cerca de la pensión, y también hay quioscos donde puedes comprar el último número del *Time* si te cansas° del español.   *te... you grow tired*

    También hiciste varias preguntas sobre tus cursos. De verdad no sé mucho de los cursos que vas a tomar. Tu plan de estudios ha sido preparado por el Centro³ para estudiantes norteamericanos. Es probable que tengas clases por la mañana y, quizá, también por la tarde, como las tienen muchos de los otros programas para extranjeros. Lo que sí sé es que el Centro queda muy cerca de la Moncloa y podrás ir caminando a tus clases y volver a comer al mediodía° sin problema.   *mid-day*

    Me dijiste que llegas por la mañana el día 20 de agosto. Si hay cambio de vuelo, no dejes de avisarme, pues pienso ir a buscarte al aeropuerto. Y por ahora nada más. Si tienes cualquier otra pregunta, no dejes de escribirme. Esperando verte muy pronto, recibe un saludo muy afectuoso de

tu amiga,

Maripepa

Comentario cultural

1. Hispanic students must make individual arrangements for accommodations, since most Spanish and Latin American universities do not provide living quarters, cafeterias or restaurants for students. Some students rent rooms and eat at nearby restaurants. Others live in **pensiones,** where the cost of the room includes meals and limited maid service. The **colegios mayores** mentioned in the dialogue are similar to United States dormitories, but they are often privately owned and operated.
2. **La Moncloa** is the district of Madrid where the University of Madrid is located. The campus itself is called **la Ciudad Universitaria.**
3. The **Centro Iberoamericano de Cooperación y Desarrollo,** located on the edge of the **Ciudad Universitaria,** sponsors cultural events and also organizes programs for foreign students **(cursos para extranjeros).** Many foreign university programs hold their classes in its facilities.

¿Qué necesita Ud. saber?

Siguiendo el modelo de la carta de Maripepa, escriba una de la siguientes cartas:

1. Ud. es un(a) estudiante latinoamericano/a que viene a los Estados Unidos por primera vez a pasar un año, como mínimo. Escriba una carta a la familia con la cual (*with which*) va a vivir. Preséntese y pida informes sobre el país—el clima, las costumbres, etcétera—y sobre la familia. ¿Qué debe traer? ¿Qué no debe traer? ¿Qué debe saber del lugar donde va a vivir? ¿de los estudiantes de su universidad?
2. Ud. es miembro de la familia con la cual un(a) estudiante extranjero/a va a pasar un año. Escríbale, dándole los informes que pueda necesitar.
3. Ud. es un(a) estudiante norteamericano/a que va a pasar el próximo año académico en Latinoamérica o en España. Escriba una carta a un amigo que está estudiando allí este año. Pídale informes sobre el país y sobre la vida de un estudiante, es decir, sobre todo lo que Ud. necesita saber para prepararse para el año.

Una guía de Madrid

¿Qué haría Ud. si tuviera la oportunidad de pasar un año como estudiante en Madrid? Seguramente no pasaría todo el tiempo en las clases ni en la Ciudad Universitaria. Una parte importante de su educación consistiría en conocer España y, en especial, la gran ciudad de Madrid. En la siguiente guía encontrará algunas actividades de interés.

Compras.   Si a Ud. le gusta buscar gangas, vaya al Rastro—el gran mercado al aire libre—donde se puede encontrar todo tipo de artículos interesantes y, a menudo,° de poco uso. ¿Busca Ud. algo más elegante? Las tiendas de la Calle Serrano ofrecen artículos de alta calidad° y de precios igualmente altos. Si a Ud. le interesan las cosas viejas, la Calle del Prado está llena de tiendas que se dedican exclusivamente a la venta° de antigüedades.

a... con frecuencia
de... high quality

sale

Restaurantes y vida nocturna.   En Madrid hay muchos y excelentes restaurantes en los que podrá saborear° lo mejor de la comida castellana° y española: paella valenciana, bacalao a la vizcaína, fabada° asturiana, cochinillo° a la segoviana y gazpacho. Y para la persona de gustos internacionales, Madrid cuenta con numerosos restaurantes que le ofrecen sus especialidades procedentes de todos los rincones° del mundo.

to savor / of the region of Castile
stew of ham, beans, pigs' ears, black sausage, bacon / roast suckling pig
corners

Si le gusta tomar un aperitivo antes de almorzar, dése una vuelta° por los alrededores de la Plaza Mayor o por la Gran Vía. En primavera y verano resulta especialmente agradable sentarse en alguna terraza de la calle de Alcalá o del Paseo de Recoletos.

dése... take a stroll

Por la tarde puede ir de vinos por las «tascas» y bares que rodean° la Plaza de Santa Ana, en donde se encuentra el Teatro Español. ¡No deje de probar° las tapas° que le ofrezcan! Si prefiere un lugar en que oír música, vaya a algún *pub*. Y si sólo quiere charlar° o leer mientras toma algo, lo mejor es un café.

surround
to try, taste
hors d'oeuvres
hablar

Después de la cena, diviértase en algunos de los «tablaos» flamencos o en alguna discoteca. Además, recuerde que casi todos los *pubs* y cafés están abiertos hasta las tres de la madrugada.

Parques.   Madrid cuenta con parques extensos, como El Retiro, el del Oeste o la Casa de Campo. El más céntrico es el del Buen Retiro, antiguo jardín real adornado con numerosos grupos escultóricos y un bello estanque° en el que se pueden alquilar botes de remo.° En el Zoo de Madrid, situado en la Casa de Campo, está Chulín,* uno de los pocos osos panda nacidos en cautiverio.

pond
botes... rowboats

Deportes.   Si a Ud. le interesan los deportes, Madrid le ofrece un poco de todo. Hay estadios y campos deportivos, varios campos de golf y numerosas academias ecuestres y canchas de tenis. Si a Ud. le emocionan las carreras° automovilísticas, vaya a la pista° de Jarama, donde se celebran las pruebas° para el Campeonato Mundial de automovilismo.

races
track / trials

---

*Derived from the slang word **chulo** (*attractive, cute*).

La Feria del libro, cerca del Prado.

Una tasca típica, a la hora de la merienda.

La Plaza Mayor.

El Parque del Buen Retiro.

Cine, teatro, música. El cine es una de las actividades favoritas de los madrileños. Y en los veinte teatros de la ciudad se representan obras clásicas y modernas del teatro español y traducciones° de obras extranjeras. Hay conciertos   *translations* sinfónicos en el Teatro Real, y en el Teatro de la Zarzuela se representan ópera, ballet y las famosas zarzuelas españolas, una forma de arte que es una combinación de música, baile y teatro hablado.

Con tanta actividad es evidente que uno puede pasar muchas horas agradables en Madrid. Pero, ¡cuidado! No se olvide de los estudios en la universidad.

Ejercicio escrito final

Which of the preceding activities appeals to you the most? What parts of the Spanish-speaking world are you most interested in visiting? Express your preferences by writing paragraphs to complete the following statements.

1. Si yo estuviera en (Madrid, Buenos Aires, Cuernavaca, ?)...
2. Si yo pudiera viajar a cualquier lugar del mundo,...

APPENDIX 1

VERBS

A. Regular Verbs: Simple Tenses

INFINITIVE PRESENT PARTICIPLE PAST PARTICIPLE	INDICATIVE					SUBJUNCTIVE		IMPERATIVE
	PRESENT	IMPERFECT	PRETERITE	FUTURE	CONDITIONAL	PRESENT	IMPERFECT	
hablar hablando hablado	hablo hablas habla hablamos habláis hablan	hablaba hablabas hablaba hablábamos hablabais hablaban	hablé hablaste habló hablamos hablasteis hablaron	hablaré hablarás hablará hablaremos hablaréis hablarán	hablaría hablarías hablaría hablaríamos hablaríais hablarían	hable hables hable hablemos habléis hablen	hablara hablaras hablara habláramos hablarais hablaran	habla tú, no hables hable Ud. hablemos hablen
comer comiendo comido	como comes come comemos coméis comen	comía comías comía comíamos comíais comían	comí comiste comió comimos comisteis comieron	comeré comerás comerá comeremos comeréis comerán	comería comerías comería comeríamos comeríais comerían	coma comas coma comamos comáis coman	comiera comieras comiera comiéramos comierais comieran	come tú, no comas coma Ud. comamos coman
vivir viviendo vivido	vivo vives vive vivimos vivís viven	vivía vivías vivía vivíamos vivíais vivían	viví viviste vivió vivimos vivisteis vivieron	viviré vivirás vivirá viviremos viviréis vivirán	viviría vivirías viviría viviríamos viviríais vivirían	viva vivas viva vivamos viváis vivan	viviera vivieras viviera viviéramos vivierais vivieran	vive tú, no vivas viva Ud. vivamos vivan

B. Regular Verbs: Perfect Tenses

INDICATIVE								SUBJUNCTIVE			
PRESENT PERFECT		PAST PERFECT		PRETERITE PERFECT		FUTURE PERFECT		CONDITIONAL PERFECT		PRESENT PERFECT		PAST PERFECT	
he has ha hemos habéis han	hablado comido vivido	había habías había habíamos habíais habían	hablado comido vivido	hube hubiste hubo hubimos hubisteis hubieron	hablado comido vivido	habré habrás habrá habremos habréis habrán	hablado comido vivido	habría habrías habría habríamos habríais habrían	hablado comido vivido	haya hayas haya hayamos hayáis hayan	hablado comido vivido	hubiera hubieras hubiera hubiéramos hubierais hubieran	hablado comido vivido

C. Irregular Verbs

INFINITIVE / PRESENT PARTICIPLE / PAST PARTICIPLE	INDICATIVE PRESENT	IMPERFECT	PRETERITE	FUTURE	CONDITIONAL	SUBJUNCTIVE PRESENT	IMPERFECT	IMPERATIVE
andar	ando	andaba	anduve	andaré	andaría	ande	anduviera	
andando	andas	andabas	anduviste	andarás	andarías	andes	anduvieras	anda tú,
andado	anda	andaba	anduvo	andará	andaría	ande	anduviera	no andes
	andamos	andábamos	anduvimos	andaremos	andaríamos	andemos	anduviéramos	ande Ud.
	andáis	andabais	anduvisteis	andaréis	andaríais	andéis	anduvierais	andemos
	andan	andaban	anduvieron	andarán	andarían	anden	anduvieran	anden
caer	caigo	caía	caí	caeré	caería	caiga	cayera	
cayendo	caes	caías	caíste	caerás	caerías	caigas	cayeras	cae tú,
caído	cae	caía	cayó	caerá	caería	caiga	cayera	no caigas
	caemos	caíamos	caímos	caeremos	caeríamos	caigamos	cayéramos	caiga Ud.
	caéis	caíais	caísteis	caeréis	caeríais	caigáis	cayerais	caigamos
	caen	caían	cayeron	caerán	caerían	caigan	cayeran	caigan
dar	doy	daba	di	daré	daría	dé	diera	
dando	das	dabas	diste	darás	darías	des	dieras	da tú,
dado	da	daba	dio	dará	daría	dé	diera	no des
	damos	dábamos	dimos	daremos	daríamos	demos	diéramos	dé Ud.
	dais	dabais	disteis	daréis	daríais	deis	dierais	demos
	dan	daban	dieron	darán	darían	den	dieran	den
decir	digo	decía	dije	diré	diría	diga	dijera	
diciendo	dices	decías	dijiste	dirás	dirías	digas	dijeras	di tú,
dicho	dice	decía	dijo	dirá	diría	diga	dijera	no digas
	decimos	decíamos	dijimos	diremos	diríamos	digamos	dijéramos	diga Ud.
	decís	decíais	dijisteis	diréis	diríais	digáis	dijerais	digamos
	dicen	decían	dijeron	dirán	dirían	digan	dijeran	digan
estar	estoy	estaba	estuve	estaré	estaría	esté	estuviera	
estando	estás	estabas	estuviste	estarás	estarías	estés	estuvieras	está tú,
estado	está	estaba	estuvo	estará	estaría	esté	estuviera	no estés
	estamos	estábamos	estuvimos	estaremos	estaríamos	estemos	estuviéramos	esté Ud.
	estáis	estabais	estuvisteis	estaréis	estaríais	estéis	estuvierais	estemos
	están	estaban	estuvieron	estarán	estarían	estén	estuviera	estén
haber	he	había	hube	habré	habría	haya	hubiera	
habiendo	has	habías	hubiste	habrás	habrías	hayas	hubieras	
habido	ha	había	hubo	habrá	habría	haya	hubiera	
	hemos	habíamos	hubimos	habremos	habríamos	hayamos	hubiéramos	
	habéis	habíais	hubisteis	habréis	habríais	hayáis	hubierais	
	han	habían	hubieron	habrán	habrían	hayan	hubieran	
hacer	hago	hacía	hice	haré	haría	haga	hiciera	
haciendo	haces	hacías	hiciste	harás	harías	hagas	hicieras	haz tú,
hecho	hace	hacía	hizo	hará	haría	haga	hiciera	no hagas
	hacemos	hacíamos	hicimos	haremos	haríamos	hagamos	hiciéramos	haga Ud.
	hacéis	hacíais	hicisteis	haréis	haríais	hagáis	hicierais	hagamos
	hacen	hacían	hicieron	harán	harían	hagan	hicieran	hagan

C. Irregular Verbs (continued)

INFINITIVE / PRESENT PARTICIPLE / PAST PARTICIPLE	INDICATIVE PRESENT	IMPERFECT	PRETERITE	FUTURE	CONDITIONAL	SUBJUNCTIVE PRESENT	IMPERFECT	IMPERATIVE
ir / yendo / ido	voy / vas / va / vamos / vais / van	iba / ibas / iba / íbamos / ibais / iban	fui / fuiste / fue / fuimos / fuisteis / fueron	iré / irás / irá / iremos / iréis / irán	iría / irías / iría / iríamos / iríais / irían	vaya / vayas / vaya / vayamos / vayáis / vayan	fuera / fueras / fuera / fuéramos / fuerais / fueran	ve tú, no vayas / vaya Ud. / vayamos / vayan
oír / oyendo / oído	oigo / oyes / oye / oímos / oís / oyen	oía / oías / oía / oíamos / oíais / oían	oí / oíste / oyó / oímos / oísteis / oyeron	oiré / oirás / oirá / oiremos / oiréis / oirán	oiría / oirías / oiría / oiríamos / oiríais / oirían	oiga / oigas / oiga / oigamos / oigáis / oigan	oyera / oyeras / oyera / oyéramos / oyerais / oyeran	oye tú, no oigas / oiga Ud. / oigamos / oigan
poder / pudiendo / podido	puedo / puedes / puede / podemos / podéis / pueden	podía / podías / podía / podíamos / podíais / podían	pude / pudiste / pudo / pudimos / pudisteis / pudieron	podré / podrás / podrá / podremos / podréis / podrán	podría / podrías / podría / podríamos / podríais / podrían	pueda / puedas / pueda / podamos / podáis / puedan	pudiera / pudieras / pudiera / pudiéramos / pudierais / pudieran	
poner / poniendo / puesto	pongo / pones / pone / ponemos / ponéis / ponen	ponía / ponías / ponía / poníamos / poníais / ponían	puse / pusiste / puso / pusimos / pusisteis / pusieron	pondré / pondrás / pondrá / pondremos / pondréis / pondrán	pondría / pondrías / pondría / pondríamos / pondríais / pondrían	ponga / pongas / ponga / pongamos / pongáis / pongan	pusiera / pusieras / pusiera / pusiéramos / pusierais / pusieran	pon tú, no pongas / ponga Ud. / pongamos / pongan
querer / queriendo / querido	quiero / quieres / quiere / queremos / queréis / quieren	quería / querías / quería / queríamos / queríais / querían	quise / quisiste / quiso / quisimos / quisisteis / quisieron	querré / querrás / querrá / querremos / querréis / querrán	querría / querrías / querría / querríamos / querríais / querrían	quiera / quieras / quiera / queramos / queráis / quieran	quisiera / quisieras / quisiera / quisiéramos / quisierais / quisieran	quiere tú, no quieras / quiera Ud. / queramos / quieran
saber / sabiendo / sabido	sé / sabes / sabe / sabemos / sabéis / saben	sabía / sabías / sabía / sabíamos / sabíais / sabían	supe / supiste / supo / supimos / supisteis / supieron	sabré / sabrás / sabrá / sabremos / sabréis / sabrán	sabría / sabrías / sabría / sabríamos / sabríais / sabrían	sepa / sepas / sepa / sepamos / sepáis / sepan	supiera / supieras / supiera / supiéramos / supierais / supieran	sabe tú, no sepas / sepa Ud. / sepamos / sepan
salir / saliendo / salido	salgo / sales / sale / salimos / salís / salen	salía / salías / salía / salíamos / salíais / salían	salí / saliste / salió / salimos / salisteis / salieron	saldré / saldrás / saldrá / saldremos / saldréis / saldrán	saldría / saldrías / saldría / saldríamos / saldríais / saldrían	salga / salgas / salga / salgamos / salgáis / salgan	saliera / salieras / saliera / saliéramos / salierais / salieran	sal tú, no salgas / salga Ud. / salgamos / salgan

Infinitive / Present Participle / Past Participle	Present	Imperfect	Preterite	Future	Conditional	Subjunctive Present	Subjunctive Imperfect	Imperative
ser / siendo / sido	soy / eres / es / somos / sois / son	era / eras / era / éramos / erais / eran	fui / fuiste / fue / fuimos / fuisteis / fueron	seré / serás / será / seremos / seréis / serán	sería / serías / sería / seríamos / seríais / serían	sea / seas / sea / seamos / seáis / sean	fuera / fueras / fuera / fuéramos / fuerais / fueran	sé tú, no seas / sea Ud. / seamos / sean
tener / teniendo / tenido	tengo / tienes / tiene / tenemos / tenéis / tienen	tenía / tenías / tenía / teníamos / teníais / tenían	tuve / tuviste / tuvo / tuvimos / tuvisteis / tuvieron	tendré / tendrás / tendrá / tendremos / tendréis / tendrán	tendría / tendrías / tendría / tendríamos / tendríais / tendrían	tenga / tengas / tenga / tengamos / tengáis / tengan	tuviera / tuvieras / tuviera / tuviéramos / tuvierais / tuvieran	ten tú, no tengas / tenga Ud. / tengamos / tengan
traer / trayendo / traído	traigo / traes / trae / traemos / traéis / traen	traía / traías / traía / traíamos / traíais / traían	traje / trajiste / trajo / trajimos / trajisteis / trajeron	traeré / traerás / traerá / traeremos / traeréis / traerán	traería / traerías / traería / traeríamos / traeríais / traerían	traiga / traigas / traiga / traigamos / traigáis / traigan	trajera / trajeras / trajera / trajéramos / trajerais / trajeran	trae tú, no traigas / traiga Ud. / traigamos / traigan
venir / viniendo / venido	vengo / vienes / viene / venimos / venís / vienen	venía / venías / venía / veníamos / veníais / venían	vine / viniste / vino / vinimos / vinisteis / vinieron	vendré / vendrás / vendrá / vendremos / vendréis / vendrán	vendría / vendrías / vendría / vendríamos / vendríais / vendrían	venga / vengas / venga / vengamos / vengáis / vengan	viniera / vinieras / viniera / viniéramos / vinierais / vinieran	ven tú, no vengas / venga Ud. / vengamos / vengan
ver / viendo / visto	veo / ves / ve / vemos / veis / ven	veía / veías / veía / veíamos / veíais / veían	vi / viste / vio / vimos / visteis / vieron	veré / verás / verá / veremos / veréis / verán	vería / verías / vería / veríamos / veríais / verían	vea / veas / vea / veamos / veáis / vean	viera / vieras / viera / viéramos / vierais / vieran	ve tú, no veas / vea Ud. / veamos / vean

D. Stem-changing and Spelling Change Verbs

Infinitive / Present Participle / Past Participle	Indicative Present	Imperfect	Preterite	Future	Conditional	Subjunctive Present	Subjunctive Imperfect	Imperative
pensar (ie) / pensando / pensado	pienso / piensas / piensa / pensamos / pensáis / piensan	pensaba / pensabas / pensaba / pensábamos / pensabais / pensaban	pensé / pensaste / pensó / pensamos / pensasteis / pensaron	pensaré / pensarás / pensará / pensaremos / pensaréis / pensarán	pensaría / pensarías / pensaría / pensaríamos / pensaríais / pensarían	piense / pienses / piense / pensemos / penséis / piensen	pensara / pensaras / pensara / pensáramos / pensarais / pensaran	piensa tú, no pienses / piense Ud. / pensemos / piensen
volver (ue) / volviendo / vuelto	vuelvo / vuelves / vuelve / volvemos / volvéis / vuelven	volvía / volvías / volvía / volvíamos / volvíais / volvían	volví / volviste / volvió / volvimos / volvisteis / volvieron	volveré / volverás / volverá / volveremos / volveréis / volverán	volvería / volverías / volvería / volveríamos / volveríais / volverían	vuelva / vuelvas / vuelva / volvamos / volváis / vuelvan	volviera / volvieras / volviera / volviéramos / volvierais / volvieran	vuelve tú, no vuelvas / vuelva Ud. / volvamos / vuelvan

D. Stem-changing and Spelling Change Verbs (continued)

INFINITIVE PRESENT PARTICIPLE PAST PARTICIPLE	INDICATIVE					SUBJUNCTIVE		IMPERATIVE
	PRESENT	IMPERFECT	PRETERITE	FUTURE	CONDITIONAL	PRESENT	IMPERFECT	
dormir (ue, u) durmiendo dormido	duermo duermes duerme dormimos dormís duermen	dormía dormías dormía dormíamos dormíais dormían	dormí dormiste durmió dormimos dormisteis durmieron	dormiré dormirás dormirá dormiremos dormiréis dormirán	dormiría dormirías dormiría dormiríamos dormiríais dormirían	duerma duermas duerma durmamos durmáis duerman	durmiera durmieras durmiera durmiéramos durmierais durmieran	duerme tú, no duermas duerma Ud. durmamos duerman
sentir (ie, i) sintiendo sentido	siento sientes siente sentimos sentís sienten	sentía sentías sentía sentíamos sentíais sentían	sentí sentiste sintió sentimos sentisteis sintieron	sentiré sentirás sentirá sentiremos sentiréis sentirán	sentiría sentirías sentiría sentiríamos sentiríais sentirían	sienta sientas sienta sintamos sintáis sientan	sintiera sintieras sintiera sintiéramos sintierais sintieran	siente tú, no sientas sienta Ud. sintamos sientan
pedir (i, i) pidiendo pedido	pido pides pide pedimos pedís piden	pedía pedías pedía pedíamos pedíais pedían	pedí pediste pidió pedimos pedisteis pidieron	pediré pedirás pedirá pediremos pediréis pedirán	pediría pedirías pediría pediríamos pediríais pedirían	pida pidas pida pidamos pidáis pidan	pidiera pidieras pidiera pidiéramos pidierais pidieran	pide tú, no pidas pida Ud. pidamos pidan
reír (i, i) riendo reído	río ríes ríe reímos reís ríen	reía reías reía reíamos reíais reían	reí reíste rió reímos reísteis rieron	reiré reirás reirá reiremos reiréis reirán	reiría reirías reiría reiríamos reiríais reirían	ría rías ría riamos riáis rían	riera rieras riera riéramos rierais rieran	ríe tú, no rías ría Ud. riamos rían
seguir (i, i) (ga) siguiendo seguido	sigo sigues sigue seguimos seguís siguen	seguía seguías seguía seguíamos seguíais seguían	seguí seguiste siguió seguimos seguisteis siguieron	seguiré seguirás seguirá seguiremos seguiréis seguirán	seguiría seguirías seguiría seguiríamos seguiríais seguirían	siga sigas siga sigamos sigáis sigan	siguiera siguieras siguiera siguiéramos siguierais siguieran	sigue tú, no sigas siga Ud. sigamos sigan
construir (y) construyendo construido	construyo construyes construye construimos construís construyen	construía construías construía construíamos construíais construían	construí construiste construyó construimos construisteis construyeron	construiré construirás construirá construiremos construiréis construirán	construiría construirías construiría construiríamos construiríais construirían	construya construyas construya construyamos construyáis construyan	construyera construyeras construyera construyéramos construyerais construyeran	construye tú, no construyas construya Ud. construyamos construyan
producir (zc) produciendo producido	produzco produces produce producimos producís producen	producía producías producía producíamos producíais producían	produje produjiste produjo produjimos produjisteis produjeron	produciré producirás producirá produciremos produciréis producirán	produciría producirías produciría produciríamos produciríais producirían	produzca produzcas produzca produzcamos produzcáis produzcan	produjera produjeras produjera produjéramos produjerais produjeran	produce tú, no produzcas produzca Ud. produzcamos produzcan

APPENDIX 2

ANSWERS TO ¿RECUERDA UD.? EXERCISES

GRAMMAR SECTION 6. *Possible answers:* 1. Soy estudiante. 2. Soy de ____. 3. Sí, soy una persona intelectual. (No, no soy una persona intelectual.) 4. El profesor (La profesora) de español (no) es inteligente/paciente/elegante. 5. Es la una. (Son las dos, tres, cuatro, etcétera.) La clase de español es a la(s) ____. 6. Un hospital es un edificio.

GRAMMAR SECTION 11. 1. nosotros/as 2. tú 3. vosotros/as 4. ellos/as, Uds. 5. yo 6. él/ella, Ud.

GRAMMAR SECTION 18. 1. ¿De quién es la boda?—Es la boda de Carmen. 2. La boda de Pablo es el martes. 3. Los padres del novio no van a venir. 4. Los padres de la novia van a asistir, ¿verdad?

GRAMMAR SECTION 22. querer: quiero, quieres, quiere, quieren; **poder:** puedo, puedes, puede, pueden

GRAMMAR SECTION 30. 1. Sí, me gusta... (No, no me gusta...) ¿Le gusta...? 2. Sí,

me gusta jugar... (No, no me gusta jugar...) ¿Le gusta jugar... ? 3. Me gusta viajar... (No, no me gusta viajar...) ¿Le gusta viajar... ? 4. Me gusta más ir a fiestas. Me gusta más descansar. Me gusta más comer. ¿Qué le gusta... ?

GRAMMAR SECTION 35. 1. Directo: los libros; Indirecto: Nos 2. Directo: los 3. Directo: el menú; Indirecto: me 4. Directo: lo 5. Directo: el dinero; Indirecto: te 6. Directo: lo 7. Directo: te 8. Indirecto: me

GRAMMAR SECTION 42. 1. Soy más alto/a que Juan. 2. Este libro es menos interesante que ése (aquél). 3. Este almacén (Esta tienda) es mejor que ése (ésa) (aquél/aquélla). 4. Mis hermanos son mayores que yo.

GRAMMAR SECTION 49. 1. Tráiganme el libro. 2. No se lo den Uds. 3. Siéntese aquí, por favor. 4. ¡No se siente en esa silla! 5. Díganles la verdad. 6. ¡Dígansela ahora! 7. Nunca se la digan a ella. 8. Cuídese. 9. Lleve una vida sana. 10. Escúcheme.

GRAMMAR SECTION 61. 1. hablaron 2. comieron 3. vivieron 4. jugaron 5. perdieron 6. durmieron 7. rieron 8. leyeron 9. estuvieron 10. tuvieron 11. fueron 12. vistieron 13. trajeron 14. dieron 15. supieron 16. pudieron 17. dijeron 18. destruyeron 19. creyeron 20. mantuvieron

GRAMMAR SECTION 62. 1. Es su derecho. 2. ¿Y mis derechos? 3. Es nuestra obligación. 4. Es cuestión de la libertad/de su libertad. 5. Su prensa no los informa bien. 6. Nuestros delitos no eran serios. 7. Su bienestar es importante. 8. ¡Es nuestro país también!

GRAMMAR SECTION 65. 1. Sí, ya han emigrado. Han... 2. Ya se ha acostumbrado a su nueva vida. Ha... 3. ¿Por qué no habían salido más temprano? Porque... 4. Lo habrían hecho, pero... 5. Me alegro de que se hayan adaptado tan bien y que...

APPENDIX 3

ANSWERS TO EXERCISES

This section gives answers to many of the exercises in the **Vocabulario: Preparación** section, to most of the **Práctica** and **Un poco de todo** exercises in the grammar sections, and to the **Comprensión** exercises that follow the **Diálogo.** Occasionally, suggested or partial answers are given for **Conversación** exercises. The answers to **¿Recuerda Ud.?** exercises are in Appendix 2.

ANTE TODO: PRIMERA PARTE

SALUDOS Y EXPRESIONES DE CORTESÍA. PRÁCTICA B. 1. Muy buenas. (Buenas tardes.) (Muy buenas tardes.) 2. Hasta luego. (Hasta mañana.) (Adiós.) 3. Así así. (Bien.) (Muy bien, gracias.) (Muy bien.) ¿Y tú? 4. ¿Qué tal? (¿Cómo estás?) 5. Bien, gracias. (Muy bien, gracias.) ¿Y usted? 6. Buenas noches. (Adiós.) (Hasta mañana.) 7. De nada. 8. Hasta mañana. (Hasta luego.) (Adiós.) 9. ____. (Me llamo ____.) 10. Igualmente. (Encantado/a.) **PRÁCTICA C.** 1. Buenas tardes. 2. Buenos días. 3. Buenas noches. 4. Hola. ¿Qué tal? **CONVERSACIÓN A.** 1. Con permiso. 2. Perdón. 3. Por favor. (Perdón.) 4. Con permiso. 5. Perdón. 6. Con permiso.

EL ALFABETO ESPAÑOL. PRÁCTICA A. 1. c 2. d 3. h 4. a 5. e 6. g 7. b 8. f 9. ch

ANTE TODO: SEGUNDA PARTE

LOS COGNADOS. PRÁCTICA B. 1. Es una cosa. 2. Es un animal. 3. Es una comida. 4. Es un deporte. 5. Es una nación. 6. Es una persona. 7. Es un lugar (una cosa). 8. Es una bebida. 9. Es un animal. 10. Es una cosa. 11. Es un lugar. 12. Es un concepto. 13. Es una persona. 14. Es una nación. 15. Es una persona. 16. Es un lugar. 17. Es un animal. 18. Es una bebida (una comida). 19. Es un deporte. 20. Es un instrumento musical. 21. Es un concepto.

CONVERSACIÓN A. 1. —¿Qué es un saxofón? —Es un instrumento musical. 2. —¿Qué es un autobús? —Es una cosa. 3. —¿Qué es una estación? —Es un lugar. 4. —¿Qué es un doctor? —Es una persona. 5. —¿Qué es Bolivia? —Es una nación. 6. —¿Qué es una Coca-Cola? —Es una bebida. 7. —¿Qué es una enchilada? —Es una comida. 8. —¿Qué es una jirafa? —Es un animal. **CONVERSACIÓN B.** Partial answers: Dalí: pintor, España; Valenzuela: jugador de béisbol,

México; Rivera: reportero, los Estados Unidos; Castro: soldado, Cuba; Moreno: actriz, Puerto Rico/los Estados Unidos, Montalbán: actor, México; Treviño: jugador de golf, los Estados Unidos

LOS NÚMEROS 0–30. PRÁCTICA A. 1. cuatro señoras 2. doce noches 3. un café 4. veintiún (veinte y un) cafés 5. catorce días 6. una clase 7. veintiuna (veinte y una) ideas 8. once tardes 9. quince estudiantes 10. trece teléfonos 11. veintiocho (veinte y ocho) bebidas 12. cinco guitarras 13. un león 14. treinta señoras 15. veinte oficinas **PRÁCTICA B.** 1. Dos y cuatro son seis. 2. Ocho y diecisiete (diez y siete) son veinticinco (veinte y cinco). 3. Once y uno son doce. 4. Tres y dieciocho (diez y ocho) son veintiuno (veinte y uno). 5. Nueve y seis son quince. 6. Cinco y cuatro son nueve. 7. Uno y trece son catorce. 8. Quince menos dos son trece. 9. Nueve menos nueve son cero. 10. Trece menos ocho son cinco. 11. Catorce y doce son veintiséis (veinte y seis). 12. Veintitrés (Veinte y tres) menos trece son diez. **CONVERSACIÓN B.** 1. tres pesos 2. ocho dólares 3. doce pesos 4. catorce pesetas 5. veintiún (veinte y un) dólares 6. once pesetas

ANTE TODO: TERCERA PARTE

¿QUÉ HORA ES? PRÁCTICA A. 1. Es la una. 2. Son las seis. 3. Son las once. 4. Es la una y media. 5. Son las tres y cuarto (quince). 6. Son las siete menos cuarto (quince). 7. Son las cuatro y cuarto (quince). 8. Son las doce menos cuarto (quince) en punto. 9. Son las nueve y diez en punto. 10. Son las diez menos diez en punto. **PRÁCTICA B.** 1. Son las dos y diecinueve (diez y nueve) de la mañana. 2. Son las cinco y cuarto (quince) de la mañana. 3. Son las nueve y media de la mañana. 4. Son las doce menos veinte de la noche. 5. Son las dos menos uno de la tarde. 6. Son las diez y veintidós (veinte y dos) de la noche. 7. Es la una y siete de la mañana. 8. Son las seis y dieciséis (diez y seis) de la tarde. **PRÁCTICA C.** 1. —¿Cuándo llegamos a Sevilla? —A las once de la mañana. 2. —¿Cuándo llegamos a Buenos Aires? —A las doce menos seis de la noche. 3. —¿Cuándo llegamos a Los Ángeles? —A la una y cuarto (quince) de la tarde. 4. —¿Cuándo llegamos a Miami? —A las nueve menos veintinueve (veinte y nueve) de la noche. 5. —¿Cuándo llegamos a Málaga? —A las seis menos veinticinco (veinte y cinco) de la mañana. 6. —¿Cuándo llegamos a Cali? —A las dos y media de la mañana. **CONVERSACIÓN A.** 1.— ¿A qué hora es la clase de francés? —A las dos menos cuarto (quince) de la tarde... ¡en punto! 2. —¿A qué hora es la sesión de laboratorio? —A las tres y diez de la tarde... ¡en punto! 3. —¿A qué hora es la excursión? —A las nueve menos diez de la mañana... ¡en punto! 4. —¿A qué hora es el concierto? —A las siete y media de la noche... ¡en punto!

LAS PALABRAS INTERROGATIVAS: UN RESUMEN. PRÁCTICA A. 1. ¿A qué hora... ? ¿Cuándo... ? 2. ¿Dónde... ? 3. ¿Qué... ? ¿Quién... ? 4. ¿Cómo... ? 5. ¿Cómo... ? 6. ¿Cuántos... ? 7. ¿Cuánto... ? 8. ¿Cuál... ? 9. ¿Qué... ? 10. ¿A qué hora... ? 11. ¿Qué hora es? 12. ¿Quién... ? ¿Cómo... ? **PRÁCTICA B.** *Possible questions*: 1. ¿A qué hora es el concierto (la clase, la fiesta)? 2. ¿Dónde está Madrid? 3. ¿Qué (¿Quién) es usted? 4. ¿Cómo está usted? 5. ¿Cómo es Julio (Sara)? 6. ¿Cuántos habitantes hay? 7. ¿Cuánto es? 8. ¿Cuál es la capital de Venezuela? 9. ¿Qué es un piano (una guitarra)? 10. ¿Cuándo es el examen (el concierto, la clase)? 11. ¿Qué hora es? 12. ¿Quién es usted? (¿Cómo se llama usted?) **CONVERSACIÓN A.** *Possible answers:* 1. ¿qué hora es la película? 2. ¿Dónde está el libro? 3. ¿Qué es el regalo? (¿Qué es esto?) 4. ¿Cuál es la capital de España? 5. ¿Cuánto es el libro? 6. ¿Quién es el fantasma?

MANDATOS Y FRASES COMUNES EN LA CLASE. PRÁCTICA. 1. Cómo no. (Otra vez, por favor. No entiendo.) 2. Tengo una pregunta. 3. Soy estudiante. 4. Cómo no. (Otra vez, por favor.) 5. Cómo no. 6. Tengo una pregunta. 7. Bien, gracias. ¿Y usted? 8. ¿Cómo te llamas?

CAPÍTULO 1

VOCABULARIO: PREPARACIÓN. EJER-CICIO A. 1. Están en la clase. C la pro-

fesora D la estudiante A el papel CH el lápiz E el bolígrafo B la mesa F la silla G la pizarra 2. Están en la biblioteca. CH el libro E el diccionario B el cuaderno D el bolígrafo C la mesa A el estudiante F la silla 3. Están en la librería. B la estudiante CH el lápiz D el cuaderno A el bolígrafo C el dinero 4. Están en la oficina. CH la secretaria A la consejera C el profesor D el escritorio B el diccionario **EJERCICIO B.** 1. Es hombre. 2. Es mujer. 3. Es hombre. 4. Es hombre. **EJERCICIO C.** *Possible answers:* 1. las matemáticas, la universidad, la estudiante, el cuaderno 2. la universidad, la clase, la estudiante, la consejera 3. la universidad, la mesa, el edificio, el libro 4. el español, la librería, el libro, la estudiante, el inglés 5. el secretario, el escritorio, el papel, el cuaderno, la clase 6. el dinero, el edificio, el papel, el secretario **EJERCICIO CH.** 1. Es para una clase de matemáticas. 2. Es para una clase de inglés. 3. Es para una clase de historia. 4. Es para una clase de español. 5. Es para una clase de sicología. 6. Es para una clase de historia. 7. Es para una clase de historia. 8. Es para una clase de español.

GRAMMAR SECTION 1. PRÁCTICA A. 1. un 2. una 3. un 4. una 5. un 6. la 7. la 8. el 9. el 10. la **PRÁCTICA B.** 1. la 3. el 4. la 5. el 6. la 7. la 8. la 9. el 10. un 11. una 12. un 13. un 14. una 15. una 16. un 17. una 18. un **PRÁCTICA C.** 1. Hay un consejero en la oficina. 2. Hay una profesora en la clase. 3. Hay un lápiz en la mesa. 4. Hay un cuaderno en el escritorio. 5. Hay un papel en el libro. 6. Hay un bolígrafo en la silla. 7. Hay una palabra en la pizarra. 8. Hay una oficina en la biblioteca. **PRÁCTICA CH.** 1. El consejero es una persona. 2. El inglés es una materia. 3. La residencia es un edificio. 4. El dependiente es una persona. 5. El hotel es un edificio. 6. El comercio es una materia. **CONVERSACIÓN A.** 1. Conchita es estudiante también. 2. Carlos Ortega es profesor también. 3. Juanita es dependiente también. 4. José es mi amigo también.

GRAMMAR SECTION 2. PRÁCTICA A. 1. las mesas 2. los libros 3. los amigos 4. las oficinas 5. unos cuadernos 6. unos lápices 7. unas extranjeras 8. unos bolígrafos 9. unos edificios 10. el profesor 11. la secretaria 12. la niña 13. el lápiz 14. un papel 15. una tarde 16. una residencia 17. una silla 18. un escritorio **PRÁCTICA B.** 1. mujer, estudiante 2. niño, profesor 3. extranjero, amigos, estudiantes **PRÁCTICA C.** 1. los estudiantes 2. unas residencias 3. una dependienta en la librería 4. los extranjeros 5. los secretarios 6. unas profesoras

GRAMMAR SECTION 3. PRÁCTICA A. 1. yo 2. ellos 3. ella 4. nosotros 5. nosotras 6. él 7. ellas **PRÁCTICA B.** 1. Ud. 2. ella. 3. tú 4. Uds. (vosotras) 5. Ud. 6. tú 7. tú **PRÁCTICA C.** 1. ella 2. él 3. nosotros 4. Uds. (vosotros) 5. ellos 6. nosotras

GRAMMAR SECTION 4. PRÁCTICA A. 1. estudiamos, estudio, estudian, estudia, estudias, estudiáis 2. necesito, necesitan (necesitáis), necesitas, necesitamos, necesita,

necesitáis // 1. tomas, toma, toma, toman, tomamos, tomáis 2. cantamos y bailamos, cantan y bailan, cantan y bailan, cantan y bailan, canto y bailo, cantáis y bailáis **PRÁCTICA B.** 1. No necesito dinero. 2. No cantamos en alemán. 3. No deseo practicar el español con Ricardo Montalbán. 4. Yo no trabajo todas las noches. 5. Ud. no enseña muy bien, profesor(a). 6. Los Rockefeller no necesitan mucho dinero. 7. Los estudiantes de aquí no toman cerveza. 8. Julio Iglesias no enseña español. 9. No tomo ocho clases. **PRÁCTICA CH.** 1. Trabajamos en una oficina. 2. Ella enseña francés; el enseña inglés. 3. (Ellos) No compran el cuaderno. 4. Juan no paga los bolígrafos mañana. 5. Tú buscas la librería. 6. Él canta, pero ella trabaja.

GRAMMAR SECTION 5. PRÁCTICA A. 1. ¿Ud. regresa a clase mañana? ¿Regresa Ud. a clase mañana? 2. ¿Elvira busca un cuaderno también? ¿Busca Elvira un cuaderno también? 3. ¿Ramón toma café? ¿Toma Ramón café? 4. ¿Ud. paga aquí? ¿Paga Ud. aquí? 5. ¿Uds. enseñan historia aquí? ¿Enseñan Uds. historia aquí? 6. ¿Ellos bailan todos los días? ¿Bailan ellos todos los días? 7. ¿Ella trabaja mañana? ¿Trabaja ella mañana? **PRÁCTICA B.** *Possible answers:* 1. ¿Trabaja Ud. (¿Trabajas) aquí todos los días? 2. ¿Habla Carmen español muy bien? 3. ¿Regresa Ud. (¿Regresas) a casa hoy? 4. ¿Estudian Uds. (¿Estudiáis) mucho para la clase de español? 5. ¿Busca Juan un diccionario? 6. ¿Necesitan Uds. (¿Necesitáis) lápiz?

DIÁLOGO: COMPRENSIÓN. A. 1. (David) Está en la Oficina del Secretario General. 2. Habla con la Sra. Jiménez. 3. (David) Necesita los papeles de la matrícula. 4. Para extranjero habla muy bien el español. 5. Busca los papeles de la matrícula. 6. No, la consejera también habla inglés. **B.** 1. (David) Está en la librería. 2. Marcos trabaja allí. 3. No, Marcos toma clases por la mañana. 4. (David) Necesita un diccionario español-inglés, un diccionario bueno, grande y barato. 5. Necesita dos cuadernos, un bolígrafo, un lápiz y un libro de texto. 6. Necesita dinero.

UN POCO DE TODO. EJERCICIO A. 1. una 2. el 3. los 4. cantan 5. bailan 6. una 7. habla 8. un 9. un 10. las 11. bailar 12. el 13. La 14. los 15. necesitan 16. las 17. la **EJERCICIO B.** 1. ¿Compran Uds. papel para la clase? 2. ¿Trabaja Paco en la librería todas las noches? 3. ¿Buscas un diccionario? 4. ¿Necesitamos pagar los libros hoy? // 1. No, compramos libros de texto. 2. No, Paco trabaja todas las tardes. 3. No, busco un bolígrafo. 4. No, (Uds.) necesitan pagar los libros mañana. **EJERCICIO C.** *Possible answers:* 1. Un secretario trabaja en una oficina. 2. Una profesora enseña clases en la universidad. 3. Un estudiante toma clases y estudia en la universidad. 4. Una dependienta trabaja en una librería. 5. Julio Iglesias canta. 6. John Travolta baila. **EJERCICIO D.** 1. Marcos busca... 2. Toman la... 3. Desean bailar... 4. No desea... 5. Por eso...

CAPÍTULO 2

VOCABULARIO: PREPARACIÓN. EJER-

CICIO B. 1. Falso. Juan es el esposo de Elena. 2. Cierto. 3. Falso. Carmencita es la nieta de Joaquín. 4. Cierto. 5. Cierto. 6. Cierto. **EJERCICIO C.** 1. el abuelo y la abuela 2. el padre y la madre 3. el hermano y la hermana 4. el nieto y la nieta 5. el tío y la tía 6. el sobrino y la sobrina **EJERCICIO CH.** 1. abuela 2. primo 3. tía 4. abuelo 5. La hija de mis tíos es mi prima. 6. El hijo de mi hermano o de mi hermana es mi sobrino. 7. El hermano de mi padre o de mi madre es mi tío. 8. El padre de mi padre o de mi madre es mi abuelo. **EJERCICIO D.** 1. El chimpancé es tonto. 2. José es perezoso. 3. Pablo es alto. 4. Satanás es malo, antipático y feo. 5. Paco Pereda es soltero y joven. 6. El lápiz es nuevo y largo. 7. Marta es delgada y rubia. 8. La familia Gómez es pequeña y pobre. **GRAMMAR SECTION 6. PRÁCTICA A.** 1. soy, son, son, somos, eres, sois **PRÁCTICA B.** 1. Es de los Estados Unidos. 2. Es de Alemania. 3. Es de Italia. 4. Es de México. 5. Es de Francia. 6. Es de Inglaterra. **PRÁCTICA C.** 1. Es de metal. 2. Es de madera. 3. Es de papel. 4. Es de papel. 5. Es de plástico (de metal). 6. Es de madera (de plástico, de metal). 7. Es de madera. 8. Es de metal. 9. Es de papel. **PRÁCTICA CH.** 1. La comida es para mis hijos. 2. Los papeles de la matrícula son para mi prima, Ana. 3. El regalo es para Uds. 4. El dólar es para mi sobrinita. 5. La fiesta es para Evangelina. 6. La cerveza es para nosotros. 7. El coche es para mi hermano. 8. Los exámenes son para Ud. **CONVERSACIÓN A.** 1. Carlos Miguel es doctor. Es de Cuba. Ahora trabaja en Milwaukee. 2. Maripili es extranjera. Es de Burgos. Ahora trabaja en Miami. 3. Mariela es dependienta. Es de Buenos Aires. Ahora trabaja en Nueva York. 4. Juan es dentista. Es de Lima. Ahora trabaja en Los Ángeles. **GRAMMAR SECTION 7. PRÁCTICA A.** 1. interesante, importante, amable, intelectual 2. fieles, impacientes, inteligentes, importantes 3. vieja, grande, pequeña, buena, famosa, mala **PRÁCTICA B.** 1. morena, lista, trabajadora 2. viejo, alto, grande, interesante 3. inteligentes, viejos, religiosos 4. buenas, casadas **PRÁCTICA C.** Juana es casada. Es baja. Es fea. Es rubia. Es trabajadora. Es delgada. Es antipática. **PRÁCTICA CH.** 1. francesa 2. español 3. alemanes 4. portugués 5. italianas 6. inglés **PRÁCTICA D.** 1. Estos parientes son de San Francisco. 2. Estas nietas son de California también. 3. Esta mujer morena es mi hermana. 4. Estas primas mexicanas son profesoras. **PRÁCTICA E.** 1. muchos lápices, muchas mesas, muchos cuadernos, mucho papel, muchas ideas, mucho dinero, muchas clases 2. trabajar mucho, pagar mucho, hablar mucho en clase, practicar mucho **PRÁCTICA F.** 1. Busco un coche pequeño. Busco un coche francés. Busco un coche grande. 2. Por favor, deseo comprar un diccionario completo. Por favor, deseo comprar un diccionario barato. Por favor, necesito comprar un diccionario nuevo. 3. Bueno, unos profesores alemanes enseñan bien. Bueno, unos profesores simpáticos enseñan bien. Bueno, unos profesores norteamericanos

enseñan bien. 4. Buscamos una escursión fascinante. Buscamos una excursión larga. Buscamos una excursión barata. **PRÁCTICA G.** 1. un buen recuerdo 2. una gran ciudad 3. unos buenos parientes 4. unas malas comidas 5. un mal hotel 6. unos niños malos **PRÁCTICA H.** María es una buena estudiante, pues estudia mucho. Es lista y amable. Es peruana; por eso habla español. Es alta y guapa; también es muy delgada. ¡Es una persona ideal! **PRÁCTICA I.** 1. —¿Qué compra? —¡Un coche grande! —Pero no necesitamos otro coche. ¡Qué mala idea! 2. —¿Cómo es esta clase de español? —Pues, hay unos estudiantes simpáticos en la clase... —Hablamos mucho... —¡Es una gran clase! —No estudio mucho... 3. — ¡Tiene una familia grande! Hay muchos primos y unos nietos. Hay un abuelo aquí y otro en México. **GRAMMAR SECTION 8. PRÁCTICA. ¿De quién son estas cosas?** 1. ¿De quién es esta bebida? Es de Juan. 2. ¿De quién es esta idea? Es de Paquita. 3. ¿De quién son estas pesetas? Son de Raúl. 4. ¿De quién son estos cuadernos? Son de Sara. 5. ¿De quién es esta clase? Es de Lalo. 6. ¿De quién es este cuarto? Es de Antonia. **GRAMMAR SECTION 9. PRÁCTICA A.** 1. Es (el coche, la casa, el dinero, el bolígrafo, la comida) del estudiante. 2. Es el libro de la niña (de los abuelos, del tío, de las nietas, del primo Juan). **PRÁCTICA B.** 1. El médico regresa al hospital. 2. La señora Ramos regresa a la oficina. 3. La profesora regresa a la facultad. 4. El dependiente regresa al hotel. **GRAMMAR SECTION 10. PRÁCTICA A.** 1. Treinta y cincuenta son ochenta. 2. Cuarenta y cinco y cuarenta y cinco son noventa. 3. Treinta y dos y cincuenta y ocho son noventa. 4. Setenta y siete y veintitrés (veinte y tres) son cien. 5. Cien menos cuarenta son sesenta. 6. Noventa y nueve menos treinta y nueve son sesenta. 7. Ochenta y cuatro menos treinta y cuatro son cincuenta. 8. Setenta y ocho menos treinta y seis son cuarenta y dos. 9. Ochenta y ocho menos veintiocho (veinte y ocho) son sesenta. **DIÁLOGO: COMPRENSIÓN. A.** 1. El tío Juan José llama por teléfono. Llama de los Estados Unidos (del hospital del Estado). 2. (El bebé) Es nieto. 3. (Los padres) Se llaman Juan José y Peggy. 4. El nieto se llama Juan José también. **B.** 1. (Juan José y Teresa) Tienen cinco hijos. 2. Hay doce nietos en la familia. 3. Hay un abogado, una doctora en medicina, un profesor, una pintora y un estudiante. 4. Es perezoso y despreocupado, pero también es cariñoso y amable. **UN POCO DE TODO. EJERCICIO A.** 1. Soy la abuela panameña. 2. El nieto nuevo es de los Estados Unidos. 3. Juan José es el padre del nieto. 4. Juan José también es el hijo del abuelo panameño. 5. Una de las tías del nieto es doctora. 6. Otra tía es una pintora famosa. 7. Los dos tíos son ricos. 8. ¡Somos una familia afortunada! **EJERCICIO B.** 1. abuelo 2. prima 3. hermano 4. padre 5. tía **EJERCICIO C.** 1. —¿De dónde eres tú? —Soy de Guadalajara. —Ah, eres mexicana. —Sí, por eso hablo español. 2. —De

dónde eres tú? —Soy de París. —Ah, eres francesa. —Sí, por eso hablo francés. 3. —¿De dónde eres tú? —Soy de Roma. —Ah, eres italiana. —Sí, por eso hablo italiano. 4. ¿De dónde eres tú? —Soy de San Francisco. —Ah, eres norteamericana. —Sí, por eso hablo inglés. 5. —¿De dónde eres tú? —Soy de Madrid. —Ah, eres española. —Sí, por eso hablo español. 6. —¿De dónde eres tú? —Soy de Londres. —Ah, eres inglesa. —Sí, por eso hablo inglés. 7. —¿De dónde eres tú? —Soy de Berlín. —Ah, eres alemana. —Sí, por eso hablo alemán. 8. —¿De dónde eres tú? —Soy de Lima. —Ah, eres peruana. —Sí, por eso hablo español. **EJERCICIO CH.** 1. Muchas 2. hispánicas 3. grandes 4. del 5. de la 6. grandes 7. típica 8. todas 9. trabajan 10. necesario 11. urbanos 12. son 13. muchos 14. industrializada 15. trabaja 16. media 17. alta 18. hablar 19. hispánica 20. norteamericana

CAPÍTULO 3

VOCABULARIO: PREPARACIÓN. EJERCICIO A. 1. El Sr. Rivera lleva un traje, zapatos, calcetines, una camisa, una corbata, y en el brazo lleva un impermeable. 2. La Srta. Alonso lleva una blusa, una falda (un vestido), una chaqueta, medias y zapatos. El perro lleva un suéter. 3. Sara lleva una blusa, una falda y botas. 4. Alfredo lleva una chaqueta, una camiseta, pantalones y sandalias. **EJERCICIO B.** *Possible answers:* 1. almacén 2. regatear 3. comprar, precio 4. venden 5. abrigo 6. un traje/un vestido 7. pantalones 8. traje de baño 9. traje 10. traje 11. corbata 12. sandalias **EJERCICIO D.** 1. En un almacén hay precios fijos, ¿no? (¿verdad?) 2. Regateamos mucho en los Estados Unidos, ¿no? (¿verdad?) 3. En México no hay muchos mercados, ¿verdad? 4. El precio de unas botas elegantes es muy alto, ¿no? (¿verdad?) 5. En los almacenes no venden de todo, ¿verdad? 6. Los estudiantes llevan traje y corbata en los Estados Unidos, ¿no? (¿verdad?) 7. Ud. trabaja en la biblioteca, ¿no? (¿verdad?) 8. Ud. toma café en la cafetería, ¿no? (¿verdad?) 9. Es necesario llegar a la universidad a las seis de la mañana, ¿no? (¿verdad?) 10. Siempre llegamos a clase a tiempo, ¿no? (¿verdad?) **GRAMMAR SECTION 11. PRÁCTICA A.** 1. asistes, asistimos, asiste, asisten, asiste, asistís 2. aprendemos, aprendo, aprende, aprende, aprenden, aprendéis // 1. como y bebo, comen y beben, comes y bebes, comen y beben, comemos y bebemos, come y bebe, coméis y bebéis 2. recibe, recibes, recibimos, reciben, recibe, reciben, recibís **PRÁCTICA C.** 1. No, no vivimos en Nueva York. (Sí. Vivimos en...) 2. No, los estudiantes no beben en clase. 3. No, no recibo siempre un suspenso en los exámenes. 4. No, no escribes los ejercicios en italiano; escribes los ejercicios en español. 5. No, muchos actores no viven en Pocotella, Idaho. 6. No, no aprendemos francés en clase; aprendemos español. 7. No, los profesores no insisten en recibir muchos regalos. 8. No, el profesor comprende el problema. 9. No, todos los niños no creen en Santa Claus. 10. No, no venden cosas muy

caras en el mercado. **PRÁCTICA CH.**
1. —Él comprende italiano, ¿verdad? —No, y
ella no comprende inglés. —¿Qué lengua debemos hablar, entonces? 2. ¡Vivimos aquí en
Caracas y hablamos español todos los días!
PRÁCTICA D. 1. Debemos entrar a la hora
en punto. 2. No debemos hablar inglés. 3. Debemos escribir los ejercicios. 4. No debemos
llevar regalos para el profesor. 5. Debemos
aprender las palabras nuevas. 6. Debemos
asistir a clase todos los días.
GRAMMAR SECTION 12. PRÁCTICA A.
1. tiene, tenemos, tienen, tengo, tienes, tenéis
2. vengo, vienen, vienes, vienen, venimos,
venís 3. quiero, quiere, queremos, quieren,
quieres, queréis
GRAMMAR SECTION 13. PRÁCTICA A.
1. (Yo) Voy a la residencia. 2. Francisca va a la
cafetería. 3. (Tú) Vas a otra clase. 4. Jorge y
Carlos van a un bar. 5. (Nosotros) Vamos a la
biblioteca. 6. El profesor ____. **PRÁCTICA
B.** 1. Vamos a llegar al mercado a las dos.
2. Los niños van a querer comer algo. 3. Yo
voy a comprar una blusa bordada a mano.
4. Carlos va a buscar un aparato eléctrico.
5. No vas a comprar una camisa de cuadros,
¿verdad? 6. No voy a poder comprar todo hoy.
7. Vamos a regresar a casa a las cinco.
PRÁCTICA C. 1. Voy a ir al baile, pero no
voy a llevar este traje. 2. Vamos a llegar a las
seis, pero no vamos a comer con Uds. 3. Va(s)
a comprar los pantalones, pero no va(s) a llevar la chaqueta de cuadros, ¿verdad?
GRAMMAR SECTION 14. PRÁCTICA A.
1. Tengo sed. 2. ...tengo hambre. 3. Tengo
frío. 4. Tengo prisa. 5. ...tengo sueño.
6. ...tengo calor. 7. No tienes razón. 8. ...tengo
miedo. 9. ...tengo veinte años (setenta y nueve
años,...) 10. ...tengo frío (tengo calor, en el
hemisferio del sur). **PRÁCTICA B.** 1. *and*
2: *In each example,* **tengo que** *is followed by
the infinitive of the verbs indicated in parentheses, e.g.,* Tengo que asistir a... , Tengo que
aprender... , Tengo ganas de abrir una botella... . **PRÁCTICA C.** *Possible answers:*
1. ...calor. No tiene frío. 2. ...miedo.
3. ...sueño. ...hambre. 4. ...prisa. 5. ...años.
Todos tienen ganas... 6. ...razón. ...razón.
Cecilia tiene que... 7. ...sed. ...ganas... Tengo
que ir de compras. **PRÁCTICA CH.** 1. Alicia
tiene ganas de ir de compras. 2. Tenemos que
estudiar para el examen. 3. No tengo ganas de
mirar la televisión. 4. ¿Tiene(s) que ir a casa
ahora? 5. Jorge tiene que comprar otro
sombrero.
GRAMMAR SECTION 15. PRÁCTICA A.
1. dos, doce, veinte, doscientos 2. tres, trece,
treinta, trescientos 3. cuatro, catorce, cuarenta,
cuatrocientos 4. cinco, quince, cincuenta,
quinientos 5. seis, dieciséis, sesenta, seiscientos 6. siete, diecisiete, setenta, setecientos
7. ocho, dieciocho, ochenta, ochocientos
8. nueve, diecinueve, noventa, novecientos
9. uno, diez, cien, mil, un millón **PRÁCTICA
B.** 1. Hay siete mil trescientas cincuenta y
cuatro personas. 2. Hay cien países. 3. Hay
cinco mil setecientos diez habitantes. 4. Hay
seiscientos setenta sombreros. 5. Hay dos mil
cuatrocientas ochenta y seis mujeres. 6. Hay
mil dólares. 7. Hay quinientos veintiocho

(veinte y ocho) edificios. 8. Hay ochocientas
sesenta y tres pesetas. 9. Hay ciento una niñas.
10. Hay un millón de dólares. 11. Hay seis
millones quinientos mil dólares. 12. Hay veinticinco (veinte y cinco) millones de dólares.
PRÁCTICA C. 1. Mil cuatrocientos noventa
y dos. ch. 2. Mil setecientos setenta y seis. b.
3. Mil novecientos cuarenta y cinco. d. 4. Dos
mil uno. e. 5. Mil novecientos sesenta y tres. c.
6. Mil novecientos ochenta y cuatro. f. 7. ____
a. o g.
DIÁLOGO: COMPRENSIÓN. A. 1. (La
sobrina) Se llama Lola. 2. (La familia Canales)
Vive en Los Ángeles, California. 3. Hay dos hijos en la familia. 4. Ceci asiste a la universidad
y Emilio trabaja en un almacén. 5. Quiere
comprar unos regalos y otros recuerdos para
la familia. 6. Tiene miedo de no poder hablar
muy bien el inglés. **B.** 1. Hay de todo en el
almacén. 2. Cree que los precios son muy
caros. 3. No, no puede gastar mucho.
4. Quiere comprar una camisa para papá y una
blusa o un suéter para mamá.

UN POCO DE TODO. EJERCICIO A.
1. ¿Tiene Ud. experiencia trabajando en una
tienda de ropa? 2. ¿Cuántos años tiene Ud.?
3. Ud. asiste a clases en la universidad todas las
mañanas, ¿no? 4. ¿Puedo trabajar siempre por
la noche? 5. ¿A qué hora abren Uds. el almacén? 6. (Yo) No tengo que llegar a las ocho,
¿verdad? // *Possible answers:* 1. Sí, (No, no)
tengo experiencia trabajando en una tienda de
ropa. 2. Tengo ____ años. 3. Sí, (No, no) asisto
a clases todas las mañanas. 4. Sí, (No, no)
puede trabajar siempre por la noche. 5. Abri-
mos el almacén a las ____ de la mañana. 6. Sí,
(No, no) tiene que llegar a las ocho.
EJERCICIO B. *Possible answers:* 1. Sí, voy.
Tengo ganas de ir. 2. No voy. Tengo que estudiar. 3. Sí, voy al café. Me gusta hablar con mis
amigos en el café. 4. Sí, voy a las siete y media. **EJERCICIO C.** *Possible answers:*
1. Debes comprar la amarilla. Va muy bien con
la falda amarilla. 2. Vas a comprar el diccionario barato, ¿verdad? Necesitas comprar
otras cosas también. 3. Debes comprar las pequeñas, porque el cuarto es pequeño. 4. —
¿Cuál te gusta más? ¿La clásica? Debes comprar
la clásica. 5. Me gustan más las pardas. Son
muy elegantes. **EJERCICIO D.** 1. de 2. un
3. va 4. gran 5. elegantes 6. los 7. son 8. fijos
9. pequeñas 10. una 11. El 12. de la 13. cree
14. otros 15. va 16. puede 17. debe 18. los
19. tiene 20. regatear 21. que 22. ir 23. pequeñas 24. informal 25. grandes 26. debe
27. pagar 28. el 29. a

CAPÍTULO 4
**VOCABULARIO: PREPARACIÓN. EJER-
CICIO A.** *Possible answers:* 1. Hoy es ____.
Mañana es ____. Si hoy es sábado, mañana es
domingo. Si hoy es jueves, mañana es viernes.
2. Tenemos clase todos los días (los lunes, los
martes, los miércoles, los jueves y los viernes).
3. Sí, (No, no) estudio mucho durante el fin de
semana. Y los domingos por la noche también.
(No estudio los domingos por la noche.) 4. Me
gusta (ir de compras). Sí, (No, no) me gusta
salir con los amigos los sábados por la noche.
EJERCICIO C. 1. d 2. c 3. b 4. ch 5. a

EJERCICIO CH. 1. esposo 2. noviazgo
3. una cita 4. boda 5. cita 6. amistad 7. matrimonio 8. amor **EJERCICIO D.** 1. El bar
está a la izquierda de la iglesia. 2. La ambulancia está delante del hospital. 3. El cine está
a la izquierda del hospital y a la derecha de la
iglesia. 4. La iglesia está detrás del parque.
5. El cura está delante de la iglesia. 6. Los novios están delante de la iglesia. 7. El niño está
en el parque. 8. Los árboles están en el parque. 9. La mamá está a la derecha del niño.
10. El parque está delante del cine y de la
iglesia.
**GRAMMAR SECTION 16. PRÁCTICA
A.** 1. Estoy muy bien. 2. Estás bien, ¿no?
3. El profesor (La profesora) está muy bien.
4. No estamos enfermos. 5. Julio está mal,
¿verdad? 6. Uds. están bien también. **PRÁC-
TICA B.** 1. Amarillo está en Tejas. Los Ángeles está en California. San Agustín está en
Florida. Toledo está en Ohio (también en España). Santa Fe está en Nuevo México. Reno
está en Nevada. 2. Managua está en Nicaragua.
Guadalajara está en México (también en España). Buenos Aires está en la Argentina. La
Habana está en Cuba. Quito está en el Ecuador.
La Paz está en Bolivia (también en Baja California). Bogotá está en Colombia. **PRÁC-
TICA C.** —Todos están tomando, cantando,
comiendo, abriendo botellas de champán, hablando mucho. —Estoy trabajando, escribiendo los ejercicios, leyendo el periódico,
mirando un programa muy interesante, apren-
diendo el vocabulario nuevo. **PRÁCTICA
CH.** 1. ...estoy leyendo un libro. 2. ...están
comiendo en un restaurante. 3. ...están descansando. 4. ...estamos comiendo a las cinco.
5. ...está escribiendo cartas. 6. ...están visitando a los tíos. **PRÁCTICA D.** 1. En esta
foto estamos llegando a la Ciudad de México.
2. Aquí, el martes, estamos visitando la catedral. 3. Más tarde, aquí estamos en las pirámides de Teotihuacán. 4. En esta foto, estamos
mirando una escultura en el Museo de Antropología. 5. En ésta, estamos comprando regalos en el Mercado de la Merced. 6. Ernesto
está regateando con la mujer. 7. ¡Va a pagar
demasiado!

GRAMMAR SECTION 17. PRÁCTICA A.
1. bien 2. limpia 3. abierta 4. alegre 5. nervioso **PRÁCTICA B.** 1. El florero es del
Almacén Carrillo/es de cristal/es alto/es verde/
está limpio/está en mi apartamento/está en una
caja/es para Alicia/es un regalo caro/es también
un regalo bonito. 2. Los jóvenes son los primos argentinos/son de Buenos Aires/están
visitando a los parientes norteamericanos/
están a la derecha de los abuelos en la foto/son
simpáticos/están en San Francisco esta se-
mana/están muy contentos con el viaje/están
un poco cansados ahora. **PRÁCTICA C.**
1. Es norteamericano. 2. Está sucio. 3. Están
ocupados esta noche. 4. Estoy muy bien hoy.
5. Es viejo, muy viejo. 6. Está muy claro. 7. Es
muy interesante. 8. No está de acuerdo con
nosotros. 9. Son rubios. 10. Está abierta esta
tarde. **PRÁCTICA D.** 1. Estas flores son
para ti. 2. Estoy un poco nervioso/a. 3. ¡Estás
muy guapo/a esta noche! 4. Es necesario estar
en casa a las doce. ¿Está claro? 5. Ah, el restau-

rante está cerrado. 6. Estos tacos están buenos. 7. La película es excelente, ¿verdad? 8. Son las once, pero no estoy cansado/a todavía. **GRAMMAR SECTION 18. PRÁCTICA A.** 1. su problema, dinero, amor 2. tus camisetas, novias, chaquetas 3. mi cita, suéter, coche, boda, amistad 4. sus trajes, limitaciones 5. nuestras camisas 6. nuestro sombrero **PRÁCTICA B.** 1. Su primo Julián es cariñoso. 2. Sus hermanitos son traviesos. 3. Sus tíos son generosos. 4. Su hija es pequeña todavía. 5. Su abuela es vieja ya. 6. Su esposo es muy trabajador. // 1. Mi primo Julián es cariñoso. 2. Mis hermanitos... 3. Mis tíos... 4. Mi hija... 5. Mi abuela... 6. Mi esposo. **PRÁCTICA C.** 1. ¡Nuestros precios son bajos! 2. ¡Nuestra ropa es elegante! 3. ¡Nuestros dependientes son amables! 4. Nuestro estacionamiento es gratis! **PRÁCTICA CH.** 1. No, no es su blusa. No, no es la blusa de ella. 2. No, no son sus abrigos. No, no son los abrigos de ellos. 3. No, no es su ropa. No, no es la ropa de ellas. 4. No, no es su chaqueta. No, no es la chaqueta de él. 5. No, no son sus pantalones. No, no son los pantalones de ellos. **PRÁCTICA D.** 1. Nuestro amor es imposible. 2. ¡Su noviazgo es largo! 3. Su novia es encantadora. 4. Tu boda va a ser cara. 5. Sus parientes son amables. **GRAMMAR SECTION 19. PRÁCTICA A.** 1. —¿Para quién es la fiesta? ¿Para la novia? —Sí, es para ella. 2. —¿Para quién es el regalo? ¿Para mí? —Sí, es para ti (Ud.). 3. —¿Para quién es la clase particular? ¿Para las niñas? —Sí, es para ellas. 4. —¿Para quién es la recepción? ¿Para nosotros? —Sí, es para Uds. (vosotros). 5. —¿Para quién es el paquete grande? ¿Para Uds.? —Sí, es para nosotros. 6. —¿Para quién es el perro? ¿Para ti? —Sí, es para mí. **PRÁCTICA B.** 1. —Claro, voy a estudiar contigo el viernes. 2. —¿Bob y Sue van a estudiar con nosotros también? 3. —Sí, pero vamos a tener que empezar sin ellos. 4. —¿A qué hora? 5. —¡A las seis en punto! 6. —Bien, pero entre tú y yo, ¡va a ser imposible aprender todo para el examen! **CONVERSACIÓN A.** *Possible answers:* 1. ella 2. ti, contigo 3. él 4. tú, yo, contigo, ella 5. contigo, ti **GRAMMAR SECTION 20. PRÁCTICA A.** 1. Ese sombrero es negro. 2. Esa blusa es amarilla. 3. Esos pantalones son grises. 4. Esos calcetines son blancos. 5. Esas sandalias son pardas. 6. Ese suéter es verde. **PRÁCTICA B.** 1. —¡Ah, aquella ropa es barata! 2. —¡Ah, aquellos periódicos son magníficos! 3. —¡Ah, aquel hotel es fenomenal! 4. —¡Ah, aquellos dependientes son simpáticos! 5. —¡Ah, en aquellos almacenes los precios son fijos! **PRÁCTICA C.** 1. Esas señoras son argentinas y aquéllas son bolivianas. Ésas son argentinas y aquéllas son bolivianas. 2. Esa mujer es de Cleveland y aquélla es de Cincinnati. Ésa es de Cleveland y aquélla es de Cincinnati. 3. Este señor es el padre de la novia y ése es el padre del novio. Éste es el padre de la novia y ése es el padre del novio. 4. Estos jóvenes son amigos de la novia y ésos son amigos del novio. Éstos son amigos de la novia y ésos son amigos del novio. 5. Ese

señor no desea bailar y aquél baila muy bien. Ése no desea bailar y aquél baila muy bien. **PRÁCTICA CH.** 1. c 2. b 3. ch 4. a **PRÁCTICA D.** 1. ¡Ese traje es muy caro! ¡Y aquel vestido... ! 2. Esta señora (mujer) es la madre de la novia, ésa no. 3. Necesitamos estas sillas, ésas no. 4. ¿Qué es esto? ¿Un regalo de ti (Ud.)? 5. Éste es mi regalo, ése no. 6. Quieren comprar esta casa, no aquélla en las montañas. **DIÁLOGO: COMPRENSIÓN.** 1. Panchito 2. la. Sra. Martínez, Amalia 3. Amalia, la novia y el novio 4. Raúl 5. Margarita, Beatriz, Raúl 6. Amalia 7. Beatriz, Raúl 8. Margarita, Beatriz 9. Amalia, los novios, Beatriz, Raúl **UN POCO DE TODO. EJERCICIO A.** 1. Ésta es mi madre. Es doctora. 2. Éste es mi padre. Es una persona muy generosa. 3. Éstas son mis tías Elena y Eugenia. Están en España este año. 4. Éste es mi novio. Está mirando esta foto conmigo ahora. 5. Ésta es mi abuela. Es muy vieja, pero simpática. 6. Éste es mi perro. Está contento porque está con la familia. **EJERCICIO B.** 1. ¿Éste? Creo que es para ti. 2. ¿Aquélla? Creo que quiere bailar contigo. 3. ¿Éstos? Creo que vienen conmigo. 4. ¿Ése? Creo que es para mí. **EJERCICIO C.** 1. son 2. entre 3. Esta 4. buena 5. estar 6. nuevas 7. está 8. este 9. están 10. bailando 11. muy 12. Esta 13. es 14. es 15. hispánica 16. pequeños 17. domingos 18. la 19. jóvenes 20. muchas 21. caminan 22. conversan 23. sus 24. es 25. esta 26. es 27. la 28. el 29. es 30. las 31. es 32. sus 33. son 34. su 35. su

CAPÍTULO 5

VOCABULARIO: PREPARACIÓN. EJERCICIO A. 1. Hace calor. 2. Hace fresco. 3. Hace frío. 4. Llueve. 5. Hace frío. **EJERCICIO B.** *Possible answers:* 1. Joaquín, no debes vivir en Seattle, porque allí llueve mucho. 2. Joaquín, no debes vivir en Los Ángeles, porque allí hay mucha contaminación. 3. Joaquín, no debes vivir en Phoenix, porque hace mucho calor. 4. Joaquín, no debes vivir en New Orleans, porque hace mucho calor y el clima no es muy moderado. 5. Joaquín, no debes vivir en Buffalo, porque hace mucho frío y mucho calor; el clima no es muy moderado. 6. Joaquín, debes vivir en San Diego (San Clemente, Dallas, etcétera), porque el clima es moderado y no hay mucha contaminación. **EJERCICIO C.** *Possible answers:* 1. Está nevando y el señor tiene frío. 2. Hace mucho sol y el hombre tiene mucho calor. 3. Hace mucho viento y las personas (los jóvenes) tienen frío. 4. Está lloviendo y las personas están tristes. 5. Está nublado porque hay mucha contaminación, y las personas no están bien. 6. Hace muy buen tiempo, y los jóvenes están contentos. 7. Hace buen tiempo. La noche está muy clara. Los jóvenes están contentos. **EJERCICIO CH.** 1. El doce es viernes. 2. El primero es lunes. 3. El veinte es sábado. 4. El dieciséis (diez y seis) es martes. 5. El once es jueves. 6. El cuatro es jueves. 7. El veintinueve (veinte y nueve) es lunes. **EJERCICIO D.** 1. El siete de marzo. 2. El veinticuatro (veinte y cuatro) de agosto. 3. El primero de diciem-

bre. 4. El cinco de junio. 5. El diecinueve de septiembre de mil novecientos ochenta y seis. 6. El treinta de mayo de mil ochocientos cuarenta y dos. 7. El treinta y uno de enero de mil seiscientos sesenta. 8. El cuatro de julio de mil setecientos setenta y seis. **EJERCICIO E.** 1. El Día de la Raza es (se celebra) el doce de octubre. 2. El Día del Año Nuevo es el primero de enero. 3. El Día de los Enamorados es el catorce de febrero. 4. El Día de la Independencia de los Estados Unidos es el cuatro de julio. 5. El Día de los Inocentes es el primero de abril. 6. La Navidad es el veinticinco (veinte y cinco) de diciembre. **GRAMMAR SECTION 21. PRÁCTICA A.** 1. haces, hace, hago, hacemos, hacen, hacéis 2. salgo, sales, salimos, sale, salen, salís 3. pone, pongo, pones, ponemos, ponen, ponéis **PRÁCTICA B.** *Possible answers:* 1. Por eso hago un viaje a las montañas cuando hace frío. 2. Por eso pongo la calefacción. 3. Por eso ponemos el aire acondicionador. 4. Por eso pongo el televisor. 5. Por eso pongo hielo en mi café. 6. Por eso hago un viaje a Tahiti. 7. Por eso salimos para el cine. 8. Por eso pongo la radio. 9. Por eso hago una pregunta. **GRAMMAR SECTION 22. PRÁCTICA A.** 1. almuerza, almuerzan, almorzamos, almuerzas, almuerzo, almorzáis 2. pido, pedimos, piden, pide, pides, pedís 3. prefiere, preferimos, prefiere, prefieren, prefieres, preferís 4. pierden, pierdo, pierde, pierdes, pierden, perdís 5. vuelvo, volvemos, vuelven, vuelve, vuelves, volvís **PRÁCTICA B.** 1. pensamos 2. volvemos 3. empieza 4. duerme 5. sirve 6. juega 7. cerramos 8. preferimos **PRÁCTICA C.** 1. Pienso 2. Entro 3. Pido 4. Prefiero 5. No sirven 6. Pido 7. El camarero sirve 8. Como y vuelvo 9. Duermo **PRÁCTICA CH.** 1. Los niños están mirando la televisión. 2. Papá está pidiendo la comida. 3. Pepito y Carlos están jugando en sus cuartos. 4. Mamá está empezando a perder la paciencia. 5. El abuelo está durmiendo la siesta. **GRAMMAR SECTION 23. PRÁCTICA A.** *Possible answers:* 1. Emilia es más alta que Sancho. 2. Emilia no es tan tímida como Sancho. Emilia es más extrovertida. 3. Sancho no es tan atlético como Emilia. 4. Sancho es más intelectual porque lleva muchos libros. 5. Emilia no es tan estudiosa como Sancho. Sí, es tan trabajadora. 6. Es difícil comprender quién es más listo. Una persona atlética puede ser lista y una persona estudiosa puede ser tonta. **PRÁCTICA C.** 1. mejor 2. peores 3. mayor 4. menor 5. más grande 6. más pequeño (menos grande) **PRÁCTICA CH.** 1. Alfredo tiene tanto dinero como Graciela. 2. Graciela tiene tanta cerveza como Alfredo. 3. Alfredo tiene tantos libros como Graciela. 4. Graciela tiene tantos bolígrafos como Alfredo. 5. Alfredo tiene más cuadernos que Graciela. 6. Graciela tiene más cartas que Alfredo. **PRÁCTICA E.** 1. más de diez dólares 2. menos de cien estudiantes 3. menos de veinte sillas 4. ¿Tiene(s) más de dieciocho (diez y ocho) años? 5. ¡Ella tiene más de noventa años! 6. Soy menor que ella. **GRAMMAR SECTION 24. PRÁCTICA A.** 1. Qué 2. Qué 3. Cuál 4. Qué 5. Qué 6. Qué

7. Cuál 8. Qué **PRÁCTICA B.** 1. Quién 2. Quiénes 3. De quién 4. Quiénes 5. Quién **PRÁCTICA C.** 1. De dónde 2. Adónde 3. Adónde 4. Dónde 5. Dónde 6. Dónde **PRÁCTICA CH.** 1. Cuánto 2. A qué hora 3. Cuántos 4. Cuántas 5. Cuántas 6. Cuándo

DIÁLOGO: COMPRENSIÓN. A. 1. (Nicolás) Escribe desde Ailigandí, en Panamá. 2. Porque hace mucho calor. 3. No, Nicolás no está muy contento en el pueblo. Hace mucho calor, tiene mucha sed y tiene ganas de volver a su patria. 4. Pregunta al policía si hay estaciones en aquel lugar. El policía contesta que hay dos estaciones: la estación de verano y la estación de policía. 5. Tiene ganas de estar en la Argentina. 6. No sale hoy porque tiene que esperar el autobús. **B.** 1. Héctor escribe desde Mar del Plata en la Argentina. 2. No contesta la carta puntualmente; espera cuatro meses para contestar la carta. 3. La demora es de cuatro meses. 4. Hace un tiempo magnífico en Mar del Plata en diciembre. 5. Héctor está de vacaciones en Mar del Plata. Espera el Año Nuevo en la playa. 6. No, Héctor no quiere hacer un viaje como el de Nicolás.

UN POCO DE TODO. EJERCICIO A. 1. Empiezo a ser una estudiante popular. 2. Vuelvo a casa con más libros que Elena. 3. No pierdo tanto tiempo en la cafetería como Raúl. 4. El próximo semestre pienso tomar tantos cursos difíciles como Estela. 5. Pido menos consejos que Felipe. 6. Hago mejores preguntas que Antonio. **EJERCICIO D.** 1. qué 2. estoy 3. Hace 4. es 5. el 6. son 7. piensan 8. somos 9. porque 10. llevamos 11. Tienen 12. tengo 13. estoy 14. tanto 15. pienso 16. unos 17. es

CAPÍTULO 6

VOCABULARIO: PREPARACIÓN. EJERCICIO A. 1. la sopa 2. la ensalada 3. el vino 4. la zanahoria 5. el bistec 6. el arroz 7. el queso 8. la papa 9. la manzana 10. la banana 11. la leche 12. el té 13. el pan 14. el helado 15. el pastel 16. el huevo **EJERCICIO B.** *Possible answers:* 1. huevos, pescado 2. bistec, chuletas 3. sopa, ensalada, mariscos, pescado 4. postre: pastel, helado, flan, galletas 5. agua, té, café, leche, etcétera 6. verduras, fruta, huevos, pollo 7. todo excepto la carne 8. mariscos: camarones, langosta 9. sopa, líquidos claros, jugos **EJERCICIO C.** *Possible answers:* 1. la carne, el pescado 2. los norteamericanos, las barbacoas, las hamburguesas 3. la sopa, la carne, los mariscos, etcétera 4. las papas fritas, el helado, el pastel, el queso, etcétera 5. el té, el café, los huevos, el pan, el cereal, la leche 6. sándwich, sopa **EJERCICIO CH.** *Possible answers:* 1. Acabo de comer (almorzar, cenar). 2. Acabo de tomar una bebida (estar con unos amigos). 3. Acabo de bailar con mi novio/a (amigo/a). 4. Acabo de comprar un libro (papel, un bolígrafo, un cuaderno, etcétera). 5. Acabo de comprar fruta (carne, etcétera). 6. Acabo de comprar un regalo (una blusa, una camiseta, una camisa, etcétera). **EJERCICIO D.** *Possible answers:* 1. Estoy en el cine. 2. Estoy en la biblioteca (en casa, en la residencia,...). 3. Estoy en la

cafetería (en casa, en un café,...). 4. Estoy en la residencia (en casa, en mi apartamento,...).

GRAMMAR SECTION 25. PRÁCTICA A. 1. Sí, hay algo. Hay un periódico en la mesa. No, no hay nada en la mesa. // Sí, hay algo. Hay un carro en la calle. No, no hay nada en la calle. // Sí, hay algo. Hay un pueblo en la montaña. No, no hay nada en la montaña. // 2. Sí, hay alguien. Hay varias familias en el restaurante. No, no hay nadie. // Sí, hay alguien. Hay niños en el parque. No, no hay nadie. // Sí, hay alguien. Hay muchos estudiantes en la biblioteca. No, no hay nadie. **PRÁCTICA B.** 1. No hay nada interesante en el menú. 2. No tienen ningún plato típico. 3. El profesor no cena allí tampoco. 4. Mis amigos no almuerzan allí nunca. 5. No preparan nada especial para los grupos grandes. 6. No hacen nunca platos nuevos (ningún plato nuevo). 7. Y no sirven ceviche tampoco. **PRÁCTICA C.** 1. —¿Hay algunos regalos para mí? —No, no hay ninguno. 2. —¿Hay algunas tarjetas para mí? —No, no hay ninguna. 3. —¿Hay alguna cena especial para mí esta noche? —No, no hay ninguna. 4. —¿Hay algunos telegramas para mí? —No, no hay ninguno. 5. ¿Hay algunas flores para mí? —No, no hay ninguna. 6. —¿Hay algún plato especial para mí? —No, no hay ninguno. **PRÁCTICA CH.** *Possible answers:* **A la hora de la cena.** 1. ¿Hay algo especial esta noche? 2. Sirven (Se sirve) la cena a las seis en su casa también. 3. Nadie cena (está cenando) en casa esta noche, ¿verdad? 4. No queremos pedir nada en este momento. 5. No hay ningún restaurante en esta calle. // **En la residencia, antes del examen.** 1. Nadie comprende eso. 2. Marcos no puede escribir esta oración tampoco. 3. Nunca estudia(s) con Carmen. ¿Por qué no? 4. ¡Nadie está tan cansado/a como yo! 5. ¿Nadie tiene sueño todavía?

GRAMMAR SECTION 26. PRÁCTICA A. 1. oímos, oyes, oyen, oigo, oye, oís 2. ve, vemos, ve, ven, veo, ves, veis 3. traes, trae, traen, traemos, traéis **PRÁCTICA B.** 1. Oigo el océano, pero no puedo ver bien (no veo bien) por la niebla. 2. Pablo trae (está trayendo) la cesta ahora. 3. ¿Por qué mira(s) (está[s] mirando) el perro así? 4. Estoy escuchando, pero no puedo oír (no oigo) por las olas. 5. Vamos a llevar las sillas al coche.

GRAMMAR SECTION 27. PRÁCTICA A. 1. Veo al profesor (la pizarra, a los estudiantes, la mesa, a mi amigo/a, la puerta). 2. Estoy buscando mi libro (a Felipe, al amigo de Tomás, a alguien, el menú). **PRÁCTICA B.** 1. Vamos a llamar a Miguel. 2. Invitan a Ana? (¿Van a invitar a Ana?) 3. ¿A quién está(s) mirando (mira[s]) así? 4. ¿Por qué no escucha(s) a Jorge? ¡No es un buen restaurante! 5. ¡No estoy esperando (espero) a nadie! **PRÁCTICA C.** 1. ¿El menú? No, no lo necesito... ¿Los platos? No, no los necesito... ¿La silla? No, no la necesito... ¿El carro? No, no lo necesito... ¿Las cuentas? No, no las necesito... ¿Los lápices? No, no los necesito... 2. ¿La sopa? Sí, tenemos que prepararla... ¿Los postres? Sí, tenemos que prepararlos... ¿El flan? Sí, tenemos que prepararlo... ¿La lección? Sí, tenemos que prepararla... ¿Las patatas? Sí, tenemos que

prepararlas... ¿La cena? Sí, tenemos que prepararla... ¿El almuerzo? Sí, tenemos que prepararlo... 3. ¿Queso? Sí, estoy pidiéndolo... ¿Carne? Sí, estoy pidiéndola... ¿Helado? Sí, estoy pidiéndolo... ¿Verduras? Sí, estoy pidiéndolas... ¿Papas fritas? Sí, estoy pidiéndolas... ¿Huevos? Sí, estoy pidiéndolos... ¿La cuenta? Sí, estoy pidiéndola... **PRÁCTICA CH.** 1. El camarero los pone en la mesa. 2. Los niños están leyéndolo (lo están leyendo) ahora. 3. Voy a pedirla (La voy a pedir) esta noche. 4. ¿Por qué la pagas tú? 5. ¡El dinero? No lo tengo. 6. Los necesitamos, señor. 7. El dueño está preparándola (la está preparando) en este momento, señor. 8. Los niños están abriéndolas (las están abriendo). **PRÁCTICA D.** 1. —¿Cuándo me invitas a cenar en tu casa? —Te invito para (el sábado). 2. —¿Cuándo me invitas a almorzar? —Te invito para (mañana). 3. —¿Cuándo me invitas a salir? —Te invito para (el domingo). 4. —¿Cuándo me invitas a ver una película? —Te invito para (el viernes). 5. —¿Cuándo me invitas a comer en la cafetería? —Te invito para (el miércoles). // 1. —¿Cuándo nos invitas a cenar en tu casa? —Los invito... 2. —¿Cuándo nos invitas a almorzar? —Los invito... 3. —¿Cuándo nos invitas a salir? —Los invito... 4. —¿Cuándo nos invitas a ver una película? —Los invito... 5. —¿Cuándo nos invitas a comer en la cafetería? —Los invito... **PRÁCTICA E.** 1. ¡Porque acabo de estudiarla! 2. ¡Porque acabo de visitarlo! 3. ¡Porque acabo de aprenderlas! 4. ¡Porque acabo de comprarlo! 5. ¡Porque acabo de pagarlas! 6. ¡Porque acabo de prepararlas! 7. ¡Porque acabo de comprarla! 8. ¡Porque acabo de ayudarte! **PRÁCTICA F.** 1. No, no lo preferimos! 2. No, no lo comprendemos! 3. No, no lo deseamos! 4. No, no lo pensamos! 5. No, no lo aceptamos! 6. No, no lo recomendamos!

GRAMMAR SECTION 28. PRÁCTICA A. 1. conozco, conocen, conocemos, conocen, conocéis 2. saben, sé, sabe, saben, saben (sabéis), sabéis **PRÁCTICA B.** José Feliciano sabe cantar en español. Mikhail Baryshnikov sabe bailar. Pete Rose sabe jugar al béisbol. Liberace sabe tocar el piano. James Michener sabe escribir novelas. Evelyn Wood sabe leer rápidamente. **PRÁCTICA C.** Adán conoce a Eva. Archie Bunker conoce a Edith. Romeo conoce a Julieta. Rhett Butler conoce a Scarlett O'Hara. Antonio conoce a Cleopatra. Jorge Washington conoce a Marta. **PRÁCTICA CH.** 1. Conozco, sé 2. Conozco, sé 3. conozco, sé 4. Sé, conozco 5. conozco, sé 6. Sé, sé, conozco

DIÁLOGO: COMPRENSIÓN. A 1. (Manolo) Es un joven de Sevilla. (Ana María) Es una joven de Madrid y es amiga de Manolo. 2. (Manolo) La llama porque está de vacaciones en Madrid y quiere invitarla a cenar. 3. Acepta porque no está haciendo nada y no tiene compromiso para esa noche. 4. Piensan ir a cenar en el restaurante El Toledano y luego bailar. **B.** 1. Sí, encuentran una buena mesa. 2. Manolo la pide porque conoce bien el restaurante. 3. De aperitivo toman vermú y jerez, con jamón, queso y anchoas. De entrada toman gazpacho. De plato principal toman solomillo con patatas y guisantes. De postre toman flan. 4. La especialidad de la casa es el solomillo a la parrilla. El plato del día es paella. 5. Está a dieta y ha merendado bien. **UN POCO DE TODO. EJERCICIO A.** 1.—¿Conoces algún restaurante francés? —No conozco ninguno. 2. —¿Sabes el teléfono del restaurante? —No lo sé. 3. —¿El camarero está trayendo flan ahora? —No, no lo tienen hoy. 4. —¿Quiere algo más, Sra. Medina? —No, no quiero nada de postre. 5. —¿Hay alguien en la mesa detrás de ti? —No veo a nadie; tampoco oigo nada. **EJERCICIO B.** 1. —¿Ves a ___? —No, no lo/la veo. (Sí, lo/la veo.) —Yo no lo/la veo tampoco. (Yo también lo/la veo.) 2. —¿Conoces al rector de la universidad? —No, no lo conozco. (Sí, lo conozco.) —Yo no lo conozco tampoco. (Yo también lo conozco.) 3. —¿Sabes todo el vocabulario para la prueba de hoy? —No, no lo sé. (Sí, lo sé.) —Yo no lo sé tampoco. (Yo también lo sé.) 4. —¿Me oyes (ves) bien? —No, no te oigo (veo) bien. (Sí, te oigo [veo] bien.) 5. —¿Siempre aprendes todas las palabras nuevas? —No, no las aprendo siempre. (Sí, siempre las aprendo.) —Yo no las aprendo siempre tampoco. (Yo también las aprendo siempre.) 6. —¿Vas a traer a tus padres a la universidad algún día? —No, no voy a traerlos ningún día. (No, no los voy a traer...) (Sí, los voy a traer algún día.) —Yo no los voy a traer tampoco. (Yo también los voy a traer.) 7. —¿Sabes la dirección de mi casa? ¿mi teléfono? —No, no la (lo) sé. (Sí, la [lo] sé.) —Yo no la (lo) sé tampoco. (Yo también la [lo] sé.)

CAPÍTULO 7

VOCABULARIO: PREPARACIÓN. EJERCICIO B. 8, 5, 3, 2, 7, 1, 9, 4, 6 **EJERCICIO C.** 1. a 2. c 3. b (c) 4. c 5. b **EJERCICIO CH.** 1. Harry 2. Harry 3. don Gregorio 4. Harry 5. Harry 6. don Gregorio 7. don Gregorio **EJERCICIO E.** *Possible answers:* 1. En la clase de español, se habla español. No se habla inglés. 2. En un mercado se regatea. No se paga el primer precio. 3. En una discoteca se baila. No se estudia. 4. En un avión se viaja. No se baila. 5. En la sección de fumar se fuma. No se mira la televisión. 6. En la cafetería de los estudiantes, se almuerza. No se regatea.

GRAMMAR SECTION 29. PRÁCTICA A. 1. Te escribo... a ti. Le escribo... a Ud. Le escribo... a Andrés. Les escribo... a Uds. Le escribo... a Alicia. Os escribo... a vosotros. 2. ... estoy comprándole... a Sergio; ... estoy comprándote... a ti; ... estoy comprándole... a Eva; ... estoy comprándoles... a Uds.; ... estoy comprándoles... a Martín y Rosa; ... estoy comprándoos... a vosotros. 3. digo, dices, dice, decimos, dicen, dicen. das, damos, doy, dan, dan **PRÁCTICA B.** 1. Les llamo un taxi. 2. Les bajo las maletas. 3. Les guardo el equipaje. 4. Les busco el equipaje. 5. Les guardo el puesto en la cola. 6. Les guardo el asiento en la sala de espera. 7. Les busco el pasaporte. 8. Por fin, les digo adiós. // 1. Le/Te llamo... 2. Le/Te bajo... 3. Le/Te guardo... 4. Le/Te facturo... 5. Le/Te guardo... 6. Le/Te guardo... 7. Le/Te busco... 8. Por fin, le/te

digo... **PRÁCTICA CH.** Le digo feliz cumpleaños. Julio le regala un libro. Ana le regala una radio portátil. Ernesto le regala un regalo grande. María le regala una camisa. Marcos les dice gracias a todos. Yo no le doy ningún regalo a Marcos porque no lo conozco. Mis amigos me van a regalar... **PRÁCTICA D.** Les digo feliz aniversario. Inés les regala una pintura bonita. Irma les regala unos boletos para un viaje. Pepe les regala un regalo pequeño. Rodolfo les regala un televisor. Mis padres me van a regalar...

GRAMMAR SECTION 30. PRÁCTICA A. 1. (No) Me gusta el vino. 2. (No) Me gustan los niños pequeños. 3. (No) Me gusta la música clásica. 4. (No) Me gustan los discos de Barbra Streisand. 5. (No) Me gusta el invierno. 6. (No) Me gusta hacer cola. 7. (No) Me gustan las clases que empiezan a las ocho. 8. (No) Me gusta el chocolate. 9. (No) Me gustan las películas de horror. 10. (No) Me gusta cocinar. 11. (No) Me gustan las clases de este semestre. 12. (No) Me gusta la gramática. 13. (No) Me gustan los vuelos con muchas escalas. 14. (No) Me gusta bailar en las discotecas. **PRÁCTICA B.** 1. A mí me gustan más las montañas. 2. A Ernesto le gusta esquiar. 3. A los niños les gusta la playa también. 4. A la madre le gusta un pueblecito en la costa. 5. A nosotros nos gusta estar en casa. 6. A Elena le gustan las ciudades grandes. **PRÁCTICA C.** 1. A mi padre le gustan las anchoas, pero no le gusta el chorizo. 2. A mi madre le gusta el chorizo, pero no le gusta mucho el queso. 3. A mis hermanos les gusta el queso, pero no les gustan los champiñones. 4. ¡A mí me gusta todo y me gustaría tener una piza ahora mismo! **PRÁCTICA CH.** 1. A mi madre le gusta viajar en avión, pero no le gustan los vuelos largos. No le gustaría ir a China por avión. 2. A mi padre no le gusta hacer cola, y no le gustan las demoras. 3. A mis hermanos les gusta subir en seguida al avión, pero no les gusta guardarle un puesto a nadie. 4. ¡Y a mí me gusta viajar con todos ellos!

GRAMMAR SECTION 31. PRÁCTICA A. Señor Casiano,... 1. no trabaje tanto. 2. no cene demasiado. 3. no fume. 4. no beba tanto. 5. no vuelva tarde a casa. 6. no almuerce tanto. 7. no juegue al fútbol todas las tardes. 8. no salga tanto por la noche. 9. no vaya a discotecas. 10. no sea tan impaciente. **PRÁCTICA B.** 1. Lleguen Uds. a tiempo. 2. Lean Uds. la lección. 3. Escriban Uds. una composición. 4. Abran Uds. los libros. 5. Piensen Uds. en español. 6. Estén en clase mañana. 7. Traigan los libros a clase. **PRÁCTICA C.** *Possible answers:* 1. ¿Alcohol? No lo beba. 2. ¿Verduras? Cómalas. 3. ¿Pan? No lo coma. 4. ¿Dulces? No los coma. 5. ¿Leche? No la beba. 6. ¿Hamburguesas con queso? No las coma. 7. ¿Fruta? Cómala. 8. ¿Carne? Cómala. 9. ¿Pollo? Cómalo. 10. ¿Refrescos dietéticos? Tómelos. **PRÁCTICA CH.** *Possible answers:* 1. ¿Inglés 1? Sí, tómelo. 2. ¿Ciencias políticas? Sí, tómelas. 3. ¿Historia de Latinoamérica? Sí, tómela. 4. ¿Química orgánica? No, no la tome. 5. ¿Cálculo 1? No, no lo tome. 6. ¿Comercio? No, no lo tome. 7. ¿Español 2? Sí, tómelo. **PRÁCTICA D.** *Possible answers:*

1. No la cante más. (No la toque. No la escuche.) 2. Cómprelo. 3. No lo compre. 4. Léala. 5. No lo lea. 6. Cómprela. 7. Visítela. 8. No lo haga. **PRÁCTICA E.** 1. Haga las maletas. 2. No olvide su cartera. 3. Vaya al aeropuerto. 4. No llegue tarde. 5. Compre el (su) boleto (billete) de ida-y vuelta. 6. Facture el (su) equipaje. 7. Haga cola. 8. Dé el (su) boleto (billete) a la azafata (al camarero). 9. Suba al avión. 10. Busque su asiento.

GRAMMAR SECTION 32. PRÁCTICA A. 1. bailes, cenes, mires esto, llegues a tiempo, busques a Anita. 2. aprenda? escriba? lea? responda? asista a clases? 3. empiece, juegue, lo piense, lo sirva, lo pida, ¿verdad? 4. pidamos eso, almorcemos ahora, los perdamos, durmamos allí, la cerremos. 5. lo conozcan, lo hagan, lo traigan, lo sepan, lo digan. 6. venga, salga ahora, lo ponga, lo oiga, sea su amiga. 7. lo tenga? lo vea? esté allí? dé una fiesta? vaya al cine contigo? **PRÁCTICA B.** 1. Fred quiere que no tengamos muchos exámenes. 2. Betty quiere que no tengamos que escribir más composiciones. 3. Sally quiere que aprendamos a expresarnos mejor. 4. El profesor quiere que contestemos bien todas las preguntas en el examen final. **PRÁCTICA C.** 1. Mamá quiere que visitemos la ciudad de Santa Fe. 2. Laura quiere que hagamos varias excursiones cortas. 3. Los niños quieren que vayamos a Miami. 4. Guillermo quiere que volvamos a una casita en las montañas. 5. Tú quieres que estemos en casa todo el verano. **PRÁCTICA CH.** 1. Quiere que él compre los boletos (billetes). 2. ¿Quiere Ud. (Quieres) que él facture el equipaje? 3. Él no quiere que hagamos cola. 4. Él no quiere que lleguemos tarde.

DIÁLOGO: COMPRENSIÓN. A. 1. Quieren viajar a Buenos Aires. 2. Les gusta viajar en la clase turística porque es más divertida. 3. (El empleado) Les vende dos pasajes en clase turística. 4. El avión sale a las ocho de la mañana. **B.** 1. No llegan temprano; llegan atrasadas. 2. Tienen que facturar el equipaje y hacer cola para darle los boletos a la empleada. **C.** 1. Tienen que ir a la sala de espera. 2. No es un vuelo directo; hay una escala. 3. Dicen que no les importa. 4. Van a viajar con un grupo de estudiantes.

UN POCO DE TODO. EJERCICIO A. 1. Quiero que me compres un boleto de primera clase; te espero aquí. 2. Ojalá que no haya muchos pasajeros; a mí no me gusta nada hacer cola. 3. No fumen Uds., por favor; a mi compañero no le gusta el humo. 4. Queremos que el vuelo llegue a tiempo; no nos gusta esperar. 5. No quiero que Ud. me facture el equipaje; mis maletas son nuevas y no quiero que Uds. las pierdan. **EJERCICIO B.** 1. Compre los boletos. Cómpreles los boletos, por favor. Quieren que Ud. les compre los boletos. 2. Guarde el asiento. Guárdeme el asiento, por favor. Quiero que Ud. me guarde el asiento. 3. Facture el equipaje (las maletas). Factúrenos el equipaje (las maletas), por favor. Queremos que Ud. nos facture el equipaje (las maletas). **EJERCICIO CH.** 1. Les 2. algo 3. la 4. la 5. conocen 6. Está 7. la 8. dice 9. es 10. más 11. incaicos 12. quiero 13. visiten 14. es 15. Vayan 16. mejores 17. compren 18. muchos 19. países 20. visitan 21. Sé 22. les 23. gustar

CAPÍTULO 8

VOCABULARIO: PREPARACIÓN. EJERCICIO A. 1. c 2. a 3. e 4. b 5. ch 6. d 7. f 8. g // *Possible answers:* 1. el aspirante: Pide un puesto. 2. la entrevista: Es una conversación entre el aspirante y el jefe. 3. la solicitud: Es un papel en que se pide un puesto **EJERCICIO C.** 1. la directora 2. los dos 3. la directora 4. la directora 5. el empleado 6. el empleado 7. la directora 8. los dos **EJERCICIO CH.** Voy a llamar... 1. al plomero 2. al policía (abogado) 3. al siquiatra 4. a la enfermera 5. a la criada 6. al obrero 7. al periodista

GRAMMAR SECTION 33. PRÁCTICA A. 1. fume, fumemos, fumes, fumen, fume, fuméis 2. compre los refrescos, busque unos discos nuevos, invite a nuestros amigos, traiga la comida **PRÁCTICA B.** 1. Mis amigos siempre me piden que estudie con ellos (salga con ellos, les explique la gramática, vaya al cine, no tome tanto café). **PRÁCTICA C.** 1. La directora me recomienda que no hable tanto por teléfono. 2. La directora le manda a Alicia que llegue a tiempo el lunes. 3. La directora le recomienda a Ud. que busque otro puesto. 4. La directora les dice a todos que sean más cuidadosos con los detalles. 5. La directora les pide a Uds. que tengan el inventario preparado para el miércoles. 6. La directora te prohíbe que hables con el presidente de la empresa. **PRÁCTICA CH.** 1. paguemos 2. vayan 3. tome 4. regale 5. vea 6. descanse 7. vaya **PRÁCTICA E.** 1. Quiero que Ud. prepare (haga) el inventario. 2. Insisto en que esté listo para mañana. 3. Si no puede hacerlo para entonces, quiero que trabaje este fin de semana. 4. Es urgente que esté en mi escritorio a las ocho de la mañana. 5. Le recomiendo que lo empiece en seguida.

GRAMMAR SECTION 34. PRÁCTICA A. 1. Me gusta mucho que estén contentos mis amigos (funcione bien mi coche, vengan todos a mis fiestas, estén bien mis padres). 2. Tengo miedo de que haya mucho tráfico en la carretera mañana (no venga nadie a mi fiesta, haya una prueba mañana, ocurra una crisis internacional, no me den un aumento). **PRÁCTICA B.** 1. Sara espera que le den un aumento. 2. A ti te sorprende que haya tanto trabajo. 3. Armando teme que lo vayan a despedir. 4. Sentimos que nos quiten tanto del cheque para los impuestos. 5. A mí no me gusta que nos den sólo dos semanas de vacaciones. 6. Todos tienen miedo de que no haya aumentos este año. **PRÁCTICA C.** 1. use, no funcione 2. me despida, tenga que, cambie 3. nos den, sean, no podamos 4. esté, les caiga, puedan **PRÁCTICA CH.** 1. Siento que su hija esté enferma. 2. ¡Es increíble que Juanito ya tenga doce años! 3. ¡Qué lástima que Julio no se sienta bien! 4. ¡Qué extraño que Jorge nunca te llame! 5. Me alegro de que vayas a invitar a Juan a la boda.

GRAMMAR SECTION 35. PRÁCTICA A. 1. ¿Hay más pan? Me lo pasas, por favor. 2. ¿Hay más tortillas? Me las pasas, por favor. 3. ¿Hay más tomates? Me los pasas, por favor. 4. ¿Hay más fruta? Me la pasas, por favor. 5. ¿Hay más vino? Me lo pasas, por favor. 6. ¿Hay más jamón? Me lo pasas, por favor. **PRÁCTICA B.** 1. ¿Las ventanas? Te las lavo mañana. 2. ¿El refrigerador? Te lo lavo mañana. 3. ¿Los platos? Te los lavo mañana. 4. ¿La ropa? Te la lavo mañana. **PRÁCTICA C.** 1. No, no se lo vende a los Sres. Benítez. No, no me lo vende a mí. Sí, se lo vende a Esteban. 2. No, no se la sirve a Carlos. No, no se la sirve a los hermanos. No, no nos la sirve a nosotros. Sí, se la sirve a Emilia. 3. No, no se las manda a Tomás. No, no se las manda a los Sres. Padilla. No, no me las manda a mí. Sí, se las manda a Carmen. 4. No, no se los recomienda a Raúl y Celia. No, no se los recomienda a Estela. No, no me las recomienda a mí. Sí, se los recomienda a Lucas. **PRÁCTICA CH.** 1. Acaban de decírmela. 2. Sí, quiero que me lo lea, por favor. 3. No, no tiene que dárselos ahora. 4. Estoy guardándoselo. 5. ¿No quieres que te los compre? 6. ¿Nos lo quieren guardar? 7. Se la recomiendo, señor. 8. La azafata nos la va a servir en el avión.

GRAMMAR SECTION 36. 1. —¿Quiere que le busque las solicitudes? —Sí, búsquemelas, por favor. 2. —¿Quiere que le firme las cartas? —Sí, fírmemelas, por favor. 3. —¿Quiere que le compre el boleto? —Sí, cómpremelo, por favor. 4. —¿Quiere que le haga las reservaciones? —Sí, hágamelas, por favor. 5. —¿Quiere que le escriba el contrato? —Sí, escríbamelo, por favor. 6. —¿Quiere que le prepare el inventario? —Sí, prepáremelo, por favor. 7. —¿Quiere que le llene la solicitud? —Sí, llénemela, por favor. 8. — ¿Quiere que le consiga una entrevista? —Sí, consígamela, por favor. // 1. No, no me las busque todavía. 2. No, no me las firme todavía. 3. No, no me lo compre todavía. 4. No, no me las haga todavía. 5. No, no me lo escriba todavía. 6. No, no me lo prepare todavía. 7. No, no me la llene todavía. 8. No, no me la consiga todavía.

DIÁLOGO: COMPRENSIÓN. A. 1. Tiene que regresar a su país porque sus padres no pueden ayudarle más por la devaluación de la moneda. 2. Fred le aconseja que busque un trabajo de tiempo parcial. 3. Sí, (Carlos) espera que su situación pueda resolverse. 4. (Carlos) Quiere que los dos vayan a la oficina del Departamento de Inmigración. **B.** 1. No, (Carlos) no tiene experiencia en el mundo del trabajo. 2. Cree que Carlos tiene pocas posibilidades de encontrar trabajo porque no tiene experiencia, ni oficio ni título. 3. Le recomienda que pida un puesto de traductor. 4. Sí, Carlos dice que es la persona para ese puesto. 5. Tiene que ir a la Sección de Personal de la empresa con los papeles y presentárselos al jefe.

UN POCO DE TODO. EJERCICIO A. 1. Espero que Ud. esté muy contento trabajando en esta empresa. 2. No insistimos en que Ud. llegue a la misma hora siempre. 3. Me

sorprende que Ud. acepte el salario ofrecido; quiero que Ud. pida un aumento. 4. Es lástima que Ud. piense dejar los estudios. 5. Si hay algún problema, Ud. puede explicárselo al director; a él le gusta escuchar los problemas de los empleados. **EJERCICIO B.** 1. Sí, prepáreselo, por favor. En realidad, quiero que se lo prepare esta tarde. 2. Sí, mándeselo, por favor. En realidad, quiero que se lo mande en este momento. 3. Sí, entrevístemelos, por favor. En realidad, quiero que me los entreviste tan pronto como sea posible. 4. Sí, déselo, por favor. En realidad, quiero que se lo dé para el mes que viene.

CAPÍTULO 9

VOCABULARIO: PREPARACIÓN. EJERCICIO B. 1. la alcoba 2. el comedor 3. la cocina, el patio/garaje 4. la cocina 5. todos los cuartos 6. la alcoba 7. el baño; el baño/patio 8. la sala/alcoba 9. todos los cuartos; especialmente en la sala y en la alcoba 10. el garaje/patio **EJERCICIO CH.** 1. secar 2. refrigerar 3. cocinar 4. lavar 5. acondicionar **EJERCICIO E.** 1. El inquilino es la persona que alquila una casa o un apartamento y vive allí. 2. El centro es el distrito central de una ciudad. 3. El garaje es la parte de una casa donde se guarda el coche. 4. El portero es el hombre que guarda la puerta de una casa de apartamentos. 5. El vecino es la persona que vive cerca de nosotros. 6. La criada es la persona que hace los quehaceres domésticos y recibe dinero por su trabajo. **EJERCICIO F.** *Possible answers:* 1. *El despertador* me despierta. 2. *Una buena película* me divierte. 3. *El padre* baña al bebé. 4. *El camarero* nos sienta en el restaurante. 5. *El barbero* nos afeita en la barbería. 6. *La enfermera* acuesta a los niños en el hospital. 7. *Mi compañera* quita los platos después de la comida. 8. *La esposa* viste a los niños. 9. *Un estudiante* levanta la mano.

GRAMMAR SECTION 37. PRÁCTICA A. me quito, nos quitamos, te quitas, se quitan, os quitáis **PRÁCTICA B.** 1. Me levanto a las siete. 2. Ud. se levanta más tarde. 3. Nos bañamos por la mañana. 4. Roberto se baña por la noche. 5. Tú te vistes antes de desayunar. 6. Los niños se visten después de desayunar. 7. Mi padre se acuesta temprano. 8. Yo me acuesto temprano también. **PRÁCTICA C.** *Possible answers:* 1. se sientan, sentarse 2. quitarme, quitarte 3. lavarme, lavarse 4. nos despertamos, despertarte 5. poniéndome, ponerse 6. te diviertes, te diviertes (estás divirtiéndote) **PRÁCTICA CH.** 1. Es necesario que se despierte más temprano. ¡Despiértese más temprano! 2. Es necesario que se levante más temprano. ¡Levántese más temprano! 3. Es necesario que no se acueste tan tarde. ¡No se acueste tan tarde! 4. Es necesario que se vista mejor. ¡Vístase mejor! 5. Es necesario que no se divierta tanto. ¡No se divierta tanto! 6. Es necesario que se quite esa ropa sucia y se ponga ropa limpia. ¡Quítese esa ropa sucia y póngase ropa limpia! 7. Es necesario que se bañe más. ¡Báñese más! **PRÁCTICA D.** 1. —¿Quiere Ud. que me quite el suéter ahora? —Sí, quíteselo, por favor. 2. —¿Quiere Ud. que me quite la camisa/la blusa ahora? —Sí, quítesela, por favor. 3. —¿Quiere Ud. que me quite los pantalones ahora? —Sí, quíteselos, por favor. 4. —¿Quiere Ud. que me quite la camiseta ahora? —Sí, quítesela, por favor. 5. —¿Quiere Ud. que me quite los calcetines/las medias ahora? —Sí, quíteselos/las, por favor. 6. —¿Quiere Ud. que me quite toda la ropa ahora? —Sí, quítesela, por favor. **PRÁCTICA E.** 1. Voy a acostar a Juanito ahora. 2. Me voy a acostar (Voy a acostarme) más tarde. 3. ¡Despiértete (Despiértense) ahora! 4. ¡Y despierte(n) a los niños también! 5. Su hijo se llama Agustín. 6. Siempre llama a sus padres los fines de semana. 7. Se están poniendo (Están poniéndose) las zapatillas ahora. 8. Después van a poner la cafetera en la estufa. **PRÁCTICA F.** 1. Estela y yo nos miramos. 2. Eduardo y Pepita se hablan. 3. El padre y su hijo se necesitan. 4. Tomás y yo nos conocemos. 5. Tú y Luisa se (os) escriben (escribís). 6. La profesora y los estudiantes se escuchan. 7. Ud. y su esposo se quieren. 8. Jorge y Mario se dan la mano.

GRAMMAR SECTION 38. PRÁCTICA A.
1. estudié, estudiaron, estudiaste, estudió, estudiamos, estudiasteis 2. escribió, escribí, escribimos, escribieron, escribieron, escribisteis 3. fui, fue, fuiste, fuimos, fueron, fuisteis 4. hice, hicimos, hicieron, hiciste, hizo, hicisteis **PRÁCTICA B.** 1. El portero no sacó la basura. 2. Llamaste al dueño. 3. Algunos inquilinos salieron de viaje. 4. La portera alquiló tres apartamentos. 5. El electricista arregló la luz. 6. Ud. limpió la piscina, ¿verdad? 7. Fui al garaje para buscar unas cajas. 8. Levantamos la alfombra para limpiar el suelo. **PRÁCTICA C.** 1. regresé, preparó, cenamos, empecé, salió 2. pasé, pagaron, trabajé, viví, aprendí, fue, escribieron, compré 3. fue, hizo, comió, gustaron, dieron, salieron, decidieron. **PRÁCTICA CH.** 1. Julián hizo cola para comprar una entrada de cine. La compró por fin y entró en el cine. Vio la película y le gustó mucho. Regresó a casa tarde. 2. Mis hermanos regresaron temprano a casa, sacudieron los muebles de la sala, sacaron la basura, sacaron la ropa de la lavadora, limpiaron la casa entera, pasaron la aspiradora y lo prepararon todo para la fiesta de esta noche. 3. Llegué a la universidad a las ____. Asistí a mis clases y después fui a la cafetería y almorcé. Después estudié en la biblioteca y le di un libro a un amigo. **PRÁCTICA D.** *Possible answers:* Dan Rather leyó las noticias. El presidente dio un discurso. Julio Iglesias cantó. Julia Child cocinó. El profesor enseñó.

GRAMMAR SECTION 39. PRÁCTICA A.
1. sepas, sepa, sepan, sepa, sepáis 2. Creo que es... , Dudo que sea... , Estoy seguro/a (de) que es... , Niego que sea... , No dudo que es... , No estoy seguro/a (de) que sea... 3. Es mejor que Ud. compre... , Es posible que Ud. compre... , Es seguro que Ud. compra... , Es probable que Ud. compre... , Es verdad que Ud. compra... , Es imposible que Ud. compre... **PRÁCTICA C.** 1. Hay una prueba, pero no estoy seguro/a (de) que sea mañana. 2. Dudo que el subjuntivo entre en el examen. 3. ¿Es posible

que haya (entren los) mandatos? 4. ¡No creo que sea fácil! 5. ¡Es probable que Juan no venga a clase!
DIÁLOGO: COMPRENSIÓN. A. 1. La persona que abre la puerta es la madre de Pedro María, la Sra. Viuda de López Morcillo. 2. (John Clemens) Es un estudiante estadounidense que llega a México para estudiar en un programa de intercambio estudiantil. 3. Se siente rendido. 4. Le ofrece un café. 5. John quiere ayudarla pero ella responde que en su casa los hombres no entran en la cocina. **B.** 1. La primera impresión de John es que la casa es muy grande. 2. Es posible que sea rica, pero no muy rica. 3. El cuarto en que va a vivir John es más grande que la habitación que tiene en su casa en Oregón. 4. Cree que la sensación de amplitud viene de los techos más altos y las ventanas más amplias.
UN POCO DE TODO. EJERCICIO A. 1. Dudo que Marcos pueda limpiar toda la casa hoy. Sé que no la limpió la semana pasada. 2. No creo que ellos se acuesten muy temprano esta noche. Anoche se acostaron a las dos de la mañana. 3. No es probable que demos una fiesta este sábado. Hicimos una el fin de semana pasado. 4. Estoy seguro (de) que Enrique no hace la cama todos los días. No la hizo ayer tampoco. 5. Ojalá que me despierte a tiempo mañana. Ayer no me desperté hasta las once. **EJERCICIO B.** 1. Se vieron en clase. 2. Se miraron. 3. Se hablaron mucho. 4. Se llamaron por teléfono constantemente. 5. Se mandaron regalos. 6. Se escribieron durante las vacaciones. 7. Se ayudaron con los problemas. 8. Se casaron. 9. No se llevaron bien. 10. Se separaron. 11. Se divorciaron. **EJERCICIO C.** *Possible answers:* 1. Es posible que sean las dos de la mañana. 2. El esposo se levantó primero. La esposa se despertó después y oyó a alguien en la cocina. 3. La esposa está sacando una foto. Es probable que use la foto para probar que su esposo se levanta durante la noche para comer. 4. Sí, creo que comió mucho para la cena. Pero es evidente que tiene hambre en este momento. Está sacando comida del refrigerador. 5. Es posible que la esposa vaya a comer algo también. 6. Es probable que se acuesten otra vez en media hora. **EJERCICIO D.** 1. Hay 2. todas 3. del 4. aparecieron 5. son 6. Beba 7. deliciosa 8. estás 9. nueva 10. viaja 11. puede 12. tener 13. cada 14. se afeita 15. se bañan 16. se lavan 17. demuestra 18. sin 19. del 20. algunos 21. cambiaron 22. este 23. anima 24. cambiaron 25. es 26. prometan 27. ganó 28. Es

CAPÍTULO 10
VOCABULARIO: PREPARACIÓN. EJERCICIO A.
1. la Navidad 2. una sorpresa 3. los entremeses, los refrescos 4. el Día de los Muertos 5. sentirse feliz 6. sentirse triste 7. la Noche Vieja 8. ¡Felicitaciones! **EJERCICIO CH.** *Possible answers:* 1. Me pongo muy feliz. 2. Me pongo muy triste. (Lloro.) 3. Me río. (Me pongo a reír.) 4. Me siento aburrido/a pero me porto bien. 5. Les doy más vino y entremeses. 6. Me pongo muy ner-

vioso/a. 7. Me siento muy feliz (triste, enojado/a). 8. Me enojo. 9. Me pongo muy triste. 10. Vamos a la tienda de vinos y compramos queso y nachos. Le ofrecemos más bebidas a la gente y ponemos música para bailar.

GRAMMAR SECTION 40. PRÁCTICA A.
1. estuve, estuvo, estuvieron, estuviste, estuvimos, estuvisteis 2. vino, vinimos, viniste, vino, vinieron, vinisteis 3. dijiste, dijo, dijimos, dije, dijeron, dijisteis **PRÁCTICA B.** 1. Pusimos muchos regalos debajo del árbol. 2. Los niños quisieron dormir pero no pudieron. 3. Tuvieron que preparar mucha comida. 4. Hubo una cena para los mayores. 5. Algunos amigos vinieron a cantar villancicos. 6. A las doce les dije «¡Feliz Navidad!» a todos. **PRÁCTICA C.** 1. vino, portó, Estuvo, dijo, fue 2. hicieron, pusieron, tuvieron, pudieron 3. Quise, pude, vino, Tuve, trajeron **PRÁCTICA CH.** En 1969 los estadounidenses pusieron a un hombre en la luna. Adán y Eva supieron que las serpientes son malas. Jorge Washington estuvo en Valley Forge con sus soldados. Los europeos trajeron el caballo al Nuevo Mundo. Stanley conoció a Livingston en África. María Antonieta dijo «que coman pasteles». // *Possible answers:* 1. Los rusos pusieron a la primera mujer en el espacio. 2. John F. Kennedy dijo «Ich bin ein Berliner» cuando visitó Berlín. 3. Cleopatra conoció a Marco Antonio en Egipto. 4. Los conquistadores trajeron caballos a América y llevaron tabaco a Europa.

GRAMMAR SECTION 41. PRÁCTICA A.
1. dormí, durmieron, durmió, dormiste, durmieron, dormisteis 2. recordó, recordamos, recordó, recordaron, recordasteis 3. perdiste, perdieron, perdí, perdió, perdisteis 4. pedí, pidió, pediste, pidieron, pedisteis 5. nos reímos, se rió, me reí, se rieron, os reísteis **PRÁCTICA B.** 1. se sentó, Pidió, recordó, sirvió 2. se acostó, se durmió, Durmió, se despertó, se vistió, salió 3. me vestí, fui, me divertí, volví, decidió, vio, se divirtió, Perdió, sintió **PRÁCTICA C.** *Possible answers:* Durante la primavera pasada llovió mucho. Romeo murió por Julieta. La Segunda Guerra Mundial empezó en 1939. Rip Van Winkle durmió mucho. Los turistas se divirtieron en Acapulco. Mis amigos recordaron todo el vocabulario en el último examen. 1. La Bella Durmiente se picó el dedo, se durmió y se despertó después de cien años. 2. Los Beatles se vistieron de muchas maneras, divirtieron a mucha gente y cantaron muy bien. Murió uno de ellos recientemente. 3. Mis amigos se rieron mucho anoche antes de despedirse. 4. Yo preferí salir anoche y me divertí mucho.

GRAMMAR SECTION 42. PRÁCTICA A.
1. En efecto, son las empleadas más trabajadoras de la oficina. 2. En efecto, es la mejor aspirante de la lista. 3. En efecto, es la oficina más eficiente de la empresa. 4. En efecto, es la plaza más pequeña de la ciudad. 5. En efecto, son las ciudades más grandes del país. 6. En efecto, es el metro más rápido del mundo. 7. En efecto, son los capítulos más importantes del texto. 8. En efecto, es la residencia más ruidosa de la universidad. 9. En efecto, ¡es la peor clase de la facultad! **PRÁCTICA B.**

1. ¡Sí, es altísimo! 2. ¡Sí, son felicísimos! 3. ¡Sí, es dificilísimo! 4. ¡Sí, es riquísimo! 5. ¡Sí, estoy cansadísimo! 6. ¡Sí, son carísimos!

DIÁLOGO: COMPRENSIÓN. A. 1. Inés, la madre, acaba de dar a luz. El bebé es varón. 2. Sí, es muy grande para un recién nacido. 3. Va a dar una fiesta en casa después del bautizo. **B.** 1. Julián no pudo asistir al bautizo. 2. Todos lo extrañaron porque lo consideran como miembro de la familia. 3. Porque durmió casi todo el tiempo durante la ceremonia y no se puso pesado. 4. Le pusieron el nombre de José Pelayo. 5. Le pusieron José por su padre, y porque es el primer varón. Le pusieron Pelayo por su abuelo asturiano. **C.** 1. Porque tiene un nuevo nieto, con el nombre José Pelayo. 2. Falta la sidra asturiana. 3. Es de Asturias, en el norte de España, pero vive ahora en México. 4. El abuelo puso sidra en el biberón de Pepito.

UN POCO DE TODO. EJERCICIO A. *Possible answers:* **La vida de Domingo Meléndez:** Domingo Meléndez se despierta a las siete y cuarto y se levanta inmediatamente. Después de bañarse y vestirse, desayuna y va a la universidad. Por la mañana asiste a clases; luego almuerza y se divierte en la cafetería con los amigos. Luego se despide de ellos y por la tarde estudia en la biblioteca. A las seis, vuelve a casa y prepara la cena. No le gusta poner la mesa porque `cena y mira la televisión al mismo tiempo. Lava los platos y se queda en casa toda la noche para estudiar. Cuando no puede estudiar más, mira la televisión o invita a unos amigos a su casa. Les dice buenas noches a todos a las once. Luego se quita la ropa, se acuesta y lee un poco. Por fin, pone el despertador y se duerme pronto porque tiene mucho sueño. **Lo que hice ayer:** Me desperté a las siete y cuarto y me levanté en seguida. Después de bañarme y vestirme, desayuné y fui a la universidad. Por la mañana asistí a las clases; luego almorcé y me divertí en la cafetería con los amigos. Luego me despedí de ellos y por la tarde estudié en la biblioteca. A las seis, volví a casa y preparé la cena. Puse la mesa y miré la televisión un poco. Luego lavé los platos. Me quedé en casa y me puse a estudiar para un examen que tuve esta mañana. Me acosté a las once de la noche. Puse el despertador para las siete y me dormí en seguida. **EJERCICIO B.** 1. Sí, lo leí. ¡La comida fue riquísima! 2. Sí, la recordé. ¡Las instrucciones fueron complicadísimas! 3. No, no me gustó. ¡Fue aburridísima! 4. Sí, la oí. ¡La calle fue peligrosísima! **EJERCICIO D.** 1. algunos 2. ciertos 3. son 4. conmemora 5. de 6. Muchos 7. esta 8. cree 9. apareció 10. a 11. de 12. dejó 13. ver 14. todas 15. religiosas 16. el 17. es 18. el 19. el 20. de la 21. Llegan 22. otros 23. pasarlo 24. permite 25. corran 26. la 27. a 28. Algunos 29. corren 30. hay 31. esta 32. es 33. la 34. describió 35. su 36. es 37. hablar 38. conocieron 39. tuvo 40. hispánicas

CAPÍTULO 11

VOCABULARIO: PREPARACIÓN. EJERCICIO A. 1. f 2. d 3. ch 4. c 5. b 6. e 7. a **EJERCICIO B.** *Possible an-*

swers: la llave—perder; la pierna—doler (caminar); la mano—escribir; el brazo—romper; la aspirina—doler; la cabeza—pensar; la luz—apagar; los pies—correr (tropezar); el despertador—poner **EJERCICIO E.** *Possible answers:* En la sala de clase hay sillas de madera y plástico y metal. Hay bolígrafos de plástico. Hay mesas de madera y metal. Hay escritorios de madera y metal. Hay libros de papel. Hay cuadernos de papel. // En la universidad hay laboratorios de lenguas, de física y de química. Hay textos de francés, sicología, comercio y matemáticas. Hay profesores de comercio, matemáticas, química y lenguas también. **EJERCICIO F.** 1. mis libros de español 2. nuestro examen de historia 3. su clase de francés 4. nuestra profesora de ciencias 5. su número de teléfono 6. la cafetería de la universidad

GRAMMAR SECTION 43. PRÁCTICA A. 1. estudiaba y jugaba, estudiaban y jugaban, estudiabas y jugabas, estudiábamos y jugábamos, estudiaba y jugaba, estudiabais y jugabais 2. bebía y dormía, bebías y dormías, bebíamos y dormíamos, bebía y dormía, bebía y dormía, bebíais y dormíais 3. veías, veía, veían, veía, veían, veíais 4. ibas a acostarte, yo iba a acostarme, íbamos a acostarnos, iba a acostarse, iban a acostarse, ibais a acostaros 5. Yo (no) estaba leyendo (mirando la televisión, escribiendo una carta, durmiendo, llorando, comiendo, apagando las luces). **PRÁCTICA B.** *Possible answers:* O.J. Simpson jugaba al fútbol americano. Todos creían en Santa Claus. Michael Jackson cantaba música popular. Elizabeth Taylor tocaba el piano. Pete Rose jugaba al béisbol. Chris Evert-Lloyd jugaba al tenis. Yo me levantaba con el pie izquierdo. Ann Landers daba consejos. Tom Selleck era muy guapo. **PRÁCTICA C.** 1. iba, asistía, Preguntaba, era, estaban 2. trabajaba, se llamaba, hacía, almorzábamos, jugábamos 3. Vivía, llovía, gustaba, estaban, podía **PRÁCTICA CH.** Eran las ocho, y yo leía (estaba leyendo) mientras mi amigo escribía (estaba escribiendo) una carta. Había poco ruido, y nevaba afuera. No esperábamos a nadie y creíamos que iba a ser una noche tranquila.

GRAMMAR SECTION 44. PRÁCTICA A. 1. A mí se me olvidó la cartera; A nosotros se nos olvidó la cartera; A Inés se le olvidó la cartera; A ti se te olvidó la cartera; A los chicos se les olvidó la cartera; A vosotros se os olvidó la cartera. 2. ¡A Ernesto se le perdieron las llaves otra vez! ¡A Uds. se les perdieron las llaves otra vez! ¡A la niña se le perdieron las llaves otra vez! ¡A mí se me perdieron las llaves otra vez! ¡A vosotros se os perdieron las llaves otra vez! 3. Se le olvidó tomar el desayuno. Se le olvidaron las gafas. Se le olvidó estudiar para el examen. Se le olvidaron los cheques. Se le olvidó venir a clase. **PRÁCTICA B.** 1. A Jorge se le rompieron las tazas. 2. A Roberto y Jacinta se les olvidó llenar el tanque. 3. A Roberto y Jacinta se les olvidó tomar las aspirinas. 4. Se nos quedaron los billetes en casa. 5. Se te perdieron las llaves. 6. Se me rompieron varias cosas. 7. Se les acabó el pan. **PRÁCTICA C.** *Possible answers:* Se me rompieron los vasos. Se me cayó

el champán. Se les acabó el champán en la tienda.

GRAMMAR SECTION 45. PRÁCTICA. 1. pacientemente 2. inmediatamente 3. tranquilamente 4. fácilmente 5. Posiblemente 6. totalmente 7. directamente 8. constantemente 9. puntualmente

DIÁLOGO: COMPRENSIÓN. A. 1. A Jaime se le olvidó poner el despertador. 2. Sí, durmió estupendamente. Se levantó tardísimo. 3. No se bañó ni desayunó antes de salir para la universidad. 4. A Javier se le olvidó ir al mercado. 5. Lo dejó en un espacio marcado «Prohibido estacionarse». Cuando volvió se dio cuenta de que se le quedaron las llaves adentro. **B.** 1. Raúl se equivocó en el número que escribió en un cheque porque tenía sueño. 2. Su jefe estaba enojadísimo. (Se puso enojadísimo.) 3. (Raúl) Le dijo a su jefe, «¡Lo siento muchísimo, viejo! ¡Fue sin querer!» Le habló de **tú.** 4. Lo despidió por torpe, maleducado y confianzudo.

UN POCO DE TODO. EJERCICIO A. 1. (Ella) Sirvió la cena temprano porque todos tenían hambre. 2. Apagamos las luces a las diez porque teníamos sueño y queríamos dormir. 3. Cecilia se acostó temprano porque tenía que levantarse a las siete. 4. Lorenzo se olvidó de (A Lorenzo se le olvidó) poner el despertador porque estaba muy distraído. 5. No salimos temprano para las montañas porque nevaba mucho. 6. Me reí mucho aunque estaba triste. **EJERCICIO B.** 1. P: ¿Por qué pidió Ud. tanto en el restaurante? I: Porque tenía mucha hambre. 2. P: ¿Por qué se durmieron ellos en clase? I: Porque tenían sueño. 3. P: ¿Por qué se les olvidó a Uds. apagar la luz? I: Porque estábamos distraídos por el examen. 4. P: ¿Por qué te reíste tanto? I: Porque Horacio se portaba como un loco. 5. P: ¿Por qué se te cayó el vaso de cristal? I: Porque pensaba en otra cosa. 6. P: ¿Por qué se equivocaron Uds. tanto en los detalles? I: Porque no sabíamos bien las fórmulas. **EJERCICIO D.** 1. iba 2. rápidamente 3. ocurrió 4. muy 5. Paró 6. inmediatamente 7. escuchaba 8. atentamente 9. bailaban 10. de la 11. Eran 12. brillaban 13. mantenían 14. la 15. apagó 16. bajó 17. salió 18. unos 19. dijo 20. amistosamente 21. íbamos 22. acabó 23. aterrizamos 24. Eran 25. llegó 26. Estaba 27. quería 28. alguien 29. estaba 30. absolutamente 31. nadie 32. iba

CAPÍTULO 12

VOCABULARIO: PREPARACIÓN. EJERCICIO A. 1. el ojo 2. la nariz 3. la boca 4. la garganta 5. los pulmones 6. el corazón 7. el estómago **EJERCICIO B.** *Possible answers:* 1. Esto significa que es necesario dormir siete u ocho horas cada noche. 2. Esto significa que es necesario hacer media hora de ejercicio todos los días. 3. Esto significa que no debe ir a una fiesta todas las noches. 4. Esto significa que es necesario comer bien, dormir lo suficiente y hacer ejercicio regularmente. **EJERCICIO CH.** *Possible answers:* 1. Anamari está muy bien de salud. Nunca le duelen los pies. Nunca tiene fiebre. Siempre hace ejercicio. Es bueno que corra todos los días. 2. Martín tiene resfriado. Le duele todo el cuerpo. Tiene fiebre. El médico le dice que beba muchos líquidos. Es mejor que se quede en cama. 3. Inés tiene apendicitis. Le duele el estómago. Tiene que sentarse. Debe consultar al médico. El médico y la enfermera le mandan que se quede en su cama. Es necesario que pase algunos días en el hospital. **EJERCICIO D.** 1. resfriado 2. respira 3. enfermo, enfermero/a 4. tos 5. dolor **EJERCICIO E.** *Possible answers:* 1. el corazón 2. el estómago 3. la boca 4. los pulmones 5. la nariz 6. los ojos 7. la cabeza/el estómago **EJERCICIO F.** *Possible answers:* (...) PACIENTE: Es que me *siento* muy mal. Me *duele* la cabeza y tengo una *fiebre* muy alta. (...) PACIENTE: No, pero la *enfermera* me la tomó y tenía 38,5. DOCTOR: ¿Tiene dolor de estómago? ¿Se siente *mareado?* PACIENTE: No, pero respiro sólo con dificultad; estoy muy *congestionado/a.* Toso tanto que me duelen también los *pulmones.* Es que me duele el *cuerpo* entero. DOCTOR: Vamos a ver. Abra Ud. la *boca,* por favor, y *saque* la lengua. Humm... tiene la *garganta* bastante inflamada. Ahora la respiración... *respire* Ud. profundamente. (...) DOCTOR: Bueno, aquí tiene Ud. una *receta.* Vaya a la farmacia y compre este *jarabe* para la tos. (...) Para la fiebre, tome un par de *pastillas* cada cuatro horas y este *antibiótico* para combatir la infección. (...) **EJERCICIO G.** no) son las clases, es la libertad, son las vacaciones, es la salud, son los amigos, es la familia **EJERCICIO H.** 1. lo bueno 2. lo importante 3. lo peor 4. lo triste es... 5. lo más difícil 6. lo más fácil 7. lo mejor

GRAMMAR SECTION 46. PRÁCTICA A. 1. éramos, vivíamos, íbamos, nos quedábamos 2. Eran, apagaron 3. trabajaba, viste 4. se resfrió, tomó 5. me enfermé, Estuve 6. tosía, hablaba, esperaba, vino, tomó, examinó, dio **PRÁCTICA B.** 1. Cuando los conocí, ya conocía a su hijo. 2. Sabía leer cuando tenía cinco años. 3. Y podía tocar el piano antes de empezar la (escuela) primaria. 4. Trataron de enseñar a su hija a tocar muy (tan) temprano también. 5. Pero ella no quiso practicar diez horas al día. 6. ¿Cómo supiste todo eso? **PRÁCTICA C.** Hacía: *description.* cerró: *completed action.* tenía: *description.* Se preparó: *completed action.* se puso: *completed action.* temblaba: *action in progress.* Eran: *telling time.* sonó: *completed action.* Era: *description.* dijo: *completed action.* hacía: *description.* sabía: *description (mental state).* // *We were walking: action in progress. we caught sight of him: completed action. He looked: description. were: description. He said: completed action. he was hungry: description. he asked: completed action. We gave: completed action. we had: description. he was: description.* **PRÁCTICA CH.** estaba, entró, preguntó, quería, dijo, sentía, salieron, Vieron, se rieron, hacía, entraron, tomaron, Eran, regresaron, se acostó, estaba, empezó // 1. Rubén estudiaba cuando Soledad entró. 2. (Soledad) Le preguntó si quería ir al cine con ella. 3. Porque estaba aburrido con sus estudios. 4. Sí, les gustó la película porque era muy cómica. 5. Porque hacía frío. 6. Eran las dos cuando

regresaron a casa. 7. Soledad se acostó y Ruben empezó a estudiar otra vez. **PRÁCTICA D.** conocí, hicimos, era, organizaba, venían, Había, cantaba, bailaba, llamaron, dijeron, hacíamos, Vino, dijo, era, queríamos, podíamos, despedimos, eran, aprendió, tiene, invita

GRAMMAR SECTION 47. PRÁCTICA A. 1. Vinieron los primos, el tío y la abuela; Vinieron los padres, los abuelos y otros parientes; Vinieron los primos, las hermanas y los esposos de ellas. 2. Sí, el doctor está los miércoles; está los viernes; está los sábados; está los martes; está los jueves. 3. Sí, por eso me puse el abrigo; me puse el sombrero; me puse las botas; me puse los calcetines. 4. Pues, le duele el estómago; le duelen los pulmones; le duele la cabeza; le duelen los ojos; le duele la nariz. 5. Sí, Antonia habla muy bien el francés (cursos de francés); habla muy bien el inglés (cursos de inglés); habla muy bien el japonés (cursos de japonés); habla muy bien el chino (cursos de chino); habla muy bien el ruso (cursos de ruso); habla muy bien el portugués (cursos de portugués). 6. Sí, la Argentina es un país latinoamericano. No, el Japón no es un país latinoamericano. Sí, el Brasil es un país latinoamericano. No, Francia no es un país latinoamericano. Sí, el Paraguay es un país latinoamericano. Sí, México es un país latinoamericano. Sí, el Ecuador es un país latinoamericano. No, el Canadá no es un país latinoamericano. Sí, Colombia es un país latinoamericano. No, los Estados Unidos no es un país latinoamericano. **PRÁCTICA C.** el dinero, la amistad, el amor, la salud, el matrimonio, la educación, la libertad, el trabajo **PRÁCTICA CH.** 1. El señor Radillo fue a buscarnos en la estación el domingo. 2. Pusimos las maletas, los regalos y los abrigos en su coche y caminamos a un restaurante. 3. La comida argentina es excelente, y pedí en español. 4. No necesité la ayuda de nadie. 5. Creo que nos va a gustar la vida en la Argentina.

GRAMMAR SECTION 48. PRÁCTICA A. 1. Lo que necesito es el termómetro. Necesito el termómetro que está en el armario. 2. Lo que necesito es el jarabe. Necesito el jarabe que está en el consultorio. 3. Lo que necesito son los frascos. Necesito los frascos que están en mi bolsa. 4. Lo que necesito son las aspirinas. Necesito las aspirinas que están en el escritorio. 5. Lo que necesito es el teléfono del especialista. Necesito el teléfono del especialista que está en mi agenda. 6. Lo que necesito es el nombre del hospital. Necesito el nombre del hospital que está en ese pueblo. **PRÁCTICA B.** 1. La madre del niño es la persona con quien necesito hablar. 2. Los padres son las personas con quienes necesito hablar. 3. El niño mismo es la persona con quien necesito hablar. 4. Los abuelos del niño son las personas con quienes necesito hablar. 5. La enfermera es la persona con quien necesito hablar. 6. El pediatra es la persona con quien necesito hablar. **PRÁCTICA C.** 1. ¿Quién era el hombre que la llevó aquí? 2. No podemos encontrar a la mujer (señora) con quien vive. 3. ¡Lo que necesitamos es más

tiempo! 4. Necesito el nombre de la medicina que tomaba(s).

DIÁLOGO: COMPRENSIÓN. A. 1. Tomás Hernández Rodríguez está enfermo. 2. Tenía fiebre, tosía mucho y le dolía todo el cuerpo. 3. Hoy se siente peor. 4. Porque se sentía mal. 5. No, no tiene ningún otro síntoma. 6. Tiene veintiún años. Sí, es alto. 7. La enfermera le toma la temperatura y la presión. **B.** 1. El paciente tiene que sacar la lengua y decir «Aaaaa... aaa... » cuando abre la boca y «treinta y tres» cuando respira. 2. No, no tiene pulmonía. 3. Tose tanto porque fuma mucho. 4. Sí, fue buen atleta; fue compeón de natación. Sí, todavía practica varios deportes. 5. Le recomienda unas aspirinas para el resfriado. 6. Le recomienda que deje de fumar y que no deje sus exámenes para el último momento.

UN POCO DE TODO. EJERCICIO A. 1. Cuando yo era niño, pensaba que lo mejor de estar enfermo era quedarme en cama. 2. Lo peor era que con frecuencia me resfriaba durante las vacaciones. 3. Una vez me puse muy enfermo durante la Navidad y mi madre llamó a un médico con quien tenía confianza. 4. El Dr. Matamoros vino a (la) casa y me dio un antibiótico porque yo tenía mucha fiebre. 5. Eran las cuatro de la mañana cuando por fin empecé a respirar sin dificultad. 6. Desgraciadamente el día de la Navidad tuve que tomar un jarabe y no me gustó nada del sabor. 7. Lo bueno de esta enfermedad era que mi padre tuvo que dejar de fumar mientras yo estaba enfermo. **EJERCICIO B.** 1. que 2. Estaba 3. quien 4. jugaba 5. llamaron 6. que 7. vino 8. preocupaba 9. perdía 10. era 11. llamó 12. quienes 13. conocía **EJERCICIO CH.** 1. tenía 2. me caí 3. montaba 4. rompí 5. que 6. vieron 7. llamaron 8. que 9. llevó 10. dolía 11. tenía 12. quería 13. vi 14. empecé 15. llamó 16. estaba 17. trabajaba 18. localizaron 19. dio 20. dejé 21. contaban 22. examinaban 23. Lo más divertido 24. fue 25. se cubrieron 26. Eran 27. estaba 28. llegamos 29. tenía 30. quería 31. se sentía 32. hice 33. preparé 34. fue 35. lo bueno

CAPÍTULO 13

VOCABULARIO: PREPARACIÓN. EJERCICIO A. 1. f 2. g 3. h 4. ch 5. b 6. e 7. c 8. a 9. i 10. d // *Possible answers:* 1. el semáforo: las luces que controlan la circulación; son de color rojo, amarillo y verde. 2. la circulación: los vehículos que se ven en la carretera o en la calle; forman la circulación. 3. estacionarse: encontrar un lugar donde se puede dejar el coche. 4. gastar gasolina: lo que hace el coche para poder funcionar. **EJERCICIO C.** *Possible answers:* 1. Un coche tiene una llanta desinflada. 2. Un hombre va a llenar el tanque con gasolina. 3. Hay tres latas de aceite y una batería en una mesa. 4. Están arreglando otro coche. 5. Hay tres coches parados en total en la gasolinera. **EJERCICIO E.** 1. Manuel está en el quinto grado. 2. Teresa está en el tercer grado. 3. Eduardo está en el séptimo grado. 4. Jesús está en el primer grado. 5. Pablo está en el décimo grado. 6. Evangelina está en el segundo grado. **EJERCICIO F.** 1. La décima es Alicia; la quinta es Raúl; la tercera es Jorge; la novena es Teodoro; la segunda es María. 2. Ángela está en la cuarta posición; Cecilia está en la octava posición; Juan está en la séptima posición; Simón está en la primera posición; Linda está en la sexta posición.

GRAMMAR SECTION 49. PRÁCTICA A. 1. Raúl, no gastes tanto dinero en gasolina, por favor. 2. Raúl, no manejes tan rápidamente, por favor. 3. No cierres la ventanilla. 4. No dobles en esta esquina. 5. No pares en esta esquina. 6. No leas el mapa. 7. No sigas todo derecho. 8. No me digas que vamos a llegar tarde. 9. No seas tan descortés conmigo. 10. No arranques tan rápidamente. **PRÁCTICA B.** 1. No los dejes allí hoy, por favor. 2. No regreses tarde hoy, por favor. 3. No manejes mi coche, por favor. 4. No corras y juegues en la calle hoy. 5. No vayas al parque hoy. 6. No mires la televisión constantemente. 7. No le digas mentiras a papá. 8. No te olvides de sacar la basura. 9. No comas en tu cuarto. 10. No seas tan mala. **PRÁCTICA C.** 1. Estudia química con nosotros. 2. Ayúdame con el español. 3. Ven a mi casa esta noche. 4. Almuerza conmigo hoy. 5. Escribe el problema en la pizarra. 6. Quítate el abrigo ahora. 7. Léelo y apréndelo para el examen. 8. Siéntate y cállate. **PRÁCTICA CH.** 1. No las uses sin permiso. 2. Ayúdame a veces, por favor. 3. Ten paciencia, por favor. 4. Desayuna, por favor. 5. Escúchame, por favor. 6. Termina tus proyectos, por favor. 7. Di la verdad siempre, por favor. 8. Hazla hoy también, por favor. 9. No me contestes en este tono de voz. 10. Pon la mesa, por favor. 11. No lo toques. ¡Está caliente! 12. Sé bueno, por favor. 13. Acuéstate ahora mismo, por favor. **PRÁCTICA D.** 1. Anita, habla español en la entrevista; no hables inglés. 2. Gilberto, lee una novela; no leas un periódico. 3. Nati, pregúntale la dirección a Lorenzo; no se la preguntes a Carmen. 4. Santiago, revisa los frenos; no revises las llantas. 5. Maricarmen, cómpranos *cuatro* boletos; no nos compres *tres.* 6. Julio, dobla en la tercera esquina; no dobles en la primera. 7. Dolores, trae vino; no traigas cerveza. 8. Silvia, estaciona el carro en la calle Bolívar; no lo estaciones en el estacionamiento. 9. Mariela, llena la solicitud verde; no llenes la amarilla. 10. Jaime, ponte un traje para la entrevista; no te pongas *bluejeans.*

GRAMMAR SECTION 50. PRÁCTICA A. 1. Con frecuencia mis amigos me invitan a jugar al tenis (a cenar, a salir con ellos, a visitarlos, a bailar en un club, ?). 2. Las máquinas modernas nos ayudan a tener más tiempo libre (a mantener más limpia la casa, a ir de un lugar a otro más rápidamente, a comunicarnos con los amigos que viven lejos, ?). 3. Para salir bien en esta clase, hay que (conjugar muchos verbos, escuchar bien, saber el vocabulario, estar siempre alerta, ?). **PRÁCTICA B.** *Possible answers:* 1. Un mecánico tiene que arreglar su coche. 2. Los novios van a casarse pronto. 3. En el avión, la azafata insiste en ayudarnos con todo. 4. Un niño de seis años empieza a escribir y aprende a leer. 5. Un

profesor de español nos enseña a hablar español. Sin duda sabe hablar muy bien el español. 6. Los invitados vienen a casa a cenar. No vienen a almorzar. Esperan divertirse. 7. Un estudiante de baile tiene ganas de bailar. Trata de practicar mucho. 8. Si un estudiante sale de la biblioteca a las once de la noche, acaba de estudiar. Piensa acostarse en seguida.

GRAMMAR SECTION 51. PRÁCTICA. 1. Quiero que el robot (me) lave los platos (haga las camas, mantenga el carro en buenas condiciones, pague las cuentas, ?). 2. Me alegro de que el robot me ayude tanto (funcione bien casi siempre, no se queje nunca, no me pida un aumento de sueldo, ?). 3. Me sorprende que el robot hable tan bien y tan lógicamente (sea tan inteligente, parezca tan humano, lo sepa todo, ?). 4. Dudo que los robots reemplacen a los seres humanos algún día (lo controlen todo, ?).

DIÁLOGO: COMPRENSIÓN. A. 1. (Margarita) Quiere que el empleado le llene el tanque, que le revise las llantas y el aceite, y que revise también el agua de la batería y del radiador. 2. Según Margarita está gastando mucha gasolina. 3. El vendedor le prometió a Margarita que el coche iba a llegar a diez kilómetros por litro. **B.** 1. El termómetro marca una temperatura muy alta. 2. No funcionan el cuentakilómetros y el reloj. 3. (Alberto) Quiere parar en una gasolinera o en una estación de servicio. 4. Margarita insiste en que no pare; quiere que conduzca más de prisa para no llegar tarde a la fiesta. **C.** 1. Alberto descubre que no funcionan las luces, que no calienta la calefacción y que no suena la bocina tampoco. 2. Alberto apaga el motor y baja del coche.

UN POCO DE TODO. EJERCICIO A. 1. No compres la primera computadora que veas; compra la mejor. 2. No sufras más con un robot anticuado; véndelo y cómprate uno de último modelo. 3. No hagas llamadas a la antigua; hazlas instantáneamente con nuestras líneas satélites. 4. Sé uno de los primeros que viajen a otros planetas; ponte un casco espacial y ven a viajar con nosotros. **EJERCICIO CH.** 1. Soy 2. Prefiero 3. trabajar 4. gusta 5. ayudar 6. a 7. fabricar 8. buenos 9. de la 10. de 11. mantener 12. buenas 13. ponen 14. mis 15. limpian 16. de 17. molesta 18. hagan 19. que 20. empujar 21. haga 22. en 23. funcione 24. ir 25. dan 26. creen 27. me canse 28. tenga 29. hable 30. los

CAPÍTULO 14

VOCABULARIO: PREPARACIÓN. EJERCICIO A. *Possible answers:* 1. Están en el estadio, jugando un partido de fútbol. 2. Están en un cine. Algunos ya están mirando la película, otros están buscando butacas. 3. Están en una plaza del centro. Mucha gente pasea; otros juegan al ajedrez; otros están hablando en los cafés. **EJERCICIO C.** 1. la butaca: *other words are related to sports.* 2. un paseo: *other words are related to movies.* 3. jugar al tenis: *other words are related to indoor activities.* 4. jugar a las cartas: *other words are related to outdoor activities.* 5. el equipo: *other words are related to the theater.* 6. el

golf: *other sports mentioned are team sports.* **EJERCICIO CH.** 2-1-5-3-7-6-8-4-9

GRAMMAR SECTION 52. PRÁCTICA A. 1. No hay nadie aquí que hable inglés (que sea de los Estados Unidos, que se llame Smith, que sea rubio, que viva en Kansas, que tenga parientes en Cincinnati). 2. Los Sres. Alonso buscan una casa que sea más grande (que esté en el campo, que no cueste mucho, que tenga un patio enorme, que tenga una terraza, que sea elegante). 3. Quiero tener amigos que vayan al cine con frecuencia (que jueguen a las cartas, que practiquen algún deporte, que deseen esquiar). 4. Las habilidades de los miembros de esta clase son sorprendentes, pero no hay nadie aquí que sea actor/actriz (que hable chino, que sepa tocar la viola, que coleccione insectos, que sepa preparar comida turca). **PRÁCTICA B.** 1. No, hombre, no hay nadie que conozca el camino. 2. No, no hay nadie que pueda arreglar el coche. // 1. Pero, señor, aquí no tenemos ningún secretario que sepa español. 2. Siento decírselo, pero no hay nadie aquí que lo pueda terminar para mañana. // 1. No hay nada que me guste. 2. Pero si ya tenemos dos sillones que son grandes. **PRÁCTICA C.** 1. Tengo un doctor que habla español. Ahora necesito un dentista que lo hable también. —Yo conozco a uno que cobra mucho. ¿Quiere(s) que le (te) dé su (número de) teléfono? 2. Conozco a alguien que juega al tenis, pero no conozco a nadie que juegue al béisbol. —¿Quiere(s) conocer a alguien que sea un buen jugador? Venga (Ven) conmigo al estadio esta tarde. 3. ¿Hay alguien que sepa la trama? —No, no hay nadie aquí que conozca la película. —Yo conozco a alguien que está leyendo el libro.

GRAMMAR SECTION 53. PRÁCTICA A. 1. No salgo esta tarde sin que (a menos que, antes de que) me llame Luis. 2. Pues, para que no perdamos la función; para que podamos comprar entradas; para que consigamos buenas butacas; para que veamos el comienzo de la comedia. **PRÁCTICA B.** 1. Voy a aprender a esquiar con tal que tú me lo enseñes. 2. Vamos a salir para la sierra esta tarde a menos que nieve mucho. 3. No salgo a esquiar a menos que dejemos a los niños en casa. 4. Yo también prefiero que vayamos solos para que pasemos un rato libre sin ellos. 5. Tu hermano Juan quiere acompañarnos, pero no quiere salir antes de que termine el partido de fútbol. 6. No podemos esperar más. Dejemos un recado en caso de que (Juan) llame. 7. Es importante que lleguemos a la cabaña antes de que empiece a nevar. 8. Compra leña aquí en caso de que no haya leña en la cabaña. **PRÁCTICA C.** 1. Vamos allí para divertirnos. 2. Vamos allí también para que los niños puedan jugar al béisbol. 3. Van a nadar antes de comer. 4. ¿Van a nadar antes de que comamos? 5. No (te) vayas sin hablar con tu madre. 6. Y no (te) vayas sin que se te pague el dinero.

GRAMMAR SECTION 54. PRÁCTICA A. 1. Es el sillón usado por papá. 2. Son regalos mandados por los abuelos. 3. Son revistas leídas por los niños. 4. Es un libro recomendado por la vecina. 5. Es una figurita hecha en Colombia. 6. Son vasos comprados en el Brasil. **PRÁCTICA B.** 1. La carta no está escrita todavía. 2. La tienda no está abierta todavía. 3. David y Marta no están casados todavía. 4. La ventana no está cerrada todavía. 5. El equipaje no está facturado todavía. 6. La mesa no está puesta todavía. 7. El error no está descubierto todavía. 8. El problema no está resuelto todavía. **PRÁCTICA C.** 1. Lo siento, pero mis planes para la noche ya están hechos. 2. Y de todos modos no soy aficionado/a de las películas dobladas. 3. ¡Pero las entradas ya están pagadas! 4. ¡Más dinero gastado en vano! **DIÁLOGO: COMPRENSIÓN. A.** 1. Ana María no puede creer que Ramón y Maricarmen vivan todavía en el centro, porque allí hay mucho ruido y no hay panorama. 2. Viven allí porque es más barato y de allí llegan más rápidamente al trabajo. 3. Porque Maricarmen está tomando unos cursos nocturnos y quiere vivir más cerca de la universidad. 4. (Ana María) Les recomienda que busquen un apartamento en un edificio recién construido cerca de su casa. 5. Van a verlos esta tarde. **B.** 1. (Maricarmen) Quiere un apartamento que tenga dos alcobas y una vista al exterior. 2. Hay uno en el primer piso y otro en el quinto que es más barato; ésta es la única diferencia. 3. Como no hay ascensor la diferencia entre el apartamento del primer piso y el del quinto es importante porque no quieren tener que subir a pie los cinco pisos todos los días. 4. Deciden ver el apartamento en el primer piso. **C.** 1. Porque no sabe de dónde van a sacar el dinero para el nuevo apartamento. 2. El plan de Maricarmen es invitar a su hermana a vivir con ellos para que pueda ayudarlos un poco con el alquiler. 3. Ramón piensa que es un plan estupendo. **UN POCO DE TODO. EJERCICIO A.** 1. No conozco a nadie que se levante a las cinco de la mañana para correr. 2. ¿Siempre te despiertas antes de que suene el despertador? 3. Me gusta tener la mesa puesta y la comida hecha antes de que empiece el noticiero de las seis. 4. Te aviso en cuanto el baño esté desocupado. 5. En caso de que tengas un rato libre el sábado, ¿por qué no compro entradas para el cine? 6. Nos gusta dormir con las ventanas abiertas para que entre el aire. **EJERCICIO B.** 1. Buscamos una casa que tenga piscina. Para que aprendan a nadar los niños. 2. Buscamos una casa de apartamentos que tenga ascensor. Para que el abuelo no tenga que subir las escaleras. 3. Buscamos un apartamento que tenga un garaje doble. Para que Ramón no tenga que dejar el carro en la calle. 4. Buscamos un apartamento que esté cerca del centro. Para que Elena llegue más rápido al trabajo. 5. Buscamos una casa que esté cerca de la universidad. Para que Catalina no tenga que usar el carro tanto. **EJERCICIO CH.** 1. de 2. fue 3. te reíste 4. te reíste 5. nadie 6. pase 7. lo que 8. prefiero 9. profundos 10. esa 11. que 12. vimos 13. pasada 14. escojas 15. lleves 16. ninguna 17. doblada 18. sabes 19. gustan 20. es 21. inició 22. continuó 23. contraataca 24. es 25. caracterizada 26. especiales 27. que 28. vuelven 29. encabezadas 30. cuenta 31. que 32. tímido

33. tiene 34. Obligado 35. se transforma 36. que 37. de 38. ayudados

CAPÍTULO 15
VOCABULARIO: PREPARACIÓN. EJERCICIO A. *Possible answers:* 1. el campo 2. el campo 3. la ciudad 4. el campo 5. la ciudad 6. la ciudad 7. el campo 8. el campo 9. la ciudad 10. el campo **EJERCICIO B.** *Possible answers:* 1. Una autopista es una carretera muy grande con mucho tráfico. 2. Un campesino es una persona que vive en el campo. 3. Un delito es una violación de la ley. 4. Una finca tiene muchos animales domésticos y muchas plantas. 5. Todas las cosas del paisaje son parte de la naturaleza: los árboles, la vegetación, las rocas, las montañas, los animales, los recursos naturales. 6. La población son los habitantes de un lugar. 7. La soledad es la condición de estar solo. 8. Un rascacielos es un edificio muy alto. **EJERCICIO F.** 1. hora 2. vez 3. tiempo, rato 4. vez, veces 5. rato 6. hora 7. tiempo, vez **GRAMMAR SECTION 55. EJERCICIO A.** 1. Te has preparado (El profesor se ha preparado, Los estudiantes se han preparado, Luis se ha preparado, Carmen y Pilar se han preparado, Os habéis preparado) 2. Yo he leído (he escrito, he estudiado, he comprendido, he aprendido)... 3. Lidia se ha levantado; se ha bañado; se ha vestido; ha desayunado; ha corrido a la facultad; ha leído en la cafetería; se ha reído con los amigos; ha ido a su primera clase. **EJERCICIO B.** 1. Hemos recorrido la finca entera. 2. Hemos visto las vacas y los toros. 3. Hemos montado a caballo. 4. Hemos hablado con los campesinos. 5. Hemos respirado el aire puro. 6. Hemos visto los efectos del desarrollo industrial. **EJERCICIO C.** 1. ¿Has comido en un restaurante hispánico? etc. 2. ¿Has estado en Nueva York? 3. ¿Has manejado un Alfa Romeo? 4. ¿Has corrido en un maratón? 5. ¿Has abierto hoy tu libro de español? 6. ¿Has escrito un poema? 7. ¿Has actuado en una comedia? 8. ¿Has visto un monumento histórico? 9. ¿Has conocido a una persona famosa? 10. ¿Te has roto la pierna alguna vez? **PRÁCTICA CH.** 1. —Estás cocinando, ¿no? —No, ya he cocinado. 2. —Estás descansando, ¿no? —No, ya he descansado. 3. —Estás lavando los platos, ¿no? —No, ya los he lavado. 4. —Estás leyendo el periódico, ¿no? —No, ya lo he leído. 5. —Estás poniendo la mesa, ¿no? No, ya la he puesto. 6. —Jorge dice que le mandes una invitación a Pablo. —Pero ya se la he mandado. 7. —Jorge dice que hables con Concepción. —Pero ya he hablado con ella. 8. —Jorge dice que vayas a su casa. —Pero ya he ido allí. 9. —Jorge dice que veas ___. —Pero ya la he visto. 10. —Jorge dice que escribas la composición. —Pero ya la he escrito. **PRÁCTICA D.** 1. Ha habido mucho trabajo en clase. 2. Todavía tengo tres ejercicios que escribir para mañana. 3. Acabo de hacer el primero, pero no he terminado el segundo y el tercero. **GRAMMAR SECTION 56. PRÁCTICA A.** 1. Es probable que Uds. ya hayan estudiado el problema. 2. No creo que hayan descubierto la solución todavía. 3. Es posible

que ya hayan consultado con unos expertos. 4. Es dudoso que ya hayan arreglado la situación. 5. Espero que ya hayan reconocido la necesidad de evitar situaciones parecidas en el futuro. **PRÁCTICA B.** 1. Dudo que hayan alquilado todos. 2. Es posible que ya hayan vuelto. 3. Sí, y me alegro mucho de que se hayan mudado. 4. No creo que los hayan pagado todos todavía. 5. Es probable que se haya arreglado ya. 6. ¡Ay, siento que se (le) haya muerto! **PRÁCTICA C.** 1. Acaba de volver de su año en el Uruguay. 2. Espero que nos haya llevado un recuerdo. 3. No creo que haya encontrado un nuevo apartamento todavía. 4. Dudo que haya buscado uno en la ciudad. 5. Es más probable que haya vuelto al campo. 6. Siempre ha preferido la tranquilidad de la vida allí. **GRAMMAR SECTION 57. PRÁCTICA A.** Jaimito le dijo que Laura había mirado la televisión toda la tarde (que no había estudiado, que había perdido sus libros, que había roto un plato, que había faltado a clase, que había comido todo el pastel, que le había pegado). **PRÁCTICA B.** 1. Antes de 1980 (no) habíamos estudiado español (asistido a esta universidad, graduado en la escuela superior, escuchado un concierto, visto una comedia, comido flan). 2. No habíamos visitado la Patagonia (viajado a Moscú, aprendido ruso, conocido a Julio Iglesias). **PRÁCTICA C.** 1. Estabas escuchando el noticiero, ¿no? No, ya lo había escuchado. 2. Te estabas bañando, ¿no? No, ya me había bañado. 3. Estabas preparando la cena, ¿no? No, ya la había preparado. 4. ¿Estabas haciendo las maletas, ¿no? No, ya las había hecho. 5. Estabas mirando ___, ¿no? No, ya lo había mirado. **DIÁLOGO: COMPRENSIÓN. A.** 1. Porque la madre de Raúl los ha invitado a pasar el fin de semana allí en la finca. 2. Sí, a Peter le gusta mucho el campo. 3. Tienen que madrugar para no perder todo el día en el viaje. 4. Son rurales; probablemente son malos. **B.** 1. A Peter le encanta el campo. A Raúl le gusta menos. 2. Según Raúl, las ventajas de vivir en la ciudad son los servicios públicos bien organizados y las posibilidades de trabajo. 3. Según Peter, las desventajas de la ciudad son el aire contaminado, el ritmo acelerado de la vida, las viviendas amontonadas y los delitos. 4. Según Raúl, la ciudad explota al campo pagando muy poco por sus cosechas. 5. Raúl vino a la ciudad para educarse y para poder ayudar a su mamá y a sus hermanos. 6. Sí, los dos se van a despertar a tiempo porque tienen despertador. **UN POCO DE TODO. EJERCICIO A.** 1. He madrugado esta mañana. Nunca me había levantado tan temprano. 2. Ellos se han preocupado mucho por los niños. Nunca se habían preocupado tanto. 3. Hoy Juan ha faltado al trabajo por primera vez. Nunca había faltado antes. 4. Nos hemos divertido tanto en aquella película. Nunca nos habíamos reído tanto. 5. Has pedido vino con la comida. Antes siempre habías bebido leche. **EJERCICIO B.** 1. —¿Ya están hechas las maletas? —No, no las he hecho todavía. —Ah, creía que ya las habías hecho. 2. —¿Ya están pagadas las entradas? —No, no las he pagado todavía. —Ah, creía que ya las habías pagado. 3. —¿Ya está preparada la paella para la cena? —No, no la he preparado todavía. —Ah, creía que ya la habías preparado. 4. —¿Ya está facturado el equipaje? —No, no lo he facturado todavía. —Ah, creía que ya lo habías facturado. 5. —¿Están abiertas todas las ventanas? —No, no las he abierto todavía. —Ah, creía que ya las habías abierto. 6. —¿Ya están sacudidos los muebles? —No, no los he sacudido todavía. —Ah, creía que ya los habías sacudido. **EJERCICIO CH.** 1. admirado 2. la primera vez 3. visto 4. tanta 5. tan 6. les 7. enseñando 8. había florecido 9. cubierta 10. brillantes 11. Oí 12. vi 13. había construido 14. Pasé 15. la hora 16. comer 17. descansé 18. un rato 19. mudarnos 20. habíamos hablado 21. habíamos pensado 22. cotidianas 23. estamos 24. tan 25. haya sido

CAPÍTULO 16

VOCABULARIO: PREPARACIÓN. EJERCICIO A. *Possible answers:* 1. Una señora compra unas peras en el supermercado; está pagándoselas al dependiente, al contado. 2. En un almacén una señora está comprando un sombrero. Paga con su tarjeta de crédito. 3. Un señor está pagando la cuenta en un restaurante con cheque. **EJERCICIO B.** 1. e. Es posible que estén en una tienda de comestibles (*grocery store*). 2. ch. Es posible que estén en una farmacia. 3. d. Están en un banco. 4. c. Es posible que estén en un almacén. 5. a. Están en un banco. 6. b. Es posible que estén en un almacén del centro. **EJERCICIO C.** 1. el presupuesto: la cantidad de dinero que uno tiene para gastar y para pagar los gastos. 2. economizar: gastar muy cuidadosamente, pagando lo menos posible; reducir los gastos. 3. el préstamo: una cantidad de dinero que uno recibe de otra persona (o de un banco). 4. la factura: la cantidad que uno tiene que pagar por algo. 5. el alquiler: la cantidad de dinero que uno paga, generalmente por mes, para poder vivir en la casa o el apartamento de otra persona. // Una cuenta corriente es la cuenta del dinero que uno necesita para pagar los gastos corrientes, de cada día. Una cuenta de ahorros es la cuenta del dinero que uno guarda para los gastos futuros.

GRAMMAR SECTION 58. PRÁCTICA A. 1. Hablaré sólo español; leeré periódicos en español. 2. Te levantarás temprano todos los días; comerás arroz y frijoles. 3. Cambiaremos mucho dinero; escribiremos muchas tarjetas postales. 4. Uds. no usarán las tarjetas de crédito; querrán pagarlo todo al contado. 5. Gustavo tratará de seguir un presupuesto rígido; prometerá no gastar todo su dinero. 6. Compraréis recuerdos en el mercado indio; os divertiréis mucho. **PRÁCTICA B.** —Algunos comprarán comestibles. Otros pagarán las facturas (harán un nuevo presupuesto, depositarán un poco en la cuenta de ahorros, se quejarán que nunca tienen suficiente, dirán que ya no usarán las tarjetas de crédito). **PRÁCTICA CH.** 1. Yo también me mudaré de apartamento. 2. Yo también haré un presupuesto y lo seguiré. 3. Yo también sabré

todas las respuestas en el próximo examen. 4. Yo también saldré para la playa este fin de semana. 5. Yo también iré a la fiesta esta noche. 6. Yo también le diré a Graciela que vaya a la fiesta también. 7. Yo también me casaré algún día. 8. Yo también pondré todo mi dinero en una cuenta de ahorros. **PRÁCTICA D.** 1. El señor Adams dice que pagará al contado. 2. La señora Walsh usará su tarjeta de crédito. 3. La señorita Smith dice que tendrá que cobrar un cheque en el banco. 4. El señor Judd dice que la tienda tendrá que mandar(le) la cuenta a su casa.

GRAMMAR SECTION 59. PRÁCTICA A. 1. Los jefes estarán aumentando los sueldos. 2. El aumento será un regalo de Navidad. 3. Habrá un error enorme. 4. Todos los empleados tendrán que devolverlo todo. 5. ¡Ud. tratará de gastarlo en seguida! **PRÁCTICA B. De compras.** 1. Cobrarán mucho en aquella tienda, ¿no crees? 2. ¿Cuánto será el precio de aquella estatua? 3. Podremos usar las tarjetas de crédito aunque estamos en el extranjero. 4. ¡Las facturas llegarán a casa antes de que lleguemos nosotros! **Una visita de la doctora.** 1. Julito estará enfermo. 2. ¿Cuántos grados de temperatura tendrá? 3. La doctora vendrá más tarde. 4. Le dará un antibiótico. **PRÁCTICA C.** 1. Él será maestro y ella será doctora. 2. ¿Dónde trabajará? 3. ¿Cuál (de los dos) ganará más dinero? 4. Serán de una ciudad grande. 5. Tendrán muchos niños. 6. ¡Harán (¿Estarán haciendo) muchas preguntas acerca de nosotros también!

GRAMMAR SECTION 60. PRÁCTICA A. 1. Yo iría a una playa de Puerto Rico. 2. ¿No viajarías tú a Europa? 3. Nosotros nos quedaríamos en casa. 4. Raúl alquilaría un coche y recorrería el país entero. 5. ¡Ellos sencillamente dejarían de trabajar! **PRÁCTICA C.** 1. —Yo sabría economizar sin sacrificar ninguna comodidad. 2. —Querría saber el secreto de hacerlo. 3. —No pondríamos tanto el aire acondicionado en verano. 4. —Javier nunca saldría sin apagar todas las luces. 5. —Tendríamos que hacer un presupuesto rígido... y luego seguirlo. 6. —¿Podríamos hacerlo? 7. —¿Qué harían Uds. para ahorrar? 8. —Bueno, sencillamente nos convendría gastar menos. **PRÁCTICA D.** 1. ¿Por qué querrán construir una fábrica allí? 2. Tendrían que destruir un medio ambiente muy bonito. 3. Y la basura contaminaría el lago. 4. ¡Querrán desarrollar el área pero van a destruirla!

DIÁLOGO: COMPRENSIÓN. 1. Ramón no entiende cómo podrán existir el pluriempleo y el desempleo al mismo tiempo en la economía latina. 2. Es la situación de uno que tiene más de un trabajo o puesto. 3. Los que no pueden encontrar ni un puesto no lo consideran una ventaja. 4. Ramón cree que su vida en los Estados Unidos será buena con un solo puesto. 5. Su vida de profesor en Hispanoamérica sería difícil; tendría que buscar otro empleo también. 6. No ganaría mucho dinero en Hispanoamérica, y la competencia por los puestos sería mucha. 7. Porque no ganaría suficiente con uno. 8. Porque los sueldos son muy bajos. 9. (El pluriempleo) Se encuentra

principalmente en la clase media y en la clase baja. 10. La esperanza de Eva es de poder dedicarse a un solo trabajo en el futuro.

UN POCO DE TODO. EJERCICIO A. 1. Ellos dijeron que estarían aquí a las doce y media. 2. La semana próxima dejaré de usar mis tarjetas de crédito. 3. ¿Qué harán Uds. con el dinero? ¿Qué van a comprar? 4. Yo no estaba en el banco ayer, pero habría mucha gente allí, creo. 5. ¿Por qué estarán ellos pidiendo un préstamo tan grande? ¡No podrán pagarlo! **EJERCICIO B.** 1. —Estaré en el bar a las dos. —¿No dijiste que estarías allí a las doce? —¡Que no! Dije que estaría allí a las dos. Entendiste mal. 2. —Estudiaré con Juan. —¿No dijiste que estudiarías con Juana? —¡Que no! Dije que estudiaría con Juan. Entendiste mal. 3. —Iré de vacaciones en julio. —¿No dijiste que irías en junio? —¡Que no! Dije que iría en julio. Entendiste mal. 4. —Te veré en casa. —¿No dijiste que me verías en clase? —¡Que no! Dije que te vería en casa. Entendiste mal. 5. —Compraré la blusa rosada. —¿No dijiste que comprarías la roja? —¡Que no! Dije que compraría la rosada. Entendiste mal.

CAPÍTULO 17

VOCABULARIO: PREPARACIÓN. EJERCICIO A. María: castigar Carmen: proteger María: merezca, castigo Carmen: cuenta, trata, cuestión, obedecer María: derechos, cárcel Carmen: sociedad **EJERCICIO B.** 1. c 2. f 3. a 4. ch 5. b 6. d 7. e **EJERCICIO C.** 1. b 2. a 3. ch 4. c

GRAMMAR SECTION 61. PRÁCTICA A. 1. Me gustaba que nosotros estudiáramos idiomas (leyéramos libros interesantes, viéramos películas en la clase de historia, hiciéramos experimentos en la clase de física, bailáramos durante la hora del almuerzo, nos divirtiéramos después de las clases). 2. Mis padres querían que yo fuera bueno/a (estudiara mucho, creyera en Santa Claus, me pusiera la ropa vieja para jugar, no jugara en las calles, no comiera tantos dulces, tuviera amigos que se portaran bien). **PRÁCTICA B.** 1. Papá insistía en que ahorráramos más. 2. Preferíamos que no usaras tanto las tarjetas de crédito. 3. Me alegraba de que Ud. empezara a economizar. 4. Sentía que no le pudiéramos proporcionar el préstamo. 5. Dudábamos que en esa tienda cobraran tanto por necesidad. 6. El jefe no creía que me quejara con razón. 7. Necesitaba un empleo donde me pagaran lo que merecía. 8. Era necesario que no lo cargara a la cuenta. 9. No era probable que tuviera fondos en mi cuenta de ahorros ni en la cuenta corriente. 10. No había nadie que gastara el dinero como Ramón. **PRÁCTICA C.** 1. Los indios temían que los colonos les quitaran toda la tierra. 2. A los colonos no les gustaba que el rey les cobrara impuestos. 3. Parecía imposible que la joven república tuviera éxito. 4. A los del sur no les gustaba que los gobernaran los del norte. 5. A los abolicionistas no les gustaba que algunos no tuvieran las mismas libertades. 6. Era necesario que se declararan en huelga los obreros para obtener algunos derechos. 7. Era terrible que hubiera dos guerras mundiales. 8. Para que nosotros vivamos en paz, es cuestión de aprender a comunicarnos con las demás naciones. 9. También es necesario que haya leyes que garanticen los derechos de todos. **PRÁCTICA CH.** 1. El ladrón no pensaba entrar en la casa a menos que no oyera ningún ruido. 2. No iba a molestar a los dueños con tal que encontrara dinero y objetos de valor. 3. Un amigo lo acompañaba en caso de que hubiera alguna dificultad. 4. El amigo rompió la ventana para que el ladrón pudiera entrar. 5. El ladrón entró silenciosamente para que los dueños no se despertaran. 6. Salió antes de que los dueños pudieran llamar a la policía. **PRÁCTICA D.** 1. Debiera(s) conducir más lentamente. 2. ¿No pudiera(s) pensar en los demás esta vez? 3. Quisiéramos que considerara(s) sus (tus) obligaciones. 4. ¿Cómo (De qué manera) quisiera pagar, señora? 5. Debiéramos proteger el bienestar de ellos (su bienestar) primero. **CONVERSACIÓN A.** 1. b 2. e 3. d 4. a 5. c 6. ch

GRAMMAR SECTION 62. PRÁCTICA A. 1. —Las lámparas de Antonio están rotas. ¿Y las tuyas? —¿Las mías? Ya las he arreglado. // —El estéreo de Antonio está roto. ¿Y el tuyo? —¿El mío? Ya lo he arreglado. // —La cámara de Antonio está rota. ¿Y la tuya? —¿La mía? Ya la he arreglado. // —Los frenos de Antonio están rotos. ¿Y los tuyos? —¿Los míos? Ya los he arreglado. // —La transmisión de Antonio está rota. ¿Y la tuya? —¿La mía? Ya la he arreglado. // 2. —¿Ya han encontrado todo el equipaje? —El maletín de Juan, sí, pero las maletas suyas (tuyas, nuestras, vuestras), no. **PRÁCTICA B.** 1. —Esta maleta, ¿es de Juan? —No, no es suya. 2. —Esta maleta, ¿es de Uds.? —No, no es nuestra. 3. —Esta maleta, ¿es de Alicia? —No, no es suya. 4. —Esta maleta, ¿es de Ud.? —No, no es mía. 5. —Esta maleta, ¿es tuya? —No, no es mía. 6. —¿Esta guitarra? —No, no es mía. La mía es más pequeña. 7. —¿Estos zapatos? —No, no son míos. Los míos son más pequeños. 8. —¿Esta llave? —No, no es mía. La mía es más pequeña. 9. —¿Este televisor? —No, no es mío. El mío es más pequeño. 10. —¿Estas maletas? —No, no son mías. Las mías son más pequeñas. 11. —¿Este diamante? —No, no es mío. El mío es más pequeño. **PRÁCTICA C.** 1. ¿No puedes pagar las tuyas tampoco? 2. ¿Ya ha hecho las suyas también? 3. ¿No pueden los tuyos en casa también? 4. ¿No pueden encontrar las suyas tampoco? 5. ¿Van a informar a los suyos también? 6. ¿No perdieron el suyo tampoco? 7. ¿Ya ha hecho los suyos también? 8. ¿No se preocupan los demás por el suyo también? **PRÁCTICA CH.** 1. ¡Él tiene sus derechos y yo tengo los míos! 2. Nosotros tenemos nuestro abogado y ellos tienen el suyo. 3. ¿Cómo podemos enterarnos de lo que el suyo va a decir? 4. Tome en cuenta que sus leyes son menos estrictas que las nuestras. 5. Es cuestión del bienestar suyo o del nuestro. 6. Es la obligación suya; no es la nuestra. **GRAMMAR SECTION 63. PRÁCTICA A.** 1. Si somos muy ricos preferimos viajar por avión. Si tenemos que ahorrar viajamos por

autobús. 2. Me entero de lo que pasa en otros países por la televisión. Me entero de las noticias del barrio por (el) teléfono, y me entero de lo que les pasa a mis amigos por (el) teléfono. 3. Les gusta a los hispánicos dar paseos por las plazas y por el centro. 4. Me gusta estudiar por la tarde y ver la tele por la noche. 5. Julio será nervioso hoy por (el) examen o posiblemente por la cita con el dentista. 6. Mi compañero/a de cuarto estudia (por) tres horas todos los días, pero a veces sólo estudia (por) media hora. 7. Pagué menos de lo que Ud. piensa por este coche; pagué $2.000. 8. Por lo general los padres se sacrifican por los niños pero no se sacrifican por todos los demás. 9. En un conferencia de prensa, los periodistas hablan a veces por los periódicos que representan y a veces por los lectores. 10. Volvimos a la tienda por pan y por vino. **PRÁCTICA B.** 1. f 2. g 3. d 4. c 5. e 6. ch 7. b 8. a **DIÁLOGO: COMPRENSIÓN. A.** 1. Douglas tiene que aprender a usar el servicio de autobuses. 2. Doña Elvira piensa que es una buena idea. 3. Douglas le pidió a Jaime que lo acompañara al centro en autobús. **B.** 1. No, no tuvieron ningún problema especial porque llegaron a la parada del autobús antes de la aglomeración de mediodía. 2. Durante las aglomeraciones los autobuses vienen muy llenos. 3. Mucha gente se comporta bien al subir al autobús y mucha gente se comporta mal, abriéndose paso a empellones. 4. Jaime temía que Douglas formara una impresión muy desagradable de la gente de su país. 5. La actitud impaciente de muchos pasajeros se explica por la escasez de vehículos, la falta de control en el límite de pasajeros permitidos a bordo y los horarios irregulares.

UN POCO DE TODO. EJERCICIO A. 1. Era increíble que hubiera tantos problemas mundiales. 2. No creía que nadie supiera todas las soluciones. 3. Sentía que no se pudiera resolver todos los problemas. 4. Las autoridades siempre negaban que la culpa fuera suya. 5. Los ciudadanos pidieron que alguien hiciera algo por ellos. 6. Era necesario que todos cumplieran con las responsabilidades suyas. 7. Había suficientes recursos para que nadie sufriera ninguna privación. 8. ¿Había un gobierno que fuera mejor que el nuestro? 9. Yo dudaba que se formara nunca una sociedad perfecta. 10. Yo sugería (sugerí) que todos los ciudadanos trabajaran juntos para crear un mundo mejor. **EJERCICIO B.** *Possible answers:* 1. Yo quería que fuéramos a la playa. 2. Yo prefería que gastáramos menos en la defensa de la nación. 3. Yo prefería que fuéramos a ver una película italiana y que usáramos mi coche. 4. Yo insistía en que mi amigo y yo alquiláramos una casa nueva y con todas las comodidades. 5. Yo prefería que vinieran a visitarnos todos mis amigos. 6. Yo prefería que pasáramos la última Navidad con mi familia. Mi esposo quería que pasáramos la Nochebuena con sus parientes. **EJERCICIO CH.** 1. recibido 2. intensificar 3. cubanos 4. piensan 5. emitidas 6. mandaron 7. aumentaran 8. ocurriera 9. preguntando 10. asistirá 11. por 12. organizada 13. celebrar 14. de la

15. aparece 16. esté 17. ha dicho 18. extranjeros 19. estarán 20. ver 21. viajarán 22. vivirán 23. por 24. del 25. que 26. vivirán 27. diseñadas 28. construidas 29. construirá 30. algunas 31. estuvieran 32. tuvieran 33. pequeños 34. viajaran 35. que 36. tiene

CAPÍTULO 18

VOCABULARIO: PREPARACIÓN. EJERCICIO A. 1. mantener 2. acostumbrarse 3. la patria 4. el/la exiliado/a 5. ser bilingüe 6. emigrar 7. el choque cultural 8. sufrir altibajos 9. los bienes 10. la cultura **EJERCICIO D.** 1. sino 2. sino 3. pero 4. sino 5. pero 6. sino 7. pero 8. pero 9. sino 10. sino

GRAMMAR SECTION 64. PRÁCTICA A. Si yo fuera tú (Si yo estuviera allí, Si yo tuviera ese problema, Si yo pudiera decidir, Si yo viviera allí), no lo haría. **PRÁCTICA B.** 1. Si yo estuviera de vacaciones, tomaría el sol en la playa. 2. Si nosotros estuviéramos de vacaciones, no tendríamos que estudiar. 3. Si Uds. estuvieran de vacaciones, podrían pasarlo bien. 4. Si Anita estuviera de vacaciones, no vendría a clase. 5. Si tú estuvieras de vacaciones, irías a Buenos Aires. 6. Si Ud. estuviera de vacaciones, escribiría tarjetas postales. **PRÁCTICA CH.** *Possible answers:* 1. Habla como si viviera en un castillo. 2. Habla como si tuviera una memoria excelente. 3. Habla como si fuera experta en todo. 4. Habla como si lo supiera todo. 5. Habla como si los otros no supieran nada. **PRÁCTICA D.** 1. Si pudiéramos salir temprano, no perderíamos la fiesta. 2. Si tuviera una linterna, miraría el mapa. 3. Si pudiera ver el nombre de la calle, doblaría en esa esquina. 4. Si reconociera la casa, pararía aquí. 5. Si quisiéramos caminar tanto, Roberto se estacionaría aquí. 6. Si no le pidieras con calma, dejaría de criticar tu manera de conducir.

GRAMMAR SECTION 65. PRÁCTICA A. 1. Si Uds. me hubieran llamado... 2. Si mis padres me hubieran avisado... 3. Si Ud. me hubiera consultado antes... 4. Si tú me lo hubieras preguntado... 5. Si Uds. nos lo hubieran pedido... 6. Si Raúl me lo hubiera dicho... **PRÁCTICA B.** 1. ...pero habla como si hubiera estado allí. 2. ...pero habla como si lo hubiera conocido. 3. ...pero habla como si la hubiera estudiado. 4. ...pero habla como si hubiera cenado allí muchas veces. 5. ...pero habla como si hubiera visto muchas. **PRÁCTICA C.** 1. Si lo hubiera recibido, lo habría pagado. 2. Si me lo hubieran mandado, lo habría firmado. 3. Si hubieran hecho cola, habrían comprado las entradas. 4. Si se hubiera cuidado, no se habría puesto enfermo. 5. Si hubiera trabajado mucho, le habrían dado un aumento. 6. Si se hubieran establecido con facilidad, no habrían emigrado otra vez. 7. Si les hubiera enseñado español a sus hijos, habrían sido bilingües ahora. 8. Si hubieran tratado de asimilarse, no añorarían su patria.

GRAMMAR SECTION 66. PRÁCTICA A. 1. Estamos aquí para comer (cenar, almorzar, desayunar). 2. Para mi madre, traiga el pescado, por favor. Para mi hermanito, traiga el bistec, por favor. Para mi abuela, traiga la paella también, por favor. Para mí, traiga el pollo, por favor. **PRÁCTICA B.** 1. Colón salió para la India. 2. Los astronautas salieron para la luna. 3. Lewis y Clark salieron para el oeste. 4. Hernán Cortés salió para México. **PRÁCTICA C.** 1. No, para mañana tenemos que leer el diálogo. 2. No, para mí las ciencias son muy aburridas. 3. No, busco el texto para la clase de matemáticas. 4. No, para ser principiantes, Uds. pronuncian muy bien. 5. No, para la semana que viene tenemos que repasar el subjuntivo. 6. No, estoy en la biblioteca para leer un libro. **PRÁCTICA CH.** 1. para, por, por, por 2. por, para 3. para, para 4. para, Por, para, por, por 5. para, por, para 6. para, para, por 7. Por, por, por, por

DIÁLOGO: COMPRENSIÓN. A. 1. La abuela sugiere que coman todos en el Parque Central (que tengan un *picnic*). 2. El abuelo había pensado en hacer un *picnic* como los que hacían antes en Puerto Rico. 3. Van a invitar a los hijos, a los nietos y a todos los familiares. 4. Antes hacían ese tipo de *picnic* familiar en Puerto Rico. **B.** 1. (La hija) Va a llevar pastelillos de guayaba, y un postre. 2. La abuela va a llevar el resto de la comida. 3. Los pastelillos de guayaba son los que le gustan más. **C.** 1. El abuelo le da el nombre de Borinquen a Puerto Rico y Babel de Hierro a Nueva York. 2. Les gusta más Borinquen. 3. Porque el abuelo perdió su finca en Puerto Rico y no pudo encontrar trabajo allí. 4. El abuelo tiene sentimientos muy nostálgicos hacia Puerto Rico. 5. Son diferentes porque ella nació en Nueva York. 6. Han salido muchos puertorriqueños de la isla por la falta de trabajo allí y por la posibilidad de encontrar un trabajo bien pagado en los Estados Unidos. 7. Sí, el abuelo añora Puerto Rico. Se sabe eso porque él dice que siempre será su patria. **UN POCO DE TODO. EJERCICIO A.** 1. Si yo fuera tú, no haría eso. 2. Si yo hubiera estado allí, yo no lo habría dicho. 3. Si hubiéramos viajado a España, habríamos aprendido mucho. 4. Si me dieras el dinero, te compraría el boleto. 5. Yo viajaría a muchos países si tuviera el dinero. 6. No habríamos dejado el dinero en el banco si no hubiéramos tenido que emigrar. **EJERCICIO D.** 1. quería 2. pero 3. gustó 4. salió 5. llegó 6. trajeran 7. tampoco 8. dejó 9. experimentó 10. El 11. por 12. representó 13. sabía 14. inglesa 15. había estudiado 16. Pero 17. había aprendido 18. a la 19. había sido 20. para 21. se examinó 22. Por 23. consiguió 24. buen 25. se acostumbraran 26. Decidieron 27. lo que 28. pero 29. la 30. han acostumbrado 31. Son 32. este 33. añoran 34. hubieran emigrado 35. habría sido

CAPÍTULO 19

VOCABULARIO: PREPARACIÓN. PRÁCTICA B. *Possible answers:* ¿De dónde es Ud.? // ¿Dónde está su pasaporte? // ¿Tiene Ud. algo que declarar? // ¿Me abre la maleta, por favor? // Pero este abrigo de pieles. ¡Hay que declararlo! // Vale más de la cantidad permitida para compras en el extran-

jero. // El diez por ciento de lo que Ud. pagó. **PRÁCTICA CH.** *Possible answers:* 1. un hotel grande 2. un hotel grande 3. una pensión pequeña 4. un hotel grande 5. un hotel grande 6. una pensión pequeña 7. un hotel grande 8. una pensión pequeña 9. un hotel grande 10. un hotel grande 11. una pensión pequeña 12. una pensión pequeña 13. un hotel grande 14. una pensión pequeña

GRAMMAR SECTION 67. PRÁCTICA A. 1. No hay habitaciones, aunque Ud. prometa pagar el doble (espere aquí en la recepción toda la noche, insista en quedarse aquí, me dé una propina enorme, haya reservado una habitación, haya confirmado su reservación, diga que no tiene dónde dormir). 2. Aunque Ud. no pueda encontrar la llave (pague los derechos, no tenga ninguna cosa que declarar, no lleve nada prohibido), no va a salir de aquí sin abrir la maleta. **PRÁCTICA B.** 1. b 2. e 3. c 4. f 5. ch 6. a 7. d **PRÁCTICA C.** 1. No tomo (tomaré) el autobús, aunque sea menos caro. 2. Ud. debe (tiene que) declarar éstos aunque sean sólo (solamente) para su uso personal. 3. Aunque son para su uso personal, Ud. no puede traer tantos relojes. 4. Aunque sean ricos, tendrán problemas en la aduana. 5. Aunque es senador, todavía tiene que pagar los derechos de aduana por las cámaras.

GRAMMAR SECTION 68. PRÁCTICA A. 1. Entreguen las planillas tan pronto como (cuando, después de que, en cuanto) aterrice el avión. No entreguen las planillas hasta que aterrice el avión. 2. Le entrego el pasaporte tan pronto como lo encuentre (pueda encontrar la llave de mi maleta, cierre mi maleta, me lo dé mi esposo/a, recuerde dónde lo tengo). **PRÁCTICA B.** 1. Voy a llamarlos en cuanto pase por la aduana. 2. Juan va a decidirlo después de que su amiga baje del avión. 3. No digas nada hasta que Julio pague los derechos. 4. El inspector va a registrar la maleta en cuanto mi esposo la abra. 5. Se casaron antes de que sus padres anunciaran su noviazgo. 6. Te lo dijo en cuanto lo supo. 7. Los padres se sorprendieron cuando escucharon lo que les dijo su hijo. 8. Los novios iban a salir de viaje tan pronto como terminara el semestre. 9. Les íbamos a dar una fiesta después de que regresaran de su luna de miel. **PRÁCTICA C.** 1. Tomaremos (Tomamos) la habitación sin ducha hasta que la habitación con ducha esté desocupada. 2. Avísenos, por favor, en cuanto salgan los otros huéspedes. 3. ¿Nos ayudará el botones cuando cambiemos de habitación? 4. ¿No iban a salir cuando se terminara el festival? 5. Lo siento, pero han decidido quedarse hasta que llegue su hija.

GRAMMAR SECTION 69. PRÁCTICA A. 1. Carmen no permite que sus niños jueguen allí. Carmen no permitirá que sus niños jueguen allí. Carmen no permitió que sus niños jugaran allí. Carmen nunca ha permitido que sus niños jueguen allí. 2. Era necesario que los inmigrantes se acostumbraran a una vida muy diferente. Será necesario que... se acostumbren... Fue necesario que... se acostumbraran... Sería necesario que... se acos-

tumbraran... Ha sido necesario que... se acostumbren. 3. Todos los pasajeros esperan que el vuelo salga a tiempo. ...esperarán que... salga. ...esperaron que... saliera a tiempo. **PRÁCTICA B.** 1. emigren 2. añoren 3. se asimilen 4. aprendan 5. conozcan // 1. Era... emigraran 2. Era... añoraran 3. era... se asimilaran 4. iban... aprendieran 5. pensaban... conocieran **PRÁCTICA C.** 1. ¡Sentimos que Ud. haya perdido (perdiera) su equipaje! 2. Insisto en que Ud. acepte nuestra ayuda. 3. Será fácil encontrar un hotel en cuanto (tan pronto como) llegue al centro. 4. ¿Le gustaría quedarse con nosotros hasta que encuentre una pensión? 5. Si me hubiera dicho que venía, lo/la habría buscado en el aeropuerto. **PRÁCTICA CH.** llegó, Entró, riera, preparaba, pidió, quedara, terminaran, tuviera, pueda

DIÁLOGO: COMPRENSIÓN. A. 1. La viajera es de Colombia. 2. Porque todo lo que lleva es de uso personal. 3. El inspector tiene que registrarle las maletas antes de que pueda salir. 4. No, no necesita pagar derechos. 5. "Ojalá que le guste nuestro país." **B.** 1. Porque acaba de salir el último y es muy tarde ya. 2. Porque los taxistas están en huelga, y además es muy tarde. 3. El maletero ofrece ayudarla. **C.** 1. La viajera le da cinco pesos al taxista de propina. 2. Le pide al taxista que espere hasta que ella confirme su reservación en el hotel. 3. Es un hotel con todas las comodidades aunque es pequeño. Su habitación está preparada. 4. Porque hay muy pocas habitaciones desocupadas durante agosto.

UN POCO DE TODO. EJERCICIO A. 1. Él me llamó anoche aunque no tenía nada que decir sobre el viaje. 2. Íbamos a mandarles unas tarjetas postales a nuestros parientes en cuanto llegáramos a Madrid. 3. Yo pensaba confirmar mi horario después de confirmar (después de que confirmara) el tuyo. 4. No ibas a salir con tu maleta hasta que yo encontrara las mías, ¿verdad? 5. Yo te habría comprado un billete de ida y vuelta si tú me hubieras dicho que querías regresar con nosotros. **EJERCICIO B.** 1. Van a registrarlas en cuanto registren las tuyas. 2. Van a llevarlo tan pronto como lleven el mío. 3. Voy a comprarlo antes de que compre el tuyo. 4. Van a prepararla en cuanto preparen la tuya. 5. Voy a entregarlo después de que entregues el tuyo. **EJERCICIO C.** 1. vuelva 2. supiera 3. puedan 4. venga 5. hayan dicho **EJERCICIO CH.** 1. estaba 2. para 3. para 4. había preparado 5. esperaba 6. había sacado 7. sabía 8. eran 9. Tenía 10. de 11. hicieran 12. hubiera tenido 13. habría quedado 14. Pero 15. era 16. de 17. subí 18. al 19. llegué 20. llovía 21. Fui 22. empecé 23. Leí 24. por 25. me acosté 26. Estaba 27. me dormí 28. de 29. tomé 30. para 31. estaban 32. Siéntese 33. tenga 34. dijeron 35. somos 36. sonrieron 37. hubiera tomado 38. Empezó 39. contesté 40. tuviera 41. abiertos 42. dijeron 43. había hecho 44. esperaban 45. Regresé 46. volara 47. tocaran 48. brillaba

 # VOCABULARIES

The **Spanish–English Vocabulary** contains all the words that appear in the text, with the following exceptions: (1) most identical cognates that do not appear in the chapter vocabulary lists; (2) verb forms; (3) diminutives in **-ito/a;** (4) absolute superlatives in **-ísimo/a;** and (5) most adverbs in **-mente.** Active vocabulary is indicated by the number of the chapter in which it is first listed **(A = Ante todo);** vocabulary that is glossed in the text is not considered to be active vocabulary and is not numbered. Only meanings that are used in this text are given. The **English–Spanish Vocabulary** includes all words and expressions in the chapter vocabulary necessary to do the translation exercises in the text and in the **Workbook** that accompanies the text.

The gender of nouns is indicated, except for masculine nouns ending in **-o** and feminine nouns ending in **-a.** Stem changes and spelling changes are indicated for verbs: **dormir (ue, u); llegar (gu).**

Words beginning with **ch, ll,** and **ñ** are found under separate headings, following the letters **c, l,** and **n,** respectively. Similarly, **ch, ll,** and **ñ** within words follow **c, l,** and **n,** respectively. For example, **coche** follows **cóctel, calle** follows **calor,** and **añadir** follows **anuncio.**

The following abbreviations are used:

adj.	adjective	*inf.*	infinitive	*poss.*	possessive
adv.	adverb	*inv.*	invariable in form	*prep.*	preposition
coll.	colloquial	*irreg.*	irregular	*pret.*	preterite
conj.	conjunction	*m.*	masculine	*pron.*	pronoun
d.o.	direct object	*Mex.*	Mexico	*refl. pron.*	reflexive pronoun
f.	feminine	*n.*	noun	*s.*	singular
fam.	familiar	*obj. of prep.*	object of a preposition	*Sp.*	Spain
form.	formal	*p.p.*	past participle	*sub. pron.*	subject pronoun
gram.	grammatical term	*pl.*	plural	*v.*	verb
i.o.	indirect object				

SPANISH–ENGLISH VOCABULARY

A

a to (A); at (*with time*); **a la(s)...** at (*hour*) (A)

a menos que unless (14)

abandonar to abandon

abierto/a *p.p.* open(ed) (4)

abogado/a lawyer (4)

abolicionista *m., f.* abolitionist

abrazo hug

abrigo coat (3)

abril *m.* April (5)

abrir (*p.p.* **abierto/a**) to open (3); **abrirse paso** to force one's way

abrumador(a) *adj.* exhausting, overwhelming

absolutista *m., f.* absolutist

absoluto/a absolute

absurdo/a absurd

abuelo/a grandfather/mother (2)

abuelos *pl.* grandparents (2)

abundancia abundance

aburrido/a: estar aburrido/a to be bored (4); **ser aburrido/a** to be boring

aburrir to bore

acá here

acabar to finish (11); **acabar de** + *inf.* to have just (*done something*) (6); **acabarse** to run out of (11)

academia academy

académico/a academic

acaso: por si acaso just in case (17)

acceder to agree, consent

acceso access

accidentado/a agitated, perturbed

accidente *m.* accident

acción *f.* action

aceite *m.* oil (13)

acelerado/a accelerated (15)
acelerar to accelerate, speed up
acentuación *f.* stress, accentuation
acentuar to stress, accent
aceptación *f.* acceptation
aceptar to accept
acera sidewalk (14)
acerca de *prep.* about, concerning
aclarar to make clear; to explain
acogedor(a) *adj.* sheltering, protecting
acomodado/a rich, well-to-do
acomodar to accommodate; **acomodarse a** to conform to
acompañado/a accompanied
acompañar to accompany, go with
acondicionador *m.* air conditioner (9)
aconsejable advisable
aconsejar to advise
acontecimiento event (17)
acordarse (ue) (de) to remember (11)
acostar (ue) to put to bed (9); **acostarse** to go to bed (9)
acostumbrarse (a) to get used, accustomed (to) (18)
actitud *f.* attitude
actividad *f.* activity
activista *m., f.* activist
activo/a active
actor *m.* actor
actriz *f.* (*pl.* **actrices**) actress
actual current, present day, up-to-date (12)
actualidad *f.* actuality; **en la actualidad** at present, at the present time
actualmente *adv.* at present
acuerdo agreement; **de acuerdo** agreed; **estar de acuerdo (con)** to be in agreement (with) (4); **ponerse de acuerdo** to reach an agreement
acusón, acusona tattle-tale
adaptarse to adapt oneself to, get used to
adecuado/a adequate
adelantado/a in advance, ahead
adelgazar (c) to make thin, slender; **adelgazarse** to become thin
además (de) besides, in addition (to) (16)
adentro *adv.* inside
adiós good-bye (A)
adivinar to guess
adjetivo adjective
administración *f.* administration
¿adónde? where (to)? (4)
adoptar to adopt
adornado/a ornamented, adorned
aduana customs (19); **inspector(a) de aduanas** (customs) inspector (19)
adverbio adverb
aéreo/a *adj.* air, *of or pertaining to air travel*
aerolínea airline
aeropuerto airport (7)
afectar to affect
afectivo/a affective, emotional
afecto affection
afectuoso/a affectionate
afeitar to shave (9); **afeitarse** to shave oneself (9)
afición *f.* affection, fondness
aficionado/a *n.* fan (14); *adj.* fond; **aficionado/a a** fond of
afirmar to affirm; to maintain firmly

afirmativo/a affirmative
afortunado/a fortunate
africano/a African
afrontar to confront
afuera outside (5)
afueras: en las afueras in, on the outskirts
agasajo reception
agencia agency; **agencia de empleos** employment agency; **agencia de viajes** travel agency
agente *m., f.* agent; **agente de viajes** travel agent
agitado/a agitated, irritated; stormy
aglomeración *f.* agglomeration, multitude
agosto August (5)
agradable agreeable, pleasant
agradecer (zc) to thank
agradecimiento gratitude
agrario/a agrarian
agua *f.* (*but* **el agua**) water (5)
aguantar to put up with, endure, tolerate
aguar to dilute; to spoil (*a party*)
aguardiente *m.* brandy
ahí there
ahora now (2); **ahora mismo** right now (4); **ahora bien** now then, well now
ahorrar to save (*money*) (16)
ahorros: cuenta de ahorros savings account (16)
aire *m.* air (15); **aire acondicionado** air conditioning; **aire acondicionador** *m.* air conditioner (9)
aislado/a isolated
ajedrez *m.* chess (14)
al (*contraction of* **a** + **el**) to the; **al** + *inf.* upon, while, when + *verb form;* **al (mes, año, etcétera)** per (month, year, etc.)
Alá Allah
alcanzar (c) to get up to; to reach
alcoba bedroom (9)
alcohólico/a alcoholic
aldea small village
alegrarse (de) to be happy (about) (13)
alegre happy (4)
alegría happiness, joy
alemán *m.* German (*language*) (1)
alemán, alemana German (2)
Alemania Germany
alergia allergy
alerta *adj. m., f.* alert
alfombra rug
algo something, anything (6)
alguien someone, anyone (6)
algún, alguno/a some, any (6); **alguna vez** once; ever
alimento food
almacén *m.* department store (3)
almorzar (ue) (c) to have lunch (5)
almuerzo lunch; noon meal (6)
aló hello (*when answering the telephone*)
alojamiento *n.* lodging
alquilar to rent (9)
alquiler *m.* rent (9)
alrededor de *prep.* around
alrededores *m. pl.* environs, outskirts
altar *m.* altar
alternativa alternative
altibajos ups and downs (18); **sufrir altibajos** to have ups and downs (18)
altitud *f.* altitude

alto *n.* stop, pause
alto/a tall (2); **en voz alta** aloud, out loud
altura height
allá there
allí there (3)
ama *f.* (*but* **el ama**) **de casa** housekeeper; lady of the house, housewife
amable kind, nice (2)
amanecer (zc) to dawn
amante *m., f.* lover, sweetheart
amarillo/a yellow (3)
ambición *f.* ambition
ambidextro/a ambidextrous, using both hands with equal ease
ambiente *m.* environment, atmosphere; **medio ambiente** environment (15)
ambulancia ambulance
americano/a American
amigo/a friend (1)
amistad *f.* friendship (4)
amistoso/a friendly
amontonado/a piled up, crowded one on top of another
amor *m.* love (4)
amplio/a large, ample, spacious
amueblar to furnish (*a house, etc.*)
anaranjado/a *adj.* orange (3)
anciano/a elderly person
anchoas *pl.* anchovies
Andalucía Andalusia (*province of Spain*)
andar (*irreg.*) to run, function (*with machines*); **andar en bicicleta** to ride a bicycle
andino/a Andean, of the Andes
anfitrión, anfitriona host(ess)
ángel *m.* angel
anglosajón, anglosajona Anglo-Saxon
anillo ring
animado/a animated; **dibujos animados** cartoons
animal *m.* animal
animar to animate, excite
aniversario anniversary
anoche last night (9)
ansiedad *f.* anxiety
ante before; **ante todo** first of all
anteayer the day before yesterday (9)
antecedente *m.* antecedent (*of a pronoun*)
antepasado/a *n.* ancestor (18); *adj.* passed, elapsed
anterior previous, preceding; (at the) front
antes *adv.* sooner, before; **antes de** *prep.* before (4); **antes (de) que** *conj.* before (14); **antes que nada** first of all, before anything (else)
antibiótico antibiotic (12)
anticipación *f.* anticipation; **con (____ días de) anticipación** (____ days) in advance (19)
anticuado/a old-fashioned, outdated
antigüedades *f. pl.* antiques
antiguo/a old
Antillas *f. pl.* Antilles
antipático/a unpleasant (2)
antónimo antonym
antropología anthropology
anunciar to announce (7)
anuncio ad (9); announcement (9)
añadir to add
año year (5); **Año Nuevo** New Year (10); **el**

año que viene next year; **tener ___ años** to be ___ years old (3)
añorar to long for; to miss (18)
apagar (gu) to turn off (11)
aparato apparatus, appliance
aparecer (zc) to appear
apartamento apartment; **casa de apartamentos** apartment house
apellido surname, family name, last name (2)
apenas scarcely
apendicitis *f. s.* appendicitis
aperitivo aperitif
apetecerle (zc) a uno to feel like (eating); to crave
apetito appetite
aplicarse (qu) to apply oneself
apodo nickname
aportación *f.* contribution
apoyo support
apreciar to appreciate, esteem, value
aprender to learn (3)
aprobar (ue) to pass (*an exam*)
apropiado/a appropriate
aprovechar to make good use of; **aprovecharse de** to profit by, take advantage of
aproximadamente approximately
apto/a fit, apt, capable
aquel, aquella *adj.* that (*over there*); **aquél, aquélla** *pron.* that one (*over there*)
aquello that, that thing, that fact
aquellos/as *adj.* those (*over there*); **aquéllos/as** *pron.* those (*over there*)
aquí here (1); **aquí mismo** right here; **por aquí** around here
árabe *m.* Arabic (*language*)
árbol *m.* tree (10)
archienemigo archenemy
arena sand
argentino/a Argentine, Argentinian
árido/a arid, dry
armada fleet, squadron
armario armoire, closet
arquitectónico/a architectural
arquitectura architecture
arraigado/a rooted, fixed
arrancar (qu) to start (*with cars*) (13)
arreglar to fix, repair (13); to arrange
arreglo arrangement; repair
arroz *m.* rice (6)
arte *m., f.* art
artículo article; **artículo definido** definite article; **artículo indefinido** indefinite article
artista *m., f.* artist
arvejas peas (6)
ascensor *m.* elevator
asequible available
asesinato murder, assassination
asesino/a assassin, murderer, murderess
así so, thus; that way (10)
así así so-so (A)
asiento seat (7)
asimilarse to assimilate, blend in (18)
asistir (a) to attend, go to (*a class, play, etc.*)
asno donkey
asociación *f.* association
asociar to associate
aspecto aspect

aspiradora sweeper (9); **pasar la aspiradora** to run the sweeper, vacuum (9)
aspirante *m., f.* candidate (*for a job*), applicant (8)
aspirina aspirin (11)
astrólogo/a astrologer
asturiano/a Asturian, *from the province of Asturias (Spain)*
asunto matter
ataque *m.* attack
atención *f.* attention
atender (ie) to be attentive, heed
aterrizar (c) to land (19)
Atlántico Atlantic
atleta *m., f.* athlete
atómico/a atomic
atraer (*like* **traer**) to attract
atrasado/a late (7); slow, backward; **estar atrasado/a** to be late (7)
aumentar to increase (16)
aumento raise, increase (8)
aun *adv.* even (11); **aun más** even more
aún *adv.* still, yet (11)
aunque although (11)
auscultar to listen (*medical*)
autobús *m. s.* bus (7); **parada del autobús** bus stop (17)
automático/a automatic
automóvil *m.* car, automobile (13)
autónomo/a autonomous
autopista freeway (15)
autor(a) author, writer
autoridad *f.* authority
aventura adventure
avergonzado/a embarrassed (10)
averiguar (gü) to find out
avión *m.* plane (7)
avisar to advise, warn (18)
aviso announcement; advertisement
¡ay! *interjection* alas!
ayer yesterday (9)
ayuda help (7)
ayudar to help (6)
azafata female flight attendant (7)
azteca *m., f.* Aztec
azúcar *m.* sugar (5)
azul blue (3)

B

bacalao codfish; **bacalao a la vizcaína** Biscayan-style codfish
bachiller *m. title given to one who has completed the bachillerato*
bachillerato *course of studies equivalent to high school, junior college*
bailable *adj.* danceable
bailar to dance (1)
baile *m.* dance (3)
bajar (de) to get down (from); to get off (of) (7)
bajo *prep.* under
bajo/a short (*in height*) (2); low; **clase** (*f.*) **baja** lower class
ballena whale
banana banana (6)
banco bank (16)
bandera flag
bañar to bathe; **bañarse** to take a bath (9)

baño bath; bathroom, restroom (9); **cuarto de baño** bathroom; **traje** (*m.*) **de baño** swim/bathing suit (3)
bar *m.* bar
barato/a inexpensive, cheap (2)
barbacoa barbecue
barbería barber shop
barbero barber
barco boat, ship
barman *m.* bartender
barra bar, railing
barrio neighborhood (17)
basado/a based
base: a base de based on
básquetbol *m.* basketball (14)
basta enough, that's enough
bastante rather, quite; enough, sufficient; a lot
basura garbage (9); **sacar la basura** to take out the garbage (9)
bata robe
batalla battle
batería battery (13)
batido milkshake (20)
bautizar (c) to baptize (10)
bautizo baptism (10)
bebé *m.* baby
beber to drink (3)
bebida *n.* drink (3)
béisbol *m.* baseball (14)
belleza beauty
bello/a beautiful (15)
beneficio benefit
beso kiss
biblioteca library (1)
bicicleta bicycle; **pasear en bicicleta** to go for a bike ride (14)
bien *adv.* well (A); **ahora bien** now then, well now; **bien + *adj.*** very + *adj.*; **está bien** it's okay, fine (4); **muy bien** very well, fine (A); **pasarlo bien** to have a good time (10); **¡qué bien!** great!
bienes *m. pl.* possessions, property (18)
bienestar *m.* well-being (12)
bienvenido/a welcome (2)
bilingüe bilingual (18)
billar *m.* game of billiards
billete *m.* ticket (7); **billete de ida** one-way ticket (7); **billete de ida y vuelta** round-trip ticket (7)
billetera wallet
biología biology
bioquímica biochemistry
bisabuelo/a great-grandfather/mother
bisemanal *adj.* occurring twice weekly
bistec *m.* steak (6)
bisturí *m.* scalpel (*surgical*)
blanco/a white (3); **vino blanco** white wine (6)
bloqueo blockade
blusa blouse (3)
boca mouth (12); entrance (*to a subway*)
boda wedding (4)
bolchevique *m., f.* Bolshevik
boleto ticket (7)
bolígrafo (ballpoint) pen (1)
bolivariano/a *adj. relating to Simón Bolívar*
boliviano/a Bolivian
bolsa purse (3); bag
bolso purse; bag

bomba bomb
bonito/a pretty (2)
bordado/a embroidered
bordear to walk on the edge or border
bordo: a bordo on board
borrador *m.* rough copy, draft
bostezar (c) to yawn
bota boot (3)
botar to throw out
bote *m.* rowboat
botella bottle
botones *m. s.* bellhop (19)
boxeo boxing
Brasil *m.* Brazil
brazo arm (11)
breve short
brillante bright, brilliant
brillar to shine
brusco/a rough
buen, bueno/a good (2); **buenas noches**
  good evening, night (A); **buenas tardes**
  good afternoon, evening (A); **buenos días**
  good morning (A); **muy buenas** good
  afternoon, evening; **bueno** *adv.* well, okay
buganvilla bougainvillea (*tropical American*
  woody vines with brilliant purple or red
  flowers)
busca: en busca de in search of (8)
buscar (qu) to look for (1)
butaca arm-chair, easy-chair; seat (*in a*
  theater) (14)

C

caballero gentleman
caballo horse; **montar a caballo** to ride
  horseback (15)
cabaña hut; cabin, cottage
cabeza head (11)
cabo: llevar a cabo to carry out; **al fin y al**
  cabo after all, in the end
cacto cactus
cada *inv.* each, every (9)
cadena chain
caer (*irreg.*) to fall (8); **caer bien (mal)** to
  make a good (bad) impression (8); **caerse**
  to fall down (11); **dejar caer** to drop
café *m.* coffee (3); café (20)
cafetera coffee pot (9)
cafetería cafeteria, café
caja box, case
cajero/a cashier
cajón *m.* drawer
calcetines *m.* socks (3)
calculador(a) *m., f.* calculator
cálculo calculus
calefacción *f.* heating (5)
calendario calendar
calentar (ie) to heat, warm
calidad *f.* quality
cálido/a warm, hot
caliente hot
calma *n.* calm
calmante *m.* sedative
calmarse to calm down, be calm
calor *m.* heat; **hace calor** it's hot (weather)
  (5); **tener calor** to be (feel) warm (hot)
  (3)
callarse to be silent, quiet
calle *f.* street (4)

cama bed (9); **hacer la cama** to make the
  bed (9)
cámara camera (19)
camarero/a waiter/waitress (6); **camarero**
  male flight attendant (7); **camarera** (hotel)
  maid
camarones *m. pl.* shrimp (6)
cambiar (de) to change (8); **cambiar de**
  lugar to move (*something*) (11)
cambio change; (rate of) exchange
  (*currency*) (16); **cambio de paso** change
  of pace; **en cambio** on the other hand;
  transmisión (*f.*) **de cambios** manual
  shift
caminar to walk (12)
camino street, road (13)
camión *m.* truck
camisa shirt (3)
camiseta T-shirt (3)
campeón *m.* champion
campeonato championship
campesino/a *n.* farm worker (15); *adj.*
  country
campo *n.* country(side) (15); field (15)
cana gray hair; white hair
Canadá *m.* Canada
canal *m.* channel (*T.V.*) (11)
canción *f.* song
cancha de tenis tennis court
candidato/a candidate
canoa canoe
cansado/a tired (4)
cansarse to get tired
cantar to sing (1)
cantidad *f.* quantity, amount
caña (sugar) cane
capacidad *f.* capacity
capacitado/a capable
capital *f.* capital (city)
capitalista *m., f.* capitalist
capitán *m.* pilot; captain
capítulo chapter
cara face
carácter *m.* character
característica characteristic
cárcel *f.* jail (17)
cargado/a (de) loaded (with)
cargar (gu) to charge (*to an account*) (16)
cariño affection
cariñoso/a affectionate (4)
carne *f.* meat (6)
carnicería meat market, butcher's shop
caro/a expensive (3)
carpintero/a carpenter
carrera course of study; race; career,
  profession (8)
carretera highway (13)
carro car
carta letter (3); (playing) cards (14); **papel**
  (*m.*) **para cartas** stationery (20)
cartera wallet
casa house (2); **casa de apartamentos**
  apartment house; **(estar) en casa** (to be)
  (at) home (3); **regresar a casa** to return
  home (1)
casado/a married (2)
casarse (con) to get married (to) (16)
casero/a family-style, home-style
casi almost (2)
caso case; **en caso de que** in case (14)

castellano Castilian (language)
castellano/a Castilian, *from or pertaining to*
  the Spanish region of Castile
castigar (gu) to punish (17)
castigo punishment (17)
Castilla Castile (*province of Spain*)
casualidad: por casualidad by chance
catalán *m.* Catalan (language)
catalán, catalana Catalan, *from or*
  pertaining to the Spanish region of
  Catalonia
Cataluña Catalonia (*province of Spain*)
catedral *f.* cathedral
catorce fourteen (A)
causa cause; **a causa de** because of, on
  account of
causar to cause
cautiverio captivity
cebra zebra
ceguera blindness
celebración *f.* celebration
celebrar to celebrate (10)
cena supper; evening meal (6)
cenar to have, eat supper, dinner (6)
Cenicienta Cinderella
centavo cent
centígrado/a centigrade
céntrico/a central, focal
centro center; downtown (9)
centroamericano/a Central American
cepillo brush
cerca de *prep.* near, close to (4)
cercanía proximity, closeness
cerdo hog, pig
cerebro skull; brain
ceremonia ceremony
cero zero (A)
cerrado/a closed (4)
cerrar (ie) to close (5)
cervecería brewery
cerveza beer (1)
ceviche *m. spiced dish of raw fish marinated*
  in lemon juice
ciclismo *n.* cycling
ciclo cycle
ciego/a blind
cielo sky, heaven
cien(to) one hundred (2); **por ciento** per
  cent (16)
ciencia science (1); **ciencias políticas** *pl.*
  political science
cierto/a certain (9); true; **no es cierto que**
  it is not certain that (9)
cigarrillo cigarette
cinco five (A)
cincuenta fifty (2)
cine *m.* movie theater; movies (4)
cinta tape
cinturón *m.* belt (3); **cinturón de**
  seguridad seat belt
circulación *f.* traffic (13)
circunstancia circumstance; incident
cita date, appointment (4)
ciudad *f.* city (2); **ciudad universitaria**
  campus
ciudadano/a citizen (8)
ciudadela citadel
civilización *f.* civilization
clarinete *m.* clarinet
claro/a clear; **está claro** it's clear, obvious

(4); **claro** of course

clase *f.* class (1); **clase turística** tourist class (7); **primera clase** first class (7)

clásico/a classic

cláusula clause

clave: pregunta clave key question

cliente *m., f.* client

clima *m.* climate (5)

clínica clinic

club *m.* club

cobarde coward

cobrar to cash (*a check*) (16); to charge (*someone for an item or service*) (16)

cobre *m.* copper

cocina kitchen (9)

cocinar to cook (9)

coco coconut; **más feo que el coco** uglier than the bogeyman (sin)

coctel *m.* cocktail party

coche *m.* car (2)

cochino pig

cognado cognate

coincidir to coincide

cola tail; line; **hacer cola** to stand in line (7)

coleccionar to collect

colega *m.* colleague

colegio elementary or secondary school; **colegio mayor** dormitory

colgar (ue) (gu) to hang

colocar (qu) to place

colombiano/a Colombian

Colón: Cristóbal Colón Christopher Columbus

colonia colony

colonización *f.* colonization

color *m.* color

comandante *m.* commander, leader

combatir to fight

combinación *f.* combination

combinar to combine

comedia play (*theater*) (14)

comedor *m.* dining room (9)

comentar to comment (on)

comentario comment, commentary

comenzar (ie) (c) to commence, begin

comer to eat (3)

comerciante *m., f.* merchant (8)

comerciar to trade

comercio business (1)

comestibles *m. pl.* food

cometer to commit

cómico/a comic, funny, amusing

comida food (2); midday meal

comité *m.* committee

como as a; like; since; **como si** as if (18); **como si nada** as if nothing were wrong

¿cómo? how? (A); how's that again?; **¿cómo es ____?** what is ____ like?; **¿cómo está(s)?** how are you? (A); **¡cómo no!** of course!; **¿cómo que... ?** what do you mean . . . ?; **¿cómo se dice... ?** how do you say . . . ?; **¿cómo se llama Ud.?, ¿cómo te llamas?** what is your name? (A)

cómoda bureau, chest of drawers

comodidad *f.* comfort (17)

cómodo/a comfortable

compañero/a companion; friend (6); **compañero/a de cuarto** roommate (6)

compañía company

comparación *f.* comparison

comparar to compare

comparativo/a comparative

compartir to divide into equal parts; to share (19)

competencia competition

competente competent

complejo *n.* complex

complemento object; **complemento directo** direct object; **complemento indirecto** indirect object

completar to complete

completo/a complete

comportamiento behavior

comportarse to behave oneself

composición *f.* composition

compra *n.* purchase (13); **de compras** shopping (3)

comprar to buy (1)

comprender to understand (3)

comprensivo/a comprehensive, capable of understanding

compromiso commitment, engagement

computadora computer (13)

común common, usual, ordinary

comunicación *f.* communication

comunicarse (qu) (con) to communicate (with) (17)

comunidad *f.* community

comunista *m., f.* communist

comunitario/a *adj.* community

con with (1); **con cheque** by check (16); **con tal (de) que** provided that (14)

concentración *f.* concentration

concentrar to concentrate

concepto idea, concept

concierto concert

concluir (y) to conclude

concordancia agreement, harmony

condado county

conde *m.* earl, count

condición *f.* condition

conducir (*like* producir) to conduct; to drive (*a vehicle*) (13)

conductor(a) driver (7); conductor (13)

confianza confidence

confianzudo/a overly familiar

confiar (en) to confide (in)

confirmar to confirm (19)

confitería confectioner's shop, sweet-shop

conflicto conflict

confrontación *f.* confrontation

confrontar to confront

confundido/a confused

confuso/a *adj.* confusing

congelar to freeze

congestionado/a congested (12)

conjugar (gu) to conjugate

conjunción *f.* conjunction

conjunto totality, whole

conmigo with me (4)

conocer (zc) to know, be acquainted with (6)

conocido/a known, well-known

conocimiento knowledge

conquista conquest

conquistador(a) conqueror

consecuencia consequence

conseguir (i, i) (ga) to get, obtain (8)

consejero/a counselor (1)

consejo advice (7)

conservador(a) conservative

conservar to conserve, save (15)

considerar to consider, think

consigna baggage check

consigo with him, with her, with you **(Ud.)**, with you **(Uds.)**

constante firm, persevering, loyal; constant

constipado/a suffering from a cold

constitución *f.* constitution

construcción *f.* construction

construido/a constructed, built

construir (y) to construct (15)

consulta consultation, conference

consultar to consult

consultorio (doctor's) office (12)

contacto contact

contado: al contado (in) cash (16)

contaminación *f.* pollution (5); **hay contaminación** there is pollution (5)

contaminado/a contaminated, polluted

contaminar to pollute (15)

contar (ue) to count; to tell (about) (10)

contener (*like* tener) to contain, hold (13)

contento/a happy (4)

contestar to answer (4)

contigo with you **(tú)** (4)

continente *m.* continent

continuar to continue

contra: en contra de against, in opposition to

contracción *f.* contraction

contraer (*like* traer) to contract; **contraer matrimonio** to marry, get married

contrario: de lo contrario if that were not the case

contrato contract

contribuir (y) to contribute

controlar to control

controversia controversy

convencional conventional

conveniente convenient

convenir (*like* venir) to agree

conversación *f.* conversation

conversar to converse

convertir (ie, i) to convert, change, transform

copa (*alcoholic*) drink (20)

coral *m.* coral

corazón *m.* heart (12)

corbata tie (3)

cordillera chain or ridge of mountains

coronar to crown

corral *m.* corral

corrección *f.* correction

correcto/a correct, right

corregir (i, i) (j) to correct

correo mail; post office (20); **oficina de correos** post office

correr to run (12)

corresponder to correspond

corriente *f.* (*electrical*) current; **cuenta corriente** checking account (16)

cortar to cut (off)

cortés courteous

cortesía courtesy, politeness

corto/a short (*in length*) (2)

cosa thing (1)

cosecha harvest

cosmopolita *m., f.* cosmopolitan

costa coast

costar (ue) to cost
costarricense adj. Costa Rican
costo cost
costoso/a expensive, costly
costumbre f. custom (18)
cotidiano/a daily, every day (14)
crear to create
crecer (zc) to grow
crédito: tarjeta de crédito credit card (16)
creer (y) (en) to think, believe (in) (3)
criado/a servant (8)
crimen m. crime
criminal m., f. criminal
crisis f. crisis
crisol m. crucible; **crisol de las razas** "melting pot"
cristal m. crystal
criticar (qu) to criticize
cruzar (c) to cross (19)
cuaderno notebook (1)
cuadra block (group of houses)
cuadro painting; **de cuadros** plaid (3)
¿cuál? what?, which? (A); **¿cuál(es)?** which one(s)? (A)
cualidad f. quality
cualquier(a) any (12)
cuando when; **de vez en cuando** from time to time
¿cuándo? when? (A)
cuanto how much; **en cuanto** conj. as soon as (19); **en cuanto a** prep. with regard to, regarding (16)
¿cuánto/a? how much? (A)
¿cuántos/as? how many? (A)
cuarenta forty (2)
cuartel m. quarter; dwelling; home
cuarto n. room (1); **compañero/a de cuarto** roommate (6); **cuarto de baño** bathroom; quarter; **(las dos) menos cuarto** a quarter till (two) (A); **(las dos) y cuarto** (two) fifteen, a quarter after (two) (with time) (A)
cuarto/a adj. fourth (13)
cuatro four (A)
cuatrocientos/as four hundred (3)
cubano/a Cuban (18)
cubierto/a (de) p.p covered (with)
cubrir (p.p. **cubierto/a**) to cover (14)
cuchara spoon
cuchillo knife
cuenca river basin; bowl
cuenta check, bill (6); account; **cuenta corriente** checking account (16); **cuenta de ahorros** savings account (16); **darse cuenta de** to realize; **más de la cuenta** more than one should have; **tomar en cuenta** to take into account (17)
cuento story
cuero leather
cuerpo body (11)
cuestión f. question, matter (16); **es cuestión de** it's a matter of (17)
cuidado care; **con cuidado** carefully; **¡cuidado!** careful!, be careful!; **tener cuidado (de)** to be careful (about)
cuidadoso/a careful
cuidarse to take care of oneself (12)
culpa fault; **echar la culpa** to blame; **tener la culpa** to be responsible for, be to blame for

cultivar to cultivate; to grow
culto/a pure; cultured, civilized
cultura culture (18)
cumpleaños s. birthday (3)
cumplir to accomplish, fulfill; **cumplir ____ años** to reach ____ years (of age)
cuñado/a brother-in-law, sister-in-law
cura m. priest
curioso/a curious
curso course (1)

CH

chamaco/a child (Mex.)
champán m. champagne
champú m. shampoo (20)
chaperón, chaperona chaperone
chaqueta jacket (3)
charlar to chat
chavo money, "dough" (Puerto Rico)
cheque m. check (8); **con cheque** by check (16); **cheque de viajero** traveler's check
chévere terrific, great (Puerto Rico)
chicano/a Chicano/a, of or pertaining to Mexican-Americans in the U.S. (18)
chicle m. chewing gum
chico/a n. child; boy, girl (11)
chileno/a Chilean
chimpancé m. chimpanzee
chino m. Chinese (language)
chino/a Chinese
chisme m. gossip; misrepresentation
chiste m. joke (10)
chocar (qu) (con) to collide, clash (with), hit (13)
chocolate m. chocolate
choque m. accident
chorizo (type of) sausage
chuleta (de cerdo) (pork) chop (6)
chulo: ¡qué chulo! how cute, good-looking! (Mex.)

D

dama lady, woman; **dama de honor** bridesmaid
danza dance
daño harm; **hacerse daño** to hurt oneself (11)
dar (irreg.) to give (7); **dar a luz** to give birth; **dar una fiesta** to give a party (10); **dar lugar a** to give rise, cause to **dar un paseo** to take a walk (14); **darse cuenta (de)** to realize; **darse la mano** to shake hands
dato fact de
prep. of, from (A); about; **de joven (niño/a)** as a youth (child) (12); **de nada** you're welcome (A); **de repente** suddenly (12)
debajo adv. underneath, below; **debajo de** prep. under, below
deber m. obligation (17)
deber to owe; **deber** + inf. should, must, ought to (do something) (3)
debido a due to
débil weak; **puntos débiles** weak points
decidir to decide (13)
décimo/a adj. tenth (13)
decir (irreg.) to say, tell (7); **es decir** that is to say
decisión f. decision

declaración f. declaration
declarar to declare (19); **tener algo que declarar** to have something to declare (customs) (19)
decoración f. (interior) decoration, decor
decorar to decorate
dedicarse (qu) to dedicate oneself
dedo finger
defensor(a) defender, protector
definición f. definition
definido/a definite; **artículo definido** definite article
dejar to leave (behind) (8); to quit (8); to let, allow; **dejar caer** to drop; **dejar de** + inf. to stop (doing something) (12); **no deje(s) de** + inf. don't forget to (do something)
del (contraction of **de** + **el**) of, from the
delante de prep. in front of (4)
delgado/a thin (2)
delicado/a delicate
delicioso/a delicious
delito crime (15)
demás: lo demás the rest, the remaining; **los/las demás** the others (7); **por lo demás** as for the rest, apart from this
demasiado/a adj. too much
demasiado adv. too, too much (4)
democracia democracy
demócrata m., f. democrat
democrático/a democratic
demógrafo demographer
demonio demon, devil
demora delay (7)
demorar to delay
demostrar (ue) to demonstrate
demostrativo/a demonstrative; **adjetivo demostrativo** demonstrative adjective; **pronombre demostrativo** demonstrative pronoun
denso/a dense (15)
dental: pasta dental toothpaste (20)
dentista m., f. dentist
dentro de-prep. inside
departamento department
depender (de) to depend (on)
dependiente/a clerk (1)
deporte m. sport (12)
deportista m., f. sportsman/woman (14)
deportivo/a adj. sporting, sports
depositar to deposit
derecha: a la derecha (de) to the right (of) (direction) (4); **salir a derechas** to turn out right
derecho n. right; law (17); **derechos** pl. customs duty (19); **derecho** adv. (straight) ahead (7); **todo derecho** straight ahead (13)
derrota defeat
desacuerdo disagreement
desagradable disagreeable
desanimar to dishearten, discourage
desaparecer (zc) to disappear
desarrollar to develop (15)
desarrollo development (15)
desastre m. disaster
desastroso/a disastrous, miserable
desayunar to eat breakfast (6)
desayuno breakfast (6)
descansado/a rested

descansar to rest (3)
descanso *n.* rest, sleep
descendiente *m., f.* descendant (18)
desconcertante *adj.* disconcerting, puzzling
desconocido/a unknown
descontento/a unhappy
descortés discourteous
describir (*p.p.* **descrito/a**) to describe
descripción *f.* description
descrito/a *p.p.* described
descubierto/a *p.p.* discovered
descubrimiento discovery
descubrir (*p.p.* **descubierto/a**) to discover (14)
descuento discount
desde *prep.* from; **desde que** *conj.* since; **desde luego** of course
desear to want (1)
desempleo unemployment
deseo desire, wish
desesperar to despair, lose hope
desgracia disgrace; misfortune
desgraciadamente unfortunately
desierto/a deserted
desigualdad *f.* inequality (16)
desinflado/a: llanta desinflada flat tire (13)
desocupado/a unoccupied, vacant, free (14)
despacio *adv.* slowly
despedida closing (*of a letter*); leave-taking
despedir (i, i) to fire (8); **despedirse (de)** to say goodbye (to) (10)
despegar (gu) to take off (*with planes*) (7)
despejado/a clear, cloudless
despertador *m.* alarm clock (11)
despertar (ie) to wake (*someone up*) (9); **despertarse** to awaken, wake up (9)
desplazarse (c) to move (*to another place*)
despreocupado/a carefree
después de *prep.* after (4); **después (de) que** *conj.* after (19)
destacar (qu) to stand out, excel
destino destination; destiny
destruido/a destroyed
destruir (y) to destroy (15)
desvalorización *f.* diminishing of value
desventaja disadvantage (13)
detalle *m.* detail
determinado/a determined; specific
detrás de *prep.* behind (4)
devolver (ue) (*p.p.* **devuelto/a**) to return; to refund, give back
día *m.* day (1); **buenos días** good morning (A); **Día** (*m.*) **de Gracias** Thanksgiving Day (10); **hoy día** nowadays; **todos los días** every day (1)
diablo devil
diagnosticar (qu) to diagnose
diálogo dialogue
diamante *m.* diamond
diario/a daily
dibujo cartoon; sketch, drawing
diccionario dictionary (1)
diciembre *m.* December (5)
dictador *m.* dictator
dictadura dictatorship (17)
dicho *n.* saying
dicho/a *p.p.* said; **mejor dicho** rather
diecinueve nineteen (A)
dieciocho eighteen (A)

dieciséis sixteen (A)
diecisiete seventeen (A)
diente *m.* tooth
dieta diet; **a dieta** on a diet (6)
diez (*pl.* **dieces**) ten (A)
diferencia difference
diferente different
difícil difficult, hard (4)
dificultad *f.* difficulty (12)
difunto/a dead, deceased
diga hello (*answering telephone*)
digestión *f.* digestion
dignidad *f.* dignity
diminutivo *n.* diminutive
dineral *m.* large sum of money
dinero money (1)
Dios *m.* God; **por Dios** for heaven's sake (17)
diplomático/a diplomatic
dirección *f.* address (9); director's office; direction, guidance
directamente directly
directo/a direct
director(a) manager, director (8)
dirigir (j) to direct
disco (phonograph) record (11); **frenos de disco** disc brakes
discoteca disco(theque)
discreto/a discreet
disculpa excuse, apology
disculparse to excuse oneself, apologize
discurrir to reflect, think; to plan
discurso speech
discusión *f.* discussion
discutir to discuss; to argue, debate
diseñar to draw, design
disfraz *m.* (*pl.* **disfraces**) costume; **baile** (*m.*) **de disfraces** costume party
disfrutar (de) to enjoy
disidente dissident, nonconformist
disponible available, on hand
dispuesto/a (a) disposed, willing (to)
distancia distance
distinto/a different
distraído/a distracted, absent-minded (11)
distribuir (y) to distribute
diversidad *f.* diversity, variety
diversión *f.* diversion, entertainment, amusement
divertido/a amusing, funny, pleasant (7)
divertir (ie, i) to amuse, entertain (9); **divertirse** to have a good time, enjoy oneself (9)
dividir to divide
divorciarse to get divorced
divorcio *n.* divorce (4)
doblado/a dubbed (14)
doblar to turn (7)
doble double
doce twelve (A)
doctor(a) doctor
dólar *m.* dollar
doler (ue) to hurt, ache (11)
dolor *m.* pain; **tener dolor de** to have a pain in (12)
doméstico/a domestic (9)
dominado/a dominated
domingo Sunday (4)
don *title of respect used with a man's first name*

donde where
¿dónde? where? (A); **¿adónde?** where (to)? (4); **¿de dónde?** from where? (2)
doña *title of respect used with a woman's first name*
dormir (ue, u) to sleep (5); **dormirse** to fall asleep (9)
dos two (A)
doscientos/as two hundred (3)
drama *m.* drama, play
dramático/a dramatic
ducha shower (19)
duda doubt; **no hay duda** there's no doubt; **sin duda** without a doubt
dudar to doubt (9)
dudoso/a doubtful
dueño/a owner (6); landlord/lady
dulce *m.* sweet, piece of candy (7); **pan** (*m.*) **dulce** sweet roll
durante during; for (*a period of time*)
durar to last (14)
duro/a hard

E

e and (*used instead of* **y** *before words beginning with* **i** *or* **hi**)
economía economy
económico/a economical (7)
economizar (c) to economize (16)
ecuador *m.* equator
ecuatoriano/a Ecuadorian
echar to throw; **echar la culpa** to blame; **echar raíces** to put down roots; **echar una siesta** to take a nap
edad *f.* age; **Edad Media** Middle Ages; **tener ___ años (de edad)** to be ___ years old (3)
edificio *n.* building (1)
educación *f.* education
educar (qu) to educate, teach
educativo/a educational
efecto effect; **en efecto** in effect
eficiente efficient
egoísmo egotism, selfishness
egoísta *m., f.* egotistical, selfish (17)
¿eh? *tag phrase with approximate English equivalent of* okay?
ejecutivo/a *n.* executive
ejemplo: por ejemplo for example (17)
ejercicio exercise (3); **hacer ejercicio** to exercise, get exercise (12)
ejército army
el the (*m. definite article*)
él *sub. pron.* he; *obj. of prep.* him
elección *f.* election
electivo/a elective
electricidad *f.* electricity
eléctrico/a electric
elefante *m.* elephant
elegante elegant
elegir (i, i) (j) to select, choose
eliminar to eliminate
ella *sub. pron.* she; *obj. of prep.* her
ellos/as *sub. pron.* they; *obj. of prep.* them
embarazada pregnant
embargo: sin embargo however, nevertheless
emigración *f.* emigration
emigrante *m., f.* emigrant

emigrar to emigrate (18)
eminente eminent
emitir to emit (*an opinion, etc.*); to utter, declare
emoción *f.* emotion (10)
emocionar to arouse emotion in, excite
emocionante *adj.* touching, thrilling
empellón: a empellones rudely; with violence
emperador *m.* emperor
emperatriz *f.* (*pl.* **emperatrices**) empress
empezar (ie) (c) to begin (5); **empezar a** + *inf.* to begin to (*do something*) (5)
empleado/a employee (8)
emplear to use
empleo job, employment; **agencia de empleos** employment agency
empresa corporation; enterprise (8)
en in, on, at (A)
enamorado/a in love (4); **Día** (*m.*) **de los Enamorados (de San Valentín)** Valentine's Day
enamorarse (de) to fall in love (with)
encabezar (c) to head
encantado/a pleased to meet you (A)
encantador(a) *adj.* charming
encantar to enchant (15)
enciclopedia encyclopedia
encima *adv.* above, over; overhead; **encima de** *prep.* on top of
encontrar (ue) to find (7)
enemistad *f.* hatred, enmity
energía energy (15)
enero January (5)
enfermarse to get sick (12)
enfermedad *f.* illness (12)
enfermería infirmary
enfermero/a nurse (8)
enfermo/a sick (4)
enfrentarse (con) to face (up to), confront
enfrente *adv.* in front, opposite; **enfrente de** *prep.* in front of
engordar to fatten, make fat
enlace *m.* link
enlatado/a *adj.* canned
enojado/a angry
enojarse to get angry (10)
enorme enormous
ensalada salad (6)
enseñanza *n.* teaching
enseñar to teach (1)
entender (ie) to understand (16)
enterarse (de) to find out (about) (17)
entero/a whole, entire (9)
enterrar (ie) to bury
entonces then, in that case; **en aquel entonces** at that time
entrada entrée, main course; (*movie, theater*) ticket (14); entry way
entrar (en) to enter, go in (4)
entre *prep.* between, among (4)
entregar (gu) to hand in, over (19)
entremeses *m. pl.* appetizers (10)
entrenamiento *n.* training
entrevista interview (8)
entrevistador(a) interviewer
entrevistar to interview (8)
entusiasmado/a enthusiastic
enyesadura *n.* plastering
época era, time (*period*) (11)

equipado/a *adj.* equipped
equipaje *m.* baggage, luggage (7)
equipo team (*in sporting events*); equipment (14)
equivalente *m.* equivalent
equivocado/a mistaken
equivocarse (qu) to be wrong, make a mistake (11)
error *m.* error
escala: hacer escalas to have, make stopovers (7)
escaleras *pl.* stairs, steps
escándalo scandal
escapar to escape, get away
escasez *f.* (*pl.* **escaseces**) scarcity, lack (15); poverty
escaso/a small, limited; little
escena scene
escenario stage; (*cinema*) scenario
escoger (j) to choose, select
escondido/a hidden
escribir (*p.p.* **escrito/a**) to write (3); **escribir a máquina** to type
escrito/a *p.p.* written
escritorio desk (1)
escuchar to listen (to) (5)
escuela school; **escuela primaria** elementary school; **escuela secundaria** high school
escultórico/a sculptured
escultura sculpture, carved work
ese, esa *adj.* that; **ése, ésa** *pron.* that one
esforzarse (ue) (c) to make an effort
esfuerzo effort
esmero careful attention; elaborate effort
eso that, that thing, that fact; **eso es** that's right; **por eso** therefore, that's why (1)
esos/as *adj.* those; **ésos/as** *pron.* those (ones)
espacio space
España Spain
español *m.* Spanish (*language*) (1)
español(a) Spanish (2)
especial *n.* special
especie *f.* kind, type
especialidad *f.* specialty; **especialidad de la casa** specialty of the house
especialista *m., f.* specialist
especialización *f.* specialization, "major" (*field of study*)
especializarse (c) to major (*in an academic area*)
especie *f.* species, kind, class
específico/a specific
espectáculo spectacle, show
especulación *f.* speculation, venture
especulativo/a speculative, thoughtful
espejo mirror
espera: sala de espera waiting room (7)
esperanza hope (16)
esperar to wait (for) (6); to expect (6); to hope
esposo/a husband, wife (2); **esposas** *f. pl.* handcuffs
esquí *m.* ski
esquiar to ski (14)
esquina corner (*of a street*) (13)
estabilizador(a) *adj.* stabilizing, giving stability
establecerse (zc) to establish oneself (18)

establecimiento establishment
estación *f.* season (5); station (5); **estación de gasolina** gas station (13); **estación del metro** metro (subway) stop (20)
estacionamiento parking (lot)
estacionar(se) to park (13)
estadio stadium (14)
estado state (2)
Estados Unidos *pl.* United States
estadounidense *m., f.* person from the United States
estallar to break out (*conflict, war, etc.*)
estancia stay, sojourn; ranch
estanco tobacco stand (20)
estanque *m.* pond
estante *m.* bookcase
estar (*irreg.*) to be (4); **está bien** it's okay, fine (4); **está claro** it's clear, obvious (4); **está nublado** it's cloudy, overcast (5); **estar aburrido/a** to be bored (4); **estar atrasado/a** to be late (4); **estar de acuerdo (con)** to be in agreement (with) (4); **estar de vacaciones** to be on vacation (7); **estar listo/a (para)** to be ready (to) (8)
estatua statue
estatura stature, height
este/a *adj.* this (2); **éste/a** *pron.* this one; **en este momento** at the moment, right now (4); **esta noche** tonight (4); **este** uh, um (*vocalized pause*)
estéreo stereo
estereotipo stereotype
estilo style
estimado/a estimated; esteemed
esto this, this thing, this matter (2)
estómago stomach (12)
estos/as *adj.* these (2); **éstos/as** *pron.* these (ones)
estructura structure
estudiante *m., f.* student (1)
estudiantil *adj.* of or pertaining to student(s); **residencia (estudiantil)** dormitory
estudiar to study (1)
estudio study (*room*); **estudios** studies, schoolwork
estudioso/a studious
estufa stove (9)
estupendo/a wonderful, marvelous
etcétera et cetera
eterno/a eternal
etiqueta ceremony, etiquette; (price) tag
étnico/a ethnic (18)
Europa Europe
europeo/a European
evaluar to evaluate
evento event, happening
evidente evident
evitar to avoid
exacto *adv.* exactly
exageración *f.* exaggeration
examen *m.* exam (2)
examinar to examine (12)
excelente excellent
excepción *f.* exception
exceso: en exceso excessively; in excess
excursión *f.* excursion, trip
exhibición *f.* exhibition
exhibir to exhibit

exigente *adj.* demanding
exiliado/a expatriate, person in exile (18)
exilio exile (18)
existente existing
existir to exist
éxito success; **tener éxito** to be successful
exótico/a exotic
experiencia experience
experimentar to experience; to experiment (18)
experimento experiment
experto/a expert
explicar (qu) to explain
exploración *f.* exploration
explotación *f.* exploitation
explotar to exploit (15)
expresar to express
expresión *f.* expression
extender (ie) to extend
extendido/a extended
extenso/a extensive
extranjero *n.* abroad; **ir al extranjero** to go abroad (19); **en el extranjero** to travel abroad (16)
extranjero/a *n.* foreigner (1); *adj.* foreign
extrañar to miss (*the presence of someone or something*)
extraño/a strange; **es (qué) extraño** it is (how) strange (8)
extraoficial non-official
extraordinario/a extraordinary
extremo/a extreme

F

fabada *Asturian stew made of pork and beans*
fábrica factory (15)
fabricante *m.* manufacturer, maker
faceta facet
fácil easy (4)
facilidad *f.* ease; ability, facility (*for learning or doing something*)
factura bill, invoice (16)
facturar to check (*luggage*) (7)
facultad *f.* college, school (*of a university*); **Facultad de Medicina** School/College of Medicine
falda skirt (3)
falso/a false
falta lack (18)
faltar to be absent, missing, lacking (10)
fallar to fail
familia family (2)
familiar *n. m.* relation, member of the family; *adj.* of or pertaining to the family (2)
famoso/a famous
fantasma *m.* ghost, phantom
farmacéutico/a pharmacological
farmacia drugstore, pharmacy (12)
fascinante *adj.* fascinating
fascinar to fascinate; to enchant
fatal fatal, terrible, bad
favor *m.* favor; **favor de** + *inf.* please (*do something*); **por favor** please (A)
favorito/a favorite
febrero February (5)
fecha date (5); **¿cuál es la fecha de hoy?** what is today's date?; **con fecha de hoy** as of today
federal federal
felicidad *f.* happiness; **felicidades** *pl.* congratulations
felicitaciones *f. pl.* congratulations (10)
feliz (*pl.* **felices**) happy (10); **Felices Pascuas** Merry Christmas (10); **Feliz Navidad** Merry Christmas (10)
femenino/a feminine
fenomenal phenomenal
fenómeno phenomenon
feo/a ugly (2)
feria fair
festivo: día (*m.*) **festivo** holiday
fichero (card) file; index
fiebre *f.* fever (12)
fiel honest, faithful; loyal
fiesta party (1); feast; **dar/hacer una fiesta** to give a party (10)
figura figure
figurita figurine
fijarse to imagine; **fijarse en** to take notice (of), pay attention (to)
fijo/a fixed; **precio fijo** fixed price (3)
filosofía philosophy
fin *m.* end; **fin de semana** weekend (4); **a fines de** at the end of; **al fin y al cabo** after all, in the end; **en fin** in short; **por fin** finally (17)
final *n. m., adj.* final; **al final de** at the end of (16)
financiero/a financial
finca farm (15)
firmar to sign
firme steady, firm
física *s.* physics
físico/a *adj.* physical
fisiología physiology
flan *m.* custard (6)
flor *f.* flower (6)
florecer (zc) to flower, blossom, bloom
florero flower-pot; (flower) vase
fondos *pl.* funds, funding
forma form, manner
formalidad *f.* formality
formar to form
fórmula formula
formulario questionnaire
fósforo match (*for lighting things*) (20)
foto(grafía) *f.* photo(graph) (10)
fotográfico/a photographic
francés *m.* French (*language*) (1)
francés, francesa *adj.* French (2)
Francia France
frasco flask, bottle
frase *f.* phrase, sentence
fraternidad *f.* fraternity; brotherhood
frecuencia frequency; **con frecuencia** frequently
frecuentemente frequently
frenos brakes (13); **frenos de disco** disc brakes
frente a facing
fresco/a fresh; **hace fresco** it's cool (weather) (5)
frialdad *f.* coldness
frijoles *m. pl.* beans (6)
frío *n.* cold(ness)
frío/a *adj.* cold; **hace (mucho) frío** it's (very) cold (weather) (5); **tener (mucho)**
frío to be (feel) (very) cold (3)
frito/a fried (6); **papas fritas** French fries (6)
frontera border, frontier (19)
fronterizo/a *adj.* frontier, border
fruta fruit (6)
frutería fruit store
fuego fire
fuera *adv.* outside; **fuera de** *prep.* out of
fuerte strong; loud; **plato fuerte** main dish; **puntos fuertes** strong points
fuerza force
fumar to smoke (7); **sección de (no) fumar** (no) smoking section (7)
función *f.* function; performance (14)
funcionar to function; to run, work (*with machines*) (8)
fundar to found, establish
furioso/a furious (4)
fusilar to shoot
fútbol *m.* soccer (14); **fútbol norteamericano** football (14)
futuro *n.* future (16)
futuro/a *adj.* future

G

gafas (eye)glasses
galleta cookie (6)
gallo rooster
gambas *pl.* shrimp
gana desire, inclination
ganadero/a *of or pertaining to cattle*
ganado cattle
ganancias earnings (16)
ganar to earn (8); to win (8); **ganarse la vida** to earn a living
ganas: tener ganas de + *inf.* to feel like (*doing something*) (3)
ganga bargain (13)
garaje *m.* garage (9)
garantizar (c) to guarantee (17)
garganta throat (12)
gas *m.* gas; heat (9)
gasolina gasoline (13); **estación** (*f.*) **de gasolina** gas station (13)
gasolinera gas station (13)
gastar to use, expend (13); to spend (*money*) (16)
gasto expense (16)
gato/a cat
gazpacho tomato soup (*served cold*)
gemelo/a twin
generación *f.* generation
general general; **en general** generally, in general; **por lo general** generally, in general (4); **secretario/a general** registrar
género (*gram.*) gender
generoso/a generous
genio genius
gente *f. s.* people (12)
geografía geography
geográfico/a geographic
geología geology
geólogo geologist
gerente *m., f.* manager (19)
gerundio present participle
gesto gesture
gigante *n. m.* giant
gimnasio gymnasium
gitano/a gypsy

gobernador *m.* governor
gobernar (ie) to govern (17)
gobierno government (8)
golf *m.* golf (14)
goloso/a sweet-toothed; **ser goloso/a** to have a sweet tooth
gordo/a fat, plump (2)
gorila *m.* gorilla
gótico/a Gothic
gozar (c) (de) to enjoy
grabadora tape recorder (19)
gracias thanks (A); **Día** (*m.*) **de Gracias** Thanksgiving Day (10); **muchas gracias** thank you very much, many thanks (A)
gracioso/a funny
grado degree (*temperature*)
graduado/a graduate
graduarse to graduate
gramática grammar
gran, grande large, big (2); great (2)
grandeza greatness
granjero/a farmer, cattle rancher
gratis *inv.* free, gratis
grave grave, important; serious
gripe *f.* grippe, influenza
gris gray (3)
gritar to shout
grito shout
grupo group
guagua bus (*Cuba, Puerto Rico*); baby (*Chile, Ecuador, Peru*)
guante *m.* glove
guapo/a handsome, good-looking (2)
guardar to save (*a place*) (7)
guardia *m.* guard
guatemalteco/a Guatemalan
guayaba guava (18)
guayabera *embroidered shirt made of light material*
güero/a blond(e), light-haired, fair (*Mex.*)
guerra war (16); **guerra civil** civil war; **Segunda Guerra Mundial** Second World War
guerrillero/a *n.* guerrilla fighter; *adj. of or pertaining to guerrilla warfare*
guía *m., f.* guide; **guía telefónica** *f.* telephone book
guisante *m.* pea
guitarra guitar
gustar to be pleasing (7); **¿le/te gusta... ?** do you like . . . ? (A); **me gusta...** I like . . . . (A)
gusto *n.* like, preference (15); taste (15); pleasure (15); **a gusto** comfortable, "at home" (15); **mucho gusto** pleased to meet you (A); **por gusto** willingly (18)

H

haber (*irreg.*) infinitive form of **hay**; to have (*auxiliary*); **va a haber** there's going to be (13)
habilidad *f.* ability, skill
habitación *f.* room (19); **una habitación para una persona (dos personas)** a single (double) room
habitante *m., f.* inhabitant
habla *f.* (*but* **el habla**) speech (*language*); **de habla española** Spanish-speaking
hablar to speak, talk (1)

hace (dos años) (two years) ago (15)
hacer (*irreg.*) to do; to make (5); **hace ____ grados** it's ____ degrees (*temperature*); **hace buen (mal) tiempo** it's good (bad) weather (5); **hace calor (fresco, frío, sol, viento)** it's hot (cool, cold, sunny, windy) (weather) (5); **hacer autostop** to hitchhike; **hacer** *camping* to go camping; **hacer cola** to stand in line (7); **hacer ejercicio** to exercise, get exercise (12); **hacer escalas** to have/make stopovers (7); **hacer la cama** to make the bed (9); **hacer la maleta** to pack one's suitcase (7); **hacer novillos** (*coll.*) to play hooky, truant (*literally,* bullfighting); **hacer un viaje** to take a trip (5); **hacer una fiesta** to give a party (10); **hacer una pregunta** to ask a question (5); **hacerse** to become (10); **hacerse daño** to hurt oneself (11); **hacer planes para** + *inf.* to make plans to (*do something*) (14); **¿qué tiempo hace?** what's the weather like? (5)
hallar to find
hambre *f.* hunger; **tener hambre** to be hungry (3)
hamburguesa hamburger (6)
harina flour
hasta *prep.* until; **hasta luego** see you later (A); **hasta mañana** until tomorrow, see you tomorrow (A); **hasta que** *conj.* until (19)
hay there is, there are (A); **hay contaminación** there is pollution (5); **hay que** + *inf.* one must (*do something*), it's necessary to (*do something*) (13); **no hay más remedio** nothing can be done about it (10)
hecho *n.* event; **de hecho** in fact
hecho/a *p.p.* made, done; **trato hecho** it's a deal
helado ice cream (6)
hemisferio hemisphere
heredar to inherit
herencia inheritance, heritage
herida *n.* wound; injury
hermano/a brother, sister (2)
hielo ice (5)
hierba grass
hierro iron
higiene *f.* hygiene
higiénico: papel (*m.*) **higiénico** toilet paper
hijo/a child (2); son/daughter; **hijos** *m. pl.* children (2)
hipopótamo hippopotamus
hispánico/a Hispanic
hispano/a *n., adj.* Hispanic (person)
Hispanoamérica Spanish America
hispanoamericano/a Spanish American
historia history (1)
histórico/a historical
historieta short story or tale, short novel or anecdote
hogar *m.* home, house
hola hi (A)
hombre *m.* man (1); **¡hombre!** well!, man!; **hombre de negocios** businessman (8)
homogeneidad *f.* homogeneity
honor *m.* honor; **dama de honor** bridesmaid

honrado/a honest, upright
honrar to honor
hora hour; **¿a qué hora?** (at) what time? (A); **hora de** + *inf.* time to (*do something*); **por hora** per hour; **¿qué hora es?** what time is it? (A)
horario schedule, timetable (19)
horror *m.* horror
hospedaje *m.* lodging
hospedar to lodge, give lodging; **hospedarse** to lodge, take lodging
hospicio hospice
hospital *m.* hospital
hotel *m.* hotel (19); **hotel de lujo** luxury, first-class hotel (19)
hotelero hotelkeeper
hoy today (A); **hoy día** nowadays
huelga *n.* (labor) strike (17)
huésped(a) guest (19)
huevo egg (6)
humilde humble
humo *n.* smoke (7)
humor *m.* humor
huracán *m.* hurricane

I

ibérico/a Iberian; **Península Ibérica** Iberian Peninsula
ida *n.* departure; **de ida y vuelta** *adj.* round-trip (7); **billete** (*m.*) **de ida** one-way ticket (7)
idéntico/a identical
identidad *f.* identity
identificar (qu) to identify
idioma *m.* language (18)
iglesia church (4)
igual equal, same; **igual que** the same as
igualdad *f.* equality (16)
igualmente likewise (A)
ilegal illegal
ilusión *f.* illusion
imagen *f.* image
imaginación *f.* imagination
imaginar(se) to imagine
imitar to imitate
impaciente impatient
imperfecto/a imperfect
imperio empire
impermeable *m.* raincoat (3)
imponer (*like* **poner**) (*p.p.* **impuesto/a**) to impose
importación *f.* importation; imports
importancia importance
importante important
importar to be important, matter; **no importa** it doesn't matter
imposible impossible
imprenta: letra de imprenta print(ing)
imprescindible indispensable
impresión *f.* impression
impuesto tax (8)
inagotable inexhaustible, never-ending
inaugurar to inaugurate
incaico/a *adj.* Inca, Incan
incluido/a included
incluir (y) to include
incluso even, including
incómodo/a uncomfortable
increíble incredible (8)

indefinido/a indefinite; **artículo indefinido** indefinite article
independencia independence; **Día** (*m.*) **de la Independencia** Independence Day
indicación *f.* indication
indicar (qu) to indicate, point out
indicativo (*gram.*) indicative (*mood*)
indígena *m., f.* indigenous
indio/a Indian
individualidad *f.* individuality
individuo individual, person
industria industry
inesperadamente unexpectedly
infantil *of or pertaining to a child*
infección *f.* infection
infierno hell
infinitivo infinitive
inflación *f.* inflation
inflamado/a inflamed
influir (y) to influence
informado/a informed
informalmente informally
informar to inform (17); **informarse** to inquire, find out
informe *m.* report; **informes** *pl.* information, news
ingeniería engineering
ingeniero/a engineer (8)
Inglaterra England
inglés *m.* English (*language*) (1)
inglés, inglesa English (2)
iniciación *f.* initiation
inicial *adj.* initial
iniciar to initiate
inmediato/a immediate
inmigración *f.* immigration (19)
inmigrante *m., f., adj.* immigrant (18)
inocente *n.* fool; *adj.* innocent; **Día** (*m.*) **de los Inocentes** Fool's Day (*December 28*)
inolvidable unforgettable
inquieto/a uneasy
inquilino/a renter, tenant (9)
insecto insect
insistir en + *inf.* to insist on (*doing something*) (3)
insomnio insomnia
inspector(a) (**de aduanas**) (customs) inspector (19)
instalar to install
institución *f.* institution
instituto institute; secondary school
instrucción *f.* instruction
instrumento instrument
insuficiente insufficient
integridad *f.* integrity
intelectual intellectual
inteligente intelligent
intensidad *f.* intensity
intensificar (qu) to intensify
intercambio interchange
interés *m.* interest
interesante *adj.* interesting
interesar to interest, be interesting
interior *n. m., adj.* interior; inside; **ropa interior** underwear
intermediario/a intermediary
internacional international
interno/a internal
interpretar to interpret
intérprete *m., f.* interpreter

interrogativo/a interrogative
interrumpir to interrupt
íntimo/a close, intimate
invencible invincible; **Armada Invencible** Invincible Armada
inventar to invent
inventario inventory (8)
invierno winter (5)
invitación *f.* invitation
invitado/a *n.* guest; *adj.* invited
invitar to invite (4)
inyección *f.* injection
ir (*irreg.*) to go (3); **ir al extranjero** to go abroad (19); **ir de vacaciones** to go on vacation (7); **irse** to leave, go away (10)
irlandés, irlandesa Irish
irritado/a irritated, annoyed
isla island (18)
Italia Italy
italiano/a Italian
izquierda: a la izquierda (de) to the left (of) (*directions*) (4)
izquierdo/a left (*direction*); **levantarse con el pie izquierdo** to get up on the wrong side of the bed (11)

J

jabón *m.* soap (20)
jamás never (6)
jamón *m.* ham (6)
Japón *m.* Japan
japonés *m.* Japanese (*language*)
japonés, japonesa Japanese
jarabe *m.* (cough) syrup (12)
jardín *m.* garden
jarro jug, pitcher
jefe/a boss (8)
jerez *m.* (*pl.* **jereces**) sherry
jesuita *m., f.* Jesuit
jíbaro/a countryman/woman (*Puerto Rico*)
jirafa giraffe
jornada workday, schedule
joven *n. m., f.* young person; *adj.* young (2); **de joven (niño/a)** as a youth (child) (12)
jubilar to retire
judía green bean
juego game; **Juegos Olímpicos** Olympic Games
jueves *m.* Thursday (4)
jugador(a) *n.* player (14)
jugar (ue) (gu) (a) to play (*sports, games*) (5)
jugo juice (6)
juguete *m.* toy
julio July (5)
junio June (5)
junto a alongside of, next to
junto/a *adj.* together (6)
jurar to swear
justo/a *adj.* precise, exact; **justo** *adv.* exactly
juventud *f.* youth
juzgar (gu) to judge; to form or give an opinion

K

kilo *m.* kilogram (*approx. 2.2 pounds*)
kilómetro kilometer (*approx. .62 miles*)

L

la the (*f. definite article*)
la *d.o.* you (*form. s.*), her, it (*f.*)
laboratorio lab, laboratory
lado side; **al lado de** beside; **por un lado** on one hand; **por otro lado** on the other hand
ladrón, ladrona thief (14)
lagarto lizard
lago lake
lamentablemente unfortunately
lámpara lamp
langosta lobster (6)
lápiz *m.* (*pl.* **lápices**) pencil (1)
largo/a long (2); **a lo largo de** along, throughout (the course of)
las you (*form. pl.*), them (*f.*)
lástima *n.* pity, too bad; **es lástima** it's a shame (8); **¡qué lástima!** what a shame! (8)
lata (tin) can
latín *m.* Latin (*language*)
latino/a Latin (*person*)
latinoamericano/a Latin American
lavabo wash-stand; lavatory
lavadora washer, washing machine (9)
lavandería laundry
lavaplatos *s.* dishwasher (9)
lavar to wash; **lavar(se)** to wash (oneself) (9); to get washed
le *i.o.* to/for you (*form. s.*), him, her, it
leal loyal
lección *f.* lesson
lectura reading
leche *f.* milk (6)
lechería dairy
lechuga lettuce (6)
leer (y) to read (3)
lejano/a distant, remote, far
lejos de *prep.* far from (4)
lema *m.* theme, motto
lena spirit, vigor
lengua language (12); tongue (12)
lento/a slow
leña firewood
león *m.* lion
les *i.o.* to/for you (*form. pl.*), them
letra letter (*of alphabet*); **Factultad** (*f.*) **de Artes, Filosofía y Letras** Liberal Arts School; **letra de imprenta** print(ing)
levantar to lift, raise (9); **levantarse** to get up, stand up (9); **levantarse con el pie izquierdo** to get up on the wrong side of the bed (11)
ley *f.* law, decree (17)
libanés, libanesa Lebanese
libertad *f.* liberty, freedom (17)
libre free
librería bookstore (1)
libro book (1); **libro de texto** textbook (1)
licencia license (13); **licencia de manejar** driver's license (13)
liceo secondary school
líder *m.* leader
liga league
ligero/a *adj.* light (*in weight*)
limitación *f.* limitation
límite *m.* limit; border; **límite de velocidad** speed limit

limón *m.* lemon
limonada lemonade
limpiar to clean (9)
limpio/a clean (4)
linaje *m.* lineage
lindo/a pretty
línea line; **línea ecuatorial** equator
linterna lantern
lista list
listo/a: estar listo/a (para) to be ready (to) (8); **ser listo/a** to be smart, clever (2)
litera berth (*on a train*)
literatura literature
lo *d.o.* you (*form. s.*), him, it (*m.*); **lo que** what, that which (12); **lo** + *adj.* the ___ part/thing; **lo suficiente** sufficient, enough (12)
loco/a crazy (11)
locura madness; insanity
locutor(a) *n.* radio announcer
lógico/a logical
lograr to achieve; to gain, obtain, attain
los *d.o.* you (*form. pl.*), them (*m.*)
lotería lottery
lubricar (qu) to lubricate
lucir (zc) to dress to advantage; to show off
lucha fight, fighting
luchar to fight
luego then, next (4); later (4); **hasta luego** see you later (A)
lugar *m.* place (1); **cambiar de lugar** to move (*something*) (11); **tener lugar** to take place; **en primer lugar** in the first place
lujo luxury; **hotel** (*m.*) **de lujo** luxury, first-class hotel (19)
lujoso/a luxurious
luna moon; **luna de miel** honeymoon
lunes *m.* Monday (4)
luz *f.* (*pl.* **luces**) light (9); electricity (9); **dar a luz** to give birth

LL

llamada call
llamar to call (6); **¿cómo se llama Ud.?, ¿cómo te llamas?** what is your name? (A); **llamarse** to be named, called (9); **me llamo** ___ my name is ___ (A)
llano *n.* level ground, plain
llanta tire (13); **llanta desinflada** flat tire (13)
llave *f.* key (11)
llegada arrival (7)
llegar (gu) to arrive (2); **llegar a ser** to become (10); **llegar a tiempo** to arrive on time
llenar to fill; to fill out (*a form*) (8)
lleno/a full
llevar to wear (3); to carry (3); to take (*someone or something somewhere*); **llevar a cabo** to carry out; **llevarse bien/mal (con)** to get along well/badly (with); **llevar una vida** ___ to lead a ___ life (12)
llorar to cry (10)
llover (ue) to rain (5)
lluvia rain

M

madera wood (2)
madre *f.* mother (2)
madrileño/a *of, from, or pertaining to Madrid*
madrugar (gu) to get up early (15)
maduro/a mature
maestro/a (grade school, high school) teacher (11)
magnífico/a magnificent, wonderful
mago: los Reyes Magos the Magi, the three Wise Men
maíz *m.* corn
mal *n. m.* evil, badness
mal *adv.* badly (1); ill, not well; **menos mal** good thing, lucky; **pasarlo mal** to have a bad time (10)
mal, malo/a *adj.* bad (2); **de mal humor** in a bad mood
maleducado/a ill-mannered, rude; poorly brought up
maleta suitcase; **hacer la maleta** to pack one's suitcase (7)
maletero porter (7)
maletín *m.* small suitcase
malévolo/a malevolent, mischievous, hateful
malhumorado/a ill-humored
mamá mom, mother
mandar to send (7); to order (8); **mandarle a uno a paseo** to send on one's way
mandato command
¿mande? what?, pardon me? (*Mex.*)
manejar to drive (13); **licencia de manejar** driver's license (13)
manera manner, way
manga sleeve
manifestación *f.* manifestation, public demonstration
mano *f.* hand (9); **darse la mano** to shake hands; **hecho/a a mano** handmade; **tener a mano** to have at/on hand
manso/a meek, gentle; quiet
mantener (*like* **tener**) to maintain, support (*a family, etc.*) (13)
manzana apple (6)
mañana *n.* morning (1); *adv.* tomorrow (A); **de/en/por la mañana** in the morning (A); **hasta mañana** until tomorrow, see you tomorrow (A); **pasado mañana** the day after tomorrow (4)
mapa *m.* map
maquillaje *m.* make-up
máquina machine (9); **escribir a máquina** to type
mar *m., f.* sea
maravilla wonder, marvel
maravilloso/a wonderful, marvelous
marca brand, make
marcado/a marked
marcar (qu) to dial
mareado/a nauseated (12)
marihuana marijuana
marisco shellfish (6)
martes *m.* Tuesday (4)
marzo March (5)
más more (1); most; **es más** what's more; **más** ___ **que** more ___ than; **más de la cuenta** more than one should have; **¿qué**

más? what else?; **sus más y sus menos** its, his, her good and bad points
máscara mask; **baile** (*m.*) **de máscaras** costume party
masculino/a masculine
matar to kill
matemáticas mathematics (1)
materia subject (*in school*) (1)
materno/a *adj.* maternal, motherly, mother
matrícula *s.* registration fees (1)
matrimonial *adj. of or pertaining to marriage;* **consejero/a matrimonial** marriage counselor
matrimonio marriage (4); married couple; **contraer matrimonio** to marry, get married
máximo/a maximum; **a lo máximo** at most
mayo May (5)
mayor older (5)
mayoría majority
me *d.o.* me; *i.o.* to, for me; *refl. pron.* myself
mecánico mechanic (13)
media: (las tres) y media (three) thirty, half past (three) (*with time*) (A)
mediano/a moderate; mediocre
medias *pl.* stockings (3)
medicina medicine (12); **Facultad** (*f.*) **de Medicina** School, College of Medicine
médico/a doctor (8); *adj.* medical
medida measurement
medio *n.* means; **medio ambiente** environment (15)
medio/a *adj.* half, middle; intermediate; **clase** (*f.*) **media** middle class
mediodía *m.* midday
meditar to meditate
Mediterráneo Mediterranean
mejor better (5); best; **mejor dicho** rather; **a lo mejor** perhaps, maybe
mejorar to improve
mencionar to mention
menor younger (5)
menos less; minus; least; **a menos que** unless (14); **menos** ___ **que** less ___ than; **menos mal** good thing, lucky; **ni mucho menos** not at all; **por lo menos** at least (17)
mensaje *m.* message
mensual monthly (16)
mente *f.* mind
mentira lie (15)
menú *m.* menu (6)
menudo: a menudo frequently
mercado market (3)
mercantil *adj.* commercial, mercantile
merecer (zc) to deserve (17)
merendar (ie) to snack
merienda *light snack eaten about 5:00 or 6:00 P.M.*
mes *m. s.* month (5)
mesa table (1); **poner la mesa** to set the table (9)
mesero/a waiter/waitress
mesita end table
meta *m.* goal
metal *m.* metal
meter la pata to put one's foot in one's mouth

metro subway; **estación** (*f.*) **del metro** metro (subway) stop (20)

metrópoli *f.* metropolis, large city

metropolitano/a metropolitan

mexicano/a Mexican (2)

mexicano-americano/a Mexican-American (18)

México Mexico

mezclar to mix; **mezclarse** to mingle; to intermarry

mi *poss.* my

mí *obj. of prep.* me

miedo fear; **tener miedo (de)** to be afraid (of) (3)

miel *f.* honey; **luna de miel** honeymoon

miembro member (8)

mientras while (11); **mientras tanto** meanwhile

miércoles *m.* Wednesday (4)

mil *m.* a thousand, one thousand (3)

militante *adj.* militant

militar *m.* soldier; *adj.* military

milla mile

millón (de) *m.* million (3)

mimado/a spoiled (*child*)

minidiálogo minidialogue

mínimo minimum

minoría minority

minoritario/a *adj.* minority

minuto minute (*time*)

mío/a *poss.* my, (of) mine

mirar to look (at), watch (3)

mismo/a self; same (9); **ahora mismo** right now (4); **aquí mismo** right here

misterioso/a mysterious

mitad *f.* half; **a mitad de camino** halfway there

mito myth

moda fashion

modelo model

moderno/a modern

modesto/a modest

modo: de todos modos anyway

mojado/a wet

mole *m.* mole (*turkey in chocolate-based chili sauce*)

molestar to bother

molestia *n.* bother

momentito just a minute, second

momento moment; **de momento** right now, for the time being; **en este momento** at the moment, right now (4)

monarquía monarchy

moneda money, currency (16)

mono monkey

monolingüe monolingual (18)

monótono/a monotonous

montaña mountain (4)

montar a caballo to ride horseback (15)

monte *m.* mountain

monumento monument

moño bun, topknot (*of hair*)

morado/a purple (3)

morder (ue) to bite

moreno/a brunet(te) (2)

morir (ue, u) (*p.p.* **muerto/a**) to die (10)

moro/a *n.* Moor; *adj.* Moorish

mosca fly

mostrador *m.* counter (*of a ticket window, store, etc.*)

mostrar (ue) to show, exhibit

motor *m.* motor, engine

movilizar (c) to mobilize

movimiento movement

mozo bellhop, bellboy (19)

muchacho/a young man/woman; boy/girl

mucho/a *adj.* a lot of, many (2); *adv.* much, a lot (1); **muchas gracias** thank you very much, many thanks (A); **mucho gusto** pleased to meet you (A); **muchas veces** frequently, a lot

mudarse to move (*from one residence to another*) (15)

muebles *m. pl.* furniture (9); **sacudir (los muebles)** to dust (the furniture) (9)

muela molar

muerte *f.* death

muerto/a *p.p.* dead, died; killed

mujer *f.* woman (1); **mujer de negocios** businesswoman (8)

multa fine, ticket (11); **poner una multa** to give a fine/ticket

mundial *adj.* world

mundo world

muralla wall

músculo muscle

museo museum

música music

muy very (A); **muy bien** very well, fine (A); **muy buenas** good afternoon/evening

N

nacer (zc) to be born

nacimiento birth (10)

nación *f.* nation

nacional national

nacionalidad *f.* nationality (19)

nacionalización *f.* nationalization

nada nothing, not anything (6); **antes/primero que nada** first of all, before anything (else); **como si nada** as if nothing were wrong; **de nada** you're welcome (A)

nadar to swim (14)

nadie no one, nobody, not anybody (6)

naranja *n.* orange (*fruit*) (6)

naranjada orangeade, orange drink

nariz *f.* (*pl.* **narices**) nose (12)

natación *f.* swimming

natal native, of birth (18); **tierra natal** native land, place of birth (18)

natural: recurso natural natural resource (15)

naturaleza nature (15)

Navidad *f.* Christmas; **Feliz Navidad** Merry Christmas (10)

necesario/a necessary (2)

necesidad *f.* necessity, need (16); **por necesidad** out of necessity, need (18)

necesitar to need (1)

negar (ie) (gu) to deny (9); **negarse a +** *inf.* to refuse to (*do something*)

negativo/a negative

negociación *f.* negotiation

negociador(a) *n.* negotiator, business agent;

adj. negotiating

negocio business (8); **hombre/mujer de negocios** businessman/woman (8)

negro/a black (3)

nene, nena *n.* infant, baby

nervioso/a nervous (4)

nevar (ie) to snow (5)

ni neither; nor; **ni... ni** neither . . . nor; **ni siquiera** not even (19)

nido nest

niebla fog, mist (6)

nieto/a grandson/daughter (2); **nietos** grandchildren

nieva (*from* **nevar**) it is snowing

nieve *f.* snow

ningún, ninguno/a no, none, not any (6)

niño/a child; boy/girl (1)

nivel *n. m.* level

no no (A); not (A); **¿no?** right?, don't they (you, etc.)? (3)

nocturno/a *adj.* night, nocturnal

noche *f.* night (1); **buenas noches** good evening/night; **de/en/por la noche** in the evening, at night (A); **de noche** at night, by night; **esta noche** tonight (4); **Noche Vieja** New Year's Eve (10); **todas las noches** every night (1)

Nochebuena Christmas Eve (10)

nombre *m.* (*first*) name (2)

normalmente normally

noroeste *m.* northwest

norte *m.* north

Norteamérica North America

norteamericano/a North American; *from the United States* (2); **fútbol** (*m.*) **norteamericano** football (14)

nos *d.o.* us; *i.o.* to, for us; *refl. pron.* ourselves

nosotros/as *sub. pron.* we; *obj. of prep.* us

nota grade (*in a class*) (13)

noticia notice; piece of news (10); **noticias** news (17)

noticiero newscast

novecientos/as nine hundred

novela *n.* novel

noveno/a *adj.* ninth (13)

noventa ninety

noviazgo courtship, engagement (4)

noviembre *m.* November (5)

novio/a boy/girlfriend (4); fiancé(e) (4); groom/bride (4)

nublado/a cloudy, overcast; **está nublado** it's cloudy, overcast (5)

nuestro/a *poss.* our; (of) ours

nueve nine (A)

nuevo/a new (2); **Año Nuevo** New Year (10); **de nuevo** again

número number; issue (*of a magazine*); size (*shoes*)

nunca never (6)

Ñ

ñoño/a *adj.* crying, whimpering

O

o or (A)

obedecer (zc) to obey (17)

objetivo *n.* objective
objeto object
obligación *f.* obligation
obra work (*of art, literature, etc.*)
obrero/a worker, laborer (8)
observación *f.* observation
observar to observe
obstáculo obstacle
obstante: no obstante nevertheless, notwithstanding
obtener (*like* **tener**) to get, obtain
ocasión *f.* occasion
occidental *adj.* western
océano ocean
octavo/a *adj.* eighth (13)
octubre *m.* October (5)
oculista *m., f.* optometrist, eye specialist
ocupado/a busy, occupied (4)
ocupar to occupy
ocurrir to happen, occur
ochenta eighty (2)
ocho eight (A)
ochocientos/as eight hundred (3)
odiar to hate
oeste *m.* west
oficial *adj.* official
oficina office (1)
oficio trade (8)
ofrecer (**zc**) to offer (19)
oiga(n) hey, listen (*to get someone's attention*)
oír (*irreg.*) to hear (6)
ojalá (**que**) I hope that (7)
ojo eye (12); **¡ojo!** watch out!
ola wave
olímpico/a olympic; **Juegos Olímpicos** Olympic Games
olvidar to forget (7); **olvidarse** (**de**) to forget (about) (10)
once eleven (A)
opinar to think, have an opinion
opinión *f.* opinion
oponer (*like* **poner**) (*p.p.* **opuesto/a**) to oppose, contradict
oportunidad *f.* opportunity
optar (**por**) to opt (for)
oración *f.* sentence (*gram.*)
orden *f.* order, command; *m.* order (*sequence*)
organizado/a organized
organizar (**c**) to organize
orgulloso/a proud
oriente *m.* east
origen *m.* origin (18)
oro gold (11)
orquesta orchestra
os *d.o.* you (*fam. pl. Sp.*); *i.o.* to, for you (*fam. pl. Sp.*); *refl. pron.* yourselves (*fam. pl. Sp.*)
oscuridad *f.* darkness
oscuro/a *adj.* dark
oso bear
ostra oyster
otoño fall (*season*) (5)
otro/a other, another (2); **otra vez** again (9)

P

paciencia patience
paciente *n. m., f.* patient (12); *adj.* patient

Pacífico Pacific
pachanga party (*Mex.*)
padecer (**zc**) to suffer, feel deeply
padre *m.* father (2)
padres *m.* parents (2)
padrino patron; godfather; sponsor; **padrino de boda** best man
padrinos godparents
paella paella (*dish made with rice, shellfish, often chicken, and flavored with saffron*)
pagar (**gu**) to pay (for) (1)
página page
pago payment
país *m.* country, nation (3)
paisaje *m.* countryside, landscape
pájaro/a bird
palabra word (3)
palacio palace
pan *m.* bread (6); **pan dulce** sweet roll
panadería bakery
panameño/a Panamanian
panorama *m.* panorama
pantalones *m.* pants (3)
pantera panther
pañuelo handkerchief
papa potato (*Latin America*); **papas fritas** french fries (6)
papá *m.* dad, father
papel *m.* paper (1); role; **hacer un papel** to play a role; **papel higiénico** toilet paper; **papel para cartas** stationery (20)
papelería stationery store (20)
paquete *m.* package (20)
par *m.* pair (3)
para *prep.* for (1); in order to (1); **para que** *conj.* so that (14)
paracaidista *m., f.* parachutist
parada stop (17); **parada del autobús** bus stop (17)
parador *m.* inn
paraguas *m. s.* umbrella
paraíso paradise
paralizado/a paralyzed
parar to stop (11)
pardo/a brown (3)
parecer (**zc**) to seem, appear (7); **¿qué te parece?** what do you think?
pared *f.* wall
pareja couple; partner
paréntesis *m. s. + pl.* parenthesis; **entre paréntesis** in parentheses
pariente/a *n.* relative (2)
parque *m.* park (4)
párrafo paragraph
parrilla grill
parte *f.* part; **por mi parte** as for me; **por otra parte** on the other hand; **por todas partes** everywhere
particular particular; private
partido game (*in sports*), match (14)
pasado *n.* past
pasado/a past, last (*in time*) (9); **pasado mañana** the day after tomorrow (4)
pasaje *m.* passage, ticket (7)
pasajero/a passenger (7)
pasaporte *m.* passport (19)
pasar (**por**) to pass (by) (7); to come by (*for someone*); to happen (7); to spend (*time*) (9); **pasar la aspiradora** to run the sweeper, vacuum (9); **pasarlo bien** (**mal**)

to have a good (bad) time (10)
pasatiempo pastime, diversion (14)
Pascua Passover; **Pascua Florida** Easter (10)
Pascuas *pl.* Christmas; **Felices Pascuas** Merry Christmas (10)
pasear en bicicleta to go for a bike ride (14)
paseo stroll, promenade; **dar un paseo** to take a walk (14)
pasillo hall, corridor
pasión *f.* passion
paso step; pace; **cambio de paso** change of pace
pasta dental toothpaste (20)
pastel *m.* cake, pastry (6)
pastelería pastry shop (20)
pastelillo small turnover, pastry (18)
pastelito small pastry (18)
pastilla pill (12); **pastilla para dormir** sleeping pill
pastor(a) pastor
pata: meter la pata to put one's foot in one's mouth
patata potato (*Spain*)
patinar to skate (14)
patio patio (9)
pato duck
patria native land, homeland (18)
paz *f.* (*pl.* **paces**) peace (17)
peatón, peatona pedestrian
pediatra *m., f.* pediatrician
pedido *n.* order (*for food, merchandise, etc.*)
pedir (**i, i**) to ask for, order (5)
pegar (**gu**) to hit, strike (11)
pelea battle, fight
pelear to fight; **pelearse** to scuffle, come to blows
película movie (4)
peligro danger
peligroso/a dangerous (10)
pelo hair (12)
pelota ball (14)
pena grief
penicilina penicillin
península peninsula; **Península Ibérica** Iberian Peninsula
pensar (**ie**) to think (5); **pensar + inf.** to intend (*to do something*) (5)
pensión *f.* boarding house (19); **media pensión** room with breakfast and one other meal; **pensión completa** room and full board (*all meals included*)
peña rock, boulder
peor worse (5); worst
pequeño/a small, little (2)
perder (**ie**) to lose (5); to miss (*a bus, plane, social function, etc.*)
pérdida waste
perdón pardon me, excuse me (A)
perdonar to pardon, forgive
perezoso/a lazy (2)
perfecto/a perfect, fine
perfume *m.* perfume
periódicamente periodically
periódico newspaper (3)
periodista *m., f.* journalist (8)
permanente permanent
permiso permission (A); **(con) permiso** pardon me, excuse me (A)

permitir to permit, allow (8)
pero *conj.* but (1)
perro/a dog
persa *m., f.* Persian
persona *f.* person (1)
personaje *m.* character (*of a story, play*)
personal *n. m.* personnel; *adj.* personal
personalidad *f.* personality
perspectiva perspective
pertenecer (zc) to relate, belong
perteneciente *adj.* belonging
peruano/a Peruvian
pesado/a boring (10)
pesar to weigh (10); **a pesar de** in spite of
pesca catch (of fish)
pescadería *f.* fish market
pescado fish (6)
peseta *unit of currency in Spain*
pesimista pessimistic
peso *unit of currency in Mexico and several other Latin American countries;* weight
petróleo petroleum, oil
petrolero/a *adj.* petroleum; **industria petrolera** petroleum industry
picar (qu) to prick, pierce
picnic m. picnic
pico top, summit, peak
pie *m.* foot (11); **a pie** on foot, standing; **levantarse con el pie izquierdo** to get up on the wrong side of the bed (11); **ponerse de pie** to stand up, get up
piedra stone
pierna leg (11)
pieza piece (*of music*)
piloto/a pilot
ping pong *m.* Ping-Pong
pingüino penguin
pino pine (tree)
pintar to paint
pintor(a) painter
pintura painting
pirámide *f.* pyramid
pisar to step on
piscina swimming pool (9)
piso floor; **primer piso** second floor (*first floor up*)
pista (race) track
pizarra blackboard (1)
placer *m.* pleasure
plan *m.* plan; **hacer planes para** + *inf.* to make plans to (*do something*) (14)
planear to plan
planeta *m.* planet
planilla *f.* form (19)
planta plant; floor (*of a building*)
plástico plastic
plata silver (*metal*)
plato plate, dish (6); **plato del día** "special" of the day; **plato fuerte** main dish
playa beach (5)
plazo: a plazos on installments (16)
pleito dispute, controversy; lawsuit
plomero/a plumber (8)
pluriempleo *n.* moonlighting (16)
pluscuamperfecto past perfect (tense)
población *f.* population (15)
pobre poor (2)
pobreza poverty (16)
poco/a *adj.* little, few (2); **pocas veces** infrequently, rarely (15); **poco** *adv.* little, a

little bit (1); **poco a poco** little by little
poder *v.* (*irreg.*) to be able, can (3); *n. m.* power
poderoso/a powerful
poema *m.* poem
poeta *m., f.* poet
policía police officer (13); *f.* police (force)
política *n. f. s.* politics; policy
político/a *n.* politician; *adj.* political; **ciencias políticas** *pl.* political science
Polo Norte North Pole
pollo chicken (6)
poner (*irreg.*) to put, place (5); to turn on (*appliances*); **poner el despertador** to set the alarm clock; **poner la mesa** to set the table (9); **poner una multa** to give a fine/ticket; **ponerse** to put on (*clothing*) (9); **ponerse** + *adj.* to become, get + *adj.* (10); **ponerse de acuerdo** to reach an agreement; **ponerse de pie** to stand up, get up
por *prep.* in (*the morning, evening, etc.*) (1); for, per, by, through, during, on account of, for the sake of, per cent (16); **por Dios** for heaven's sake (17); **por ejemplo** for example (17); **por eso** therefore, that's why (1); **por favor** please (A); **por fin** finally (17); **por gusto** willingly (17); **por hora** per hour; **por lo general** generally, in general (4); **por lo menos** at least (17); **por necesidad** out of necessity, need (18); **por primera (última) vez** for the first (last) time (17); **por si acaso** just in case (17); **por supuesto** of course
porcelana porcelain
porcentaje *n. m.* percentage
¿por qué? why? (3)
porque because (3)
portarse to behave (oneself) (10)
portátil portable
portero/a building manager (9); doorman (9)
portugués *m.* Portuguese (*language*)
portugués, portuguesa Portuguese
poseedor(a) owner
posibilidad *f.* possibility
posible possible (2)
posición *f.* position
positivo/a positive
postal: (tarjeta) postal *f.* postcard (7)
postre *m.* dessert (6)
práctica practice
practicar (qu) to practice (1); to participate in (*sports*) (12)
práctico/a practical
precio price (3); **de todo precio** in all price ranges; **precio fijo** fixed price (3)
preciso/a necessary
precolombino/a pre-Columbian, before Columbus
predecir (*like* **decir**) to predict
predicción *f.* prediction
preferible preferable
preferir (ie, i) to prefer (5)
pregunta question; **hacer una pregunta** to ask a question (5)
preguntar to ask (6)
prejuicio prejudice
premio prize; **el premio gordo** the grand

prize
prensa press; news media (17)
preocupado/a worried (4)
preocuparse (por) to worry (about) (15)
preparación *f.* preparation
preparado/a prepared
preparar to prepare (9)
preparativo/a preparative, qualifying
preparatorio/a preparatory
presentación *f.* introduction, presentation
presentar to introduce; to present
presente *n.* present (time, tense)
presidente/a president
presión *f.* pressure, tension (11)
préstamo *n.* loan (16)
prestar to lend (7)
prestigio prestige
presupuesto budget (16)
pretérito preterite
prieto/a blackish, dark (*Mex.*)
primario/a principal; primary
primavera spring (5)
primer, primero/a *adj.* first (13); **el primero de ___** the first of (month) (5); **por primera vez** for the first time (17); **primera clase** first class (7); **primero** *adv.* first (of all); **primero que nada** first of all
primo/a cousin (2)
princesa princess
príncipe *m.* prince
principiante *m., f.* beginner, apprentice
principio: al principio at the beginning
prisa haste, hurry (11); **de prisa** in a hurry; **tener prisa** to be in a hurry (3); **a toda prisa** as quickly as possible
prisión *f.* prison
privado/a private
probabilidad *f.* probability
probar (ue) to taste, try
problema *m.* problem
producir (*irreg.*) to produce
producto product (9)
profesión *f.* profession (4)
profesional *m., f.* professional
profesor(a) professor (1)
profesorado teaching staff, faculty
profundamente profoundly (12)
profundo/a profound (12)
programa *m.* program
progresivo/a progressive
prohibido estacionarse no parking (13)
prohibir to prohibit, forbid (8)
prometer to promise (13)
pronombre *m.* pronoun; **pronombre reflexivo** reflexive pronoun
pronóstico prognosis
pronto soon; **tan pronto como** as soon as (19)
pronunciación *f.* pronunciation
pronunciar to pronounce
propiedad *f.* property
propietario/a owner
propina tip (*given to a waiter, etc.*) (19)
propio/a *adj.* one's own (19)
proponer (*like* **poner**) to propose
proporcionar to furnish, grant, supply
propósito purpose; **a propósito** by the way
próspero/a prosperous; **Próspero Año Nuevo** Happy New Year

protagonista *m., f.* protagonist, main character
proteger (j) to protect (15)
proteína protein
protestar to protest (17)
provecho: buen provecho enjoy your meal
próximo/a next (4)
proyectar to project
proyecto project
prueba quiz (10); trial (*for a race*)
público *n.* public
público/a *adj.* public (15)
pueblo town (5)
puerta door (3)
puertorriqueño/a Puerto Rican (18)
pues well . . . (1)
puesto *n.* position, place in line (7); job (8)
puesto/a *p.p.* put, placed
pulmones *m.* lungs (12)
pulmonía pneumonia
punto point; dot; **en punto** exactly, on the dot (*time*) (A); **punto de partida** point of departure; **punto de vista** point of view; **puntos fuertes/débiles** strong/weak points
puntual punctual
puro *n.* cigar
puro/a *adj.* pure (15)

Q

que that, which (2); **lo que** what, that which (12)
¿qué what? which? (A); **¡qué + *noun* + más + *adj.*!** what a + *adj.* + *noun*!; **¡qué bien!** great!; **¡qué lástima!** what a shame! (8); **¿qué más?** what else?; **¿qué tal?** how are you (*doing*)?(A); **¡qué va!** good grief!, are you kidding?
quedar to remain, be left (11); **no nos queda(n)** ___ we do not have any ___ left; **quedarse** to stay, remain (10)
quehacer *m.* task, chore (9)
queja complaint
quejarse to complain (16)
querer (*irreg.*) to want (3); to love (*with persons*) (7); **fue sin querer** it was unintentional (11)
querido/a dear (4)
queso cheese (6)
quien who
¿quién(es)? who?, whom? (A); **¿de quién?** whose? (2)
química chemistry
quince fifteen (A)
quinientos/as five hundred
quinto/a *adj.* fifth (13)
quiosco kiosk (*small outdoor stand where a variety of items are sold*) (20)
quitar to remove, take away (9); **quitarse** to take off (*clothing*) (9); to take out, withhold (8)
quizá(s) perhaps (14)

R

rabino rabbi
racional rational
radical *m.* stem, radical (*gram.*)

radio *f.* radio (5)
raíz *f.* (*pl.* **raíces**) root (18); stem, radical (*gram.*)
ranchero rancher (15)
rancho ranch (15)
rápido/a *adj.* fast; **rápido** *adv.* fast, rapidly
raqueta racket (14)
raro/a rare, unusual
rascacielos *s.* skyscraper (15)
rasgo *n.* feature; characteristic
rato short period of time (15); *pl.* spare, free time (14); **rato libre** free minute; **un rato** a while
ratón *m.* mouse
raya: de rayas striped (3)
rayo: rayos equis X-rays
raza race (*of people*); **Día** (*m.*) **de la Raza** October 12 (*Columbus Day*)
razón *f.* reason; **no tener razón** to be wrong (3); **tener razón** to be right (3)
reacción *f.* reaction
reaccionar to react (10)
real royal; real
realidad *f.* reality; **en realidad** really
realista *m., f.* realistic
realizar (c) to bring about, realize
realmente really
rebelde *n. m., f.* rebel; *adj.* rebellious
recado message
recepción *f.* front desk (19); reception
recepcionista *m., f.* receptionist
receta prescription (12)
recibir to receive (3)
recién + *adj.* recently
reciente recent
recomendación *f.* recommendation
recomendar (ie) to recommend (6)
reconocer (zc) to recognize
recordar (ue) to remember (10); to bring to mind
recorrer to pass through (15); to cover (*territory, miles, etc.*) (15)
recreo recreation
rector(a) president (*of a university*)
recuerdo memory (2); souvenir; **recuerdos** *pl.* regards
recuperar to recover, regain
recursos resources; **recurso natural** natural resource (15)
rechazar (c) to reject; to contradict
redondo/a *adj.* round
reducir (*like* **producir**) to reduce, cut down (16)
refinería refinery
reflejar to reflect
reflexivo/a reflexive; **pronombre reflexivo** reflexive pronoun
reforma *n.* reform
refrán *m.* proverb
refrescante *adj.* refreshing
refresco soft drink (5)
refrigerador *m.* refrigerator (9)
refugiado/a refugee (18)
refugio refuge
regalar to give (*as a gift*) (7)
regalo present, gift (2)
regatear to haggle; to bargain (3)
régimen *m.* regime
región *f.* region
registrar to search, examine (19)

regla rule
regresar to return (1); **regresar a casa** to return home (1)
reina queen
reino kingdom
reírse (i, i) to laugh (10)
relación *f.* relation
religión *f.* religion
religiosidad *f.* religiousness, religious conviction
religioso/a religious
reloj *m.* watch, clock (11)
remedio: no hay más remedio nothing can be done about it (10)
remo: bote (*m.*) **de remo** rowboat
remunerar to remunerate, reward
rendido/a exhausted, worn out
renta income
renunciar (a) to resign (from) (8)
repasar to review
repente: de repente suddenly (12)
repetir (i, i) to repeat
reportero/a reporter
representación *f.* representation
representar to represent; to present (*a play, etc.*)
república republic (17); **República Dominicana** Dominican Republic
republicano/a republican
requerir (ie, i) to require
reservación *f.* reservation (19)
reservar to reserve (19)
resfriado cold (*illness*) (12)
resfriarse to get/catch a cold (12)
residencia residence; **residencia (estudiantil)** dormitory (1)
resolver (ue) (*p.p.* **resuelto/a**) to solve, resolve (8)
respecto: con respecto a with respect, regard to; **respecto a** concerning; **al respecto** about the matter
respetar to respect
respeto respect
respiración *f.* respiration, breathing
respirar to breathe (12)
responder to answer, respond
responsabilidad *f.* responsibility
responsable responsible
respuesta *n.* answer (6)
restaurante *m.* restaurant (6)
resto rest, remainder
resuelto/a *p.p.* solved, resolved
resultado result
resultar to result; to turn out
retirado/a retired
retirarse to retire, withdraw
retraso tardiness; delay
retrato portrait, likeness; photograph
reunión *f.* reunion
reunir to unite; to reunite; **reunirse (con)** to get together (with) (14)
revisar to check, examine, inspect (13)
revista magazine (20)
revolución *f.* revolution
rey *m.* king
rico/a rich (2)
ridículo/a ridiculous
riesgo danger, risk
rígido/a rigid
rincón *m.* inside corner; remote place

río river
riqueza wealth; **riquezas** riches
ritmo rhythm (15)
robar to steal
robo theft, robbery
roca rock
rodear to surround
rojo/a red (3)
romano/a Roman
romántico/a romantic
romper (*p.p.* **roto/a**) to break (11)
ropa clothing (3)
ropero wardrobe, locker
rosa *n.* rose
rosado/a pink (3)
roto/a *p.p.* broken
rubio/a blond(e) (2)
ruido noise (6)
ruidoso/a noisy
Rusia Russia
ruso/a Russian
rutina routine, habit
rutinario/a *adj.* routine

S

sábado Saturday (4)
saber (*irreg.*) to know (6); to know how to (*do something*) (6)
sabor *m.* taste
saborear to savor; to flavor, season
sabotear to sabotage
sacar (**qu**) to take (*a photo*); to take out, remove (9); to get, receive (*with grades*); to stick out (*one's tongue*) (12); **sacar la basura** to take out the garbage (9)
sacerdote *m.* priest, clergyman
saco *n.* coat
sacrificar (**qu**) to sacrifice (17)
sacudir (**los muebles**) to dust (the furniture) (9)
sal *f.* salt
sala room; living room (9); **sala de clase** classroom; **sala de espera** waiting room (7)
salario salary, wages
salero saltshaker
salida departure (7); exit
salir (*irreg.*) to leave, go out (5); to appear; **salir a derechas** to turn out right
salud *f.* health (12)
saludar to greet
saludo greeting
salvadoreño/a *n., adj.* Salvadoran; *of or pertaining to El Salvador*
sandalia sandal (3)
sándwich *m.* sandwich (6)
sangre *f.* blood
sangriento/a bloody
sano/a healthy (12)
santo/a holy, blessed; **todo el santo día** the whole blessed day
saquear to raid, plunder
Satanás Satan
satisfacer (*like* **hacer**) (*p.p.* **satisfecho/a**) to satisfy
se (*impersonal*) one; *refl. pron.* yourself (*form.*), himself, herself, yourselves (*form.*), themselves
sea: o sea (que) in other words

secadora dryer (9)
sección (*f.*) **de (no) fumar** (no) smoking section (7)
seco/a dry, barren, arid
secretario/a secretary (1); **secretario/a general** registrar
secreto secret
secundaria secondary; **la (escuela) secundaria** high school
sed *f.* thirst; **tener sed** to be thirsty (3)
segoviano/a *of, from or pertaining to Segovia, Spain*
seguida: en seguida immediately (12)
seguir (**i, i**) (**ga**) to continue, follow (7)
según according to
segundo *n.* second
segundo/a *adj.* second (13); **Segunda Guerra Mundial** Second World War
seguridad *f.* security, safety
seguro *n.* insurance; **seguro médico** medical insurance; **seguro social** social security
seguro/a sure, certain; **estar seguro/a** to be sure, certain; **no es seguro que** it is not sure, certain that (9); **seguro que** of course
seis six (A)
seiscientos/as six hundred (3)
selva jungle
sello stamp (20)
semáforo stoplight (13)
semana week (4); **fin** (*m.*) **de semana** weekend (4)
semejante similar
semestre *m.* semester
senador(a) Senator
sencillamente *adv.* simply
sencillo/a simple
sensación *f.* sensation
sensible sensitive
sentado/a seated, sitting
sentar (**ie**) to seat (9); **¿nos sentamos?** shall we sit down?; **sentarse** to sit down (9)
sentido *n.* sense
sentimiento feeling, emotion, sentiment
sentir (**ie, i**) to regret (8); to feel sorry (8); **sentirse** to feel (10)
señor (**Sr.**) *m.* Mr., sir (A); gentleman
señora (**Sra.**) Mrs. (A); lady
señores (**Sres.**) *m. pl.* Mr. and Mrs.; gentlemen
señorita (**Srta.**) Miss (A); young lady
separar to separate
se(p)tiembre *m.* September (5)
séptimo/a *adj.* seventh (13)
ser (*irreg.*) to be (2); **llegar a ser** to become (10); **ser listo/a** to be smart, clever (2)
serio/a serious (7)
serpiente *f.* snake
servicio service (15); **servicios** restrooms
servir (**de**) (**i, i**) to serve (as) (5)
sesenta sixty (2)
setecientos/as seven hundred (3)
setenta seventy (2)
sexo sex
sexto/a *adj.* sixth (13)
si if (1)
sí yes (A)

siamés, siamesa Siamese
sicología psychology (1)
siderúrgico/a *relating to the iron and steel industry*
siempre always (3)
sierra mountain range
siesta nap, siesta; **dormir la siesta** to take a nap
siete seven (A)
siglo century
significar (**qu**) to mean
siguiente following, next (4)
silencioso/a silent
silla chair (1)
sillón *m.* armchair (14)
símbolo symbol
simpático/a nice (2); likable (2)
sin *prep.* without (4); **sin que** *conj.* without (14); **sin embargo** however, nevertheless
sincero/a sincere
sindicato labor union (17)
sinfónico/a symphonic
sino but (*rather*) (18)
síntoma *m.* symptom (12)
siquiatra *m., f.* psychiatrist (8)
siquiera *adv.* at least; **ni siquiera** not even (19)
sísmico/a *adj.* seismic (*relating to earthquakes*)
sistema *m.* system
sitio place
situación *f.* situation
situado/a located
smoking *m.* tuxedo
sobre *n.* envelope (20); *prep.* about, above, on; **sobre todo** above all, especially (16)
sobremesa tablecloth
sobrevivir to survive
sobrino/a nephew/niece (2)
sociedad *f.* society (17)
sociología sociology
sofá *m.* sofa
sol *m.* sun (5); **hace (mucho) sol** it's (very) sunny (5); **tomar el sol** to sunbathe (14)
solamente *adv.* only
soldado/a soldier
soledad *f.* solitude (15)
soler (**ue**) + *inf.* to tend to; to be in the habit of (*doing something*)
solicitar to solicit, ask for
solicitud *f.* application form (8)
solitario/a solitary, lonely, isolated
solo/a *adj.* alone (7)
sólo *adv.* only (1)
solomillo a la parilla grilled fillet mignon
soltero/a single (*not married*) (2)
solución *f.* solution
sombra shade
sombrero hat (3)
sonar (**ue**) to ring (12); to sound
sonreír (**i, i**) to smile (10)
sonrisa smile
soñar (**ue**) (**con**) to dream (about)
sopa soup (6)
sordo/a deaf
sorprender to surprise, be surprising (8)
sorpresa surprise (10)
su *poss.* his, her, its, your (*form. s., pl.*), their
suave *adj.* soft; mild, gentle

suavizar (c) to soften; to temper

subir (a) to go up (into, onto) (7); to get on, in (*a plane, car, etc.*) (7); to carry up; to raise

subjuntivo subjunctive (*gram.*)

subtítulo subtitle

suburbio suburb

sucio/a dirty (4)

Sud América South America

sudamericano/a South American

sudar to sweat

suegro/a father/mother-in-law

sueldo salary (8)

suelo floor

sueño sleepiness; dream; **tener sueño** to be sleepy (3)

suerte *f.* luck (11); **qué mala suerte** what bad luck (11)

suéter *m.* sweater (3)

suficiente sufficient, enough; **lo suficiente** enough (12)

sufrir to suffer (11); **sufrir altibajos** to have ups and downs (18); **sufrir muchas presiones** to be under a lot of pressure (11)

sugerencia suggestion

sujeto subject (*gram.*)

suntuoso/a magnificent, splendid

supermercado supermarket

suponer (*like* **poner**) (*p.p.* **supuesto/a**) to suppose

sur *m.* south

suroeste *m.* southwest

suscribir (*p.p.* **suscrito/a**) to subscribe

suspenso "F," failing grade

sustantivado/a nominalized

sustantivo noun

suyo/a your, of yours (*form. s., pl.*); his, of his; her, (of) hers; its; their, of theirs

T

taco taco (*tortilla filled with meat, vegetables*)

tal such (a); **con tal (de) que** provided that (14); **¿qué tal?** how are you (doing)? (A); **tal vez** perhaps, maybe

talla size (*with clothing*)

taller *m.* repair shop, service station

tamaño size

también also (A)

tampoco neither, not either (6)

tan as, so; **tan ____ como** as ____ as; **tan pronto como** as soon as (19)

tanque *m.* tank (13)

tanto/a as much; **tanto/a ____ como** as much ____ as; **tanto** *adv.* as, so much; **mientras tanto** meanwhile; **no es para tanto** it's not that serious; **por lo tanto** thus

tantos/as as many; **tantos/as ____ como** as many ____ as

tapas hors d'oeuvres

taquilla ticket office (14)

tardar to take (+ *period of time*); **¿cuánto tarda?** how long does it take?

tarde *f.* afternoon, evening (1); **buenas tardes** good afternoon/evening (A); **de/en/por la tarde** in the afternoon,

evening (A); *adv.* late (3); **más tarde** later; **tarde o temprano** sooner or later

tarea homework

tarjeta card; **tarjeta de crédito** credit card (16); **tarjeta postal** postcard (7)

tasca tavern

taxi *m.* taxi

taxista *m., f.* cab driver (19)

taza cup (11)

te *d.o.* you (*fam. s.*); *i.o.* to, for you (*fam. s.*); *refl. pron.* yourself (*fam. s.*)

té *m.* tea (6)

teatro theater

tecnología technology

techo roof

telefónico/a *adj.* telephone; **guía telefónica** telephone book

teléfono telephone (5); **(número de) teléfono** telephone number (5)

telegrama *m.* telegram

telenovela soap opera

televisión *f.* television

televisor *m.* television set (5)

tema *m.* theme, topic

temblar (ie) to shake

temer to fear (8)

temperatura temperature (12)

tempestad *f.* storm

templado/a warm

temporada season

temprano *adv.* early (3)

tenedor *m.* fork

tener (*irreg.*) to have (3); **no tener razón** to be wrong (3); **tener ____ años** to be ____ years old (3); **tener algo que declarar** to have something to declare (*customs*) (19); **tener calor/frío** to (feel) warm/cold (3); **tener cuidado (de)** to be careful (about); **tener dolor de ____** to have a pain in ____ (12); **tener éxito** to be successful; **tener ganas de** + *inf.* feel like (*doing something*) (3); **tener hambre** to be hungry (3); **tener lugar** to take place; **tener miedo (de)** to be afraid (of) (3); **tener prisa** to be in a hurry (3); **tener que** + *inf.* to have to (*do something*) (3); **tener razón** to be right (3); **tener sed** to be thirsty (3); **tener sueño** to be sleepy (3)

tenis *m.* tennis (1)

tensión *f.* tension

tentación *f.* temptation

teñir (i, i) to dye

tequila tequila (*liquor distilled from maguey*)

tercer, tercero/a *adj.* third (13)

tercio *n.* third

terminación *f.* ending; **terminaciones personales** personal endings (*of verbs*)

terminar to finish (4)

término term, expression

terraza terrace

territorio territory

terrorista *n., adj., m., f.* terrorist

tertulia club; reunion, party

texto text (1); **libro de texto** textbook (1)

ti *obj. of prep.* you (*fam. s.*)

tiempo (verb) tense; time (5); weather (5); **a tiempo** on time (7); **de tiempo parcial**

part-time (8); **hace (muy) buen (mal) tiempo** it's (very) good (bad) weather (5); **¿qué tiempo hace?** what's the weather like? (5)

tienda shop, store (3)

tierra land, earth (14); **tierra natal** native land, place of birth (18)

tigre/a *m.* tiger, tigress

tino common sense; knack

tinto: vino tinto red wine (6)

tintorería dry cleaner

tío/a uncle/aunt (2)

típico/a typical

tipo *n.* kind

tiro *n.* shot

título title; degree

tiza chalk

toalla towel

tocar (qu) to play (*an instrument*) (6)

todavía still, yet (3)

todo/a all, every (2); everything; **ante todo** first of all; **de todo** everything (3); **de todo precio** in all price ranges; **de todos modos** anyway; **por todas partes** everywhere; **sobre todo** above all, especially (16); **todas las tardes (noches)** every afternoon (night) (1); **todo derecho** straight ahead (13); **todos los días** every day (1)

tomar to take (1); to drink (1); to eat; **tomar el sol** to sunbathe (14); **tomar en cuenta** to take into account (17); **tomarle el pelo (a alguien)** to pull someone's leg, to tease; **tomarle la temperatura a alguien** to take someone's temperature

tomate *m.* tomato (6)

tontería foolish thing

tonto/a silly, foolish (2)

torneo tournament, contest

toro bull

torpe clumsy (11)

tortilla omelet (*Sp.*); tortilla (*round, flat bread made of corn or wheat flour*) (*Mex., Central America*)

tos *f. s.* cough (12)

toser to cough (12)

tostador *m.* toaster

total *m.* total; *adj.* total; **en total** in all; **total que** the result/upshot is

trabajador(a) *n.* worker; *adj.* hard-working (2)

trabajar to work (1)

trabajo job (4); work (4)

tradicional traditional

traducción *f.* translation

traducir (*like* **producir**) to translate

traer (*irreg.*) to bring (6)

tráfico traffic (13)

tragedia tragedy

trago (*alcoholic*) drink (20)

traje *m.* suit, costume (3); **traje de baño** swim/bathing suit (3); **traje de noche** evening dress

trama plot (*of play or novel*) (14)

tranquilidad *f.* peace, tranquility (15)

tranquilo/a calm, tranquil (7)

transmisión *f.* transmission; **transmisión de cambios** manual shift

transporte *m.* means of transportation (15)

tras after
tratar (de) + *inf.* to try to (*do something*) (13); **tratarse de** to be a matter of (17)
trato deal, pact; **trato hecho** it's a deal
través: a través (de) through, by means of
travieso/a prankish, mischievous
trece thirteen (A)
treinta thirty (A)
tren *m.* train (7)
tres three (A)
trescientos/as three hundred (3)
triste sad (4)
tristeza sadness
trompeta trumpet
tronco trunk, log
trono throne
tropezar (ie) (c) to stumble, slip; to strike against; **tropezar con** to bump into (11)
trucha trout
tu *poss.* your (*fam. s.*)
tú *sub. pron.* you (*fam. s.*); **¿y tú?** and you? (A)
tumba tomb
turco/a Turkish
turista *m., f.* tourist
turístico/a *adj.* tourist; **clase** (*f.*) **turística** tourist class (7)
tutú *m.* tutu (*short skirt worn by a ballerina*)
tuyo/a *poss.* your, (of) yours (*fam. s.*)

U

últimamente lately, of late
último/a last; latest; **por última vez** for the last time (17)
un, uno/a one, a, an (*indefinite article*)
único/a only; unique
unidad *f.* unity
unido/a united; **Estados Unidos** United States
unificación *f.* unification
unión *f.* union
unir to unite
universidad *f.* university (1)
universitario/a *n.* university student; *adj.* university, of the university
unos/as some, several, a few
uña (finger)nail
urbanización *f.* urbanization
urbano/a urban
urgente urgent
usado/a used
usar to use
uso use (19)
usted (Ud., Vd.) *sub. pron.* you (*form. s.*); *obj. of prep.* you (*form. s.*); **¿y usted?** and you? (A)
ustedes (Uds., Vds.) *sub. pron.* you (*form. pl.*); *obj. of prep.* you (*form. pl.*)
útil useful

V

vaca cow (15)
vacaciones *f. pl.* vacation (7); **estar de vacaciones** to be on vacation (7); **ir de vacaciones** to go on vacation (7)
vacío/a empty; unoccupied, uninhabited

valer (valgo) to be worth (16); **¿cuánto vale?** how much is it (worth)?; **¿vale?** okay?
valiente brave, courageous
valor *m.* value
valle *m.* valley
variación *f.* variation
variar to vary
variedad *f.* variety
varios/as several, some
varón *m.* male child, boy (10)
vasco/a Basque
vaso (drinking) glass (6)
vecino/a neighbor (9)
vegetariano/a vegetarian
vehículo vehicle
veinte twenty (A)
velocidad *f.* speed, velocity
vencer (z) to overcome, conquer
vendedor(a) salesperson
vender to sell (3)
venezolano/a Venezuelan
venir (*irreg.*) to come (3)
venta sale
ventaja advantage (13)
ventana window (9)
ventanilla (car) window
ver (*irreg.*) to see (6); **a ver** let's see
veraneo summer holiday(s)
verano summer (5)
veras: ¿de veras? really? (14)
verbo verb
verdad *f.* truth; **de verdad** real, really; **¿verdad?** right?, do they?, isn't it . . . ? (3)
verdadero/a true, real (13)
verde green (3)
verduras vegetables (6)
vermú *m.* vermouth
versión *f.* version
vestido dress (3)
vestir (i, i) to dress (9); **vestirse** to get dressed (9)
vez *f.* (*pl.* **veces**) time, occasion (9); **a veces** at times, sometimes (7); **de vez en cuando** from time to time; **en vez de** instead of (16); **muchas veces** frequently, a lot (15); **otra vez** again (9); **pocas veces** infrequently, rarely (15); **por primera (última) vez** for the first (last) time (17); **raras veces** rarely; **a la vez** at the same time; **tal vez** perhaps, maybe; **una vez** once (12); **dos veces** twice (15)
viajar to travel (5); **viajar al extranjero** to travel abroad (19)
viaje *m.* trip, voyage; **de viaje** on a trip; **hacer un viaje** to take a trip (5); **viaje por mar** ocean cruise
viajero/a traveler (19); **cheque** (*m.*) **de viajero** traveler's check
viajes: agencia de viajes travel agency; **agente** (*m., f.*) **de viajes** travel agent
vida life (4); **llevar una vida** ____ to lead a ____ life (12); **mi vida** dear (*expression of affection*)
vieja: Noche (*f.*) **Vieja** New Year's Eve (10)
viejo/a *n.* old man/woman; *adj.* old (2)
viene: el año que viene next year; **la semana que viene** next week

viento wind (5); **hace (mucho) viento** it's (very) windy (5)
viernes *m.* Friday (4)
villancico Christmas carol
vínculo tie, bond of union
vino wine (6); **vino blanco (tinto)** white (red) wine (6)
viola viola
violencia violence
violento/a violent
violín *m.* violin
violinista *m., f.* violinist
virreinato viceroyship, viceroyalty
visión *f.* vision
visita visit; **de visita** on a visit
visitante *m., f.* visitor
visitar to visit (4)
vista view (9); **punto de vista** point of view
visto/a *p.p.* seen
viuda widow
vivienda *n.* housing (15)
vivir to live (3)
vivo/a *adj.* alive, living; bright (*of colors*)
vizcaíno/a *n., adj.* Biscayan, *of or pertaining to Biscay, a province in northern Spain*
vocabulario vocabulary
vocación *f.* vocation
vocal *f.* vowel
volante *m.* (steering) wheel
volar (ue) to fly
vólibol *m.* volleyball
volver (ue) (*p.p.* **vuelto/a**) to return (5)
vosotros/as *sub. pron.* you (*fam. pl. Sp.*); *obj. of prep.* you (*fam. pl. Sp.*)
votar to vote (17)
voz *f.* (*pl.* **voces**) voice; **en voz alta** aloud, out loud; **voz activa** active voice (*gram.*); **voz pasiva** passive voice (*gram.*)
vuelo flight (7)
vuelto/a *p.p.* returned; **de ida y vuelta** *adj.* round-trip (7)
vuestro/a *poss.* your (*fam. pl. Sp.*); (of) yours (*fam. pl. Sp.*)

Y

y and (A); plus (A)
ya already, now (2); **ya no** no longer; **ya que** since
yacimiento bed or deposit (of minerals)
yanqui *m.* Yankee
yate *m.* yacht
yo *sub. pron.* I
yoga *m.* yoga
yogur(t) *m.* yoghurt
yoyó yoyo

Z

zanahoria carrot (6)
zapatería shoe store
zapatilla slipper
zapato shoe (3)
zarzuela *light musical dramatic performance*
zona zone
zoo zoo

ENGLISH–SPANISH VOCABULARY

A

able: to be able **poder** (*irreg.*)
above **sobre; encima**
abroad *adv.* **en el extranjero;** to go abroad **ir al extranjero;** to travel abroad **viajar en el extranjero**
absent: to be absent **faltar**
absent-minded **distraído/a**
accelerated **acelerado/a**
accept **aceptar**
accident **accidente** *m.*
account **cuenta;** checking account **cuenta corriente;** savings account **cuenta de ahorros;** to take into account **tomar en cuenta**
acquainted: to be acquainted with **conocer (zc)**
ad **anuncio**
addition: in addition (to) **además (de)**
address *n.* **dirección** *f.*
advance: (___ days) in advance **con (___ días de) anticipación**
advantage **ventaja**
advertisement **anuncio, aviso**
advice **consejo**
advise **aconsejar, avisar**
advisor **consejero/a**
affectionate **afectuoso/a, cariñoso/a**
afraid: to be afraid (of) **tener miedo (de)**
after *prep.* **después de;** *conj.* **después (de) que**
afternoon **tarde** *f.*; good afternoon **buenas tardes;** in the afternoon **de/en/por la tarde**
again **otra vez, de nuevo**
ago: (two years) ago **hace (dos años)**
agreement: to be in agreement (with) **estar de acuerdo (con);** to reach an agreement **ponerse de acuerdo**
ahead: straight ahead **(todo) derecho**
air **aire** *m.; adj.* (*of or pertaining to air travel*) **aéreo/a**
air conditioner **(aire) acondicionador** *m.*
airplane **avión** *m.*
airport **aeropuerto**
alarm clock **despertador** *m.*
all **todo/a**
allow **permitir**
almost **casi**
alone **solo/a**
already **ya**
also **también**
although **aunque**
always **siempre**
A.M. **de la mañana**
among **entre**
amuse **divertir (ie, i)**
amusing **divertido/a, cómico/a**
ancestor **antepasado**
and **y**
angry **enojado/a;** to get angry **enojarse**
announce **anunciar**
announcement **anuncio**
another **otro/a**
answer *v.* **contestar;** *n.* **respuesta**

antibiotic *n.* **antibiótico**
any **algún, alguno/a; cualquier(a);** not any **ningún, ninguno/a**
anyone **alguien;** not anyone **nadie**
anything **algo;** not anything **nada**
anyway **de todos modos**
apartment **apartamento**
appear **aparecer (zc);** (seem) **parecer (zc)**
apple **manzana**
applicant **aspirante** *m., f.*
application form **solicitud** *f.*
appointment **cita**
April **abril** *m.*
arm **brazo**
armchair **sillón** *m.*
arrival **llegada**
arrive **llegar (gu)**
as **como;** as a child **de niño/a;** as ___ as **tan ___ como;** as if, as though **como si;** as soon as **en cuanto, tan pronto como**
ask **preguntar;** to ask for **pedir (i, i);** to ask questions **hacer preguntas**
asleep: to fall asleep **dormirse (ue, u)**
apirin **aspirina**
assimilate **asimilarse**
at **en; a** (*with time*); at least **por lo menos;** at the moment **en este momento;** at times **a veces;** at what time? **¿a qué hora?**
atmosphere **(medio) ambiente** *m.*
attend **asistir (a)**
attendant: flight attendant **camarero** *m.,* **azafata** *f.*
August **agosto**
aunt **tía**
automobile **automóvil** *m.*
avenue **avenida**
away: to take away **quitar**

B

bad **malo/a;** it's too bad **es (una) lástima**
badly **mal**
bag **bolsa;** (suitcase) **maleta**
baggage **equipaje** *m.;* baggage check area **consigna**
ball **pelota**
ballpoint pen **bolígrafo**
banana **banana**
bank **banco**
baptism **bautizo**
baptize **bautizar (c)**
bargain *v.* **regatear;** *n.* **ganga**
baseball **béisbol** *m.*
basketball **básquetbol** *m.*
bath: to take a bath **bañarse**
bathe **bañar(se)**
bathroom **baño**
battery **batería** *f.*
be **ser** (*irreg.*); **estar** (*irreg.*); to be ___ years old **tener ___ años;** to be born **nacer (zc);** to be (feel) hot, cold, thirsty, hungry, afraid, right, in a hurry **tener calor, frío, sed, hambre, miedo, razón, prisa**
beach **playa**
bean **frijol** *m.*

beautiful **hermoso/a; bello/a**
because **porque;** because of **a causa de**
become **hacerse** (*irreg.*) (*p.p.* **hecho/a**); **llegar a ser; ponerse** (*irreg.*) (*p.p.* **puesto/a**) + *adj.*
bed **cama;** to go to bed **acostarse (ue);** to make the bed **hacer la cama;** to put to bed **acostar (ue)**
bedroom **alcoba**
beer **cerveza**
before *prep.* **antes de;** *conj.* **antes (de) que;** first of all, before anything (else) **antes que nada**
begin **empezar (ie) (c); comenzar (ie) (c)**
behave **portarse**
behind **detrás de**
believe (in) **creer (y) (en)**
bellhop **mozo, botones** *m. s.*
belt *n.* **cinturón** *m.;* seat belt **cinturón de seguridad**
besides *adv.* **además;** *prep.* **además de**
best **mejor**
better **mejor**
between **entre**
bicycle **bicicleta;** to go for a bike ride **pasear en bicicleta;** to ride a bike **andar en bicicleta**
big **gran, grande**
bilingual **bilingüe**
bill (*for services*) **cuenta; factura**
birth **nacimiento;** to give birth **dar** (*irreg.*) **a luz**
birthday **cumpleaños** *s.*
bit: a little bit **un poco**
black **negro/a**
blackboard **pizarra**
blend (in) **asimilarse**
blond(e) **rubio/a**
blouse **blusa**
blue **azul**
boarding house **pensión** *f.*
body **cuerpo**
book **libro**
bookstore **librería**
boot **bota**
border *n.* **frontera**
bored **aburrido/a** (*with* **estar**)
boring **pesado/a; aburrido/a** (*with* **ser**)
born: to be born **nacer (zc)**
boss **jefe/a**
box **caja;** box office **taquilla**
boy **chico; niño**
boyfriend **novio**
brakes **frenos;** disc brakes **frenos de disco**
bread **pan** *m.*
break *v.* **romper** (*p.p.* **roto/a**)
breakfast **desayuno;** to eat breakfast **desayunar**
breathe **respirar**
bride **novia**
bring **traer** (*irreg.*); **llevar**
brother **hermano**
brown **pardo/a**
brunet(te) **moreno/a, trigueño/a**

budget *n.* **presupuesto**
build **construir (y)**
building *n.* **edificio**
bump: to bump into **tropezar (ie) (c) con**
bus **autobús** *m.*
business **negocio; comercio; empresa;**
  businessman/woman **hombre/mujer de**
  negocios
busy **ocupado/a**
but **pero;** but (rather) **sino**
buy **comprar**
by **para, por;** by plane **en avión**

C

cab **taxi** *m.;* cab driver **taxista** *m., f.*
café **café** *m.*
cafeteria **cafetería**
cake **pastel** *m.*
call *v.* **llamar;** *n.* **llamada;** to call on the
  phone **llamar por teléfono**
called: to be called **llamarse**
calm **tranquilo/a;** *v.* to calm down, be calm
  calmarse
camera **cámara**
camp: to go camping **hacer** *(irreg.)* *(p.p.*
  hecho/a) *camping*
campus **campus** *m.;* **ciudad universitaria** *f.*
can *v.* **poder** *(irreg.)*
candidate **aspirante** *m., f.;* **candidato/a**
candy **dulces** *m. pl.*
car **automóvil** *m.;* **coche** *m.;* **carro**
card: credit card **tarjeta de crédito;** post
  card **(tarjeta) postal** *f.;* playing card **carta**
care *n.* **cuidado;** to take care of oneself
  cuidarse
career **carrera**
careful *adj.* **cuidadoso/a;** careful!, be careful!
  ¡cuidado!; carefully **con cuidado;** to be
  careful **tener** *(irreg.)* **cuidado;** to take
  care of oneself **cuidarse**
carry **llevar;** to carry out **llevar a cabo;** to
  carry up **subir**
case: in case **en caso de que;** just in case
  por si acaso
cash: (to pay) cash **(pagar) al contado;** to
  cash (a check) **cobrar (un cheque)**
catch: to catch a cold **resfriarse**
celebrate **celebrar**
center *n.* **centro**
certain **cierto/a**
chair **silla**
chalkboard **pizarra**
change *v.* **cambiar; convertir (ie, i);** to
  change *(something)* **cambiar de;** *n.*
  cambio
channel *(T.V.)* **canal** *m.*
chapter **capítulo**
charge *v.* (to an account) **cargar (gu);**
  (someone for an item or service) **cobrar**
charming *adj.* **encantador(a)**
cheap **barato/a**
check *v.* (luggage) **facturar (el equipaje);**
  n. **cheque** *m.;* by check **con cheque;**
  checking account **cuenta corriente;**
  (restaurant) check **cuenta;** traveler's
  check **cheque de viajero**
cheese **queso**
chess **ajedrez** *m.*
Chicano **chicano/a**

chicken **pollo**
child **niño/a, chico/a, chamaco/a** *(Mex.)*
children **hijos; niños; chicos; chamacos**
  (Mex.)
chop: (pork) chop **chuleta (de cerdo)**
chore **quehacer** *m.*
Christmas **Navidad** *f.,* **Pascuas** *pl.;* Christmas
  Eve **Nochebuena;** Merry Christmas **Feliz**
  Navidad, Felices Pascuas
church **iglesia**
citizen **ciudadano/a**
city **ciudad** *f.*
class **clase** *f.;* first class **primera clase;**
  tourist class **clase turística**
clean *v.* **limpiar;** *adj.* **limpio/a**
clear **claro/a;** (cloudless) **despejado/a;** it's
  clear (obvious, understood) **está claro**
clerk **dependiente/a**
clever **listo/a** *(with estar)*
climate **clima** *m.*
clock **reloj** *m.;* alarm clock **despertador** *m.*
close **cerrar (ie);** *adv.* **cerca;** close to *prep.*
  cerca de
closed **cerrado/a**
clothing *n.* **ropa**
cloudy **nublado/a**
club **club** *m.*
clumsy **torpe**
coat **abrigo**
coffee **café** *m.;* coffee pot **cafetera**
Coke **Coca-Cola**
cold *n.* **resfriado** *(illness);* *adj.* **frío/a;** it's
  (very) cold (weather) **hace (mucho)**
  frío; to catch a cold **resfriarse;** to be
  (feel) cold **tener** *(irreg.)* **frío**
collide **chocar (qu) (con)**
color **color** *m.*
come **venir** *(irreg.);* to come by *(for*
  someone) **pasar por**
comfort *n.* **comodidad** *f.*
comfortable *adj.* **cómodo/a;** *adv.* **a gusto**
command *n.* **mandato**
communicate (with) **comunicarse (qu)**
  (con)
companion **compañero/a**
complain **quejarse**
computer **computadora**
concert **concierto**
conductor **conductor(a)**
confirm **confirmar**
congested **congestionado/a**
congratulations **felicidades** *f.;* **felicitaciones**
  f.
conserve **conservar**
consider **considerar**
construct **construir (y)**
contain **contener** *(like tener)*
contaminate **contaminar**
continue **continuar; seguir (i, i)**
convenience **comodidad** *f.*
cook *v.* **cocinar**
cookie **galleta**
cool: it's cool (weather) **hace fresco**
corner *(of a street)* **esquina**
corporation **empresa**
costume **disfraz** *m.* (*pl.* **disfraces**); **traje** *m.;*
  costume party **baile** (*m.*) **de disfraces, de**
  máscaras
cough *v.* **toser;** *n.* **tos** *f.*
counselor **consejero/a**

country **país** *m.,* **nación** *f.;* **campo**
  (countryside); *adj.* **campesino/a**
course **curso;** course of studies **carrera;**
  main course *(of a meal)* **entrada;** of
  course **cómo no, claro**
courtship **noviazgo**
cousin **primo/a**
cover *v.* **cubrir** *(p.p.* **cubierto/a);** *(territory,*
  miles, etc.) **recorrer;** covered *adj.*
  cubierto/a
cow **vaca**
crazy **loco/a**
credit card **tarjeta de crédito** *f.*
crime **crimen** *m.,* **delito**
cross *v.* **cruzar (c)**
cry *v.* **llorar**
Cuban **cubano/a**
culture **cultura**
cup **taza**
currency **moneda**
current *n.* **corriente** *f.;* *adj.* **actual**
currently **actualmente**
custard **flan** *m.*
custom **costumbre** *f.*
customs **aduana;** customs duty **derechos** *m.*
cut **cortar;** to cut down, back **reducir** *(like*
  producir)

D

dad **papá** *m.*
daily **cotidiano/a; diario/a**
dance *v.* **bailar;** *n.* **baile** *m.;* **danza**
dangerous **peligroso/a**
date *(calendar)* **fecha;** *(appointment)* **cita;**
  to have a date with **tener una cita con;**
  what is today's date? **¿cuál es la fecha de**
  hoy?
daughter **hija**
day **día** *m.;* a, per day **al día;** the day after
  tomorrow **pasado mañana;** every day
  todos los días; the day before yesterday
  anteayer
dear **querido/a**
December **diciembre** *m.*
decide **decidir**
declare **declarar**
deeply **profundamente**
delay *v.* **demorar;** *n.* **demora**
dense **denso/a**
dentist **dentista** *m., f.*
deny **negar (ie) (gu)**
department store **almacén** *m.*
departure **ida, salida**
descendent **descendiente**
describe **describir** *(p.p.* **descrito/a)**
deserve **merecer (zc)**
desire *v.* **desear;** *n.* **deseo**
desk **escritorio;** front desk **recepción** *f.*
dessert **postre** *m.*
destroy **destruir (y)**
develop **desarrollar**
development **desarrollo**
dictatorship **dictadura**
dictionary **diccionario**
die **morir (ue, u)** *(p.p.* **muerto/a)**
diet: to be on a diet **estar a dieta**
different **diferente**
difficult **difícil**
difficulty **dificultad** *f.*

dining room **comedor** *m.*

dinner **cena;** to have, eat dinner, supper **cenar**

director **director/a;** director's office **dirección** *f.*

dirty **sucio/a**

disadvantage **desventaja**

discotheque **discoteca**

discover **descubrir** (*p.p.* **descubierto/a**)

dish **plato;** main dish **plato fuerte**

dishwasher **lavaplatos** *s.*

diversion **pasatiempo**

divide **compartir**

divorce **divorcio;** *v.* to get divorced **divorciarse**

do **hacer** (*irreg.*) (*p.p.* **hecho/a**)

doctor **médico/a, doctor(a)**

dog **perro/a**

dollar **dólar** *m.*

domestic *adj.* **doméstico/a**

door **puerta**

doorman **portero**

dormitory **residencia (estudiantil); colegio mayor**

dot: on the dot (*with time*) **en punto**

doubt *v.* **dudar**

down **abajo;** down payment **pago inicial;** to get down (from) **bajar (de);** to have ups and downs **sufrir altibajos;** to sit down **sentarse (ie)**

downtown **centro**

dress **vestido**

dressed: to get dressed **vestirse (i, i)**

drink *v.* **beber, tomar;** *n.* **bebida;** (*alcoholic*) drink **copa, trago;** soft drink **refresco**

drive (*a vehicle*) **conducir** (*like* **producir**); **manejar**

driver: cab/taxi driver **taxista** *m., f.;* **conductor(a)**

drop *v.* **dejar caer**

drugstore **farmacia**

dryer (*clothing*) **secadora**

dubbed **doblado/a**

dust *v.* **sacudir (los muebles)**

duty: customs duty **derechos** *m. pl.* (**de aduana**)

E

each **cada** *inv.*

early **temprano;** to get up early **madrugar (gu)**

earn **ganar**

earnings **ganancias**

earth **tierra**

easy **fácil**

eat **comer;** to eat breakfast **desayunar;** to eat lunch **almorzar (ue) (c);** to eat supper, dinner **cenar**

economical **económico/a**

economize **economizar (c)**

egg **huevo**

eight **ocho**

eighteen **dieciocho**

eighth **octavo/a**

either: not either **tampoco**

electricity **electricidad** *f.;* **luz** *f.* (*pl.* **luces**)

eleven **once**

embarrassed **avergonzado/a**

emigrate **emigrar**

emotion **emoción** *f.*

employee **empleado/a**

enchant **encantar**

end *n.* **fin** *m.;* at the end of **a fines de;** end table **mesita;** in the end **al fin y al cabo;** weekend **fin de semana**

endure **durar**

energy **energía**

engagement **compromiso;** (*marriage*) **noviazgo**

engineer **ingeniero/a**

English **inglés** *m.,* **inglesa** *f.;* English language **inglés** *m.*

enjoy: to enjoy oneself **divertirse (ie, i); disfrutar (de); gozar (c) (de)**

enough **bastante; lo suficiente;** that's enough **basta**

enter **entrar (en)**

entertain **divertir (ie, i)**

entire **entero/a**

envelope **sobre** *m.*

environment **ambiente** *m.,* **medio ambiente**

equality **igualdad** *f.*

equipment **equipo**

era **época**

especially **sobre todo**

establish (oneself) **establecer(se) (zc)**

ethnic **étnico/a**

even *adv.* **aun;** even more **aun más;** even though **aunque**

evening **tarde** *f.;* **noche** *f.*

event **acontecimiento; hecho**

every **cada** (*inv.*), **todo/a;** every day *adj.* **cotidiano/a;** every day *adv.* **todos los días**

everything **todo; de todo**

exactly **en punto** (*with time*); *adv.* **justo**

exam **examen** *m.*

examine **examinar; registrar**

example **ejemplo;** for example **por ejemplo**

excellent **excelente**

exchange: (rate of) exchange **cambio**

excuse *v.* **disculpar(se);** excuse me **perdón; con permiso**

exercise *v.* **hacer** (*irreg.*) (*p.p.* **hecho/a**) **ejercicio;** *n.* **ejercicio**

exile *n.* **exilio;** person in exile **exiliado/a**

exit *n.* **salida**

expatriate *n.* **exiliado/a**

expect **esperar**

expend **gastar**

expenses **gastos**

expensive **caro/a; costoso/a**

experience *v.* **experimentar**

exploit **explotar**

eye **ojo;** eye doctor **oculista** *m., f.*

F

factory **fábrica**

fall *v.* **caer** (*irreg.*); to fall asleep **dormirse (ue, u);** to fall down **caerse;** *n.* **otoño**

family **familia;** family-related, of the family **familiar**

fan *n.* **aficionado/a**

far *adv.* **lejos;** far from *prep.* **lejos de**

farm *n.* **finca;** farm worker **campesino/a**

fast *adj.* **rápido/a, acelerado/a;** *adv.* **rápidamente, rápido**

fat *adj.* **gordo/a**

father **padre** *m.*

favorite **favorito**

fear *v.* **temer;** *n.* **miedo**

February **febrero**

feel **sentirse (ie, i);** to feel cold, warm/hot **tener frío, calor;** to feel like **tener ganas de** + *inf.;* to feel sorry **sentirse**

fees **matrícula** *f. s.*

fever **fiebre** *f.*

few **pocos/as;** a few **algunos/as;** fewer **menos;** fewer than **menos que**

fiancé(e) **novio/a**

field **campo**

fifteen **quince**

fifth **quinto/a**

fifty **cincuenta**

fill **llenar;** to fill out (a form) **llenar (una solicitud)**

finally **por fin; al fin y al cabo**

find **encontrar(ue); hallar;** to find out (about) **saber** (*irreg.*); **enterarse de**

fine *n.* **multa;** *adv.* **(muy) bien**

finish **terminar; acabar**

fire *v.* **despedir (i, i);** *n.* **fuego**

first **primero/a;** first of all **ante todo, antes que nada**

fish *n.* **pescado**

fit: to fit in **adaptarse**

five **cinco**

fix **arreglar**

fixed *adj.* **fijo/a**

flat: a flat tire **una llanta desinflada**

flight **vuelo;** flight attendant **camarero** *m.,* **azafata** *f.*

flower *v.* **florecer (zc);** *n.* **flor** *f.;* flower-pot, flower-vase **florero**

fog **niebla**

follow **seguir (i, i)**

following *adj.* **siguiente**

food **alimento; comida; comestibles** *m. pl.*

foolish **tonto/a;** foolish thing **tontería**

foot **pie** *m.*

football **fútbol americano** *m.*

for **para; por;** for (*a period of time*) **por, durante;** for example **por ejemplo**

forbid **prohibir**

foreigner **extranjero/a**

forget **olvidar;** to forget to (*do something*) **olvidarse de** + *inf.*

form **forma, planilla;** application form **solicitud** *f.*

four **cuatro**

fourteen **catorce**

fourth **cuarto/a**

free **libre;** (unoccupied) **desocupado/a**

freedom **libertad** *f.*

freeway **autopista**

French **francés** *m.,* **francesa** *f.;* French language **francés** *m.*

frequently **muchas veces; con frecuencia; frecuentemente; a menudo**

Friday **viernes** *m.*

friend **amigo/a; compañero/a**

friendship **amistad** *f.*

fries: french fries **papas fritas**

from *prep.* **de; desde;** from ___ to ___ **desde ___ hasta ___**

front: in front **enfrente**; in front of **delante de**; front desk **recepción** *f.*
frontier **frontera**
fruit **fruta**
fun **divertido/a**
function **andar** (*irreg.*), **funcionar** (*with machines*)
funny **divertido/a; cómico/a**
furious **furioso/a**
furniture **muebles** *m. pl.*
future *n.* **futuro**; *adj.* **futuro/a**

G

game **juego; partido (de fútbol, de béisbol)**
garage **garaje** *m.*
garbage **basura**
gas **gas** *m.;* **gasolina**; gas station **estación de gasolina** *f.*
general: in general **por lo general**
generally **por lo general**
gentleman **señor** *m.;* **caballero**
German **alemán** *m.,* **alemana** *f.;* German language **alemán** *m.*
get **conseguir (i, i); obtener** (*like* **tener**); **ponerse** (*irreg.*) (*p.p.* **puesto/a**) + *adj.;* to get a cold **resfriarse**; to get angry **enojarse**; to get down (from) **bajar (de)**; to get dressed **vestirse (i, i)**; to get exercise **hacer** (*irreg.*) (*p.p.* **hecho/a**) **ejercicio**; to get married **casarse; contraer** (*like* **traer**) **matrimonio**; to get on **subir (a)**; to get sick **enfermarse**; to get tired **cansarse**; to get to (arrive) **llegar (gu)**; to get through (customs) **pasar por (la aduana)**; to get together (*on an issue*) **ponerse** (*irreg.*) (*p.p.* **puesto/a**) **de acuerdo**; to get together (meeting) **reunirse**; to get up **levantarse**; to get up early **madrugar (gu)**; to get up on the wrong side of the bed **levantarse con el pie izquierdo**; to get used (to) **acostumbrarse (a)**; to get washed **lavarse**
gift **regalo**
girl **chica; niña**
girlfriend **novia**
give **dar** (*irreg.*); to give (*as a gift*) **regalar**; to give birth **dar a luz**
glad: to be glad (about) **alegrarse (de)**
glass (*drinking*) **vaso**
go **ir** (*irreg.*); to go away **irse**; to go back **volver (ue)** (*p.p.* **vuelto/a**); to go by **pasar por**; to go home **regresar a casa**; to go in **entrar (en, a)**; to go on vacation **ir** (*irreg.*) **de vacaciones**; to go out **salir** (*irreg.*); to go to (school) **asistir a (la escuela)**; to go to bed **acostarse (ue)**; to go up **subir (a)**; to go with **acompañar**
god **dios** *m.;* God **Dios**
gold **oro**
golf **golf** *m.*
good **buen, bueno/a**; good afternoon/evening **buenas tardes**; good evening/night **buenas noches**; good heavens! **¡caramba!**; good morning **buenos días**
goodbye **adiós**; to say goodbye (to) **despedirse (i, i) (de)**

good-looking **guapo/a**
govern **gobernar (ie)**
government **gobierno**
grade (*in a class*) **nota**
granddaughter **nieta**
grandfather **abuelo**
grandmother **abuela**
grandparents **abuelos**
grandson **nieto**
gray **gris**; gray hair **cana**
great **gran, grande**
green **verde**
groom **novio**
ground **tierra**
guarantee *v.* **garantizar (c)**
guava **guayaba**
guest **invitado/a; huésped(a)**

H

haggle **regatear**
hair **pelo**; gray, white hair **cana**
half **mitad** *f.;* halfway there **a mitad de camino**; it's a half past (two, three . . . .) **son las (dos, tres....) y media**
ham **jamón** *m.*
hamburger **hamburguesa**
hand **mano** *f.;* on the other hand **por otro lado**; to hand in, over **entregar (gu)**
handsome **guapo/a**
happen **pasar, ocurrir**
happening *n.* **acontecimiento**
happy **alegre; contento/a; feliz** (*pl.* **felices**); to be happy (about) **alegrarse (de)**
hardworking **trabajador(a)**
haste **prisa**
hat **sombrero**
have **tener** (*irreg.*); (*auxiliary v.*) **haber** (*irreg.*); to have breakfast **desayunar**; to have fun, have a good time **divertirse (ie, i), pasarlo bien**; to have just (*done something*) **acabar de** + *inf.;* to have lunch **almorzar (ue) (c)**; to have stopovers **hacer** (*irreg.*) (*p.p.* **hecho/a**) **escalas**; to have supper **cenar**; to have to (*do something*) **tener que** (+ *inf.*)
he *sub. pron.* **él**
head *v.* **encabezar (c)**; *n.* **cabeza**
health **salud** *f.*
healthy **sano/a**
hear **oír** (*irreg.*)
heart **corazón** *m.*
heat *v.* **calentar (ie); calor** *m.;* **calefacción** *f.,* **gas** *m.*
heaven **cielo**; for heaven's sake **por Dios**
help *v.* **ayudar**; *n.* **ayuda**
her *d.o.* **la**; *to*, *for her i.o.* **le**; *obj. of prep.* **ella**; *poss.* **su**
hers **suyo/a**
here **acá; aquí**; around here **por aquí**; right here **aquí mismo**
hi **hola**
high **alto/a**; high school **secundaria**
highway **carretera**
him *d.o.* **lo**; *to*, *for him i.o.* **le**; *obj. of prep.* **él**
his *poss.* **su, suyo/a**
history **historia**
hit *v.* **pegar (gu)**
hog **cerdo**

hold **contener** (*like* **tener**)
home **casa; hogar** *m.;* at home **en casa**; to return home **regresar a casa**
homeland **patria, tierra natal**
honey **miel** *f.*
hope *v.* **esperar**; *n.* **esperanza**; I hope (that) **ojalá (que)**
hors d'oeuvres **entremeses** *m.*
horse **caballo**
horseback: to ride horseback **montar a caballo**
hot **caliente; cálido/a; picante** (*spicy*); to be (feel) hot (*people*) **tener** (*irreg.*) **calor**; it's hot (*weather*) **hace calor**
hotel **hotel** *m.;* deluxe hotel **hotel de lujo**
hour **hora**; per hour **por hora**
house **casa**; apartment house **casa de apartamentos**
housing **vivienda**
how **¿cómo?**; how are you? **¿cómo está(s)?, ¿qué tal?**; how do you say . . .? **¿cómo se dice... ?** how many? **¿cuántos/as?**; how much? **¿cuánto/a?**
hundred **cien, ciento**
hungry: to be hungry **tener** (*irreg.*) **hambre**
hurry *n.* **prisa**; to be in a hurry **tener** (*irreg.*) **prisa**
hurt *v.* (ache) **doler (ue)**; to hurt oneself **hacerse** (*irreg.*) (*p.p.* **hecho/a**) **daño**
husband **esposo, marido**

I

I *sub. pron.* **yo**
ice **hielo**
ice cream **helado**
idea **idea**
if **si**; as if **como si**
illness **enfermedad** *f.*
immediately **en seguida; inmediatamente**
immigrant **inmigrante** *m., f.*
immigration **inmigración** *f.*
important **importante**
impossible **imposible**
impression: to make a good (bad) impression **caer** (*irreg.*) **bien (mal)**
in (the morning, evening, etc.) **de/en/por (la mañana, la noche, etc.)**
increase *v.* **aumentar**; *n.* **aumento**
incredible **increíble**
inequality **desigualdad** *f.*
inexpensive **barato/a**
inform **informar**
infrequently **pocas veces**
insist (*on doing something*) **insistir** (**en** + *inf.*)
inspector **inspector(a)**; customs inspector **inspector(a) de aduanas**
installments: on installments **a plazos**
instead of **en vez de**
intend **pensar (ie)** + *inf.*
interesting **interesante**
interview *v.* **entrevistar**; *n.* **entrevista**
into **en**
inventory **inventario**
invite **invitar**
invoice **factura**
island **isla**
it *d.o.* **lo, la**; *obj. of prep.* **él, ella**
Italy **Italia**

J

jacket **chaqueta**
jail *n.* **cárcel** *f.*
January **enero**
job **trabajo; puesto; empleo**
joke *n.* **chiste** *m.*
journalist **periodista** *m., f.*
juice **jugo**
July **julio**
June **junio**
just: just in case **por si acaso;** to have just
    (*done something*) **acabar de** + *inf.*

K

keep **guardar;** to keep in mind **tomar en
    cuenta**
key **llave** *f.*
kids (children) **niños/as**
kind *adj.* **amable**
kiosk **quiosco**
kitchen **cocina**
know **saber** (*irreg.*) (*a fact, how to*);
    conocer (zc) (*someone, to be acquainted
    with*)

L

labor union **sindicato**
laborer **obrero/a**
lack *n.* **falta; escasez** *f.* (*pl.* **escaseces**)
lacking: to be lacking **faltar**
lady **señora; dama**
land *v.* **aterrizar (c);** *n.* **tierra;** native land
    patria, tierra natal
language **lengua, idioma** *m.*
large **grande**
last **último/a;** *v.* **durar;** last name **apellido;**
    last night **anoche;** last week **la semana
    pasada;** last year **el año pasado**
late *adv.* **tarde; atrasado/a;** to be late **estar**
    (*irreg.*) **atrasado/a**
later **más tarde; luego;** see you later **hasta
    luego**
laugh **reírse (i, i)**
law **derecho; ley** *f.*
lawyer **abogado/a**
lazy **perezoso/a**
lead: to lead a . . . life **llevar una vida...**
learn **aprender**
least: at least **por lo menos**
leave **salir** (*irreg.*); **irse** (*irreg.*); to leave
    (behind) **dejar**
left **izquierdo/a;** to be left (remaining)
    quedar; to the left of **a la izquierda de**
leg **pierna**
lend **prestar**
less **menos;** less ____ than **menos ____
    que**
let: to let (*someone*) know **avisar**
letter **carta**
lettuce **lechuga**
liberty **libertad** *f.*
library **biblioteca**
license **licencia**
lie *n.* **mentira**
life **vida**
lift *v.* **levantar**
light *n.* **luz** *f.* (*pl.* **luces**); stop light
    semáforo; *adj.* **ligero/a** (*in weight*)
like **gustar;** do you like . . . ? **¿te (le)**

gusta... ?; no, I don't like . . . **no, no me
    gusta...;** yes, I like . . . **sí, me gusta...;**
    like that *adv.* **así**
likeable **simpático/a**
line **línea; cola;** to wait (stand) in line
    hacer (*irreg.*) (*p.p.* **hecho/a**) **cola**
listen (to) **escuchar;** to listen (*medical*)
    auscultar; hey, listen (*to get someone's
    attention*) **oiga(n)**
little **poco/a;** a little (bit) **un poco**
live **vivir**
living room **sala**
loan *n.* **préstamo**
lobster **langosta**
long **largo/a;** to long for **añorar**
look (at) **mirar;** to look for **buscar (qu)**
lose **perder (ie)**
lot: *adj.* a lot of **mucho/a;** *adv.* a lot **mucho**
love *v.* **querer** (*irreg.*); *n.* **amor** *m.;* in love
    enamorado/a; to fall in love (with)
    enamorarse (de)
luck **suerte** *f.*
luggage **equipaje** *m.*
lunch **almuerzo;** to eat, have lunch
    almorzar (ue) (c)
lungs **pulmones** *m.*
luxury **lujo**

M

machine **máquina**
madam **señora**
magazine **revista**
maid **criada**
mail *n.* **correo**
maintain **mantener** (*like* **tener**) (**a la
    familia,** etc.)
make **hacer** (*irreg.*) (*p.p.* **hecho/a**); to make
    a good/bad impression **caer** (*irreg.*) **bien
    /mal;** to make a mistake **equivocarse
    (qu);** to make the bed **hacer la cama**
male child **varón** *m.*
man **hombre** *m.*
manager **director/a; gerente** *m., f.;* building
    manager **portero/a**
manner **manera, forma**
many **muchos/as;** how many? **¿cuántos/as?**
March **marzo**
market **mercado**
marriage **matrimonio**
married **casado/a;** to get married (to)
    casarse (con), contraer (*like* **traer**)
    matrimonio
match *n.* **partido** (*in sports*)
matches **fósforos** *pl.*
mathematics **matemáticas**
matter **cuestión** *f.;* it doesn't matter **no
    importa;** it's a matter of **es cuestión de,
    se trata de**
May **mayo**
me *d.o., i.o.* **me;** *obj. of prep.* **mí;** with me
    conmigo
meal **comida**
meanwhile **mientras tanto**
meat **carne** *f.;* meat market **carnicería**
mechanic **mecánico**
medicine **medicina**
meet **conocer (a)**
member **miembro**
memory **recuerdo; memoria**

menu **menú** *m.*
merchant **comerciante** *m., f.*
Mexican **mexicano/a**
Mexican-American **mexicano-americano/a**
Mexico **México;** Mexico City **Ciudad de
    México** *f.*
middle *adj.* **medio/a;** middle class **clase
    media** *f.*
milk **leche** *f.*
milkshake **batido**
mind: to keep in mind **tomar en cuenta**
mine **mío/a**
minus **menos**
miss **señorita (Srta.);** to miss (class) **faltar
    (a clase);** to miss (*someone or something*)
    extrañar, añorar
missing: to be missing **faltar**
mist **niebla**
mistake *n.* **error;** to make a mistake
    equivocarse (qu)
mom **mamá**
moment: at the moment **en este momento**
Monday **lunes** *m.*
money **dinero, moneda**
monolingual **monolingüe**
month **mes** *m.*
monthly **mensual**
"moon-lighting" *n.* **pluriempleo**
more **más;** more than **más que**
morning **mañana;** good morning **buenos
    días;** in the morning **de/en/por la
    mañana**
most: the most difficult thing **lo más difícil**
mother **madre** *f.*
mountain **montaña, monte** *m.;* mountain
    range **cordillera**
mouth **boca**
move: to move (*from one residence to
    another*) **mudarse;** to move (*change the
    location of something*) **cambiar de lugar**
movie **película;** movie theater **cine** *m.*
Mr. **señor (Sr.)** *m.*
Mrs. **señora (Sra.)**
much **mucho/a;** how much? **¿cuánto/a?**
music **música**
must **deber** (+ *inf.*); one must (*do
    something*) **hay que** + *inf.*
my *poss.* **mi**

N

name: (first) name **nombre** *m.;* last name
    apellido; my name is ____ **me llamo
    ____;** what is your name? **¿cómo se
    llama Ud.?, ¿cómo te llamas?**
named: to be named **llamarse**
nation **país** *m.*
nationality **nacionalidad** *f.*
native *adj.* **natal**
nature **naturaleza**
nauseated **mareado/a**
near *adv.* **cerca;** *prep.* **cerca de**
necessary **necesario/a, preciso/a;** it is
    necessary **es necesario/preciso;** it is
    necessary (*to do something*) **hay que** +
    inf.
necessity **necesidad** *f.;* out of necessity **por
    necesidad**
need *v.* **necesitar;** *n.* **necesidad** *f.*
neighbor **vecino/a**

neighborhood **barrio**
neither **tampoco**
nephew **sobrino**
nervous **nervioso/a**
never **nunca; jamás**
new **nuevo/a;** New York **Nueva York**
news **informes** *m. pl.;* **noticias**
newspaper **periódico**
next *adj.* **siguiente, próximo/a;** next week **la semana que viene;** *adv.* **luego**
nice **amable; simpático/a**
nickname *n.* **apodo**
niece **sobrina**
night **noche;** *f.;* at night **de/en/por la noche;** every night **todas las noches;** good night **buenas noches;** last night **anoche;** tonight **esta noche**
nine **nueve**
nineteen **diecinueve**
ninety **noventa**
ninth **noveno/a**
no *adj.* **ningún, ninguno/a;** *adv.* **no;** no one **nadie;** no parking **prohibido estacionarse**
nobody **nadie**
noise **ruido**
none **ningún, ninguno/a**
noon **mediodía** *m.*
North American **norteamericano/a**
nose **nariz** *f.* (*pl.* **narices**)
not **no;** not any **ningún, ninguno/a;** not anybody **nadie;** not anything **nada;** not either **tampoco**
notebook **cuaderno**
nothing **nada;** nothing can be done about it **no hay más remedio**
notify **avisar, notificar (qu)**
November **noviembre** *m.*
now **ahora;** now then, well now **ahora bien;** right now **ahora mismo, en este momento**
nowadays **hoy día**
nurse **enfermero/a**

O

obey **obedecer (zc)**
obligation **obligación** *f.,* **deber** *m.*
obtain **conseguir (i, i)**
occasion (*time*) **vez** *f.* (*pl.* **veces**)
ocean **océano**
o'clock: at (three) o'clock **a las (tres);** it's (three) o'clock **son las (tres)**
October **octubre** *m.*
of **de**
off: to get off (of) **bajar (de);** to take off (*clothing*) **quitarse**
offer *v.* **ofrecer (zc)**
office **oficina;** director's office **dirección** *f.;* (doctor's) office **consultorio;** post office **correo;** ticket office **taquilla**
officer: police officer **policía** *m., f.*
oil **aceite** *m.*
okay: it's okay **está bien;** okay? **¿eh?**
old **viejo/a; antiguo/a**
older **mayor**
on **en; sobre;** to get on **subir (a)**
once **una vez**
one **un, uno/a**
only *adj.* **único/a;** *adv.* **sólo, solamente**

open *v.* **abrir** (*p.p.* **abierto/a**)
open(ed) **abierto/a**
or **o;** either . . . or **o... o**
orange *n.* **naranja;** *adj.* **anaranjado/a**
order *v.* **mandar; pedir (i, i);** *n.* **pedido;** in order that *conj.* **para que;** in order to *prep.* **para**
origin **origen** *m.*
other **otro/a**
ought to (*do something*) **deber** (+ *inf.*)
our *poss.* **nuestro/a**
ours **nuestro/a**
out: out of **por; fuera de;** to fill out (*a form*) **llenar;** to go out **salir** (*irreg.*); to take out **sacar (qu)**
outside *n.* **afuera;** *adv.* **fuera**
over: over ___ years old **más de ___ años;** to be over **terminarse**
overcast **nublado**
owe **deber**
own *adj.* **propio/a**
owner **dueño/a**

P

pack: to pack one's suitcases **hacer** (*irreg.*) (*p.p.* **hecho/a**) **las maletas**
package *n.* **paquete** *m.*
pain **dolor** *m.;* to have a pain in ___ **tener** (*irreg.*) **dolor de ___**
pair **par** *m.*
pale **pálido/a**
pants **pantalones** *m.*
paper **papel** *m.*
pardon *v.* **perdonar;** *n.* **perdón** *m.*
parents **padres** *m.*
park *v.* **estacionar(se);** *n.* **parque** *m.*
parking: no parking **prohibido estacionarse**
part **parte** *f.;* part-time *adj.* **de tiempo parcial**
participate: to participate in (*sports*) **practicar (qu)**
party **fiesta**
pass (by) **pasar (por);** pass (*a course, subject, etc.*) **aprobar (ue);** to pass through **recorrer**
passage **pasaje** *m.*
passenger **pasajero/a**
passport **pasaporte** *m.*
past *adj.* **pasado/a**
pastime **pasatiempo**
pastry **pastel** *m.;* small pastry **pastelito, pastelillo;** pastry shop **pastelería**
patient **paciente** *m., f.*
patio **patio**
pay (for) **pagar (gu);** to pay attention (to) **fijar (en)**
pea **guisante** *m.;* **arveja**
peace **paz** *f.* (*pl.* **paces**)
pen (ballpoint) **bolígrafo**
pencil **lápiz** *m.* (*pl.* **lápices**)
people **gente** *f. s.*
per cent **por ciento**
performance **función** *f.*
perhaps **quizá(s), tal vez**
permit *v.* **permitir**
person **persona** *f.*
personal **personal**
pharmacy **farmacia**

phenomenal **fenomenal**
photo(graph) **foto(grafía)** *f.*
pick: to pick up **recoger (j)**
pig **cerdo; cochino**
pill **pastilla;** sleeping pill **pastilla para dormir**
pink **rosado/a**
pity *n.* **lástima**
place *v.* **poner** (*irreg.*) (*p.p.* **puesto/a**); **colocar (qu);** *n.* **lugar** *m;* **sitio;** place (*in line*) **puesto**
plaid **de cuadros**
plan: to make plans to (*do something*) **hacer** (*irreg.*) (*p.p.* **hecho/a**) **planes para** + *inf.*
plane **avión** *m.;* by plane **en avión**
play (*instrument*) **tocar (qu);** to play (*sports*) **jugar (ue) (gu);** *n.* **drama** *m.,* **comedia**
pleasant **agradable, divertido/a**
please **por favor;** please (*do something*) **favor de** + *inf.*
pleased to meet you **encantado/a**
pleasing: to be pleasing **gustar**
pleasure **gusto**
plot **trama**
plumber **plomero/a**
plump **gordo/a**
plus **y; más**
P.M. **de la tarde, noche**
police (force) **policía** *f.;* (officer) **policía** *m., f.*
pollute **contaminar**
pollution **contaminación** *f.*
pool: swimming pool **piscina**
poor **pobre**
population **población** *f.*
porter **maletero**
possessions (property) **bienes** *m.*
possible **posible**
post: post office **correo;** postcard (**tarjeta**) **postal** *f.*
pot: coffee pot **cafetera**
potato **papa, patata;** french fries **papas fritas**
poverty **pobreza**
practice *v.* **practicar (qu)**
prefer **preferir (ie, i)**
preference **gusto**
prepare **preparar**
prescription **receta**
present (*gift*) *n.* **regalo;** *adj.* (*current*) **actual**
press *n.* **prensa**
pressure: to be under a lot of pressure **sufrir muchas presiones**
pretty **bonito/a; lindo/a**
price **precio;** fixed price **precio fijo**
prison **cárcel** *f.*
problem **problema** *m.*
product **producto**
profession **profesión** *f.*
professor **profesor(a)**
program **programa** *m.*
prohibit **prohibir**
promise **prometer**
pronounce **pronunciar**
protect **proteger (j)**
protest *v.* **protestar**
provided that **con tal (de) que**
psychiatrist **psiquiatra** *m., f.*

psychology **(p)sicología**
public *n.* **público**
Puerto Rican **puertorriqueño/a**
punish **castigar (gu)**
punishment **castigo**
purchase *v.* **comprar;** *n.* **compra**
pure **puro/a**
purple **morado/a**
purse **bolsa**
put **poner** (*irreg.*) (*p.p.* **puesto/a**); to put on
  (*clothing*) **ponerse;** to put to bed
  acostar(ue); to put up with **aguantar**

Q

quarter: it's a quarter after (two, three . . .)
  son las (dos, tres...) y cuarto
question *n.* **pregunta;** (*matter*) **cuestión** *f.*
quiet **quieto/a**
quit **dejar (de)**
quiz *n.* **prueba**

R

racket (*tennis, etc.*) **raqueta**
radio announcer **locutor(a)**
rain *v.* **llover (ue);** *n.* **lluvia**
raincoat **impermeable** *m.*
raise *v.* **levantar;** *n.* **aumento**
ranch **rancho**
rancher **ranchero/a**
rather *adv.* **bastante;** *interjection* **mejor
  dicho;** *conj.* **sino**
reach *v.* **alcanzar (c);** to reach an agreement
  ponerse (*irreg.*) (*p.p.* **puesto/a**) **de
  acuerdo;** to reach ___ years (*of age*)
  cumplir ___ años
react **reaccionar**
read **leer (y)**
ready: to be ready (to) **estar** (*irreg.*) **listo/a
  (para)**
real **verdadero/a**
realize **darse** (*irreg.*) **cuenta de**
really **de veras**
receive **recibir**
recommend **recomendar (ie)**
record *n.* **disco**
recorder: tape recorder **grabadora**
red **rojo/a**
reduce **reducir** (*like* **producir**)
refrigerator **refrigerador** *m.*
refugee **refugiado/a**
refuse **rechazar (c); no querer** (*irreg.,
  pret.*)
registration fees **matrícula** *f. s.*
regret **sentir (ie, i)**
relative (*family*) **pariente** *m.*
remain **quedar(se)**
remember **recordar (ue), acordarse (ue)
  (de)**
remove **quitar; sacar (qu)**
rent *v.* **alquilar;** *n.* **alquiler** *m.*
renter **inquilino/a**
repair *v.* **arreglar;** *n.* **arreglo**
republic **república**
reservation **reservación** *f.*
reserve *v.* **reservar**
resign (from) **renunciar (a)**
resolve *v.* **resolver (ue)** (*p.p.* **resuelto/a**)
resource: natural resource **recurso natural**

responsibility **responsabilidad** *f.;* **deber** *m.*
rest *v.* **descansar;** *n.* **descanso**
restaurant **restaurante** *m.*
return **volver (ue)** (*p.p.* **vuelto/a**);
  regresar (*with people*); **devolver (ue)**
  (*p.p.* **devuelto/a**) (*with objects*); to go
  home **regresar a casa**
rhythm **ritmo**
rice **arroz** *m.*
rich **rico/a; acomodado/a**
ride: to ride a bicycle **pasear en bicicleta;**
  to ride horseback **montar a caballo**
right *n.* **derecho;** *adj.* **derecho/a;** on/to the
  right (of) **a la derecha (de);** right? **¿no?,
  ¿verdad?;** right now/away **ahora mismo;
  en este momento;** to be right **tener**
  (*irreg.*) **razón;** to turn out right **salir**
  (*irreg.*) **a derechas**
ring *v.* **sonar (ue);** *n.* **anillo**
road **camino**
room **cuarto; habitación** *f.;* bathroom
  cuarto de baño; dining room **comedor**
  m.; roommate **compañero/a de cuarto;**
  waiting room **sala de espera**
root **raíz** *f.* (*pl.* **raíces**)
run **andar** (*irreg.*); **correr;** (*with machines*)
  funcionar; to run out (of) **acabar**

S

sacrifice *v.* **sacrificar (qu)**
sad **triste**
sake: for heaven's sake **por Dios**
salad **ensalada**
salary **sueldo**
same **mismo/a**
sandal **sandalia**
sandwich **sándwich** *m.*
Saturday **sábado**
save (*a seat*) **guardar (un asiento);**
  (*money, time*) **ahorrar**
say **decir** (*irreg.*) (*p.p.* **dicho**); that is to say
  es decir; to say goodbye (to) **despedirse
  (i, i) (de)**
schedule **horario;** work schedule **jornada**
school **escuela;** elementary (high) school
  escuela primaria (secundaria)
science **ciencia;** political science **ciencias
  políticas** *pl.*
search *v.* **registrar;** in search of **en busca
  de**
season *n.* **estación** *f.*
seat *v.* **sentar (ie);** *n.* **asiento;** (*in a theater*)
  butaca
second *adj.* **segundo/a**
secretary **secretario/a**
section **sección** *f.;* (no) smoking section **la
  sección de (no) fumar**
see **ver** (*irreg.*) (*p.p.* **visto/a**)
seem **parecer (zc)**
self *adj.* **mismo/a**
selfishness **egoísmo**
sell **vender**
send **mandar**
sentence **oración** *f.* (*gram.*)
September **se(p)tiembre** *m.*
serious **serio/a**
servant **criado/a**
serve **servir (i, i)**
service **servicio**

set: to set the table **poner** (*irreg.*) (*p.p.*
  puesto/a) **la mesa**
seven **siete**
seventeen **diecisiete**
seventh **séptimo/a**
several **varios/as**
shake: to shake hands **darse** (*irreg.*) **la
  mano**
shame: it's a shame **es lástima**
shampoo *n.* **champú** *m.*
share *v.* **compartir**
shave (oneself) **afeitar(se)**
she *sub. pron.* **ella**
shirt **camisa;** T-shirt **camiseta**
shock: culture shock **choque de cultura** *m.*
shoe **zapato**
shop *n.* **tienda;** barber shop **barbería;**
  confectioner's shop, sweet-shop
  confitería; tobacco shop **tabacalera**
shopping: to go shopping **ir** (*irreg.*) **de
  compras**
short (*in height*) **bajo/a;** short (*in length*)
  corto/a; breve
should **deber** (+ *inf.*)
show *v.* **mostrar (ue);** *n.* **función** *f.*
shower **ducha**
shrimp **camarones** *m. pl.;* **gambas** *pl.*
sick **enfermo/a;** to get sick **enfermarse**
sidewalk **acera**
silly **tonto/a**
simply **sencillamente**
since **como;** *conj.* **desde que; ya que**
sing **cantar**
single (*not married*) **soltero/a**
sir **señor (Sr.)** *m.*
sister **hermana**
sit: to sit down **sentarse (ie)**
situation **situación** *f.*
six **seis**
sixteen **dieciséis**
sixth **sexto/a**
skate *v.* **patinar**
ski *v.* **esquiar**
skirt **falda**
sky **cielo**
skyscraper **rascacielos** *s.*
sleep **dormir (ue, u)**
sleepy: to be sleepy **tener** (*irreg.*) **sueño**
slow **lento/a**
slowly **lentamente**
small **pequeño/a**
smart **listo/a**
smile *v.* **sonreír (i, i);** *n.* **sonrisa**
smog **contaminación** *f.*
smoke *v.* **fumar;** *n.* **humo**
smoking: (no) smoking section **la sección
  de (no) fumar**
snow *v.* **nevar (ie);** *n.* **nieve** *f.*
so **así;** so much *adv.* **tanto;** so much *adj.*
  tanto/a; so many **tantos/as;** so-so **así así,
  regular;** so that **para que**
soap **jabón** *m.*
soccer **fútbol** *m.*
society **sociedad** *f.*
socks **calcetines** *m.*
soft drink **refresco**
solitude **soledad** *f.*
solve **resolver (ue)** (*p.p.* **resuelto/a**)
some **algún, alguno/a**
someone **alguien**

something **algo**
sometimes **a veces**
son **hijo**
soon **pronto**; as soon as **en cuanto, tan pronto como**
sorry: to feel, be sorry **sentir (ie, i)**; I'm sorry **lo siento**
soup **sopa**
souvenir **recuerdo**
Spain **España**
Spanish **español(a)**; Spanish language **español** *m.*
speak **hablar**
special *adj.* **especial**
spend (*time*) **pasar**; (*money*) **gastar**
sport **deporte** *m.*; sportsman/woman **deportista**
spring **primavera**
stadium **estadio**
stamp **sello**
stand: to stand in line **hacer** (*irreg.*) **cola**; to stand up **levantarse**; *n.* small outdoor stand **kiosco**; tobacco stand **tabacalera**
start **comenzar (ie) (c), empezar (ie) (c)**; (*with cars*) **arrancar (qu)**
state *n.* **estado**
station **estación** *f.*; gas station **estación de gasolina**
stationery **papel para cartas** *m.*; stationery store **papelería**
stay *v.* **quedarse**; *n.* **estancia**
steak **bistec** *m.*
steal **robar**
stick: to stick out (one's tongue) **sacar (qu) (la lengua)**
still *adv.* **aún; todavía**
stockings **medias**
stomach **estómago**
stop *v.* **parar**; to stop (*doing something*) **dejar (de + *inf.*)**; *n.* **parada**; bus stop **parada de autobús**; (pause) **alto**; stop light **semáforo**
stopovers: to have stopovers **hacer** (*irreg.*) (*p.p.* **hecho/a**) **escalas**
store **tienda**; department store **almacén** *m.*
story (*literary*) **cuento**
stove **estufa**
straight ahead **(todo) derecho**
strange **extraño/a**
street **calle** *f.,* **camino**
strike: to strike (*another*) **pegar (gu)**; (*labor*) *n.* **huelga**
striped **de rayas**
student **estudiante** *m., f.*
study *v.* **estudiar**; *n.* **estudio**; course of studies **carrera**
subject (*school*) **materia**
subjunctive **subjuntivo**
subway **metro**
sudden: all of a sudden **de repente**
suddenly **de repente**
sugar **azúcar** *m.*
suit **traje** *m.*; swimsuit **traje de baño** *m.*
suitcase **maleta**; small suitcase **maletín** *m.*; to pack one's suitcase **hacer** (*irreg.*) (*p.p.* **hecho/a**) **la maleta**
summer **verano**
sunbathe **tomar el sol**
Sunday **domingo**
sunny: it's sunny **hace sol**

supper **cena**; to eat, have supper **cenar**
support *v.* **mantener** (*like* **tener**) **(a la familia)**; *n.* **apoyo**
sure **seguro/a**
surprise *v.* **sorprender**; *n.* **sorpresa**
surprising: to be surprising **sorprender**
sweater **suéter** *m.*
sweeper **aspiradora**
sweet *adj.* **dulce**; sweets *n.* **dulces** *m.*; sweet roll **pan dulce** *m.*; to have a sweet-tooth **ser** (*irreg.*) **goloso/a**
swim **nadar**; swimsuit **traje de baño** *m.*
swimming pool **piscina**
symptom **síntoma** *m.*
syrup: cough syrup **jarabe** *m.*

T

table **mesa**; end table **mesita**; to set the table **poner** (*irreg.*) (*p.p.* **puesto/a**) **la mesa**
take **tomar; traer** (*irreg.*); to take a bath **bañarse**; to take a nap **echar una siesta**; to take a trip **hacer** (*irreg.*) (*p.p.* **hecho/a**) **un viaje**; to take away **quitar**; to take care of oneself **cuidarse**; to take off (*clothing*) **quitarse**; to take off (*with planes*) **despegar (gu)**; to take out **sacar (qu)**
talk *v.* **hablar**
tall **alto/a**
tank **tanque** *m.*
tape **cinta**; tape recorder **grabadora**
task **quehacer** *m.*
taste *n.* **gusto**
tattle-tale **acusón** *m.,* **acusona** *f.*
tax **impuesto**
taxi driver **taxista** *m., f.*
tea **té** *m.*
teach **enseñar**
teacher **maestro/a**
team (*in sporting events*) **equipo**
telegram **telegrama** *m.*
telephone **teléfono**; telephone book **guía telefónica**; telephone number **(número de) teléfono**
television **televisión** *f.*; television set **televisor** *m.*
tell **decir** (*irreg.*) (*p.p.* **dicho/a**); to tell about **contar (ue)**
temperature **temperatura**
ten **diez**
tenant **inquilino/a**
tennis **tenis** *m.*
tenth **décimo/a**
test *n.* **examen** *m.*
textbook **libro de texto**
than **que**
thank *v.* **dar** (*irreg.*) **las gracias; agradecer (zc)**; thank you **gracias**; thank you very much, many thanks **muchas gracias**
that *adj.* **ese/a; aquel, aquella**; that one *pron.* **ése/a; eso; aquél, aquélla; aquello**; *conj.* **que**; that way *adv.* **así**; that which **lo que**; *adv.* **tan**
the **el, la, los, las**
theater **teatro**; (*movie*) **cine** *m.*
their *poss.* **su**
them *d.o.* **ellos/as**; *i.o.* **les**
then **luego; entonces**

there **allí, allá; ahí**; there is, are **hay**; there was, were **había**; there will be **habrá**
therefore **por eso**
these *adj.* **estos/as**; *pron.* **éstos/as**
they *sub. pron.* **ellos/as**
thief **ladrón** *m.,* **ladrona** *f.*
thin *adj.* **delgado/a**; to become thin **adelgazar(se) (c)**
thing **cosa**
think **creer (y); pensar (ie)**; to think about **pensar de, en**
third **tercero/a**
thirsty: to be thirsty **tener** (*irreg.*) **sed**
thirteen **trece**
thirty **treinta**
this *adj.* **este/a**; this one *pron.* **éste/a; esto**
those *adj.* **esos/as; aquellos/as**; *pron.* **ésos/as; aquéllos/as**
though: as though **como si**; even though **aunque**
thousand **mil**
three **tres**
throat **garganta**
Thursday **jueves** *m.*
thus **así**
ticket **boleto; billete** *m.*; **entrada**; (*fine*) **multa**, (*passage*) **pasaje** *m.*; one-way ticket **billete de ida**; round-trip ticket **billete de ida y vuelta**; ticket office/window **taquilla**
tie *n.* **corbata**
time **hora; vez** *f.* (*pl.* **veces**); **tiempo; época**; time (*short period of*) **un rato**; at that time **en aquel entonces**; at times **a veces**; at what time? **¿a qué hora?**; for the first/last time **por primera/última vez**; from time to time **de vez en cuando**; on time **a tiempo**; time table **horario**; time to (*do something*) **hora de (+ *inf.*)**; to have a good time **divertirse (ie, i)**; what time is it? **¿qué hora es?**
tip (*given to a waiter, etc.*) **propina**
tire **llanta**; flat tire **llanta desinflada**
tired **cansado/a**; to get tired **cansarse**
to **a**; (*in order*) to **para**
tobacco: tobacco stand, shop **tabacalera**
today **hoy**; as of today **con fecha de hoy**
together **juntos/as**; to get together (*on an issue*) **ponerse** (*irreg.*) (*p.p.* **puesto/a**) **de acuerdo**
tomato **tomate** *m.*
tomorrow **mañana**; until tomorrow, see you tomorrow **hasta mañana**; the day after tomorrow **pasado mañana**
tongue **lengua**
tonight **esta noche**
too **demasiado**; *adj.* too much **demasiado/a**; *adv.* too much **demasiado**; too many **demasiados/as**; (*also*) **también**
tooth **diente** *m.*; tooth paste **pasta dental**
tourist *n.* **turista** *m., f.*; *adj.* **turístico/a**
town **pueblo**
trade *v.* **comerciar**; *n.* **oficio**
traffic **tráfico, circulación** *f.*
train **tren** *m.*
tranquil **tranquilo/a**
tranquility **tranquilidad** *f.*
transportation: (*means of*) transportation **transporte** *m.*
travel **viajar**

traveler **viajero/a**
tree **árbol** *m.*
trip **excursión** *f.;* **viaje** *m.;* round trip **viaje de ida y vuelta**; to take a trip **hacer** (*irreg.*) (*p.p.* **hecho/a**) **un viaje**
true **cierto/a; verdadero/a**
truth **verdad** *f.*
try (*to do something*) **tratar (de + inf.)**
T-shirt **camiseta**
Tuesday **martes** *m.*
turn *v.* **doblar;** to turn on **poner** (*irreg.*) (*p.p.* **puesto/a**); to turn off **apagar (gu)**
turnover: small turnover **pastelillo**
twelve **doce**
twenty **veinte**
twice **dos veces**
two **dos**

U

ugly **feo/a**
uncle **tío**
understand **comprender; entender (ie)**
unintentional: it was unintentional **fue sin querer**
union: labor union **sindicato**
United States **Estados Unidos**
university **universidad** *f.*
unless **a menos que**
unoccupied **desocupado/a**
unpleasant **antipático/a**
until *prep.* **hasta;** *conj.* **hasta que**
up: to get up **levantarse;** to go up **subir;** to stand up **levantarse;** ups and downs **altibajos**
up-to-date **actual**
upon *prep.* **al** + *inf.*
urgent **urgente**
us *d.o., i.o.* **nos;** *obj. of prep.* **nosotros/as**
use *v.* **usar; gastar;** *n.* **uso**
used: to get used (to) **acostumbrarse (a); adaptarse (a)**

V

vacant **desocupado/a**
vacation **vacaciones** *f. pl.;* to be on vacation **estar** (*irreg.*) **de vacaciones;** to go on vacation **ir** (*irreg.*) **de vacaciones**
vacuum *v.* **pasar la aspiradora;** vacuum cleaner *n.* **aspiradora**
vegetable **legumbre** *f.; pl.* **verduras**
very **muy**
view *n.* **vista**
village **aldea, pueblo**
visit *v.* **visitar**
vote *v.* **votar**
voyage **viaje** *m.*

W

wait (for) **esperar;** to wait in line **hacer** (*irreg.*) (*p.p.* **hecho/a**) **cola**
waiter **camarero**
waiting room **sala de espera**
waitress **camarera**
wake: to wake up **despertar(se) (ie)**
walk *v.* **caminar;** to take a walk **dar** (*irreg.*) **un paseo**
wallet **cartera**
want **desear; querer** (*irreg.*)
war **guerra;** civil war **guerra civil;** Second World War **Segunda Guerra Mundial**
warm: to be/feel warm **tener** (*irreg.*) **calor;** it's (very) warm **hace (mucho) calor**
warn **avisar**
wash (oneself) **lavar(se)**
washer **lavadora**
watch *v.* **mirar;** *n.* **reloj** *m.;* watch out **¡ojo!**
water **agua** *f.* (but: **el agua**)
way: that way **así;** one— (two—) way ticket **billete (boleto) de ida (y vuelta)** *m.*
we *sub. pron.* **nosotros/as.**
wear **llevar**
weather **tiempo**
wedding **boda**
Wednesday **miércoles** *m.*
week **semana**
weekend **fin de semana** *m.*
weigh **pesar**
welcome **bienvenido/a;** you're welcome **de nada, no hay de que**
welfare **bienestar** *m.*
well **bien;** well (now) **pues**
wellbeing **bienestar** *m.*
what (*that which*) **lo que;** what? **¿qué?, ¿cuál?;** what a shame! **¡qué lástima!;** what do you mean . . . ? **¿cómo que... ?;** what is ___ like? **¿cómo es ___ ?;** what's it about? **¿de qué se trata?;** what is your name? **¿cómo se llama Ud.?, ¿cómo te llamas?;** what time is it? **¿qué hora es?**
when **cuando;** when? **¿cuándo?**
where **donde;** where? **¿dónde?;** (to) where? **¿adónde?;** (from) where? **¿de dónde?**
which **cual;** which? **¿cuál?;** *pl.* **¿cuáles?;** (that) which **lo que**
while **mientras;** a while **un rato**
white **blanco/a;** white hair **cana**
who **quien;** who? **¿quién?;** *pl.* **¿quiénes?**
whole **entero/a**
whom? **¿quién?;** *pl.* **¿quiénes?**
whose **cuyo/a;** whose? **¿de quién?**
why? **¿por qué?;** that's why **por eso;** why not? **¿por qué no?**
wife **esposa**
willing (to) **dispuesto/a (a)**

willingly **por gusto**
win **ganar**
window **ventana**
windy: it's windy **hace viento**
wine **vino;** red (white) wine **vino tinto (blanco)**
winter **invierno**
wish *v.* **desear;** *n.* **deseo**
with **con;** with me **conmigo;** with you **contigo** (*fam. s.*)
withhold **quitar**
without *prep.* **sin;** *conj.* **sin que**
woman **dama; mujer** *f.;* **señora (Sra.);** young woman **señorita (Srta.)**
wonder **preguntarse**
wood **madera**
word **palabra**
work *v.* **trabajar; funcionar** (*with machines*); *n.* **trabajo; obra** (*of art, literature, etc.*)
worker **obrero/a**
worried **preocupado/a**
worry *v.* **preocuparse**
worse **peor**
worst **peor**
worth: to be worth **valer (valgo)**
write *v.* **escribir** (*p.p.* **escrito**)
wrong: to be wrong **equivocarse (qu)**

Y

yard **patio**
year **año;** New Year **Año Nuevo;** next year **el año que viene;** to be ___ years old **tener** (*irreg.*) ___ **años**
yellow **amarillo/a**
yes **sí**
yesterday **ayer;** the day before yesterday **anteayer**
yet **todavía**
you *sub. pron.* **tú** (*fam. s.*); **usted (Ud., Vd.)** (*form. s.*); **vosotros/as** (*fam. pl., Sp.*); **ustedes (Uds., Vds.)** (*pl.*); *d.o.* **te, os, lo/la, los, las;** to, for you *i.o.* **te, os, le, les;** *obj. of prep.* **ti, Ud., Uds.**
young **joven**
younger **menor**
your *poss.* **tu** (*fam. s.*); **vuestro/a** (*fam. pl., Sp.*); **su** (*form.*)
yours *poss.* **tuyo/a** (*fam.*); **suyo/a** (*form.*)
youth **juventud** *f.*

Z

zero **cero**

In this index, Study Hints and vocabulary topic groups are listed by individual topic as well as under those headings. A propósito... sections only appear as a group, under that heading.